es 1229
edition suhrkamp
Neue Folge Band 229

Der Begriff Jugend hat in den ersten vierzig Jahren dieses Jahrhunderts in der politischen Kultur und in der Literatur Deutschlands, aber auch Frankreichs, eine erhebliche Rolle gespielt. Jugend bedeutet für die einen einen Dritten Weg zwischen Sozialismus und Kapitalismus, für die anderen das Versprechen einer fundamental neuen Kultur- und Gesellschaftsform. Jugend steht häufig für radikalen Anti-Traditionalismus, Abkehr von alten Werten, genausooft aber auch für eine Renaissance »romantischer« Leitbilder oder die Rückkehr zu einem als positiv verstandenen »Barbarismus«. Es ist von einer Generation die Rede, mit der die neue Zeit anbricht, oder einer Generation, die die »verlorene« heißt.

Die Hypothese, daß es sich bei den »kulturreformerischen« Konzepten der Gegenwart um Varianten der Programmatik und Praxis zwischen Jahrhundertwende und Drittem Reich, insbesondere zwischen 1913 und 1933, handelt, bildet die Perspektive, unter der der Begriff Jugend analysiert wird. Folglich werden Entwicklungen in die Zeit vor dem Ersten Weltkrieg zurück- und in die Zeit nach dem Zweiten Weltkrieg weiterverfolgt.

Thomas Koebner, Rolf-Peter Janz und Frank Trommler lehren Neuere deutsche Literaturwissenschaft an den Universitäten Marburg, Berlin und Pennsylvania.

»Mit uns zieht die neue Zeit«
Der Mythos Jugend

Herausgegeben von
Thomas Koebner, Rolf-Peter Janz
und Frank Trommler

Suhrkamp

edition suhrkamp 1229
Neue Folge Band 229
Erste Auflage 1985
© Suhrkamp Verlag Frankfurt am Main 1985
Erstausgabe
Alle Rechte vorbehalten, insbesondere das der Übersetzung,
des öffentlichen Vortrags
sowie der Übertragung durch Rundfunk und Fernsehen,
auch einzelner Teile.
Satz: Hümmer, Waldbüttelbrunn
Druck: Nomos Verlagsgesellschaft, Baden-Baden
Umschlagentwurf: Willy Fleckhaus
Printed in Germany

1 2 3 4 5 6 – 90 89 88 87 86 85

Inhalt

III

Wandervogel (1910)

Deutscher Pfadfinder (1912)

Gestern und heute

Pfadfinder (1932)

Hitlerjunge (1934)

Vorwort

Mit uns zieht die neue Zeit...
Hermann Claudius

Wandering between two worlds, one dead,
the other powerless to be born...
Matthew Arnold[1]

Zwischen Jahrhundertwende und Drittem Reich entdeckt die Jugend sich selbst, behauptet sie so nachdrücklich wie nie zuvor in der Geschichte die Eigenständigkeit ihres Lebensalters. Die junge Generation erhebt Anspruch auf Vorstellungen und Lebensformen außerhalb der modernen Industriegesellschaft, die, zunächst unterm Dach des Wilhelminischen Staates, von den Erwachsenen etabliert worden ist. Die Bilder, die Jugendliche seit den Anfängen des »Wandervogels« von sich selbst entwerfen, und die Konzepte, die Erwachsene unter dem Titel »Jugend« formulieren – sie kommen darin überein, daß sie die Erwartung eines »anderen« Lebens und einer »anderen« Gesellschaft zum Ausdruck bringen. Wer sich in dieser Zeit über Jugend äußert, hat meist nicht eine Altersgruppe oder Adoleszenzkrise im Sinn, sondern faßt dieses Phänomen als Inkarnation eines Vitalismus, der die rebellische Auflehnung gegen die gesellschaftliche Ordnung, ebensogut aber auch den Rückzug aus ihr verheißt. Die Alten suchen einen Träger ihrer nationalen, religiösen oder sozialen Hoffnungen und entdecken ihn in der Jugend. Darf man darum vom Mythos, von einer Mythisierung der Jugend sprechen?

Daß die Jugend sich selbst zu entdecken beginnt und Erwachsene die Jugend zu ihrer Sache machen, ist in Prozessen der Industrialisierung und des technischen Fortschritts begründet. Sie bringen es mit sich, daß die Zeitspanne, die der Erziehung und Ausbildung vorbehalten war, verlängert werden mußte, daß die Berufe der Väter nicht länger von den Söhnen fraglos übernommen werden konnten und daß Jugendliche, um Arbeit zu finden, vorzeitiger als früher die Familien verließen.

Seit der Jahrhundertwende entwickelt sich die Spannung zwischen den Generationen zum Konflikt zwischen Kulturen, der Altersunterschied wird als soziale und kulturelle Diskrepanz ge-

9

deutet, die Krise der Jugend gewinnt die Konturen eines philosophischen und politischen Problems. Die Jungen wollen nicht mehr alt und wie die Alten werden. Sie treten – fast so wie die Massen der Großstadt – als schwer zu klassifizierende oder zu berechnende Kraft in Erscheinung. Indem sie eine »ganz andere« Gesellschaftsverfassung einklagen, signalisieren sie den Zeitenumbruch. Nie zuvor in der deutschen Geschichte und Bewußtseinsgeschichte ist die Jugend in dieser Weise als Prinzip des notwendigen Wandels in Anspruch genommen worden.

Die Jugendbewegung selbst gewinnt ihren Impuls als eine Revolte von Bürgersöhnen, die neue Lebensformen durchsetzen wollen. Von der Jugend reden, heißt in den ersten drei Jahrzehnten unseres Jahrhunderts, einen der suggestivsten Begriffe zu wählen, dessen Klang allenthalben Devotion auslöst – bei den Jungen selber und bei denen, die ihnen Charisma zusprechen. Jugend wird zum positiven Reizwort, das vielfältige Assoziationen und oft diffuse Vorstellungen alternativer Daseinsformen weckt. »Mit uns zieht die neue Zeit«, singen die Jungen in der berühmt gewordenen Liedzeile von Hermann Claudius. Viele der Älteren haben ähnlich gedacht.

Im Dienst dieser Mythisierung der Jugend haben die verschiedenartigsten Ideale höhere Weihen erhalten. Wie ernsthaft man dabei vorging, zeigt die Ausformung und Pflege kultischer Elemente, die noch von den Nationalsozialisten genutzt wurden. Vor und nach dem Ersten Weltkrieg entstehen Organisationen, deren schwärmender Idealismus seinesgleichen sucht. Jedoch zerbröckelt die sakrale Dimension des Mythos Jugend in den zwanziger Jahren. Vor 1914 sind die Bürgersöhne – die die Berufung auf Erfahrung grundsätzlich als Schutzbehauptung zugunsten der Diktatur der Eltern und Älteren ablehnen – noch darauf aus, sich den unterjochenden Erziehungsmaximen und den Verlockungen einer bürgerlichen Karriere zu entziehen. Damit provozieren sie allerdings eher Skandale; nur im Ansatz ist es Gegnerschaft, die die Grundfesten der Gesellschaft erschüttern könnte. Nach 1918 sieht die inzwischen nachgewachsene, vom Krieg und von Kriegseinwirkungen geschüttelte Jugend – das scheinbar gänzlich zusammengebrochene Ancien Régime des Wilhelminischen oder Habsburgerreichs im Rücken – starren Blicks nach vorn und wird vielfach Opfer sektiererischer und republikfeindlicher Doktrinen. Die Kurve von Hoffnung und Enttäuschung neigt sich bald nach unten: Die durch revolutionäre und religiöse Inbrunst in extreme Höhen gesteigerten Erwartungen erfüllen sich nach Kriegsende nicht. Das vielbeschworene Ethos der Brüderlichkeit verliert sich im republikanischen Alltag. Die sich als Selbsthelfer in verworrener Zeit begriffen haben, erkennen sich als verlorene Generation und lassen sich nicht selten zu trotzigen Ressentiments verführen. Ein Teil der Jugend erringt zweifelhaften »Mannesmut« in militanten Bünden, ein anderer Teil sucht sein Heil in neusachlicher Fühllosigkeit oder verfällt dem Rausch und der Krankheit zum Tode. Die »Gleichschaltung« der meisten (nicht aller) Gruppierungen der deutschen Jugend, so berichtet ein Zeuge der Zeit, »wurde möglich, weil ihre Ideologie in der Negation mit den Nazis übereinstimmt: gegen Bürgerlichkeit, Demokratie und Rationalität«.[2] Das Dritte Reich liquidiert mit dem Mythos Jugend auch die Momente der Opposition, die in ihn eingegangen waren. Die Unruhe, Offenheit und Veränderungsbereitschaft, die er versprach, waren der etablierten Gewaltherrschaft ein Ärgernis.

Die weiten Perspektiven einer Kulturreform, die etwa Friedrich Nietzsche oder in anderer Weise der »Rembrandt-Deutsche« Julius Langbehn am Ende des 19. Jahrhunderts für ein Deutschland in der Phase der »doppelten ›Entartung‹« (Max Nordau) eröffnet haben, finden sich seit der Jahrhundertwende in der Diskussion über die prometheischen Aufgaben der Jugend verengt wieder. Neben den sozialistischen Geschichtsentwürfen und den nationalistischen Prophetien bringt sich eine dritte Heilsbotschaft zur Geltung: die der Rettung durch Jugend. Einem bis dahin mißachteten »Naturrecht«, repräsentiert durch das Jugendalter, soll jenseits allen Parteienstreits Anerkennung verschafft werden. Der Mythos Jugend fordert eine tiefgreifende Umwertung der (zumal bürgerlichen) Werte – und fungiert damit zugleich als Vehikel eines biologisch begründeten Kulturpessimismus. Jugend wird zum Oppositionsbegriff schlechthin. Die Gegenbegriffe sind Bürgertum und Liberalismus. Der für die Krise dieser Jahrzehnte aufschlußreiche Antagonismus der Leitvorstellungen schimmert durch alle Parolen hindurch: Jungsein steht gegen Erwachsensein wie Leben gegen Tod, Zukunft gegen Vergangenheit, Lebendigkeit gegen Mechanik, Schöpferisches gegen Dekadenz, Geist gegen Materialismus, Reinheit gegen Schmutz.

Indessen ist der Protest gegen solch rigorosen Dualismus nicht ausgeblieben. Manche Zeitgenossen (neben den Sozialisten auch

Autoren wie Frank Wedekind oder Franz Werfel) betrachten die Emanzipation der Jugend als ein sekundäres Problem, solange nicht der Antagonismus zwischen Armut und Reichtum beseitigt ist. Und nur allmählich kommt den publizistischen Verkündern des Mythos Jugend, zumal in den Zeitschriften vor 1914 und nach 1918, in den Blick, daß da offenbar noch eine weitere, sehr viel ältere und naturgegebene, durch Moral und Recht verschärfte Diskrepanz besteht, die der Geschlechter. Augenscheinlich korrespondieren die vielfältigen Anpassungsverweigerungen der Jugend mit den großen Verschiebungen in dieser Epoche: mit der Modernisierung der Gesellschaft innerhalb überalterter staatlicher Systeme (gerade in den Kaiserreichen Deutschland und Österreich-Ungarn), also auch mit der Industrialisierung und Demokratisierung, mit dem gleichzeitigen Verfall antiquierter moralischer Normen und Autoritäten, für die die engagiert beschriebenen Väter- oder Lehrertyrannen sinnfällige Beispiele bieten. Die Jugend in ihrem Zweifel und in ihrer Verzweiflung will daher aus der gesellschaftlichen Ordnung ausscheren und sucht ihr Glück in angeblich geschichtsenthobenen Regionen: in der Natur oder in einem naturnahen Leben, die beide romantisch verklärt werden. Die Flucht aus der Stadt und den technisierten Lebenszusammenhängen, vor der »Asphaltexistenz« in der Menge und vor der nicht nur sanften Gewalt des Elternhauses, gar der »Korrektionsanstalt« Schule und anderen deformierenden Institutionen ist verständlich. Aber es kommt dabei auch zur Assimilation der dunkel raunenden Zivilisationskritik und Zeitklage des konservativen Geschichtspessimismus – und später sogar, auffällig in der Weimarer Ära, zu Spekulationen über das vorgeblich so heilsame deutsche Wesen. Die Programmatik der Jungen schwankt in dieser Zeit (nur in dieser Zeit?) zwischen unwillentlicher Anpassung an ererbte Normen und der Einübung abweichender Haltungen. Bei dieser Einübung ist der Jugend (auch der bürgerlichen Jugendbewegung im engeren Sinne) weniger Energie und Ausdauer beschieden, als der Elan des Anfangs hat vermuten lassen. Etliches von der geplanten und verwirklichten Kulturreform ist jedoch nicht verlorengegangen: Elemente ihrer »alternativen« Philosophie und Praxis sind bis heute erhalten und lebendig geblieben.

Die folgenden Studien widmen sich vornehmlich den deutschen Verhältnissen und nehmen, im Kontrast zu ihnen, auch italienische und französische Entwicklungen wahr. Die englische oder amerikanische Jugendideologie und Jugendverehrung bleiben außer Betracht. Die Autoren richten ihr Augenmerk auf historische Konstellationen, können vielleicht aber auf diese Weise auch den Blick auf die Gegenwart schärfen. Die Beobachtung der Ähnlichkeiten und Unterschiede zwischen dem Selbst- und Fremdverständnis der Jugend damals und heute war zwar nicht das zentrale Thema. Doch fällt das Urteil über die zeitgenössische Alternativkultur womöglich anders aus, wenn man weiß, welche Wege die jungen Generationen nach 1900 und in der Weimarer Republik gegangen sind.

Der Band dokumentiert das zweite Symposium der Forschungsstelle *Deutsche Literatur seit 1918* (jetzt Philipps-Universität Marburg, Institut für Neuere deutsche Literatur), die wie beim erstenmal[3] Historiker, Literaturwissenschaftler und Pädagogen zum Gedankenaustausch und zur kritischen Sichtung neuer Befunde und Thesen zusammengeführt hat. Einige wenige Untersuchungen sind den Referaten der Tagung angegliedert worden. Der Dank der Herausgeber gilt den Referenten und Autoren für ihre freundschaftliche Engagiertheit, der Philipps-Universität Marburg für die auch finanziell großzügige Förderung der Konferenz und dem Hessischen Sparkassen- und Giro-Verband für eine hilfreiche Spende.

Marburg–Berlin–Philadelphia, Mai 1984   *Die Herausgeber*

Anmerkungen

1 Matthew Arnold, *Stanzas from the Grande Chartreuse, Stanza 15,* in: *New Poems.* Boston 1867.
2 Heinz Pächter, *Der Kampf der Generationen*, in: *Neues Handbuch der Literaturwissenschaft*, Bd. 20: *Zwischen den Weltkriegen*, hg. v. Th. Koebner (Wiesbaden 1983), S. 230.
3 Erschienen u. d. T.: *Weimars Ende. Prognosen und Diagnosen in der deutschen Literatur und politischen Publizistik 1930–1933* (Frankfurt/M. 1982).

Frank Trommler
Mission ohne Ziel
Über den Kult der Jugend im
modernen Deutschland

»Jugend ist ein Entschluß«

Vor 100 Jahren, als Friedrich Nietzsche die Mission der Jugend gegen die Überwucherung des Lebens durch die Historie proklamierte, war der Mythos Jugend noch kraftvoll und durchsichtig wie die gemalten Jünglinge seines Zeitgenossen Max Klinger. Nietzsche beschwor ein »Geschlecht von Kämpfern und Schlangentötern, das einer glücklicheren und schöneren Bildung und Menschlichkeit voranzieht, ohne von diesem zukünftigen Glücke und der einstmaligen Schönheit mehr zu haben als eine verheißende Ahnung«.[1] Seit Klingers nackte Jünglinge ins Museum gewandert sind, hat die Historie den Mythos Jugend eingeholt, überholt und vielmals verwandelt, ohne den von Nietzsche berufenen antihistorischen Imperativ zu löschen. Im Gegenteil, in erstaunlicher Stetigkeit haben Jugendmythen die politischen Umbrüche des 20. Jahrhunderts mitbestimmt und der jeweiligen Attacke gegen Tradition und Macht die Aura des Elementaren, Neuen, Niegehabten verschafft. Wo immer die wirklichen Revolutionen ausblieben, beschwor man Mythen der Jugendlichkeit, um die radikale Ablösung von der Geschichte zu manifestieren. Jugendmythen sind leichter herzustellen als Revolutionen.

Das reiche Angebot an solchen Mythen in Deutschland verwundert kaum. An Neugründungsversuchen herrscht seit Beginn des 20. Jahrhunderts kein Mangel. Eine wirkliche Revolution war nicht darunter, wohl aber mehrere radikale politische Umwälzungen, die dem Konzept der Erneuerung der Nation aus der Jugend entsprechend Raum gaben. Wenn schon Wilhelm II. beim Amtsantritt sein persönliches Regime als Manifestation der Jugendlichkeit deklarierte – um dann in metallglitzernder Kraftmeierei steckenzubleiben –, kann die Intensität, mit der Politiker und Professoren 1914 die Bedeutung der Jugend für die kämpferische Neugründung Deutschlands »von unten« beschworen, kaum erstaunen. Und wenn schon Heinrich von Treitschke, kurz nachdem die beleibten Fürsten und Generäle im Spiegelsaal von Versailles das Hoch auf Wilhelms Großvater ausgebracht hatten, die Deutschen als junges Volk den alten Völkern gegenüberstellte, überrascht der Entschluß des Auswärtigen Amtes am Ende des Ersten Weltkrieges kaum, das Pamphlet *Das Recht der jungen Völker* finanziell zu unterstützen, mit dem Moeller van den Bruck die Deutschen über ihre Optionen aufklären wollte. Darin heißt es:

»Ein Volk wird jung, indem es jung wirkt: indem es aus der Welt, die es vorfindet, in die Welt wirkt, die es selbst schafft. Es tritt unter den Völkern hervor, wenn sich in ihm genügende Kräfte angesammelt haben, die ein altes Volk nicht mehr aufbringt, um sich gegen fremden Willen, Unwillen, Nichtwillen durchzusetzen. Alter eines Volkes ist Erbe; ist Besitz, Sättigung und Genuß; ist überkommener Ruf und Ruhm. Jugend eines Volkes ist bereitsein; ist Anwartschaft, ist Recht auf Geltung. Jugend hängt von seinem Mute zu sich selbst ab. Jugend ist ein Entschluß.«[2]

Das war's bereits. Abgelöst von der ursprünglich biologisch-psychologischen Definition, sie jedoch assoziierend, wurde der Begriff Jugend in diesen Projektionen zum Schaustück des nationalen Voluntarismus, zur zentralen Legitimation dafür, die von der Geschichte geschaffenen Bedingungen beiseite zu schieben und an ihrer Stelle den puren politischen Willensakt zu setzen.

Schon ein flüchtiger Blick auf den um 1900 aufblühenden Kult der Jugend[3] belehrt darüber, daß dieser Willensakt sein Fundament in der generellen Ästhetisierung des Lebens besitzt, mit der das Bürgertum sich und seine Welt gegenüber der als bedrohlich empfundenen Modernisierung zu bewahren versuchte. Die Ausgliederung der bürgerlichen Jugend als eines spezifischen Lebensbereiches aus der Arbeitswelt, wie sie die Industrialisierung und Spezialisierung im 19. Jahrhundert mit sich brachte, bedeutete wesentlich mehr als eine neue Wertschätzung der Adoleszenz; sie öffnete einen Zugang ins Freie, Einfache, Elementare, eine Erneuerung der Lebensgewißheit, die in der arbeitsteiligen, »materialistischen« Welt verschüttet schien. Damit ging in Teilen des Bürgertums das Empfinden einher, sich auch politisch aus dem Elementaren verjüngen zu können. Man bedurfte nur der entsprechend wirksamen Impulse und Entschlüsse, und nirgendwo waren diese besser zu finden als im ästhetischen Bereich. Dort fand man zudem den besten Zugang zu den Traditionen der Jugendrevolte, für die in Deutschland Schillers *Räuber* kanonisiert worden ist.

Dieses Phänomen läßt sich in verschiedenen europäischen Ländern verfolgen. Es brachte zahllose Kulte kulturell-moralisch-physischer Wiedererweckung hervor, andererseits aber auch neuartige Projektionen der antibürgerlichen Revolte, die sich im Kampf gegen die Dekadenz, das große Schreckgespenst der Jahrhundertwende, berührten. Die radikalsten Projektionen bürgerlicher Antibürgermythen entstanden in Frankreich und Italien. Aus den ästhetischen Gewaltprogrammen der Futuristen schöpften noch die italienischen Faschisten der zwanziger Jahre ihre jugendlichen Identifikationsmodelle, und Georges Sorels Mythisierung von Gewalt und Generalstreik inspirierte in Frankreich eine mächtige Renaissance von jugendlichem Nationalismus. Hier sprach man nicht nur von Jugend, sondern von junger Generation und versah letzteren Terminus mit dem Beiklang militanter Antibürgerlichkeit. Demgegenüber nimmt sich die antagonistische Haltung der bürgerlichen Jugendbewegung in Deutschland und Österreich vor dem Ersten Weltkrieg eher harmlos aus. Zwar verlief ihre Eroberung des von der Arbeitswelt ausgegrenzten Freiraums nicht ohne dramatische Konfrontationen, doch folgte sie in dem, was sie in diesem Raum als genuine Jugenderfahrung wandernd und singend verfügbar machte, zumindest bis zum Meißner-Fest 1913 weitgehend den traditionellen Formeln deutscher Innerlichkeit. Neu und gesellschaftspolitisch relevant war nur die Ideologisierung der Gemeinschaft, auch wenn sie sich zunächst als absolut unpolitisch verstand. Sie wies weit über den Freundschaftskult der bisherigen Jünglingskultur hinaus, die als Folge der Idealisierung Schillers im gebildeten Bürgertum des 19. Jahrhunderts entstanden war, und setzte sich deutlich vom bierdurchtränkten Verbindungswesen der Studenten ab.

All diese Entwicklungen blieben bis zum Ersten Weltkrieg auf bestimmte Zirkel im Bürgertum beschränkt und verstanden sich als elitär; Berührungen mit den literarischen Eliten, etwa dem Kreis um Stefan George, waren nicht ungewöhnlich. Dennoch besteht kaum ein Zweifel daran, daß in Deutschland und Österreich bestimmte Faktoren dazu beitrugen, daß man hier die »Herstellung« von Jugend als Komplementärsphäre zum Industriealltag wesentlich intensiver betrieb als in anderen Ländern und daß der neue, von der Industrialisierung geschaffene und zugleich von ihr eingeschüchterte Mittelstand diesem Konzept ungewöhnlich viele Hoffnungen entgegenbrachte. Die Ideologisierung von Jugend korrespondierte eben nicht nur mit der Infragestellung der strikten Gymnasialorientierung des Bildungswesens, die eine neue Generation von Pädagogen und selbsternannten Jugendwohltätern auf den Plan rief. Sie korrespondierte auch – direkt oder indirekt – mit den wachsenden Angstgefühlen vor dem Verlust traditioneller Lebensordnungen, der innerhalb der feudal-autoritären Strukturen Deutschlands abrupter erschien als in Gesellschaften, deren politische Ordnung die Demokratisierungstendenzen der Modernisierung flexibler abfing. Angesichts der offenkundigen Starrheit des Systems wuchs in den mitteleuropäischen Kaiserreichen eine besondere Bereitschaft, neue Ordnungen entweder rein geistig-ästhetisch oder durch völlige Ausgliederung aus den etablierten Verhältnissen anzusteuern. Mochte der »Idealismus« in Deutschland auch eine lange Tradition besitzen – der neue Glaube an die gesellschaftlichen Wirkungsmöglichkeiten des Geistes riß eine ganze Generation von Bürgersöhnen hin. Und mochte die in die Politik gesetzte Hoffnung seit dem 19. Jahrhundert auch stark angewachsen sein, so öffnete sie sich doch nun in ungewöhnlicher Intensität dem Einbruch des »ganz anderen«, und sei es auch in der Gestalt des Krieges. Sie manifestierte sich in den Verrenkungen des Wilhelminischen Hurrapatriotismus ebenso wie in der Gegendemonstration der Jugendverbände auf dem Hohen Meißner. Daß sich ebendiese Jugendverbände im August 1914 besonders vom Kriege erweckt fühlten, kam auch im Hinblick auf ihre Friedensadresse an den Kaiser im Juli kaum unverhofft.

Nirgendwo war die Kriegsbegeisterung größer als in Deutschland, nirgendwo wurde die (männliche) Jugend nachdrücklicher zur Sinngebung dieses sinnlosen Krieges vereinnahmt. Wie eng dies zusammenhängt, hat Paul Natorp, einer der prominentesten Professoren dieser Entscheidungsperiode, in seinen Kriegsaufsätzen ausgesprochen. In der *Kölnischen Zeitung* stellte Natorp am 17. September 1914 fest:

»Es besteht in Deutschland und Österreich keine Meinungsverschiedenheit über das heilige Recht und die absolute Notwendigkeit dieses Krieges. Beweis die beispiellose Tatsache, daß in Deutschland und Österreich zusammen mehr als 2¼ Millionen Freiwillige sich zu den Fahnen gemeldet haben, über all die Millionen, die ohnehin zufolge der allgemeinen Wehrpflicht, als Aktive, Reserven, Landwehr und Landsturm, freudig dem Rufe zu den Waffen gefolgt sind. Ich möchte wissen, ob es eine Nation gibt, die uns das nachmacht. Das beweist doch wohl, daß es sich hier um ganz etwas anderes handelt als die Machtgelüste einer regierenden Kaste, die Bestätigungslust der Offiziere, die Interessen der Rüstungsindustrie, oder die verstiegenen Träume der ›Alldeutschen‹.«[4]

Befriedigt und bewundernd fügte Natorp hinzu:

»Der eine große Augenblick hat alle die finstern Geister hinweggefegt wie ein frischer Herbststurm die drückende Sommerschwüle. Schon die seit einigen Jahren überraschend aufgeblühte ›Jugendbewegung‹ war ein fröhliches Vorzeichen, daß ein neuer Geist im Anzug war, ein heiliger Wille, auf die Gesundung des ganzen Volkes mit allen Kräften hinzuarbeiten. Die Jugend ist doch einmal nicht autochthon, sie kommt doch irgendwoher; von selbst entsprießt nicht der Fäulnis eine reine Blüte. Jetzt erfahren wir es Tag um Tag: wir sind auch moralisch weiter, als wir gedacht.«[5]

In der Besinnung auf sich selbst hatte die Jugend, wie neben Natorp auch andere Redner feststellten, den Ausbruch aus dem bürgerlich-zivilisatorischen Alltag vorweggenommen. Nun vollzog durch den Krieg die ganze Nation diesen Ausbruch mit.[6] Die Herstellung des Konzepts Jugend wurde in den Händen der Propheten der älteren Generation zum Modell für die Neugründung der Nation als Schicksalsgemeinschaft.

Dieses Modell blieb wirksam. Es fand neue Ausformungen in der revolutionären Periode 1918/19 und in der Frühphase der Weimarer Republik, um dann, als die Bürger dieser Republik das Vertrauen in das Durchsetzungsvermögen der demokratischen Entscheidungsmechanismen endgültig verloren, erneut den Charakter einer Gegenkraft anzunehmen. Unter dem Motto vom Aufbruch der jungen Generation fanden sich Strömungen der politischen Rechten und Linken gegen die Republik zusammen. Man setzte auf den Mythos Jugend, als werde Deutschlands Zukunft in der Attacke auf die schlips- und huttragenden Demokraten entschieden. Obwohl es die Kommunisten verstanden, sich als jugendliche Kraft in Lederkluft von der »alten«, verbürgerlichten Sozialdemokratie zu distanzieren, wurden sie von den Nationalsozialisten in der Programmierung von Jugendlichkeit noch überholt (vgl. die Beiträge von J. Radkau und J. Schmitt-Sasse in diesem Band). Es blieb den Nationalsozialisten vorbehalten, alle anderen deutschen Jugendmythen ihrem Staatsverständnis unterzuordnen. Aber auch damit erschöpfte sich das Modell Jugend keineswegs. Was die Kommunisten an Identifikation mit militanter Jugendlichkeit versäumt hatten, holten sie bei ihrer Begründung eines neuen antifaschistischen Deutschland nach. In der Organisierung der Jugend programmierten sie in den ersten Jahren nach 1945 eine entscheidende Legitimation ihres Umsturzes: die Erweckung der, wie sie mit großem Aufwand belegten, unverdorbenen Kräfte des deutschen Volkes. »Ohne uns kann Deutschland nicht leben«, lautete 1947 die Botschaft des II. Parlaments der Freien Deutschen Jugend an die Deutschen. »Die junge Generation muß Deutschland neu aufbauen. Deshalb reichen wir Euch allen die Hände. Schlagt ein!«

Inzwischen ist das Neugründungsfieber verflogen. Jugend als Politikum hat die nationale Aura verloren, dafür neue Substanz als Oppositionsfaktor innerhalb der bestehenden Gesellschaft gewonnen. Die Ausgliederung der Adoleszenz- und Postadoleszenzphasen aus der Arbeitssphäre ist angesichts der erlangten Selbständigkeit der Jugendlichen in intellektueller, politischer und sexueller Hinsicht im wesentlichen aufs Ökonomische reduziert. Sie ist damit allerdings keinesfalls zum bloßen Beiwerk der »natürlichen« Integration in die Leistungsgesellschaft verkümmert, wie man in den fünfziger Jahren glaubte und am Schlagwort der »skeptischen Generation« (Helmut Schelsky) festmachte. Gerade die selbstverständliche Annahme von der »Natürlichkeit« dieser Integration – die sich auf viele Indizien stützen kann – hat bei den Betroffenen ein Protestpotential verstärkt, das sich in der Verbindung mit Verweigerungsprogrammen, die inzwischen weit über Herbert Marcuses Thesen hinausgehen, gegen die Legitimation der Arbeitsgesellschaft selbst richtet. Die Tatsache, daß Dekadenz- und Erneuerungsvorstellungen nicht mehr in nationalen Begriffen formuliert und mythisiert werden, besagt nicht, daß sie nicht existieren. Mit den in den siebziger Jahren voll hervorgetretenen Grenzen der Leistungs- und Konsumgesellschaft haben sie neue Aktualität gewonnen. Nur muß man sehen, daß sich die politische Sprengkraft längst von der Mythisierung der Jugend als Erneuerungspotential, das einst der Nation den Frühling bescheren sollte, auf die Feststellung, ja Ideologisierung der *Verhinderung* von Jugend verlagert hat. Die hektischen Anstrengungen politischer Entscheidungsträger um den »Dialog mit der Jugend« legen davon Zeugnis ab. Nicht weniger als die tatsächliche Bemühung von Jugendlichen um eine Gegenkultur schreckt heute die Vorstellung, daß die moderne Leistungsgesellschaft den der Jugend zugeschriebenen Freiraum nicht mehr zu gewähren vermag und damit ein entscheidendes geistiges, biologisches und soziales Erneuerungspotential vergibt. Als Kristallisation des schlechten Gewissens der gegenwärtigen Gesellschaft besitzt der Mythos Jugend somit immer noch beachtliche politische Stoßkraft.

Jeder Gesamtüberblick über die Geschichte der Jugendmythen muß außer der Tatsache, daß dabei vor allem die männliche Jugend im Blickpunkt steht und die Entwicklung der weiblichen Jugend nur gestreift wird, zwei Aspekten besondere Aufmerksamkeit widmen: einmal der Vagheit des Begriffs Jugend, zum andern dem Faktum, daß sich übergreifende Feststellungen nur unter Einbeziehung des Gesamthorizonts der Arbeitsgesellschaft treffen lassen. Daß der Jugendbegriff jenseits der Adoleszenzforschung (die das Alter zwischen 15 und etwa 23 Jahren umfaßt) zumeist höchst vage blieb und auf die jeweiligen Bedürfnisse zugeschnitten wurde, braucht nicht eigens betont, sondern muß als historisches Faktum selbst thematisiert werden; seine größten Wirkungen hat dieser Begriff gerade mit diesen Verschwommenheiten gezeitigt, ohne die er angesichts des Mangels an demokratischen Erneuerungsstrukturen in Deutschland nicht zu solcher Prominenz gelangt wäre. Er hätte nicht als geräumiges Reservoir revolutionärer Rhetorik dienen können, die dann im Zuge der Gleichschaltung durch die Nationalsozialisten die Beseitigung eigenständiger jugendlicher Denk- und Daseinsformen nur dünn überdeckte. Zuvor, in der Weltwirtschaftskrise von 1930, hatte man den Begriff der jungen Generation ideologisch so stark aufgeladen, daß er sogar als Gegenbegriff zu dem der Klasse Gebrauch fand. Generation gegen Klasse: das stieß natürlich auf schärfsten Widerspruch von seiten der Kommunisten und Sozialdemokraten und wurde als kleinbürgerliche Ablenkungsstrategie gebrandmarkt. Allerdings erhielt er, wie noch auszuführen ist, so viel emotionale Abstützung durch die kollektive Erinnerung an die Weltkriegszeit, daß er zu einer jener »überpolitischen« und damit so gefährlich attraktiven Helfteuch-selbst-Parolen aufstieg, die die deutsche Politik in starkem Maße mitgeformt haben.

Erst vor dem Gesamthorizont der Arbeitsgesellschaft gewinnt diese Antinomie von Generation und Klasse ihre historische Kontur. Sie war Episode und wurzelte doch in einer nicht nur temporären Konfrontation sozialistischer und nichtsozialistischer Haltungen. Bisherige Untersuchungen haben diese Entwicklungen kaum berücksichtigt. Sie können hier nur angedeutet werden. Nachdem die Mythisierung der Jugend für die diversen »Neugründungen«

Deutschlands erwähnt wurde, sei zumindest die Frage gestellt, warum die deutsche Gesellschaft die darin formulierten politischen Hoffnungen überhaupt so ernsthaft aufnahm. Hatte sie sich nicht, spätestens seit dem 19. Jahrhundert, mehr und mehr als eine Arbeitsgesellschaft zu verstehen gelernt, die ihre Erneuerung nur im Einklang mit dem gemeinsamen Arbeitswillen der Millionen, nicht den Phantasien der Abseitsstehenden denken konnte? War nicht bereits seit dem 19. Jahrhundert der Begriff der Arbeit so stark zum Bindemittel des aufkommenden Konzepts der Volksgemeinschaft geworden, daß er im Gewand der nationalen Arbeit im Burgfrieden des Ersten Weltkrieges und bei der Gründung der Weimarer Republik Legitimationsfunktionen annahm? Von 1919 über 1933 bis zu 1945 und 1949 artikulierten die Mächtigen im Appell an das deutsche Volk, sich in gemeinsamer Arbeit – zumeist Wiederaufbauarbeit – zusammenzufinden, einen politischen Imperativ. Wer da der deutschen Jugend eine zentrale Mission zusprach, konnte sie nur als Energieträger innerhalb der Arbeitsgesellschaft definieren. War das mit der Mythisierung der Jugend als Gegenkraft *vor* und *außerhalb* der Arbeitssphäre in Einklang zu bringen? Wie konnte der Generationsbegriff, der, anders als der Klassenbegriff nicht vom Stand der Produktionsmittel und -verhältnisse abhängt, überhaupt breitere Wirkung ausüben? Oder lag gerade in dem Faktum, daß die Produktionsverhältnisse außer acht gelassen wurden, die Attraktivität? Die Fragen bestätigen, wie stark der Mythos Jugend nicht nur an der Bewußtseinsgeschichte, sondern auch an der politischen Geschichte Deutschlands Anteil hat, zugleich aber auch, wie stark er innerhalb der Dialektik dieser Geschichte gesehen werden muß und sich einer einlinigen Definition entzieht.

Von der »Herstellung« der Jugend zum Konzept der Generation

Noch einmal zurück zu Nietzsches Mission der Jugend: Kaum etwas hat dem neuen Jahrhundert so viele Sympathien eingetragen wie die Verkündigung, daß Jugendlichkeit einen Wert für sich darstelle, und kaum etwas hat so viel ästhetische Energie geweckt wie der Versuch, dieser Jugendlichkeit Gestalt zu geben. Schon damit grenzt sich der Jugendbegriff, der bis zum Beginn der zwanziger

Jahre dominierte, von dem Begriff der jungen Generation ab, der danach in den Vordergrund trat. Während der Jugendbegriff der Jahrhundertwende eine gegen die Geschichte gerichtete und damit auf ästhetische oder biologische Erfahrung angewiesene Universalität behauptete, erwuchs der Begriff der jungen Generation nach 1925 aus der Erfahrung der Geschichte, vor allem der des Krieges, und war damit nicht von ästhetischer Artikulation abhängig, wenn er auch mit der künstlerischen Beschwörung der Geschichts-, sprich Kriegserfahrung starke Anstöße erhielt.

Diese Abfolge läßt sich auch im Wandel der psychologischen und soziologischen Forschungsinteressen erkennen, als nach der Bemühung um ein einheitliches Konzept von Jugend bzw. Adoleszenz mit den zwanziger Jahren das Interesse an der sozio-kulturellen Organisationsform der Generation nach vorn drängte. Während die »Herstellung von Jugend« – die Durchsetzung der Vorstellung einer jenseits aller geschichtsspezifischen Unterschiede liegenden Einheitlichkeit der Jugend[7] – nach langer Anlaufzeit in der Periode des Ersten Weltkrieges in größeren Untersuchungen kulminierte und eine spezielle Jugendgesetzgebung in Gang setzte, brachte die Folgezeit eine stark sach- und problembezogene Auseinandersetzung mit den entsprechenden Sozialisierungsprozessen. Was Karl Mannheim 1928 in der wegweisenden Abhandlung *Das Problem der Generationen* zusammenfaßte, war in der von José Ortega y Gasset, Francois Mentré, Wilhelm Pinder, Eduard Wechssler, Alfred Lorenz, Hans von Müller und anderen Forschern getragenen Welle von Generationstheorien nach dem Ersten Weltkrieg zur Sprache gekommen und hatte in der Kunst- und Geschichtsforschung schnell einen zentralen Platz gefunden. Mit Begriffen wie Generationslagerung, Generationszusammenhang und Generationseinheit versuchte Mannheim eine erste soziologische Klärung des Terrains, wobei auch die Gegenüberstellung von Generation und Klasse als analytisches Werkzeug des Historikers und Soziologen Formulierung fand. Schon Mannheim hob Wilhelm Pinders Gedanken von der Ungleichzeitigkeit des Gleichzeitigen hervor, der dann bei Ernst Bloch eine zentrale Rolle spielte. Dieser Gedanke hat bis heute den Hinweis auf die Generations- neben der Klassendifferenz in einer spezifischen geschichtlichen »Momentaufnahme« heuristisch legitimiert. Es bleibt zu fragen, wie sehr dem Konzept der historischen Generation heute noch Gültigkeit zugesprochen werden kann.[8]

Eine ähnliche Abfolge läßt sich im Bereich politischer Programme erkennen, wo die in Deutschland seit dem 19. Jahrhundert entwikkelte Vorstellung vom Dritten Weg – dem »deutschen« Weg zwischen West und Ost, Individualismus und Kollektivismus, Kapitalismus und Sozialismus – Ende der zwanziger Jahre zum speziellen Auftrag der jungen Generation erklärt wurde. Zuvor hatte man für die Spezifizierung dieses Dritten Weges beim »überpolitischen« Charakter des Jugendmythos Stützung gesucht, hatte die Gemeinschaftsformen der Jugendbewegung als Vorformen der Volksgemeinschaft interpretiert und ihnen in Weltkriegs- und Nachkriegspamphleten eine rhetorische Allgegenwart verschafft, die die politische Ratlosigkeit nur mühsam überdeckte. Vom antisemitischen Preis der »unverdorbenen unverbildeten unbefangenen deutschen Jugend« als Retter der Deutschen, mit dem Julius Langbehn 1890 sein – in der Jugendbewegung stark akklamiertes – Buch *Rembrandt als Erzieher* schloß, bis zur Widmung an die Jugend, mit der Oswald Spengler seine Schrift *Preussentum und Sozialismus* (1920) eröffnete, ist eine lange Kette von Phantasien vom Dritten Weg in den Schein des Jugendmythos getaucht, der Glanz verschaffte, wo politische Argumente fehlten. Demgegenüber hieß es dann in dem 1932 weithin beachteten Buch E. Günther Gründels, *Die Sendung der Jungen Generation*, in charakteristischer Entschlossenheit:

»In den Schützengräben des Weltkriegs, im Schmelzofen der Nachkriegsjahre, in den sozialistisch gestimmten Herzen einer neuen Jugend sind endlich diese dünkelhaften Bildungs- und Standesschranken niedergerissen worden. Eine neue Generation von deutschen Menschen hatte erstmals den deutschen Volksgenossen, den Schicksals- und Leidensgefährten in allen Schichten erkannt. *Hier* erst wurde der neue Deutsche geboren. Erst seit dem Weltkrieg beginnen die Deutschen, eine neue, nein: überhaupt *eine* Nation zu werden.«[9]

Natürlich korrespondiert diese Entwicklung eng mit den Wandlungen der Selbsteinschätzung der Jugend seit der Jahrhundertwende. Allerdings kann dabei kaum vorausgesetzt werden, daß die Jugend ihre Selbstdefinition wirklich unabhängig betrieben hätte. Das ist nur in der Jugendbewegung behauptet worden, mit starker Unterstützung von Reformpädagogen, die in der Erhöhung der Jugend zum Selbstwert ihre eigene gesellschaftliche Stellung erhöhten, und von Eltern des neuen Mittelstandes, denen der Ausbruch in die industrieferne Welt der Jugendlichkeit als kurzfristige Verwirklichung des eigenen Lebenstraumes erschien. Daß bei der Vermischung der verschiedenen Einflüsse der Gedanke vom eigenen Erlebniswert Jugend absolute Dominanz beanspruchte, widersprach den Einzelinteressen keineswegs. Wie Andreas Flitner und Walter Hornstein festgestellt haben, lag darin ohnehin nichts Neues: »Auf weite Strecken hin ist also Geschichte der Jugend zunächst Geschichte der spezifischen Formen der Hinwendung zur Jugend, der wechselnden Anforderungen und Zumutungen, die auf die Jugend gerichtet sind.«[10]

In diesem Sinne trägt die Fülle der Kristallisations- und Projektionsformen von Jugend unverkennbar den Stempel der Ästhetisierungsbewegung der Jahrhundertwende. So sehr sich die Bemühungen um die spezifische Erfahrung von Jugend unterschieden, so gewiß durchzieht alle eine ästhetisierende Tendenz, zu der das Wandern und die Gemeinschaftserfahrung der Wandervogelgruppen ebenso gehört wie das Interesse am Konflikt mit dem Vater, der in Psychoanalyse, Kunst und Literatur zu einem Schlüsselphänomen der Gegenwartskritik aufstieg. Bis zum Anfang der zwanziger Jahre läßt sich diese Tendenz verfolgen, die, was die organisierte Jugendbewegung selbst betrifft, erst 1913/14 mit dem Meißner-Fest der Freideutschen Jugend, den Aktivitäten Gustav Wynekens und der Gruppe um Siegfried Bernfelds Zeitschrift *Der Anfang* eine erste Phase grundsätzlicher Kritik durchlief (vgl. die Beiträge in diesem Band von W. Mogge zur Freideutschen Jugend, von U. Herrmann zu Gustav Wyneken und von K. Laermann zum *Anfang*). Grundlage war und blieb die Verinnerlichung dessen, was man als Freisetzung der Adoleszenz von der Arbeitssphäre bezeichnet hat. Die Tatsache, daß dieser Freisetzung in der Periode des Ersten Weltkrieges eine politische Selbsterziehung zur Seite gestellt werden sollte, ändert die Ausrichtung an den individuellen Erfahrungen der Bürgersöhne nicht. Ohne diese Ausrichtung wäre Hermann Hesses *Demian* (1919) nach dem Kriege nicht zum Kultbuch vieler Jugendlicher und die Entthronung des Vaters nicht zum Erkennungscode zahlreicher »revolutionärer« Schriften geworden.

Der vor dem Ausbruch des Krieges angestaute Hunger nach sichtbarer Verjüngung überdauerte das Grauen und die Desillusionen der Schlachten. Für die Selbsteinschätzung der Jugend wurde der Krieg zunächst zum Stimulans, ja zum Symbol der Bewährung. Gerade der Zusammenbruch der existierenden Autoritäten, Parteien und Werte erschien als einmalige Chance, die der Jugend zugewiesene Mission, eine neue, bessere Gesellschaft zu bauen, in die Tat umzusetzen. Hatte 1914 nicht selbst der internationale Sozialismus eine ungeheure Niederlage erlitten, die 1918 in jungen Sozialisten das Gefühl weckte, den Ballast der Parteitraditionen abzuwerfen und sich bewußt als Jugend zu organisieren? Es war die Zeit, da das Motto »Jugend ist eine Haltung, nicht eine Sache der Lebensjahre« blühte, oder in den Worten des jugendbewegten Sozialisten Walther Victor:

»Wir empfanden Jugend als eine bestimmte geistige Haltung, wir lernten frühzeitig, daß einer jung an Jahren sein und doch einen gewaltigen Hängebart mit sich führen konnte, während wir andererseits Männer kennen lernen sollten, die uns trotz reifen Alters Sinnbilder jugendlichen Geistes wurden.«[11]

So intensiv das politische Vakuum des Krieges die Politisierung des Jugendmythos förderte, so stark mußte dann allerdings auch die Enttäuschung zurückschlagen, als außer den symbolisch-ästhetischen Manifestationen der Jugend keine konkreten Resultate sichtbar wurden. Walther Victor sprach sogar vom Versagen, hatte also erwartet, daß ein beträchtliches Potential für tatsächliche Veränderungen vorhanden gewesen sei:

»Warum haben wir so jämmerlich versagt, die wir keine Positionen und Parteisiege erreichen oder ausbauen wollten, die wir nicht rechts und links blicken mußten, um berechtigten oder nur eingebildeten oder gar vorgetäuschten Verantwortlichkeiten gerecht zu werden und die wir nicht einmal die Entschuldigung vorbringen können, zu dumm und gedankenlos gewesen zu sein?«[12]

Diese Argumentation war insofern eine Fortsetzung der um 1900 artikulierten Konzepte, als die gesellschaftliche Ausnahmesituation als das gegebene Aktionsfeld der Außenseiterkraft Jugend definiert wird. Wenn die etablierten Institutionen versagen, muß eine mythische Kraft die Geschichte in Bewegung setzen.

Erst das Ende der Inflation 1923 und die Rückkehr zu politischer Stabilität brachte auch für die Selbsteinschätzung der Jugend die entscheidende Wendung. Man habe, so faßte es der ehemalige Jugendbewegte Max Peters 1925 in der *Weltbühne* zusammen, plötzlich verstanden, daß man der Wirklichkeit gegenüber nichts vorzuweisen hatte.

»Wir zerstreuen uns, da wir in unserm Vereinigtsein keinen Sinn mehr zu entdecken vermochten. Was als ›bündische‹ Jugend zusammenblieb, klammerte sich an Bilder und Symbole; lebte ein Leben ohne Zusammenhang mit einer Welt, in der Menschen verhungerten, Säuglinge in Zeitungspapier verkamen, in der Gewalt und Ungerechtigkeit unbestritten herrschten. Unsre geheime Sehnsucht aber, die wir unter der Arbeit an verschiedenerlei Kulturgut verbargen, blieb: aktiv einzugreifen in das politische Leben, dafür zu kämpfen, daß der Geist die Welt umformen und beherrschen sollte. Keine Partei wollte uns.«[13]

Von hier zu Gründels nationalem Männlichkeitsbekenntnis in *Die Sendung der Jungen Generation* führte der Weg über die Mythisierung der Geschichte als überpolitischer, überindividueller Erfahrung. Kunst trat gegenüber der Beschwörung des Kriegserlebnisses in den Hintergrund, Auflehnungsmetaphern wie die des Vatermordes machten der Suche nach neuen Autoritäten Platz. Vor allem aber entsprang dem Bedürfnis, in den bestürzenden Gegenwartsereignissen nicht auf das individuelle Erleben allein angewiesen zu sein, ein neuartiges Drängen nach Kollektiverfahrung. An die Stelle der ästhetischen Verinnerlichung des Abstraktums »Jugend« trat nun die existentielle Erfahrung des Kollektivs »Generation«.

Diese Erscheinung beschränkte sich keineswegs nur auf Deutschland. Wie machtvoll der Mythos der Kriegsgeneration in die Politik der Zwischenkriegszeit hineingewirkt hat, ist von Robert Wohl in *The Generation of 1914* (1979) am Beispiel verschiedener westeuropäischer Länder gezeigt worden (vgl. den Beitrag von H. Mommsen in diesem Band). Immerhin erhielt der Begriff der »lost generation« von Amerikanern in Frankreich seine spezifische Bedeutung; er bringt das schmerzhafte Hindurchgehen der Jüngeren durch die Geschichte exemplarisch zum Ausdruck. Natürlich galten für jedes Land, insbesondere wenn es zu den Verlierern des Krieges gehörte, besondere Bedingungen, und man kann feststellen, daß die Generationspolitik im Machtvakuum der Weltwirtschaftskrise in Deutschland besonders intensive Resonanz fand. Ebenso ist offensichtlich, daß das Jahr 1933 für die weitere Entwicklung einen tiefen Einschnitt bedeutete. Jedoch läßt sich die deutsche Situation nicht völlig von der internationalen Szene abkoppeln, wo die Politisierung der existentiellen Generationserfahrung in den dreißiger Jahren noch weitere Stadien durchlief. Zwischen Faschismus und Existentialismus entstand eine besonders männlich-stumpfe Ideologie der Generationssolidarität. Sie hat noch in die Jahre nach dem Zweiten Weltkrieg hineingewirkt.

Der übernationale Charakter gilt selbstverständlich nicht nur für die hier skizzierten spezifischen Wandlungen der Jugendmythen, sondern auch für die vielen Konstanten in Behandlung und Reflexion von Jugend seit 1900. Die Ausgrenzung der Jugend aus der Arbeitssphäre fand ihre Schranken weniger an nationalen als an klassenspezifischen Grenzen. Im Gegensatz zur bürgerlichen Jugend brachte die Adoleszenz im Proletariat die Integration in den Arbeitsprozeß mit sich, mit nur wenigen ausgeprägten Verselbständigungsmerkmalen. In den klassenspezifischen Erscheinungen sind die Konstanten besonders klar zu verfolgen, wobei man die Annäherung von bürgerlichen und proletarischen Haltungen nach dem Ersten Weltkrieg nicht übersehen sollte. Daneben ist die staatliche Jugendpflege und -gesetzgebung seit der Jahrhundertwende zu nennen. Diese wiederum geht mit der kontinuierlichen Ausweitung von Pädagogik und Jugendpsychologie einher, großen Gebieten, die hier nicht im einzelnen verfolgt zu werden brauchen.

Während sich auf diesen Gebieten inzwischen das Bewußtsein der eigenen Geschichtlichkeit entwickelt hat, fehlt für eine andere Konstante bisher weitgehend der Reflexionsimpuls: für den Kult der Jugend als zentralem verkaufsförderndem Element in der modernen Massengesellschaft. Es dürfte kaum zu weit gegriffen sein, den ökonomischen Jugendkult, der schon hinter der Propagierung des Jugendstils um 1900 stand, mit der Ausformung der Konsumgesellschaft im 20. Jahrhundert als machtvollste Manifestation des Jugendmythos einzuordnen. Die Bedeutung dieser Konstante kann, seitdem die Verflechtungen von Konsumwerbung und Lebensreform um die Jahrhundertwende, etwa im Dürerbund und in Ferdinand Avenarius' Zeitschrift *Der Kunstwart*, höhere Weihen empfing, für die Sozial- und Kulturgeschichte des 20. Jahrhunderts gar nicht überschätzt werden. Während heute der Konsum der Jugend selbst zu einem wichtigen volkswirtschaftlichen Faktor geworden ist, stand über weite Strecken zunächst die Verkaufsassoziation Jugend im Zentrum. Ein für ökonomische Gesichtspunkte höchst unverdächtiger Beobachter wie Karl Jaspers nannte in seiner berühmten Schrift *Die geistige Situation der Zeit* (1931) die Gründe, weshalb sich Jugend so gut verkauft:

»Jugend als das Dasein der höchsten vitalen Leistungsfähigkeit und des erotischen Lebensjubels ist der erwünschte Typus des Lebens überhaupt. Wo der Mensch nur als Funktion gilt, muß er jung sein; wenn er es nicht mehr ist, wird er den Schein der Jugend herstellen. Dazu kommt, daß das Lebensalter schon ursprünglich nichts mehr gilt; das Leben des Einzelnen wird nur augenblicklich erfahren, seine zeitliche Erstreckung ist eine zufällige Dauer, wird nicht als Aufbau unwiderruflicher Entscheidungen auf dem Grunde biologischer Phasen erinnert und bewahrt. Hat der Mensch eigentlich kein Lebensalter mehr, so fängt er stets von vorn an und ist stets am Ende: er kann dies tun und auch das, und einmal dies, ein andermal jenes; alles scheint jederzeit möglich zu sein, nichts eigentlich wirklich.«[14]

Angesichts der Punktualisierung und zugleich Mystifizierung der modernen Konsumpraktiken weisen Jaspers' Feststellungen nicht trotz, sondern wegen ihrer existentiellen Dimension auf den Kern des ökonomischen Jugendkults. Wo die Distanzierung von der alltäglichen Arbeitssphäre längst zum größten Werbefaktor geworden ist, hält der Bereich von Jugend und Jugendlichkeit eine konkrete Berührung mit dem erstrebten »anderen« bereit. Jaspers erfaßt mit existentiellen Termini, was heute als »Selbstbestätigung durch Konsum« oder »Konsum als Erlebnis« bezeichnet wird, nachdem aus der Produktionssphäre zunehmend weniger Identität hervorgeht. Ohne Zweifel behält der Mythos Jugend auch in der Sphäre von Konsum und Konsumwerbung seine metaphorisch-symbolische Struktur, doch ist er hier, und das hat schon in den zwanziger Jahren strenggläubige Jugendideologen aufgebracht, einer viel schnelleren Gratifikation zugänglich – und das heißt einem viel größeren Verschleiß unterworfen. Die Mission der Jugend weist damit ganz andere Auswege aus dem Alltag der modernen Industriegesellschaft, als es Nietzsche im Auge hatte. Gesellschaftliche und individuelle Erneuerung ist inzwischen an die ewige Wiederkehr der gleichen Jugend übergegangen und konsumierbar geworden, mehr noch, ist ökonomisch konstruktiv geworden, wenn man einmal daran denkt, daß die Konjunkturaufschwünge von 1897, 1925, 1934, 1951 mit Perioden übereinstimmten, in denen die Propagierung von Jugend und Jugendlichkeit eine wichtige Rolle spielte.

Hier liegen Herausforderung und Kompensation für politische Jugendmythen nahe beieinander. Das gilt auch für die unmittelbare Gegenwart, in der die Ausgrenzung gewichtiger Teile der Jugend aus der Arbeitssphäre mit einer heftigen Infragestellung des

Leistungsdenkens korrespondiert. Im passiven Protest beträchtlicher Segmente der jungen Generation haben sich bestimmte Ausformungen früherer antibürgerlicher Subkulturen neu belebt, wobei die Absonderung weiter reicht und mehr Jugendliche erfaßt als je zuvor. Auch hier ist antihistorisches Denken im Spiel, doch richtet sich die Opposition nicht weniger gegen die Art und Weise, wie die Gesellschaft die Gegenwart erfahrbar macht und erfährt, nämlich im Konsum als ritualisierter Kompensation für alltägliche Arbeitsleistung. Die »Konsumierung« von Jugend sollte nicht ohne diese Opposition gesehen werden. Das Problem dieser Opposition ist, daß sie, um zu überleben, selbst konsumierbar sein muß.

Der Jargon der Wesentlichkeit

Was Theodor W. Adorno am Existentialismus, zumal an Heidegger bloßgestellt hat, besitzt, wie die Amalgamierung von Konsum und Mystik im Mythos Jugend seit der Jahrhundertwende zeigt, eine lange Tradition: der Jargon der Eigentlichkeit als gesellschaftliches Bedürfnis. Wer sich heute mit der Literatur über die Jugend beschäftigt, die seit dem Ende des 19. Jahrhunderts im deutschen Sprachraum verfaßt worden ist, einschließlich einem großen Teil der wissenschaftlichen, besonders psychologischen und pädagogischen Schriften und der als »jugendlich« von Jugendlichen produzierten Werke, der begegnet diesem Bedürfnis auf Schritt und Tritt. Um genau zu sein – und um eine Abgrenzung von den spezifisch philosophischen Traditionen anzudeuten –, sollte man allerdings eher vom Jargon der Wesentlichkeit sprechen.

Erst seit dem Zweiten Weltkrieg ist hier eine grundlegende Wandlung eingetreten, ungefähr zu der Zeit, da Eduard Spranger sein weithin wirksames Standardwerk *Psychologie des Jugendalters* von 1925 aus dem Verkehr zog, in einem Entschluß voller Symbolik. Von seinen Anschauungsformen vermittelt ein Absatz über Pubertätsentwicklungen einen annähernden Eindruck:

»Sie werden sich darin zeigen, daß in den Jugendjahren bestimmte, sich einzeln heraushebende Erlebnisse mit besonderem Gewicht in die Seele fallen und ihr einen neuen Blick für Welt und Leben ›erschließen‹. Sie mögen auf Taubenfüßen kommen und die stillsten Stunden sein, diese Offenbarungen. Niemals sind sie bloße Geschehnisse von außen, sondern die Seele muß für sie geöffnet sein; auch sie muß sich ›erschließen‹, vielleicht in einem ganz einsamen Augenblick, dem man kaum anfühlt, daß er mit einer entscheidenden seelisch-geistigen Zukunft schwanger geht. Immer bedeuten sie Erschütterungen, Revolutionen, schicksalhafte Biegungen des Lebensweges.«[15]

Nicht anders klingt Sprangers schwärmerischer Preis der Jugendbewegung. Er ist symptomatisch für die Hoffnungen, daß diese mystischen Momente – Spranger spricht von »immanenter Mystik, d. h. einer ganz säkularen Religiosität, die aus unausgeschöpften Lebenstiefen quillt« – der Gesellschaft allgemein zugeführt würden. Entscheidend ist die Erfahrung der Wesentlichkeit, nicht die politisch-gesellschaftliche Intention:

»Der Enthusiasmus der Jugendlichkeit wird hier zugleich zu einem neuen Ethos. Inhaltlich nimmt es tausend verschiedene Formen an, bald pazifistisch, bald national, bald kämpferisch und radikal-zerstörend. Aber der ›Durchbruch‹ des ungeteilten, ungehemmten Lebensstromes durch die einseitigen, erstarrten Formen der Kultur, das ist die Kraft, die hinter allem steht.«[16]

Eine solche Sanktionierung weltanschaulicher Beliebigkeit läßt viel vom Denken des deutschen Bürgertums im 20. Jahrhundert erkennen. Darin ist einbegriffen, daß eine Vielzahl bürgerlicher Jugendlicher ihre Jugend tatsächlich in dieser Weise »wesentlich« machten. Es gibt kaum einen Bereich, in dem die Distanz zwischen Bürgern und Arbeitern größer war als bei dieser ästhetischen Ausgestaltung und Verinnerlichung des von der Arbeitssphäre abgetrennten Lebensbereichs. Entsprechend schroff formulierte der Sozialdemokrat Theodor Haubach 1930: »Eine besondere Bewegung der ›Jugend‹ wird es innerhalb des Sozialismus nicht geben, darf es nicht geben, kann es auch nicht geben.«[17] Zur selben Zeit machte Walter Benjamin die ersten Erscheinungsformen dieser Verwesentlichung im Jugendstil sichtbar. Er deutete auf diesen Stil,

»in dem das alte Bürgertum das Vorgefühl der eigenen Schwäche tarnt, indem es kosmisch in alle Sphären schwärmt und zukunftstrunken die ›Jugend‹ als Beschwörungswort mißbraucht. Hier taucht, zunächst nur programmatisch, zum ersten Mal die Regression aus der sozialen in die natürliche und biologische Realität auf, welche seitdem wachsend sich als Symptom der Krise bestätigt hat.«[18]

Allerdings wird die Ideologiekritik an der Beschwörung von Jugend schnell steril, wenn sie nicht die Selbstverstrickung, sprich

Dialektik, der bestehenden und erhofften Identifikationen mitreflektiert. So liefert Benjamins eigene Beschwörung der Jugend vor dem Ersten Weltkrieg dem Forscher immer noch interessantes Material für die Entwicklungslinien seiner revolutionären Kulturkritik. Seine Abwendung vom Kult der Jugend, dem er im Umkreis Gustav Wynekens und der Zeitschrift *Der Anfang* revolutionäres Potential zugeschrieben hatte, deutet gerade in der Abruptheit auf ein tieferliegendes eschatologisches Engagement, das in der späteren Zuwendung zur Kindheit allein nicht aufgeht.[19] Zweifellos hat Benjamin von Anfang an der Augenblicksmystik ethische Verantwortlichkeit entgegengestellt, doch bleibt seine Forderung nach Durchdringung des Daseins mit dem »Heiligen«, dem »Wesentlichen« ominös. In seiner Erläuterung der notwendigen »heiligen Entscheidung« heißt es 1914:

»Die Jugend, die sich zu sich selbst bekennt, *bedeutet* Religion, die noch nicht ist. Umgeben vom Chaos der Dinge und Menschen, deren keine geheiligt, keine verworfen sind, ruft sie nach Wahl. Und wird nicht eher aus tiefstem Ernst wählen können, bis die Gnade das Heilige und Unheilige neu geschaffen hat. Sie vertraut, daß Heiliges und Verdammtes sich in dem Augenblick offenbaren, da ihr gemeinsamer Wille zur Wahl sich auf das höchste gespannt hat.«[20]

Formen der Jugendopposition vor 1923

Für den im 20. Jahrhundert immer wieder faszinierenden Rückzug aufs Vitalistisch-Natürliche hat, um Benjamins erste Bemerkung aufzunehmen, der Jugendstil die Zeichen gesetzt. Im Protest gegen den gründerzeitlichen Historismus repräsentierte er den ersten und letzten Versuch des Industriebürgertums, sich eine eigene, von der Massenproduktion ebenso wie vom feudalen Gehabe abgesetzte umfassende ästhetische Lebensform zu verschaffen. Dabei kam dem Begriff der Eigenform, den man allem Imitierten, Historistischen, Scheinhaften entgegensetzte, besondere Bedeutung zu.[21] Man stellte die Bemühung um die Eigenform der alltäglichen Gebrauchsgegenstände der Herausarbeitung des Handwerklichen, Biologischen, Wellenhaften, »Natürlichen« gleich, in der Neuformulierung eines Lebensgefühls, das zugleich modern und antimodern war. Daß der international als Art Nouveau bekannte Stil im deutschsprachigen Raum zum Jugendstil erklärt wurde, läßt

Georg Schrimpf, Die Revolutionäre (1915)

viele Deutungen zu, beweist in jedem Falle die Zugkraft des Konzepts Jugend und der in München erscheinenden Zeitschrift gleichen Namens, die dieses Konzept zum flotten Salonereignis stilisierte. Oft kolportiert ist die Begründung ihres Herausgebers Georg Hirth dafür, daß er das Blatt, das vielen Künstlern als Sprungbrett diente, nicht *Leben* nannte: Er habe sich vorgestellt, wie seine sächsischen Leser dieses Wort aussprechen würden. Daß er mit dem Terminus Jugend vor allem auf eine heitere Ästhetisierung der Gegenwartswelt zielte, die sich kommerziell auszahlen würde, bezeugen die Sätze des ersten Heftes 1896:

»Jugend ist Daseinsfreude, Genußfähigkeit, Hoffnung und Liebe, Glaube an den Menschen – Jugend ist Leben, Jugend ist Farbe, ist Form und Licht ... Ein besseres Bannwort hätten wir für unser Wagnis nicht finden können! Darum sehen wir dem Werdenden mit froher Hoffnung entgegen. Ganz schlecht kann es nicht ausfallen, unser Zeichen ist viel zu gut!«[22]

Die Form verschwand, die Formel blieb. Sie ermöglichte mit ihrer unverbindlichen Attacke gegen »das Alte«, Verwelkte, Verbrauchte, steril Gewordene einen immer neu verfügbaren – auch kom-

George Grosz, Kultur-Pioniere

merziell verfügbaren – Jugendbegriff, in dem die Utopie vom natürlichen Leben zeichenhaft erkennbar wurde, je nach den zeitgemäßen Moden. Denn Moden waren es, die bestimmten ästhetischen Befreiungsstrukturen – nicht zuletzt in der Jugend selbst – zum Marktwert verhalfen, zu dem die Avantgarde mit ihrem ständigen Wechsel kräftig beitrug. Daß dem der Jugendstil sehr bald selbst zum Opfer fiel, zeigt nur die Macht dieses Wandlungsgesetzes.

In enger Korrespondenz, wenn auch klarer Opposition dazu steht die nicht weniger machtvolle Tradition der antikommerziellen Ästhetisierung der Jugend. Daß sie einen anderen, bis zum Zweiten Weltkrieg sehr beträchtlichen Teil der bürgerlichen Jugend aktivierten, läßt sich leicht verstehen. Denn der Ausschluß der Jugend aus der Arbeitssphäre machte besonders das kommerzielle Denken anfechtbar, wenn auch zunächst die Unterdrückung sexueller und später politischer Bedürfnisse als brennender erschien. Ausgeschlossen aus dem Bereich ökonomischen Handelns, das an allen Machenschaften der kapitalistischen Modernisierung Anteil hatte, artikulierte die Jugend eine Kritik dieses Systems, deren Radikalität die der Sozialisten häufig weit übertrumpfte. Ihre Beweisführungen waren im übrigen von denen, die der Sozialistenführer Ferdinand Lassalle im 19. Jahrhundert gebrauchte, gar nicht allzuweit entfernt, insofern sie die bürgerliche Gesellschaft an ihren Idealen maß und den moralischen Ausverkauf an Profitstreben und Zweckdenken verwarf. Als groß erschienen dagegen die Maximen der Klassik, die in Gymnasien überliefert wurden und entstaubt werden mußten, dann aber auf einen um so rigideren Idealismus stießen, je stärker die Isolierung vom kommerziellen Alltag war. Wenn man gesagt hat, daß in der Jugendbewegung, in der diese Haltung zunächst eine organisatorische Heimat fand, eine eher konservative Weltanschauung zum Zuge kam, so hat das seine Berechtigung und erklärt zugleich die wohlwollende Anteilnahme in bestimmten bürgerlichen Schichten. Man hoffte dort, daß sich die Jugend »die auf die Kernaussagen reduzierte Kulturtradition in einer hochflexiblen und zugleich äußerst intensiven Weise« aneignete, »um sie dergestalt schließlich mit neuem Leben zu erfüllen«.[23] Oder aus der anderen Perspektive:

»Wenn sich die protestierenden Studenten gegen ihre Eltern wandten, dann also nicht deswegen, weil sie Gegenwerte vertraten, sondern weil sie die anspruchsvollen ethischen Maßstäbe der Eltern weit bedingungsloser ernst nahmen, als diese selbst es taten.«[24]

Je nachdem, wie stark das Bürgertum selbst die kommerziellen Werte anzweifelte, die es im Alltag verfolgte bzw. von denen es verfolgt wurde, begegnete es der Jugend mit mehr oder weniger großer Ermunterung. Über die Differenzierung verschiedener Schichten gibt noch immer die von Wilhelm Roessler in *Jugend im Erziehungsfeld* (1957) getroffene Unterscheidung zwischen dem neuen Mittelstand und dem Besitzbürgertum am meisten Aufschluß. Sie beleuchtet die überwiegende Herkunft der Wandervögel aus den »entwurzelten« und zumeist in der Großstadt (noch) nicht heimisch gewordenen Mittelschichten und grenzt davon die Jugend des Besitzbürgertums ab, die in ihrer Opposition sehr viel stärker literarisch-ästhetische Formen gebrauchte.[25] Mit dieser Unterscheidung läßt sich sogar eine gewisse Parallele in der Formulierung des jeweiligen Protests erkennen. Da äußerte sich im gemeinsamen Wandern und Singen der Wandervögel eine Identitätssuche, die sich in der Partizipation an einer spezifischen Freizeitbeschäftigung erschöpfte, die immer nur wieder elitär erneuert und mystifiziert werden konnte. Das ist in der Tat in der Jugendbewegung geschehen und hat zu der charakteristischen Feststellung von Wilhelm Stählin geführt, man solle nicht die Chronik und auch nicht die Geschichte, sondern die Legende des Wandervogels und der Jugendbewegung den späteren Geschlechtern überliefern.[26] Sich selbst eine Legende verschaffen: dieses Bedürfnis reflektiert sehr direkt die Sinnsuche der entwurzelten Mittelschichten, ihr Gefühl der Unsicherheit und Obdachlosigkeit im Modernisierungsprozeß. Wenn Angehörige dieser Schichten die überlieferten hohen Persönlichkeitsideale als Erziehungsziel der verarbeiteten Naturerfahrung hinstellten, so geschah dies voller Hoffnung auf eine neue Relevanz ihrer Position. Sie erkauften sich das Gefühl kultureller Erneuerung um den Preis politisch-gesellschaftlicher Isolation. Nicht von ungefähr gestanden die Behörden in Deutschland und Österreich den Jugendgruppen ihre Selbständigkeit nur so lange zu, als diese einer politisch artikulierten Kritik an der Gesamtgesellschaft fernblieben.

Die andere Form der Identitätssuche führte in fortschreitender Radikalisierung auf ebendiese Kritik an der Gesellschaft, wenngleich ihr Anteil innerhalb der Jugend ebenso wie beim Wandervogel nicht überschätzt werden sollte. Im Umkreis des alten Bildungs- und neuen Besitzbürgertums ergaben sich die Bedingungen für eine zunehmend öffentlichkeitsorientierte verbale Artikulation der eigenen Außenseiterposition. Statt in den Raum der romantisch angereicherten Geschichtslosigkeit auszuwandern, lernten diese Bürgersöhne (während die Töchter zumeist ausgeschlossen blieben), ihre Selbständigkeit in den etablierten publizistischen und literarischen Formen zu erproben. Das erste Generalthema, das eine interne Öffentlichkeit herstellte, war die Forderung nach Schulreform. Es nahm in den Aktivitäten Gustav Wynekens und derjenigen Jugendlichen, die eine spezielle Jugendkultur diskutierten, eine zentrale Stellung ein. Im Skandal um die Zeitschrift *Der Anfang* und die damit verbundene Sprechsaal-Bewegung wurde den Angehörigen, die sich insgesamt recht zahm geäußert hatten, bescheinigt, daß ihre jugendliche Diskussion etablierter Werte die öffentliche Ordnung störe. Sie zogen andererseits aber auch die Kritik der Wandervögel auf sich, denen diese Ideen als zu politisch und unjugendlich erschienen und die 1914 Wyneken ausschlossen. Ohne Zweifel mußten sich die Aktivisten, um ihre Vorstellung der Jugendbefreiung öffentlich zu machen, der Insignien ebendieser Öffentlichkeit bedienen. Diese Entwicklung ist in der Geschichtsschreibung über die Jugendbewegung außer acht gelassen worden, als stelle sie eine Abirrung dar. Das hat lange Zeit verhindert, die Beziehungen zum frühen Expressionismus, besonders zu Franz Pfemfert und dem Kreis um die Zeitschrift *Die Aktion*, sowie zur psychoanalytischen Bewegung – Siegfried Bernfeld, der Wiener Initiator des *Anfang*, war mit Freud und dessen Theorien bekannt – umfassend zu analysieren.[27]

Allerdings muß eingeräumt werden, daß die Konzeptualisierung von Jugend im Zusammenhang dieser Beziehungen eine andere Gestalt annahm, als es die Einfühlungsmaximen des Wandervogels nahelegten. Mit der Bewegung, die man bald als Expressionismus bezeichnete, entwickelte sich eine literarische Gesellschaftskritik, die die Aggressionen und Konfrontationen, die im Alltag kaschiert wurden, im Bildlich-Metaphorischen theatralisierte und sich vor allem als Kritik der Sprache und in der Sprache artikulierte. Jugend wurde dabei zum Codewort des Andersseins, wobei Pfemfert 1912 in der *Aktion* darlegte, wie schwer es fiel, mit dem Begriff »deutsche Jugend« progressive Assoziationen zu wecken:

»Deutsche Jugend! Wie verlogen, wie unmöglich das klingt. Wir haben deutsche Gendarme, deutsche Soldaten, deutsche Schnurrbartbinden, deutsche Gefängnisse, deutsche Professoren. Aber schon wenn wir vom deutschen Geist sprechen, werden wir verlegen sein. Deutscher Geist, das ist etwas Hosenbödiges, etwas Holziges. Wenn's hoch kommt, denken wir dabei an Adolf Bartels aus Weimar, wenn niedrig geht – an Bethmann Hollweg. Deutsche Jugend, . . . das ist überhaupt nicht auszudenken.«[28]

Pfemfert fügte hinzu: »Und trotzdem hoffen wir auf die deutsche Jugend«, auf eine »revolutionäre Jugend«, eine »bürgerliche internationale Jugend«. Es war nur konsequent, wenn er dem Treffen der Jugendbünde auf dem Hohen Meißner 1913 wiederum die Titelseite der *Aktion* widmete und in der Jugend eine dritte Kraft jenseits von Nationalismus und Sozialismus pries:

»Es klingt schön ›Ans Vaterland, ans teure schließ dich an‹. Schön klingt auch: ›Die Internationale, das soll die Menschheit sein.‹ Jedoch auf dem

Hohen Meißner haben diese Klänge zu schweigen! Weder ›international‹ noch ›national‹: *jung* sollt ihr sein, das Recht dieses Jungseins sollt ihr euch erringen.«[29]

Angesichts dieser Zurschaustellung von Parolen mutet die wegen ihrer Abstraktheit oft gescholtene Meißner-Formel der Freideutschen Jugend gar nicht so abstrakt an. (»Die Freideutsche Jugend will aus eigener Bestimmung, vor eigener Verantwortung, mit innerer Wahrhaftigkeit ihr Leben gestalten. Für diese innere Freiheit tritt sie unter allen Umständen geschlossen ein.«) Es ging dabei nicht um eine spezifische Aktionsaussage, sondern vielmehr um die Schaffung eines Identifikationscodes, mit dem man sich jenen des Nationalismus und Sozialismus bzw. der Parteien entzog und sein Andersseinwollen öffentlich signalisierte.

Je weiter sich diese Codes von den Gegebenheiten praktischer Politik entfernten, desto nachdrücklicher blieben sie auf die individuelle bürgerliche Existenz bezogen. Wie aufnahmewillig bestimmte Schichten dafür waren, bezeugt die erstaunliche Vehemenz, mit der zwischen 1910 und 1920 der Generationskonflikt als Konfrontation zwischen Sohn und Vater, angereichert mit den ersten psychoanalytischen Exegesen, zu einem Schlüssel für das Verständnis der aktuellen Umwälzungen erhoben werden konnte. Die ästhetische Sublimation des Konflikts mit der Autorität in der Vater-Sohn-Konstellation drang tiefer als jede politische Formulierung; hier überschnitten sich expressionistische und jugendbewegte Symbolisierungen, die in gutbürgerlichen, intellektuell interessierten, häufig jüdischen Elternhäusern ihre soziale Basis besaßen.

Noch in Ernst Blochs poetischen Projektionen vom »Noch-Nicht-Bewußten in Jugend, Zeitwende, Produktivität«[30] im *Prinzip Hoffnung* läßt sich dieses Denken in Codes erkennen. Bloch reiht die Assoziationen des besseren Zukünftigen wie Perlen einer endlosen Kette aneinander, flicht den Begriff Jugend darunter wie ein helles Erkennungszeichen, mit dem die Farben der produktiven Zeitenwende nur als um so bunter erscheinen. Der Anstoß, den er damit nicht erregte, ist um so kritischer von einem konservativen Soziologen wie Helmut Schelsky aufgenommen worden, der seine Herkunft aus der nüchterneren Folgegeneration der zwanziger Jahre soziologisch verinnerlichte. Schelsky widmete diesem Aspekt Blochs ein ganzes Buch, nannte es *Die Hoffnung Blochs. Kritik der marxistischen Existenzphiloso-*

phie eines Jugendbewegten und schrieb darin, gegen Bloch gewendet:

»Weshalb sieht er nicht, daß ›die Jugend‹ eben damit endet, daß man sich zu der Erfüllung und Durchführung einer bestimmten Lebensaufgabe entschließt und daß eben diese Entscheidung der eigenen Lebensplanung und -führung Leistung und Arbeit erfordert, aber auch Befriedigung und Selbstbewußtsein vermittelt? Zielt denn die ›Jugend‹ nicht auf das ›Erwachsensein‹ als ihre ›Explikation‹?«[31]

Die Generation ohne Väter und Lehrer

Auf Schelskys Frage kann die Antwort lauten: gewiß doch. Allzu zukunftsoffene Jugendkonzepte müssen spätestens dann verblassen, wenn die jungen Leute sich ganz auf die Karriere ausrichten und ein zweites Darlehen aufnehmen, um das größere Auto zu finanzieren. Es ist der alte Einwand gegen die Vorläufigkeit des Jugenddaseins. Er ist gewiß nicht weniger traditionell als der Kult der Jugend und erneuert sich, insofern Jugend eine immer neue individuelle Erfahrung darstellt, im Raum der Familie und Schule ebenso konstant. Gleichwohl meinte es Schelsky nicht nur in diesem biographischen Sinne. Mit seiner Untersuchung der deutschen Jugend, *Die skeptische Generation* (1957), hatte er eine in den fünfziger Jahren weithin akzeptierte Formel für die Annahme gefunden, daß sich die Jugend nach 1945 endgültig von politischen und ideologischen Verführungen befreit und zur Wahrnehmung ihrer Lebensaufgabe, erwachsen zu werden, entschlossen habe. Seine Polemik gegen Bloch knüpfte sehr nachdrücklich an diese These an, berief sich auf geschichtliche Zwangsläufigkeit bei der Folgerung, daß sich mit der Entideologisierung und Entpolitisierung der nivellierten Wohlstandsgesellschaft eine solche Ausgrenzung der Jugend überlebt habe.

Für die nüchterne Analyse des Generationskonflikts in der neueren deutschen Geschichte hat Schelsky in den fünfziger Jahren zweifellos ein wichtiges Tor geöffnet. Er hat dazu beigetragen, den Jargon der Wesentlichkeit abzubauen und die Jugendbewegung in ihren sozialen und politischen Konsequenzen – nicht als Legende – zugänglich zu machen. Mit den Jugendunruhen und dem neuen Generationsdenken seit den sechziger Jahren ist allerdings die Selbstverständlichkeit, mit der Schelsky die Jugend auf die Explikation im Erwachsensein ausrichtete, selbst fragwürdig geworden. Eine konservative Polemik schiebt sich dabei vor die heute breiter diskutierte Frage, inwiefern Jugend als eine Organisationsform der Sozialisation in den modernen Industriegesellschaften an Bedeutung zurückgeht.[32] Schon Karl Mannheim äußerte diesbezügliche Zweifel, wie überhaupt die Entleerung des ästhetisch-individualistisch definierten Jugendkonzepts in den zwanziger Jahren starke Skepsis zur Folge hatte.

Offensichtlich sind bereits in den zwanziger Jahren beide Aspekte – Aktivierung und Absterben der spezifischen Jugendsphäre – lebhaft diskutiert worden. Die Frage, ob die junge Generation in dieser hochorganisierten Industriegesellschaft wirklich Änderungen erzwingen könne, erscheint in den verschiedensten Abwandlungen. So ließ Siegfried Kracauer keinen Zweifel daran, daß die im Zeitalter der Neuen Sachlichkeit vielgepriesene Ernüchterung der Jugend häufig bloß deren Resignation und Ratlosigkeit kaschiere. In der Besprechung des für die Programmierung einer sachlichen Jugend repräsentativen Bandes von Frank Matzke, *Jugend bekennt: So sind wir!* (1930), schrieb Kracauer in der *Neuen Rundschau*:

»Ja, leider sind sie so. Statt die Wirklichkeit, die auch eine gesellschaftliche ist, zu erforschen, begnügen sie sich damit, nicht mehr an Illusionen zu glauben; statt mit Hilfe des Intellekts unserer Verdinglichung inne zu werden, postulieren sie: ›Tiefer hängen den Intellekt! das ist unsere Lösung‹; statt in erster Linie die Änderung elender Zustände zu erstreben, beruhigen sie sich genau so bei Dingen und Sachen wie die Vorfahren bei Stimmungen und Ideologien. [...] Da das Bürgertum seine früheren Maskeraden vernutzt hat, andererseits sich um keinen Preis Rechenschaft über unsere gesellschaftliche Situation und die Notwendigkeit ihres Wandels ablegen will (und kann), ist seine Jugend einfach ›sachlich‹ geworden.«[33]

Das war der eine Aspekt. Er läßt sich, schlägt man mit Schelsky die Brücke zur »skeptischen Generation«, auch in der Jugend nach dem zweiten von Deutschland verlorenen Weltkrieg erkennen. Das heißt, eigentlich ist er voll nur bei der Jugend nach 1945 anzutreffen, der Schelsky so hoch anrechnete, daß sie sich im Gegensatz zur Jugend der zwanziger Jahre von Politik und Ideologie befreit habe. Demgegenüber aber – so der andere, wesentlich häufiger erörterte Aspekt – gab es in den zwanziger Jahren eine zunehmende Aktivierung, Politisierung, Ideologisierung, die von dem Bewußtsein getragen war, daß Jugend diese Gesellschaft verändern könne, wenn sie sich nur organisiere und die rechten Führer fände. Dieses Bewußtsein intensivierte sich mit dem ökonomischen und politischen Niedergang der Weimarer Republik, war jedoch nicht allein davon abhängig. In ihm kehrte auf andere Weise die Unzufriedenheit mit den etablierten Haltungen und Wertvorstellungen der Gesellschaft zurück, die den Reformgeist von 1914 hatte aufflammen lassen. Während es damals aber darum gegangen war, die vom Bürgertum aufgegebenen Ideale von seiten der Jugend neu zu beleben und zu realisieren, war die Oppositionshaltung nun konkreter und politischer, direkt gegen die Wege und Formen der Gesellschaft gerichtet, mit Modernisierung und politischen Umwälzungen fertig zu werden. Ein neues Gefühl der Mission für das Ganze entstand, dessen Ausmaß Schelsky festgehalten hat: Die Jugend

»begegnete sich in diesen Bestrebungen mit den Erwachsenen, operierte in deren eigenen Lebensräumen und zog sich daher nicht auf eine eigenständige Jugendwelt zurück. Aber trotz dieser Koalition mit der älteren Generation fühlte sie sich ihr nicht zugehörig; die Reformen, die Maßnahmen der Erwachsenen waren ihr zu kompromißhaft, zu experimentierend, zu langsam und zaghaft; nur in der größtmöglichsten Radikalität der Umwälzung des Ganzen schien ihr der Erfolg einer endgültigen Stabilisierung, einer harmonischen Ordnung der Welt zu liegen. Sie, die Jugend, war die eigentliche Kraft, die dazu fähig war, da die Alten ja versagt hatten. Daher sind die radikalsten und revolutionärsten Positionen jeweils auch die für diese Generationsgestalt typischsten. Auch diese Jugend sah sich also als ein Vortrupp des Kommenden, aber nicht in reifendem Warten in eigener Jugendwelt, sondern im radikaleren Zugriff auf die Welt der Erwachsenen selbst.«[34]

Dieses Missionsgefühl durchdrang zahllose Bünde und Jugendorganisationen vor 1933. Auch in dieser Phase blieb das Ziel des enormen Energieaufwandes zugunsten des großen Ganzen im Dunkeln – wenn man nicht die Beschwörung dieser Mission selbst als Ziel anerkennen will. Zu einer Zeit, da mit der Weltwirtschaftskrise jegliche Zukunftsprojektion von Unsicherheit und Angst durchwirkt war, wurde allein schon die Beschwörung der jungen Generation als »Vortrupp des Kommenden« zum Politikum, gleichgültig ob dieser Vorschuß jemals eingelöst würde. Indem sich der einzelne diesem Kollektiv zurechnete, hatte er an diesem Vorschuß Anteil. Auch wenn dieser Zugehörigkeitscode im Organisationskult dieser Jahre seine Ergänzung fand, basierte er im wesentlichen auf dem Entschluß, dazuzugehören oder nicht. Das schob die Altersgrenze dieser »Jugend« bis zu den Mittdreißigern hinauf, und Peter Suhrkamp merkte 1932 an: »Die Vierzigjährigen als Junge: diese Tatsache ist absurd! Aber sie darf nicht fehlen in dem Bild von unserer Welt.«[35] Unter der bezeichnenden Überschrift »Söhne ohne Väter und Lehrer« wies Suhrkamp auf den Verlust der Autoritäten hin und folgerte, daß sich die Kriegsgeneration im Gefühl, für ihr Leiden betrogen worden zu sein, nach langem Warten auf eine eigene Entscheidung besinne.

Wie wir wissen, ist der politische Vorschuß des Generationsmythos nicht eingelöst worden, ja hat zur Erwartungshaltung gegenüber dem Nationalsozialismus, der geschickt die Fassade der Jugendlichkeit aufbaute, beträchtlich beigetragen.[36] Über dieser Steigbügelfunktion des Jugendmythos sollte allerdings sein Gebrauch zur Selbstermutigung einer ökonomisch zu dieser Zeit besonders hart getroffenen Schicht nicht übersehen werden. Bei einer – wie überall in Europa – absinkenden Geburtenrate in den zwanziger Jahren blieb der Anteil der jungen Generation sehr hoch; die vom Krieg nicht dezimierten Jahrgänge 1900 bis 1914 errreichten in Deutschland gerade dann den Arbeitsmarkt, als der seinem größten Tief zusteuerte.[37] Mit dieser Notsituation gewann die Ideologisierung von Jugend und junger Generation in starkem Maße auch den Charakter von Interessenpolitik, das heißt, der Legitimierung politischer Forderungen einer bestimmten Interessengruppe. Seit die Reichstagswahl von 1928 die Macht der Interessengruppen offenkundig gemacht hatte, wurde ein zunehmender Teil der Politik als Interessenpolitik betrieben und von denselben Bürgern, die diese Gruppen wählten, als Niedergang in den schieren Materialismus denunziert. Der Begriff Jugend hatte da ebenfalls einen ambivalenten Beiklang: Zum einen signalisierte er die nachdrängende, vom Krieg verrohte Generation, die die Älteren bloß aus ihren Stellungen verdrängen wollte, zum andern implizierte der Begriff, der seit langem so heilbringend aufgeladen worden war, eine letzte überparteiliche, überideoloische Bastion der Ursprünglichkeit und Erneuerungsfähigkeit. Es zeigt die politische Instinktsicherheit der Nationalsozialisten – und die tatsächliche Bedeutung dieses Elements für die Politik –, daß sie beide Assoziationen intensiv für ihre Zwecke ausnutzten.

Beide gehörten zum Kult um die junge Generation von 1930,

Brutalität ebenso wie ein neues Elitedenken. In beiden Fällen erscheint der Erste Weltkrieg als entscheidende Bezugsgröße, sowohl in der – zumeist positiven – Ideologisierung der Brutalität, als auch in der Legitimierung der spezifischen Mission der Jungen. Daß das gemeinsame Alter die Jugend einer bestimmten Periode noch nicht zu einem Generationsverband formt, konstatierte schon Karl Mannheim. Spezifische geschichtliche Grunderfahrungen gehören hinzu, und da war der Krieg das dominierende Ereignis. Allerdings läßt sich nicht übersehen, daß die Bezugnahme auf den Ersten Weltkrieg, die sich Ende der zwanziger Jahre ritualisierte, zu fast allem »herhalten« mußte und sich als literarisch-publizistisches Thema schnell verselbständigte. Als Erich Maria Remarque 1928 seinem Roman *Im Westen nichts Neues* das Motto voranstellte: »Dieses Buch soll weder eine Anklage noch ein Bekenntnis sein. Es soll nur den Versuch machen, über eine Generation zu berichten, die vom Kriege zerstört wurde – auch wenn sie seinen Granaten entkam«, war er noch überrascht von der überwältigenden Bereitschaft des Publikums, diese Aussage als Schlüssel für aktuelle Daseinsprobleme zu akzeptieren. Als dann Theodor Geiger 1932 die Untersuchung *Die soziale Schichtung des deutschen Volkes* veröffentlichte, bemerkte er: »Es ist absonderlich, aber wahr, daß die den Krieg als nationale Tat preisende Jugend den Krieg, der ihre Kindheit überschattete, verleugnet.«[38] Die Bezugnahme auf den Krieg verflüchtigte sich zu dieser Zeit bereits wieder zu einem Abstraktum.

Für diese Differenzierungen dürfte die wichtigste Dokumentation in der Zeitschrift *Die Tat* zu finden sein, deren Aufstieg zum maßgeblichen Organ eines Dritten Weges für Deutschland eng mit der Propagierung der jungen Generation verknüpft war. Dabei ist nicht nur die vielmals vertretene Feststellung aufschlußreich, daß für Deutschland eine Synthese zwischen Rechts und Links notwendig sei, sondern die nicht weniger nachdrücklich behauptete Meinung, daß für die Herstellung dieser Synthese zunächst die Schaffung eines Mythos nötig werde. Es dürfte nur selten eine Zeitschrift dieses Ranges und dieser politischen Ambition gegeben haben, die der Herstellung politischer Symbolik so viel Raum zugestanden hat wie *Die Tat*. Im Grundsatzartikel *Rechts oder Links?*, der im Postulat Rechts *und* Links mündet, ließ Hans Zehrer den an die Mittelschichten gerichteten Satz gesperrt drucken:

»Diese Schichten können ihre Zusammengehörigkeit mit der großen Gemeinschaft, mit dem Volk und der Nation, nicht in einer Gewerkschaft, einem Verband, einer Klasse oder einer sonstigen Organisation erleben, sie können es nur im Ideal, im Mythos.«[39]

Für die Entstehung dieses Mythos habe die Jugendbewegung die Zeichen gesetzt. »Langemarck ist der Geburtsort dieses neuen Mythos geworden.«[40] Schon Kracauer hielt dem entgegen:

»Der Begriff des Mythos, der in den Veröffentlichungen des Tatkreises so stark akzentuiert wird wie der Gedanke der Planwirtschaft, steigt aus den Gewässern der Lebensphilosophie empor und ist im Anschluß an Sorel geprägt. Er verdankt die große, ihm beigemessene Bedeutung ersichtlich dem Umstand, daß man nicht mehr den bändigenden Wirkungen rationaler Erkenntnis vertraut, sondern an ihre Stelle prangende Bilder setzen zu müssen glaubt, zu denen sich die irrationalen Kräfte auf irgendeine geheimnisvolle Weise verdichten. Statt nun das eine oder andere dieser Bilder zu enthüllen, beschränkt sich Zehrer leider darauf, sie einfach zu fordern.«[41]

Die eigentliche Differenzierung betraf die Bemühung, von der vielbeschworenen Frontgeneration zu einer jüngeren, nicht weniger frustrierten und entschlossenen Generation die Brücke zu schlagen, um den Jugendmythos als konkrete politische Kraft glaubhaft zu erhalten. Das taten Autoren wie der in der *Tat* vielvertretene Ernst Wilhelm Eschmann (Ps. Leopold Dingräve: *Wo steht die junge Generation?* 1931) und E. Günther Gründel (*Die Sendung der Jungen Generation*, 1932) in vieldiskutierten Schriften. Allerdings, so sehr sie das Gewicht auf diese jüngere Generation verschoben – bei Zehrer hieß das: »Die zweite Welle ist im Anrükken«[42] –, so wenig wollten sie auf die Bezugnahme auf den Krieg verzichten. Der Krieg lieferte Legitimation für den erstrebten Sonderstatus jenseits von Parteien und Ideologien, solange er als Form der Bewährung der Jüngeren galt. Er erlaubte, so wie er 1914 als die große Infragestellung der bürgerlichen Welt gefeiert wurde, aus jenem Sonderstatus außerhalb der alltäglichen Arbeitssphäre eine politische Sendung zu formulieren. Wer den Niedergang des Liberalismus und der Weimarer Demokratie als Chance Deutschlands interpretierte, jenseits von Kapitalismus und Sozialismus eine neue Gesellschaftsform zu finden, konnte hier anknüpfen und die Bewährung der Jugend in der Kriegszeit als Fundament neuen Führertums jenseits aller Interessengruppen feiern. Gründel basierte seine Argumentation auf dieser Bewährung:

»Deshalb wurde gerade diese Jugend so hart und so lange geschunden, verwirrt, niedergehalten und immer wieder enttäuscht. Denn sie muß ausreifen, so gründlich, tief und umfassend wie keine Generation zuvor.«[43]

In dieser Projektion schlugen sich traditionelle Opfervorstellungen nieder, die mit dem Ersten Weltkrieg aktualisiert worden waren, zugleich aber auch eine existentielle Dialektik, die die Tatsache der Vergeblichkeit der Opfer und der Niederlage Deutschlands in einem trotzigen Aufbruchsdenken kompensierte. Gemäß dieser Dialektik wurde das Individuum durch die Begegnung mit Leid und Chaos zu sich geführt und zum Neuanfang geläutert. Daraus ergab sich die politische Maxime, daß nur der, der durch das Chaos gegangen war, zum Führer berufen sei.

In dieser Komponente des Generationsdenkens kommt die elitäre Tendenz, die die *Tat* durchweg propagierte, deutlich zum Ausdruck. Sie entzieht sich dem grobmaschigen Begriff der »ideologisch-totalitären Tendenz« der Jugend, die Schelsky von den Jugendorganisationen der Weimarer Republik bruchlos zur Hitler-Jugend führen sah. Sie erhielt sich auch nach 1933, wenngleich sehr bald zur Einflußlosigkeit verurteilt, denn die NS-Führung duldete »nach Befestigung ihrer Macht ein Generationsbewußtsein als gesellschaftlich dynamisches Element nicht mehr«. Wie Arno Klönne resümiert, »wurde denn auch von 1934 an in den HJ-Publikationen gegen ›jugendliches Opponieren‹ Front bezogen, die Jugendbewegung als Generationsbewegung für tot erklärt und die Einheit der Generationen im Dritten Reich betont«.[44] Schon 1931 stellte Eschmann in seiner Schrift *Wo steht die junge Generation?* fest, daß die Nationalsozialisten vor allem die Massen der unorganisierten Jugendlichen erreichten und mit ihnen den Sieg davontrugen, dabei aber die Jugendprogrammatik der politisch-literarischen Intelligenz von 1930 an den Rand drängten. Es verwundert nicht, daß das Schlagwort »junge Generation« während des Dritten Reiches jüngeren Intellektuellen verschiedentlich als Tarnung einer nichtfaschistischen Haltung diente.

Das war besonders bei Schriftstellern der Fall.[45] Bereits um 1930 hieß es, daß angesichts des Verfalls der Ordnungen und literarischen Traditionen nur der Anlauf einer jungen Generation die Literatur retten könne, und es entstanden Zeitschriften und Buchreihen, in denen diesem Faktum Rechnung getragen wurde. Dabei ragen Titel heraus, die – wie im Falle von Martin Raschkes Zeitschrift *Die Kolonne* – das Generationskollektiv ansprachen; nicht zufällig tauchen in den Spalten Namen wie Günter Eich, Wolfgang Weyrauch, Peter Huchel auf, die nach 1945 erneut einer jungen Generation zugerechnet wurden. Peter Suhrkamps Bemerkung von 1932, daß Vierzigjährige als »Junge« betrachtet würden, gilt nicht weniger für 1947, als sich die Gruppe 47 konstituierte. In dieser Gründung fand die Erneuerungsgesinnung von 1930 eine erstaunlich getreue Neuauflage, sowohl in der elitären Ausrichtung als auch im Postulat, daß nur eine junge Generation die Literatur erneuern könne.

Noch schlagender ist jedoch die – geläuterte – Neuauflage der Generationsprogrammatik in dem Unternehmen, das der Gründung der Gruppe 47 vorausging: in der Zeitschrift *Der Ruf*, die Hans Werner Richter und Alfred Andersch mit dem Untertitel *Unabhängige Blätter der jungen Generation* 1946/47 herausgaben. In den Leitartikeln des *Ruf*, der in der jüngeren Generation – nun unter dem Schatten des Zweiten Weltkrieges – schnell ein Gefolge fand, wird der »geistige Aufbruch« dieser Generation beschworen, in dem »die Tendenz zur Synthese in einer höheren Ordnung« sichtbar wird, und es fallen Sätze wie: »Deutschland hat nie über eine besonders breite Führungsschicht verfügt; jetzt aber muß das Wunder geschehen, daß die ganze junge Nation zu einer einzigen politischen Elite wird.«[46] Am 1. Oktober 1946 heißt es im Leitartikel *Deutschland – Brücke zwischen Ost und West*:

»Die junge Generation kann ganz von vorn und dort beginnen, wo die Entwicklung bei den anderen hindrängt. Sie braucht nicht umzubauen. Sie kann neu bauen. Sie hat den Sozialismus des Ostens und die Demokratie des Westens im Land. Aus den Erfahrungen mit den beiden Ordnungen kann sie die Quellen der Fehler erkennen, die sie vermeiden muß. Indem sie den Sozialismus und die Demokratie in einer Staatsform zu verwirklichen sucht, kann sie zum Ferment zwischen beiden Ordnungen werden. Sie muß dort ansetzen, wo die beiden Ordnungen zueinander drängen, sie muß gleichsam den Sozialismus demokratisieren und die Demokratie sozialisieren. So kann diese junge deutsche Generation die Brücke bauen, die vom Westen zum Osten und vom Osten zum Westen führt. (...) Notwendig ist, daß die Sehnsucht der jungen Generation nach der Einheit Deutschlands, nach der Korrektur der Ostgrenzen und nach der Erhaltung des status quo von 1937 ihre Erfüllung findet.«[47]

Die Anklänge an die Postulate nach dem Dritten Weg in der *Tat* sind kaum zu übersehen. Dabei soll keineswegs von einer direkten Verbindungslinie gesprochen werden; es genügt, die Bedeutung der Generationsprogrammatik für die Vorstellung vom Dritten Weg herauszustellen, der dann im *Ruf* zweifellos viel stärker sozialistisch projiziert war als in der *Tat*. Vor allem aber manifestierte sich im *Ruf*, speziell in Richters und Anderschs Artikeln, jene existentielle Dialektik, mit der diese Generation aus der Erfahrung von Leid und Niederlage die Legitimation zieht, sich selbst als Neuanfang einer besseren Gesellschaft zu setzen:

»Dies aber ist der Mensch unserer Zeit, ist der Mensch, der in sich selbst die Gefährdung seiner eigenen Existenz zutiefst erlebt hat. Es ist das Bild des Menschen, das aus dem Lebensgefühl der jungen Generation geboren werden muß, wenn es nicht erneut vor dem Ansturm irrationaler Gewalten zerfallen soll.«[48]

Das Verbot des *Ruf* durch die Amerikaner 1947 drängte diese Argumentation noch stärker in die Literatur. Wer den Spuren der elitären Generationsprogrammatik nach dem Zweiten Weltkrieg nachgeht, wird daneben noch anderen Gruppierungen begegnen. Dennoch bleibt die Gruppe 47 mit ihrer spezifischen Gruppendynamik, ihrer Aversion gegen Programm zugunsten gemeinsamer Erfahrungen, ihrem elitären Gefühl der »Equipe«, wie es Richter nannte, ihrer widerspruchslosen Unterordnung unter einen Gruppenführer ein besonderes Beispiel. In dem von Autoren wie Heinrich Böll, Wolfdietrich Schnurre, Hans Magnus Enzensberger, Martin Walser bis zu den sechziger Jahren vertretenen Bemühungen etwas anderes, Neues aufzubauen, ist das Gefühl einer jugendlichen Mission nicht zu übersehen. Ihr Kennzeichen war der Bruch mit der Vergangenheit, auch wenn ein solcher kaum stattfand. Das hatte mit der von Nietzsche einst vorgezeichneten antihistorischen Mission der Jugend nicht mehr viel zu tun. Denn inzwischen war auch die Vergangenheit in Deutschland eine andere geworden. Die Entscheidung gegen sie konnte nur derjenige in ein zukunftsoffenes Konzept einbringen, der ihre entsetzlichen Verirrungen und Belastungen gegenwärtig machte. Wenn man von einem Versagen der jungen Generation nach dem Zweiten Weltkrieg gesprochen hat, so liegt in diesem Wandel dessen, was einst als Mission Kraft und Glanz verbreitete, der entscheidende Schlüssel.

1 Friedrich Nietzsche, *Vom Nutzen und Nachteil der Historie für das Leben*, in: Nietzsche, *Werke in drei Bänden*, hg. Karl Schlechta, Bd. 1 (München 1966), S. 282.

2 Moeller van den Bruck, *Das Recht der jungen Völker* (München 1919), S. 24.

3 Vgl. Walter Rüegg (Hg.), *Kulturkritik und Jugendkult* (Frankfurt/M. 1974).

4 Paul Natorp, *Der Tag des Deutschen. Vier Kriegsaufsätze* (Hagen 1915), S. 23.

5 Ebd., S. 25.

6 Vgl. Hermann Lübbe, *Politische Philosophie in Deutschland. Studien zu ihrer Geschichte* (München 1974), S. 187.

7 Trutz von Trotha, *Die Entstehung von Jugend*, in: *Kölner Zeitschrift für Soziologie und Sozialpsychologie* 34 (1982), S. 254–277.

8 Vgl. Alan B. Spitzer, *The Historical Problems of Generations*, in: *American Historical Review* 78 (1973), S. 1353–1385; Hans Jäger, *Generationen in der Geschichte*, in: *Geschichte und Gesellschaft* 3 (1977), S. 429–452.

9 E. Günther Gründel, *Die Sendung der Jungen Generation. Versuch einer umfassenden revolutionären Sinndeutung der Krise* (München 1932), S. 352.

10 Andreas Flitner, Walter Hornstein, *Kindheit und Jugendalter in geschichtlicher Betrachtung*, in: *Zeitschrift für Pädagogik* 10 (1964), S. 337.

11 Walther Victor, *Kehre wieder über die Berge. Eine Autobiographie* (New York 1945), S. 49.

12 Ebd., S. 101.

13 Max Peters, *Partei der Jugend: Deutsche Linke*, in: *Die Weltbühne* 21 (1925), H. 45, S. 736.

14 Karl Jaspers, *Die geistige Situation der Zeit* (Berlin/New York 1979), S. 44.

15 Eduard Spranger, *Psychologie des Jugendalters* (Heidelberg 1949[20]), S. 301.

16 Ebd., S. 300.

17 Theodor Haubach, *Die Generationenfrage und der Sozialismus*, in: *Soziologische Studien. Zur Politik, Wirtschaft und Kultur der Gegenwart* (Fs. Alfred Weber), (Potsdam 1930), S. 116.

18 Walter Benjamin, *Rückblick auf Stefan George*, in: Benjamin, *Gesammelte Schriften* Bd. 3, Hg. Hella Tiedemann-Bartels (Frankfurt/M. 1972), S. 394.

19 Vgl. Giulio Schiavoni, *Von der Jugend zur Kindheit. Zu Benjamins Fragmenten einer proletarischen Pädagogik*, in: Burkhardt Lindner

(Hg.), »*Links hatte noch alles sich zu enträtseln . . .*« *Walter Benjamin im Kontext* (Frankfurt/M. 1978), S. 30–64.

20 Walter Benjamin, *Die religiöse Stellung der neuen Jugend*, in: *Die Tat* 6 (1914/15), S. 211.

21 Vgl. Jost Hermand, *Vorschein im Rückzug. Zum Sezessionscharakter des Jugendstils*, in: Hermand, *Stile, Ismen, Etiketten. Zur Periodisierung der modernen Kunst* (Wiesbaden 1978), S. 45.

22 Zit. nach Linda Koreska-Hartmann, *Jugendstil – Stil der Jugend* (München 1969), S. 37.

23 Ulrich Aufmuth, *Die deutsche Wandervogelbewegung unter soziologischem Aspekt* (Göttingen 1979), S. 163.

24 Ebd., S. 152.

25 Wilhelm Roessler, *Jugend im Erziehungsfeld* (Düsseldorf 1957), S. 162.

26 Ebd., S. 187.

27 Einen Überblick gibt Philip Lee Utley, *Radical Youth: Generational Conflict in the* Anfang *Movement 1912–January 1914*, in: *History of Education Quarterly* 19 (1979), S. 207–227.

28 Franz Pfemfert, *Unsere Hoffnung*, in: *Die Aktion* 2 (11. 12. 1912), S. 1.

29 Franz Pfemfert, *Die Jugend spricht!* in: Ebd., 3 (11. 10. 1913), S. 1.

30 Ernst Bloch, *Das Prinzip Hoffnung* Bd. 1 (Frankfurt/M. 1959), S. 132.

31 Helmut Schelsky, *Die Hoffnung Blochs. Kritik der marxistischen Existenzphilosophie eines Jugendbewegten* (Stuttgart 1979), S. 128 f.

32 Vgl. John R. Gillis, *Geschichte der Jugend. Tradition und Wandel im Verhältnis der Altersgruppen und Generationen* (Weinheim/Basel 1980); Helmut Fogt, *Generationenverhältnis und Politik in der Bundesrepublik Deutschland*, in: *Politische Studien* 34 (1983), S. 555–565.

33 Siegfried Kracauer, *Neue Jugend?* in: *Die neue Rundschau* 42 (1931), S. 139.

34 Helmut Schelsky, *Die skeptische Generation. Eine Soziologie der deutschen Jugend* (Stuttgart Sonderausg. 1963), S. 65.

35 Peter Suhrkamp, *Söhne ohne Väter und Lehrer*, in: *Die neue Rundschau* 43 (1932), S. 684.

36 Vgl. Michael H. Kater, *Bürgerliche Jugendbewegung und Hitlerjugend in Deutschland von 1926 bis 1939*, in: *Archiv für Sozialgeschichte* 17 (1977), S. 127–174.

37 Herbert Moller, *Youth as a Force in the Modern World*, in: *Comparative Studies in Society and History* 10 (1968), S. 243.

38 Theodor Geiger, *Die soziale Schichtung des deutschen Volkes* (Stuttgart 1932), S. 116.

39 Hans Zehrer, *Rechts oder Links?* in: *Die Tat* 23 (1931), H. 7, S. 532.

40 Ebd., S. 534.

41 Siegfried Kracauer, *Aufruhr der Mittelschichten. Eine Auseinandersetzung mit dem ›Tat‹-Kreis*, in: Kracauer, *Das Ornament der Masse* (Frankfurt/M. 1977), S. 85.

42 Hans Thomas, *Die zweite Welle*, in: *Die Tat* 21 (1929), H. 8, S. 582.

43 Gründel, *Sendung*, S. 422.

44 Arno Klönne, *Die Hitlerjugendgeneration*, in: *Politische Studien* 10 (1959), S. 95.

45 Vgl. den Titel der Untersuchung von Hans Dieter Schäfer, *Die nichtfaschistische Literatur der ›jungen Generation‹ im nationalsozialistischen Deutschland*, in: Horst Denkler, Karl Prümm (Hg.), *Die deutsche Literatur im Dritten Reich* (Stuttgart 1976), S. 459–503.

46 Alfred Andersch, *Der grüne Tisch*, in: *Der Ruf* H. 3 (15. 9. 1946), zit. nach: Hans Schwab-Felisch (Hg.), *Der Ruf. Eine deutsche Nachkriegszeitschrift* (München 1962), S. 45.

47 Hans Werner Richter, *Deutschland – Brücke zwischen Ost und West*, ebd., S. 48 f.

48 Hans Werner Richter, *Warum schweigt die junge Generation?* Ebd., S. 32 f. – Vgl. den kritischen Artikel von Karl Korn, *Rufer oder Jugend in der Igelstellung*, in: *Der Kurier* (6. 11. 1946), abgedr. in Jérôme Vaillant, *Der Ruf. Unabhängige Blätter der jungen Generation* (1945–1949), (München/New York/Paris 1978), S. 200 f.

Hans Mommsen
Generationskonflikt und Jugendrevolte
in der Weimarer Republik

Die Ereignisse von 1968 an vielen westlichen Universitäten haben das Interesse der sozialwissenschaftlichen Forschung verstärkt auf die Erforschung intergenerativer Konflikte gelenkt.[1] Im letzten Jahrzehnt hat sich im Anschluß an Ronald Ingleharts *The Silent Revolution* eine Schule von Politik- und Sozialwissenschaftlern eingehend dem Einfluß des Generationswechsels auf politische Partizipations- und Oppositionsbereitschaft gewidmet.[2] Auf der Grundlage umfassender statistischer Materialien strebt sie einen transnationalen Vergleich des Einflusses der Generationsproblematik auf die politische Willensbildung an. Der Kern der Inglehartschen These besteht in der Annahme, daß in »affluent societies« eine mit dem Generationswechsel korrelierende Neigung zur Betonung »immaterieller Werte« und damit ein erhöhtes jugendliches Protestpotential zu entstehen pflegt.[3]

Die Geschichtswissenschaft hat hingegen die Rolle intergenerativer Spannungen und Konflikte nur ausnahmsweise beachtet. Robert Wohls Pionierarbeit über *The Generation of 1914* (1978) stellt die erste umfassende Analyse dieser Problematik für die Phase der Zwischenkriegszeit dar, wobei Wohl die Entwicklung in England, Frankreich, Deutschland und Italien vergleicht.[4] Er gelangt zu dem Ergebnis, daß es in den genannten Ländern schon vor 1914, aber verstärkt durch die Erfahrungen des Ersten Weltkriegs eine spezifische Jugendideologie gegeben hat, die ausgeprägte Spannungen zwischen Teilen der nachwachsenden Jugend und der erwachsenen Bevölkerung spiegelte. Indessen erblickt Wohl in der Heraushebung der »Generation von 1914« und der virtuellen Revolte der jüngeren Altersgruppen im wesentlichen ein Produkt bürgerlicher Intellektueller und Schriftsteller. Er neigt dazu, den Generationskonflikt der Weimarer Jahre als eine schichtenbezogene Protesthaltung auf der literarischen und intellektuellen Ebene, nicht als eine die Gesamtgesellschaft kennzeichnende Erscheinung zu halten.[5]

Bei allem Respekt vor der methodisch behutsamen und sorgfältig vorgenommenen Analyse Wohls gibt es jedoch eine Reihe von Indikatoren, die darauf hindeuten, daß der Generationskonflikt, jedenfalls im Weimarer Deutschland, eine über einzelne gesellschaftliche Schichten und Berufsgruppen hinausreichende Erscheinung darstellt, die offensichtlich den politischen Prozeß wesentlich mitgeprägt hat und deren sozioökonomische und soziokulturelle Erforschung dazu beitragen kann, tiefer liegende Ursachen für die Strukturkrise des Weimarer politischen Systems aufzudecken. Deshalb scheint es sich zu lohnen, diesem Aspekt besondere Aufmerksamkeit zuzuwenden, wobei auch hervorzuheben ist, daß bei vergleichbaren Ansätzen vor allem in Italien und Frankreich die öffentliche Debatte über die Generationsfrage und deren Instrumentalisierung durch rechtsextreme Protestbewegungen eine fundamentale Rolle für das sich wandelnde gesellschaftliche Bewußtsein in Deutschland gespielt haben.

Nun wird die ziemlich mechanistische und zu monokausalen Erklärungsversuchen tendierende Methode der Inglehart-Schule wohl kaum für die Analyse der Weimarer Republik fruchtbar gemacht werden können, abgesehen davon daß die Betonung »immaterieller Werte« durch die jüngere Generation schwerlich darauf zurückgeführt werden kann, daß sie in einer Periode ökonomischen Überflusses sozialisiert worden wäre; denn die in der Phase nach 1928 kulminierende Welle des Jugendprotests entwickelte sich in einer Gesellschaft, die seit 1914 unter starkem wirtschaftlichen Druck stand und insbesondere seit der Inflationszeit ökonomisch im wesentlichen stagnierte. Vielmehr wird man auf die Anregungen zurückgreifen, die Karl Mannheim in seiner zeitgenössischen Analyse des Generationsproblems vorgelegt hat.[6] Seine Unterscheidung von »Generationslagerung«, »Generationszusammenhang« und »Generationseinheit« hebt hervor, daß Generationskonflikte an einen einheitlichen sozio-kulturellen Raum gebunden sind, daß sie unterschiedliche Reaktionen auf gemeinsam erfahrene innovative Herausforderungen darstellen und daß unter bestimmten Bedingungen diejenigen Angehörigen einer Generation, die aktiv auf sozio-kulturellen Wandel reagieren, eine inhaltliche Grundmentalität entwickeln, die sowohl soziale Interessenlagen wie politische Lagerzugehörigkeit übergreift.

Generationen in diesem Sinne sind nicht einfach unter bestimmten Gesichtspunkten zusammengefaßte Alterskohorten und sind daher keine statistisch erfaßbaren Größen. Es handelt sich um

Gruppen, deren subjektive Identität sich wesentlich aus dem Bewußtsein eines Gegensatzes zu den Älteren, zur Vätergeneration, konstituiert. In gesellschaftlichen Normallagen vollzieht sich dieser Generationswechsel unmerklich, sofern man ihn nicht beim konkreten Individuum und dem individual-biographisch faßbaren Vater-Sohn- oder richtiger Eltern-Kinder-Konflikt aufsucht. In Perioden eines beschleunigten sozialen und politischen Wandels, vor allem beim Auftreten revolutionärer Zäsuren, die eine Umschichtung des gesellschaftlichen Bewußtseins hervorrufen, pflegt sich der individuelle Generationskonflikt zu einem gesamtgesellschaftlich relevanten Spannungsverhältnis zu verdichten. Grundlage dafür ist, daß die politische Sozialisation, der man prägende Kraft für die gesellschaftlichen Grundeinstellungen des zukünftigen Erwachsenen zuschreibt, unter typisch unterschiedlichen gesamtgesellschaftlichen Bedingungen erfolgt. Der Erste Weltkrieg ist eine solche Zäsur. Die Einstellungen derer, die ihr politisches Weltbild vor 1914 gewonnen haben, scheinen in aller Regel anders zu sein als die derjenigen, die unter den düsteren Bedingungen der Kriegs- und Nachkriegsjahre aufgewachsen sind.

Diese Form intergenerativer Spannung ist durch einen objektiv faßbaren soziokulturellen Prozeß maßgeblich verstärkt worden, der einerseits auf den raschen sozialen und technologischen Wandel insbesondere in der Periode der Hochindustrialisierung, andererseits auf die Entdeckung der Eigenständigkeit des Jugendalters zurückgeht. Letztere erfolgt jedoch nicht zufällig. Die fortschreitende arbeitsteilige und technisierte Industriegesellschaft erzwang die Verlängerung des für Erziehung und die Ausbildung beruflicher Fertigkeiten notwendigen Lebensabschnittes. Die Zunahme der durchschnittlichen Lebenszeit verstärkte die Spannung zwischen der Erfahrungswelt der Jugend und derjenigen des Alters. Technischer Wandel verhinderte, daß die Fertigkeiten der Väter unmittelbar den Söhnen tradiert werden konnten; sie erwiesen sich zunehmend als wertlos angesichts wechselnder Berufsbilder und Ausbildungsanforderungen. Die durch die Industrialisierung ausgelöste Binnenwanderung trennte die Jugendlichen frühzeitig von der Familie. Schule und Lehrlingszeit drängten letztere als dominanten Sozialisierungsfaktor zurück.[7]

Neben der rasch anwachsenden Binnenwanderung ist für Deutschland auch die ausgeprägte Überrepräsentation von Jüngeren in den entstehenden urbanen Zentren zu berücksichtigen, die noch verstärkt wird durch den demographischen Faktor eines überproportionalen Bevölkerungswachstums seit dem Beginn der siebziger Jahre des 19. Jahrhunderts, das sich in einer deutlichen Verjüngung der Gesamtbevölkerung niederschlug.[8] Diese Entwicklung, die in besonderem Maß bei der Industriearbeiterschaft zu beobachten ist, blieb nicht ohne Auswirkung auf die organisierte Arbeiterbewegung. Sie entwickelte teils neue Agitationsformen, teils war sie mit einer neuartigen Militanz jüngerer, meist nicht organisierter Arbeiter konfrontiert. Sozial gesehen schlug sich dies im Lehrlingsproblem nieder, das in Deutschland den Ansatzpunkt für die um die Jahrhundertwende entstehende sozialistische Jugendbewegung bildete.[9] Es war bezeichnend, daß die Forderung der Arbeiterjugend nach politischem Mitspracherecht von den Funktionären der SPD und der Freien Gewerkschaften mit Mißtrauen aufgenommen wurde. Das Reichsvereinsgesetz von 1908 verhalf ihnen, die aufbegehrende Jugend weitgehend zu domestizieren, die zu politischer Radikalität – nach links *und* nach rechts – und zu einem vom Parteiapparat mißtrauisch betrachteten Aktivismus neigte.

Das Hervortreten des Jugendproblems in der spätwilhelminischen Gesellschaft spiegelt sich in erster Linie in der Entstehung der bürgerlichen Jugendbewegung, aber auch in dem neuartigen Tatbestand, daß die Gewinnung der jüngeren Generation von den Parteien als notwendige Aufgabe empfunden wurde und politische Jugendverbände, darunter der zur Stärkung der Wehrkraft dienende Jungdeutschlandbund, der 1914 rund 750000 Mitglieder zählte, begründet wurden.[10] Das Schlagwort vom »Kampf der Parteien um die Jugend« entstand nach der Jahrhundertwende.[11] Auch in der einsetzenden Jugendpflege und in ersten Bemühungen um eine Jugendgesetzgebung zeigte sich, daß die Jugend als gesellschaftlicher Faktor wirksam und als solcher von der Öffentlichkeit erkannt worden war.[12] Parallel dazu vollzog sich der Durchbruch der Reformpädagogik, mit Vorläufern, die in das erste Drittel des 19. Jahrhunderts zurückreichen; die Erziehung zur Individualität wurde von ihr einer bloßen gesellschaftlichen Anpassung und Traditionsstiftung vorangestellt.

Die bürgerliche Jugendbewegung (vgl. die Beiträge von J. Reulecke und W. Mogge in diesem Band), die eine spezifisch deutsche Erscheinung darstellt und mit der starken idealistischen Überformung der Mittelschichten durch die bildungsbürgerliche Tradition zusammenhängt, ist ein Indikator für eine tendenzielle Loslösung der jüngeren Generation von den dominanten gesellschaftlichen und politischen Verhaltensformen der spätwilhelminischen Gesellschaft. Der Zusammenhang mit der gleichzeitigen Lebensreformbewegung, der Lebensphilosophie, dem Neokantianismus, der Nietzschen Kulturkritik, die indirekt Rousseaus Naturkult neubelebte, des Jugendstils, der seinen Namen der Fidusschen Zeitschrift *Die Jugend* verdankte, ist unverkennbar. Gewiß blieb die Jugendbewegung, die sich aus Gymnasiasten und Studenten großbürgerlichen Hintergrunds rekrutierte, eine sozial gesehen esoterische Gruppe. Ihre Abkehr von der Wilhelminischen Sekurität, vom Fortschrittsglauben einer als mechanisch empfundenen bürgerlichen Zivilisation, ihre deutliche Absetzung von autoritären und militärischen Tendenzen der Epoche und ihre Betonung individualistischer Werte gaben ihr jedoch eine unbestreitbar emanzipative Funktion, obwohl es sich zugleich um eine partielle Fluchtbewegung vor der politisch-sozialen Realität handelte.[13]

Die in der Hohen Meißner-Formel als gemeinsame Zielsetzung enthaltene Forderung nach einer Autonomie der Jugend gegenüber der Erwachsenenwelt, unter dem Einfluß Heinrich Wynekens sogar nach einer eigenständigen Jugendkultur (vgl. den Beitrag von U. Herrmann in diesem Band), deutete auf eine neuartige generative Bewußtseinslage. Unter dem Einfluß von Zivilisationskritik und Lebensreform setzte sich hier die Vorstellung eines »Aufbruchs« der jungen Generation zur Schaffung einer neuen Gesellschaft durch, die an die Stelle des Kampfes der Interessen und der materiellen Wertorientierung eine Grundübereinstimmung des Lebensgefühls und eine von idealistischen Werten geprägte Gemeinschaft setzte. Dieser Rekurs auf die deutsche »Innerlichkeit« war ein Ausdruck des bildungsbürgerlichen Kulturkonflikts, der sich in den philosophischen Schriften Diltheys, Simmels und Natorps und in der Soziologie von Toennies und Max Weber spiegelte. Er entsprang dem Widerspruch zwischen dem tradierten und zugleich formalisierten idealistischen Normenkatalog und der faktischen Anpassung des Bürgertums an materielle und militärische Statuskriterien.[14]

Durch das Kriegserlebnis von 1914 und die Erfahrungen im Weltkrieg ist diese Bewegung einerseits gesteigert, andererseits vielfältig gebrochen worden. Die jugendbewegten Kriegsfreiwilligen, die durch den Feldwandervogel den Zusammenhang untereinander zu bewahren bestrebt waren, sahen sich mit einer Wirklichkeit konfrontiert, die mit den »hehren« Menschheitsidealen, die die Ideologen der Ideen von 1914 propagiert hatten, nichts gemein hatte. Die vielgelesene Schrift von Walter Flex *Der Wanderer zwischen beiden Welten* drückte die tiefe Identitätskrise der Frontgeneration aus, die sich von der unwahren Phraseologie des Wilhelminismus abgewandt hatte und im Fronterlebnis gerade nicht die Erfüllung ihrer Sehnsucht nach Gemeinschaft jenseits sozialer und militärischer Ränge fand. Die spätere Heroisierung des »Kriegserlebnisses« in den Schriften Ernst Jüngers, Franz Schauweckers und vieler anderer entsprach keineswegs der ernüchternden und deprimierenden Erfahrung in den Schützengräben des Ersten Weltkrieges.[15]

Der Krieg hatte die Erwartungen eines grundlegenden sozialen und kulturellen Wandels gerade bei der jüngeren Generation in euphorische Dimensionen gesteigert. Die Ansprüche, die sich mit der »Burgfriedens«-Propaganda, mit der Beschwörung des »preußischen Sozialismus« und der Inaussichtstellung einer wahrhaft »nationalen Volksgemeinschaft« verbanden, wurden jedoch nicht eingelöst. Die Jugend reagierte darauf mit Verbitterung und Enttäuschung, zugleich aber mit der Überzeugung, daß es die Aufgabe der jungen Generation sei, eine grundlegende gesellschaftliche Erneuerung herbeizuführen.[16] Ideen dieser Art waren weit verbreitet. Moeller van den Brucks Schrift vom *Recht der jungen Völker* reflektierte dies ebenso wie das übrige neokonservative Schrifttum, in dem der Mythos der Jugendlichkeit breiten Raum einnahm.[17]

An die Stelle der apolitischen Haltung der Vorkriegsjahre trat ein stärkeres politisches Engagement der nun von jüngeren Jahrgängen, die in unterschiedlichen politischen Lagern standen, geführten Jugendbewegung. Der Zusammenbruch vom November 1918 wurde von ihnen als Chance eines Neuaufbaus bejaht. Im »Traumland der Waffenstillstandsperiode«, wie Ernst Troeltsch diese Phase genannt hat[18], verknüpfte sich die Ablehnung der Vorkriegsgesellschaft mit euphorischen Zukunftserwartungen. Die Siedlungsbewegung und Landkommunen[19] stellten die unmittelbare Umsetzung jugendbewegter Zielvorstellungen dar, die damals bei Gruppen aller Richtungen – von der anarchistischen Jugend, der kommunistischen Jugendbewegung, dem sozialistischen Hofgeismarer Kreis, dem sozial-liberalen Leuchtenburg-Kreis, der Freideutschen Jugend und den völkischen Gruppen der Rechten – mit fast dem gleichen Vokabular anzutreffen waren. Der organische Volksgedanke wurde dem abstrakten Prinzip des Staates, die Idee eines föderativ gegliederten Reiches dem kleindeutschen Nationalstaat gegenübergestellt.[20]

All diesen Konzeptionen war gemeinsam, daß sie von den sozialen und ökonomischen Bedingungen der Industriegesellschaft weithin abstrahierten und ganz im Sinne der deutschen politischen Tradition und unter dem Einfluß neoromantischer Ideen eine konfliktfreie Gesellschaft postulierten. Symptomatisch war, daß man mit unterschiedlicher Intensität die Rolle der politischen Parteien in Frage stellte und sie als Repräsentanten bloß partikularer Interessen betrachtete. 1921 veröffentlichte der zur Freideutschen Jugend gehörende Harald Schultz-Hencke einen vielbeachteten Artikel, der die »Überwindung der Parteien durch die Jugend« versprach. »Die Partei der Zukunft«, so hieß es darin, werde »alle diejenigen verbinden, die schon heute eines Fühlens sind, die das Ganze, nicht sich selbst, wollen.«[21] Hier setzt jener Mythos ein, daß es die »junge Generation« sei, die den Weimarer Parteienstaat überwinden und Deutschlands Zukunft gestalten werde. So bemerkte Hans Zehrer, der Herausgeber der *Tat* 1928, daß, wenn es der »jungen Front« gelinge, einen Waffenstillstand zwischen den Parteien durchzusetzen, diese automatisch zur Kapitulation gezwungen sein würden.[22]

Die übergroße Mehrheit der bündischen Jugend, die, nach dem Scheitern der Zusammenschlußbestrebungen Anfang der zwanziger Jahre, in eine Fülle individualistischer kleiner Verbände zerfiel, stand dem parlamentarischen System fremd gegenüber. Viele Angehörige der Nachkriegsgeneration schlossen sich der Freikorpsbewegung (vgl. den Beitrag von J. Reulecke in diesem Band) an, die ihnen Betätigungsmöglichkeiten bot.[23] Die Akademischen Freischaren beteiligten sich aktiv an den Kämpfen um Oberschlesien. Manche der bündisch geprägten Gruppen fanden den Weg zu stärker konstruktiver Mitarbeit im politischen System. Dies galt für den Jungdeutschen Orden, der die Republik und die Verständigung mit den Westmächten verteidigte, hingegen den »mechanistischen« Parlamentarismus durch ein auf einem breiten nationalen Gemeinschaftsbewußtsein ruhendes elitäres Führertum zu ersetzen trachtete.[24] Nur eine Minderheit orientierte sich an dem radikalen, völkischen Lager, obwohl völkische, teilweise auch antisemitische Stimmen schon in der Vorkriegszeit nicht gefehlt hatten.

Das Gros der bürgerlichen Jugendverbände, so z. B. die Deutsche Freischar, schlug einen weitgehend apolitischen Kurs ein.

Auch die Teile der jüngeren Generation, die in den Jugendverbänden der politischen Parteien tätig waren oder – wie der Leuchtenburg-Kreis[25] – ein positives Verhältnis zur Republik entfalteten, sahen sich weitgehend isoliert und von den Funktionärsapparaten, in denen die ältere Generation unter sich blieb, an die Seite gedrängt. Die Ursachen dafür sind vielfältig. Sie sind gewiß nicht einfach auf jugendlichen Überschwang zurückzuführen. Allerdings hatte die Kriegserfahrung in allen Lagern übersteigerte Hoffnungen auf eine säkulare gesellschaftliche Veränderung geschürt. Das galt auch für die jugendlichen Arbeitnehmer, die in den Massenstreikbewegungen seit 1917 eine wesentliche Schubkraft darstellten. Sie unterschieden sich von den älteren Arbeitnehmern nicht nur dadurch, daß sie über keine Erfahrung mit gewerkschaftlicher Tätigkeit und keine Einsicht in die Notwendigkeit zäher und langfristiger Organisationstätigkeit zur Sicherung der Interessen der Lohnabhängigen besaßen. Sie suchten nach neuen werthaften Perspektiven, wollten die Gleichberechtigung von Kapital und Arbeit, nicht nur gewerkschaftlichen Gradualismus. Die Vision einer sozialistischen Gesellschaft wurde von ihnen als unmittelbares Kampfziel begriffen. Sie lösten sich vom ökonomistischen Quietismus und Organisationsfetischismus, der das Denken der sozialdemokratischen Führungsschicht prägte. Die anthropologische Dimension des Sozialismus war für sie unverzichtbare Forderung.[26]

Es verwundert nicht, daß sich die Parteiapparate von SPD und KPD schwertaten, diese jugendlichen Impulse, in denen ein aktivistischer Voluntarismus mitschwang, zu integrieren. Die Sonderorgansation der Jungsozialisten bildete einen ständigen Stein des Anstoßes in der SPD. Weder der linke Hannoveraner noch der Hofgeismarer Kreis – der letztere war aufs stärkste von den Ideen der Jugendbewegung geprägt – konnte in die Partei eingebunden werden.[27] Mit Mißtrauen beobachtete der Parteivorstand das Auftreten von Reichsbanner und Eiserner Front, die eine starke Anziehungskraft für republikanisch eingestellte Jugendliche besaßen. Die Angehörigen der jüngeren Generation in der SPD fanden sich entweder in der linken oder in der rechten Opposition gegen die quietistische Politik des Parteivorstandes wieder. Nach dem enttäuschenden Leipziger Parteitag 1931 verließen viele von ihnen die

Partei und gingen zur SAPD. Ähnlich opponierte die jüngere Generation gegen die bürokratische Erstarrung des kommunistischen Parteiapparats und dominierte in den radikalen Splittergruppen außerhalb der KPD, obwohl sie, verglichen mit der SPD, wesentlich erfolgreicher in dem Bemühen war, die jüngere Generation in den Roten Frontkämpfern, dem Kommunistischen Jugendverband Deutschlands und anderen jugendnahen Verbandsformen zu integrieren.[28]

Bezeichnenderweise stimmte die Jugendopposition von links und rechts in der Klage überein, daß die innerparteiliche Demokratie in der SPD durch eine fortschreitende Bürokratisierung und Herrschaft der besoldeten Funktionäre zu einer Farce geworden sei. In der Tat waren die Partizipations- und Karrieremöglichkeiten Jüngerer in der Partei eng begrenzt. Die Überalterung von Parteivorstand und Reichstagsfraktion läßt dies deutlich werden; als man 1931 eine gewisse Verjüngung der Parteiführung vornahm, bevorzugte man langgediente Funktionäre, die keine wirkliche Verbindung zur jungen Generation hatten. Die Vernachlässigung der Jugend wirkte sich in einer extremen Überalterung der Mitgliedschaft aus. Unter 25jährige waren zweieinhalbmal weniger vertreten als in der Gesamtbevölkerung.[29]

Die Überalterung der Führungsschichten der Republik war eine durchgängige Erscheinung. Mit Recht beklagte Theodor Haubach »die Absperrungskette, die in Deutschland zwischen den politischen Körperschaften im Staate und der Jugend gezogen ist«.[30] Seit 1928 – zunächst mit der Revolte Walter Lambachs – setzten Bestrebungen ein, durch die Einbeziehung der jüngeren Generation den Zerfall der bürgerlichen Mitte abzuwenden. Die Verschmelzung von Jungdeutschem Orden und DDP zur Deutschen Staatspartei wie die Gründung der Volkskonservativen Vereinigung stellten verspätete Versuche dar, die Jugend für die Republik zurückzugewinnen.[31] Schon die Generation der zurückkehrenden Kriegsteilnehmer hatte nicht wirklich integriert werden können. Ihre durch das Kriegserlebnis gespeisten Erwartungen waren gründlich getäuscht; sie fühlten sich gutenteils als »verlorene Generation«, der wirkliche Gestaltung versagt blieb. Die Nachkriegsgeneration, die zum eigentlichen Träger des nun romantisch und nationalistisch überhöhten Frontkämpfermythos wurde, trat seit 1928 aus ihrer politischen Abseitsstellung heraus, war aber – mit wenigen Ausnahmen – nicht bereit, sich mit der Republik zu identifizieren.

Ernst Niekisch sprach in diesem Zusammenhang von »der Ehrfurchtslosigkeit der modernen Jugend«, die »ein Widerschein des Bankrotteurtums der alten Generation« sei.[32] Utmann von Elterlein betonte die Verschiedenheit »der Menschen des ausgehenden 19. Jahrhunderts« gegenüber denen »des beginnenden 20. Jahrhunderts«; sie seien einander so fremd, daß man zweifeln könne, ob sie noch demselben Volk angehörten.[33] Ernst Günther Gründel sprach vom »endgültigen Bankrott jener ganzen Welt der alten Generation«.[34] Für die NSDAP nützte Gregor Strasser den Mythos der »jungen Generation« (vgl. die Beiträge von J. Radkau und J. Schmitt-Sasse in diesem Band). Sein Hauptvorwurf gegen die Repräsentanten der Republik, »daß diese Köpfe die alten sind, die sie waren, vor Krieg und Revolution, vor Erschütterung und neuem Aufbruch«, drückte das aus, was eine ganze Generation dachte.[35] Die latente Kritik am Parlamentarismus im sozialistischen Lager entsprang ähnlichen Einstellungen; man lehnte es ab, sich mit der republikanischen Gegenwart zu identifizieren, man verlangte allenthalben »Aufbruch« zum Sozialismus; die Demokratie stellte allenfalls eine Übergangsstufe dahin dar.[36]

Diese die politischen Lager übergreifende Grundstimmung reflektierte den Tatbestand, daß die politischen Kräfte des »Weimarer Systems« schon frühzeitig zu den ideologischen Positionen der Vorkriegszeit zurücktendierten. Sie waren daher nicht in der Lage, der Jugend Perspektiven zu bieten, für die es sich zu engagieren lohnte. Goebbels' Beschwörung der »Republik der Greise« traf exakt diesen schwachen Punkt der Weimarer Eliten.[37] Der Ruf nach einer politischen Formierung der »jungen Generation« spiegelte daher eine allgemeine Tendenz insbesondere bei der bürgerlichen Jugend, wobei der Jugendmythos zugleich dazu diente, das Links-Rechts-Spektrum zu relativieren; die Nationalbolschewisten stellten ein charakteristisches Beispiel dafür dar. Auch die Propagierung des freiwilligen Arbeitsdienstes und der Arbeitslagerbewegung in den Endjahren der Republik zielte auf die Überwindung des starren Klassenantagonismus durch die jüngere Generation.[38]

In besonderem Maße wurden diese Ideen vom *Tat*-Kreis repräsentiert. Als sich 1930 eine Tendenz der Reintegration von Teilen der jungen Generation in die Parteien der Mitte abzeichnete, gab Hans Zehrer die Parole aus: »Achtung junge Front! Draußen bleiben!«[39] Dahinter stand die auch sonst verbreitete Vorstellung, daß die aktiv gebliebenen Teile der Kriegsgeneraton zusammen mit der Nachkriegsgeneration eine »Dritte Front« bilden würden, die in der Lage sei, die erhoffte neue Gesellschaft, abseits des Parteienhaders und Interessentums, zu errichten. Dabei dachten die neokonservativen Intellektuellen, die diese Zielvorstellung popularisierten, nicht an die NSDAP, die, ihrer Altersstruktur nach, zugleich durch die bewußte Aufnahme des Jugendmythos in ihre Propaganda, als extrem jugendliche Bewegung erschien. Gründel konnte die NSDAP zwar als die »erste Positivierung des Kriegserlebnisses« durch die junge Generation bezeichnen.[40] Aber auch er erblickte in ihr nur eine Übergangsstufe, da die NSDAP noch nicht hinreichend von den Schlacken einer Parteibewegung befreit war. Die Heraufkunft der »Dritten« oder, wie es manchmal hieß, »Vierten Front« der jungen Generation erwartete der *Tat*-Kreis für die vierziger Jahre.[41]

Die hier hervortretende Vorstellung einer »geistigen« Revolution, eines Zusichselbstkommens der »jungen Generation«, bezeichnet den qualitativen Unterschied dieser Strömung vom Nationalsozialismus. Während man es ablehnte, die »Dritte Front« zu organisieren, scheute sich die NSDAP nicht, beides zu tun: den Jugendmythos für sich in Anspruch zu nehmen, zugleich die angestrebte Mobilisierung mit modernen Organisationstechniken voranzutreiben. Bei äußeren ideologischen Übereinstimmungen unterschied sich selbst der auf dem völkischen Flügel stehende Teil der Jugendbewegung von der NSDAP durch ausgeprägte kulturelle Wertvorstellungen. Es ist aufschlußreich, daß die Mehrzahl der Führer der bündischen Jugend ein distanziertes Verhältnis zum Nationalsozialismus einnahmen und viele von ihnen später im Widerstand anzutreffen sind.[42]

Gleichwohl hat der bürgerliche Jugendprotest maßgeblich dazu beigetragen, jene nationale Aufbruchstimmung zu schaffen, in deren Aufwind Adolf Hitler an die Macht gelangen konnte. Die Neigung zu einer emotionalisierten Sprache und die stark irrationalistische Färbung der Ideen der Jugendbewegung haben zweifellos mitbewirkt, daß sich eine politische Bewegung gegen die NSDAP nicht hinreichend ausbilden konnte. Die bündische Bewegung selbst stellte eine Minderheit von 2,1 % der organisierten Jugendlichen dar; sie besaß jedoch eine starke Ausstrahlungskraft auf die konfessionellen Jugendverbände sowie auf Teile der sozialistischen Jugend. Sie repräsentierte einen wichtigen Ausschnitt aus den her-

Bündische Jugend 1933 – Großdeutscher Bund in Munsterlager

anwachsenden intellektuellen Eliten; ihr Auftreten ist daher ein gewisser Indikator für die Einstellung der aktiven Teile der jüngeren Generation. Faktisch trug sie zur Aushöhlung der Autorität des republikanischen Systems nachdrücklich bei. Zugleich stand sie, trotz ideologischer Entsprechungen, in mindestens latentem Gegensatz zu den späten Präsidialkabinetten. Die Heraufsetzung des Wahlalters, die von Papen beabsichtigte, stellte sicherlich keine Lösung der tiefgreifenden politischen Vertrauenskrise dar, die der NSDAP indirekt zugute kam.[43]

Für die Weimarer Gesellschaft war kennzeichnend, daß die Diskussion über den Platz, den die Jugend in ihr einnahm, nahezu alle Bereiche umfaßte. Die Geisteswissenschaften, die zeitgenössische Literatur und Dichtung, vor allem die Erziehungswissenschaften und die Psychologie beschäftigten sich immer wieder mit dem Verhältnis der Generationen zueinander.[44] Dieses »Leitmotiv« der Weimarer Kultur stellte, wie manche Kritiker betonten, eine verbreitete Modeerscheinung dar, aber sie war zugleich mehr als das: Sie spiegelte die tiefe Unsicherheit von Gesellschaft und politischem System, ein angemessenes Verhältnis zur jüngeren Generation zu finden. Zwar hat es in der Jugendgesetzgebung, im Strafrecht, in der Erziehungs- und in der Sozialpolitik nicht an Bestrebungen gefehlt, den Bedürfnissen der nachwachsenden Generation stärker als zuvor Rechnung zu tragen; aber dies konnte den Graben, der zwischen der Republik und ihrer Jugend aufgebrochen und der im Grunde ein Erbe des Ersten Weltkriegs war, nicht mehr überbrücken.

Gewiß ist die Frage zu stellen, ob die Republik bei größeren Erfolgen eine stärkere Einbeziehung der Jüngeren hätte bewerkstelligen können. Zudem stellte das Jugendproblem nur einen möglicherweise untergeordneten Faktor innerhalb des Ursachenbündels der Strukturkrise und des Scheiterns der Republik dar. Die nahezu unlösbar erscheinenden Hindernisse, die dem Einleben der Demokratie in Deutschland im Wege standen, werden im Generationskonflikt deutlich. Er verweist auf eine fundamentale Krise der gesellschaftlichen Ordnung, deren Ursachen in die imperialistische Phase zurückreichten. Die psychologischen Auswirkungen des Ersten Weltkriegs haben den dadurch in Gang gesetzten gesellschaftlichen Wandel nachhaltig verstärkt und einen tiefgreifenden Traditionsbruch hervorgerufen, der durch den Tatbestand, daß Novemberrevolution und Republikgründung die Stellung der traditionalen Eliten nicht wirklich antasteten, im Generationsproblem verzögert hervortrat.

Generationsprotest und Generationskonflikt entspringen epochalen sozialen Konfliktlagen. Im Kaiserreich angelegt und durch den Ersten Weltkrieg nur verdeckt, verschärften sie sich unter den politischer Stabilisierung abträglichen politischen und ökonomischen Bedingungen Weimars. Es handelt sich daher nicht einfach um einen sich auf der Überbauebene vollziehenden Wertewandel. Innovatorische Schübe, im Weimarer Fall die sozialen und psychologischen Auswirkungen des Krieges, haben diesen Effekt vorübergehend maßgebend verstärkt und zur Delegitimierung des bestehenden politischen Systems geführt. Der Mythos der Jugendrevolution ist zugleich dem Durchbruch der NSDAP als Massenbewegung direkt zugute gekommen.

Destabilisierungseffekte vergleichbarer Art sind in der Zeit nach dem Zweiten Weltkrieg, wenn auch nicht mit der gleichen Intensität, ebenfalls aufgetreten. Die außerparlamentarische Opposition und die Studentenbewegung in der Bundesrepublik entsprangen einer Disparität der Sozialisationsbedingungen unterschiedlicher Generationen.[45] Es spricht vieles dafür, daß der Faktor eines intergenerativ bedingten Mentalitätswechsels gerade in hochgradig mobilen Industriegesellschaften besondere Beachtung verdient. In dem Augenblick, in dem politische Systeme offensichtliche Schwierigkeiten haben, die nachwachsende Generation von ihren normativen Grundlagen zu überzeugen, befinden sie sich bereits in einer tiefgreifenden Legitimitätskrise. Eine solche kann gewaltsam überbrückt werden; unter den Voraussetzungen der Demokratie erzwingt sie eine Öffnung der politischen und gesellschaftlichen Chancen der Partizipation, die die jüngere Generation einschließen muß, selbst um den Preis geringerer Effektivität und der Hinnahme außenpolitischer Risiken. Es spricht freilich vieles dafür, daß steigender innen- und außenpolitischer Problemdruck eine Öffnung zur jungen Generation gerade behindert. Die Weimarer Erfahrung würde die Schlußfolgerung nahelegen, daß dies einen fatalen Irrweg bedeutet.

Anmerkungen

1 Siehe Lewis S. Feuer, *The Conflict of Generations: The Character and Significance of Student Movements* (New York 1969); John R. Gillis, *Youth and History: Tradition and Change in European Age Relations, 1770 to the Present* (New York 1981, dt. Ausg.: *Geschichte der Jugend. Tradition und Wandel im Verhältnis der Altersgruppen und Generationen*, Weinheim 1980).

2 Ronald Inglehart, *The Silent Revolution. Changing Values and Changing Political Styles Among Western Publics* (Princeton 1977); ders., *The Silent Revolution in Europe: Intergenerational Change in Post-Industrial Societies*, in: *The American Political Science Review* vol. 65 (1971), S. 991 ff. Ferner Stephen F. Szabo, *West Germany and Changing Security Perspectives*, in: Szabo (Hg.), *The Successor Generation: International Perspectives of Postwar Europeans* (London 1982); Peter Kmieciak, *Wertestrukturen und Wertewandel in der Bundesrepublik Deutschland* (Göttingen 1976); Joachim Matthes (Hg.), *Sozialer Wandel in Westeuropa* (Frankfurt/M. 1979).

3 Inglehart, *Silent Revolution*, S. 285.

4 Robert Wohl, *The Generation of 1914* (Cambridge, Mass. 1979). Zur Geschichtswissenschaft siehe Hans Jaeger, *Generationen in der Geschichte. Überlegungen zu einer umstrittenen Konzeption*, in: *Geschichte und Gesellschaft* Jg. 3 Nr. 4 (1977), S. 429 ff.

5 Wohl, *Generation*, S. 205, 208 f.

6 Karl Mannheim, *Das Problem der Generationen*, in: L. v. Friedeburg (Hg.), *Jugend in der modernen Gesellschaft* (Köln/Berlin 1965); auch in Mannheim: *Wissenssoziologie*; ursprünglich in: *Kölner Vierteljahrshefte* 7, Nr. 2–3 (1928–29).

7 Vgl. Friedrich Tenbruck, *Jugend und Gesellschaft: Soziologische Perspektiven* (Freiburg 1965²); Gillis, *Jugend und Gesellschaft*, S. 109 ff.; Wohl, *Generation*, S. 206 ff.

8 Siehe Klaus Tenfelde, *Großstadtjugend in Deutschland vor 1914*, in: *Vierteljahresschrift für Sozial- und Wirtschaftsgeschichte* Bd. 69 (1982), S. 195 ff.

9 Vgl. Alex Hall, *Youth in Rebellion: The Beginnings of the Socialist Youth Movement in Wilhelmine Germany*, in: Richard J. Evans (Hg.), *Society and Politics in Wilhelmine Germany* (London 1978), S. 442 ff.

10 Vgl. Peter D. Stachura, *The German Youth Movement 1900–1945. An Interpretative and Documentary History* (London 1981), S. 69 ff., 77 ff.

11 Vgl. Thomas Nipperdey, *Jugend und Politik um 1900*, in: Walter Rüegg (Hg.), *Kulturkritik und Jugendkult* (Frankfurt/M. 1974), S. 87 ff.

12 Zur Jugendgesetzgebung siehe u. a. Berthold Simonsohn (Hg.), *Jugendkriminalität, Strafjustiz und Sozialpädagogik* (Frankfurt/M. 1969).

13 Ulrich Aufmuth, *Die deutsche Wandervogelbewegung unter soziologischem Aspekt* (Göttingen 1979).

14 Vgl. K. Scemkus, *Gesellschaftliche Bedingungen zur Entstehung der deutschen Jugendbewegung*, in: Ruegg, *Kulturkritik*, S. 44 f.; Theodor Wilhelm, *Der geschichtliche Ort der deutschen Jugendbewegung*, in: W. Kindt (Hg.), *Grundschriften der deutschen Jugendbewegung* (Köln 1963), S. 50 ff.

15 Vgl. Eric C. Leed, *No Man's Land. Combat and Identity in World War I* (Cambridge 1979), S. 92 ff., 146 f.

16 Vgl. Willibald Karl, *Jugend, Gesellschaft und Politik im Zeitraum des Ersten Weltkrieges* (München 1973), S. 156 ff.

17 Siehe Joachim Petzold, *Wegbereiter des deutschen Faschismus. Die Jungkonservativen in der Weimarer Republik* (Frankfurt/M. 1978), insbes. S. 92 ff.

18 Ernst Troeltsch, *Spektator-Briefe. Aufsätze über die deutsche Revolution und die Weltpolitik 1918/22* (Neuausgabe Aalen 1966), S. 69.

19 Vgl. Ulrich Linse, *Lebensformen der bürgerlichen und proletarischen Jugendbewegung*, in: *Jahrbuch des Archivs der Jugendbewegung* Bd. 10 (1978); ders., *Die Kommune der deutschen Jugendbewegung: Ein Versuch zur Überwindung des Klassenkampfes aus dem Geist der bürgerlichen Utopie* (München 1973).

20 Siehe Jakob Müller, *Die Jugendbewegung als deutsche Hauptrichtung neokonservativer Reform* (Zürich 1971); Felix Raabe, *Die bündische Jugend. Ein Beitrag zur Geschichte der Weimarer Republik* (Stuttgart 1961). Zur Jugendbewegung allgemein Walter Z. Laqueur, *Young Germany. A History of the German Youth Movement* (London 1962).

21 Harald Schultz-Hencke, *Die Überwindung der Parteien durch die Jugend*, in: Werner Kindt (Hg.), *Grundschriften der deutschen Jugendbewegung* (Düsseldorf 1963), S. 354; vgl. Raabe, *Bündische Jugend*, S. 108 ff.

22 Hans Zehrer, *Ein Vorschlag der Verbände*, in: *Die Tat* Bd. 20 (1928), S. 125.

23 Vgl. James M. Diehl, *Paramilitary Politics in Weimar Germany* (London 1977).

24 A. Keßler, *Der Jungdeutsche Orden in den Jahren der Entscheidung* Bd. 1: 1928–1930; Bd. 2: 1931–1933 (München 1975–76).

25 Vgl. F. Borinski, H. Grimm, E. Winkler, E. Wolf (Hg.), *Jugend im politischen Protest. Der Leuchtenburg-Kreis 1923–1933* (Frankfurt/M. 1977).

26 Vgl. Dick Geary, *European Labour Protest 1848–1939* (London 1981), S. 123 f. sowie Tenfelde, *Großstadtjugend*, S. 214 f.

27 Siehe Martin Martiny, *Sozialdemokratie und Junge Generation am Ende der Weimarer Republik*, in: Wolfgang Luthart (Hg.), *Sozialdemokratische Arbeiterbewegung und Weimarer Republik. Materialien zur gesellschaftlichen Entwicklung*, Bd. 2 (Frankfurt/M. 1978), S. 56 ff.

28 Vgl. Hans Mommsen, *Die Sozialdemokratie in der Defensive: Der Immobilismus der SPD und der Aufstieg des Nationalsozialismus*, in: Mommsen (Hg.), *Sozialdemokratie zwischen Klassenbewegung und Volkspartei* (Frankfurt/M. 1974), S. 123 ff.

29 Vgl. Richard N. Hunt, *German Social Democracy 1918 to 1933* (Chicago 1970[2]), S. 106 ff.; Stachura, *Youth Movement*, S. 104 ff.

30 *Neue Blätter für den Sozialismus*, Bd. 1 (1930), S. 301; vgl. Theodor Haubach, *Die Generationenfrage und der Sozialismus. Soziologische Studien zur Politik, Wirtschaft und Kultur der Gegenwart. Alfred Weber gewidmet* (Berlin 1930), S. 106 ff.

31 Siehe Larry E. Jones, *The Dying Middle: Weimar Germany and the Fragmentation of Bourgeois Politics*, in: *Central European History* vol. V (1972), S. 38 ff.; ders., *Sammlung oder Zersplitterung? Die Bestrebungen zur Bildung einer neuen Mittelpartei in der Endphase der Weimarer Republik*, in: *Vierteljahreshefte für Zeitgeschichte* 25 (1977), S. 265 ff.

32 Ernst Niekisch, *Hitler – Ein deutsches Verhängnis* (1932, Nachdruck 3. Auflage, Berlin 1979), S. 20 ff.

33 *Absage an den Jahrgang 1902*, in: *Die Tat* Bd. 22 (1930), S. 202.

34 Ernst Günther Gründel, *Die Sendung der Jungen Generation* (München 1932), S. 39.

35 Gregor Strasser, *Macht Platz, ihr Alten!* in: ders., *Kampf um Deutschland. Reden und Aufsätze eines Nationalsozialisten* (München 1932), S. 171.

36 Vgl. Mommsen, *Sozialdemokratie*, S. 111.

37 Joseph Goebbels, *Die zweite Revolution. Briefe an Zeitgenossen* (Zwickau 1926), S. 5 f.

38 Vgl. Eugen Rosenstock, *Die Arbeitslager in der Erwachsenenbildung* (Berlin 1930); Karl Bühler. *Die pädagogische Problematik des freiwilligen Arbeitsdienstes* (Phil. Diss., Aachen 1978).

39 *Achtung, junge Front! Draußen bleiben!*, in: *Die Tat* Bd. 21 (1929), S. 925 ff.; vgl. Klaus Fritzsche, *Politische Romantik und Gegenrevolution. Fluchtwege in der Krise der bürgerlichen Gesellschaft: Das Beispiel des Tat-Kreises* (Frankfurt/M. 1976).

40 Siehe Gründel, *Sendung*, S. 420 ff.

41 Vgl. Leopold Dingräve (pseud. für Wilhelm Eschmann), *Wo steht die junge Generation* (Jena 1931), S. 13 f., 34 f., 54; vgl. Raabe, *Bündische Jugend*, S. 109 f., 112.

42 Vgl. die kontroversen Stellungnahmen von Michael H. Kater, *Bürgerliche Jugendbewegung und Hitlerjugend in Deutschland von 1926 bis 1939*, in: *Archiv für Sozialgeschichte* Bd. 17 (1977), S. 127–174; Stachura, *Youth Movement*, S. 65 f.; Raabe, *Bündische Jugend*, S. 152 ff. Vgl. ferner J. Götz von Olenhusen, *Die Krise der jungen Generation und der Aufstieg des Nationalsozialismus*, in: *Jahrbuch des Archivs der deutschen Jugendbewegung* Bd. 12 (1980).

43 Vgl. die Rede des Reichsministers des Innern, Freiherr v. Gayl, zur Verfassungsfeier am 11. August 1932, *Schulthes' Europäischer Geschichtskalender* 73 (1932), S. 139.

44 Vgl. Barbara Stambolis, *Der Mythos der jungen Generation. Ein Beitrag zur politischen Kultur der Weimarer Republik* Phil. Diss. (Bochum

1982); vgl. auch Elisabeth Domansky, Ulrich Heinemann, *Jugend als Generationserfahrung. Das Beispiel der Weimarer Republik,* in: *Sozialwissenschaftliche Informationen für Unterricht und Studium* 2 (1984), S. 141 f.

45 Ein knapper Überblick zur Generationsfrage in der Bundesrepublik bei M. Rainer Lepsius, *Wahlverhalten, Parteien und politische Spannungen,* in: *Politische Vierteljahrsschrift* Bd. 14 (1973), S. 300 ff.

Uwe-K. Ketelsen

»Die Jugend von Langemarck«
Ein poetisch-politisches Motiv der
Zwischenkriegszeit

Herbert Lehnert zum 60. Geburtstag

I.

»Der erste Schritt zur richtigen historischen Erkenntnis ist«, so urteilte schon vor über einem Jahrhundert Johann Gustav Droysen, »die Einsicht, daß sie es zu tun hat mit einer *Gegenwart* von Materialien.«[1] Und welcher Ort wäre gegenwärtiger als der Bericht, die Erzählung? Geschichte: das sind auch erzählte Geschichten. Daraus läßt sich schließen – und Droysen wußte das und tadelte es zum Teil –, daß in die Geschichte nicht allein das faktische Ereignis eingeht, sondern zugleich die Ordnung des Erzählens. Die Struktur der Geschichte ist auch eine Ordnung ihrer (erzählenden) Darbietung.[2] Das berührt nicht allein Fragen narrativer Strukturen[3], des Zeitbegriffs[4] oder der ästhetischen Theorie[5], das berührt auch den historischen Zusammenhang, in welchem Geschichte erzählt wird: Er präsentiert sich unter anderem als ein Feld von Möglichkeiten, auf welche Weise Geschichte dargestellt wird, dargestellt werden kann oder soll, als eine Ordnung, in der Vorfälle schon immer ihren Deutungszusammenhang finden und mitteilbar werden. Was wir für den historischen Prozeß halten, ist oft nichts als die Ordnung der Wörter, und folgerichtig gehört der Kampf um die Sprache, in der Geschichte artikuliert, vorartikuliert wird, ins Zentrum der politischen Auseinandersetzungen. Diese Verbindungen aufzudecken, in welchen Ereignisse ihre Worte suchen und zugewiesen bekommen, wäre ein möglicher Beitrag der Literaturwissenschaft zur Historiographie.

Im Netz der Zeichen, die während der ersten Hälfte dieses Jahrhunderts in Deutschland Gegenwartsgeschichte darstellbar machten, kommt der »Jugend von Langemarck« eine wichtige Position zu. Als Probe aufs Exempel:

»Aus dieser Landschaft des Leidens ragen dunkel die Namen der großen Residenzen des Mordes, (. . .) wo die bleierne Tyrannis im Bunde mit der

Technik endlose Bluthochzeiten feierte. Diese Mordhöhlen werden auf fernste Zeiten im Gedächtnis der Menschen haften, sie sind die eigentlichen Mahnmale dieses Krieges wie früher der Douaumont und Langemarck. (...) Dort endete der Fortschritt mit seinen Gedanken und Ideen, in diese Sümpfe mündete die allzu kluge, erfindungsreiche Zeit.«[6]

Diese Sätze stehen in Ernst Jüngers Programmschrift *Der Friede* aus dem Jahre 1941/43, und die Namen »Douaumont» und »Langemarck« fallen in ihrem Zusammenhang einigermaßen unvermittelt, tauchen des weiteren auch nicht wieder auf. Jüngers Sätze sind unter mehreren Aspekten aufschlußreich; auf den ersten Blick – und der reicht zunächst aus – zeigen sie, daß er 1941/43 oder auch 1945/46, als die ersten Drucke der Schrift erschienen, vermutete, die Namen »Douaumont« und »Langemarck« seien seinen Lesern so gegenwärtig, daß ihre bloße Nennung genüge, um solche weitreichenden und befrachteten Zusammenhänge zu verstehen, wie er sie hier vorträgt. Und er hatte wohl recht damit. Erst nach dem Kriege wurden sie durch »Auschwitz« und »Stalingrad« überdeckt und vergessen.

Warum, so wäre zu fragen, konnte sich Jünger eigentlich darauf verlassen, daß schon das Anführen der Namen ausreichen würde, um verstanden zu werden? Im Hinblick auf »Douaumont« ist das einsichtig, denn immerhin wurde dort der Verlust des Ersten Weltkriegs militärisch und kriegspsychologisch mitentschieden. Im Hinblick auf »Langemarck« ist das allerdings schwieriger zu verstehen, denn die militärischen Vorfälle dort waren für den Gesamtverlauf des Krieges nicht nur einigermaßen belanglos, sie sind überhaupt äußerst vage zu fixieren: Ende Oktober und Anfang November 1914 fanden nach dem Scheitern des deutschen Plans, die westalliierten Linien von der Flanke her zu umfassen, im Bogen um Ypern verbissene Kämpfe statt; sie hatten das Ziel, die deutschen Linien vorteilhaft zu sanieren, ehe die für den Stellungskrieg überflüssigen Truppen an die Ostfront abgezogen wurden. In Flandern sollte vor allem die Front bei Ypern durch Geländegewinne begradigt werden. Zu diesem Zweck wurden neue Truppen herangezogen, u. a. vier im Reich frisch rekrutierte Corps.

In dürren Worten teilt eine im Reichsarchiv erarbeitete umfangreiche Darstellung des Weltkriegs mit, was geschah: Für die Zeit zwischen dem 4. und 9. November 1914 heißt es im Blick auf die neu gebildete 4. Armee: »Eine Reihe mehr örtlicher Kämpfe an der Küste, südlich Drie Grachten, nördlich Langemarck und östlich Zonnebeke brachte einzelne Fortschritte, auch nicht unbeträchtliche Zahlen an Gefangenen; Erfolge von Bedeutung wurden indessen nicht erzielt.«[7] Unter dem 10. November, dem ersten Tag des eigentlichen Angriffs, wird gesagt: »Der 6. Reserve-Division gelang es nicht, Langemarck zu nehmen. Vor allem scheiterte aber der Sturm der 9. Reserve-Division (auf der alle Hoffnungen lagen) völlig. (. . .) Schon beim Verlassen der Gräben zum Sturm traten Verluste ein.«[8] »Die nur kurz ausgebildeten Freiwilligen-Korps erlitten furchtbare Verluste«, heißt es in einer anderen Darstellung.[9] Ähnliche Sätze finden sich dann auch für die Situation bis Ende November, als General Falkenhayn noch während des Abzugs der für die Ostfront bestimmten Truppen den Eindruck zu erwecken suchte, es bahnten sich große Dinge an.

II.

Mit der Nennung des Namens »Langemarck« bezieht sich Jünger also nicht – wie man meinen könnte – auf ein eindeutiges, kriegsentscheidendes Ereignis. In den historischen Darstellungen des Ersten Weltkriegs findet man diesen Namen denn auch allenfalls beiläufig erwähnt. – Um es kurz zu machen: Das »Langemarck«, von dem Jünger spricht, liegt nicht in Flandern, sein Ort ist in der produktiven Phantasie zu suchen, die die res gestae in die narratio rerum gestarum, die Ereignisse in Geschichte verwandelt. Diese Phantasie ist allerdings nicht eine ungeregelt blühende; es lassen sich vielmehr die Bahnen verfolgen, in die sie sich ergoß.

Der Ursprung des Redens über »Langemarck« ist immer wieder zitiert worden: im Wehrmachtstagebuch findet sich unter der Leiste »Großes Hauptquartier, 11. November, vormittags« mit Bezug auf den 10. November 1914 eingetragen:

»Am Yser-Abschnitt machten wir gestern gute Fortschritte. (. . .) Westlich Langemarck brachen junge Regimenter unter dem Gesange ›Deutschland, Deutschland über alles‹ gegen die erste Linie der feindlichen Stellungen vor und nahmen sie. Etwa 2000 Mann französischer Linien-Infanterie wurden gefangen und sechs Maschinengewehre erbeutet.«[10]

Man muß sich deutlich vor Augen halten, in welchem Zusammenhang diese Eintragung steht: daß es gerade *nicht* gelang, den Bogen bei Ypern einzudrücken (schon das »westlich von Langemarck« ist eine gelinde Übertreibung, es könnte *allenfalls* nordwestlich heißen).[11] Es ist hier nicht den Gründen für diese Notiz im Kriegstagebuch nachzugehen[12]; ob die ungeheuren Verluste rührselig-patriotisch übertüncht, die mangelhafte Aufklärung des Geländes durch die Heeresleitung verbrämt oder die kriegspsychologischen Folgen der Ausdünnung des Westheeres zugunsten der Truppen im Osten kriegspropagandistisch gemildert werden sollten[13], mag dahinstehen. Wichtiger sind zwei andere Beobachtungen: zum einen, daß *alle* deutschen Tageszeitungen – gleichgültig welcher politischen Linie sie zuneigten – diese Meldung am 11. November (also gleichzeitig mit dem Kriegstagebuch) oder doch spätestens am 12. auf der Titelseite veröffentlichten, zum anderen, daß schon in dieser Meldung der Obersten Heeresleitung für unterschiedliche Informationsfelder unterschiedliche Sprachmuster benutzt werden: Die militärischen Tatbestände finden sich in der Sprache der beschreibenden Benennung des Historikers festgehalten, während die pathetisch-patriotischen Dimensionen in die Sprache der Poesie gekleidet werden. Es ist hier nicht entscheidend, ob dieser diskursive Mix schon dem Stilwillen des Tagebuchführers entsprang, er hatte jedenfalls Zukunft. »Langemarck« wird schnell zum rhetorisch beliebten und wirksamen Versatzstück in den Schilderungen der deutschen Niederlage in Flandern und Nordfrankreich.

III.

Exemplarisch deutlich wird diese Instrumentalisierung des Topos in einer zeitgenössischen volkstümlichen, ausführlichen Darstellung des Weltkriegs aus dem Jahr 1917[14]; zugleich läßt sich bereits an dieser Darstellung erkennen, wie sich die Elemente, die den Komplex »Langemarck« ausmachen, aus dem (wenn auch nur vermeintlichen) Handlungszusammenhang lösen:

Die Beschreibung der letzten Phase der Schlacht bei Ypern teilt sich in dieser Schilderung in mehrere Abschnitte, die immer nach demselben Muster gegliedert und die untereinander nach dem Schema der Klimax geordnet sind, an deren Ende »Langemarck« steht: Zunächst wird auf 22 Zeilen aufgezählt, wer im Bogen von Ypern mit welchem Elan stürmte; diese Suada endet in dem lapidaren Halbsatz: »(...) als ihr Frenchs letzte Reserven in tiefen Gräben Halt geboten«. Dann wird – neu ansetzend und etwas knapper – speziell auf den rechten Flügel eingegangen (wo Langemarck liegt); dieser Absatz endet nach demselben Muster mit der Feststellung: »Auch Bixschote, das durch den Kanal in der Flanke gedeckt war, trotzte jedem Angriff.« Unermüdlich wie die Truppen Falkenhayns setzt auch der Berichterstatter in einem neuen Abschnitt wieder an, und auch diese Schilderung des Heldenmuts der Reserveregimenter endet in einem lapidaren:

»Langemark(!) selbst wies alle Angriffe ab.« In einem neuen Absatz wird schließlich des Opfermuts der Truppen im Mittelabschnitt gedacht, wobei das Motiv des Sturmangriffs unter den Klängen des Deutschlandliedes auch hier eingesetzt wird, um den patriotischen Eifer zu illustrieren. Und auch dieser (wieder längere) Abschnitt endet in adversativer Konstruktion: »Doch vor Hooge und Westhoek erstarb auch das Lied, die tiefgestaffelte Stellung war nicht im Sturm zu nehmen und widerstand.« Die alles in allem recht informative Darstellung der Flandernschlacht endet dann vollends in Poesie: »Die Vaterlandslieder, mit denen die Freiwilligenregimenter gegen die feuerspeienden Bastionen von Langemark, Bixschote und Dixmuiden marschiert waren, verhallten als Geistergesang Jung-Deutschlands über den toten Gewässern der flandrischen Ebene.«

»Langemarck« – soviel wird klar, das ist ein Gegenwort. Es bezeichnet eine andere Sphäre, die der Welt der taktischen Siege und überhaupt der militärtechnischen Kriegsführung mit ihrem maschinell-rationalen Vernichtungspotential diametral entgegengestellt ist.

So kann man denn schon aus der Art und Weise, wie sehr ein Autor in der Behandlung der Flandernereignisse dem einen oder anderen Diskurs zuneigt, d. h. welche Rolle der Topos »Langemarck« spielt, seine Intentionen ablesen. In militärhistorisch orientierten, den Mustern der Ereignisgeschichte verpflichteten Darstellungen des Ersten Weltkriegs findet er sich meist gar nicht oder allenfalls beiläufig.[15] Ebenfalls nicht in den Zeugnissen unmittelbarer Erlebnisse (wie Briefen).[16] Je mehr eine »Deutung«, eine Interpretation der Ereignisse angestrebt wird, desto ausgiebiger wird er eingesetzt. So verkündete Baldur von Schirach:

»Ein ewiger Bestandteil des Geschwätzes der Besserwisser ist die Legende von der Sinnlosigkeit des Opfers von Langemarck. Der Sinn jener sakralen Handlung, die das Sterben der Blüte der Jugend im Sturm auf die Langemarckhöhen bedeutet, ist nicht dem faßbar, der mit dem Rechenstift den Wert einer militärischen Operation nach Erfolg und Einsatz verbucht und darauf dem Feldherrn, nach Art eines Schulmeisters, Zensuren ausstellt. Schaut auf die Millionen der Jugend: Dies ist die Sinngebung von Langemarck!«[17]

Dieser Verwendungszusammenhang bestimmt das weitere Schicksal von »Langemarck«, wenn ein Topos denn ein Schicksal haben kann. Er verliert seine historische Referenz[18], die er am 11./12. November ja immerhin zumindest fiktiv gehabt hat, und wird als poetischer Gemeinplatz zum argumentativ-funktionalen Versatzstück.

Wie sehr sich »Langemarck« aus dem Zusammenhang der Ereignisgeschichte lösen und verselbständigen kann, zeigt eine Notiz in dem – allerdings erst 1925 publizierten – Kriegstagebuch des Schriftstellers Rudolf G. Binding. Er notiert bereits unter dem 27. Oktober 1914, also 14 Tage früher als das Kriegstagebuch, auf das doch alles zurückzugehen scheint, die Sätze: »In der Nachbardivision trugen ähnlich junge Seelen, die geistige Blüte Deutschlands, unter Gesang einen Angriff gegen Langemarck vor. Gleich vergeblich und gleich verlustreich.«[19] Gleichgültig, wann Binding diese Passage schrieb, »Langemarck« hatte sich schon so verselbständigt, daß eine abweichende Datierung überhaupt keine Rolle spielte. – So wie sich bei Binding »Langemarck« von seinem Datum löste, so löste es sich bei anderen, wie etwa bei Hitler, aus seinen räumlichen Bezügen: Über seine ersten Kampferlebnisse an der Front in Flandern berichtet er in *Mein Kampf*:

»Aus der Ferne aber drangen die Klänge eines Liedes an unser Ohr und kamen immer näher und näher, sprangen über von Kompanie zu Kompanie, und da, als der Tod gerade geschäftig hineingriff in unsere Reihen, da erreichte das Lied auch uns, und wir gaben es nun wieder weiter: Deutschland, Deutschland über alles, über alles in der Welt!«[20]

Schließlich wurde »Langemarck« völlig von den noch so vagen historischen Beziehungen getrennt und zu einem Symbol verselbständigt: *Langemarck. Das Opfer der Jugend an allen Fronten* lautet der Titel eines Buches, das 1938 gemeinsam von der Armee, der Hitler-Jugend und der Kriegsgräberfürsorge herausgegeben worden ist, dessen Bilder von heroisch-verkitschten Soldatengräberanlagen[21] eingerahmt werden durch Fotos aus Langemarck am Anfang und Bethlehem am Ende des Bildteils (an den dann noch eine HJ-eigene Ikone angehängt ist). Im Vorwort beruft denn der Herausgeber auch den »Mythos vom Weltkriegsopfer der deutschen Jugend«, das »kleine flandrische Dorf vor Ypern« habe lediglich Symbolcharakter.[22]

»*Geist von Langemarck* heißt dies Buch, obwohl oder gerade weil sich das Wort Langemarck in ihm nicht findet«, schreibt ein anderer Autor in der Einleitung zu seinem Band, der 1934 »Kunde« geben will von der Aufopferungsfähigkeit deutscher Jugend.[23] Diese Ablösung des Wortes aus dem historischen Handlungszusammenhang ist allerdings kein fortschreitender Prozeß (obwohl die Institutionalisierung des »Langemarck«-Komplexes seit dem Ende der

Der Weiheraum im Torbau von Langemarck

zwanziger Jahre sie sicherlich befördert hat), es handelt sich vielmehr um eine typologisch-systematische Ausdifferenzierung. Schon sehr früh verselbständigt sich das Reden über »Langemarck« aus seinem ersten Kontext. So heißt es – und sogar ohne daß der Name »Langemarck« überhaupt ausdrücklich fällt! – schon in einem der kriegspropagandistischen Aufsätze von Friedrich Meinecke aus dem Jahre 1915, die Engländer hätten politisch nach den deutschen Verlusten in Nordfrankreich und Flandern auf eine »moralische« Erlahmung Deutschlands gehofft. Aber, so Meinecke:

»Immer wieder entstehen vor ihnen neue feldgraue Reserveregimenter, zusammengesetzt aus Landwehrmännern und jungen Kriegsfreiwilligen, geführt von alten Offizieren und von Beamten, Professoren usw. im Offiziersrock, und stürmen mit Gesang die feindlichen Stellungen.«[24]

In einer solchen propagandistischen Nutzung konnte das Motiv dann – wie in einem wahrscheinlich aus den dreißiger Jahren stammenden »Langemarck«-Gedicht Herbert Böhmes – so sehr schrumpfen, daß die bloß andeutende Nennung eines seiner Momente ausreichte, damit der Topos seine ihm zugedachte Funktion erfüllte:

»Singt ein Lied über den Gräbern ewiger Melodie:
Bleibe bei mir und lausche und vergesse sie nie,
Deutschland!«[25]

So hegte denn auch mancher die Hoffnung, auf der »Langemarck«-Welle der dreißiger Jahre mitzuschwimmen, indem er ältere Bücher nun unter dem »Langemarck«-Schlagwort erscheinen ließ, um auf solche Weise Anteil zu haben am Boom.[26] Diese Ablösbarkeit des Topos jedenfalls war überhaupt die Voraussetzung dafür, daß »Langemarck« über mehrere Jahrzehnte hin eine Rolle in den ideologischen Auseinandersetzungen spielte.

IV.

Es sind also – das dürfte aus den herangezogenen Beispielen deutlich geworden sein – drei motivische Elemente, die den »Langemarck«-Topos ausmachen und darin zu einer Einheit zusammentreten: das Motiv der Jugend, das Motiv des Opfers und das Motiv des Nationalen. Sein Ausbau und seine Funktionalisierung in den Auseinandersetzungen der Zwischenkriegszeit schlossen an diese drei Momente an, gestalteten sie – je nach Verwendungszusammenhang – aus und betonten mal das eine, mal das andere Moment.

Herkömmlicherweise und angelehnt an die Vorstellungen des Behaviorismus wird eine Konstellation wie die hier beschriebene nach den Prinzipien der Manipulationstheorie erklärt. Nur übersieht ein solcher Ansatz auf der Basis einer Vorstellung von (gesteuertem) Reiz und (kalkulierter) Antwort, daß die Meldungen im Kriegstagebuch und in der deutschen Presse nicht isolierten, voluntaristischen Akten entstammen, die – nach Maßgabe der physikalistischen Kommunikationstheorie – einen für opportun gehaltenen (realen oder fiktiven) Sachverhalt in ein bislang leeres Bewußtsein transferierten und dort eine gewünschte politische Haltung erzeugten. Dieses Reden von der »Jugend von Langemarck« funktionierte überhaupt nur, weil es Positionen innerhalb eines schon lange existierenden Netzes von Ideologemen und Bildern aktualisierte und sehr markant miteinander verknüpfte; es rückte ein in ein schon präexistentes Feld von Bedeutungen[27] und schleuste auf solche Weise die (durch den Kriegsverlauf äußerst schwierig gewordene[28]) Sinndeutung der militärgeschichtlichen Ereignisse hinüber in den Kontext akzeptierten daseinserhellenden Vokabulars. Vor diesem prägenden Hintergrund war es denn auch – wie sich zeigen wird – außerordentlich schwierig, den »Langemarck«-Topos umzuinterpretieren (wie die Nationalsozialisten das in den dreißiger Jahren teilweise versuchten). So liegt es auf der Hand, daß er sich erst nach dem Kriege entfalten konnte, als die Frage nach dem »Sinn« des Krieges[29] nicht mehr politisch oder militärisch zu beantworten war. Jetzt füllte die Rede von »Langemarck« nicht mehr nur eine Lücke im militärischen Diskurs, sondern thematisierte etwas, was sich militärtechnisch nicht aussagen ließ oder nicht ausgesagt werden sollte; sie hatte sich im Zusammenhang von sinninterpretativen Ideologien gegenüber den Aussagen zur pragmatischen Geschichte verselbständigt. Der militärische Diskurs lieferte der ideologisch orientierenden Rede allenfalls noch subsidiär ein faktisches Unterfutter. »Langemarcks« Ort wird endgültig die Poesie und die (Fest-)Rede.

Dieses bereits vorhandene Netz von Ideologemen, in dessen Verknüpfungen »Langemarck« Positionen besetzt, braucht hier nicht ausführlich dargestellt zu werden; es ist das altbekannte Ideologiegemisch, in dessen Regularien sich das Klein- und Bildungsbürgertum seit dem letzten Drittel des 19. Jahrhunderts verständigte.[30] In deren Zusammenhang erhalten die Elemente, die sich zum »Langemarck«-Topos verknotet finden, ihren Ort. Um das Oppositionspaar »Jugend – zweckrational etablierte bürgerlich-zivilisatorische Welt« organisierten sich spätestens seit der Jugendbewegung zentrale Wertzuordnungen bildungsbürgerlicher Kulturkritik[31]; das *Deutschlandlied*, das in der »Langemarck«-Erzählung den etablierten Kampfruf »Kompanie vorwärts, marsch, marsch, hurra« ersetzt, symbolisiert die Vorstellungen von Nation oder Volk, in denen zum einen die Kräfte beschworen werden, die die mangelnde Fähigkeit zur gesellschaftlichen Integration des Wilhelminischen Reiches überwinden sollen, und in denen zum anderen Widerstände[32] mobilisiert werden, von denen man sich einen Sieg über die »materialistische« Indifferenz des industriellen Kapitals[33] erhofft.[34] Und das Opfermotiv schließlich aktualisiert in dieser ersten Umbruchphase des Krieges lediglich die im Bildungsbürgertum seit langem mit besonderer Inbrunst gehegte pseudo-religiöse Idee von der Geschichte als einer Apokalypse, aus deren Untergängen die Welt geheiligt auferstehen werde.[35]

V.

Der Erfolg der »Langemarck«-Prägung, d. h. ihre breite Verwendbarkeit, beruhte sicher auch darauf, daß ihre Benutzer es bei einer bloßen Evokation dieser Tradition bewenden ließen und nicht eine genauere Differenzierung vornahmen[36], die dann auf die nicht geringe Spannbreite innerhalb dieser Tradition aufmerksam gemacht und teilweise politischen Sprengstoff freigelegt hätte.[37]

Statt dessen öffnete sich der Topos von der »Jugend von Langemarck« dem breiten Spektrum bildungsbürgerlicher Selbstbestimmungen und bekam dadurch – ohne daß das zunächst ausdrücklich thematisiert wurde – eine Abgrenzungsfunktion gegen andere Schichten und Klassen. Eine Flut von »Langemarck«-Literatur oder zumindest doch von »Langemarck«-Erwähnungen ergoß sich; der Name war im kollektiven Gebrauch.[38] »Langemarck« war von Anfang an eine Identifikationsmarke, besonders für den akademischen Kern des Bildungsbürgertums: Die Reserveregimenter im Bogen von Ypern wurden schnell zu Studentenregimentern stilisiert. In einer Rede zum 19. November 1928, den die deutsche Studentenschaft als Langemarck-Tag beging, setzte der Münchner Rektor, Oswald Bumke, in seiner Festansprache die deutschen Studenten insgesamt nachgerade mit den Freiwilligen bei Ypern gleich: » . . . dann kommt der Tag vor Langemarck, an dem die deutsche akademische Jugend, zu flandrischen Regimentern formiert (...).«[39] Daß die Vorstellungen, die sich in diesem Topos akkumulierten, der bildungsbürgerlichen Tradition der Vorkriegszeit entstammten, dokumentiert ein 1934 zum erstenmal und 1937 dann in der zweiten Auflage unter dem Titel *Die Straße nach Langemarck* erschienener Roman des der Jugendbewegung zugeneigten Verlegers Karl Rauch:

Die Handlung führt aus der unmittelbaren Vorkriegszeit direkt in den Krieg hinein, aus dem Schulalltag eines Reformlandheims auf die Schlachtfelder des Krieges. Was die Schule formell und informell als Bildungskonzeption vermittelte, wurde im Krieg materiell in den militärischen Handlungszusammenhang eingebaut. »Die Jugend von Langemarck« stand schon bereit, ehe sie in die Schützengräben Flanderns transportiert wurde. Über die grünrotgoldene Schnur des Wandervogels sagt einer der Helden des Romans: »Gerade sie und durch sie alles Gute und Wahrhafte, wozu wir unterm Greifenbanner uns schon früher erzogen haben, was nachher der Krieg uns gelehrt und bestätigt hat (...).«[40]

Noch komprimierter formulierte Joseph Winckler in einem Gedicht *Der Fähnrich*, dem in einer späteren Auflage die Langemarck-Eintragung des Kriegstagebuchs als Motto vorausgestellt ist, diese Verbindung zwischen bildungsbürgerlich-akademischer Tradition und dem »Langemarck«-Komplex:

> »Er saß vielleicht gestern auf Prima noch
> Und kam mitten aus seinem Homer
> Und von Marathon, vom Olympos hoch,
> Von Alexander dem Großen her.
> Seine Lippen schwollen wie von Pindars Gesang (...)«[41]

Es gab Leute (wie etwa Paul Alverdes), die daraus den »Vorrang des Opfertodes« der akademischen Jugend ableiten wollten, der zu neuer »Volkwerdung« geführt habe.[42]

Diese Bindung des Motivs an ein klassenspezifisches Kulturmuster ließ sich auch später – wie sich noch zeigen wird – nicht lokkern; im Gegenteil, sie gab seiner Auffassung eine spezifische Richtung vor. Sie verhinderte am Ende wohl auch, daß es den Nationalsozialisten – anders als bei den kollektiven Motiven vom »Unbekannten Soldaten« und »Leo Schlageter« – trotz vielen Versuchen nicht wirklich gelang, »Langemarck« zu einem ihrer Symbole zu machen und als ein Synonym für den Marsch zur Feldherrnhalle zu benutzen, so wie das ein nationalsozialistischer Propagandist versuchte:

»So, wie Langemarck ein Aufbruch deutscher Jugend war, so wurde der Marsch nach der Feldherrnhalle von neuem der Aufbruch dieser als Frontsoldaten aus dem Felde heimgekehrten und zu Männern herangereiften Jugend (. . .). Die Sehnsucht nach dem Reich, die in Langemarck aufgelodert war (. . .), fand ihre Erfüllung an der Feldherrnhalle.«[43]

Die traditionelle bildungsbürgerlich-akademische Prägung »Langemarcks« erwies sich am Ende als zu stabil, als daß solche Akte des Identifizierens hätten gelingen können.

Bestimmt durch diesen soziokulturellen Hintergrund hat die »Jugend von Langemarck« das Jahr 1945 noch eine Zeitlang überdauert. In der Nachkriegsliteratur wurde der Topos zu einem Corpus delicti in den Anklagen gegen die bildungsbürgerliche Erziehungsdoktrin während der Zwischenkriegszeit. In *Draußen vor der Tür* etwa läßt Wolfgang Borchert seinen Beckmann dem versammelten Bildungsbürgertum die Worte entgegenschleudern:

»Und keiner hat uns gesagt, wo wir hingingen. (. . .) Oh nein, keiner. Sie haben Marschmusik gemacht und Langemarckfeiern. Und Kriegsgerichte und Aufmarschpläne. (. . .) Und dann war der Krieg endlich da (. . .). Und jetzt sitzen sie hinter ihren Türen. Herr Studienrat, Herr Direktor, Herr Gerichtsrat, Herr Oberarzt.«[44]

Damit markiert Borchert ganz sicher nicht nur eines der politischen Ziele, für die mit »Langemarck« geworben wurde, sondern vor allem den sozialen Rahmen, in dem der Topos seine Funktion erfüllte.

VI.

Diese starke Bindung an die weltanschaulichen Selbstvergewisserungsversuche des Bildungsbürgertums ist möglicherweise ein Grund für eine erstaunliche Beobachtung: Anders nämlich, als das vielstimmige Reden über den Mythos einer »Jugend von Langemarck« glauben machen wollte[45], entfaltete das Motiv keinerlei eigene produktive Dynamik; es war ausschließlich repetitiv. Es setzte keine produktive Phantasie frei; immer und immer wieder werden seine drei Elemente: Jugend, Nation, Opfer (und deren immanente Negationen: Establishment, Gesellschaft, Materialismus) in den einmal festgelegten Bahnen wiederholt und ausgewalzt. Selbst dort, wo gegen die politische Funktionalisierung »Langemarcks« gekämpft wird – und ich habe dafür kaum Belege gefunden! – geschieht das im Rahmen der beschriebenen Deutung! In einer Rede protestiert der Wandervogel Friedrich Kreppel in Berufung auf die Meißner-Formel gegen den »Langemarck«-Kult; es sei ein sinnloses Opfer gewesen – aber eben ein Opfer doch: »Wir gedenken des Sturmes von Langemarck in der Demut vor dem Leben, das sich geopfert, und in dem Stolz, daß Deutschlands Söhne so herrlich fielen.«[46]

Lediglich die Frage, wie es dazu gekommen sei, das *Deutschlandlied* abzusingen, gibt der Phantasie ein wenig Spielraum.[47] Der Topos gewann sein Leben allein aus seiner Funktionalität. Solange sich die politische Rechte in Deutschland im Schatten des Ersten Weltkriegs stehen sah – also bis 1939/40 –, benutzte sie die »Jugend von Langemarck« als Argument; der Topos rückte ein – um eine militärische Metapher zu benutzen – in den Verband der jeweiligen Argumente. Er trug nicht von sich aus, sondern nur im Dienste übergeordneter Absichten, von denen er dann seine Bedeutung erhielt.

Zwar sind diese Argumentationszusammenhänge nicht immer scharf gegeneinander abgegrenzt, aber zwei von ihnen lassen sich doch als einigermaßen prägnant herausstellen: ein eher geschichtsphilosophischer und ein eher gesellschaftsorganisatorischer. In deren Kontext konnte das Verständnis von »Langemarck« allerdings in jeweils unterschiedlicher Weise geprägt werden.

Daß »Langemarck« eine historische Markierung fixiere, das kann man allenthalben lesen, meist sehr verwaschen formuliert und der ganzen Tragweite der Argumentation nicht bewußt, so wenn es in der Literaturgeschichte von Arno Mulot blumig heißt: »Auch in Langemarck enthüllte sich noch nicht das letzte Gesicht des Weltkrieges.«[48] Am pointiertesten kristallisieren die Deutung »Langemarcks« als einer Zeitenwende wohl Ernst Jünger und – bei mancher Ähnlichkeit diametral entgegengesetzt – Thomas Mann heraus.

In seiner Programmschrift *Der Arbeiter* aus dem Jahre 1932 widmete Jünger dem Motiv ein ganzes Kapitel; keiner anderen ›Sachkonstellation‹ gönnte der Autor, dem alle historische Realität zum bloßen Phänomen wird, so viel Aufmerksamkeit. Er stilisiert »Langemarck« zu einer Art Valmy des 20. Jahrhunderts. Nicht, daß er von hier und jetzt eine neue Epoche der Weltgeschichte ausgehen ließe, zu solcher dezidierten Meinung würde sich Jünger nicht hinreißen lassen, aber immerhin tritt in dem »Vorgang« seiner Anschauung nach doch sehr augenfällig in Erscheinung, daß eine neue Ordnung, ein neues Urbild – eben die Gestalt des »Arbeiters« – sich anschicke, die Herrschaft anzutreten, zunächst einmal in der Weise, daß der Träger einer verblaßten Idee – eben das bürgerliche Individuum – zur Erde gestreckt wird. In den Freiwilligen-Regimentern sieht Jünger eine letzte Inkarnation des Bürgertums: das Individuum, das im Willen zur Macht, d. h. in der Behauptung seiner Interessen, im Besitz der moralischen und geistigen Werte die Geschichte zu gestalten beansprucht. Seine Stunde ist nun vorbei:

»Freier Wille, Bildung, Begeisterung und der Rausch der Todesverachtung reichen nicht zu, die Schwerkraft der wenigen hundert Meter zu überwinden, auf denen der Zauber des mechanischen Todes regiert. (...) Hier kündete sich das Aussterben eines besonderen Menschenschlages im Angriff auf seine vorgeschobenen Posten (d. h. auf die Freiheit des Willens des autonomen Individuums) an.«[49]

Jüngers mythisches Weltbild braucht hier nicht näher expliziert zu werden[50], es wird auch so deutlich, wie der Autor Elemente aus dem Topos der »Jugend von Langemarck« – eben die Momente der Jugend und des Opfermutes – aufnahm, die in der allgemeinen Rede der Zeit anzutreffen waren, und in sein Argumentationsschema einbaute. Zugleich wird offensichtlich, wie sehr der Topos bereits seiner semantischen Beziehung zu den realhistorischen Zusammenhängen beraubt sein mußte, um zu solchen Operationen zu taugen.[51] Mit dieser Interpretation »Langemarcks« als einer Zeitenwende, als des Endes der bürgerlich-liberalen Epoche, hat Jünger einige wenige Nachfolger gefunden.[52]

Ähnlich – wenn auch nicht in diesem Ausmaß überfrachtet wie Jünger – benutzt Thomas Mann das Motiv.

In der berühmten Schlußszene des *Zauberbergs* (1924), der wohl bedeutendsten literarischen Ausgestaltung unseres Motivs, läßt er das Produkt spätbürgerlicher Bildung, Hans Castorp, in einem Flandern, das gar nicht mehr genannt zu werden braucht, elend zugrundegehen oder gibt ihm kaum eine Chance, was dasselbe Resultat beinhaltet. In diesem Gegenkapitel zum »Schnee-Kapitel« finden wir eine der wenigen kritischen Ausgestaltungen des »Langemarck«-Motivs. Und so läßt der Autor gegen die stehende Rede seinen Helden statt des heroischen Deutschlandliedes – ähnlich bewußtlos wie seine nationalistischen Gegenfiguren – Wilhelm Müllers »Am Brunnen vor dem Tore« singen[53]; er *stürmt* nicht wie sie in ein neues Deutschland, es *zieht* ihn in den Tod, von dem sich der Erzähler bangend fragt, ob daraus einmal die Liebe steigen werde. Hans Castorp ist das einzige Mitglied jener topischen »Jugend von Langemarck«, das nicht jenen »guten Anblick« bietet, von dem Jünger 1932 fieberträumte.

Damit der Topos in dieser Weise benutzt werden konnte, mußte er allerdings die naßforsch-patriotische Konnotation verlieren, die er zuweilen zumindest in der Anfangsphase des Krieges gehabt hatte, wie sich etwa an den Schlußzeilen eines »Langemarck«-Gedichts von Joseph Winckler erkennen läßt:

> »Erstürmten, warfen im Jauchzen, föhnlawinenstark,
> zweitausend Mann nieder, wie im Wettspielpark –
> das waren die Knaben von Langemarck!«[54]

Aber solche Gesänge im Stile von 1866 widersprachen denn doch zu sehr der Erfahrung mit diesem Industriekrieg (wie sie ja über das Moment des Opfers in den »Langemarck«-Topos einging), als daß ein Abstoßen der patriotischen Konnotationen schwierig gewesen wäre. Sie mußten zumindest ins Nationale transponiert werden (was ja auch die Aufgabe des Moments »*Deutschlandlied*-Singen« war). Unter diesem Vorzeichen konnte dann »Langemarck« benutzt werden als ein Symbol des Anbruchs einer neuen Zeit, die – nota bene – im Dritten Reich kulminierte. In einem Vorwort des »Ludendorffianers« Wilhelm Matthießen zu einem der erfolgreichsten Langemarck-Bücher der dreißiger Jahre heißt es:

> »(...) es ist schon die Schlacht bei Langemarck gewesen, die den Kaisergedanken aus dem Herzen Vieler auszubrennen begann. (...) Während aber Deutsches Volk, Deutsche Arbeiter, vergebens zu sterben glaubten, erwuchs nun aus ihrem Blute das neue Reich (...). Das ist der Sinn von Langemarck. Denn Langemarck war die Geburtsstunde des völkischen Deutschlands, des nationalen Sozialismus.«[55]

Dieser Einbau des »Langemarck«-Motivs in Argumentationslinien, die auf das Dritte Reich zuliefen, wurde dadurch begünstigt, daß sich das Oppositionsmoment, das der »Jugend« ausdrücklich zugeschrieben war, leicht politisch auffüllen ließ. Die Weimarer Republik als eine Konstruktion der Alten zu sehen und Liberalismus wie Marxismus als deren Leitideologien zu fixieren, entsprach dieser Blickrichtung. Der Nationalrevolutionär Hans Schwarz stellte 1928 auf einer Langemarck-Feier der Greifswalder Studentenschaft fest:

> »Die Toten (von Langemarck) aber stehen draußen, im Vorhof der Feier (zum 10. Jahrestag der Republik), mit der eine Niederlage verschwiegen wird. Und sie können auch niemals den 9. November lieben.«[56] »Das Singen von Langemarck klang nicht mit dem Singen der proletarischen Revolution zusammen.«[57]

So stand denn die »Jugend von Langemarck« als Abbreviatur für den Ursprung der Anti-Weimar-Opposition; sie wird als Zeuge einer neuen Epoche der deutschen Geschichte beschworen, eben derjenigen der sich (wieder) bewußt gewordenen Nation. In »Langemarck« findet die Weimarer Rechte eines der Symbole ihres Ursprungs.[58]

Dies vollends ins Appellative zu wenden, bedeutete nur einen kleinen Schritt. So schloß etwa der Rektor der Münchner Universität 1928 seine Rede auf der akademischen »Langemarck«-Feier mit der Aufforderung an die Studenten: »Ehren Sie unsere Gefallenen, indem Sie werden wie sie!«[59] Es bedeutete dann nicht viel, diese Mahnung politisch zu konkretisieren: »Der Geist von Langemarck steht darum als erster Kronzeuge an den Stufen des Dritten Reiches.«[60] Das zentrale literarische Dokument dieser Indienstnahme »Langemarcks« durch die Nationalsozialisten ist *Das Langemarckbuch der Deutschen Studentenschaft*[61], das – Hitler mit der Behauptung gewidmet, dieser habe Deutschlands Jugend neuen Glauben, neue Zukunft, »wieder« Vaterland und Heimat »geschenkt« – 1933 auch denjenigen ein »Gedenkbuch« sein sollte, denen das Ehrenmal in Langemarck hinter den Grenzpfählen unerreichbar fern sei.

So errichtet unter Geleitworten von Hitler, Seldte, dem verstorbenen Kaiserlichen Admiral à la suite des Seeoffizierkorps v. Schröder und dem, wie er sich nennt, Führer der Deutschen Studentenschaft, O. Stäbel, das literarisch-ideologische Aufgebot des schriftstellerischen Nationalsozialismus, die Kolbenheyer, Beumelburg, v. Schirach, Zerkaulen, Vesper, Euringer, Wehner, Blunck, Münchhausen, Heuschele, Schlösser, Steguweit u. a. ein »geistiges Denkmal für die gefallenen Kameraden«. Unverhohlen wird gesagt, was hinter den Kapitelüberschriften »Schicksal und Mythos«, »Opfergang und Symbol«, »Glaube an Deutschland« zu suchen sei: Am deutlichsten bringt es der »unbeteiligte Beobachter«, wie sich der General Rüdiger Graf v. d. Goltz nennt, unter dem Schlachtruf »Kein neues Langemarck, wohl aber Leipzig und Waterloo!« zu Papier: »Daraus erhellt, daß bei Ausbruch des Krieges der Zukunft die Ausbildung künftiger Langemarckkämpfer um ein mehrfaches verlängert und die Material- und Munitionsmenge für heutige Schlachten um ein Vielfaches vermehrt werden muß.«[62]

An diese Lehre hat man sich dann ja auch – wie wir wissen – gehalten.

Dieser offenen politischen Funktionalisierung von »Langemarck« im Dienste nationalsozialistischer Traditionsbildung und Kriegsvorbereitung stand nun allerdings ein zweiter Verwendungszusammenhang des Topos entgegen, so daß er bei aller »Langemarck«-Euphorie im Dritten Reich – und zwar gerade während des Krieges – im nationalsozialistischen Deutschland nicht recht heimisch wurde. »Die Jugend von Langemarck« war ein Stichwort im Zusammenhang der Beschwörung dessen, was man den »Frontsozialismus« nannte. Gegen die Klassenzersplitterung der Wilhelminischen und dann Weimarer Gesellschaft wurde die Gemeinschaft austarierter Interessensansprüche gesetzt, die nicht im Klassenkampf, sondern in der (autoritativen) Verpflichtung auf ein »Ganzes« angemeldet und befriedigt werden sollten. Das war eine alte Idee der Antimodernization-Bewegung im ausgehenden 19. Jahrhundert; es braucht nur an Ferdinand Tönnies' »organische« Begriffsbildung von »Gemeinschaft« und »Gesellschaft« erinnert zu werden.[63] Vom Krieg versprach man sich bekanntlich groteskerweise die Aufhebung des »mechanischen« Gesellschaftsbegriffs und konfrontierte – das ist ja altbekannt – den »Geist von 1789« mit jenem von »1914« und interpretierte den Krieg als eine deutsche Erhebung gegen den Rationalismus des Westens. Die Preußischen Reformer hätten in der Heeresreform von 1813, so verkündete Friedrich Meinecke, den »Kern der arbeitenden Bevölkerung« mit der »Blüte der gebildeten Jugend« verschmolzen und so »Wehrstand, Nährstand und Lehrstand in der höheren Einheit des Volksheeres« verbunden.[64] Solche Vorstellungen kamen schnell »unten« an und wurden ins verbale Netz eingebaut, das die alltäglichen Erfahrungen, wenn schon nicht zu organisieren, so doch zumindest nach außen und innen zu artikulieren half. In einer der Frontzeitungen, die bald nach Kriegsausbruch allenthalben etabliert wurden, hieß es: »Die gesellschaftlichen Unterschiede, die so oft wie eine unüberbrückbare Kluft Mißbehagen und Mißgunst schufen, wie schnell, wie völlig sind sie verschwunden.«[65] Der Verknüpfungszusammenhang war leicht herzustellen: »Langemarck« brauchte als dessen Sigle einfach nur in die vorhandenen Formulierungen eingesetzt zu werden: »Ja, zu Arbeitern und Bürgersöhnchen (…) hatte sich die damalige Blüte der Hochschuljugend gesellt (…).«[66] Damit war in der »Jugend von Langemarck« die ersehnte Frontgemeinschaft entworfen, die ihrerseits wieder das Modell abgeben sollte für eine Nachkriegsgesellschaft nach Maßgabe antirepublikanischer Träume.

In der Ausmalung dieser Volksgemeinschaft jenseits der Klassen und Interessen fand die Literatur ihre adäquate Aufgabe; eine Idee, der das reale Substrat fehlte, ließ sich natürlich eher in der Literatur aufrichten und vorstellen als in der sozialen Wirklichkeit. Neben der Erlebniserzählung (vor allem von der Westfront) bot gerade das Bühnenstück eine spezielle Chance für die Darstellung solcher Wunschträume, hier ließ sich – wie es im Vorwort zum ersten Erfolgsstück dieses Genres hieß – »die Kompanie« leicht zum »Helden« machen.[67] Auf der Bühne mußten allerdings die Sozialstrukturen dieser Gemeinschaft konkret dargestellt werden; weil es sich zudem um eine Auseinandersetzung mit der »alten« Gesellschaft handeln sollte, war außerdem die Entstehung der neuen Sozialform wenigstens leidlich plausibel zu machen. Und da zeigte sich nun, wie stark der Topos »Jugend von Langemarck« an die Tradition bildungsbürgerlicher Ideologieproduktion gebunden war. Von dort bekam nämlich das soziale Profil der »Jugend von Langemarck« ein ganz charakteristisches Aussehen. Auf der Bühne konnte man jetzt betrachten, was es hieß, die deutsche Jugend sei 1914 »aus dem Hörsaal« zu den Fahnen geeilt: Die Korporalschaften sind studentische Freiwilligen-Verbände, in die sich hin und wieder ein Arbeiter verloren hat; und die Linie der Handlung zielt auf dessen Eingliederung in die studentische und damit völkische Gemeinschaft ab.

Das bekannteste Bühnenstück, das sich unter diesem Vorzeichen der Thematik widmet, ist Heinrich Zerkaulens nicht ungeschickt gearbeitetes Schauspiel *Jugend von Langemarck* (1933).[68] Über die Fabelkonstruktion projiziert der Autor die tragenden Ideologeme in seine Figuren, die eine Identifikation erlauben: den mittelständischen Traum vom wirtschaftlich profitablen Anteil an der nationalistischen Kriegsökonomie, die Hoffnung auf eine Beseitigung demokratischer Konkurrenz zugunsten einer paternalistischen politischen Gesamtordnung, das unerschütterliche Vertrauen in quasi familiale Strukturen, das Setzen auf ein gerechtes Gleichgewicht zwischen persönlicher Anstrengung und entsprechendem Erfolg und vor allem die Sehnsucht nach einer von Klassenkonflikten befreiten, ihre Antagonismen friedlich ertragenden Gesellschaft. Vaterlands- und kriegsbegeistert rückt 1914 ein Student und Jungfabrikant gegen den Willen der »Alten« freiwillig ein; er findet sich mit seinen Bundesbrüdern und einem Arbeiter aus seiner Fabrik vor Langemarck wieder. Dort verschmelzen alle Freiwilligen zur deutschen Jugend. Alle bis auf den Arbeiter kommen ums Leben, aber 1918 in einem »Nachspiel« rückt der Arbeiter nach. Er soll auf Werkskosten studieren, und eine weiterreichende Aussicht wird mit einem

Szenenfoto der Aufführung: Edgar Kahn/Max Monato *Langemarck. Der Opfergang der Deutschen Jugend,* Berlin, Theater der Jugend 1934, Regie: Herbert Maisch, Bühnenbild: Josef Fenneker

ahnungsvollen Gedankenstrich immerhin angedeutet. Mit einem »Sie starben für Langemarck – Wir leben – für Langemarck!« läßt der Autor ihn »einrücken« in die Traumwelt des petit bourgeois. So sollte es sein!

Dies entsprach nun allerdings doch nicht ganz dem Bild, das sich die Nationalsozialisten von der Volksgemeinschaft nach Maßgabe der Frontgemeinschaft ausgemalt hatten. Dementsprechend gab es eine zum Teil bissige Polemik gegen die bildungsbürgerliche Verankerung der »Langemarck«-Sozialidyllen. Literarische Kritik wurde zum Vehikel politischer Kritik.

Etwa bemängelte ein Germanist an einem dieser Dramen, in denen ein schwerverwundeter Arbeiter von seinen studentischen Mit-Freiwilligen das Burschenschaftsband umgehängt bekommt: »Dieses Band, um das Buchalski (so heißt der Arbeiter, d. Verf.) zudem noch bitten muß, ist nie das Band der gesamten deutschen Gemeinschaft; mit der Aufnahme Buchalskis in die Burschenschaft kann noch nicht von Volksgemeinschaft gesprochen werden.«[69] Noch offener formuliert das der schon einmal zitierte Ludendorffanhänger: Von den Studenten, so behauptete er, seien es »die meisten satt, sich durch Langemarck-Legenden und sozusagen geschlossene studentische Langemarck-Feiern als Vorspann der Reaktion benutzen zu lassen. Der Deutsche Student ist völkisch, und keiner weiß besser als der Deutsche Student von heute, daß – Langemarck völkisch war.«[70]

VII.

Diesem widersprüchlichen Aneignungs- und Uminterpretationsvorgang des »Langemarck«-Motivs entsprach auch eine organisationsgeschichtliche Konstellation. Zwar hatte es schon 1919, 1921 und 1924 »Langemarck«-Treffen von Veteranen gegeben, aber erst 1928 mit den riesigen Kriegserinnerungswellen wurde auch »Langemarck« akut. Und das war von Anfang an eine studentisch-akademische Angelegenheit unter dem Vorzeichen eines geistigen Anti-Weimar. In der Deutschen Studentenschaft konstituierte sich ein »Langemarck-Ausschuß«, der jährlich öffentliche Langemarckfeiern veranstaltete und in den Jahren 1930 bis 1932 mit Hilfe der »Langemarck-Spende der Deutschen Studentenschaft« und in Zusammenarbeit mit dem »Volksbund deutsche Kriegsgräberfürsorge« den Bau eines »Heldenfriedhofes« in Langemarck betrieb.[71] Diese von dem Gartenarchitekten Robert Tischler entworfene Hain-Anlage stellt einen der beiden Grundtypen der nationalsozialistischen/VDK-»Helden«-Friedhöfe dar, der später in der Totenburg im Tannenberg-Stil Konkurrenz erhielt, die auch ideologische und militärpsychologische Dimensionen hatte.[72] Das Areal in Langemarck wurde 1932 an Dr. Gerhard Krüger übergeben, den Führer der Deutschen Studentenschaft.[73] An allen deutschen Universitäten wurde eine Rede von Josef Magnus Wehner verlesen, der sich mit dem Roman *7 vor Verdun*, einem rechten Gegenstück zu Remarques *Im Westen nichts Neues*, einen Namen gemacht hatte.[74] Die völkische Kitschsymbolik trieb in den dreißiger Jahren ihre üppigen Blüten: Der Torbau aus rötlichem Sandstein leuchte hervor, »gebrochen aus den Bergen der Weser, dem deutschesten aller Ströme. (. . .) Hinter Wassergräben und Buchenalleen (!) schlafen die Kämpfer aller deutschen Regimenter, die in Flandern der Trommel des Todes folgen mußten, bekannte und unbekannte.«[75]

Aber die Nationalsozialisten ließen es dabei nicht bewenden; im Sinne ihrer Kritik am bildungsbürgerlichen Charakter des »Langemarck«-Komplexes setzten sie seit 1933 auch organisationspolitische Mittel ein; sie bemühten sich, die mögliche populistische Lesart »Langemarcks« stärker hervortreten zu lassen, indem sie versuchten, den »Langemarck«-Betrieb zu entakademisieren. 1934 wurde die »Langemarck-Spende der Deutschen Studentenschaft« in eine »Langemarck-Spende der deutschen Jugend« umgewandelt, die von der Hitler-Jugend verwaltet wurde; 1937 wurde der »Langemarck-Ausschuß« in die Reichsjugendführung verlagert, er sollte die Aktivitäten des Frontkämpferverbandes, der studentischen Jugend und der Hitler-Jugend zusammenfassen. Schließlich wurde noch einmal der finanzielle Hebel angesetzt und ein »Langemarck-Opferpfennig« eingeführt, eine Zwangsabgabe von monatlich einem Pfennig, die jedes HJ-Mitglied aufzubringen hatte – alles vergeblich. Die akademisch-bildungsbürgerliche Konnotation war dem Topos »Jugend von Langemarck« nicht zu nehmen; zu sehr war er ins Traditionsnetz bildungsbürgerlicher Ideologiebildung eingebettet. So ließ sich denn die »Jugend von Langemarck« doch nicht so einfach funktionalisieren, wie man vom »geschichtsphilosophischen« Verwendungszusammenhang des Topos her erwartet haben mochte. Deshalb kam er – jedenfalls soweit meine Einsicht reicht – in der Propaganda während des Zweiten Weltkriegs weitgehend außer Gebrauch.

Anmerkungen

1 Johann Gustav Droysen, *Historik*, hg. von Peter Leyh (Stuttgart 1977), S. 9.
2 Vgl. Jürgen Kocka, Thomas Nipperdey (Hg.), *Theorie und Erzählung in der Geschichte* (München 1979).
3 Vgl. Harald Weinrich, *Narrative Strukturen in der Geschichtsschreibung*, in: Reinhart Koselleck, Wolf-Dieter Stempel (Hg.), *Geschichte – Ereignis und Erzählung* (München 1973), S. 519–525; Werner Schiffer, *Theorie der Geschichtsschreibung und ihre erzähltheoretische Relevanz* (Stuttgart 1980).
4 Vgl. Reinhart Koselleck, *Geschichte, Geschichten und formale Zeitstrukturen*, in: Koselleck, *Vergangene Zukunft* (Frankfurt/M. 1979), S. 130–143.
5 Vgl. Jörn Rüsen, *Historismus und Ästhetik. Geschichtstheoretische Voraussetzungen der Kunstgeschichte*, in: Rüsen, *Ästhetik und Geschichte* (Stuttgart 1976), S. 88–95.

6 Ernst Jünger, *Der Friede* (o. O. o. J.), S. 15.

7 *Der Weltkrieg 1914–1918*, bearbeitet im Reichsarchiv, Bd. 6 (Berlin 1929), S. 12.

8 Ebd., S. 16.

9 Erich Otto Volkmann, *Der große Krieg 1914–1918* (Berlin 1940), S. 75.

10 *Kriegs-Kalender und Kriegsdepeschen*. Nach den amtlichen Berichten, Bd. 1 (Berlin 1916), S. 174.

11 Das Theaterstück von Edgar Kahn und Max Monato, *Langemarck. Der Opfergang der Deutschen Jugend* (Berlin 1933), das auf Detailtreue großen Wert legt, läßt es denn auch bei einem »nordwestlich von Langemarck« bewenden (S. 74f.).

12 Inwieweit die Zensur eine Rolle spielte, ist hier nicht zu entscheiden. (Vgl. etwa: Hermann Kötzschke, *Krieg und Presse*, in: *Preußische Jahrbücher* 81 (1916), S. 242–256.)

13 So ist bei Walter von Bremen, *Die Kriegsereignisse in Ost und West bis Dezember 1914* (Berlin 1915), S. 62, zu lesen: »Angesichts dieser Hoffnungen auf russische Erfolge wirkt es wie ein erfrischender Hauch, wenn uns die Oberste Heeresleitung meldet, daß westlich von Langemarck (. . .).« Interessant ist an dieser Notiz aus dem Jahre 1915, daß zu diesem Zeitpunkt noch die genauere Ortsangabe gemacht wird: »zwischen Dixmuiden und Ypern«.

14 Hermann Stegemann, *Geschichte des Krieges*, Bd. 2 (Stuttgart 1917), S. 144f.

15 So setzte etwa der Leiter der Schriftenfolge *Schlachten des Weltkrieges* (herausgegeben im Auftrag des Reichsarchivs), Archivrat Soldan, dem von Werner Beumelburg betreuten Band *Ypern 1914* (Oldenburg 1925²), S. 5, eine gleichsam entschuldigende Vorbemerkung voraus, die poetische Darstellung sei Ausdruck der Erlebniswelt der Mitkämpfer; die militärisch-taktische Darstellung werde in einem späteren Bande nachgeliefert. Auch in den Erinnerungen der westalliierten Heerführer wird der Name Langemarck nur beiläufig erwähnt. Vgl. Maréchal Foch, *Mémoires pour servir à l'histoire de la guerre de 1914–1918*, Bd. 1 (Paris 1931), S. 229; Viscount French of Ypres, *1914* (London 1919), S. 283.

16 Vgl. etwa: Rudolf Hoffmann (Hg.), *Der deutsche Soldat. Briefe aus dem Weltkrieg* (München 1937); Philipp Witkop (Hg.), *Kriegsbriefe gefallener Studenten* (München 1928); *Kriegsbriefe gefallener Deutscher Juden*, hg. v. Reichsbund Jüdischer Frontsoldaten (Berlin 1935).

17 Baldur v. Schirach, *Hitlerjugend – Träger des Erbes von Langemarck*, in: Günter Kaufmann (Hg.), *Langemarck. Das Opfer der Jugend an allen Fronten* (Stuttgart 1938), S. 23; vgl. auch: Erich Küstner, *Langemarck – Poelkapelle und andere Erlebnisse* (Naumburg 1932), S. 39. Darin *nichts* als manipulierende Machinationen zu erkennen, würde ge-

rade die politische Dimension solcher »Argumentationen« übersehen, die aus der »idealistischen« Vororientierung solcher ideologischer Welterklärung resultiert. (Vgl. z. B. Wilhelm Pressel, *Die Kriegspredigt 1914 bis 1918* [Göttingen 1967], S. 144–151.)

18 Dem mühte man sich zu steuern, indem man versuchte, das pragmatische Substrat nachzuliefern, etwa für den Schulunterricht: Hans Scheil, *Langemarck. Der Opfergang einer heldischen Jugend* (Breslau 1935, 1943[10]). Auch Hanns Henning Grote, *Langemarck* (München 1942).

19 Rudolf G. Binding, *Vier Jahre an der Front. Aus dem Kriegstagebuch*, hg. v. Konrad Nußbächer (Leipzig 1939), S. 10. So übrigens auch Otto Schwink, *Die Schlacht an der Yser und bei Ypern im Herbst 1914* (Oldenburg 1918), S. 39; Scheil, *Langemarck*; Hermann Thimmermann, *Der Sturm auf Langemarck. Von einem der dabei war* (München 1938[6]), S. 98–101. Bruno Schwietzke, ... *starben in Flandern* (Gütersloh 1938), S. 98, verlegt die Episode auf den 20. Oktober nach Becelaere.

20 Adolf Hitler, *Mein Kampf* (München 1932[12]), S. 180f. Im übrigen bekommt diese Episode eine biographische Bedeutung für Hitler. Hier läßt er sich zum Kämpfer, zum Mann werden.

21 Vgl. zu diesen penetrant übersehenen ideologiegeschichtlichen Zeugnissen George L. Mosse, *Soldatenfriedhöfe und nationale Wiedergeburt. Der Gefallenenkult in Deutschland*, in: Klaus Vondung (Hg.), *Kriegserlebnis* (Göttingen 1980), S. 241–261.

22 Günter Kaufmann, *Langemarck* (Stuttgart 1938), S. 13. In dieser symbolischen Weise ist die Vokabel auch unter anderen politischen Vorzeichen verwendungsfähig. So überschreibt Ernst Keller, *Nationalismus und Literatur. Langemarck – Weimar – Stalingrad* (Bern 1970), eines der Kapitel mit »Langemarck«, ohne daß darin von Langemarck die Rede wäre.

23 Harry Schumann, *Geist von Langemarck* (Dresden 1934), S. 11. So auch Herbert Böhme, *Rufe in das Reich. Die heldische Dichtung von Langemarck bis zur Gegenwart* (Berlin 1935), dessen erstes Kapitel heißt »Geist von Langemarck«. Daß sich die »singenden Regimenter von Langemarck« politisch zur Substitution eines mangelhaften Nationalbewußtseins im Heer benutzen ließen, betont Siegfried Wegeleben, *Das Felderlebnis* (Berlin 1921), S. 29.

24 Friedrich Meinecke, *Das Jahrhundert der allgemeinen Wehrpflicht*, in: Meinecke, *Die deutsche Erhebung von 1914* (Stuttgart 1915), S. 61.

25 Herbert Böhme, *Langemarck*, in: Böhme, *Rufe*, S. 16. Noch kryptischer verfährt Paul Köppe-Weglander, *Wir fühlen alle dieselbe Not*, in: Böhme, *Rufe*, S. 19:
Die Jüngsten fieberten lang und bang
in frischem, stürmischem Tatendrang,

> mit leuchtenden Augen ging's in den Krieg –
> und singend starben sie ihren Sieg!

Mit der Logik solcher Texte darf man es nicht genau nehmen. Autoren dieses »Schlages« geht es weniger um die Logik ihrer Aussage als um das Zitieren der einschlägigen Reizworte. Vgl. Uwe-K. Ketelsen, *Geschichte der politischen Lyrik in Deutschland: Nationalsozialismus und Drittes Reich*, in: Walter Hinderer (Hg.), *Geschichte der politischen Lyrik in Deutschland* (Stuttgart 1978), S. 291–314.

26 So erschien Harry Schumann, *Deutscher Geist im Weltkrieg* (Berlin 1915), in dem von Langemarck nicht die Rede war, mit anderen Beiträgen 1934 unter dem Titel *Geist von Langemarck*. Aus Karl Rauch, *Flamme empor!* (Braunschweig 1934) wird 1937 *Die Straße nach Langemarck*.

27 Vgl. Paul Fussell, *The Great War and Modern Memory* (London 1977²). Ähnlich, wenn auch ein wenig scholastisch im Stil und global im Anspruch: Walter Falk, *Der kollektive Traum vom Krieg. Epochale Strukturen der deutschen Literatur zwischen »Naturalismus« und »Expressionismus«* (Heidelberg 1977).

28 So ist es denn sicherlich nicht zufällig, daß »Langemarck« geboren wurde, als angesichts der Kriegslage – und mochte sie noch so illusionär eingeschätzt werden – die hurrapatriotische Überhöhung im Stile von 1866 oder 1870/71 nicht mehr möglich war. Vgl. Ernst Volkmann, Einleitung zu *DLE*, Reihe: Politische Dichtung, Bd. 8 (Leipzig 1934), S. 26.

29 Zur Frage der »sinn«stiftenden Funktion von Kriegsliteratur vgl. Eckhardt Momber, *'s ist Krieg! 's ist Krieg! Versuch zur Literatur über den Krieg 1914–1933* (Berlin 1981).

30 Literaturhinweise bei Uwe-K. Ketelsen, *Völkisch-nationale und nationalsozialistische Literatur in Deutschland. 1890–1945* (Stuttgart 1976), S. 34–36.

31 In diesem Bereich ließ sich das »Langemarck«-Motiv – auch ohne Anbindung an die Jugendbewegung – in ganz vulgärem hurrapatriotischem Sinne benutzen, so wenn Olaf Heinemann, *Der Tag von Langemarck* (Leipzig 1915), eine Geschichte erzählt, die aus der Opposition: »lebensfrohe Jugend – bürokratisiertes Establishment« lebt: Zwei Obersekundaner haben in ihrem jugendlichen Drang mal wieder den Zorn ihres Direktors auf sich gezogen. Da bricht gerade der Weltkrieg aus, sie melden sich freiwillig, stürmen bei Langemarck mit dem Deutschlandlied auf den Lippen und kommen um. Als der Direktor ihr EK zugesandt erhält, bricht er in Tränen aus, erkennt seinen Irrtum und schreibt zu ihrem Andenken einen Gedenkartikel. Vgl. auch Felix Neumann, *Die Jugend von Langemarck. Ein Heldenlied aus Flandern* (Berlin 201.–203. Taus. 1918), S. 31.

32 Das wird besonders dann deutlich, wenn aus proletarischem Klassen-

bewußtsein das Deutschlandlied als Integrationssymbol abgelehnt wird. Vgl. Doris Kachulle (Hg.), *Die Pöhlands im Krieg. Briefe einer Arbeiterfamilie aus dem 1. Weltkrieg* (Köln 1982), S. 53.

33 Vgl. etwa Jost Hermand, *Stilkunst um 1900* (Frankfurt/M. 1977), S. 36–47; George Mosse, *Die Nationalisierung der Massen* (Frankfurt/M. 1976).

34 Wie sehr der nationale Gedanke als eine ideologische Überhöhung gedacht war, zeigt sich, wenn in Berichten über andere militärische Höhepunkte in dieser ersten Kriegsphase, etwa in Erzählungen über die Eroberung Antwerpens, christliche Gesänge an die Stelle der nationalen treten konnten: »(...) mit dem brausenden Psalmen- und Lutherwort auf den Lippen ›Ein feste Burg ist unser Gott!‹ ziehen unsere deutschen feldgrauen Divisionen ein in das eroberte Antwerpen.« Adolf Deißmann, *Der Krieg und die Religion* (Berlin 1914), S. 16. Ausdrücklich zieht diese Verbindung Karl Lamprecht, *Chronik. Ende 1914* (*DLE*, Reihe: Politische Dichtung, Bd. 8, Leipzig 1934, S. 149), wenn er »Langemarck« als eine Prozession versteht.

35 Vgl. Klaus Vondung, *Deutsche Apokalypse 1914*, in: Vondung (Hg.), *Das wilhelminische Bildungsbürgertum* (Göttingen 1976), S. 153–171; Klaus-Peter Philippi, *Volk des Zorns* (München 1979), S. 51–64; J. P. Stern, *Hitler. Der Führer und das Volk* (München 1981[2]), S. 84–90. Aber auch dort, wo die »religiöse« Emphase nicht strapaziert wird, findet sich die Hoffnung auf die reinigende Kraft von Not und Untergang, so etwa wenn es bei Karl Scheffler, *Was will das werden? Ein Tagebuch im Kriege* (Leipzig 1917), S. 6, aus dem Mund eines Lehrers heißt: »Mir will es scheinen, als hätte die junge Menschheit (und damit ist die deutsche Jugend gemeint, d. Verf.) das Bedürfnis, eine große Schule des Leidens durchzumachen nach all dem Wohlleben der letzten Jahrzehnte.«

36 So konnte »Langemarck« denn auch lediglich en passant erwähnt werden, etwa bei Wilhelm Steinbrecher, *Wir waren im Westen* (Halle 1929), S. 17; Hans Lucke, *Der Tod in Flandern* (Berlin 1934), S. 57.

37 So moniert Küstner, *Langemarck*, S. 21, daß in dem ganzen politischen Langemarck-Rummel der Toten ausführlich und pietätvoll gedacht werde, während die Invaliden vergessen würden. Vgl. auch Fritz Werneck-Brüggemann, *Frontkämpfer des Lebens (Geist von Langemarck). Schauspiel in 3 Aufzügen* (Rudolstadt 1934), S. 65.

38 Etliche Hinweise auf wertvolles Material verdanke ich Bernd Behrendt.

39 Oswald Bumke, *Langemarck. Drei Ansprachen* (München 1929), S. 3.

40 Karl Rauch, *Die Straße nach Langemarck. Schuljugend im Kriege* (Braunschweig 1937), S. 137. Vgl. auch: Hans Schwarz, *Die Wiedergeburt des heroischen Menschen. Eine Langemarck-Rede vor der Greifswalder Studentenschaft am 11. November 1928* (Berlin 1930), S. 15.

Diese Konstruktion Rauchs kopiert übrigens im Hinblick auf den Zweiten Weltkrieg Wolfgang Paul, *Das Feldlager. Jugend zwischen Langemarck und Stalingrad* (Esslingen 1978), indem er seinen Protagonisten direkt aus einem Feldlager der Pfadfinder in den Polen-Feldzug aufbrechen läßt. – Andere aber, wie etwa der Nationalrevolutionär E. Günther Gründel, *Die Sendung der jungen Generation* (München 1933³), wollen – G. mit Berufung auf Frank Thieß – in Langemarck, an der Marne o. ä. den Bruchpunkt innerhalb der Entwicklung der jugendbewegten Generation entdecken.

41 A. J. Winckler, *Der Fähnrich*, in: Karl Rauch (Hg.), *Feldgraue Ernte* (Berlin 1935), S. 45 f. Der *Insel Almanach 1916* hat das Motto nicht. Vgl. auch Neumann, *Jugend*, S. 19.

42 Paul Alverdes, *Das Vermächtnis von Langemarck* (1938), in: Alverdes, *Dank und Dienst* (München 1939), S. 259–265, bes. S. 264.

43 Fritz Fink, *Langemarck – Feldherrnhalle* (Weimar 1938), S. 13.

44 Wolfgang Borchert, *Draußen vor der Tür*, in: Borchert, *Das Gesamtwerk* (Hamburg 1949), S. 178.

45 »Es ist der Heeresbericht, der sich (. . .) nun schon wie eine Strophe aus einer alten Heldensage liest«, heißt es einmal bei Paul Alverdes, *Das Vermächtnis von Langemarck* (1938), in: Alverdes, *Dank*, S. 259.

46 Friedrich Kreppel, *Nie wieder Langemarck*, in: Adam Weyer (Hg.), *Reden an die deutsche Jugend im 20. Jh.* (Wuppertal-Barmen 1966), S. 80. Die politische Seite der Preisung des Opfertodes unterstreicht Friedrich Wolf, *Die Dramatik des deutschen Faschismus* (1936), in: Wolf, *Werke*, Bd. 13 (Berlin 1957), S. 89–101.

47 Über diese Frage herrschte denn auch überhaupt keine Klarheit. Außer, daß dieses Faktum überhaupt bestritten wird, lassen die einen am Vorabend des Sturmangriffs schon einmal üben (Rauch), andere verzichten überhaupt auf eine Motivation, wie etwa Paul Alverdes, *Die Freiwilligen* (München 1934), S. 43, wieder andere – die meisten – lassen es spontan wie ein Volkslied entstehen: »Es war die herrliche deutsche Volksseele, die es singen hieß« (Wilhelm Dreysse, *Langemarck 1914* [München 1935³], S. 159), oder sie ließen es als eine Erkennungsmelodie im Chaos der wild Flüchtenden singen, die besinnungslos aufeinander schossen (so Küstner, *Langemarck*, S. 36). Die aberwitzigste Blüte findet sich aber wohl bei Neumann, *Jugend*, S. 27 f.:

Von einem Regiment der Adjutant
   (. . .)
   Entdeckte auf Bixschootes Trümmerstätte
   (. . .) ein Klavier!
   (. . .)
   (. . .) er befiehlt: »Vier starke Musketiere
Sofort hierher!« Und acht erprobte Hände
Umspannen das Klavier und tragen es

(...) mitten auf die Straße.
(...) Ein von Rauch und Schmutz
Verfärbter Korpsstudent (...)
Nimmt Platz sodann, als säß er wohlgemut (...)
Und riefe den Kommilitonen zu:
»Es steigt das Lied ›Alt Heidelberg du Feine‹ –« (...)
Hoch (...) schwingt siegreich sich der rauschende Akkord,
Das hehre Schlachtlied: Deutschland über alles! –

Dieser Idee schließen sich auch Kahn und Monato, *Langemarck*, an.

48 Arno Mulot, *Die deutsche Dichtung unserer Zeit* (Stuttgart 1944[2]), S. 13.

49 Ernst Jünger, *Der Arbeiter. Herrschaft und Gestalt* (Stuttgart 1982), S. 109f.

50 Vgl. Volker Droste, *Ernst Jünger: »Der Arbeiter«. Studien zu seiner Metaphysik* (Göppingen 1981); Wolfgang Kaempfer, *Ernst Jünger* (Stuttgart 1981).

51 Vgl. auch Ernst Jünger, *Das Wäldchen 125*, Eintragungen vom 24. und 25. VII.

52 Vgl. etwa Till Kalkschmidt, *Der deutsche Frontsoldat. Mythos und Gestalt* (Berlin 1938); Werner Klose, *Von Langemarck nach Stalingrad. Deutsche Stimmen zu zwei Weltkriegen* (Frankfurt/M. 1957), S. 3.

53 Solche Figuren des Konterkarierens der besetzten Motive finden sich selten, etwa bei Paul Wegener, *Flandrisches Tagebuch 1914* (Berlin 1933), S. 114, der ausgerechnet am 12. November 1914 kommentarlos einen Freiwilligen im gestürmten Dixmuiden auf einem Klavier ein »Deutschland, Deutschland über alles« »trommeln« läßt. Vom »Geist von Langemarck« ist da nichts zu spüren.

54 Joseph Winckler, *Langemarck*, in: *Krieg in Flandern. Gedichte von Soldaten der 4. Armee* (Stuttgart 1917), S. 24. Vgl. auch das Gedicht »Die jungen Regimenter von Langemarck (10. November 1914)« eines Dr. Schaube, das als Einleitung steht zu Olaf Heinemann, *Der Tag von Langemarck* (Leipzig 1915), S. 9f.; Neumann, *Jugend*, S. 9, 28; August Lomberg (Hg.), *Deutsche Kriegsgedichte 1914/15* (Langensalza 1916[7]), S. 15f.

55 Wilhelm Matthießen, *Geleitwort* zu: Dreysse, *Langemarck*, S. 10f.

56 Hans Schwarz, *Die Wiedergeburt des heroischen Menschen* (Berlin 1930), S. 5, auch S. 23. Vgl. auch Fink, *Langemarck*, S. 10.

57 Ebd., S. 23.

58 Vgl. auch Will Vesper, *Auf den Tod der jungen Kriegsfreiwilligen vor Ypern*, in: *DLE*, Reihe: Politische Dichtung, Bd. 8 (Leipzig 1934), S. 194; Rauch, *Straße*, S. 50; Scheil, *Langemarck*, S. 16; Fink, *Langemarck*, S. 11.

59 Bumke, *Langemarck*, S. 6. Vgl. auch Herbert Sprang, *Bei Langemarck*, in: Sigmund Graff (Hg.), *Der namenlose Soldat* (Berlin 1943), S. 335f.

60 Grote, *Langemarck*, S. 82. Vgl. auch Alfred Schütze, *Von Langemarck nach Potsdam* (Berlin 1937), S. 19f.

61 Karl August Walther (Hg.), *Das Langemarckbuch der Deutschen Studentenschaft* (Leipzig 1933).

62 Graf v. d. Goltz, *Kein neues Langemarck*, in: Walther, *Langemarck-buch*, S. 206–208. – Es gab noch mehrere solche Versuche, »Lange-marck« unmittelbar sichtbar für den Nationalsozialismus zu requirie-ren: So wurde im Glockenturm des Berliner Olympia-Stadions eine Gedächtnishalle für die Toten von Langemarck eingerichtet, und Carl Diems Eröffnungsspiel der Olympiade von 1936 endete mit »Helden-kampf und Totenklage«; eine Division des Hitlerschen Ost-Heeres bekam den Namen »Langemarck«. Vgl. Wolfgang Paul, *Das Feld-lager. Jugend zwischen Langemarck und Stalingrad* (Esslingen 1978), S. 84.

63 Ferdinand Tönnies, *Gemeinschaft und Gesellschaft* (Nachdruck der 8. Aufl. Darmstadt 1963); vgl. auch Hans-Joachim Lieber, *Kulturkritik und Lebensphilosophie* (Darmstadt 1974).

64 Friedrich Meinecke, *Das Jahrhundert der allgemeinen Wehrpflicht*, in: Meinecke, *Die deutsche Erhebung von 1914* (Stuttgart 1915), S. 61f. – Wie schnell sich solche Vorstellungen in die Terminologie der rassisti-schen Volksgemeinschaftsideologie transponieren lassen, zeigt etwa Günther Lutz, *Die Frontgemeinschaft* (Greifswald 1936), S. 18. Vgl. auch Friedrich Wilhelm Heinz, *Die Nation greift an. Geschichte und Kritik des soldatischen Nationalismus* (Berlin 1933).

65 Leutnant Wolfgang Müller, *Die feldgrauen Semester*, in: *Liller Kriegs-zeitung. Eine Auslese aus Nr. 1–40* (Berlin 1915), S. 259. Vgl. auch Friedrich Lehmann, *Wir von der Infanterie. Tagebuchblätter aus fünf Jahren Front- und Lazarettzeit* (München 1934[3]), S. 151.

66 Grote, *Langemarck*, S. 19.

67 Sigmund Graff, Carl Ernst Hintze, *Die endlose Straße. Ein Frontstück in vier Bildern* (Schulausgabe Bielefeld 1937), S. 5.

68 Heinrich Zerkaulen, *Jugend von Langemarck. Ein Schauspiel in drei Akten und einem Nachspiel* (Leipzig 1933). Nachgedruckt bei Günther Rühle (Hg.), *Zeit und Theater*, Bd. 3 (Berlin 1974), S. 141–194, 743–754 (Kommentar).

69 Heinz Schlötermann, *Das deutsche Weltkriegsdrama 1919–1937* (Würzburg 1939), S. 51.

70 Matthießen, *Geleitwort* zu: Dreysse, *Langemarck*, S. 8.

71 Hansgeorg Moka, *Die Langemarck-Arbeit der Deutschen Studenten-schaft*, in: Walther (Hg.), *Langemarckbuch*, S. 210–213.

72 Vgl. Meinhold Lurz, »... *ein Stück Heimat in fremder Erde*«. *Die Heldenhaine und Totenburgen des VDK*, in: *Arch* 71 (1983), S. 66–70.

73 Vgl. Kaufmann (Hg.), *Langemarck*, S. 13–16. Krüger bewährte sich dann als einer der Organisatoren der Bücherverbrennungen am 10. Mai

1933. (Vgl. Gerhard Sauder, *Die Bücherverbrennung* [München 1983], S. 76.)

74 Vgl. Josef Magnus Wehner, *Langemarck. Ein Vermächtnis* (München 1941), S. 3–10.

75 Bruno Schwietzke, … *starben in Flandern* (Gütersloh 1938), S. 338.

Joachim Radkau
Die singende und die tote Jugend
Der Umgang mit Jugendmythen im italienischen und deutschen Faschismus

Das Thema erscheint – oberflächlich betrachtet – simpel, offenbart bei näherem Hinsehen jedoch etwas Undurchsichtiges, Vertracktes (vgl. den Beitrag von J. Schmitt-Sasse in diesem Band). Daß nicht nur der Nationalsozialismus, sondern auch andere Faschismen gern an die Jugend appellierten, sich als jugendliche Bewegungen gaben und offenbar tatsächlich über eine relativ junge Anhängerschaft verfügten[1], ist seit langem bekannt, und die Gründe sind bis zu einem gewissen Grade auch nicht schwer zu verstehen. Die Motive und Zusammenhänge erscheinen einleuchtend und banal, und Historiker haben sich im allgemeinen nur wenig mit diesem Problem beschäftigt.[2]

Stärker waren die Zeitgenossen der europäischen Faschismen von der Jugendlichkeit dieser Bewegungen beeindruckt und betroffen; das gilt nicht zuletzt auch für Außenstehende und Gegner. Willi Münzenberg, der wirkungsvollste Propagandist der KPD jener Zeit, der 1920/21 vergeblich um die Selbständigkeit der Kommunistischen Jugend-Internationale innerhalb der Partei gekämpft hatte[3], erlebte 1932 bei dem am Main verbrachten Pfingstfest, wie aus allen fränkischen Dörfern junge Männer zu Tausenden durch die Frühlingslandschaft zu den Sammelpunkten der verbotenen SA strömten. Gerade dieser Eindruck wirkte auf ihn niederschmetternd und führte ihn zu der Überzeugung, Hitlers Sieg sei nicht mehr aufzuhalten.[4] Auch Togliatti, der spätere Generalsekretär der italienischen KP, zeigte sich im Exil besonders dadurch beunruhigt, daß die Anhängerschaft seiner Partei durch den Faschismus von der Jugend getrennt werde.[5]

In Deutschland war es jedoch nach 1945 lange Zeit nicht die jugendliche Begeisterung für den Faschismus, sondern das Phänomen der *alten* Nazis, das die Öffentlichkeit beschäftigte. Die neuerliche Konfrontation mit jugendlichem Neonazismus könnte das Erkenntnisinteresse verändern.

Die Frage nach dem Mythos Jugend im Faschismus darf man

jedoch nicht ohne weiteres mit zwei anderen Fragestellungen vermengen: der Frage nach der tatsächlichen Bedeutung der Jugend für den Aufstieg der Faschismen und der Frage nach der faschistischen Jugendpolitik. Ob und wie diese drei Komplexe zusammenhängen, bedarf der Erforschung.

Man kann zunächst von der Vermutung ausgehen, daß Jugendmythen mit Vorliebe von Personen gepflegt werden, die selber nicht mehr ganz jung sind, und zwar in Situationen, in denen die tatsächliche Beziehung zur Jugend nicht ohne Probleme ist. Der Mythos Jugend kann die Tatsache, daß man selber nicht mehr zur Jugend gehört und die wirkliche Jugend nicht den eigenen Vorstellungen entspricht, überdecken. Er kann dazu dienen, eine bestimmte Generation mit einem besonders markanten Jugendbewußtsein gleichsam als Jugend zu verewigen, auch wenn sie in der Realität bereits Alterserscheinungen aufweist. Ein Mitarbeiter der Reichsjugendbücherei, der 1934 große Worte über den »Kulturwillen der deutschen Jugend« schrieb, setzte hinzu: »Der wahrhafte Dichter ist Jugend, ob er nun jung in ihren Reihen kämpft oder schon graues Haar trägt.«[6] Das Zitat lädt dazu ein, zwischen den Zeilen zu lesen.

Ein Mythos Jugend kann durchaus unterschiedlich geartet sein, und erhebliche Differenzen finden sich selbst innerhalb der faschistischen Jugendmythen. Er kann sich auf eine wirkliche Jugend beziehen oder auf Jugendlichkeit in jenem übertragenen Sinne, in dem es ein »junges Deutschland« oder »junges Italien« geben kann. Er kann hart und aggressiv, aber auch milde und frühlingshaft sein. Er kann von einer Neugeburts-, aber auch mit einer Todesmystik umgeben sein – oder auch von beiden. Er kann kindliche, pubertäre oder soldatisch-männliche Züge tragen. Wie sich der Jugendmythos zu dem mächtigsten aller Mythen: dem Mythos der Liebe verhält, ist nicht sicher. Er kann ein homoerotisches, panerotisches oder spröde-tugendbetontes Fluidum besitzen. Das Thema verlockt zu psychoanalytischen Spekulationen, gestattet oft aber auch handfestere historisch-empirische Erklärungsversuche, mit denen ich mich begnügen möchte.

Der Historiker wird sich dabei jedoch die Frage stellen müssen, ob er es bei den Jugendmythen nur mit Worten oder mit realen historischen Phänomenen zu tun hat. Entsprachen den Jugendmythen reale Triebkräfte, Strukturen, Handlungsbedingungen, Probleme des Faschismus? Spiegelt sich in den Jugendmythen Jugendgeschichte; handelt es sich nicht nur um starre Topoi, sondern um Reflexe von Entwicklungen? Sind es nicht nur rhetorische Versatzstücke, die dem Jargon der Zeit entnommen wurden, sondern Zeugnisse einer Auseinandersetzung mit den bereits kursierenden Jugendmythen?

Das zunächst verschwommen wirkende Thema gewinnt durch den Vergleich zwischen dem italienischen und dem deutschen Faschismus schärfere Konturen. Eine Anthologie nationalsozialistischer Zitate zum Thema Jugend wirkt zunächst ähnlich öde und stereotyp wie Blütenlesen aus der nationalsozialistischen Publizistik zum Thema Frau; durch die Gegenüberstellung mit der Jugendmythologie des italienischen Faschismus dagegen bekommt das nationalsozialistische Hantieren mit Jugendmythen manches Auffällige. Daher zunächst ein Blick auf Italien.

Ein verheißungsvolles Indiz ist hier bereits die Faschistenhymne, die Giovinezza. Sie enthält einen anakreontischen Jugendmythos, der Jugend mit Jauchzen, mit Schönheit, Frühling und Freiheit assoziiert: »Jugend, Jugend, Schönheitsfrühling / Unseres Frühlings Schönheit du! / Im Faschismus liegt die Rettung / Unserer Freiheit, jauchzt ihm zu!«[7] Es ist eine Art des Jugendkultes, die sich im deutschen Nationalsozialismus nur schwer vorstellen ließe.

Auf ihn wird angespielt in einer Rede, die die Marquise Casagrande 1923 in Padua auf dem ersten Kongreß der weiblichen Fasci Veneziens in Gegenwart Mussolinis hielt: Die Kinder, sagte sie mit Wendung an den Duce, die von den Frauen geboren und aufgezogen worden seien, seien »Ihre Soldaten, zarte Blüte des italienischen Frühlings... Aus Liebe und unter der Schirmherrschaft des Duce sind wir aus allen Ecken und Enden unserer Provinzen hierher geeilt, wir alle, die das Brüllen des Löwen des heiligen Markus zu hören verstanden, um die Saat auszustreuen, welche die Blumen des jungen Frühlings befruchten wird.«[8] Die manierierte Erotik der Bildlichkeit kann an Produkte des deutschen Jugendstils erinnern; der NS-Ideologe Alfred Rosenberg jedoch rechnete den Jugendstil zu den »kunstgewerblichen Verbrechen« und Auswüchsen der Dekadenz.[9] »Fidus« (Karl Höppner), der populärste Künstler der Jugendbewegung, stieß mit seinem symbolistischen Lichtgestalten bei der NS-Führung auf scharfe Ablehnung (vgl. den Beitrag von R. P. Janz in diesem Band).[10]

Es gab im Umfeld des italienischen Faschismus aber auch einen anderen, schrofferen und aggressiveren Jugendmythos, der besonders von Marinetti und den Futuristen artikuliert wurde. Marinetti, der 1910 in einem vom Uhrturm am Markusplatz geworfenen Manifest die Zerstörung des alten Venedig als der »cloaca maxima des Passatismus« gefordert hatte[11], proklamierte 1913 im Namen der Jugend den Kampf gegen die Vorfahren und gegen die Geschichte.[12] Die Futuristen verhöhnten das Parlament als Verwahranstalt für alte Männer; Marinetti wollte an seine Stelle ein sogenanntes »Eccitatorio« – also einen »Erreger« – setzen, das sich aus einer kleinen Zahl junger Männer von unter dreißig Jahren zusammensetzen und der Bürokratie Widerpart bieten sollte.[13] Die Spontaneität und Kreativität der Jugend sollte mit herausfordernder Macht und Kompetenz ausgestattet werden.

Mussolini war 39 Jahre alt, als er Regierungschef wurde; aber die unzähligen, oft hochstilisierten Mussolini-Bilder scheinen doch nie ein Symbol der Jugend darstellen zu wollen: In der Regel sollen sie heroische Überlegenheit und robuste Kraft verkörpern (während später für den 44jährigen US-Präsidenten Kennedy ein Jugendimage aufgebaut wurde!). Dabei hatte Mussolini offenbar weit mehr als Hitler eine ausgelassene Jugend gehabt, an die er sich mit Vergnügen erinnerte: Aber es war seine sozialistische Phase, die nun definitiv Vergangenheit war.

Zwischen Mythos und Wirklichkeit, zwischen erotischer Faszination und herablassender Ironie schwankt das Kapitel »Giovinezza« in der Mussolini-Biographie von Margherita Sarfatti, der Beraterin und Geliebten des Duce. Sie schreibt, der Faschismus verkörpere »vor allem Jugend«, und zwar durchaus auch im Sinne männlicher Schönheit; zugleich läßt sie sich jedoch bemerkenswert ausführlich darüber aus, daß der Jugendlichkeit der faschistischen Unterführer in der Provinz viel Unreifes, ja Widerwärtiges anhafte. Sie beschreibt diese Faschisten als ein streit- und eifersüchtiges, im Grunde infantiles Volk:

»Sie sind egozentrische Egoisten, bereit, sich selbst für Italien zu opfern, aber auch die anderen Menschen für sich; sie besitzen flammenden Patriotismus, aber sie sind doch nicht ganz gefühllos gegen erwünschte Güter...; sie haben bereitwillige Hände, warme Herzen, aber keinen genügend kalten Kopf«; ihre »ein wenig grausamen« Streiche seien fast immer »teilweise einer persönlichen Rachegesinnung« entsprungen. »Man fragt sich oft, ob die Hilfe, die der Duce in der ersten Zeit von ihnen hatte, bedeutend größer war als die ernsten Unannehmlichkeiten, die sie ihm später bereiteten.« »Immerhin«, setzte sie hinzu, verdanke man »ihnen den ersten Ansporn und die heilige Aura der Begeisterung«.[14]

Margherita Sarfatti war damals Chefredakteurin des führenden ideologisch-kulturellen Organs der faschistischen Partei, das den nicht eben jugendbetonten Titel *Gerarchia* (Hierarchie) trug. Sie bekannte, bei der Gründung des Blattes sei sie auf diesen Titelvorschlag gesprungen »wie die Katze auf die Maus«. Ihr zufolge sollte die Zeitschrift zur »geistigen Reifung der faschistischen Bewegung« beitragen.[15]

Im Umkreis des italienischen Faschismus trieben diverse Jugendmythen erstaunlich unbefangen ihr Wesen, während sich der Nationalsozialismus von Anfang an rivalisierenden Jugendmythen gegenübersah und durch diese Rivalität befangen war. In der Zeit der Machtergreifung des italienischen Faschismus, vier Jahre nach Ende des Ersten Weltkrieges, war die mythisierte Jugend der Kriegsfreiwilligen zumindest teilweise noch mit der realen gegenwärtigen Jugend identisch; in Deutschland dagegen waren die zum Mythos erhobenen jugendlichen Kriegsfreiwilligen von 1914, soweit sie nicht gefallen waren, 1933 bereits Männer mittleren Alters. Margherita Sarfatti konnte schreiben, die »faschistische Revolution« sei »von zwanzigjährigen Jünglingen, singend, gemacht worden«, und da diese jetzt auch äußerlich überall nachgeahmt würden, wirke das faschistische Italien wie »eine Nation, in der alle Männer 20 Jahre alt sind«.[16] Ähnliche Beobachtungen über das Deutschland des aufsteigenden Nationalsozialismus lassen sich nur schwer vorstellen.

Während in Deutschland der Generationskonflikt, die pathetische Auflehnung der Jungen gegen die Älteren, bereits Tradition besaß, scheinen solche Phänomene in dem Italien des entstehenden Faschismus etwas Neues gewesen zu sein.[17] Die patriarchalischen Familienstrukturen und das Honoratioren- und Klientelwesen in den politischen Parteien hatten bis dahin die Jugendrevolte als Mode und Massenerscheinung kaum aufkommen lassen; der Faschismus hatte hier neue emotionale Erfahrungen zu bieten. Der italienische Faschismus, der viel leichter als der Nationalsozialismus Jugendmythen zu einem Kernstück der eigenen Identität machen konnte[18], ließ es auch unbekümmerter zu, daß sich in seinen Reihen alle möglichen Formen von Jugendlichkeit austobten. Dadurch wurden die Chancen und Gefahren, die eine jugendliche Eigendynamik dem Faschismus bescherte, hier weit mehr als im nationalsozialistischen Deutschland offengelegt und diskutierbar gemacht. Der Mythos Jugend erlangte mitunter reales Gewicht; er wurde manchmal in Handlungen umgesetzt, ja sogar mit weiterreichenden politischen Strategien verknüpft und gegenüber anderen Strategien konfliktfähig gemacht. Mit Grund bezieht sich der amerikanische Historiker Michael A. Ledeen, der bisher anscheinend als einziger das Thema »Faschismus und Jugend« intensiv behandelt und in das Zentrum seiner Faschismus-Deutung gestellt hat, fast ganz auf italienische Vorgänge.[19]

Ledeen zufolge besitzt das Verhältnis zwischen Faschismus und Jugend in Italien eine Geschichte, der es nicht an dramatischen Wendepunkten fehlt. Er glaubt sogar mit Verweis auf De Felice, daß die zunächst vom Faschismus geprägte Jugend »sich in einem bestimmten Moment vom Faschismus abwandte und ihn bekämpfte«.[20] De Felice stellt fest, daß die Ergebnisse der mit so großer Aufmerksamkeit betriebenen faschistischen Jugendpolitik »ohne Zweifel unbefriedigend« gewesen seien; er betont, das »eigentliche Versagen des Faschismus« habe in dessen Unfähigkeit bestanden, »eine neue herrschende Klasse ins Leben zu rufen«.[21] Als Mussolini am 9. Mai 1936 vom Balkon des Palazzo Venezia nach dem Sieg über Äthiopien das neue italienische Imperium proklamierte, verkündete er, dies sei »das Ziel, zu dem vierzehn Jahre lang die hervorbrechenden und disziplinierten Energien der jungen, verwegenen Generationen von Italienern hindrängten«.[22] De Felice jedoch erblickt einen der größten Fehler des Duce darin, daß er gerade in der Zeit des Äthiopienkrieges »jede Form von interner Diskussion unter den Jugendlichen abblockte«.[23]

Der Mythos Jugend gedieh im italienischen Faschismus besonders zu einer Zeit, als der Faschismus in Wahrheit nicht mehr jugendlich war, sondern die neu herangewachsenen Generationen immer mehr seinem Einfluß entgleiten sah. 1930 rief das Regime die »fasci giovanili« ins Leben, die die von den faschistischen Jugendorganisationen bis dahin nicht erfaßten Jugendlichen über 18 Jahre aufnehmen sollten. Togliatti glaubte jedoch schon wenige Jahre später zu erkennen, daß die »fasci giovanili« zu den kritischsten Problemen des Faschismus, zu seinen neuralgischen Punkten gehörten.[24] 1931 ließ sich die faschistische Regierung bei ihrem Werben um die Jugend auf eine Kraftprobe mit der katholischen Kirche ein, indem sie die katholischen Jugendorganisationen, insbesondere die einflußreiche »Azione cattolica«, auflöste. Vorübergehend stieg die Mitgliederzahl der »fasci giovanili« tatsächlich von 380000 auf 800000, aber schon 1932, als die katholischen Organisationen wiedererstanden, schrumpfte sie um die Hälfte.[25] Der Schlag von 1931 wurde für eine neue Katholiken-Generation zum antifaschistischen Mythos.[26] Ebenso wie im Schul- und Hochschulwesen zeigte sich, daß durch administrativen Druck allein eine faschistische Prägung der Jugend nicht zu erreichen war. Die zunehmend kritische Situation wurde von einem Teil der faschistischen Führung durchaus wahrgenommen. Hier ist der Hintergrund für die Neubelebung von Jugendmythen.

Der führende Kopf dieser Bestrebungen war Giuseppe Bottai, der bei der faschistischen Machtergreifung selber erst 27 Jahre alt gewesen war; er veröffentlichte im Oktober 1930 einen provozierenden Artikel mit dem Titel *Die Jungen in der Partei*.[27] Die Jugend-Emphase war bei ihm mit dem Kampf für den korporativen Staat und für die Wiederbelebung eines revolutionären Faschismus verbunden. Bottai stand mit seinen Ambitionen nicht allein. Von 1930 bis 1933 erschien in Rom die Zeitung *Il Saggiatore* (Der Prüfer), zu deren Mitarbeitern Marinetti und Margherita Sarfatti gehörten; sie widmete sich den neuen Generationen von Jugendlichen, ihren Ideen und der dort entstehenden neuen Kultur.[28] Für manche italienisch-faschistischen Kreise war es also – anders als für die deutsche NS-Führung – sehr wohl vorstellbar, daß die Jugend nicht nur Adressat und Gefolgschaft des Faschismus, sondern auch Subjekt eines erneuerten Faschismus war, wenn auch gewiß nicht die Jugend schlechthin, sondern eine nach einem faschistischen Ideal auserwählte Jugendelite. Die Frage, wie sich die Jugendlichkeit des Faschismus aufrechterhalten lasse, wurde in Italien mehr als in Deutschland als Problem erkannt – wohl nicht zuletzt auch einfach deshalb, weil der Faschismus in Italien ein Jahrzehnt länger an der Macht war als in Deutschland.

Mussolini selber hatte im Januar 1930 verkündet, die faschistische Herrschaft sei und bleibe eine Herrschaft der Jugend. Bottai hatte dazu erläutert, man müsse zwischen echter und falscher Jugend unterscheiden: echte Jugend, die tatsächlich die mit dem Jugendprinzip gemeinte schöpferische Kraft besitze, und falsche Jugend, die ihr minderes Alter nur zur Entschuldigung für unverantwortliches Benehmen benutze. Aber Mussolini hatte Jugend nicht nur im geistig-mythischen, sondern auch im statistischen Sinne gemeint: Er wollte tatsächlich das Durchschnittsalter der faschistischen Parteimitglieder so niedrig wie möglich halten und im Zweifelsfall lieber einen Dreißigjährigen als einen Vierzigjährigen aufnehmen.[29]

Das seltsamste Ergebnis jener sich um 1930 erneut intensivierenden Bemühungen des Faschismus um die Jugend – um die reale Jugend wie um eine mythische Jugendaura – war die 1931 erfolgte Gründung der Scuola di Mistica Fascista, der Schule des faschistischen Mystizismus. Die Initiative lag bei Mussolinis jüngerem Bruder Arnaldo, der schon im darauffolgenden Jahr starb; er wollte die Schule der Erinnerung an seinen verstorbenen Sohn widmen. Aus der Schule sollten junge Italiener von der Art, von der – wie er glaubte – sein Sohn geworden wäre, hervorgehen.[30] Hier sollte eine neue faschistische Elite herangezogen werden, wobei sich der Faschismus selbst aus dem Geist einer jugendlichen Elite erneuern sollte. Aber der Versuch, den Jugendmythos in eine Institution umzusetzen, mißlang vollkommen: Die Schule verkam zu einer bürokratisch-konformen Lernanstalt bar jeglicher Inspiration.[31]

Die Jugend ließ sich nur dann auf überzeugende Weise zum Mythos erheben, wenn man sie mit Spontaneität, Bewegung, Kreativität, revolutionärem Elan assoziierte; ein Jugendmythos, in dem die höchste Tugend in Disziplin und Gehorsam bestand, konnte seine klappernde Dürre kaum verbergen. Die der mythisierten Jugend immer gerne zugeschriebene Offenheit für Neues geriet an eine besonders gefährliche Grenze der Faschismen dort, wo sie auch Offenheit für Exotisches, für andere Völker und Kulturen bedeutete. Diese Art von Neugier war wohl fast immer ein Charakterzug einer nicht-trivialen Jugend, und hier lag der wundeste Punkt faschistischer Jugendmythen.

Der Nationalsozialismus war noch weit weniger als der italienische Faschismus zur universalen Ausweitung fähig. Die Ideologie der italienischen Faschisten besaß Züge einer Lebensphilosophie und war insofern verallgemeinerbar; das galt nicht für die nationalsozialistische Glaubenslehre mit ihrem Kernstück von Rassenbiologie. Der kulturelle Gestus des italienischen Faschismus behielt immer etwas Mondänes und Weltläufiges[32], der des Nationalsozialismus dagegen besaß einen Grundzug von grimmiger Introvertiertheit. Dadurch war der Spielraum für Jugendmythen in der nationalsozialistischen Bewegung von vornherein eingeengt.

Der HJ-Bannführer (Claus Clausen), Heini Völker (»Ein Hitlerjunge«)
und Vater Völker (Heinrich George) in *Hitlerjunge Quex*

Ein »seltenes und seltsames Beispiel eines ideologischen Films für
die Jungen« war in Italien der Film *Piccoli naufraghi* (1939),
(Kleine Schiffbrüchige), der eine faschistische Robinsonade
darstellt: Dreizehn Jugendliche, die während des Krieges mit
Äthiopien auf einer Insel gestrandet sind, organisieren dort eine faschistische Gemeinschaft.[33] Hier darf also die Jugend, ganz auf
sich gestellt, von vorne anfangen: Der Faschismus bewegt sich in
der Tradition der bürgerlichen Utopie der Aufklärung. Man ver-
gleiche damit den *Hitlerjungen Quex*, den erfolgreichsten nationalsozialistischen Jugendfilm: Da gibt es eine Schlüsselszene, in
der der Bannführer der Hitler-Jugend und der kommunistische
Vater um die Seele des stumm zwischen ihnen sitzenden jungen
Helden ringen. Der offenbar aus gehobenem Milieu stammende
Bannführer beschwört den Jugendmythos gegen den proletarischen, in den Niederungen des Alltags bleibenden und im Berliner
Jargon polternden Vater. Der Vater will seinem Jungen beibringen,
daß er nach Hause gehöre; der Bannführer erwidert:

»BANNFÜHRER: Das ist eben die Frage: Wo gehört der Junge heute hin? Sie,
ich habe sehr gute Eltern gehabt; aber wie ich fünfzehn war, da bin ich ausgerückt. Wollt zur See, wollt Schiffsjunge werden. Irgendwo da lagen

Inseln, waren Palmen. Afrika! Zu Tausenden sind die Jungs schon ausgerückt.

VATER: Das waren eben Lausejungs.

BANNFÜHRER: Ah, Sie, Jungens sind etwas Wunderbares. Jungens sind ein großes Geheimnis.

Zu allen Zeiten schon. Zu den Pelzjägern, zu den Zigeunern sind sie geflohen.

Immer hat sie eines Tages der große Zug gepackt. . . .«[34]

In der Romanvorlage des Films ist die Szene nicht enthalten. Sie offenbart, daß der Jugendmythos, wenn man ihn ernst nahm und zu Ende dachte, für den Nazismus seine Tücken hatte, und zwar in mehrfacher Weise. Zum einen war die hier zelebrierte Jugendlichkeit, die als Urquell des nationalsozialistischen Geistes verherrlicht wird, in ihrem Wesen ein vorübergehendes Abenteuer und konnte gerade vom Standpunkt der nationalsozialistischen Disziplin nur eine Übergangsphase sein; zum anderen gerieten das Fernweh und die Sehnsucht nach dem Exotischen, die diesem Jugendideal seinen Eros gibt, in direkten Konflikt mit der nationalsozialistischen Ideologie, die dazu führte, daß eben die Zigeuner, die ein Fluchtpunkt dieses Jugendmythos waren, in den Gaskammern endeten. »Zigeuner« war später ein Flugblatt der Edelweißpiraten unterschrieben.[35]

Mit gutem Grund gab es im Nationalsozialismus nur sporadisch Ansätze, die Mobilisierung der Jugend mit einem universalistischen Akzent zu versehen, und die Begleitumstände einer solchen Initiative sind bezeichnend: Es handelt sich um den Europäischen Jugendkongreß, den Baldur von Schirach im September 1942 in Wien inszenierte. Vergebens hatte Ribbentrop die Veranstaltung zu verhindern gesucht; Goebbels, der zu jener Zeit immer wütender über die damals im NS-Imperium kursierenden Europaideen herzog, sperrte die Berichterstattung über den mit großem Aufwand veranstalteten Jugendkongreß. Die Wiener verspotteten den wichtigtuerischen Rummel als »Baldurs Kinderfest«.[36] In der Zeit der Schlacht um Stalingrad wurde die zu Kundgebungen und Parademärschen mobilisierte Jugend als Jugend nicht ernst genommen.

Der Mussolini-Biograph De Felice glaubt, daß sich gerade im Jugendmythos der tiefe Unterschied zwischen dem italienischen und dem deutschen Faschismus besonders deutlich abzeichne: Die Publizistik der italienischen Bewegung sei durchzogen von einem »optimistischen Vitalismus, der sich zu erkennen gibt in der Le-

Umschlag eines Schulbuches aus der Zeit des italienischen Faschismus

bensfreude, der Jugend, dem Enthusiasmus, dem Kampf als Kampf für das Leben«. Im Nationalsozialismus findet De Felice »nichts Vergleichbares«.[37] Gewiß neigt er dazu, den Unterschied zwischen beiden Faschismen zu überzeichnen; ein Zwielicht von prahlerischem Jugendkult und düsterem Fatalismus gab es auf beiden Seiten. Auch der Radikalfaschist Farinacci, Jahrgang 1892, rühmte die italienische Frontkämpferjugend, sie habe vor allem zu sterben verstanden; das Selbstopfer der Jünglinge gebe Italien neues Leben.[38] Jugend- und Todesmystik konnten eng miteinander verbunden sein: Der Totenkopf war ein Emblem des frühen Faschismus; um den ermordeten Jungfaschisten Aldo Sette wurde ein ähnlicher Totenkult getrieben wie um Schlageter, Horst Wessel und den Hitlerjungen Norkus.[39] Im Dschungel der faschistischen Mystik waren »Leben« und »Tod« überhaupt verwandte Reizsignale; das Potsdamer Massentreffen der Hitler-Jugend am 24. Januar 1934 bezog sich auf den Geburtstag Friedrich des Großen und zugleich auf den Todestag von Herbert Norkus.[40] Dennoch hat De Felice darin recht, daß sich in der Jugendmystik der beiden Faschismen bezeichnende, wenn auch nicht leicht zu definierende Unterschiede erkennen lassen.

Wenn man die nationalsozialistischen Proklamationen isoliert betrachtet, könnte man die Beschwörung der Jugend für ein starkes und charakteristisches Element halten; im Vergleich mit dem italienischen Faschismus und noch mehr auf dem Hintergrund der deutschen Jugendbewegung ist jedoch das Gros der einschlägigen Zitate nicht sehr eindrucksvoll. Das gilt gerade auch für Hitler selbst. Auf den ersten Blick könnte man anderes erwarten, hat er doch in *Mein Kampf* seine eigene Jugendentwicklung mit einer für einen Politiker durchaus ungewöhnlichen Breite und Sentimentalität geschildert. Da spricht er gelegentlich sogar von sich selber als »junge(m) Wildfang« und von seiner Jugend als von seinen »ausgelassenen Jahren«.[41] Bei alledem ist jedoch leicht zu erkennen, daß Hitler seine eigene Jugend nach dem Muster des bürgerlichen Entwicklungsromans stilisiert und dramatisiert. Manche Hitlerschen Selbstzeugnisse weisen demgegenüber darauf hin, daß das Thema »Jugend« für ihn ursprünglich ein »wunder Punkt« war. »Ich habe das schöne Wort Jugend nie kennengelernt«, klagte der vierundzwanzigjährige Hitler in einem Schreiben an den Linzer Magistrat, in dem er sich dafür zu entschuldigen suchte, daß er sich um den österreichischen Militärdienst gedrückt hatte.[42] 22 Jahre später bekannte der nunmehrige Diktator in einer Ansprache vor der Hitler-Jugend: »Wenn ich... an die Zeit meiner eigenen Jugend zurückdenke, dann kommt diese mir wahrhaftig leer vor gegenüber dem, was die heutige Zeit und in ihr auch die heutige Jugend erfüllt.«[43]

Die für seine Charakterentwicklung gewiß entscheidende Phase, die Fronterfahrung im Ersten Weltkrieg, kennzeichnet er in *Mein Kampf* mit dem Satz: »Aus dem jungen Kriegsfreiwilligen war ein alter Soldat geworden.« »Dieser Wandel«, fährt er fort, habe sich »in der ganzen Armee vollzogen«: Sie sei »alt und hart aus den ewigen Kämpfen hervorgegangen«.[44] Durch den *Verlust* der Jugend sah sich Hitler in innerem Gleichklang mit seinen künftigen Anhängern geführt.[45]

Es fällt auf, mit welcher Ausführlichkeit Hitler seine Überzeugung darlegt, daß der Mann sich »nicht vor seinem dreißigsten Jahr in der Politik öffentlich betätigen soll«.[46] Tatsächlich sieht es ganz so auf, als habe Hitler sein politisches Profil nicht in seiner Wiener Jugend, sondern erst im Alter von 30 Jahren – in der Situation von 1918/19 – gewonnen – eine Erfahrung, die seine Einstellung zum Thema Jugend lebenslang prägte. An der Jugendbewegung hatte der junge Hitler ebenso wenig Anteil gehabt wie an der studentischen Burschenherrlichkeit; beides waren Lebensformen, gegen die er das Ressentiment des »Zukurzgekommenen« empfand. Die Vorstellung, daß die Jugend – kraft ihrer Jugend – die Berufung zu einer besonderen Rolle, zu schöpferischer Eigendynamik, ja zur politischen Avantgarde in sich trage, blieb ihm zeitlebens fremd, wenn er nach Bedarf auch gewisse verbale Konzessionen an diesen Jugendenthusiasmus machen konnte. Lieber jedoch erging er sich in Wunschvorstellungen über die Disziplinierung der Jugend.

In den von Eberhard Jäckel und Axel Kuhn edierten Aufzeichnungen Hitlers von 1905 bis 1924 sind die meisten Stellenbelege zum Thema Jugend recht nichtssagend: Sie reichen von dem nicht eben jugendlichen Topos, daß die Jugend »unser kostbarstes Gut«[47], und der Binsenwahrheit, daß die Jugend Deutschlands Zukunft sei, bis zu der wiederholten Forderung, die Jugend müsse wieder Disziplin lernen, sie müsse durch die harte Schule der Armee gehen, ihre Sittlichkeit müsse durch rigorose Jugendschutzgesetze behütet werden. Eine im Februar 1921 gehaltene Hitler-Rede »Deutsche Jugend – Deutsche Zukunft« scheint im Inhalt so belanglos gewesen zu sein, daß selbst der *Völkische Beobachter* nichts als den Titel wiedergab.

Dennoch ist über die Jahre deutlich zu erkennen, daß sich Hitler von dem Stichwort Jugend in zunehmendem Maße inspirieren ließ. An manchen Stellen kann man geradezu verfolgen, wie er sich mit diesem Thema anfreundete, je mehr er erkannte, daß er nicht nur bei Kriegsteilnehmern, sondern auch bei der Nachkriegsjugend Resonanz fand. Zunächst noch per »Sie«, dann per »Ihr« rief er 1922 die »deutschen Jungen« auf: »Herein in unsere Sturmabteilungen!« »Daß Sie gelästert, daß Sie besudelt werden, heil Euch Jungens, Ihr habt das Glück, mit 18 und 19 Jahren schon von den größten Schuften gehaßt zu werden.« Und er steigerte sich zu der ungewöhnlichen Huldigung: »Wir wissen, daß keiner mehr von uns reden würde, wenn Ihr nicht wäret.« (»Sehr richtig!« wird als Zuruf notiert.) [48] In einer Rede vor SA-Leuten betonte Hitler im Mai 1923, viel werde »getadelt, daß es gerade die Jungen und Jüngsten sind, die in den Reihen der SA stehen«, er aber freue sich, daß dem so sei: »Denn bei den Jungen, den 25jährigen, liegt heute die Zukunft.« [49] Die Bezifferung der Jugend auf einen ganz bestimmten Jahrgang wirkt merkwürdig und ist nur als Kompromiß zwischen der mythisierten Kriegsjugend und der damals gegenwärtigen Jugend zu erklären – ein Kompromiß, wie er noch 1923, aber nicht mehr 1933 möglich war.

Dem bayerischen Landeskommandanten v. Lossow will Hitler kurz vor dem Putsch von 1923 erklärt haben, er könne der von bayerischen Rechtskreisen erstrebten Diktatur Kahrs nicht zustimmen, da Kahr von der Jugend nicht unterstützt werde: Die Jugend würde nur dann mitmachen, »wenn ich diesen politischen Kampf überwiesen bekäme«. Denn zum Kampf gegen den »Marxismus« brauche man »keinen Verwaltungsbeamten, sondern einen Feuerkopf, der die nationale Begeisterung entflammt«. [50] Aber ein solches Auftrumpfen mit der Jugend war bei Hitler, aufs Ganze gesehen, nicht besonders häufig. Die nationalsozialistische Bewegung wirkte ohnehin auf viele Zeitgenossen sehr jugendlich; es war für Hitler eher ein Problem, die von ihm geführten Kräfte nicht als zu unreif und unseriös erscheinen zu lassen. [51] Seine Sprüche zum Stichwort Jugend blieben, insgesamt betrachtet und an den Maßstäben Hitlerscher Rhetorik gemessen, erstaunlich abgedroschen und einfallslos. So war er zu schönrednerischen Phrasen wie dieser fähig: »Die Jugend ist Trägerin idealer Gesinnung und hat die Pflicht, sich für die Ideale unseres Programms einzusetzen.« [52] Eine brauchbare Eigeninitiative traute er ihr im Grunde nicht zu: »Wir dürfen auch keine allzu großen Hoffnungen auf unsere Jugend setzen, wenn wir Alten ihnen nicht ein gutes Beispiel geben.« [53] »Wir Alten«, sagte der 34jährige Hitler! Der erste Anstoß zu der Gründung einer nationalsozialistischen Jugendbewegung, der späteren Hitler-Jugend, kam nicht von Hitler und nicht einmal aus seiner Umgebung, sondern von einem sonst unbekannten Klavierpolierer namens Adolf Lenk. [54]

HJ und Jungvolk: »... quasi ein Stück Staat...«

Auch später zeigte Hitler keine übermäßige Vorliebe für das Thema »Jugend«. Das Stichwort Jugend fehlt in dem ausführlichen Register von *Mein Kampf*[55]; gleiches gilt für das Sachregister der von Domarus herausgebrachten vierbändigen Ausgabe der Hitler-Reden von 1932 bis 1945 und der von Jochmann edierten Hitler-Monologe im Führerhauptquartier 1941 bis 1944. Natürlich kommt die Jugend dennoch in Hitler-Äußerungen immer wieder vor; aber meist bleiben die Aussagen blaß und konventionell. Wiederholt schlug Hitler, der von Schirach als »die ewige deutsche Jugend« gefeiert wurde[56], einen geradezu altherrenhaften

Ton an, in dem Sinne: »Ihr habt es heute gut, wir hatten es früher viel schlechter«[57]; die jetzige Zeit werde dereinst »eure stolzeste Jugenderinnerung sein«, und »die Erinnerung des Alters« werde »den Lohn in sich tragen, den euch heute niemand zu geben vermag«.[58] Nach Hitlers Willen kam es darauf an, daß die Jugendlichen nicht jugendlich blieben, sondern Männer wurden: »Ihr werdet Männer sein, wie die große Generation des Krieges es war.«[59] Zwar gibt es das viel zitierte markige Jugendideal, das Hitler auf dem Nürnberger Parteitag von 1935 den Hitler-Jungen verkündete: »Flink wie Windhunde, zäh wie Leder und hart wie Kruppstahl« solle der »deutsche Junge der Zukunft« sein.[60] Aber war das der Stoff für einen Jugendmythos? »Flink wie die Windhunde, zäh wie Leder und hart wie Kruppstahl« kommt wörtlich bereits in *Mein Kampf* vor, dort aber als Qualitäten des an der Front zum Manne gereiften Soldaten.[61] In einem seiner nächtlichen Monologe im Führerhauptquartier 1941 erklärte Hitler, »daß doch am Anfang aller Erziehung die Ehrfurcht stehen« müsse, »beginnend mit der Ehrfurcht, welche die Jugend dem Alter entgegenzubringen hat«.[62] Die aus der Jugendbewegung übernommene Devise »Jugend führt Jugend« entsprach nicht den tatsächlichen Auffassungen der nationalsozialistischen Führung.

Demgegenüber existiert ein berüchtigter und vielzitierter Hitler-Monolog, der in seinem Grundton ganz anders klingt. Da schwelgt Hitler exzessiv in dem Zukunftstraum von einer Jugend, die die blonde Bestie in Reinkultur verkörpert. »In meinen Ordensburgen«, so Hitler, »wird eine Jugend heranwachsen, vor der sich die Welt erschrecken wird. Eine gewalttätige, herrische, unerschrockene, grausame Jugend will ich. Jugend muß das alles sein. Es darf nichts Schwaches und Zärtliches an ihr sein. Das freie, herrliche Raubtier muß erst wieder aus ihren Augen blitzen. Stark und schön will ich meine Jugend. (. . .) Mit Wissen verderbe ich mir die Jugend. Am liebsten ließe ich sie nur das lernen, was sie ihrem Spieltriebe folgend sich freiwillig aneignen. Aber Beherrschung müssen sie lernen. Sie sollen mir in den schwierigsten Proben die Todesfurcht besiegen lernen. Das ist die Stufe der heroischen Jugend. Aus ihr wächst die Stufe des Freien, des Menschen, der Maß und Mitte der Welt ist, des schaffenden Menschen, des Gottmenschen.«

Hitler begeistert sich also für die schrankenlose Entfesselung der Eigendynamik einer Elitejugend; die Disziplinierung von oben wird verschmäht, nur Selbstzucht soll diese Jugend lernen. Die Älteren können ihr kein Vorbild sein – nicht einmal der damals etwa 45jährige Hitler selbst, der sich bereits zu den Alten rechnet: »Wir Alten sind verbraucht. Ja, wir sind schon alt. Wir sind bis ins Mark verdorben. Wir haben keine ungebrochenen Instinkte mehr. Wir sind feige, wir sind sentimental.«[63]

Die Quelle dieser Hitler-Phantasien sind Rauschnings *Gespräche mit Hitler*. Dort sagt Hitler an anderer Stelle: »Wenn ich eines Tages den Krieg befehlen werde, kann ich mir nicht Gedanken machen über die zehn Millionen junger Männer, die ich in den Tod schicke.«[64] Rauschning veröffentlichte die *Gespräche* erstmals 1939 in der Emigration mit dem Ziel, den Westen aufzurütteln und ihm vor Augen zu führen, daß der Nazismus eine tödliche Bedrohung für die ganze Welt sei. Dabei präsentierte Rauschning jedoch wiederholt Hitler-Worte, die in das aus der Masse der Quellen zu entnehmende Gesamtbild Hitlerscher Auffassungen nicht hineinpassen; die Diskrepanz läßt sich bis in das Vokabular hinein verfolgen. Rauschnings *Gespräche* vermitteln nicht durchweg den Eindruck voller Authentizität[65]; daher ist es fragwürdig, aus der Hitler-Schwärmerei über das »freie, herrliche Raubtier« Jugend einen Schlüsselbeleg für die nationalsozialistische Jugendideologie zu machen.

Eine Zuständigkeit für Jugendfragen besaß in der nationalsozialistischen Führung Alfred Rosenberg, der 1929 die ergebnislosen Einigungsverhandlungen mit den völkischen Jugendbünden geführt[66] und im Zweiten Weltkrieg die geistige Betreuung der Jugend übertragen bekommen hatte.[67] Die Erwartung, einen üppig wuchernden Jugendmythos in seinem ideologischen Hauptwerk *Der Mythos des 20. Jahrhunderts* zu finden, wird enttäuscht: Man kann geradezu den Eindruck gewinnen, daß Rosenberg Jugendmythen bewußt vermeidet, selbst dort, wo sie sich anbieten. Er spricht davon, daß sich in der klassischen griechischen Bildhauerei »der griechische Jugendbund, die Ephebie« seine Kunst geschaffen habe[68], hält sich bei diesem Thema aber nicht weiter auf; er feiert am Schluß des voluminösen Werkes die »toten Krieger« des Ersten Weltkrieges mit einem schwülstigen Blutmythos, aber spricht nicht von der längst zum nationalistischen Mythos gewordenen singenden Selbstaufopferung der studentischen Freiwilligen bei Langemarck (vgl. den Beitrag von U.-K. Ketelsen in diesem Band).

In einer Schrift von 1934 feierte Goebbels den italienischen Faschismus als »Durchbruch der Jugend, jener Jugend, die durch das Höllenfeuer des Weltkrieges hindurchgegangen war«, und ganz im Stil der italienischen Faschisten griff er in seiner Eloge immer wieder das Leitmotiv Jugend auf[69] – aber es ist geradezu auffallend, in welchem Maße er sich dabei mit Vergleichen mit dem nationalsozialistischen Deutschland zurückhält. Die deutsche Jugend von

1933 war ja längst nicht mehr die »Jugend von Langemarck«; nicht einmal Goebbels selber, Jahrgang 1897, hatte an der Front gestanden.

Die Unsicherheit des nationalsozialistischen Jugendmythos war durchaus ein Spiegel realer Entwicklungen und Machtverhältnisse, die sich an der Geschichte der Hitler-Jugend erkennen lassen. In der ersten Zeit unter der Führerschaft Kurt Grubers, der die HJ-Zentrale in Plauen, im »roten Sachsen«, hielt und sich gegen eine Übersiedlung nach München sperrte, schien die HJ ein revolutionäres Eigenprofil zu erlangen; Gruber erklärte 1928, die HJ sei »weder ein politischer Wehrverband noch ein antisemitischer Pfadfinderbund«, sondern »die neue Jugendbewegung sozialrevolutionärer Menschen deutscher Art«.[70] 1931 wurde die HJ-Reichsleitung von Plauen nach München verlegt und Gruber durch den farblosen Baldur von Schirach ersetzt; damit war einer Eigendynamik der Jugend innerhalb der Partei die Spitze abgebrochen. Im italienischen Faschismus scheinen Jugendorganisationen einen vergleichsweise größeren Freiraum bewahrt zu haben.

Jugendmythen grassierten vor allem in der Anfangszeit des nationalsozialistischen Regimes, als die Dinge noch »im Fluß« erschienen und vom Nationalsozialismus eine ewige Bewegung und Selbsterneuerung erwartet wurde. 1933/34 existierte in der nationalsozialistischen Bewegung ein aufbegehrender studentischer Radikalismus, der später in Vergessenheit geriet.[71] Hitlers Pressechef Otto Dietrich schrieb 1934 in seinem in großer Auflage verbreiteten Erlebnisbericht *Mit Hitler an die Macht*:

»Jugend und Nationalsozialismus sind miteinander wesensverwandt, sind letzten Endes zweifache Ausdrucksweise ein und desselben Begriffes. Jugend ist Ringen nach fortschreitender neuer Lebensgestaltung. Nationalsozialismus ist organisierter Jugendwille. Deutsche Jugend und nationalsozialistische Bewegung sind innerlich eins wie Frühling und zu neuem Leben erstehende Natur.«[72]

Das ist jener der traditionellen Jugendmetaphorik entsprechende Jugendmythos, den De Felice sonst am Nationalsozialismus vermißt.

1933 und 1934 erschienen zwei Bücher mit dem Titel *Das jugendliche Reich* bzw. *Das junge Reich*.[73] Das erste, eine Aufsatzsammlung des völkischen Schriftstellers Werner Beumelburg, behandelt nur selten das Thema und bezieht sich vor allem auf die Jugend des Ersten Weltkrieges, zu der Beumelburg selber gehört hatte. »Die

Söhne büßten für die Sünden der Väter mit ihrem Blut, aber aus ihrer Buße wuchs ihnen die Kraft zum neuen Weg.«[74] Jugend- und Todesmystik gehen hier ineinander. Der zweite Titel ist ein Sammelband mit vielen Kurzbeiträgen von »Hitlerjungen und Hitlermädeln«. Neben der Parole »Jugend führt Jugend« gab es damals auch die Parole »Jugend schreibt für Jugend«; aber ein Teil der Produkte fiel der nationalsozialistischen Zensur zum Opfer.[75]

Der Nationalsozialismus brachte nur wenige gelungene Jugendbücher hervor, so wortreich er auch den Kitsch bekämpfte und das wertvolle Jugendbuch propagierte. Zwar fehlte es nicht an Jugendliteratur über die schon legendären jugendlichen Märtyrer der »Bewegung« – Leo Schlageter, Horst Wessel und Herbert Norkus –, die aber meist in den Regalen verstaubten.[76] Einsame Spitze blieb Schenzingers *Hitlerjunge Quex*; aber die namens der Reichsjugendbücherei verfaßte Schrift Hans Maurers *Jugend und Buch im neuen Reich* erteilte Büchern dieses Typs – ohne *Quex* beim Namen zu nennen – eine deutliche Abfuhr.[77] Die jugendlichen Helden von Langemarck waren ein nationaler Mythos; aber Hitler-Jungen und SA-Männer waren in einer Zeit, als die Erinnerung an ihre fragwürdigen Heldentaten noch frisch war, offenbar nicht so glaubwürdig zu Heroen zu erheben. *Der Hitlerjunge Quex* war auch als Film ein Erfolg; im übrigen wurden jedoch unter dem NS-Regime über und für die Jugend erstaunlich wenige Spielfilme produziert.[78]

Es wurde schon darauf hingewiesen, daß in Deutschland – viel mehr als in Italien – der Himmel der Jugendmythen schon mehrfach okkupiert war: durch Jugendstil, Jugendbewegung und auch durch die bierseligen Jugendmythen der Burschenherrlichkeit. Die nationalsozialistische Bewegung entwickelte sich durchaus im Dunstkreis dieser miteinander im Konflikt stehenden Jugendmythen; aber gerade aus dieser Nähe erwuchs auch ein ausgesprochenes Eifersuchtsverhältnis.[79] Baldur von Schirach schrieb im März 1933 sichtlich gereizt, »wirklichkeitsfremde Phantasten« hätten »manchmal die bündische Bewegung als historische Voraussetzung der Hitler-Jugend bezeichnet«; in Wahrheit jedoch knüpfe die Hitler-Jugend »an die graue Armee des Weltkriegs an«; die Hitler-Jugend habe 365 Tage im Jahr gearbeitet »und nicht – wie die Bünde – diese 365 Tage verquatscht«.[80] Es konnte geradezu die Parole ausgegeben werden, mit dem Gerede von der »jungen Generation« Schluß zu machen![81]

In nationalsozialistischen Kreisen gab es allerdings damals durchaus auch andere Auffassungen. Hans Friedrich Blunck, der neugebackene Präsident der Reichsschrifttumskammer, schrieb 1934 in einem Aufsatz *Vom Wandervogel zur SA* :

>»Was in den jungen nationalsozialistischen Kämpfern an politischem und ständischem Gedankengut, an Willen zur Umordnung des Staatsgefüges, an idealistischen Wünschen nach neuem echterem Menschentum vorhanden war, läßt sich wesentlich auf die frühe Jugendbewegung zurückführen, durch die, ob in dieser oder jener Form, alle Führer der neuen Zeit geschritten sind.«[82]

In Wirklichkeit war kein Mitglied der obersten Parteispitze aus der Jugendbewegung gekommen.[83] Will Vesper vermeidet in der Einleitung des von ihm herausgegebenen Bandes *Deutsche Jugend* (1934) eine Klarlegung des Verhältnisses von Nationalsozialismus und Jugendbewegung, indem er sich rasch zu einer mythisierten Jugend-Phantasmagorie aufschwingt:

>»Die nationalsozialistische Bewegung war, ist und bleibt daher eine Bewegung der Jugend, nicht nur in jenem äußerlichen Sinne, daß eine an Jahren junge Generation – wie bei allen Revolutionen – im wesentlichen Träger des Umsturzes, der Wandlung ist, sondern in jenem tieferen Sinn, daß unser Volk als Ganzes sich seiner Jugend, seiner ewigen Jugend bewußt wird.«

Er gerät ins Schwärmen: Heute geschehe es, daß ein »Jahrtausende altes Volk« »sich gleichsam in jenen geträumten Jungbrunnen seiner Märchen taucht und erneut, frisch und ursprünglich, in strahlender Jugendlichkeit, wieder heraufsteigt«.[84] Dieser nicht eben jugendliche Jungbrunnen-Mythos des damals 46jährigen Blunck entzieht sich allen Fragen darüber, welchen Freiraum und welche Eigeninitiative das nationalsozialistische System den Jugendlichen übriglasse.

Insgesamt gewinnt man den Eindruck, daß die Jugendpolitik und Jugendmystik des Dritten Reiches nicht geradlinig an der Jugendbewegung anknüpfte, sondern Krisenerscheinungen der Jugendbewegung und generell der Jugendkultur ausnutzte. Hans Heinrich Muchow meint, daß es in der Geschichte der Jugend – zumindest der bürgerlichen Jugend in Deutschland – eine »Großepoche« gebe, die von der Sturm-und-Drang-Zeit um 1770 bis zu der Zeit unmittelbar nach dem Ersten Weltkrieg reiche und die durch emphatische Jünglingsfreundschaften, durch Bünde und durch den Willen, sich der Erwachsenenwelt möglichst lange zu entziehen, gekennzeichnet werde.[85] Der Aufstieg des Nationalsozialismus stünde am Ende dieser Epoche, während der Faschismus in der italienischen Jugendgeschichte offenbar eine eher bahnbrechende Stellung einnimmt.

In dem Deutschland der zwanziger Jahre war die Jugendbewegung bereits zu einem Renommierstück der etwas älteren Generation geworden; für sie suchten zahllose Lehrer ihre Schüler zu begeistern.[86] Es war schwierig geworden, das Jugendpathos vor Abnutzung zu bewahren. In einer Zeit, die ohnehin als aus den Fugen geraten erschien, wurde die Sehnsucht nach frei umherschweifender Jugend durch die Sehnsucht nach Reife und wetterfestem Mannestum verdrängt. Der Blut-und-Boden-Mythos entsprach ganz dieser Grundstimmung. In einer Zeit, in der als Folge von Krieg und Krise viele Väter fehlten oder in ihrer Autorität geschwächt waren, verlor die Auflehnung gegen den Vater an Reiz und wurde durch die Sehnsucht nach einem neuen Übervater verdrängt. Eberhard Koebel alias tusk, der berühmteste Führer der Bündischen Jugend, setzte ein bedeutungsvolles Zeichen, als er 1932 seinen Übertritt zur Kommunistischen Partei in einem Rundschreiben an seine Kameraden begründete:

»Diese eitle, schwätzende, überkluge bürgerliche Jugendbewegung ist greulich! (. . .) Haben wir denn einen Ekel gegen die Männlichkeit? Nein! Niemals gehabt! (. . .) Ist es nicht traurig, daß Ihr nicht zu Eurer Vätergeneration so steht wie Klein-Büffelkind Langspeer zu seiner?«[87]

Es war eine Situation, die dem nationalsozialistischen Führerkult gelegen kam. Der Jugendmythos wurde mit dem Mythos des starken Mannes verquickt. Das Groteske vieler faschistischer Skulpturen mag sich daraus erklären, daß sie eine hybride Vereinigung zweier mythischer Gestalten des Klassizismus: des Apollon und des Herkules[88], sein wollten. Aber man sollte nicht davon ausgehen, daß der Nationalsozialismus alle Chancen zur Vereinnahmung und Mobilisierung der Jugend virtuos genutzt habe, so wie es in der Literatur auf der Grundlage der Totalitarismus-Vorstellung bzw. eines dämonologischen Bildes vom Nationalismus als großem Verführer noch immer gern ausgemalt wird. Statt dessen könnte die Forschung durchaus zu dem Ergebnis kommen, daß das nationalsozialistische System aus kleinlicher Eifersucht, aus Kommandierlust und bürokratischer Stumpfheit wesentliche und naheliegende Möglichkeiten, aus dem Potential der Jugendbewegung zu schöpfen, ziemlich schlecht wahrgenommen hat.[89] Der Zusammenhang zwischen Jugendbewegung und Nationalsozialismus ist komplizierter, als es in verbreiteten Geschichtsdarstellungen zum Ausdruck kommt.[90]

Welche Aussagekraft bei alledem gelungene oder mißglückte Jugendmythen haben, ist nicht pauschal zu bestimmen. Gerade das Desinteresse an einer Mythisierung der Jugend kann Indiz für die reale Jugendlichkeit einer Bewegung sein; Jugendmythen können eine entschwindende Jugendlichkeit signalisieren. Sie können mit der wirklichen Jugend auch gar nichts zu tun haben; der Begriff Jugend kann in einem lediglich übertragenen Sinne gebraucht werden.

Tatsächlich besaßen Jugend-Phantasmagorien für die nationalsozialistische und auch die italienisch-faschistische Ideologie und Strategie eine Reihe von Funktionen, die mit dem Gesamtcharakter der Faschismen und nicht mit ihrer Beziehung zur Jugend zusammenhingen. Zentral für faschistische Weltbilder war die Vorstellung von der Dekadenz und Vergreisung der alten Welt[91]; der logische Widerpart dazu war die Kategorie Jugend. Die Fähigkeit ganzer Völker zur Verjüngung war die fundamentale Bedingung für Faschismus. Die Möglichkeit dazu ergab sich aus einem mit Wiedergeburts-Mystik überhöhten organologischen Geschichtsbild.[92]

Der Mythos Jugend half dabei mit, das gebrochene Verhältnis der Faschismen zu ihrer eigenen realen Geschichte zu verdecken. Ernst Nolte stellt die These auf, man könne den Faschismus »als diejenige Bewegung bezeichnen, die nicht den Mut zu ihrer wirklichen Vorgeschichte« habe.[93] Der bierselige Hurrapatriotismus des Wilhelminischen Bürgertums und die schwülstigen Schwärmereien völkischer Phantasten – beides von Hitler tief verabscheut – waren die wirklichen Erzeuger nationalsozialistischer Mentalität; aber der Nazismus verleugnete seine wahren Väter.

In der nationalsozialistischen Literatur ließ die zum Mythos erhobene Jugend manchmal ferne, halb legendäre Vergangenheiten aufsteigen.[94] Vor allem aber wurde die todgeweihte »Jugend von Langemarck« zum Ursprungsmythos des Nationalsozialismus erhoben[95] – einem Todesmythos von ewiger Jugend, der über die Märtyrergestalten von Leo Schlageter, Horst Wessel und Herbert Norkus mit der Gegenwart verknüpft wurde. Ein Beamter der Reichsjugendführung begeisterte sich: »Nach einem wundervollen

Wort Baldur von Schirachs ist in Deutschland nichts lebendiger als die Toten.«[96] Ein Wort, dessen Doppelsinnigkeit erschauern läßt. Es ist um so bemerkenswerter, daß – wie der Beitrag von Uwe-Karsten Ketelsen zeigt – der Langemarck-Mythos am Ende doch seinen studentisch-akademischen Beigeschmack bewahrte. Selbst diesen Jugendmythos vermochte sich der Nationalsozialismus nicht mit vollem Erfolg einzuverleiben.

Die Aura der Jugend war geeignet, die für das antibürgerliche Selbstbewußtsein des Nationalsozialismus eigentlich anstößige Beziehung der nationalsozialistischen Bewegung zur bürgerlichen Gesellschaft und den herrschenden Schichten des traditionellen Deutschlands zu verschleiern. Die Kategorie Jugend war wie geschaffen, die sozialen Antagonismen innerhalb der nationalsozialistischen Anhängerschaft zu verdecken und für irrelevant zu erklären.[97] Von der Überbrückung der Klassendifferenzen durch jugendliche Kameradschaft handelt der *Hitlerjunge Quex*, allerdings auch Erich Kästners *Pünktchen und Anton*.[98]

In Deutschland wie in Italien wurde der Jugendmythos dazu gebraucht, um Schwächen und fatale Aspekte der Faschismen zu beschönigen. In dem von Gentile verfaßten *Manifest der faschistischen Intellektuellen* läßt sich erkennen, wie der Jugendkult dazu dient, die Gewalttätigkeit der Squadristen, deren widerwärtige Exzesse selbst von Faschisten zugegeben wurden, zu einem Ausdruck von edlem Enthusiasmus zu machen.[99] Mit Jugendlichkeit ließ es sich begründen, daß die Faschismen kein klares Programm hatten, sondern ihre Ziele und ihre Physiognomie leichthin änderten. Durch jugendlichen Gestus und Aktionsstil schienen die Faschismen trotz all ihrer Verschwommenheiten eine unverwechselbare Identität zu besitzen.

Jugendmythen besaßen jedoch für die Faschismen auch ihre Tükken, und es mag von daher rühren, daß der Nationalsozialismus – der im Vergleich zur italienischen Bewegung in seiner Machtergreifungsphase viel weniger spontan, viel stärker kalkuliert war – mit dem Jugendkult im allgemeinen längst nicht so unbefangen umging wie der italienische Faschismus. Schon der Umstand, daß die Distanz zwischen der mythisierten Jugend der Frontkämpfer und der jeweils gegenwärtigen Jugend in dem Deutschland von 1933 viel größer war als in dem Italien von 1922 – obwohl auch dort bald eine Kluft aufbrach[100] –, hemmte eine allzu unbekümmerte Apotheose der Jugend. Das Dilemma aller Jugendmythen, daß sie gegenüber der neu nachwachsenden Jugend leicht zur Lächerlichkeit werden[101], war in einem mit Jugendmythen vielerfahrenem Land wie Deutschland leichter zu erkennen als in dem damaligen Italien. In einem Sammelband *Deutsche Jugend* von 1934 wird auf die »schleichende Krisis« hingewiesen, die als Folge der wachsenden Kluft zwischen Älteren und Jüngeren die »spätere Geschichte der deutschen Jugendbewegung« durchziehe.[102]

Jugendmythen konnten vage und phrasenhaft sein, aber bestimmten praktischen Konsequenzen konnten die Prediger des Jugendkults sich doch schwer entziehen: der Konsequenz, der Jugend einen weiten Freiraum zuzugestehen, die Abschottung jugendlicher Kameraderien gegen die Erwachsenenwelt zu ermutigen und die prinzipielle Offenheit für Neues, die Bereitschaft zum ewigen Wandel zu proklamieren. Es gibt ein emanzipatorisches Potential des Jugendmythos, das nur schwer gänzlich zu eliminieren ist. Unter dem nationalsozialistischen Regime gedieh die Beschwörung der Jugend vor allem in der ersten Zeit, als noch Ideen von Revolution und permanenter Erneuerung verbreitet waren.[103] Aber das zur Idealjugend gehörende Fernweh kollidierte mit der völkischen Introvertiertheit des Nationalsozialismus. Der Reiz des Exotischen wurde schließlich zum Kernstück jugendlicher Gegenidentitäten gegen die verordnete nationalsozialistische Kultur; neben den heißen Rhythmen der afroamerikanischen Musik verblaßte am Ende das völkische Pathos.[104]

Zur gleichen Zeit wurden die Nationalsozialisten jenem Spießertum immer ähnlicher, dem sie einst ihre ganze Abscheu erklärt hatten. Nur ein Einspruch des Finanzministers verhinderte, daß Baldur von Schirach einen Großteil der HJ-Führung verbeamten ließ.[105] Albert Speer berichtet in seinen Erinnerungen, es habe sich als schwierig herausgestellt, mit den nationalsozialistischen Amtswaltern noch den traditionellen Aufmarsch auf dem Zeppelinfeld zu inszenieren, »weil sie ihre kleinen Pfründen in ansehnliche Bäuche umgesetzt hatten; exakt ausgerichtete Reihen konnten ihnen nicht abverlangt werden«. (Er behalf sich damit, daß er die Scheinwerfer auf die Fahnen richten und die Amtswalter darunter im Dunkel marschieren ließ.)[106] Nur vorübergehend konnten sich die Faschismen einbilden, ihre Identität aus ihrer Jugendlichkeit beziehen zu können. Der Antisemitismus blieb am Ende das einzige Element nationalsozialistischer Politik, das noch an die Radikalität der Anfangszeit erinnerte, und die mörderische Konsequenz des Antisemitismus mag sich nicht zuletzt daraus erklären. Selbst Mussolinis Wendung zum Antisemitismus hat nach De Felice vergleichbare Hintergründe.[107] Der faschistische Jugendmythos entpuppte sich am Ende als inhaltsleer; er besaß keine transzendierende Kraft, als die Nationalsozialisten zu »alten Nazis« wurden. Der Jugendjargon wurde am Ende der NS-Zeit als so wenig belastet empfunden, daß er nach 1945 erneut einem Vokabular des Aufbruchs zugeschlagen werden konnte.

Anmerkungen

1 Michael H. Kater, *Sozialer Wandel in der NSDAP im Zuge der nationalsozialistischen Machtergreifung*, in: W. Schieder (Hg.), *Faschismus als soziale Bewegung* (Hamburg 1976), S. 27 ff. Der Zustrom der Jugend ließ jedoch nach der Machtergreifung nach: Schon um 1935 war der Anteil der 18- bis 20jährigen in der NSDAP doppelt so schwach wie in der Bevölkerung! (Ebd., S. 52 f.) Zum internationalen Faschismus: Codreanu gründete die Eiserne Garde (Rumänien) im Alter von 32 Jahren; er gab selber an, seine »Kameraden« der ersten Zeit seien »zum großen Teil Schüler oder Studenten im ersten oder zweiten Semester« gewesen (C. N. Codreanu, *Eiserne Garde* [Berlin 1939], S. 268 f.). Der erste Führer der spanischen Falange, José Antonio Primo de Rivera, wurde im Alter von 33 Jahren hingerichtet. Auch seinen Stil kann man als betont jugendlich empfinden; vgl. B. Nellesen, *J. A. Primo de Rivera – der Troubadour der spanischen Falange* (Stuttgart 1965).

2 Wolfgang Wippermann, *Europäischer Faschismus im Vergleich 1922–1982* (Frankfurt/M. 1983), S. 204. Die einstigen Diskussionen der Neuen Linken über etwaige Industrie-»Fraktionen«, die das Verhalten der Industrie gegenüber der NSDAP bestimmten, haben das stark generationsspezifische Moment, das die Einstellung zur NSDAP in der Industrie wie im übrigen Bürgertum bestimmte, nur wenig beachtet; vgl. F. Glum, *Zwischen Wissenschaft, Wirtschaft und Politik* (Bonn 1964), S. 409.

3 Babette Gross, *Willi Münzenberg. Eine politische Biographie* (Stuttgart 1967), S. 115 ff.

4 Ebd., S. 241. Thomas Manns spätere Polemik gegen das NS-Regime zeigt bisweilen durch ihre Wortwahl, daß er eine bösartige Jugendlichkeit als Merkmal des Nazismus empfand; vgl. Joachim Radkau, *Die deutsche Emigration in den USA* (Düsseldorf 1971), S. 246. Ur-

sprünglich hatte ihn, wie seine Tagebücher bezeugen, die Jugendlichkeit des Nazismus nicht unberührt gelassen.

5 Palmiro Togliatti, *Lektionen über den Faschismus* (Frankfurt/M. 1973), S. 141, urspr. Vorlesungen, die T. um 1934 in der Moskauer Lenin-Schule hielt; ähnlich Daniel Guérin, *Fascisme et grand capital* (Paris 1936, Neudruck 1975), S. 272 f.

6 Hans Maurer, *Jugend und Buch im neuen Reich* (Leipzig 1934), S. 23.

7 Die deutsche Nachdichtung, zit. nach: Louise Diel, *Das faschistische Italien und die Aufgaben der Frau im neuen Staat* (Berlin 1934), S. 17.

8 Maria-Antonietta Macciocchi, *Jungfrauen, Mütter und ein Führer. Frauen im Faschismus* (Berlin 1976), S. 28 f. Vgl. auch Guérin, *Fascisme*, S. 273: Der faschistische Industrieführer Volpi »parle avec une sorte de convoitise de ce ›matériel vierge qui n'a pas encore été touché par les vieilles idéologies‹«.

9 Alfred Rosenberg, *Der Mythos des 20. Jahrhunderts* (München 1938[137], urspr. 1930), S. 378 f.

10 George L. Mosse, *Ein Volk, ein Reich, ein Führer. Die völkischen Ursprünge des Nationalsozialismus* (Königstein 1979), S. 97. Diese Ablehnung war nicht aus politischer Gegnerschaft zu erklären: Fidus hatte sich schon vor 1933 zu Hitler bekannt.

11 Peter Kammerer, Ekkehart Krippendorff, *Reisebuch Italien (I)* (Berlin 1979), S. 40.

12 Robert Michels, *Italien von heute. Politik, Kultur, Wirtschaft* (Zürich 1930), S. 171.

13 Michael A. Ledeen, *Universal Fascism. The Theory and Practice of the Fascist International, 1928–1936* (New York 1972), S. 6.

14 Margherita G. Sarfatti, *Mussolini, Lebensgeschichte* (Leipzig o. J.) (1926), S. 264. Über die Rolle der Jungen innerhalb der Partei als Stütze Mussolinis in Krisensituationen vor der Machtergreifung: Angelo Tasca, *Glauben, gehorchen, kämpfen. Aufstieg des Faschismus* (Wien 1969, urspr. Paris 1938), S. 212.

15 Sarfatti, *Mussolini*, S. 273.

16 Ebd., S. 260, 268.

17 Michels, *Italien*, S. 221: »Vor der Entstehung des Faschismus waren die politischen Dissonanzen auf die eigentliche politische Bühne beschränkt. Das Heiligtum der Familie blieb vom Kampfe unberührt, eine Oase in der Wüste. ... Nun fiel dieser Zauber, wenigstens zum Teil, dahin.« (Diese Bemerkung wiegt um so mehr, als sie in einem überwiegend *pro*faschistischen Opus steht!) Benedetto Croce klagte in seiner Antwort auf das *Manifest der faschistischen Intellektuellen*: Der Faschismus habe »sogar den Studenten die alte und vertrauensvolle Brüderlichkeit der gemeinsamen Jugendideale genommen«. Das von Gentile verfaßte Manifest hatte erklärt, der Faschismus sei »zur Partei der Jungen« geworden und habe begonnen, »wie Mazzinis

Giovine Italia der Glaube aller Italiener zu werden, die die Vergangenheit verachteten, und nach dem Neuen begierig waren«. Beides in Ernst Nolte (Hg.), *Theorien über den Faschismus* (Köln 1967), S. 139, 113.

18 Neben vielen anderen hier vorgestellten Belegen vgl. auch Umberto Silva, *Kunst und Ideologie des Faschismus* (Frankfurt/M. 1975), S. 175 f. (»Ewige Krankheit Jugend«).

19 Ledeen, *Fascism*.

20 Renzo De Felice, *Der Faschismus. Ein Interview von M. A. Ledeen* (Stuttgart 1977), S. 127 (Jens Petersen).

21 Ebd., S. 62; so auch Ledeen, *Fascism*, S. XV.

22 Benito Mussolini, *Opera omnia*, Bd. XXVII, S. 268.

23 De Felice, *Faschismus*, S. 63.

24 Togliatti, *Lektionen*, S. 57.

25 Ebd., S. 55; Ignazio Silone, *Der Faschismus* (Frankfurt/M. 1978, urspr. Zürich 1934), S. 248.

26 Maria Christina Giuntella, in: Alberto Monticone (Hg.), *Cattolici e fascisti in Umbria (1922–1945)* (Bologna 1978), S. 37.

27 Ledeen, *Fascism*, S. 31.

28 Ebd., S. 60.

29 Ebd., S. 29.

30 Ebd., S. 20.

31 Ebd., S. 22.

32 Comune di Milano (Hg.), *Gli Anni Trenta* (Ausstellungskatalog, Milano 1982), passim.

33 Ebd., S. 386.

34 Erwin Leiser, *»Deutschland, erwache!« Propaganda im Film des Dritten Reiches* (Reinbek 1968), S. 32; Francis Courtade, Pierre Cadars, *Geschichte des Film im Dritten Reich* (München 1977), S. 44.

35 Detlev Peukert, *Die Edelweißpiraten. Protestbewegungen jugendlicher Arbeiter im Dritten Reich* (Köln 1980), S. 78 f.

36 Willi A. Boelcke (Hg.), *Wollt Ihr den totalen Krieg? Die geheimen Goebbels-Konferenzen 1939–1943* (München 1969), S. 368 ff.

37 De Felice, *Faschismus*, S. 100.

38 Roberto Farinacci, *Storia della rivoluzione fascista* (Cremona 1937), Bd. 1, S. 9; Bd. 2, S. 360 ff.

39 Sarfatti, *Mussolini*, S. 258 f.; Silvia, *Kunst*, S. 215.

40 Hannsjoachim W. Koch, *Geschichte der Hitlerjugend. Ihre Ursprünge und ihre Entwicklung 1922–1945* (Percha 1975), S. 158.

41 Adolf Hitler, *Mein Kampf* (München 1937[263]), S. 172.

42 Eberhard Jäckel, Axel Kuhn (Hg.), *Hitler. Sämtliche Aufzeichnungen 1905–1924* (Stuttgart 1980), S. 55.

43 Max Domarus (Hg.), *Hitler. Reden 1932 bis 1945*, Bd. I/2 (Wiesbaden 1973), S. 641.

44 Hitler, *Mein Kampf*, S. 181 f.

45 Gerade bei tatsächlich noch relativ sehr jungen Politikern kann es auch den Mythos der *überwundenen* Jugend geben! So erinnerte sich der ägyptische Staatsmann Sadat daran, wie er mit etwa 21 Jahren in den Kreis revolutionärer Offiziere um Nasser gelangte: »Gamal (Nasser) vermittelte uns das Gefühl, vor der Zeit gealtert zu sein . . .« Der junge Sadat konnte aber auch dem »Mythos Jugend« huldigen: Ein von ihm verfaßter Roman handelte »von einem jungen Herrscher, der von alten Männern umgeben ist, die ihm schlechte Ratschläge geben, und von jungen Männern, die ihm gute Ratschläge geben«. Mohamed Heikal, *Sadat. Das Ende eines Pharao* (Düsseldorf 1984), S. 28 und 40.

46 Hitler, *Mein Kampf*, S. 71.

47 Jäckel, Kuhn, *Hitler*, S. 665.

48 Ebd., S. 670f.

49 Ebd., S. 927f.

50 Ebd., S. 1079.

51 Max Hiemisch, *Der nationalsozialistische Kampf um Bielefeld* (Bielefeld 1933), S. 35: Die NSDAP sei in Bielefeld von ihren Gegnern anfangs die »Partei der dummen Jungens« genannt worden. »Diese Bezeichnung traf uns nicht einmal ganz zu Unrecht; denn in der ersten Zeit gehörten diejenigen, die mehr als 20 Lenze zählten, schon zu den älteren Parteigenossen.«

52 Jäckel, Kuhn, *Hitler*, S. 952.

53 Ebd., S. 836.

54 Koch, *Geschichte*, S. 73.

55 Eine etwas ausführlichere, aber im Grunde nichtssagende Passage zum Stichwort »Jugend« findet sich in *Mein Kampf*, S. 450.

56 In der Einleitung zu Heinrich Hoffmann, *Jugend um Hitler* (Berlin 1934).

57 Domarus, *Hitler*, S. 620 u. a.

58 Hans-Christian Brandenburg, *Die Geschichte der HJ. Wege und Irrwege einer Generation* (Köln 1968), S. 269.

59 Domarus, *Hitler*, S. 642.

60 Ebd., S. 633.

61 Hitler, *Mein Kampf*, S. 392.

62 Werner Jochmann (Hg.), *A. Hitler. Monologe im Führerhauptquartier 1941–1944. Die Aufzeichnungen Heinrich Heims* (München 1982), S. 72.

63 Hermann Rauschning, *Gespräche mit Hitler* (Zürich 1940), S. 237.

64 Ebd., S. 79.

65 Karl Dietrich Bracher, *Die deutsche Diktatur* (Köln 1972⁴), S. 314 Fn. Vgl. auch Boelcke, *Krieg*, S. 48.

66 Brandenburg, *Geschichte*, S. 75.

67 Heinz Boberach (Hg.), *Meldungen aus dem Reich (SD-Berichte)* (München 1968), S. 72 Fn.

68 Rosenberg, *Mythos*, S. 361.

69 In: Nolte, *Theorien*, S. 315 ff.

70 Koch, *Geschichte*, S. 107 f.

71 Karl Ferdinand Werner, *Das NS-Geschichtsbild und die deutsche Geschichtswissenschaft* (Stuttgart 1967), S. 46.

72 Otto Dietrich, *Mit Hitler an die Macht* (München 1941[30]), S. 135.

73 Werner Beumelburg, *Das jugendliche Reich* (Oldenburg 1933), Eugen Friedrich Bartelmäs (Hg.), *Das junge Reich. Vom Leben und Wollen der neuen deutschen Jugend* (Stuttgart 1934).

74 Beumelburg, *Reich*, S. 22.

75 Norbert Hopster, Ulrich Nassen: *»Jugend und Buch im neuen Reich.« Die nationalsozialistische Literaturpädagogik im »Kampf« um das »gute Jugendschrifttum«*, in: *Diskussion Deutsch* (Oktober 1983), S. 551 ff.

76 Koch, *Geschichte*, S. 227.

77 Maurer, *Jugend*, S. 10, 17: »Wir verzichten auf die unzähligen Geschichten von heldenhaften Hitlerjungen und -mädel, die, als Musterschüler geschildert, siegreiche Kämpfe gegen kommunistische Verbrecher bestehen.«

78 Courtade, Cadars, *Film*, S. 145.

79 Brandenburg, *Geschichte*, S. 75 f.; Walter Z. Laqueur, *Die deutsche Jugendbewegung. Eine historische Studie* (Köln 1962), S. 209 ff.; Otto Ernst Schüddekopf, *Linke Leute von rechts. Nationalbolschewismus in Deutschland von 1918 bis 1933* (Stuttgart 1960), S. 239.

80 Brandenburg, *Geschichte*, S. 371 f.; Laqueur, *Jugendbewegung*, S. 211.

81 Karl O. Paetel, *Das Bild vom Menschen in der deutschen Jugendführung* (Bad Godesberg 1954), S. 41; Arno Klönne, *Hitlerjugend* (Hannover 1955) S. 85 f.

82 In: Will Vesper (Hg.), *Deutsche Jugend. Dreißig Jahre Geschichte einer Bewegung* (Berlin 1934), S. 2 f.; vgl. auch S. 3: »Der Staat von heute wuchs aus der Jugendbewegung und aus dem prachtvollen männlichen Zusammenhalt der Kampfbünde. Man brauchte keine Vorbilder aus der Politik des Südens oder Ostens.« (Zugleich also ein Seitenhieb auf eine Nachahmung des italienischen Faschismus!)

83 Darauf verweist Laqueur, *Jugendbewegung*, S. 211.

84 In: Vesper, *Jugend*, S. X.

85 Hans Heinrich Muchow, *Jugend und Zeitgeist. Morphologie der Kulturpubertät* (Reinbek 1962), S. 148 ff.

86 Darauf verweist ein Aufsatz von Helmuth Kittel in der *Deutschen Freischar* (1929, H. 5); er erkennt in dieser Situation eine »große Ge-

fahr«. (Zit. bei Harry Pross, *Die Zerstörung der deutschen Politik, 1871–1933* [Frankfurt/M. 1959], S. 172 f.)

87 Brandenburg, *Geschichte*, S. 262; Laqueur, *Jugendbewegung*, S. 192; vgl. auch einen von Pross, *Zerstörung*, S. 169 zitierten Artikel der *Deutschen Freischar* von 1928: »Aber was wir wollen, ist nicht mehr das Recht der Jugend, sondern das Recht der Männer.«

88 Zu der Tradition des Herakles-Mythos in neuerer Zeit vgl. Reinhard Habel, in: Manfred Fuhrmann (Hg.), *Terror und Spiel. Probleme der Mythenrezeption* (München 1971), S. 265 ff. und (Diskussion) S. 653 ff. Herakles, der Inbegriff der Arbeitskraft des reifen Mannes, wird dort seit dem 18. Jahrhundert als bürgerlicher Mythos erwähnt.

89 Vgl. Kater, *Wandel*, S. 52 f. über das rückläufige Interesse der Jugend an der NSDAP; Arno Klönne, *Jugendopposition gegen HJ und NS-Staat*, in: Johannes Beck u. a. (Hg.), *Terror und Hoffnung in Deutschland 1933–1945* (Reinbek 1980), S. 435 ff.

90 George L. Mosse, *Volk*, hat in seinem im Ausland vielfach stark beachteten, in der Bundesrepublik jedoch als weniger neuartig empfundenen Buch *The Crisis oft the German Ideology* wieder die enge Verbindung zwischen Jugendbewegung und Nationalsozialismus betont, neigt dabei aber allzu stark zu einer dämonologisch akzentuierten Vorstellung vom »deutschen Sonderweg«.

91 Wilhelm Alff, *Die Angst vor der Dekadenz. Zur Kunstpolitik des deutschen Faschismus*, in: Alff, *Der Begriff Faschismus* (Frankfurt/M. 1971), S. 124 ff.; Ernst Nolte, *Der Faschismus in seiner Epoche* (München 1963), S. 486 ff.

92 Vgl. den Anfang der fünfbändigen Deutschen Geschichte im Neunzehnten Jahrhundert von Heinrich v. Treitschke, dem berühmtesten deutschnationalistischen Historiker: »Die deutsche Nation ist trotz ihrer alten Geschichte das jüngste unter den großen Völkern Westeuropas. Zweimal ward ihr ein Zeitalter der Jugend beschieden . . .«

93 Nolte, *Faschismus*, S. 308.

94 Beumelburg, *Reich*, S. 57; Vesper, *Jugend*, S. X.

95 Maurer, *Jugend*, S. 12; Walter Gehl (Hg.), *Der nationalsozialistische Staat. Grundlagen und Gestaltung* (Breslau 1934), S. 168 (die ganze deutsche Jugend solle zu Norkus hingeführt werden!).

96 Koch, *Geschichte*, S. 342.

97 Vgl. etwa Baldur v. Schirach, *Revolution der Erziehung* (München 1938), S. 45.

98 Das wurde an Kästners Buch von der kommunistischen Kritik moniert: Dieter Richter (Hg.), *Das politische Kinderbuch* (Darmstadt 1973), S. 271 f.

99 In: Nolte, *Theorien*, S. 113 f.

100 Federico Chabod, *Die Entstehung des neuen Italien* (Reinbek 1965), S. 36.

101 Das gilt auch für jene Bilder von der Jugend, die mit wissenschaftlichem Anspruch entworfen werden: Die Jugendsoziologie sah sich in den sechziger Jahren von der internationalen Studentenrevolte vollkommen überrascht! Vgl. Klaus R. Allerbeck, Leopold Rosenmayr, *Aufstand der Jugend? Neue Aspekte der Jugendsoziologie* (München 1971). Danach kam sogleich das Thema »Jugend als Faktor sozialen Wandels« o. ä. in Mode; aber auch hier drängt sich mittlerweile der Verdacht der Mythenbildung auf.

102 Vesper, *Jugend*, S. 57.

103 Vgl. Anm. 76; besonders deutlich bei Gottfried Neeße, *Brevier eines jungen Nationalsozialisten* (Oldenburg 1933).

104 Über die »Swing-Gruppen«: Detlev Peukert, *Volksgenossen und Gemeinschaftsfremde* (Köln 1982); Arno Klönne, *Jugend im Dritten Reich* (Düsseldorf 1982), S. 30.

105 Martin Broszat, *Der Staat Hitlers* (München 1969), S. 336.

106 Albert Speer, *Erinnerungen* (Frankfurt/M. 1969), S. 71.

107 Ledeen, *Fascism*, S. 167.

Joachim Schmitt-Sasse

»Der Führer ist immer der Jüngste«
Nazi-Reden an die deutsche Jugend

Am Anfang der Auseinandersetzung mit den Reden an die deutsche Jugend stand das Interesse, das Bild der Jugend aus den Texten derer zu erschließen, die, selbst nicht mehr jung, sich an die Jugend wenden: Mit wem sprechen sie, worüber sprechen sie, wenn sie ihre Reden halten? Die Sichtung der gedruckt vorliegenden Redetexte führte zu einer Eingrenzung des Gegenstandsbereichs und zu einer Schärfung des Interesses: Sofort fiel ein eigentümliches Spektrum auf. Weder die Jugendfunktionäre der KPD noch die der SPD hielten bis 1945 Reden an *die Jugend*, wo immer sie sprachen, wandten sie sich an die *proletarische* Jugend.[1] Für beide Arbeiterparteien schien der Klassengegensatz damit eindeutig Vorrang zu besitzen vor einer Jugendpolitik, die diesen Gegensatz überwände. Nach 1933, im Exil, schätzen beide Parteien die Erfolge ihrer Jugendpolitik gering; es sei nicht gelungen, die jungen Menschen zu gewinnen, im Gegenteil, diese seien massenhaft den Organisationen der NSDAP zugelaufen und hätten zu deren Erfolg maßgeblich beigetragen.[2] – Unter dem Eindruck dieser Einschätzung rückte die Frage in den Mittelpunkt, ob sich eine ideologische Voraussetzung des Erfolgs der NSDAP bei der Jugend aus den nationalsozialistischen Reden an die deutsche Jugend erschließen lasse, ob das in ihnen verbreitete Bild der Jugend vielleicht eine Affinität zu einem jugendlichen Selbstbild besitze oder ob bestimmte Elemente der Reden auf besonderen Zuspruch der Jugendlichen rechnen konnten. Zu fragen war ferner, ob es einen Mythos Jugend gab, der die Jugend um die Hakenkreuzfahne zusammenschloß. Als ein Ziel der Untersuchung galt: eine Antwort zu finden auf die Fragen, warum die Jugend durch die Nazis »verführbar« war (und ist) und was an die Stelle dieser Verführung treten kann und muß, wenn dem wachsenden Einfluß neonazistischer Gruppen unter der Jugend entgegengetreten werden soll.[3]

Georg Lukács hat von der »in jeder Hinsicht niveaulosen Agitation« Hitlers und seines engsten Kreises gesprochen.[4] Sucht man –

von diesem Verdikt ausgehend – eine Antwort auf die Frage, wie der Erfolg der Nazis möglich war, so muß man schließen, die Massen der Hitleranhänger seien nur der eigenen Niveaulosigkeit wegen dieser Agitation aufgesessen. Schon Ernst Bloch hat in *Erbschaft dieser Zeit* diesem Urteil zwar nicht widersprochen, wohl aber seinen erkenntnisstiftenden und politischen Wert bestritten. Der folgende Beitrag ist ein Versuch, die Nazi-Agitation auch dort ernst zu nehmen, wo sie der Komik nicht entbehrt.

Die Einheit der Jugend

Aller nationalsozialistischen Jugendarbeit (vgl. den Beitrag von J. Radkau in diesem Band) ist als Motto im buchstäblichen Sinne ein Ausspruch Adolf Hitlers vorangesetzt: »Jugend muß von Jugend geführt werden.«[5] In dieser Forderung wird dem Autonomieanspruch scheinbar Genüge geleistet, dem die Jugendbewegung 1913 in der Meißner-Formel Ausdruck verlieh. Nach eigener Bestimmung, vor eigener Verantwortung, in innerer Wahrhaftigkeit – so wollte die Jugend ihr Leben selbst gestalten. In der Nazi-Ideologie wird dieser Anspruch aufgegriffen, doch erscheint er in besonderer Weise verwandelt. Zwar wird die Eigenständigkeit bestätigt, die Nichteinmischung erwachsener Führer versprochen, doch erhält das Führerprinzip selbst dabei eine entscheidende Stelle: In der Praxis wurde dadurch das Prinzip eigener Bestimmung und eigener Verantwortung aufgelöst. Gleichzeitig deutet sich in Hitlers Ausspruch eine bedeutsame Tendenz an: Die scheinbar zugestandene Eigenverantwortung, die den Autonomieanspruch der Jugend gegenüber der Erwachsenenwelt aufgreift und zu bestätigen vorgibt, wird verstanden als Ausdruck der »Einheit« der Jugend.

Im Mittelpunkt der Nazi-Reden an die deutsche Jugend steht fast immer die Betonung der Einheit der Jugend. Nicht nur dort wird sie angesprochen, wo es sich als Anlaß anbietet, wie etwa für Baldur von Schirach nach der Eingliederung der letzten katholischen Verbände in die Hitler-Jugend, sondern buchstäblich in jeder der mir zugänglichen Reden. Die deutsche Jugend erscheint als ein einheitlicher, geeinter Block. Existenz und Aufbau der Hitler-Jugend stehen symbolisch für diese Einheit, die in der Feier ausgedrückt und bestärkt wird.

So heißt es z. B. in einem Bericht vom Reichsparteitag 1938: »Die HJ läuft in das vordere freie Mittelfeld, vor die Tribüne, und jetzt laufen aus dem Hintergrund weitere 800 Hitlerjungen vor und von beiden Seiten in die freigebliebenen Räume. *Die Front ist geschlossen. Die Gemeinschaft steht wie aus einem Guß.* (. . .) Unwiderstehlich läuft der Rhythmus weiter, *eine Symphonie von Jugend, Musik, Kraft und Schönheit des männlichen Körpers.*«[6]

Diese »Symphonie«, diese Geschlossenheit wird als Spezifikum von Jugend angesehen. Zugleich zeigt sich, wie sehr diese Auffassung ihre Bestätigung nicht aus der Wirklichkeit bezieht, sondern sich ihr Material in der Inszenierung, der ästhetisierenden Feier, dem Ornament der Masse als Ausdruck erst schafft. Ihr Kern ist dabei das Gemeinschaftserlebnis – das die jugendbewegten Autoren übereinstimmend als die wesentliche Attraktion ihrer Bewegung nennen. Das Gemeinschaftserlebnis ist aber zunächst gebunden an die kleine Gruppe und ihre »Fahrt«; auch die »Bündigung« der zwanziger Jahre, die Tendenz also zur Schaffung großer Dachorganisationen, kann nicht darüber hinwegtäuschen, daß nach wie vor Kleingruppen das Bild der Bünde dominieren. Das gemeinsame Singen am Lagerfeuer, das Teilen karger Kost und körperlicher Strapazen machen das Erlebnis der Fahrt aus, in ihm fühlen sich die jungen Leute verbunden. Was in der Gruppe real möglich ist, wird nun aber idealisierend übersteigert: Wo es eine Verbindung zwischen den Gruppenmitgliedern gibt, da muß das Erlebnis der Fahrt auch eine Gemeinschaft zwischen den Gruppen stiften können. Was die Gruppe ihren Mitgliedern vermittelt, das erscheint ihnen so, als hätten sie es – als Jugend – schon in diese mitgebracht. Das Gemeinschaftserlebnis wird zum Charakteristikum jeder Jugend übersteigert. Diese Übersteigerung finden die Nazis bereits vor; sie wenden sie in den Begriff der »Einheit der Jugend« und benutzen diese Vorstellung dann als Norm: Da der Jugend Einheit wesenseigen ist, kann ihre Zersplitterung in Gruppen und Bünde nicht hingenommen werden. Die Gleichschaltung der Gruppen erscheint so in der Hitler-Jugend-Terminologie nur als der Vollzug des von der Jugendbewegung immer schon Gemeinten. Freilich bleibt die Gruppe als Grundstruktur erhalten, doch wird sie einer Hierarchie eingefügt. Die Gemeinschaft wird zur inszenierten »Symphonie« »aus einem Guß«; auch das ist ein Erlebnis, doch unterscheidet es sich drastisch von der »Fahrt« der Wandervogelgruppe.[7] Die Masseninszenierung erscheint als Ereignis, in dem sich die »Einheit der Jugend«, der »Mythos«, materialisiert. Die Macht des Mythos wird ausgedrückt in der Perfektion und der großen Zahl der Teilnehmer an der Inszenierung. Eine eigentümliche Dialektik wechselseitiger Hervorbringung und Stärkung von Erlebnis und Mythos deutet sich an: Was in der Inszenierung beschworen wird, entstammt dem Mythos (hier: der Aspekt der Einheit der Jugend), zugleich stellt sich als Quelle des Mythos dar, was in der Inszenierung neu erzeugt wird, das übersteigerte Gemeinschaftserlebnis.

Der Aufwand jedoch, mit dem die Einheit der Jugend demonstriert wird, legt die Vermutung nahe, hier werde beschworen, was in der Wirklichkeit doch weniger Ausdruck von Jugend als Ergebnis politischer Maßnahmen war. Und tatsächlich geht mit der Berufung auf die Einheit auch die Warnung vor ihrem Verlust einher. Da die Vorstellung von der Einheit aus der Vorstellung von Jugend hergeleitet wird, muß die Ursache für die Nicht-Einigkeit anderswo gesucht werden. Baldur von Schirach macht in seinem Buch *Revolution der Erziehung* die Verfallszeit nach dem Kriege dafür verantwortlich, als die Jugend führerlos allen schlimmen Einflüssen und Strömungen ausgesetzt gewesen sei.[8] Wo der Führer fehlt, da können fremde Einflüsse die Jugend ihrer Einheit entfremden.

Aber auch schon »das Leben« selbst droht die Einheit der Jugend zu zerstören. So führt Hitler in seiner Rede an die Hitler-Jugend auf dem Reichsparteitag 1933 aus:

»Ihr seid noch jung. Ihr habt noch nicht die trennenden Einflüsse des Lebens kennengelernt. Ihr könnt euch noch so unter- und miteinander verbinden, daß euch das spätere Leben niemals zu trennen vermag. Ihr müßt in eure jungen Herzen nicht den Eigendünkel, Überheblichkeit, Klassenauffassungen, Unterschiede von reich und arm hineinlassen. Ihr müßt euch vielmehr bewahren, was ihr besitzt, das große Gefühl der Kameradschaft und Zusammengehörigkeit.«[9]

Jugend und Leben treten hier in eine Polarität; gegen die Einflüsse des Lebens wird das Beharren auf den Eigenschaften der Jugend gesetzt.

Zugleich ist festzustellen, daß die tatsächlich bestehenden Gegensätze und Auseinandersetzungen aus dem Bild von der Einheit der Jugend ausgeblendet bleiben. Die Kämpfe der Hitler-Jugend mit anderen Gruppen und innerhalb der Hitler-Jugend spiegeln sich in ihm ebensowenig wie die fortbestehenden Klassengegensätze –

sowohl der HJ-Mitglieder wie der Gesellschaft insgesamt.[10] Sie werden übertüncht, geleugnet durch die Beschwörung der Vision der einigen Jugend und des einigen Deutschland. Dieser Vision zufolge soll die deutsche Jugend im jungen Deutschland ohne jeden Klassen- und Standesdünkel aufwachsen – im Gegensatz zu den früheren Generationen. Sie wird damit, wie das ganze deutsche Volk, nur ihrer eigenen Wesensart gerecht; denn die Spaltungen waren dem Volk und der Jugend ja völlig fremd, ihnen aufgepfropft von der jüdisch-bolschewistischen Propaganda, vom »System«. In der Einheit der Jugend spiegelt sich so vor dem Nazi-Redner zugleich die durch die Bewegung geschaffene Einheit der Nation wider. Die Jugend wird zum Vorbild erhoben. Die Prinzipien der Hitler-Jugend, die »Ideen«, die in ihren Marschkolonnen »Gestalt« annahmen[11], werden als einheitstiftende Tugenden der Jugend und darüber hinaus dem ganzen Volk empfohlen.

Hier liegt ein als Rezeptionsanreiz wichtiges inhaltliches Element des Mythos Jugend vor: Jugend wird zum Wert an sich erhoben. Ein solcher Vorbildcharakter von Jugend gewinnt im Kontext der Nazi-Reden an die deutsche Jugend mythische Qualität. Wenn sie die Einheit der Jugend ansprechen, geht es um ein gesellschaftliches Verhältnis und einen gemeinschaftsbildenden Wert. Ihre Bindekraft, wie sie von den Nazis postuliert wird, macht die Jugend zum Ferment der ganzen Gesellschaft. Indem sie aber auch Maßstab der Gesellschaft wird, gewinnt sie – so muß es scheinen – ebenfalls Macht über sie; Teilhabe an der Macht wird der Jugend buchstäblich eingeredet.[12] Die Nazi-Reden apostrophieren die Jugend als neuen Urgrund kommender Größe; in ihr materialisieren sich die vom Nationalsozialismus geforderten Eigenschaften, die in der Hitler-Jugend bereits verwirklicht sind.

Die Prinzipien der Hitler-Jugend benennt Baldur von Schirach in *Revolution der Erziehung*: nach außen friedliebend, nach innen sozialistisch.[13] Doch kontrastiert diese Bestimmung den beiden wichtigsten Eigenschaften, die die Nazi-Redner der Jugend auftragen: Treue und Tapferkeit.[14] Im Gegensatz zu der umständlichen Formulierung von Erziehungszielen, in den Reichspflegeerlassen etwa, wo von Gemeinsinn, Gottesfurcht, Heimat- und Vaterlandsliebe die Rede ist, ist in der alliterierenden Forderung Hitlers »Ihr müßt treu sein, ihr müßt tapfer sein!«[15] schon alles enthalten, ohne daß das Erziehungsziel als ein von außen gesetztes deutlich würde. Treue und Tapferkeit erscheinen als jugendgemäße

Qualitäten, ohne daß ihre Funktion für den nationalsozialistischen Staat zur Sprache käme. Beide Begriffe markieren dabei immer einen Außenbezug der Einheit, im Gegensatz etwa zu einem Wert wie »Solidarität«. »Treue« bezieht sich auf ein Ideal *über* der Gemeinschaft. In der Tat präzisiert Baldur von Schirach, es gehe um die Treue zu Führer, Volk und Fahne[16]; und an anderer Stelle erklärt er die Treue zu Adolf Hitler zum »Tor zu unserer Unsterblichkeit«.[17] Erinnert sei außerdem an den Wahlspruch der SS: »Unsere Ehre heißt Treue!« In diesem Zusammenhang von Ehre und Treue wird deutlich, daß das einheitstiftende Moment in der Unterwerfung unter den Befehl des Führers besteht. Die Ehre der SS, also das Bewußtsein der Zugehörigkeit zu einem Orden, macht sich am treuen Dienst fest; wer die Treue bricht, die Unterwerfung aufkündigt, der verliert die Ehre, wird aus der Gemeinschaft ausgestoßen. Ein solches Verhältnis von Treue, das durchaus auch auf die Hitler-Jugend Anwendung findet, ist natürlich alles andere als sozialistisch. Der zweite Begriff, die »Tapferkeit«, erhält ihren Sinn im Kontext eines Ideals des Bestehens *gegen* einen Gegner. Ihn zur Leittugend zu machen, rückt die beschworene Friedensliebe ins Zwielicht.

Die Einheit und Gemeinschaft der Hitler-Jugend ist so von außen geschmiedet, die Kameradschaft in der militärisch gegliederten Hierarchie erscheint funktional im Hinblick auf die Ideale des treuen Dienens und des tapferen Kämpfens. Gerade dadurch wird sie zum Garanten der Zukunft eines geeinten Deutschland. Die Einigung Deutschlands war ein Hauptkampfziel der NSDAP gewesen, das unmittelbar aus einer Erfahrung von Zerissenheit erwuchs.[18] Die Zerrissenheit der äußeren, politischen Welt bringt Hitler in Zusammenhang mit innerer Leere, beides sei für seine eigene Jugend kennzeichnend gewesen. Lebensgeschichtlich wie konzeptionell war es nur konsequent, wenn Hitler seine enge Beziehung zu »seiner«, der Hitler-Jugend, besonders pflegte und feiern ließ. Dazu zählt sowohl das Image vom »jungen Politiker«, das die NSDAP in den Wahlkämpfen vor 1933 aufbaute und später noch nutzte, als auch die immer wieder inszenierten und von Leibfotograf Hoffmann getreulich festgehaltenen Begegnungen Hitlers mit Kindern und Jugendlichen bis hin zu jenem letzten Aufgebot am Führerbunker, schließlich die im Namen ausgedrückte Beziehung Hitlers zur Hitler-Jugend insgesamt. Daß dies Verhältnis nicht lediglich taktisch begründet war, sondern auch auf lebensge-

»Hitler spricht! Gespannteste Aufmerksamkeit, Glaube, Treue –
im Antlitz seiner Kämpfer spiegelt sich das Erlebnis seiner Rede«

schichtliche Hintergründe bezogen werden muß, das wird bei einem Blick auf die Protokollbücher der Reichsparteitage deutlich.
An die Anfangskapitel aus *Mein Kampf* erinnert die folgende Passage aus der Rede an die Jugend auf dem Reichsparteitag von 1936:

»Wenn ich an die Jugend meiner eigenen Zeit und an die Zeit meiner eigenen Jugend zurückdenke, dann kommt diese mir wahrhaft leer vor gegenüber dem, was die heutige Zeit und in ihr auch die heutige Jugend erfüllt,
was die heutige Zeit an Aufgaben stellt und was für Aufgaben auch der heutigen Jugend gestellt werden. Es ist wirklich wunderbar, in einem solchen
Zeitalter zu leben und (. . .) ihr habt dieses große Glück!«[19]

Wenn Hitler also zu »seiner« Jugend spricht, so in doppelter Hinsicht: in seine Lebensgeschichte hinein und zur Hitler-Jugend heraus. In beidem enthüllt sich die kompensatorische Funktion der
Rede für den Redner. Er formt sich eine Jugend, die Hitler-Jugend, in deren Gestalt er die eigene, als bedrückend erlebte, kompensiert. Es ist auffällig, daß Hitlers Auftreten und Verhalten bei
den »Tagen der Jugend«, die zum festen Bestandteil der Parteitage
geworden waren, völlig anders beschrieben werden, als das bei
sonstigen Anlässen der Fall ist. Anläßlich der Begegnung mit der
Jugend legen die Protokollanten großen Wert darauf, die Gefühls-

lage Hitlers in den Bericht mit einzubeziehen. Dabei stehen zwei Affektregungen eindeutig im Vordergrund: der Ausdruck des Glücks und das Lachen.[20] Beide erscheinen im Zusammenhang mit dem »Ins-Auge-Sehen«, das für die Nazi-Redner und -Führer bekanntlich generell eine bedeutende Rolle spielt.[21] Ein Beispiel mag hier stellvertretend für viele angeführt werden: »(...) die Köpfe der Jungen folgen seinem Blick. Er sieht allen ins Auge, sie werden den Eid halten! Das ist die Sprache ihrer Augen. (...) Der Jubel nimmt kein Ende. Der Führer sieht sie an und lacht vor Glück.«[22] Dem Redner steht die Sprache zur Verfügung – im Gegensatz zu den Angeredeten. Diese quittieren die Rede, beziehen sie auf sich im Jubel und in den Heilrufen. Dialog ist hier nicht vorgesehen. Eine konkrete, persönliche Antwort wird mit der Sprache der Augen gegeben; auch sie aber kann nichts anderes sein als Zustimmung zu einer Erwartung, die an die Jugendlichen vom Redner herangetragen wird. Die frenetische Bestätigung der Rede macht das Glück und das Lachen des Redners aus. Seine Jugend, die Hitler-Jugend, erscheint vor ihm als »Deutschlands Zukunft«.

Die Toten, die Geschichte, die Zukunft

Die deutsche Jugend, zu der die Nazi-Redner sprechen, ist angetreten zu einer Feier. Dazu zählen etwa Weihestunden (Fahnen, Standarten, Jugendherbergen) oder traditionelle Feste, die schon früher in der Jugendbewegung verankert waren, wie die Sonnwendfeier. Meist aber trifft man sich an Gräbern. Betrieben die Nazis generell einen ungeheuren Totenkult – jeder Reichsparteitag wurde etwa eröffnet mit der Verlesung der Namen aller »Gefallenen der Bewegung« –, so machte die Hitler-Jugend keine Ausnahme. Das Gedenken an die Toten von Langemarck, aber auch an die »Gefallenen« der Hitler-Jugend (etwa Herbert Norkus) bot Anlaß, sich zu versammeln (vgl. den Beitrag von U.-K. Ketelsen in diesem Band).

Anläßlich einer »Langemarck«-Feier spricht Baldur von Schirach die Funktion des Totenkults für die Jugend an. Das ausführliche Zitat enthält in nuce die wichtigsten Momente des Zusammenhangs von Jugend und Geschichte:

»Jahr für Jahr soll die deutsche Jugend an diesem Tag zu einer Feier zusammentreten und soll ihr Herz erheben im Bekenntnis zur Treue und zum

Opfer, im Bekenntnis zum Geist von Langemarck. Und dieser Tag soll kein Tag der Trauer sein, sondern die sich immer wiederholende Begegnung der lebenden Jugend mit den Geistern der Gefallenen. Hier wird ein Fest des Wiedersehens gefeiert, und das Zeichen der Feier ist nicht der schwarze Flor der Trauer, der Schmerz bedeutet, sondern die leuchtende Fahne, in der die jungen Soldaten von Langemarck wiederauferstanden sind und einer neuen Zeit voranstürmen, die ihres Glaubens und ihres Geistes ist. Jahr für Jahr wird hier im Hinschauen auf die tapferste Jugend, die sich opferte für Volk und Reich, das Bündnis erneuert zwischen der Generation des Krieges und der jüngsten Jugend, die die Zukunft trägt.« Und zu den Frontkämpfern gewendet, fährt Baldur von Schirach fort: »Eure Kameradschaft (. . .) hat mit diesen Kameraden und mit Euch und uns eine Auferstehung gefeiert, wie sie herrlicher nicht gedacht werden könnte. Und wenn das Jungvolk seine Trommel rührt, dann wissen wir, es stünde nicht da, wenn ihr nicht einst die Trommel gerührt hättet. Jeder Schlag ist Dankbarkeit für Euch, denn ihr habt uns durch Euch selbst das Erlebnis des Heldischen geschenkt. Das ist die wahre Tradition dieser Jugend, eine Tradition, die nicht verstaubt und lebensfremd ist, sondern blutvoll und lebendig wie die Jugend selbst. So stehen wir zusammen, ein Volk, das keine Generationsprobleme mehr kennt, Väter und Söhne haben ein Ideal, das sie zusammenführt, in dem sie verschworen sind.«[23]

Die Vorstellungen, die hier zum Ausdruck kommen, führen zum Kern des Mythos Jugend und stellen Anknüpfungspunkte zu anderen nationalsozialistischen Mythen her. So wie der Mythos Jugend Stückwerk ist[24], zusammengesetzt aus verschiedenen Vorstellungen, verschiedenen Formen der Organisation von Massen in der Feier, so ist er selbst auch nur ein Stück in dem umfassenden mythischen Kosmos der nationalsozialistischen Weltanschauung. »Jugend« fungiert ebenso als mythische Instanz wie »Reich«[25], »Rasse«, »Weltverschwörung«, »deutsches Volk«. Sie haben die Abkehr von aufklärerischen Positionen gemeinsam. Für die Aufklärung bedeutet Erziehung ein Hinleiten des Individuums zum Mündigwerden; in der Geschichte manifestiert sich für sie der Fortschritt der Gattung; die Lebensaltermetaphorik verbindet beide Bereiche. Erziehung und Geschichte erscheinen als Prozesse kontinuierlicher und unaufhaltsamer Höherentwicklung: Geschichte wird als Erziehungsprozeß, Erziehung als Voraussetzung und Triebkraft des Fortschritts verstanden.

Die antiaufklärerischen Positionen des 20. Jahrhunderts stehen diesem Denken entgegen; nicht Entwicklungsprozesse sehen sie, sondern Aufeinanderfolge starrer, abgegrenzter Einheiten. In den

Nazi-Reden wird der Prozeßcharakter von Erziehung und Geschichte und deren Zusammenhang in mehrfacher Hinsicht durchbrochen. So wird zum einen der pädagogische Prozeß aufgehoben. Wie Baldur von Schirach forderte, ging es der Hitler-Jugend – im Gegensatz zur Schule – nicht um Belehrung. Sie wollte Erleben vermitteln und durch Erleben erziehen. In dieser Gegenüberstellung wird deutlich, daß in der Hitler-Jugend-Ideologie vom Anspruch her der Erzieher aus dem Erziehungsprozeß ausgeschaltet zu sein scheint und so der Autonomieforderung der Jugendbewegung vordergründig Genüge getan wird. Hier sind keine Erwachsenen, die auf ein Ziel hin orientieren, sondern Jugend stärkt sich am Erlebnis: Aufmarsch, Fahrt, Zeltlager, paramilitärische Spiele, Gesang. Die naheliegende Kritik, daß diesem Anspruch die strikte Durchsetzung des Führerprinzips widerspreche, wird von Baldur von Schirach damit abgetan, daß alle HJ-Führer stets selber können müssen, was sie von ihren Gruppen fordern, daß die Führer in das Erleben integriert zu sein haben. Hier deutet sich eine Erweiterung des Begriffs der Jugend zu dem der Jugendlichkeit an, in dem sich die Funktionäre aufgehoben finden. So wie das Erlebnis der Jugendgruppe scheinbar keine Erziehung als gerichteten Prozeß enthält, so tritt die Stillstellung des pädagogischen Prozesses in der Ideologie auf, wenn Erziehung als Wiederholung immer gleicher Mechanismen auf verschiedenen Altersstufen erscheint:

»Diese Jugend, die lernt ja nichts anderes als deutsch denken, deutsch handeln, und wenn nun diese Knaben, diese Mädchen mit ihren zehn Jahren in unsere Organisation hineinkommen (. . .) dann kommen sie vier Jahre später vom Jungvolk in die Hitler-Jugend, und dort behalten wir sie wieder vier Jahre, und dann geben wir sie erst recht nicht wieder zurück in die Hände unserer alten Klassen- und Standeserzeuger, sondern dann nehmen wir sie sofort in die Partei oder in die Arbeitsfront, in die SA oder in die SS, in das NSKK und so weiter. Und wenn sie dort zwei Jahre (. . .) sind und noch nicht ganze Nationalsozialisten geworden sein sollten, dann kommen sie in den Arbeitsdienst und werden dort wieder sechs und sieben Monate geschliffen, alle mit einem Symbol: dem deutschen Spaten. (. . .) und wenn sie dann nach zwei (. . .) Jahren zurückkehren, dann nehmen wir sie, damit sie auf keinen Fall rückfällig werden, sofort wieder in die SA, SS und so weiter, und sie werden nicht mehr frei ihr ganzes Leben, und sie sind glücklich dabei.«[26]

Organisation und Schliff sind die lebenslänglich verhängten Erziehungsmaßnahmen, die immer wieder auf jeder Stufe nur das eine

Ziel anstreben, ein »deutsches« Denken und Handeln hervorzurufen, das die gesellschaftlichen Widersprüche negiert, verleugnet. Weder gesellschaftlicher noch historischer oder lebensgeschichtlicher Wandel hat hier Platz. In Baldur von Schirachs »Langemarck«-Rede drückt sich das so aus: In der »sich immer wiederholenden Begegnung« der Jugend mit den Geistern ist auch eine immer gleiche Jugend impliziert, losgelöst aus dem lebensgeschichtlichen Wandel wie aus ihren sozialen Entstehungsbedingungen. Im Nazi-Mythos erstarrt das Leben.

Jugend trägt als Jugend die Zukunft in sich. Dies beruht natürlich auf Lebenserfahrung. Die Generationenfolge ist hier präsent, die Jugendlichen werden, herangewachsen, verantwortliche Funktionen übernehmen. Doch greift der Nazi-Mythos auf Lebenserfahrung nur zurück, um sie aufzuheben und zu übersteigern. Die genaue Lektüre zeigt, daß aus dem Nazi-Jugendmythos ein entscheidendes Moment der Erfahrung ausgeklammert bleibt: das Heranwachsen. Gerade darin, daß der Begriff der Zukunft sich an eine Jugend in ihrer Jugendhaftigkeit bindet, liegt die mythisierende Wendung. Denn das Jetzt der Jugend enthält Zukunft als Fülle von Möglichkeiten; aus ihm Zukunft als Fortdauer des Jetzt erschließen zu wollen, hebt die Jugend aus der Zeit heraus.

Es überrascht daher nicht, daß in der Gegenüberstellung der beiden Standbilder »Jugend« und »Gefallene« die Generationenfolge als Wachstumsprozeß stillgestellt ist. Wenn Baldur von Schirach ausruft, man kenne nun keine Generationsprobleme mehr, da Väter und Söhne im Ideal des Nationalsozialismus vereint seien, dann ist das wohl eher Beschwörung als Feststellung. Die fortbestehenden Familienkonflikte werden durch den Mythos überbrückt und in seinem Namen geleugnet. Wie soll denn auch zwischen Vätern und Söhnen ein Gegensatz entstehen, wenn jede Reibung dadurch ausgeschaltet wird, daß schon im Begriff die Generationen als voneinander strikt abgegrenzte Entitäten verstanden werden: »Generationen werden kommen, kämpfen und niedersinken, aber immer soll sie die gleiche Idee, der wir dienen, miteinander verbinden.«[27] Im militärischen Bild erscheinen die Generationen wie Truppenteile. So, wie sie kommen, kämpfen, niedersinken, verändern sie sich nicht, bleiben immer gleich alt. Zwar gibt es ältere und jüngere Generationen, wie auch eine »jüngste Jugend, die die Zukunft trägt«, aber zwischen ihnen keine Beziehung; die Begriffe sind starre Hül-

sen, hinter denen das Leben verschwindet: Es gibt immer eine ältere Generation, die vorausgeht, als sei sie nie jung gewesen, und
eine jüngere, die folgt, die die Zukunft trägt, als könne sie nie
altern.

So wie hier der lebensgeschichtliche Prozeß in abgegrenzte, starre
Etappen zerlegt wird, so wird auch Geschichte als Prozeß aufgehoben. In den Nazi-Reden erscheint die Vergangenheit als eine
entwicklungslose Häufung von Geschehnissen. Hitlers »Parteier-
zählungen« (Domarus) und Geschichtserzählungen kolportieren
den Mythos von den Anfängen der Partei und vom Ursprung des
Dritten Reichs im Wesen des deutschen Volkes. Sie zeichnen ein
Geschichtsbild, das in seiner Struktur an manche höfisch-heroi-
schen Romane des Barock erinnert. Da ist ein Held: das deutsche
Volk oder die germanische Rasse o. ä., der »durch die Jahrtausende
seinen Weg« wandert [28] und dabei den verschiedensten Fährnissen
entgegenzutreten hat. Am Ende dieser Fahrt gilt es, die größte Gefahr zu bestehen, die jüdisch-bolschewistische Weltverschwörung.
Das Dritte Reich ist auf diesem Weg sowohl Zeichen des Sieges als
auch Bollwerk im weiteren Kampf. In dieses Dritte Reich zieht das
deutsche Volk 1933 gleichsam als in seine angestammte Burg ein. Es
kommt darin zu sich, erfüllt seine ewige Bestimmung. Die geeinte
Jugend erscheint als Träger und Garant dieser Erfüllung; darin, daß
die Jugend einig ist, entäußert sich das Wesen des deutschen Volkes, nämlich dessen Einigkeit, die durch fremden Einfluß immer
noch gestört ist; insofern nun dieses Wesen in ihr waltet, ist seine
Fortdauer gewiß und eine Zukunft des deutschen Volkes in Einheit
garantiert; die Gestalt dieser Zukunft ist gegenwärtig in der Gestalt
der vor dem Führer aufmarschierten Jugend.

In Hitlers Geschichtserzählungen finden sich Züge eines Ge-
schichtsverständnisses, das in der wissenschaftlichen Debatte wie
in der populären Vermittlung, von der Lebensphilosophie bis zu
Jüngers »Gestalttheorie«, teilhatte an jener Auseinandersetzung,
von der Lukács als von der *Zerstörung der Vernunft* spricht.[29] Indem Lukács sich den Standpunkt der Aufklärung zu eigen macht,
entzieht er sich der Notwendigkeit, die eigene Logik der Nazis,
ihre andersartige Vernunft aufzudecken, die er nur als Demontage der bürgerlich-liberalen Tradition begreifen kann. Deutlich
drückt sich diese andere Vernunft etwa aus in der sogenannten
»Großen kulturpolitischen Rede« Hitlers auf dem Reichsparteitag 1936.

Nur wenigen, sagt Hitler, werde bewußt, »daß die äußerlich vielleicht in losem Zusammenhang stehenden oder in der Reihen- und Zeitenfolge des geschichtlichen Ablaufs weit auseinandergezogenen Vorgänge nur die einzelnen Akte einer geschlossenen Handlung, die Aufzüge eines einzigen Dramas sind«.[30] Die Metapher der »geschlossenen Handlung«, die er hier benutzt, stammt nun bezeichnenderweise nicht vom alten Topos des »Theatrum mundi« her. Auf dem Welttheater spielen die Menschen ihre Rollen, sie gut zu erfüllen verheißt eine Erlösung jenseits dieses Theaters. Zwar findet sich auch bei Hitler die Vorstellung eines waltenden Schicksals, das den einzelnen für eine bestimmte Rolle »ausersieht«[31], was auf das Theatrum mundi zurückzuverweisen scheint, doch weicht er den Implikationen dieser Vorstellung aus, wenn er von den wenigen Propheten spricht, die die Zwangsläufigkeit des größeren Gesamtgeschehens zu erkennen vermöchten. Er läßt keinen Zweifel daran, daß er sich selbst meint.[32] Doch auch die Tatsache, daß er nicht vom Theater der Geschichte, sondern vom Drama spricht, ist signifikant. Bezeichnet »Theater« einen transitorischen Prozeß, der sich präsent in eine offene Zukunft hinein entwickelt, so ist das Drama immer schon fertig. Als fertiges bedarf das Drama Geschichte nur noch der entschlossenen Umsetzung.

Hitler zitiert die historischen Ereignisse als voneinander unabhängige Vorfälle herbei: »Da wird vor 150 Jahren die Welt überrascht und aufgewühlt von den furchtbaren Erscheinungen der Französischen Revolution. (...) Wenige Jahrzehnte später laufen schon wieder die Flammenzeichen über den europäischen Kontinent. (...) Im Kapitalismus versucht sich das dienend untergeordnete Mittel zum Zweck zu erheben und hilft durch diese neue Störung einer bisher organischen Entwicklung mit, die Ursachen weiterer Zerstörungen zu schaffen.«[33] Es zeigt sich jedoch in der Folge, daß er sich wohl als Prophet einer Weltanschauung versteht, sein Blick aber sich so ausschließlich von dem Gegensatz von staatsbildenden Kulturleistungen, die er einzig der germanischen Rasse zuerkennt, und Zersetzung, als dem Einfluß und Ziel aller anderen Rassen, vor allem des Judentums, lenken läßt, daß er letztlich wieder nur auf ein Feld historischer Bruchstücke fällt. Um diesen Gegensatz, den er in allen Akten des Dramas Geschichte auffindet, gruppiert er unvermittelt die historischen Ereignisse: Jede Niederlage deutscher Heere ist Ergebnis der Zersetzung, jeder Sieg eine staatsbildende Kulturleistung. Die Auffassung, derzufolge sich Geschichte »jäh und abrupt«[34] vollzieht, läßt wohl Anklänge an einen schlechten Historismus ahnen, doch ist ihr im Gegensatz zu Ranke keine Epoche »unmittelbar zu Gott«. Auch löst die Nazi-Geschichtsschau die Geschichte nicht agnostizistisch auf, sondern zwingt die verstreuten Visionen, die alle als aktuell präsent beschworen werden, im Mythos zusammen.

Neben die Metapher des Dramas tritt der Begriff der organischen

Entwicklung. In beidem, der ästhetisierenden wie der biologisierenden Sicht, werden die historischen Ereignisse zu Mustern zusammengestellt, die, als »ewige Gesetze« oder »ewige Schicksale« apostrophiert, sich historischem Denken entgegenstellen. Nicht mehr von geschichtlichen Wandlungen ist die Rede, sondern von den Urgründen deutschen Wesens. Die Verwirklichung des »deutschen Wesens« in der Geschichte des »deutschen Volks« wird verstanden als die organische Entwicklung, jede Störung dieses einlinigen Wegs, und damit gerade die Geschichte als historischer Prozeß, erscheint als das Eindringen fremder Einflüsse: Dem Helden, der organischen Entwicklung des deutschen Volks, treten Gegenspieler entgegen; das Drama der Geschichte führt einer großen Peripetie entgegen.

Geschichte wird zerstückt zu Geschichten, Erzählungen von deutscher Größe, deutschem Leid. Ganz ähnlich ist auch in der Vorstellung von der Zukunft keine prozeßhafte Entwicklung gedacht; sie ist weder Utopie noch Wissenschaft. Die große deutsche Zukunft, von der die NS-Redner schwärmen, manifestiert sich als gesteigerte Fortdauer des Jetzt. Wenn Hitler den österreichischen Jungen 1938 zuruft: »In euren jungen Herzen habt ihr immer schon getragen, was heute Wirklichkeit geworden ist«[35], dann wird der Zusammenhang von Jugend- und Geschichtsverständnis im Mythos deutlich. Das »immer schon« meint eine Wesenhaftigkeit; das Wesen des deutschen Volkes ist in den österreichischen Jungen stets wirksam gewesen, es barg in sich den Keim einer Zukunft, deren Entfaltung nur die Verwirklichung des »immer schon« Präsenten ist. Das gleiche Verständnis beherrscht die Zukunftsvorstellungen der Nazi-Redner; inhaltlich kann man es insofern als mythisch bezeichnen, als in ihm der Rückgriff auf die Ursprünge und die Zukunftschau genealogisch, als Fortzeugungsprozeß des Wesens verknüpft sind.[36] Aber es erfüllt zugleich auch Funktionen des Mythos, wie mit Blick auf Manfred Franks Mythos-Begriff deutlich wird: »Der Mythos ist die ›feste Burg‹ (. . .), in dessen symbolischer Gewißheit die allgegenwärtige Tragik intersubjektiver Kollisionen und die Auflösung aller menschlichen Begebenheiten und Verhältnisse erst erträglich werden.«[37] Die Zukunftsangst gerade der Schichten, aus denen die Nazis ihre Anhängerschaft rekrutierten, und die Zukunftsunsicherheit von Jugend werden im Mythos kompensiert.[38]

Ihre Jugendhaftigkeit, alles, was an der Selbsterfahrung der Jugend positiv erscheint, wird der Jugend bestätigt, seine Fortdauer garantiert; so zu bleiben, wie sie ist, qualifiziert sie zum Zukunftsträger. So wie diese Vorstellung von Jugend keine Entwicklung kennt, so ist auch die Vorstellung der Nazi-Redner von Zukunft als Ewigkeitsvorstellung zu charakterisieren. Hierzu gehört vor allem die Vorstellung vom *Überdauern*, die vor allem in den Erwartungen an die Bautätigkeit zum Ausdruck kommt: »Stehe fest und rede als ein ewiger Zeuge.« Dieser Spruch ziert den Grundstein der Parteitagshalle in Nürnberg.[39] Das jetzt Gebaute ist Werk für die Ewigkeit; die hier erbrachten »Kulturleistungen« sollen Unsterblichkeit garantieren, ein Überleben, das die physischen Grenzen der Einzelmenschen überschreitet.[40] Alle Zukunft erscheint als Ewigkeit des Jetzt. Eigentlich müßte damit der Begriff der Zukunft schon obsolet geworden sein, und doch wird auf ihn nicht verzichtet. Er benennt die Fortdauer des Jetzt in ständiger Steigerung: Veränderung ist möglich und erwünscht, aber einzig als *Vervollkommnung*. Als Beispiel dieser Sicht mag erneut die Reaktion der Parteitagsprotokollanten auf die Auftritte der Jugend stehen. Die Aufmärsche der Hitler-Jugend bleiben sich von Jahr zu Jahr in allen Grundzügen gleich: Einmärsche, Carrées, sportliche Massenornamente, chorische Wechselreden; und doch wird jeder dieser Aufmärsche mit Emphase als sehr viel schöner denn alle früheren gepriesen.

Aus beiden Begriffen, dem des Überdauerns und dem der Vervollkommnung, ist die Lebenserfahrung von Wachstum, Altern, Tod ausgeklammert. Nichts wird so sehr verabscheut wie die Veränderungen, die das Altern am Einzelmenschen und die Geschichte an den zwischenmenschlichen Strukturen vollziehen. Man könnte ein solches Denken als unzeitig bezeichnen, als eines, das aus der Zeit zu fliehen sucht. Die Zeit erscheint in ihm nur als Ausdruck einer je aktuellen Realisierung des Uralten, die Zukunft nicht im Geist der U-Topie, sondern der U-Chronie. Die Organisationsform der deutschen Jugend, die Hitler-Jugend, ihre Einheit, die beschworene Aufhebung der »Klassen- und Standesdünkel« durch Uniformierung, ständische Autonomie und hierarchisches Führerprinzip steht als Modell für das kommende Deutschland. Ihre Ausdehnung auf weitere gesellschaftliche und geographische Räume als Entfaltung deutschen Wesens macht die Zukunft aus.[41]

Einheit der Jugend und Zukunft als ewige Steigerung des Jetzt – beide Aspekte dieses Nazi-Mythos Jugend finden sich vereint in einer Reflexion Kurt Werners, des Sekretärs und Leibwächters Baldur von Schirachs: »Ich habe aus dem, was ich bisher sah, den Glauben gewonnen, daß in Jahren, Jahrzehnten vielleicht – wenn die Jungen, die heute ihrem Führer zujubeln, verantwortliche Träger des Volkes *wurden* – man nicht mehr jede Stadt für sich *erlebt*, sondern nur noch Deutschland.«[42] Die Einheit der jubelnden Jugend garantiert die Einigung Deutschlands; daß hier trotz der Zeitangabe eher eine räumliche Ausdehnung denn ein Prozeß gedacht ist, mag folgendes erhellen. Die Vergegenwärtigung des eigenen Erlebnisses ist Werners Ausgangspunkt, sein Ziel die Präsenz dessen, was er sah, an allen Orten Deutschlands. Daß diese beiden Jetzt-Räume nicht in einem historischen Prozeß auseinander hervorgehen, sondern verbunden sind im mythischen Rückgriff auf deutsches Wesen, läßt sich aus dem Präteritum ablesen, das Werner an Stelle des Futur II verwendet. Der grammatikalische Lapsus, den man sonst als umgangssprachlich einstufen könnte, erhält im Kontext der Vorstellungswelt der Nazi-Redner seine Bedeutung als Indiz für die U-Chronie des Denkens.

Ein dritter Aspekt tritt hier hinzu: der wichtigste Mittelpunkt einer jeden Versammlung von Jugend, ihr Führer. Wo die Führer der Jugend, Hitler und von Schirach, auftreten, da werden sie umjubelt.[43] Der Führer sieht jeden einzelnen in der Masse, hebt ihn durch seinen Blick heraus und verschafft ihm in diesem Blick eine Identifikationsmöglichkeit, ja eine Identität[44], so wie er umgekehrt in der jubelnden Masse seine eigene Jugend sucht. Es blieb Rudolf Heß vorbehalten, in einer Rede vor alternden Jugendführern, diesem Zusammenhang Ausdruck zu verleihen: »Wer einmal wirklich jung war, wird jung bleiben bis in das jahresmäßige Alter hinein. (. . .) Wir haben vor uns das beste Beispiel im Führer selbst – im Führer, der doch nun bald fünfzig Jahre werden wird und trotzdem innerlich und geistig immer der Jüngste unter uns ist.«[45]

Der Redner selbst ist es, der die Einheit der Jugend herstellt. Als ihr Führer ist er das Zentrum jeder Gruppierung. In der Rede, im Reden schafft er sowohl den Mittelpunkt, um den die Jugend sich schart, als auch die Jugend, von der und zu der er spricht. Das Medium Rede selbst gewinnt mythische Qualitäten. Daß der Führer spricht, ist schon Anlaß genug, sich zu versammeln; angesichts seiner Rede schließen sich die Hörer zur Volksgemeinschaft zusammen. In der besonderen Rezeptionsform liegt wohl ein bedeutsamer Kern der Nazi-Reden: Jeder Zuhörer sieht sich aufgehoben im Volk und erhoben als Teil des Volkes. Diesen Effekt erreichen die Reden nicht etwa dadurch, daß sie jeden Zuhörer als einzelnen anreden, sondern dadurch, daß das Zuhören bereits als gemeinschaftliches organisiert wird. Bezeichnend für die Funktion dieses Zusammenschlusses ist die widersprüchliche Beziehung von Teil und Ganzem, die in den Reden selbst mehrfach thematisiert wird.

Als Beispiel kann Hitlers Rede auf dem Reichsparteitag von 1933 dienen. Mit der Anrede bereits setzt er die umfassende Kategorie der deutschen Jugend als seinen Ansprechpartner. Dabei repräsentieren die tatsächlich Anwesenden die ganze Jugend.[46] In der »kleinen Abordnung« sieht Hitler die Organisation und darüber hinaus die ganze Jugend vor sich. Indem er den Teil anredet, erhebt er ihn zum Ganzen; die deutsche Jugend, zu der er spricht, ist in den wenigen tausend Jungen nur pars pro toto präsent; dennoch ermöglicht es die Rede beiden – dem Redner und den Angeredeten –, sich über diese Versammlung zu erheben. Das Ganze, die einige deutsche Jugend und darüber hinaus die Nation, entsteht aus der Rede als einer Einheit von Produktion und Rezeption. Es entsteht als eine Wesenheit, die aus der tatsächlichen Versammlung hervorgeht und sie zugleich transzendiert. Es konstituiert ein Ideal, das das Verhältnis Redner-Angeredete als Hierarchie aufheben soll. »Ein Wille muß uns beherrschen, eine Einheit müssen wir bilden (. . .), denn über uns steht die Nation.«[47] Im Dienen beugt sich die Spitze der realen Hierarchie scheinbar zu ihrer Basis zurück, der Nation, in der sich alle begreifen zu können meinen. Indem der Redner den Mythos kolportiert, geht er in ihn ein. Redner und Angeredete erscheinen gleichermaßen nurmehr als Repräsentanten der Nation, in ihrer Anrufung werden sie eins. Dieser Anspruch jedoch muß sich immer aufs neue an der Wirklichkeit stoßen: Die in der Rede geschaffene Vereinigung erweist sich als brüchig. Außerhalb der Rede herrscht eine Erfahrungswirklichkeit, in der die beschworene »Einheit der Nation«, die »Einheit der Jugend« nicht existieren, in der die »ganze deutsche Jugend« doch wieder nur »kleine Abordnung« ist. Im Rahmen der hier umrissenen Vorstellungswelt kann dieser Widerspruch nur auf eine Weise aufgehoben werden, durch Expansion. Hitler beendet seine Rede mit dem Ausruf: »Bringt hinaus diesen gläubigen Schwur, daß niemals mehr in alle Zukunft das deutsche Volk sich selbst zerreißen wird.«[48] In dieser Aufforderung wird der Teil als Ganzes ausgesandt, um die Einigung des Volkes als Unterwerfung des Ganzen unter den Teil zu vollziehen.

Der Mythos erspart und versagt der in ihm befangenen Jugend die Erfahrung, das Leben in der Zeit und in der sozialen Wechselwirkung. Er fordert das Erlebnis der Expansion im Raum, das in sich die Möglichkeit birgt, die Wirklichkeit auf den Stand des mythischen Orientierungsmusters zu bringen. Da er die Massen ergreift, erwirbt dieser Mythos materielle Gewalt. Überall dort, wo die Wirklichkeit ihm entgegensteht, wird die Gewalt eingesetzt werden, um sie dem Mythos zu unterwerfen.[49] Bereits in den Reden, wo er die spielerische Überhebung über die Schrecken einer unbegriffenen Wirklichkeit verheißt, läßt sich ahnen, wie folgerichtig er im politisch-aktuellen Bereich seine entschlossene Umsetzung erfahren wird: Er wird zum Terror, wenn seine Vollstrecker in die Wirklichkeit selbst einzugreifen beginnen. Was den Mythos vor jeder Propaganda auszeichnet, ist, daß er für den Redner die gleiche Funktion erfüllt wie für die Angeredeten, daß er beide in gleichem Maße trägt und die Unterschiede der Stellung zu überbrücken vermag. Der Mythos »wird nicht von einem ›erzählt‹. Vielmehr ist er wie ein Textgewebe einer Gemeinschaft.«[50]

Das Selbstgefühl junger Menschen, denen Freiraum und freie Zeit zur Verfügung stehen, um eine eigene Beziehung zueinander und zur Gesellschaft zu konstituieren, hat Thomas Mann mit dem treffenden Wort »ratlose Zukunftsfülle« belegt.[51] Hier könnte man einen Grund für die besondere Verführbarkeit der Jugend vermuten: Solch ratlose Zukunftsfülle, perspektivlose Kraftentfaltung kann nicht mehr nur literarisch oder intellektuell befriedigt werden, sie verlangt nach Kompensationsformen, die sich als ein ganz anderer Alltag, eine andere Wirklichkeit darstellen.[52] Die Nazi-Organisationen und der Mythos Jugend boten genau das: Sie nahmen die Jugend als Jugend ernst, erhoben sie zum wichtigen Teil der Gesellschaft, ernannten sie zur Zukunft selbst und übertrugen ihr Verantwortung und Macht. Das machte die Faszination der Nazis auf die Jugendlichen aus, daß sie eine Wirklichkeit organisierten, die vorgab, den Alltag aufzuheben, daß sie nicht die Utopie im

Schilde führten, sondern der Gegenwart mythischen Schimmer verliehen.

Es fällt nicht leicht, von hier aus den Bogen zu schlagen zu der zu Beginn gestellten Frage nach den Möglichkeiten, dem Einfluß nazistischer und neonazistischer Gruppen unter der Jugend entgegenzusteuern, und in der Antwort gleichsam eine Nutzanwendung dieser Untersuchung zu präsentieren. Vielleicht ist es gelungen, Wege sichtbar zu machen, auf denen eine solche Antwort gefunden werden könnte. Alle Jugendpolitik freilich, die sich dieser Verantwortung stellt, steht vor dem Problem, der »Zukunftsfülle« zu raten, der Kraftentwicklung eine Perspektive aufzuzeigen. Der Mythos löst diese Aufgabe immer nur scheinbar, da er sich der Notwendigkeit des Wandels verschließt; deshalb auch liegt er so nahe, er täuscht vor, das ganz andere zu sein, ohne den schmerzhaften Abschied vom Alten zu fordern. Die Verwirklichung konkreter Utopien anzustreben ist der schwerere Weg. Der Jugend die Verantwortung für diesen Weg zu übertragen könnte sie reizen, ihn zu betreten.

Anmerkungen

1 Vgl. etwa Wilhelm Pieck, *An die Jugend* (Berlin 1955), S. 37 u. ö., Otto Grotewohl, *An die Jugend* (Berlin 1955), S. 15. Dieser Prioritätensetzung entspricht die Vernachlässigung des Phänomens Jugend durch die marxistische Soziologie; vgl. Hartmut M. Griese, *Sozialwissenschaftliche Jugendtheorien* (Weinheim/Basel 1982²), S. 144.

2 Willy Brandt, *Draußen* (Berlin/Bonn 1976²), S. 74 ff.: »Wir haben viel zu wenig zu der breiten Masse der Jugendlichen sprechen gelernt, wir haben zu wenig ihre wirklichen Probleme gekannt.« S. 80. Vgl. Wilhelm Pieck, *Jugend*, S. 75 ff. und S. 29: Die Arbeiterjugendorganisationen »standen meistens durch ihre ganze Art außerhalb des eigentlichen Jugendlebens« (1946).

3 Vgl. etwa »*Wir sollten wieder einen Führer haben*« (Reinbek 1981).

4 Georg Lukács, *Die Zerstörung der Vernunft*, in: Lukács, *Werke* Bd. IX (Neuwied/Berlin 1960), S. 467.

5 So als Motto zu Baldur von Schirachs Standardhandbuch *Die Hitler-Jugend. Idee und Gestalt* (Berlin 1934).

6 Es werden die folgenden Protokollbände zu Reichsparteitagen der

NSDAP zitiert: Julius Streicher (Hg.), *Reichstagung in Nürnberg 1933* (Berlin 1934) (künftig zit. als: *RPT 33*); *Der Parteitag der Freiheit vom 10.–16. September 1935* (München 1935) *(RPT 35)*; *Der Parteitag der Ehre vom 8. bis 14. September 1936* (München 1936) *(RPT 36)*; *Der Parteitag Großdeutschlands vom 5. bis 12. September 1938* (München 1938) *(RPT 38)*. Das angeführte Zitat in: *RPT 38*, S. 176, Herv. im Orig.

7 Vgl. z. B. die gegensätzliche Darstellung des Zeltlagers und des Aufmarschs in Leni Riefenstahls Film *Triumph des Willens*: ein Hinweis darauf, wie sehr die Nazis darauf bedacht waren, auch den Charakter der Fahrt beizubehalten. – Auf den gleichen Gegensatz verweist auch die Tatsache, daß viele Wandervogelführer eben keine Reden an die Jugend halten, sondern »Worte an eine Schar« richten (Georg Stammler, *Worte an eine Schar* [Heidelberg/Leipzig 1919[2]]).

8 Baldur von Schirach, *Revolution der Erziehung* (München 1938), S. 38.

9 *RPT 33*, S. 210 f.

10 Vgl. Hans-Christian Brandenburg, *Geschichte der HJ* (Köln 1968); Hansjoachim W. Koch, *Geschichte der Hitlerjugend* (Percha 1975) übernimmt leider zu oft Elemente der Selbstdarstellung der Nazis. Vgl. a. Hans Ebeling, Dieter Hespers, *Jugend contra Nationalsozialismus* (Frechen 1968). Reiches Material zum Beleg dieser Gegensätze bieten die *Deutschlandberichte der Sozialdemokratischen Partei Deutschlands (Sopade) 1934–1940* (Salzhausen/Frankfurt/M. 1980), z. B. 2 (1935), S. 213, 222 f. oder 4 (1937), S. 843 f.

11 *RPT 36*, S. 180.

12 Zur »Überheblichkeit« der Jugendlichen, die sich so als wichtigster Teil der Gesellschaft angesprochen sahen vgl. etwa *Deutschlandberichte* 4 (1937), S. 851 u. ö.

13 Schirach, *Revolution*, S. 89.

14 Vgl. *RPT 33*, S. 209 ff., Schirach, *Revolution*, S. 33 ff.

15 *RPT 33*, S. 209.

16 Schirach, *Revolution*, S. 35.

17 Schirach, in: *RPT 35*, S. 181.

18 Zu den psychohistorischen Quellen dieser Befindlichkeit vgl. Klaus Theweleit, *Männerphantasien* (Reinbek 1980) vor allem Bd. II, S. 44 ff. u. S. 82 ff.

19 *RPT 36*, S. 181; vgl. Adolf Hitler, *Mein Kampf* (München 1939), S. 18 ff., v. a. S. 27, 29. Es ist bezeichnend, wie leicht sich Verhaltensweisen und politische Maßnahmen Hitlers als Kompensation frühkindlichen Leidens deuten lassen; vgl. hierzu: Helm Stierlein, *Adolf Hitler. Familienperspektiven* (Frankfurt/M. 1975), Alice Miller, *Am Anfang war Erziehung* (Frankfurt/M. 1980).

20 Vgl. *RPT 35*, S. 179, 182, 185; *RPT 38*, S. 215, 217, 221.

21 Vgl. Theweleit, *Männerphantasien*, Bd. II, S. 130 ff.

22 *RPT 38*, S. 221.

23 Schirach, *Revolution*, S. 30f.

24 Zum Begriff der *bricolage* s. Claude Lévi-Strauss, *Das wilde Denken* (Frankfurt/M. 1972); vgl. Karlheinz Stierle, *Mythos als ›Bricolage‹ und zwei Endstufen des Prometheusmythos*, in: Manfred Fuhrmann (Hg.), *Terror und Spiel* (München 1971), S. 455–472, und Norbert W. Bolz, *Odds and ends. Vom Menschen zum Mythos*, in: Karl-Heinz Bohrer (Hg.), *Mythos und Moderne* (Frankfurt/M. 1983), S. 471–492.

25 Siehe hierzu Lothar Kettenacker, *Der Mythos vom Reich*, in: Bohrer, *Mythos*, S. 261–289.

26 Aus Hitlers Rede auf der Wahlkundgebung in Reichenbach 1938. Zit. nach dem Abdruck in: Adam Weyer (Hg.), *Reden an die deutsche Jugend im zwanzigsten Jahrhundert* (Wuppertal 1966), S. 162f.

27 Schirach, *Revolution*, S. 34.

28 Hitlers Abschlußrede in: *RPT 35*, S. 274.

29 Vgl. Lukács, *Zerstörung*, S. 458ff.

30 *RPT 36*, S. 52ff., hier S. 53.

31 Ebd., S. 55.

32 Ebd.

33 Ebd., S. 53.

34 So Goebbels in: *RPT 38*, S. 280.

35 *RPT 38*, S. 217.

36 Vgl. Klaus Heinrich, *Die Funktion der Genealogie im Mythos*, in: Heinrich, *Vernunft und Mythos* (Frankfurt/M. 1983), S. 11ff.

37 Manfred Frank, *Die Dichtung als ›Neue Mythologie‹*, in: Bohrer, *Mythos*, S. 15–40, hier S. 20.

38 Der Mythos antwortet auf eine Realitätserfahrung, in deren Zentrum die Perspektivlosigkeit steht. Sie ist gerade für die Mittelschichten charakteristisch, aus denen die NSDAP Anhängerschaft und Potential bezog. Siehe dazu die Arbeiten von Michael H. Kater, zuletzt den Aufsatz *Sozialer Wandel in der NSDAP im Zuge der nationalsozialistischen Machtergreifung*, in: Wolfgang Schieder (Hg.), *Faschismus als soziale Bewegung* (Göttingen 1983), S. 26–67; vgl. auch Heinrich August Winkler, *Mittelstandsbewegung oder Volkspartei?*, in: Schieder, *Faschismus*, S. 97–118. Vgl. a. Ernst Bloch, *Erbschaft dieser Zeit* (Frankfurt/M. 1973), S. 49 und passim.

39 *RPT 35*, S. 48.

40 Ein Beispiel dieser Sicht ist die Stiftung des Preises für Kunst und Wissenschaft, zu der Hitler 1935 ausführt: »Und selbst besiegt erhebt sich ein solches Volk durch seine unsterblichen Leistungen vor der Geschichte noch nachträglich zum wahren Sieger über seine Gegner.« (*RPT 35*, S. 54). Den Preis erhielten etwa Hanns Johst und der SA-Dichter Heinrich Anacker, der Physiker Philipp Lenard und der Rasseforscher Hans F. K. Günther. 1938 wurden mit ihm ausgezeichnet:

Fritz Todt für die Schaffung des Autobahnnetzes, Ferdinand Porsche, Willi Messerschmidt und Ernst Heinkel für die Konstruktion von Autos und Flugzeugen (*RPT 38*, S. 58 ff.).

41 Die Formel »Heim ins Reich« mag als Beispiel dafür stehen, wie die reale Expansion als Wiederherstellung des Angestammten erscheint.

42 Kurt Werner, *Mit Baldur von Schirach auf Fahrt* (München 1937) S. 29, Herv. J. S.-S.

43 Das gilt für die Selbstdarstellung der Nazis – vgl. aber z. B. *Deutschlandberichte* 2 (1935), S. 213: »Schirach wurde kühl empfangen, ohne Beifall. Seine Rede blieb eindruckslos. Das Jungvolk warf sich, während er redete, mit Erdklumpen.« Vgl. a. Klaus Granzow, *Tagebuch eines Hitlerjungen* (Bremen 1965), S. 75 u. ö.

44 Ein literarisches Beispiel findet sich in dem Jugendbuch von Daisy Wolfram von Wolmar, *Ein Mädel erlebt den Führer* (Dresden 1943), in dem der Blickkontakt mit dem Führer dem Leben der Heldin eine neue Richtung verleiht. Daß der Anblick des Führers auch anders wirken kann, mag ein Bericht aus Dortmund belegen: »Ach, hätten wir ihn doch nie gesehen!‹ hat eine Schülerin dem Lehrer gesagt, ›so quittengelb sah er aus und große Tränensäcke hat er!‹« *Deutschlandberichte* 2 (1935), S. 214.

45 Rudolf Heß, *Reden* (München 1938), S. 176.

46 *RPT 33*, S. 209 ff. Schirach in *RPT 35*, S. 181: »Als ich Ihnen, mein Führer, vorhin meldete: ›50000 Jungvolk und Hitler-Jugend im Stadion zu Nürnberg angetreten‹, da hätte ich ebensogut sagen können: Hier steht vor Ihnen *die ganze* junge Generation unseres Volkes. Denn sie, die hier in diesem Stadion versammelt sind, sind nur *ein kleiner Bruchteil*, eine Abordnung der ganzen Jugend Ihres Reiches, mein Führer.« (Herv. J. S.-S.).

47 *RPT 33*, S. 209.

48 Ebd., S. 212. Vgl. a. Hans-Gerd Jaschke, Martin Loiperdinger, *Gewalt und NSDAP vor 1933*, in: Reiner Steinweg (Red.), *Faszination der Gewalt* (Frankfurt/M. 1983), S. 123–155.

49 »Was anders wäre, wird gleichgemacht.« Max Horkheimer, Theodor W. Adorno, *Dialektik der Aufklärung* (o. O. 1947), S. 18.

50 Gerd Brand, *Welt, Geschichte, Mythos*, in: Hans Poser (Hg.), *Philosophie und Mythos* (Berlin/New York 1979), S. 93–109, hier S. 106.

51 Thomas Mann, *Gesammelte Werke* Bd. X (o. O. 1960), S. 318.

52 Bernd Hüppauf, *Mythisches Denken und Krisen der deutschen Literatur und Gesellschaft*, in: Bohrer, *Mythos*, S. 508–527, hier S. 511.

Edward Reichel

Nationalismus – Hedonismus – Faschismus
Der Mythos Jugend in der französischen Politik und Literatur von 1890 bis 1945

I. Jugend als Schlagwort der Politik von 1870 bis 1945

In Frankreich hat der Mythos Jugend, der in Politik und Literatur zwischen 1890 und 1945 von zentraler Bedeutung ist, seine historische Wurzel im Jahr 1870, dem Jahr der Niederlage der französischen Armee bei Sedan und des Endes des *Second Empire*. Unter dem Eindruck dieser nationalen Katastrophe zerbrach jenes vorwiegend positive Deutschlandbild, welches auf Madame de Staël zurückging und die Vorstellung von Deutschland als unaggressiv, naturnah, idyllisch und versponnen vermittelt hatte. Die Niederlage von 1870 ließ in Frankreich ein Minderwertigkeitsgefühl Deutschland gegenüber aufkommen, welches in dem raschen Wandel des französischen Deutschlandbildes seinen Niederschlag fand: Nicht mehr die liebenswürdig-versponnene Kultur Weimars bildete von nun an das Zentrum dieses Bildes, sondern der preußische Unteroffizier, wie er 1870/71 im Lande gestanden hatte, angeblich roh, unkultiviert, geistlos, zugleich aber stark, aggressiv und diszipliniert bis zum Kadavergehorsam. Diese Stereotypen wurden auf das Land östlich des Rheins, das sich rasch entwickelnde deutsche Kaiserreich, übertragen und bildeten die Grundlage der Aversion der meisten Franzosen gegenüber Deutschland bis 1918 – nicht selten aber auch die Grundlage einer (oft heimlichen) Faszination seitens derjenigen Franzosen, die für Frankreich eine vermeintliche oder tatsächliche Schwäche, Dekadenz gar konstatierten. Dieses Gemisch von Aversion und Faszination wird bis zum Ende des Zweiten Weltkrieges politisch und literarisch wirksam bleiben, und aus seinem Geiste entstand in den Jahrzehnten nach 1870 beiderseits des Rheins die Vorstellung von Frankreich als einem statischen, friedlichen und vor allem alten, von Deutschland als einem dynamischen, angriffslüsternen und vor allem jungen und starken Land (über Vermittler wie E. R. Curtius und F. Sieburg ist diese Vorstellung in Deutschland bis in die fünfziger Jahre hinein wirksam geblieben, und manche französischen Leitartikel und Kommentare verbreiten sie auch heute noch). Die umfassende Dekadenzstimmung während des französischen *Fin de siècle* verstärkte dieses Unterlegenheitsgefühl, und auch der Sieg von 1918 konnte es nicht wesentlich mindern. Zwar war nun Deutschland von Frankreich militärisch geschlagen worden, das deutsche Kaiserreich zerbrochen und die ersehnte Revanche anscheinend geglückt, dies alles aber um den höchsten Blutzoll der französischen Geschichte, denn der Weltkrieg, der für Frankreich vor allem ein Krieg gegen Deutschland gewesen war, hatte rund 1 200 000 Franzosen das Leben gekostet (zum Vergleich: im Zweiten Weltkrieg fielen 425 000 Franzosen, was erklärt, warum in Frankreich der Erste Weltkrieg als *La Grande Guerre* bezeichnet wird). Die dramatische demographische Abwärtsbewegung, die deshalb nach 1918 einsetzte, wird bis in die frühen fünfziger Jahre ein Leidensthema der französischen Gesellschaftspolitik bleiben – und sie verstärkte noch einmal das Unterlegenheitsgefühl gegenüber dem als stark und jugendlich-aggressiv eingeschätzten Siebzigmillionenvolk der Deutschen. So sprach man in Frankreich vom Sieg von 1918 bald als von der *victoire perdue*, vom verlorenen Sieg, und spätestens nach 1933 sahen viele Franzosen im wiedererstarkten, nationalsozialistischen Deutschen Reich den wahren Sieger von 1918. Dies trug zum 1940 in Frankreich weitverbreiteten Defätismus angesichts des neuerlichen Waffengangs bei, ein Defätismus, von dem sich in den beiden ersten Kriegsjahren nur wenige Franzosen – meist außerhalb Frankreichs – distanzierten.

Gegen dieses Minderwertigkeitsgefühl gab es aber schon bald eine politische Gegenbewegung, die in Deutschland vor allem als Revanchepolitik mit dem Ziel der Wiedergewinnung von Elsaß-Lothringen und damit sehr verkürzt wahrgenommen wurde. Denn nach Wiedergewinn von Elsaß-Lothringen entwickelte sich diese politische Gegenbewegung erst richtig; sie bestand nämlich letztlich aus dem Glauben an eine umfassende Erneuerung und Revitalisierung Frankreichs durch die Jugend und nur durch diese. Man könnte die Geschichte der französischen Innenpolitik von 1890 bis 1945 als die einer immer mehr zunehmenden Faszination der »Alten« und der Rechten durch die Jugend beschreiben: Die Zeit zwischen 1890 und 1910 bildet die Inkubationsphase dieser Faszination; zwischen 1910 und 1930 beherrscht diese Faszination geradezu das politische und literarische Leben und gewinnt sogar noch an Wirksamkeit zwischen 1930 und 1945, als sie sich mit der An-

Pfadfinder statt Hitler-Jugend – wie Hitler träumte auch Pétain von 1940 bis 1944 von einer gestählten und wehrhaften männlichen Jugend

ziehungskraft des Faschismus verbindet – bis dies alles dann abrupt und endgültig im Untergang des *Etat Français* und des Regimes von Marschall Pétain (1856–1951) endet. Daß die politische Rechte schon um 1900 ihr Monopol auf die französische Jugend auszubilden begann, belegt eine Äußerung von Charles Maurras, der an der Action Française rühmt, sie verfüge über eine »stolze Jugend, rekrutiert in allen Klassen des Landes«.[1] Sie verdeutlicht zugleich, daß es sich bei dem nun einsetzenden Jugendkult um einen politischen Paradigmenwechsel vom Sozialen zum Biologischen hin handelt. Im Jahre 1913 stellt auch Henri Hoppenot fest, daß die große Mehrheit der jugendlichen Intelligenz der Action Française zuneige.[2] Daß besonders bei der studierenden Jugend Frankreichs zwischen 1900 und 1945 die faschistischen und halbfaschistischen Parteien, vor allem deren Jugendorganisationen, konkurrenzlos wirksam waren, ist heute gesichertes historisches Wissen[3]; demgegenüber spielten die Jeunesses Socialistes und Jeunesses Communistes bis zum Ende der dreißiger Jahre keine wichtige Rolle im politischen Leben und überhaupt keine bei der studierenden Jugend. So war es denn auch kein Wunder, daß das Regime von Vichy, das auf fast allen Gebieten auf das schiere Überleben Frankreichs in einem als nationalsozialistisch vorgestellten Europa hinarbeitete, seine einzige programmatisch originelle (wenn auch notwendigerweise reaktionäre) Leistung ausgerechnet auf dem Felde der Jugendpolitik zu erbringen versuchte.[4] Bereits wenige Wochen nach Frankreichs Niederlage, nach der Abschaffung der III. Republik durch die Parlamentsmehrheit in Vichy, erklärte der greise Staatschef: »Mais, nous le savons, la jeunesse moderne a besoin de vivre avec la jeunesse, de prendre sa force au grand air, dans une fraternité salubre qui la prépare au combat de la vie. Nous y veillerons.« Daß er und seine Mitarbeiter dafür zu erziehungspolitischen Maßnahmen griffen, die nicht der Welt des 20., sondern eindeutig der des 19. Jahrhunderts entsprachen (Stärkung des katholischen Unterrichts, Paramilitarisierung der Jugend im Lagerleben, Reduzierung des technisch-naturwissenschaftlichen Unterrichts usw.), lag nicht zuletzt an dem hohen Lebensalter sowohl des Marschalls wie der ihn umgebenen *old guard*[5], deren Denken tief im 19. Jahrhundert verwurzelt war. So ergibt sich als Paradox, daß das bisher radikalste Jugendprogramm in Frankreich von einem Regime zu realisieren versucht wurde, dem ein Marschall vorsteht, der sich im neunten Jahrzehnt seines Lebens befindet und der seine ersten kirchlichen Unterweisungen von einem Geistlichen erhalten hatte, welcher den Feldzug Napoleons I. und seiner *Grande Armée* nach Moskau mitgemacht hatte! Man wird feststellen müssen, daß die Jugendpolitik Pétains weniger faschistisch denn extrem traditionalistisch, reaktionär war, und dies erklärt, warum sie folgenlos blieb, während genuin faschistische Jugendpolitik, wo immer sie in Europa betrieben wurde, auch nach dem Untergang des Faschismus zu Ängsten, Trotzhaltungen und Diskussionen führte.

Eine Gegenbewegung zu dem nach 1870 entstandenen Unterlegenheitsgefühl und Dekadenzbewußtsein bildete sich seit den späten achtziger Jahren auch in der französischen Literatur und schuf eine Tradition, die bis in die Mitte der vierziger Jahre reicht; ihr geistiges Zentrum ist die Sehnsucht nach einer umfassenden Erneuerung des Menschen, der Gesellschaft und der französischen Nation durch die Jugend und durch sie allein. Parallel zum politischen Jugendkult beginnt auch der literarische betont nationalistisch in der Zeit bis kurz vor dem Ersten Weltkrieg. Es schließt sich eine Epoche an, die von diesem Zeitpunkt bis zum Ende der zwanziger Jahre dauert, in der sich der literarische Jugendkult bewußt als apolitisch gebärdet. Daß er damit nicht unpolitisch wird, zeigt die dritte Epoche von 1930 bis 1945, in der der literarische Jugendkult zuerst in die Nähe des französischen Faschismus und am Ende in dessen Zentrum führt. Da sich Frankreich seinen genuinen und originären Faschismus bis vor kurzem nicht eingestanden hat, ist es erklärlich, warum nach 1945 das Ende des literarischen Jugendkultes partiell oder total mit dem Nationalsozialismus oder mit Germanophilie identifiziert wurde, was dazu ausreichte, dieses Kapitel französischer Geschichte und Geistesgeschichte sowie seine Analyse bis Anfang der siebziger Jahre weitgehend zu tabuisieren.[6]

II. Der nationalistische Jugendkult: Maurice Barrès

Mit seinen beiden Romantrilogien *Le Culte du moi* und *Le Roman de l'énergie nationale* kam Maurice Barrès (1862–1923) der durch die Niederlage von 1870 in ihrem Selbstwertgefühl getroffenen französischen Jugend zu Hilfe. Die erste Trilogie erzählt die Entwicklung eines Protagonisten, der, um zu sich selbst zu gelangen, allem entsagt: der Kultur, der Liebe, der Stadt Paris endlich, und der erst nach einer Zeit einsamer Selbstversenkung seinen Solipsismus überwindet, indem er nationalistische Pläne in Anlehnung an den General Boulanger entwickelt, dessen Putschversuch gegen die III. Republik in den Jahren der Publikation von *Le Culte du moi* (1888–1891) fehlgeschlagen war. Obgleich eine unglückliche Liebesgeschichte die Entwicklungsjahre des Helden Philippe beschließt, verkündet dieser am Ende, daß man sich nicht von der Welt abkapseln dürfe, sondern das Leben mit allen seinen Leiden und Freuden auskosten solle – zweifellos ein Appell des Erzählers und des als Politiker sich versuchenden Autors zur Überwindung des nach 1870 generationstypischen resignativen Egoismus der französischen Jugend zugunsten tätigen Anteils an der äußeren Welt, besonders am Schicksal der Nation. In der zweiten Trilogie,

Le Roman de l'énergie nationale (1897–1902), wird dieses jugend-
lich-bejahende Lebensgefühl von Barrès vollends ins Nationale
gewendet. Protagonist ist nun eine Gruppe lothringischer Abiturienten von 1880, für die die Wiedergewinnung Elsaß-Lothringens
nur durch eine gleichzeitige grundlegende und umfassende Erneuerung der Vitalität der französischen Nation denkbar ist. Am
Todestag von Napoleon I. gründen sie 1884 eine politische Vereinigung an dessen Grab. Ihr Leitbild ist der »Napoléon de l'âme«,
dem sie zutrauen, die schlummernden und verschütteten nationalen Kräfte wiedererwecken zu können. Die Trilogie berichtet ausführlich von den politischen Machinationen dieser Gruppe, die im
Verlauf der Romanhandlung vom nationalistischen Idealismus der
Anfangszeit in die materialistische Alltagspolitik gerät und am
Ende sogar zerfällt. Aber die Programmatik dieses *roman à thèse*
ist deutlich: Für Barrès ist der moderne Intellektuelle wegen seiner
Neigung zur Wissenschaft, zur rational organisierten Demokratie
und zum Kosmopolitismus entwurzelt, »déraciné«. Barrès preist
dagegen das »enracinement«, die Bindung an die Heimat (in seinem Falle wie in dem seiner jugendlichen Romanprotagonisten das
verlorene Lothringen) und die Besinnung auf die gallisch-lateini-
sche Tradition Frankreichs von den Kelten bis zu Napoleon I. Nur
die Jugend scheint ihm dafür geeignet, die Ideen von 1789 und
1830, von 1848 und 1871 (Communeaufstand in Paris) zugunsten des angeblich »wahren« Frankreich zu überwinden. Am
Ende preist auch diese Trilogie eine plebiszitäre Republik à la Boulanger und erhält dessen Revanchegedanke gegen Deutschland
die Funktion eines einheitstiftenden Programms für die sonst politisch zerstrittenen Franzosen. Zum erstenmal wird hier, in
der Literatur, im Roman also früher als in der politischen Publizistik, der moderne französische Nationalismus systematisch
vorgetragen. Er beruht, was zugleich festgehalten sei, von Anfang an auf dem Glauben an die Jugend. Nur sie gilt als fähig, die
nationale Erneuerung Frankreichs herbeizuführen, während
das Alter als verbraucht, kraftlos und dekadent empfunden
wird. Dieser unbedingte Glaube an die Jugend spielt später eine
bedeutende Rolle in der Programmatik und politischen Praxis des
Action Française und aller übrigen halbfaschistischen und faschistischen politischen Parteien in Frankreich, und er wird mit
Montherlant, Drieu La Rochelle und Brasillach noch einmal und
nun verstärkt in die französische Literatur in dem Moment ein-

dringen, in dem diese selbst – partiell, aber entschieden – wechsel-
weise dem deutschen, dem französischen und einem imaginären
internationalistischen bzw. gesamteuropäischen Faschismus zuneigt.

III. Die hedonistische Komponente des Jugendkultes von Gide bis Cocteau

Zur selben Zeit, also um die Jahrhundertwende, beschreibt André
Gide (1869–1951) in *Les Nourritures terrestres* (1897) aus ganz an-
dersgearteten Anlässen heraus ein Lebensgefühl, das dem von Barrès gefeierten strukturell nicht unähnlich ist (obgleich es sich auf
andere Lebensbereiche bezieht) und sicherlich nicht weniger wir-
kungsmächtig war. Gide verfaßte das Werk am Ende einer Selbstbefreiung aus dem engen Moralismus seiner protestantischen Herkunft und einer längeren Krankheit. Was er niederschrieb, war ein
Ausbruch ins sinnlich-rauschhafte Leben. Das als Tagebuch und
Reisebericht konzipierte und zwischen Lyrik und hymnischer
Prosa wechselnde Werk formulierte als Lebensgefühl eine von jeglicher Moralkonvention befreite jugendliche Sinnenfreude. Ihre
Kennzeichen sind: Ablehnung der Dichotomie von Gut und Böse,
Eintreten für die Sexualität in allen, besonders den tabuisierten
Formen wie etwa der Homosexualität, Hingabe an den Augenblick, Ablehnung der Reflexion zugunsten eines bis zum Rausch
vorangetriebenen Genusses, dessen Ziel darin besteht, »d'assumer
le plus possible d'humanité«. Die Stoßrichtung dieses Angriffs gegen die konventionelle Lebenspraxis war den Lesern um die Jahrhundertwende klar, er zielte auf die Pariser Salonkultur des *Fin de
siècle* (in der Gide eine der glänzenden Erscheinungen war), die
»geschlossene Gesellschaft«, Dekadenz, Alter, Nur-Rationalität
und den Muff lastender und lebensfeindlicher Traditionen. Dagegen setzt Gide das Bild des sonnenüberfluteten Nordafrika, das als
Paradies der Sinne und der Sinnlichkeit und zugleich als eines der
tiefsten Humanität gefeiert wird. Zu ihm hat naturgemäß nur die
Jugend Zutritt, und so ist denn auch der Protagonist Nathanaël in
jenem Alter, in dem die Sinnlichkeit erwacht. Konträr zur jahrhundertealten französischen Pädagogik bestärkt ihn der Erzähler
darin, den jugendlichen Sinnesgenuß zum alleinigen und dauernden Mittel der Welterfahrung zu machen und den Ausbruch aus der

André Gide (links) mit seinem Geliebten Marc Allégret (rechts)
1921 in Arcachon

rationalistischen Sicht des Alters zu genießen, weshalb das Buch
denn auch sofort als Skandal empfunden wurde – namentlich
natürlich von den »Alten«.

In die Philosophie fand der Jugendkult durch die Idee von der In-
tuition und des *élan vital* in *L'Evolution créatrice* (1907) von Henri
Bergson (1859–1941) Eingang. Was eine gerade in den Anfängen
ihrer Wissenschaftlichkeit sich befindende Psychologie als für die
Jugend charakteristisch postulierte, wurde von Bergson ontolo-
gisch verallgemeinert. Die Jugend wisse, daß der Verstand nur das
Starre und Tote der anorganischen Natur, nicht aber das Leben
selbst in dessen schöpferischer Aktivität erfassen und begreifen
könne; dieses sei vielmehr nur durch eigenes Erleben, durch Intui-
tion zu erfassen, denn wie die menschliche Seele sei auch das Leben
fließend und von unzergliederbarer Vielfalt – diese zeitgenössischen Psychologeme werden von Bergson auf das Leben und das
Sein schlechthin übertragen, wobei der weitgehend unkontrollierte *élan vital*, als vitalistisch-ungebundener Lebensdrang ein an-

gebliches Charakteristikum der Jugend, zum innersten Prinzip alles Seins erhoben wird.

In *Jean-Christophe* (1904–1912) von Romain Rolland (1866–1944) tritt uns dann ein Romanheld entgegen, in dem sich höchst folgenreich jugendliche Kraft und Begabung mit Deutschland und Deutschsein verbinden. Jean-Christophe ist ein durch den *élan vital* geprägter Künstler, er ist von einer vitalistischen Hingabe an das Leben beseelt, und er ist Deutscher, genauer: Rheinländer. Jugendliche Lebenshingabe um ihrer selbst willen wird also gleichsam von Rolland als eine deutsche Nationaleigenschaft gedeutet, wohingegen die romanisch-mediterrane Kultur seit der lateinischen Antike als eher mäßigend, maßvoll, dämpfend, gar als alt und ältlich empfunden wird, Paris beispielsweise wird im Roman als alt und verbraucht beschrieben. Der Lebensweg führt den Protagonisten am Ende aus der Arbeiterbewegung zu den *happy few* einer jungen geistigen Elite, die allein nach der Vorstellung Rollands die Verjüngung und Erneuerung Europas herbeiführen kann. In der Bindung des individualistischen Vitalismus und des gesellschaftlichen Elitedenkens an den prononciert jugendlichen und deutschen Jean-Christophe sowie in den nationalen Stereotypen des »jungen« Deutschland und »alten« Frankreich finden wir jene Ideen der politischen Rechten wieder, die als Reflexe auf die Niederlage von 1870 entstanden waren.

In einem der Kultbücher der französischen Weltkriegs- und Nachkriegsgeneration, dem Roman *Le Grand Meaulnes* (1913) von Alain-Fournier (1886–1914), ist der Traum vom Wiederfinden des verlorenen Paradieses der Kindheit und der Jugend das erzählerische Zentralmotiv. In dem jungen Protagonisten Augustin Meaulnes treffen Jugend, Führertum, Neigung zur Männerfreundschaft, zu Geheimnis und Abenteuer zusammen. Es ist signifikant, daß sich die Handlung wiederum nicht in Paris, sondern vor allem in der naturverbundenen Provinz der *France profonde* abspielt. Die Suche nach der Jugend erzählt dieser Roman als die Suche des Helden Meaulnes nach seiner verlorenen Geliebten. Als er sie schließlich wiederfindet, stellt sich jedoch bei ihm eine tiefe Traurigkeit ein, denn von jenem jugendlichen Liebeserlebnis lebt nichts mehr, die junge Frau ist ihm fremd, und es gibt nichts, was ihnen sagen könnte, sie hätten nicht geträumt und ihre jugendliche Liebe wäre wahr gewesen. Er heiratet sie dennoch, aber als sie nach der Geburt einer Tochter stirbt, bricht Meaulnes mit der Kleinen zu neuen Abenteuern auf. Das Paradies der Jugend, sagt Alain-Fournier, strahlt auf das ganze Leben aus, aber wir finden es nicht wieder. Diese Höherwertigkeit der Jugend dem Erwachsenenleben gegenüber wird gelegentlich von Alain-Fournier auch in die Dornröschenmetaphorik gefaßt – der Prinz, von Müdigkeit überwältigt, findet nicht jenen Zugang zum alten und dornenüberwachsenen Pfad, der ihn zum Dornröschen seiner Jugend führen könnte. Aber wenn auch die Jugend selbst unwiederbringlich ist, der Traum von der Jugend ist für Alain-Fournier das eigentliche Geheimnis des Lebens und zugleich – jenseits aller späteren und nur vordergründigen Realitäten – des Lebens tiefste Wirklichkeit.

Auch in dem Roman *Le Diable au corps* (1923) von Raymond Radiguet (1903–1923) ist die Ausnahmestellung und Höherwertigkeit der Jugend gegenüber allen anderen Altersstufen die zentrale Idee, die vom Autor allerdings nicht träumerisch-versponnen wie von Alain-Fournier, sondern eher mit Pariser Großstadttempo erzählerisch dargeboten wird. Ähnlich wie bei Gide wird hier die absolute Ausnahmestellung der Jugend auf die Unentrinnbarkeit der Sinne und besonders des Eros in diesem Lebensalter gegründet. Die Handlung setzt mit dem Kriegsausbruch von 1914 ein, den der jugendliche Ich-Erzähler als einen befreienden Ausbruch erlebt: »Que ceux déjà qui m'en veulent se représentent ce que fut la guerre pour tant de très jeunes garçons: quatre ans de grandes vacances«, heißt es zu Beginn der Erzählung, und dies bedeutet für den Protagonisten Ungebundenheit, wollüstige Unbekümmertheit, Offenheit allem Neuen, allem Ungewöhnlichen und Aufwühlenden gegenüber. Er berichtet von der Liebe zu einer jungen Frau, deren Verlobter im Felde steht. Beide erleben den Liebesgenuß als einen *égoïsme à deux*, der jedoch wegen der Minderjährigkeit und Unerfahrenheit des Protagonisten katastrophal endet: Nach der Geburt eines Kindes, das sie vom Erzähler und nicht von ihrem inzwischen angetrauten Ehemann empfangen hat, behält dieser es nichtsahnend und im Glauben an seine Vaterschaft bei sich, indes die Frau mit dem Namen ihres Geliebten auf den Lippen stirbt. Wegen der Figur des im Felde stehenden und betrogenen Ehemannes und wegen der Beschreibung des ungehemmten Liebesgenusses in einer Zeit, in der die Besten des Volkes auf dem Schlachtfeld sterben, wurde der Roman bei seinem Erscheinen 1923 als Akt des Verrats, mindestens aber als einer der Illoyalität, und als Skandal empfunden. Die Aussage des sehr jugendlichen Romanciers jedoch ist eine andere. Jugend, sagt Radiguet, ist jene Ausnahmesituation im Verlauf des menschlichen Lebens, für die die konventionelle Moral nicht gilt, denn nur in der Jugend ereignet sich die Überwältigung des Menschen durch den Eros – die Radiguet ebenso konsequent wie wirkungsvoll aus der Perspektive des Überwältigten schildert. Die Frage nach Recht und Unrecht kann, so insinuiert der Erzähler, gar nicht gestellt werden, denn so unvermeidbar, so übermächtig und zwingend ist das Geschehen, daß am Ende der Protagonist trotz des Todes seiner Geliebten nur feststellen kann, so war es, so mußte es sein. Als Metapher für die Kraft der Liebe, der die Jugend und nur sie allein gleichsam hilflos ausgeliefert ist, verwendet Radiguet denn auch gelegentlich das Bild von der Magnetanziehung, die ebenso natürlich wie unwiderstehlich ist.

Jean Cocteau (1889–1963) setzt den Mythos von der Jugend als eines Sonderbereiches abseits der Wirklichkeit und des platten Lebens fort. Auch bei ihm ist die Jugend voller Zauber, ja Magie, aber sie enthält zugleich die wahre und tiefe Wirklichkeit. Hatte er das Motiv des Genies der Jugend in den beiden Erzählungen *Le Grand Écart* (1923) und *Thomas l'Imposteur* (1923) noch mondän-spielerisch verkleidet, so tritt es in *Les Enfants terribles* (1929) unverhüllt zutage, statt Charme regieren nun dunkler Zauber und der Tod. Wie der ganze Roman, so hängen, wie Cocteau selbst einmal bemerkte, auch die einzelnen Romanfiguren »nur noch mit einem Faden an der Erde«, äußeres Geschehen wird kaum noch erzählt, Wirklichkeit nicht mehr dargestellt, sondern zitiert. Sie ist nur noch Sprungbrett in das Traumreich der »schrecklichen Kinder«. Es ist ein nächtlich-gefährliches Reich, welches Erfahrungen vermittelt wie sonst nur die Droge; Wachträume, Schweben durch eine verwandelte Wirklichkeit, ein somnambules Geschehen – erst in diesem Zustand des Halbschlafes erhalten die Gegenstände ihren wahren, d. h. magischen Sinn, haben sich auch die Menschen aus ihrer Enge gelöst und sind bei sich selbst. Durch Traum, Hypnose und Somnambulismus, so wird erzählt, entgleiten die Protagonisten, ein junges Geschwisterpaar und ein weiteres junges Paar, der Wirklichkeit. Schicksalsentscheidend aber ist Pauls Idol, der junge, schöne und animalisch-starke Dargelos, der seinem Freunde die schwarze Kugel des Todes bringt und der den Mythos der Jugend auf eine andere Weise verkörpert: Jugend nämlich als Schönheit, männliche Kraft und Stärke, erotisches Führertum und Tod zugleich und dies alles weit außerhalb der platten Wirklichkeit. Cocteau, so könnte man sagen, verkörpert in der Reihe von Gide über Rolland und Alain-Fournier bis zu Radiguet die surrealistische Fassung des französischen Jugendkultes. Die in diesem latente, nur bei Gide offen homoerotische Komponente wird auch bei ihm manifest. Sie findet sich auch bei jenen Autoren, für die der Faschismus nichts anderes ist als eine gigantische Feier der Jugend zur Erneuerung der Nation.

IV. Die Apotheose der Jugend im französischen Faschismus: Montherlant, Drieu La Rochelle, Brasillach

Mit den ersten drei Romanen von Henry de Montherlant (1896–1972), mit *Le Songe* (1922), *Les Olympiques* (1924) und *Les Bestiaires* (1926), kommt ein weiteres Element in den französischen Jugendkult, das Kämpferisch-Heroische, das bei Drieu und Brasillach in der Form des Soldatischen und Militärischen weiterleben wird. Die hochmütige animalische Lebenssicherheit des aristokratischen Stierkämpfers Albert de Bricoule in *Les Bestiaires* leitet Montherlant von Nietzsche ab und ebenso seine Abneigung gegen die Liebe – erzählerisch wird dies gestaltet als Abwendung des Romanprotagonisten von der jungen Soledad und Konzentration auf das rituelle Töten des Stiers, worin Montherlant eine Erneuerung des antiken Mithraskultes sieht, bei dem alles Leben und Schöne dem Blut des getöteten Tieres entspringt. Jugend bedeutet für Montherlant die Herausforderung der Vitalität und des Todes zugleich. Wo die Vitalität fehlt, wie etwa bei den drei Junggesellen in *Les Célibataires* (1934), herrscht Dekadenz, und wo Männer überhaupt fehlen, wie in *Les Jeunes Filles* (1936–1939), gibt es nur noch die nach Meinung von Montherlant zweitklassige, weil ohne die Liebe und den Mann unselbständige Frau. Sie hat kein eigenes Gefühl, ist »celle qui n'est pas«, eine Hohlform ohne Existenz aus eigener Kraft. Erst der Mann und die Liebe zu ihm formen für Montherlant die Frau zu einer Persönlichkeit, und alle angeblich typisch weiblichen Eigenschaften wie Koketterie, Eitelkeit, Sentimentalität und »Irrealismus« erklärt er aus dieser Abhängigkeit der Frau vom Mann. Stärke des Körpers und des Geistes sind für diesen Autor alleiniges Vorrecht der männlichen Jugend, keiner anderen Geschlechts- und Altersgruppe, und Schönheit und Elitetum ebenfalls. Im Zentrum auch dieses Jugendmythos steht eindeutig die Homoerotik. Bezeichnend ist die Reihenfolge, die Montherlant dem jugendlichen Lebensdrang unterlegt: Zuerst gibt es den reinen und ungebundenen Willen, den Willen an sich gleichsam, und erst in einer zweiten, späteren Phase wird dieser Wille zielgerichtet.[7] Robert B. Johnson hat den Jugendbegriff Montherlants schematisch aufgeschlüsselt und insgesamt fünf Phasen festgestellt.[8] Die erste Phase der Kindheit dauert fünf Jahre. An sie schließt sich die zweite, formative Phase an, in der das Kind durch seine Intelligenz die Wahrheit und Wirklichkeit kennenlernt, sie währt von sechs bis elf Jahren. Zwischen dem elften und zwölften Lebensjahr ist dann die Zeit des Gleichgewichts von Kindheit und Jugend. Vom dreizehnten bis zum sechzehnten Lebensjahr folgt dann »l'âge de l'âme«, der Beginn der Jugend, und dieser entscheidet über die folgende Phase, das siebzehnte Lebensjahr. Hier versinkt die Mehrheit in Mittelmäßigkeit, es tritt der »Tod der Seele« ein, und so sind denn auch die Jahre zwischen achtzehn und zwanzig, das Ende der Jugend, für die meisten bereits die Zeit ihrer dann lebenslangen Mittelmäßigkeit. Für die wenigen allerdings, die sich im entscheidenden siebzehnten Lebensjahr zur Größe entwickeln, sind die Jahre von achtzehn bis zwanzig eine Zeit des Genies und der Auszeichnung. Jugend ist also für Montherlant die Zeit – und das hebt sie von den anderen Altersstufen ab –, in der virtuell jeder Mann Größe und Genie besitzt, erst am Ende der Jugend teilt sich die männliche Welt in Elite und Mediokrität. Solange der Mann ein Jüngling ist, gehört er mindestens virtuell dieser Elite an. Männliche Jugend und geistig-körperliche Elite sind also in Montherlants Sprachgebrauch Synonyme. Auch Kunst ist für ihn an diese Altersstufe gebunden, kunstfähig ist z. B. die Begegnung des Jünglings mit dem Tod (im Stierkampf, auf dem Schlachtfeld), nicht kunstfähig ist dagegen der Tod im Alter, da er nur natürlich ist. In Montherlants Alterswerken, Theaterstücken zumeist, ist denn auch der jugendliche Held verschwunden, die Protagonisten sind alte Könige und alte Kardinäle, »c'est à présent le temps du regret. La jeunesse devient la vieillesse, et la mort perd son costume épique.«[9]

Sucht man nun jenseits der biographisch nachgewiesenen Homosexualität von Montherlant den Grund für diese Idolatrie der Jugend, so erweist sich der Hinweis Blanchards als nützlich, daß Montherlant in den zwanziger Jahren einen *Chant Funèbre pour les Morts de Verdun* geschrieben hat. Wie ganz Frankreich in jener Zeit fragt sich auch Montherlant, welche Bedeutung den Hekatomben junger Gefallener beizumessen ist, die der Weltkrieg gefordert hat, und er sagt, selbst noch keine dreißig Jahre alt: Die Todessehnsucht und der Tod der soldatischen Jugend sind zu ehren, denn sie machen aus dem Lebensalter des Träumens die Zeit der härtesten Erfahrung.[10] Nimmt man all diese Einzelzüge zusammen, so ist es schwer, bei Montherlants Jugendkonzeption nicht an das Jugendbild des europäischen Faschismus zu denken, denn Männlichkeit, körperliche Kraft und geistige Zucht, Kämpfer- und Soldatentum, Dynamismus und Ritualität, Todesbereitschaft und Elitedenken sind dort auch zu finden. War Montherlant in der Zeit der deutschen Okkupation zwar kein Kollaborateur, so wurde er doch schon während des Krieges von den Anhängern der Résistance als geistiger Sympathisant der Nazideutschen eingestuft und bei Kriegsende sogar mit einem – allerdings kurzfristigen – Publikationsverbot belegt. Wenn auch seine Handlungen von 1940 bis 1944 untadelig und, was seine Hilfsbereitschaft für bedrohte Juden betrifft, bisweilen vorbildlich waren, an seiner geistigen Verwandtschaft mit dem Faschismus kann nicht gezweifelt werden. »La croix gammée, qui est la Roue solaire, triomphe en une des fêtes du Soleil«, mit diesem Satz bezeichnete er in *Le Solstice de juin* (1941) die Niederlage und Besetzung seines Vaterlandes durch die Armee Hitlers als Sonnenwende. Die Qualität eines reinigenden Feuers billigt er dem Faschismus allemal zu, dessen Praxis er allerdings ablehnte – »ein Mann der Parteilichkeit und der schneidenden Urteile, aber kein Mann der Parteien«.[11]

Die beiden prominentesten literarischen Kollaborateure, Pierre Drieu La Rochelle und Robert Brasillach, bezahlten ihre Sehnsucht nach einem französischen Faschismus und ihre Parteinahme für Hitlerdeutschland und Hitlers Europa mit dem Leben: Brasillach wurde am 6. Februar 1945 nach vorausgegangenem Prozeß und Todesurteil erschossen, und Drieu la Rochelle beging am 15. März 1945 Selbstmord. Der wichtigste Grund, warum sich beide zum Faschismus bekannten, lag in der lebenslangen Faszination, die die Jugend auf sie ausübte, und in den europäischen Faschismen hatten sie beide bis Kriegsende einen umfassenden Aufstand der Jugend gegen das verrottete und kraftlose Alte wahrzunehmen geglaubt.

Drieu La Rochelle (1893–1945) gehört zur Frontkämpfergeneration des Ersten Weltkrieges.[12] Diese bleibt für ihn lebenslang die »junge« Generation, die Verdun und die Marnelinie gehalten hat, während die Älteren von Sedan bis Faschoda nur Niederlagen erlitten hätten. Sein Jugendbegriff verbindet sich von Beginn an mit der Bejahung des Krieges als schmerzlicher, aber heilsamer Erfahrung, und wie Ernst Jünger und Montherlant bringt auch er aus dem Kriege den Traum von einer neuen, jungen und kraftvollen Aristokratie ehemaliger Frontsoldaten mit. Später wird er seiner Generation vorhalten, sie habe nicht arrogant genug an ihren Rechten festgehalten, die aus ihrem siegreichen Soldatentum flössen, und es so den Alten erleichtert, ihre politischen Geschäfte wieder wie vor 1914 zu betreiben, also in der Form von Absprachen in Hinterzimmern und von parteipolitischen Händeln. Drieus Hinwendung zu den Surrealisten um Aragon und Breton im Jahre 1920, die bis zu deren Parteinahme für die Kommunistische Partei fünf Jahre später dauerte, hatte denn auch nicht so sehr eine ästhetische als vielmehr eine generationsmäßige Motivation. Im Dadaismus und im Surrealismus erblickte er zuallererst eine Jugendrevolte gegen das dekadent Verrottete und die brüchig gewordene Tradition, einen vitalen und dynamischen Ausbruch des Animalischen. Später äußerte er, Dadaismus, Bolschewismus und Faschismus seien so konträr nicht gewesen, denn sie hätten gemeinsam die Zerstörung des Alten im Namen der Jugend propagiert. 1925 geht Drieu zur politischen Rechten über, dorthin, wo sich die Jugend, besonders die akademische Jugend des Landes traditionellerweise versammelt hatte. Seine schrittweise Annäherung an den Faschismus bis 1934 beruht auf einer Entscheidung für die Jugend und gegen die Alten und das Alter, dem Versuch einer vitalistischen Zerstörung lebloser bürgerlicher Normen und einer Erneuerung Frankreichs durch den Rekurs auf vermeintliche Ursprünglichkeit. 1927 bereits verurteilt er den nun prokommunistischen Surrealismus als dekadent ebenso wie Maurras' Action Française, den ersteren wegen seiner Bindung an Moskau, letztere wegen ihrer Bindung an einen von ihm selbst als sklerotisch eingestuften traditionellen Nationalismus. Liberalismus und Sozialismus, Rationalismus und Demokratie sind für ihn nur »weiche« Lösungen und allesamt für Frankreichs Dekadenz verantwortlich. Da sich die Linke Moskau, die Rechte dem traditionellen Nationalismus verschrieben hätten, votiere er für die Jugend, äußert er in dieser Zeit, sie allein sei »modern«, also stark, ursprünglich und wahrhaft männlich. Seit seiner Kindheit kennt Drieu das Thema der französischen Dekadenz, von dem er später umgetrieben wird. Immer wieder hatte er in der Familie gehört, Frankreich sei eine absteigende Nation, während England und Deutschland im Aufstieg begriffen seien. Roßbach und Waterloo, Sedan und Faschoda, die großen Niederlagen Frankreichs im 18. und 19. Jahrhundert, demonstrierten dies überdeutlich. Im Unterschied zu Deutschland und England konstatiert Drieu für Frankreich einen Mangel an Willen und Vitalität, und dieser Mangel allein gilt ihm als Ursache von Frankreichs Dekadenz, nicht dessen militärische oder industrielle Potenz oder Fähigkeit, seine sozialen Ungerechtigkeiten systematisch zu korrigieren. In *Mesure de France* (1922) behauptet er, der Weltkrieg habe eigentlich Deutschland als den wahren Sieger gesehen, denn Frankreich habe nur durchgehalten, weil ihm über zwanzig Verbündete zur Seite gestanden seien – ein souveräner Kopf auf einem anämischen Körper. Die demographische Baisse Frankreichs nach dem Krieg ist für Drieu der Ausdruck des sexuellen und politischen Verfalls des Landes, um das sein ganzes Schreiben in den zwanziger Jahren kreist. So porträtiert er denn auch im Roman *L'Homme couvert de femmes* (1925) einen Helden, dessen Leiden daraus resultiert, daß er keine leidenschaftliche Liebe mehr erfährt und nur dem berechnenden Liebesverhalten der *upper class* sowie der käuflichen Prostitution niederer Volksschichten begegnet. Beides stößt ihn ab und läßt ihn allein in seinem Verlangen nach Liebe als Passion, für ihn gleichbedeutend mit Liebe als Lebensäußerung der Jugend.

Schon 1927 erklärt Drieu allerdings in *Le Jeune Européen*, die Jugend allein sei das Mittel, diese Dekadenz zu überwinden, und in dem Roman *Gilles* (1939) zeichnet er den rechtsextremistischen Aufstand gegen die III. Republik am 6. Februar 1934 als einen Aufstand der Jugend gegen ein altes Regime. So wie er es später von seinem Romanhelden Gilles beschreibt, tritt der 1936 dreiundvierzigjährige Drieu dem faschistischen Parti Populaire Français von Jacques Doriot bei, der ihm den Geist der Jugend verkörpert: Doriot, der ehemalige Jugendsekretär der Kommunistischen Partei, habe sich in dem Moment von der KPF abgewendet, in dem diese sich von der Jugend des Landes losgelöst und am fernen Moskau orientiert hätte. Nicht die orthodoxe Kommunistische Partei Frankreichs seines ehemaligen Freundes Aragon vertritt für Drieu die Ideen des Oktober 1917, sondern, wie er 1934 in *Socialisme fasciste* bemerkt, der sozial gesonnene Faschismus, den er auf den »linken« Flügeln der europäischen faschistischen Bewegung zu erkennen glaubt. Anfang 1934 weilt er auf Einladung von Abetz' *Comité d'entente des jeunesses pour le rapprochement franco-allemand* für eine Woche in Berlin und schildert nach seiner Rückkehr in drei Reportagen seine Eindrücke. Ihn begeistern die Disziplin und der Kampfgeist, die Kameradschaft und die Dynamik der jungen SA- und SS-Soldaten. Den deutschen Normalbürger hält er eher für unpolitisch. Krieg und Faschismus, junger Soldat und »moderne« Ideologie rücken bei Drieu nun endgültig zusammen. Auf seine Frage, welches die Politik der neuen Regierung sei, erhält Drieu von einem jungen, »harten« SS-Mann folgende Antwort: »Nous ne savons pas exactement comment il sera le régime. Nous nous fichons des formules et des règles droites.« Von diesem Geist ist er tief beeindruckt und wird beinahe dieselben Worte dem Diktator in seinem späteren Stück *Le Chef* in den Mund legen[13] – Drieu feiert Jugend und Bewegung um ihrer selbst willen. In *Gilles* hofft Drieu noch auf einem genuin französischen Faschismus. Als sich dieser auch Ende der dreißiger Jahre nicht siegreich durchsetzen kann, als sich Frankreich im Blitzkrieg militärisch als so schwach erweist, wie Drieu es immer verkündet hat, wünscht er nun, daß die deutschen Nationalsozialisten den Franzosen dazu verhelfen sollen, wozu diese selbst offenbar nicht fähig seien, nämlich die Dekadenz zu überwinden. Bezeichnend ist Drieus Wortwahl in jenen Jahren: Deutschland ist für ihn *nouvelle*, *jeune*, *passionée* und *primitive*, Frankreich aber in allem das Gegenteil, *vieille*, *rationale*, *démocratique*.

Daß Drieus Parteinahme für den Faschismus wesentlich unideologisch und von seiner Fixiertheit auf die – natürlich männliche – Jugend bestimmt war, bezeugt auch der Bericht von seiner Reise zum Reichsparteitag 1938.[14] In Berlin besucht er eine Abteilung der Hitler-Jugend eines Arbeitsbezirks und notiert nach dem Besuch in einem Jugendlager in der Mark Brandenburg mit Begeisterung: »Partout, j'ai trouvé de la santé, de belles jambes nues, des yeux fidèles et somme toute beaucoup plus de goût dans les couleurs et les formes que chez nous.« Er hebt die Bemühungen der nationalsozialistischen Führung um die Jugend hervor, bedauert, daß eine Veranstaltung wie die in Nürnberg in Frankreich nicht möglich sei, vergleicht gar die Aufmärsche und Zeremonien mit der Schönheit der Akropolis, wohingegen Frankreich gänzlich immobil und ohne Schwung sei: »Ce matin«, so äußert er sich zum Aufmarsch auf dem Parteitagsgelände am 12. September 1938, »dans une immense prairie, il y avait cent mille personnes qui regardaient défiler et danser cinquante mille jeunes gens. Il y avait des chœurs et des chants admirables: une tragédie antique. C'était écrasant de beauté.« Zwischendurch zeigt man ihm das Konzentrationslager Dachau, hier findet er »l'admirable confort et la franche sévérité« (!). Für die große Abschlußkundgebung drängen sich ihm diese Worte auf: »Et la revue cette après-midi, épuisante mais formidable. Le défilé des troupes d'élite tout en noir était superbe. Je n'ai rien eu de pareil comme émotion artistique depuis les Ballets russes. Le goût est parfait. Et tout ce peuple est enivré de musique et de danse.« Jugend, Kraft, Schönheit, Homoerotik und Revolution verbinden sich bei Drieu, an seinen Deutschlandhymnen aus den dreißiger Jahren ist es ablesbar, zu einem Mythos, dessen Spuren in seinem Werk der dreißiger und vierziger Jahre überall sichtbar sind. In der Novellensammlung *La Comédie de Charleroi* (1934) läßt er einen Soldaten sagen, er sei weder rechts noch links, sondern gegen alle, »die alt sind«, denn die Alten korrumpierten die Rechten wie die Linken. In dem Theaterstück *Charlotte Corday* (1941), das Analogien zwischen der *Grande Révolution* von 1789 und der *Révolution Nationale* von 1940 aufdecken will, wird auf die prononcierte Jugendlichkeit von Charlotte Corday und Saint-Just und implizit auf das hohe Alter der Männer um Pétain in Vichy hingewiesen. Für Drieu schien das Ende des Experimentes Vichy und seiner hinhaltenden Kollaboration voraussehbar. Auch in seiner politischen Summe, der Schrift *Notes pour comprendre le siècle* (1941), sind diese Gedanken enthalten: Frankreichs Mittelalter ist ihm eine »Ära der Jugend«, zu der das Land zurückfinden solle; die Führer in Vichy gelten ihm dafür als zu alt, alt seien die Freimaurer, Juden, Demokraten, auch die Konservativen und Nationalisten. Jung hingegen sei der Nationalsozialismus, jung auch die SS – und deshalb zeige sich hier eine Möglichkeit für Europa, der Dekadenz zu entgehen.

Drieus Pariser Schriftstellerkollegen sahen in seiner Idolisierung der Jugend eine Folge entscheidender Erlebnisse in Kindheit und Adoleszenz. Sartre spricht 1943 von ihm als einem jungen Mann, der nicht wisse, wie man alt werden soll. Drieus Freund Maurice Martin du Gard meint, er habe das Alter »nie akzeptiert«. Jugendkult, extremer Ästhetizismus und die Furcht vor der angeblichen französischen Dekadenz lassen Drieu sich zur vermeintlich jungen modernen Ideologie des Faschismus bekennen. Bisweilen träumt er sogar von einem linksgerichteten Sozialfaschismus. Aus diesen Gründen kollaborierte er nach 1940 mit den deutschen Propagandabehörden in Paris. Er mußte aber bald erleben, daß diese nicht so sehr an einem französischen Faschismus und Wiedererstarken Frankreichs, sondern vielmehr an einem Lieferanten von Arbeitskräften, Nahrungsmitteln und Rüstungsgütern interessiert waren, weshalb er in den letzten Kriegsjahren der faschistischen Variante des deutschen Nationalsozialismus kritisch gegenüberstand, auch deshalb, weil sich ab 1943 die künftige Niederlage des Reiches für jeden halbwegs Unterrichteten deutlich abzeichnete. Aber noch wenige Wochen vor seinem Freitod beschreibt er sein Aufbegehren gegen die französische Dekadenz als Teil einer allgemeinen Jugendrevolte, des Kampfes einer jungen und gesunden gegen eine alte und kranke Generation – in Europa wie in Frankreich. Jugend ist für ihn das wichtigste Moment, das den Verlauf und das Schicksal politischer und ästhetischer Bewegungen, ja ganzer Gesellschaften und Nationen bestimmt oder doch bestimmen sollte. Der von Ernst Nolte Hitler selbst und seiner ganzen Bewegung zugeschriebene »Infantilismus« ist auch bei diesem sich so jugendlich gebenden, in Wirklichkeit eher morbiden, tief gespaltenen und »alten« Schriftsteller zu finden, dessen literarische Leistung denn auch nicht in seinen Werken für den angeblich jungen Faschismus, sondern in hellsichtigen Diagnosen bürgerlicher Auflösungserscheinungen in Frankreich liegt.[15]

Auch das schriftstellerische Werk und politische Handeln von Robert Brasillach (1909–1945)[16] wird von nichts so sehr bestimmt wie vom Glauben an die Jugend. Schon früh klagt er vehement über die Vergänglichkeit, der Jugend zumal und der Kindheit, und bezeichnet das Leben als lebenswert nur bis zum 30. Jahr. Sein Schriftstellerkollege Jean Anouilh charakterisiert ihn gelegentlich als einen Mann, der nicht alt werden will. Etwas Bohèmehaft-Studentisches kennzeichnet Brasillach noch während seines Landesverratsprozesses. Er macht auf Beobachter den Eindruck eines Studenten, der Freude darüber empfindet, dem Staat und seiner Polizei einen Streich gespielt zu haben. Mehr noch als der Chef der Action Française, Charles Maurras, ist es Henri Massis, der ihn den reinen Konservativismus in Richtung auf einen prononcierten Jugendkult durchbrechen läßt. Auch Brasillachs Votum ging in die Richtung einer Internationalen der faschistischen Jugend, und wie Drieu blickte er hingerissen auf die männliche Jugend des noch jungen Dritten Reichs. Aus seiner Nietzschelektüre entstand sein Glaube an eine umfassende Jugendrevolte. In NS-Deutschland erblickte er (von den biertrinkenden Normalbürgern, die die Mehrheit stellen, abgesehen) eine virile und elitäre Männergemeinschaft junger Jäger und *bohémiens* an der Macht. Eine Charakterisierung, die er immer wieder verwendet, ist *pur*, also rein: Als jung, rein und nationalen Sozialisten stellt sich Brasillach den idealen Faschisten vor. Gegen die Alten und das *establishment* soll er den Geist der Freude, die Betonung des Körperlichen setzen, in Abwehr der Lebensformen in den überzivilisierten Großstädten hätten bereits die Wandervögel, die deutschen Freikorps und die italienischen *arditi* das Ideal des gestählten Körpers und der Männerfreundschaft verwirklicht. In Deutschland, wo Brasillach die Massenvorführungen des nationalsozialistischen Regimes bewundert, sieht er den Sieg dieser Jugend verwirklicht und wünscht sich dasselbe für sein Land: eine Reinigung durch die junge Generation. Wie Drieu konzipiert er die geschichtliche Bewegung nicht als Klassen-, sondern als Generationskampf. Hinzu kommt allerdings beim Antisemiten Brasillach die Idee des Rassenkampfes. Nonkonformismus und kraftvolle Vitalität zeichnen für Brasillach die Jugend als Elite aus, während das Alter für ihn Egoismus und Sterilität bedeutet. Im belgischen Rexistenführer Léon Degrelle erblickt er den Prototyp dieser Generation des Anarcho-Faschismus, der außer Vitalität und Bewegung kein ausgearbeitetes Ideologiesystem hat. Man hat darauf hingewiesen, daß sich Brasillach lebenslang in kleinen, abgeschotteten Zirkeln bewegt hat, zunächst im Pariser *Lycée Louis-le-Grand* und in der *Ecole Nationale Supérieure*, später in den rechtsgerichteten Zeitungsredaktionen des Vorkriegsfrankreich, dann im Offiziersgefangenenlager in Deutschland und schließlich in den Zirkeln der Kollaborationspresse. Dies war nicht der Grund, sondern die Folge seiner Option für den Faschismus. Als er seit 1934 erleben muß, daß sich die französische Jugend nicht, wie er gehofft hatte, zum Faschismus hin entwickelt, als gar der Aufstand vom Februar 1934, den er wie Drieu als Aufstand der Jugend sieht, niedergeschlagen wird, und sich innenpolitisch eine Volksfrontregierung durchsetzt, da tritt Brasillach um so entschiedener für einen französischen Faschismus ein. Noch intensiver als Drieu glaubt er nach Frankreichs militärischer Niederlage im Mai und Juni 1940 daran, daß sich unter der deutschen Okkupation ein Nukleus französischer Elitejugend bilden könne, der dann die Geschicke des Landes zu bestimmen hätte. Dieser Glaube läßt ihn, vor allem in seiner Tätigkeit als Journalist für die faschistische Zeitung *Je suis partout*, zum überzeugten Kollaborateur werden, nachdem er aus der Kriegsgefangenschaft in Deutschland zurückgekehrt ist. Die faschistische Jugend Frankreichs soll vor allem gegen die von Großbritannien und den USA beeinflußte *swing*-Generation Front machen, aber auch gegen das Regime der alten Männer in Vichy, dessen Jugendpolitik er – weil von Alten gemacht – für zu wenig revolutionär und zu lau hält. Während die Alten in Vichy eine Jugendpolitik konzipierten, die die nächsten Generationen wieder näher an die angeblich ewigen, in Wirklichkeit nur vorrevolutionären Werte Frankreichs heranführen soll, träumte Brasillach als Vertreter der jungen und rabiaten Pariser Kollaboration von einem gänzlich ideologiefreien, der Bewegung und Dynamik allein hingegebenen Männerideal. Noch in seiner Todeszelle und angesichts des militärischen Zusammenbruchs, den der Faschismus in Europa erlebte, schrieb er im Januar und Februar 1945 nieder, er hoffe zuversichtlich, daß die nächste Revolution die einer von jeglicher Ideologie befreiten Jugend sein werde.

In *Notre Avant-Guerre* (1941) beschreibt Brasillach seine Reise zum Reichsparteitag des Jahres 1937. Zwar ist ihm in Deutschland vieles fremd, am Auftreten der nationalsozialistischen Führer mutet ihn manches byzantinisch, gar orientalisch an, aber auch ihn faszinieren die jungen Kolonnen der Arbeitsdienstler. Nur die Jugend, nicht der dicke ältere Deutsche, verkörpert für ihn den NS-Staat. Im Hitler-Jugend-Lager, so schwärmt er, seien alle sozialen Klassen vereint. Er rühmt dessen Sauberkeit und Sportbetrieb, den militärischen Tageslauf und den Gesang. In Hitler, den er persönlich kennenlernt, erblickt auch er den großen faschistischen Führer, der den »neuen Menschen« schaffe.[17] Unmittelbar vor seinem Tod, sieben Jahre später, wendet er sich an zukünftige Generationen, um ihnen zu verdeutlichen, warum er an den Faschismus geglaubt hat und selbst im Moment seines Untergangs an ihn glaubt:

»Les petits enfants qui seront des garçons de vingt ans plus tard apprendront avec un sombre émerveillement l'existence de cette exaltation des millions d'hommes, les camps de jeunesse, la gloire du passé, les défilés, les cathédrales de lumière, les héros frappés au combat, l'amitié entre jeunesse de toutes les nations réveillées, José Antonio, le fascisme immense et rouge. (...) Et moi qui, ces derniers mois, me suis si fortement méfié de tant d'erreurs du fascisme italien, du nationalisme allemand, du phalangisme espagnol, je puis dire que je ne pourrai jamais oublier le rayonnement merveilleux du fascisme universel de ma jeunesse, le fascisme, notre mal du siècle.«[18]

Brasillach schrieb dies 1945 in seiner Todeszelle. Schon vier Jahre zuvor, als er noch auf einen genuin französischen Faschismus hoffte, hatte er seinen Begriff des Faschismus erläutert, in dem Körperbewußtsein und Nationalgefühl, Elitedenken und Kult der Freundschaft und der Jugend zusammenfinden. Er spricht in diesem Zusammenhang von der spezifisch »faschistischen Freude«:

»Joie qu'on peut critiquer, joie qu'on peut même déclarer abominable et infernale, si cela vous chante, mais joie. Le jeune fasciste, appuyé sur sa race et sur sa nation, fier de son corps vigoureux, de son esprit lucide, méprisant des biens épais de ce monde, le jeune fasciste dans son camp, au milieu des camarades de la paix qui peuvent être les camarades de la guerre, le jeune fasciste qui chante, qui marche, qui travaille, qui rêve, il est tout d'abord un être joyeux. (...) Le fascisme n'était pas pour nous, cependant, une doctrine politique, il n'était pas davantage une doctrine économique. Il n'était pas l'imitation de l'étranger, et nos confrontements avec les fascismes étrangers ne faisaient que mieux nous convaincre des originalités nationales, donc de la nôtre. Mais le fascisme, c'est un esprit. C'est un esprit anticonformiste d'abord, antibourgeois, et l'irrespect y avait sa part. C'est un esprit opposé aux préjugés, à ceux de la classe comme à tout autre. C'est l'esprit même de l'amitié, dont nous aurions voulu qu'il s'élevât jusqu'à l'amitié nationale.«[19]

Es ist diese Sehnsucht nach Jugend und Freundschaft gewesen, die Brasillach erst zum Faschismus als ihrer vermeintlichen Heimat, dann zur Kollaboration und schließlich – nicht mehr jugendlich, aber noch jung – vor das Exekutionspeloton geführt hat, wo er für seine publizistischen Attacken gegen Juden, Linke und Résistance-Angehörige mit seinem Leben büßen mußte.

1 Zit. nach Ernst Nolte, *Der Faschismus in seiner Epoche* (München 1963), S. 174: »›Einheit der Nation‹ war der Schlachtruf des französischen Bürgertums gegen die hochmütige Absonderung des Adels. ›Klassenlosigkeit‹ verlangte das Proletariat angesichts einer privilegierten Bourgeoisie. Aber die Action française rühmte sich einer ›stolzen Jugend, rekrutiert in allen Klassen des Landes‹.« Das Wort von Maurras über die Jugend in der Action Française findet sich in seiner Schrift *Enquête sur la Monarchie* (Paris 1914⁶), S. LIII. Die erste Auflage erschien im Jahre 1900.

2 Im Jahre 1913 erschien von Agathon *Les Jeunes d'aujourd'hui*, wo es in der Antwort von Henri Hoppenot auf eine Umfrage zum Einfluß der Action Française heißt: »(...) la grande majorité de la jeunesse intelligente se tourne vers l'Action Française.« Zit. nach René Rémond, *Les Droites en France* (Paris 1982), S. 454.

3 Vgl. hierzu: Robert Soucy, *Fascist Intellectual. Drieu La Rochelle* (Berkeley/Los Angeles/London 1979), S. 17, 395 Anm. 67; ferner Rémond, *Les Droites*, S. 193 f., 196, 216, 417.

4 Die beste Darstellung der Jugendpolitik des Regimes von Vichy stammt von Wilfred D. Halls, *The Youth of Vichy France* (Oxford 1981).

5 Diese Charakterisierung stammt von Robert O. Paxton, *Vichy France. Old Guard and New Order 1940–1944* (New York: Knopf 1972).

6 Zum Wandel der Einschätzung der Okkupationsepoche 1940–1944 in der französischen Historik und Belletristik, im Film und in der öffentlichen Meinung Frankreichs seit Beginn der siebziger Jahre vgl. meine Vorlage zum Romanistentag (Berlin 1983) *Relecture de l'Occupation. Ein Thema der französischen Autobiographie in den siebziger Jahren*; dort auch weiterführende Literatur (die Berichte der Sektion »Autobiographie« dieses Romanistentages werden demnächst publiziert).

7 Jean-Marc Blanchard, *Montherlant: La Jeunesse, le désir, et la mort*, in: *Romanic Review* 59 (1968), S. 93–98.

8 Robert B. Johnson, *Definitions of Youth in the Theatre of Montherlant*, in: *Modern Language Journal* 47 (1963), S. 149–154.

9 Blanchard, *Montherlant*, S. 98.

10 Ebd., S. 93.

11 Hermann Hofer, *Die Literatur der Kollaboration*, in: Karl Kohut (Hg.), *Literatur der Résistance und Kollaboration in Frankreich. Geschichte und Wirkung II (1940–1950)* (Wiesbaden/Tübingen 1982), S. 151–192; Zitat S. 172.

12 Die beste, auch dieser Darstellung zugrundegelegte Monographie über diesen Autor ist die in Anm. 3 genannte von R. Soucy.

13 Dort sagt der Diktator Jean: »Nous ne savons pas ce que nous allons faire mais nous allons faire quelque chose. (...) Nous saurons qui nous

sommes, quand nous verrons ce que nous avons fait. (. . .) Nous ne savons pas ce qu'il faut faire. Mais nous allons essayer n'importe quoi.«

14 Vgl. hierzu: Pierre Andreu/Frederic Grover, *Drieu La Rochelle* (Paris 1979), S. 335 ff., wo diese Reise nachgezeichnet wird; dort auch die folgenden Zitate aus den Reportagen Drieus.

15 Ich denke vor allem an den Roman *Rêveuse Bourgeoisie* von 1937.

16 Bei dieser Darstellung stütze ich mich auf die mustergültige Monographie von William R. Tucker, *The Fascist Ego. A political Biography of Robert Brasillach* (Berkeley/Los Angeles/London 1975).

17 Vgl. hierzu: Robert Brasillach, *Une Génération dans l'orage. Mémoires. Notre Avant-Guerre. Journal d'un homme occupé* (Paris 1968), S. 228–240.

18 Zit. nach Rémond, *Les Droites*, S. 458 f.

19 Brasillach, *Notre Avant-Guerre*, S. 243 f.

Winfried Mogge
Wandervogel, Freideutsche Jugend und Bünde
Zum Jugendbild der bürgerlichen Jugendbewegung

»Steglitz wurde der Mutterboden einer Jugendbewegung, die sich fast zehn Jahre lang ganz im Kleinen und Privaten hielt, die sich das Ideal der fahrenden Schüler aus dem Mittelalter holte, um daran in der neuen Zeit gesund und selbstherrlich zu werden, die sich dann auf einmal ziemlich plötzlich erhob, als die Sterne günstig standen, und in romantischer Begeisterung in wenigen Jahren sich über ganz Deutschland ergoß, so daß zu Tausenden und Abertausenden die vom Alter gekränkte Jugend durch die Wälder brauste.«[1]

Die »vom Alter gekränkte Jugend« – so beschrieb in einer mitreißenden Schilderung Hans Blüher, damals 24 Jahre alt, »Heimat und Aufgang« einer sozialen Bewegung, für die er mit seinem Buch die Bezeichnung »Jugendbewegung« populär machte. Er sprach von seinem Gegenstand auch als einer »Jugendkultur«, einer »Bewegung, die ganz und gar aus der Jugend selber geboren (und) wohl die merkwürdigste ist, die je über deutschen Boden gegangen«[2], und setzte dabei die Existenz anderer und früherer Jugendbewegungen wie selbstverständlich voraus. Nach Blüher und bis heute heißt es allerdings meist verkürzend *die* Jugendbewegung, wenn von dem Wandervogel der Kaiserzeit und der Bündischen Jugend der Weimarer Republik gesprochen wird.[3] *Die* »deutsche«, *die* »klassische« Jugendbewegung zu beschreiben, nahmen und nehmen zahlreiche Autoren für sich in Anspruch, wenn sie jene Bewegung der in kleinen Bünden organisierten bürgerlichen Jugendlichen dokumentieren und analysieren, die nach übereinstimmender Meinung vor allem der Schriftsteller aus den »eigenen Reihen« Jugendbewußtsein und Jugendkultur des 20. Jahrhunderts maßgeblich geprägt, also auch den Mythos Jugend mitgetragen hat. Die fast gleichzeitig entstandene Bewegung der proletarischen Jugend bleibt bei solcher Betrachtung meist außer acht. Das hat mit wenigen Ausnahmen bis heute zu einem merkwürdigen Dualismus in der Geschichtsschreibung geführt.[4]

Außer Betracht blieb in der Historiographie der Jugendbewegung weitgehend auch die Tatsache, daß diese Bewegung tatsächlich ein Bündel von höchst unterschiedlichen Gruppierungen, Freundeskreisen, Bünden, Zeitschriften und ihren Autoren- und Leserzirkeln war. Beeinflußt und geprägt waren sie von anderen, weiter zurückreichenden Strömungen, vor allem von den »Gegenbewegungen« der Wilhelminischen Zeit: von den kulturkritischen, lebensreformerischen und reformpädagogischen Minderheiten des Bildungsbürgertums; und entstanden waren sie als Antworten eben dieses Bürgertums auf die sozialen und geistigen Krisen und Umbrüche jener Zeit der Hochindustrialisierung.[5] Fast 40 Jahre deutscher Jugendgeschichte, mithin die Erfahrungen von rund acht Jugendgenerationen werden unter dem Begriff Jugendbewegung eher verschleiernd als erklärend zusammengefaßt. Zur Abgrenzung des Gegenstandes seien zunächst einige Daten und Definitionen genannt.

Grenzmarken und Stichworte

Aus verschiedenen Anfängen und zunächst unabhängig voneinander entstand die Jugendbewegung im letzten Jahrzehnt des 19. Jahrhunderts. Zum bedeutendsten Ausgangsort wurde, nicht zuletzt dank der Eigengeschichtsschreibung Hans Blühers[6], das Gymnasium in Steglitz bei Berlin. Schülergruppen, die freiwilligen Stenografieunterricht nahmen, begannen unter nur wenig älteren »Führern« zu wandern: So harmlos und auch naiv war das, was sich dann wie eine kulturrevolutionäre Bewegung über das ganze Reich ausbreitete. Es kam zu ersten Organisationen; 1901 fand man den Namen »Wandervogel« und gründete den Wandervogel, Ausschuß für Schülerfahrten, der sich seit 1904 nach internen Streitigkeiten in verschiedene Bünde spaltete. Man hatte in dieser Jugendszene romantische Vorstellungen vom mittelalterlichen Scholarentum, nannte sich »fahrende Schüler« oder »Kunden«, die Führer »Bachanten« und »Oberbachanten«, entwickelte einen eigenen Stil der »Fahrt«, auch als Abgrenzung gegen die zeitgenössischen Wander- und Touristenvereine, übernachtete in Bauernhäusern und Scheunen und kochte im Freien, baute Burgruinen, Stadttürme und verlassene Hütten zu »Nestern« aus. Und diese neue Jugendkultur erfreute sich, der Blüherschen Deutung vom Kampf der »unerträglich belasteten Jugend« gegen die »Generation ihrer Väter und Erzieher«[7] zum Trotz, zumeist der wohlwollenden Tolerierung und sogar aktiven Förderung durch Elternhäuser, progressiv gesonnene Schullehrer und eigens zur Unterstützung dieser neuen Art jugendlicher Gesellung gegründete Eltern- und Freundesräte.

Etwa gleichzeitig mit der Entstehung der Wandervogel-Bünde gründeten Oberschüler in Hamburg einen Wanderverein, der sich gegen die traditionellen Schülervereine und deren Imitationen des studentischen Verbindungslebens absetzte und bald die Abstinenz von Alkohol und Nikotin in seine Statuten schrieb. Aus diesem Kreis vor allem gingen die Akademischen Freischaren hervor als neue, lebensreformerisch geprägte studentische Gemeinschaften.

Wandervogelgruppen in zahlreichen Städten, abstinente Freischaren, sonstige reformpädagogische und lebensreformerische Bünde, eine bald kaum mehr zu überblickende Zahl meist kleiner Gemeinschaften: das alles bildete zusammen die Jugendbewegung, zerstritt und verbündete sich. Gemeinsam war diesen Zirkeln die mehr oder weniger bewußte Antihaltung gegen die Starrheit der Wilhelminischen Gesellschaft, gegen »Bürger- und Verbindungsmief«, gegen die Erziehungsnormen der Welt der »Alten«. Die in jener auf »Fortschritt« fixierten Gesellschaft zum Mythos gewordene Verehrung von Jugend freilich kam der Bewegung, so abweisend sie selbst sich meistens gab, durchaus entgegen.

Gemeinschaftsstiftende Zeichen und Ausdruck dieser neuen Jugend wurden eine eigene Kleidung, das Gefühlserlebnis im wiederentdeckten Volkslied, die befreiende Selbsterfahrung der Gruppe. Äußeres Zeichen war vor allem und immer wieder das Wandern in der freien Natur: eine literarisch überlieferte, keinesfalls originelle, aber in jener historischen Situation begierig aufgegriffene Möglichkeit, sich wenigstens zeitweise und räumlich von Familie und Schule, also von den »offiziellen« Institutionen der Sozialisation zu distanzieren. Hier konnte man eigene und neue Lebens- und Verhaltensweisen entwickeln und erproben; in den Gruppen konnte man die »Nestwärme in erkalteter Gesellschaft«[8] empfinden, in den Bünden den Protest gegen die einengenden gesellschaftlichen Normen artikulieren und über andere und bessere Formen des Menschseins nachdenken. In der programmatischen Formel, die dann auf dem Hohen Meißner gefunden und verabschiedet wurde, ließen sich die Wünsche und Sehnsüchte dieser Jugendbewegung zusammenfassen: »Die Freideutsche Jugend will aus eigener Bestimmung, vor eigener Verantwortung, mit innerer Wahrhaftigkeit ihr Leben gestalten.«[9]

Der Freideutsche Jugendtag 1913 auf dem Meißner war nicht die erste, aber die in der Öffentlichkeit umstrittenste Manifestation dieses »neuen Jugendwillens«. Zwischen zwei- und dreitausend Delegierte und Mitglieder jugendbewegter und lebensreformerischer Bünde und Verbände fanden zu einem Fest unter freiem Himmel zusammen, zu einem ausdrücklich so verstandenen Anti-Fest gegen die hurrapatriotischen Kundgebungen der »offiziellen« Gesellschaft aus Anlaß der hundertsten Wiederkehr der Völkerschlacht bei Leipzig. Wenige Monate später brach der Weltkrieg aus, eine Katastrophe auch für die Jugendbewegung, deren Führerschaft dezimiert wurde.

1918 erschien den Bündischen, sofern sie sich in Zeitschriftenbeiträgen, Tagungsdiskussionen und einer reichen Flugblatt- und Broschürenliteratur artikulierten, die Rückkehr in ein romantisches »Jugendreich« zumindest fraglich. In einer umgestürzten Welt, so der Grundton jener Diskussionen, müßten neue Formen gesellschaftlichen Lebens gefunden werden. Es entstanden, neben den immer wieder neu sich konstituierenden Wandervogel-Bünden der Jugendlichen, die Zusammenschlüsse junger Erwachsener, die sich selbst als Keimzellen für einen »Neubau« von »Volk« und »Gemeinschaft« verstanden. Sie entfalteten die für die Weimarer Zeit so charakteristische, höchst differenzierte und im äußeren Erscheinungsbild wie in der ideologischen Verfassung sich radikal wandelnde bündische Kultur, die erst 1933 ihr freiwilliges oder erzwungenes Ende fand.[10] Selbst nur eine Minderheit in der jeweiligen Jugendgeneration, hatte diese Jugendbewegung doch Lebensstil und Selbstverständnis der gesamten Jugendarbeit der Weimarer Zeit geprägt und vor allem den pädagogischen Konsens des Reichsausschusses der deutschen Jugendverbände geschaffen: die Vorstellung von einer Jugendzeit als Lebensabschnitt der Erziehung in eigener Verantwortung.[11]

Die Namen der Bünde und auch die Titel ihrer zahlreichen Zeitschriften legen die Vermutung nahe, das Thema »Jugend« sei von der Jugendbewegung selbst ausgiebig erörtert worden. Mehr als hundert Wortverbindungen mit »Jung« und »Jugend« in der Zeit zwischen 1905 und 1933 förderte eine Stichprobe in der Zeitschriftenkartei des Archivs der deutschen Jugendbewegung zutage, wobei schon

1. JAHRGANG   ANFANG MAI 1920   HEFT 9

JUNGE MENSCHEN
BLATT DER DEUTSCHEN JUGEND
STIMME DES NEUEN JUGENDWILLENS
HERAUSGEBER:
DR. MED. KNUD AHLBORN / WALTER HAMMER

VERLAG „JUNGE MENSCHEN" G. M. B. H., HAMBURG 36, Johnsallee 54.

VIERTELJÄHRLICH (SECHS NUMMERN) DREI MARK, (10 FRS., 3 DOLLAR)   PREIS DIESES HEFTES EINE MARK

eine derart simple Anschauung von Material beweist, daß solches Selbstverständnis allen Gruppierungen von »rechts« bis »links« gemeinsam war. Ein Zeitschriftentitel wie *Junge Schar* konnte zur gleichen Zeit sogar mehrmals besetzt sein: von zwei Wandervogel-Bünden, einer evangelischen und einer katholischen Jugendorganisation. *Jungvolk* wurde gleichzeitig unter anderen von einem Bund junger Nation und einem Deutschjüdischen Wanderbund beansprucht. Die *Freideutsche Jugend* nannte sich im Untertitel *Eine Monatsschrift für das junge Deutschland*, und die überbündische Zeitschrift *Junge Menschen* häufte die Ansprüche, *Blatt der deutschen Jugend* und *Stimme des neuen Jugendwillens* zu sein.

In geradezu extremer Weise ist das Phänomen Jugendbewegung immer wieder apologetisch geschildert und wissenschaftlich gedeutet worden; eine Fülle von Literatur und Polemik ist dabei entstanden.[12] Die Existenz der verschiedenen Zugänge und Interpretationen zur Jugendbewegung[13] und der nicht minder vielfältigen Jugend- und Generationstheorien[14] soll an dieser Stelle nur erwähnt, ihre zusammenfassende Wertung aber zugunsten einiger Blicke in ausgewählte Quellentexte vernachlässigt werden.

Wandervogel: »Die Große Fahrt in den Orlog«

Bei näherem Hinsehen sind in den 40 Jahren dieser Jugendbewegung scharfe Einschnitte und Wandlungen zu konstatieren. Vor 1913 wird in den Zeitschriften der Wandervogel-Bünde das Stichwort Jugend kaum thematisiert: eine frappierende Feststellung, die es zunächst zu belegen und zu begründen gilt.

Das erste gedruckte Periodikum der Jugendbewegung, *Wandervogel – Illustrierte Monatsschrift* (ab 1904), gibt sich in seinen ersten Jahrgängen als biedere Schülerzeitschrift, herausgegeben von Fritz A. Meyen (Jahrgang 1879) »unter Mitwirkung namhafter Schriftsteller«. Die zu der Zeit schon ausgesprochen konventionelle Gestaltung mit spärlicher Jugendstil-Ornamentik entspricht dem dürftigen Inhalt, der sich weitgehend in Traktätchen-Literatur und Natur-Betrachtungen, in »amtlichen Bekanntmachungen« und Berichten aus den »Wandervogel-Abteilungen« erschöpft. Autoren sind erwachsene Gönner aus den Eltern- und Freundesräten wie der Professor Heinrich Albrecht (Jahrgang 1856) und der Schriftsteller Heinrich Sohnrey (Jahrgang 1859). Rubriken wie »Briefkasten« und »Schulhumor« dürfen nicht fehlen; mit heiligem Ernst werden die vereinsinternen Streitigkeiten ausgebreitet. In den Kleinanzeigen wird offenkundig, wie rasch die Geschäftswelt einen neuen Markt entdeckt hatte, der sich mit den Bedürfnissen dieser neuen Jugendkultur auftat: Langjährige Inserenten im *Wan-*

dervogel werben etwa für Dr. Klopfers Suppentafeln und Erbs-
würste (»Das Beste für Wanderfahrten«), für Loden-Pelerinen,
Aluminium-Kochgeschirr, Spiritus-Kocher, Photo-Apparate,
Rucksäcke, Schuhwerk und Gitarren.

In den Texten ist von Jugend allenfalls im Zusammenhang mit Jugendwandern die Rede. Heinrich Albrecht verkündet in seinem
Geleitwort zum ersten Heft der neuen Zeitschrift:

»Der Wandervogel ist eine Vereinigung, die bei den Schülern der höheren
Lehranstalten die Freude am Wandern wecken und es auch dem weniger
Bemittelten ermöglichen will, eine Ferienreise zu machen. Sie tritt damit
ergänzend neben die gleichgerichteten Bestrebungen der Schule. An der
Spitze der Vereinigung stehen Männer, deren pädagogischer Ruf und deren
Lebensstellung die Gewähr bieten, daß die Durchführung des Gedankens
in guten Händen ruht. Die Seele des Unternehmens und ihre eigentlichen
Begründer sind ideal gerichtete Jünglinge mit warmen Herzen für die Na-
tur, in der sie den Jungbrunnen erblicken, zu dem sie unsere ihr vielfach
entfremdete Jugend wieder zurückführen möchten.«[15]

In einem kurz darauf folgenden *Aufruf an die Eltern, Vormünder,
Freunde unserer Knaben und Söhne* wird dagegen die Tendenz
deutlich, den einmal gewonnenen jugendlichen Freiraum gegen
den übermächtigen Einfluß der Schulen und Behörden abzuschir-
men:

»Wir laden Eltern und Erzieher, die der Ansicht sind, daß solche Knaben-
und Jünglingswanderungen möglichst auf der freien Selbstdisziplin unserer
Knaben und in der freien Aufsicht der Herren Studenten allein beruhen
müssen, ein, unsrem ›Ehren- und Freundesrat‹ beizutreten. Wir laden diejenigen ein, welche der Meinung sind, daß diese Wanderungen unter nie-
mandes anderen Einfluß und Beaufsichtigung stehen sollen, als unter der
Elternschaft selbst, die in den Studenten ihre Vertrauensmänner hat. (...)
Unser Ehren- und Freundesrat will in diskreter Weise, fern von allen Ein-
griffen in die Rechte der sich körperlich und geistig erholenden Jugend, die
Eltern auf dem laufenden erhalten und als stillwaltender Schutzengel die
Wanderführer-Organisation fördern und unterstützen.«[16]

Zu solcher Taktik gehört es, Namenslisten prominenter und akademischer Förderer des Wandervogels vorzuzeigen und immer
wieder zu warnen vor »Wildwuchs« und »Entgleisungen«, vor
Entfremdung der Jugendlichen von Elternhäusern und Schulen.
Ein Superintendent (»Die liebe deutsche Jugend leihe dem Rate
eines Alten ihr Ohr, der vor 65 Jahren seinen ersten Ausflug in die
Berge gemacht hat«) kommt gar zu Wort mit der Mahnung, die

»Sonntagsausflüge« so zu organisieren, daß auch Zeit für den Gottesdienstbesuch bleibe.[17] Und die jugendlichen »Wanderführer« selbst beeilen sich, den besorgten Eltern die gesundheits- und charakterfördernden Qualitäten des Jugendwanderns vorzuhalten: »Wer seine Kinder lieb hat, ihnen für billiges Geld ein Stück unseres schönen Vaterlandes zeigen will, der lasse sie mit uns ziehen. Rotwangig und kerngesund kehren sie dann heim voll schöner Erinnerungen.«[18]

Ähnlich pädagogisch-betulich klingen die Aufrufe von Marie Luise Becker (Jahrgang 1872), der Frau des Wandervogel-Bundesbeirates Wolfgang Kirchbach (Jahrgang 1857), zur Gründung des ersten Mädchenbundes der Jugendbewegung, des Bundes der Wanderschwestern:

»Warum wandern die Mädchen nicht auch? Und in der Tat, alle die erworbenen Kenntnisse, alle die hier freigewordenen Kräfte gönnte wohl jeder unseren Mädchen auch! Gerade das enge Begrenztsein auf die eigene Schule, den Kreis des elterlichen Lebens sind ein großes Hemmnis in der Entwickelung unserer Mädchen, und einseitige Frauen, die nicht über den Horizont ihres Damenkaffees herauskommen, wachsen daraus hervor. Eine Mutter, die selbst in Wald und Wiese daheim ist und all' das feine Leben da draußen belauschte, die ihre Gesundheit im frohen Wandern stärkte und ihren Blick für alles Schöne und Große, aber auch für alle Subtilitäten des menschlichen Lebens übte, die nicht wie eine nackte Schnecke in ihrem Haus steckt, und ohne dies elend zu Grunde gehen müßte – die gönnen wir kommenden Geschlechtern, und die kann aus diesem Jugendwandern herausgebildet werden. Unsere Mädchen, die unter der verständigen Leitung für diese freiheitlichen Ideale begeisterter Studentinnen, Seminaristinnen und Kunstschülerinnen das Reisen lernten, werden freier und sicherer in das Leben treten. (. . .) Ich hoffe auch, daß unsere Mädchen dabei so manches alte verklungene Reigenlied, so manche schöne alte Volksweise singen und – tanzen lernen werden. Wie unsere schönen Stammütter – draußen im Freien.«[19]

Wüßte man nicht aus anderen Quellen, aus Tagebüchern und autobiographischen Aufzeichnungen, daß im Wandervogel der Kaiserzeit tatsächlich und selbstherrlich Jugendliche ihren neuen Freiraum auslebten, daß sie in der verschworenen Gemeinschaft der Gleichaltrigen ihre Befreiungs- und Glückserlebnisse auskosteten, daß vor allem für die Mädchen das Emanzipationserlebnis in der Jugendbewegung groß war – die Verlautbarungen ihrer »Führer« lassen nichts davon verspüren. Dieses knappe Dutzend Oberschüler und Studenten, geboren zwischen 1881 und 1884, hervorgegangen aus den ersten Großfahrten unter Hermann Hoffmann-Fölkersamb (Jahrgang 1875), das dann die Führerschaft der Wandervogel-Bünde stellte, war noch ganz in der Tradition obrigkeitsstaatlicher Jugendpflege verhaftet. Karl Fischer (Jahrgang 1881), der »Großbachant« der Bewegung, forderte 1906 die Teilnahme und Anhörung seiner Organisation bei einem Kongreß für Jugendfürsorge und die Gründung eines Zentralausschusses zur Förderung des Jugendwanderns[20]; seine Ansichten über Jugend und Jugendleben, eine Art Vorbeugepädagogik gegen die »Durchbrenner-Sehnsucht« halbwüchsiger Knaben[21], sind von bestürzender Schlichtheit.

Zum »Problematisieren« wurden die »Bachanten« erst gezwungen, als 1911 die staatliche Jugendpflege sich der Errungenschaften des Wandervogels bemächtigte, als im selben Jahr die Jugendwehrkraftvereine und die Jugendpflegeverbände sich im Jungdeutschlandbund sammelten[22], als 1912/13 auch die zersplitterten Bünde sich wieder vereinigten und dann 1913 die auf dem Hohen Meißner zusammengetretene Freideutsche Jugend ihren Anspruch öffentlich bekundete, einen neuen Typ und eine neue Generation von Jugendbewegung zu verkörpern.

Zur gleichen Zeit brach innerhalb der Wandervogelbewegung ein erster Generationskonflikt auf, ließen die nachrückenden Jüngeren revoluzzerhafte Töne hören. Hans Breuer (Jahrgang 1883), der 1918 fiel, rechnete 1913 noch mit der romantischen Selbstbescheidung seiner Jugendbewegung ab und erklärte eine Epoche für beendet:

»Der Wandervogel war das Ausdrucksmittel der Jugend, ihr eigenstes, unbestrittenes Recht gemäß den Mendelschen Gesetzen. Alle Linien der Organisation müssen an dem Punkte zusammenlaufen, wo dieser Jugendgeist am freiesten wächst. Der Ältere hat andere Pflichten. (. . .) Dann aber der Abenteurerlust herzhaft den Rücken gewandt! Den Blick hinaus ins Leben gerichtet! Dem Mann Gewordenen blüht die Tat!«[23]

Gerhard Weisser (Jahrgang 1898) forderte 1915, im zweiten Kriegsjahr, selbstbewußt den Ausschluß der »Älteren«, der »erwachsenen Jugend« von 18 bis 20 Jahren, aus der Jugendbewegung: »Wir, die Jugend, müssen den Wandervogel, die Arbeit in ihm endgültig übernehmen.« Zum erstenmal wurde hier von einem Jüngeren so deutlich eine neue Qualität von Jugend postuliert. »Nicht von einer schlechten Führung wollen wir uns freimachen, sondern überhaupt von jeder Führung durch Ältere im Wandervogel.«[24]

Mit Empörung wandten sich die Angehörigen der Frontjahrgänge gegen eine derartige Definition von Jugend per Altersgrenze und gegen das Schlagwort von der »Vergreisung«; sie hielten dagegen ihren Begriff von Jugendlichkeit als Lebensgefühl, als Bewußtsein, in einer Zeit der Umbrüche zum Neuaufbau berufen und als Führer »unersetzlich für die Jüngeren« zu sein – »wie der Ritter Georg als Kämpfer gegen Drachenbrut, wo immer sie sich zeigen möge, vor allem aber im eigenen Innern«.[25]

Auf den Ersten Weltkrieg war die Wandervogeljugend in den Denkmustern des bürgerlich-nationalen Patriotismus vorbereitet worden. Diese verquickten sich mit der Kulturkritik:

»Es geht eine Bewegung nach Verinnerlichung durch unser deutsches Geistesleben hindurch, man hat den lockenden Becher, den die Moderne geboten, bis zum Grunde geleert und ist nun auf den bitteren Bodensatz gestoßen. Die Besten unseres Volkes beginnen die Gefahr zu ahnen, welche ein weiteres Fortschreiten auf der breiten Bahn des veräußerlichten Genußlebens unserem Vaterlande bringen wird und muß. Und klirrend sausen die Lockbecher der verführerischen Zügellosigkeit zu Boden, ein herrlicher Klang für jeden, dem es um die Erhaltung deutscher Eigenart von Herzen Ernst ist. Es ist der Kampf entbrannt um die Erhaltung der besten Kräfte unseres Volkes. Die deutsche Mannhaftigkeit, Innerlichkeit und Treue, die Liebe zum Vaterlande, die Freude am Waffenhandwerke möchte man aus unseren Herzen herausreißen, in der klaren Einsicht dessen, daß wir dann reif sind für den allgemeinen internationalen Mischmasch und den großen Kladderadatsch. (. . .) Wir wollen dazu mithelfen, daß in der Knabenwelt der alte ideale Schwung wieder zu Ehren kommt. Wir wollen unsere liebe Wandervogeljugend auf die Schönheiten unseres deutschen Vaterlandes hinweisen, daß sie von verzehrender Liebe zu ihm durchdrungen wird; wir wollen die Achtung vor deutschem Mannestum und die Verachtung aller nationaler oder internationaler Waschlappigkeit systematisch groß ziehen, soweit wir dies mit unseren schwachen Kräften vermögen, kurz, wir wollen mithelfen, Jünglinge und Männer zu bilden, die bereit sind, für ihr Vaterland zu leben, und wenn es not tut zu sterben. Und letzteres ist immer noch die Hauptsache.«[26]

1914 kam dann die »Bewährung« für die Jugend. Die Kriegsbegeisterung war auch im Wandervogel und bei den Freideutschen groß; nur der Bund Akademischer Freischaren schickte angesichts des bevorstehenden Krieges Anfang August 1914 ein Telegramm an den Kaiser mit einem beschwörenden Friedensappell – und dem allerdings bezeichnenden Zusatz, im Falle der Not werde »auch die Akademische Freischar wie alle andere deutsche Jugend sich bis zum letzten Mann für die Verteidigung des Vaterlandes zur Verfügung stellen«.[27]

Die »Große Fahrt in den Orlog«[28] mündete auch für die Jugendbewegung ein in den »Mythos von Langemarck« (vgl. den Beitrag von U.-K. Ketelsen in diesem Band); dieser bereitete sich in ihren Zeitschriften vor mit Schilderungen »aus dem Felde«, mit eichenlaubumkränzten Gefallenen-Listen, mit Walter Flexens heroisiertem Wandervogel-Soldaten, der zur Kultfigur der Kriegsgeneration werden sollte:

»Ernst Wurche war tot. In einer kahlen Stube auf seinem grauen Mantel lag der Freund, lag mit reinem, stolzem Gesicht vor mir, nachdem er das letzte und größte Opfer gebracht hatte, und auf seinen jungen Zügen lag der feiertäglich große Ausdruck geläuterter Seelenbereitschaft und Ergebenheit in Gottes Willen.«[29]

Nach dem Krieg suchten die Überlebenden nach neuen Sinngebungen:

»Wir wissen vor allem, daß wir die Jugend eines geschlagenen und tief gedemütigten Volkes sind, das innerpolitisch in stärkster Gärung, dessen sittliche Kraft schwer untergraben ist. Wir wissen auch, daß ebenso wie der Urwandervogel notwendig ›revolutionär‹ sein mußte, für uns Aufbau und Bejahung Aufgabe und Bestimmung sind. Da stehen wir wieder bei der bedeutungsvollen Frage: Welches ist diese Aufgabe? Wir wollen Antwort zu geben versuchen, die beiden gerecht werden muß, einmal dem Drang der Jugend zur Aktivität, zum andern der Tatsache, daß in ihr etwas von dem Geist lebt, der in dem berühmt gewordenen Philosophenwort seinen Ausdruck fand: jede Festlegung ist eine Verneinung.«[30]

Freideutsche Jugend:
»Den meisten ist der Glaube in Scherben gegangen«

Mit wesentlich deutlicheren Anforderungen auch an ihre politischen Optionen als der Wandervogel sah sich die Freideutsche Jugend konfrontiert, die aus dem Meißner-Tag 1913 hervorgegangene lockere Dachorganisation von Bünden junger Erwachsener. Intellektuelle Schärfe hatte vor allem Gustav Wyneken (Jahrgang 1875) in jenes Jugendfest zu bringen versucht; von ihm, dem Mitbegründer der Freien Schulgemeinde Wickersdorf (vgl. den

Beitrag von U. Herrmann in diesem Band), stammte die Formulierung der Einladung:

»Die deutsche Jugend steht an einem geschichtlichen Wendepunkt. Die Jugend, bisher aus dem öffentlichen Leben der Nation ausgeschaltet und angewiesen auf eine passive Rolle des Lernens, auf eine spielerisch-nichtige Geselligkeit und nur ein Anhängsel der älteren Generation, beginnt sich auf sich selbst zu besinnen. Sie versucht, unabhängig von den trägen Gewohnheiten der Alten und von den Geboten einer häßlichen Konvention sich selbst ihr Leben zu gestalten. Sie strebt nach einer Lebensführung, die jugendlichem Wesen entspricht, die es ihr aber zugleich auch ermöglicht, sich selbst und ihr Tun ernst zu nehmen und sich als einen besonderen Faktor in die allgemeine Kulturarbeit einzugliedern. Sie möchte das, was in ihr an reiner Begeisterung für höchste Menschheitsaufgaben, an ungebrochenem Glauben und Mut zu einem adligen Dasein lebt, als einen erfrischenden, verjüngenden Strom dem Geistesleben des Volkes zuführen, und sie glaubt, daß nichts heute unserm Volke nötiger ist, als solche Geistesverjüngung. Sie, die im Notfall jederzeit bereit ist, für die Rechte ihres Volkes mit dem Leben einzutreten, möchte auch in Kampf und Frieden des Werktags ihr frisches reines Blut dem Vaterlande weihen.«[31]

Wyneken hatte den Wandervogel nicht aus eigenem Erleben, sondern zunächst durch die Schriften Blühers kennengelernt; die Grundidee vom »Eigenwert des Jugendalters« wurde dann zum wichtigsten Berührungspunkt zwischen dem Pädagogen und der bürgerlichen Jugendbewegung:

»Jugend ist nicht lediglich Vorbereitungszeit, sondern sie hat ihren eigenen unersetzlichen Wert, ihre eigene Schönheit und infolgedessen auch das Recht auf ein eigenes Leben, auf die Möglichkeit der Entfaltung ihrer besonderen Art. (. . .) Das Alter fühlt die latente, potentielle Überlegenheit der Jugend und sucht ihre Realisierung hintanzuhalten. Diese Überlegenheit besteht eben in ihrer intellektuellen und ethischen Unverbogenheit, in ihrer Glaubens- und Begeisterungsfähigkeit, was doch nichts anderes ist als intensivere Geistigkeit und höhere Geistesverwandtschaft.«[32]

So kann es nicht verwundern, daß Wyneken, ein Hauptredner auf dem Meißner-Tag, wie vor, neben und nach ihm andere Vertreter der Erwachsenengeneration den Kontakt zur Jugendbewegung suchte, getrieben von der Hoffnung, hier ein Potential vorzufinden, das mit seiner Konzeption von Jugendkultur und Freier Schulgemeinde zu verknüpfen sei.

»Die Wandervogelrevolution und ihr etwa ähnliche Erscheinungen sind wohl Flammenzeichen einer neuen Zeit, aber noch scheint es, daß diese Flammen verlodern, ohne den alten Wust in Brand gesetzt zu haben. Die

Wandervogelbewegung ist, wie es der Jugend natürlich ist (. . .), rein gegenwartsbejahend, ohne Tendenz und Ziel. Sie muß ergänzt werden sozusagen von oben her durch eine Idee, die ihrer Kraft Form und Richtung gibt, das ist die Idee der neuen Schule.«[33]

Solche und ähnliche Pläne scheiterten nicht zuletzt an den Vorgängen nach dem Meißner-Tag vor allem in Bayern. Hier trafen 1914 eine große kulturpolitische Debatte im Landtag, eine Pressekampagne gegen die angeblichen revolutionären Bestrebungen der Freideutschen Jugend, die Verbote der von Wyneken redigierten Schülerzeitschrift *Der Anfang* (vgl. den Beitrag von K. Laermann in diesem Band) und des Wandervogel-Liederbuches *Der Zupfgeigenhansl* zusammen – letzteres wegen »anstößiger« Liedtexte. Um diese Ereignisse gab es erregte Diskussionen im Bayerischen Landtag, in der Presse und in der Öffentlichkeit; ein Zentrumsabgeordneter faßte die Vorwürfe gegen die Jugendbewegung, »wahl- und verständnislos durcheinander«, zusammen: »Die Ziele dieser freideutschen Jugendkultur sind Kampf gegen das Elternhaus, gegen die Schule, gegen jede positive Religion und gegen den Patriotismus.«[34] Um ihres Überlebens willen distanzierten sich die meisten Bünde von Wyneken, von seinen Zeitschriften und Anhängern. In einer »Aufklärungsversammlung« der Freideutschen Jugend Anfang Februar 1914 in München, die von einer großen Rede des Soziologen Alfred Weber beherrscht war, sprach Gustav Wyneken folgerichtig von »zwei Jugendbewegungen«, die unabhängig voneinander entstanden seien.

Von solchen Streitigkeiten bestimmt, verlief in der Zeitschrift *Freideutsche Jugend* die Diskussion um Begriff und Selbstverständnis von Jugend anders als im *Wandervogel*. Zwar finden sich auch hier die Hymnen auf Krieg und Opfergang, die Parolen vom Durchhalten und von der Läuterung der Jugend, daneben aber schon Anklänge an die Klagen der »betrogenen«, der »verlorenen Generation«:

> »Als sie noch Jünglinge waren,
> Wanden sie Rosenkränze,
> Sangen Lieder und hatten Tänze
> Und trugen Bänder in den langen Haaren.
>
> Dann sind sie in den Krieg gefahren . . .
> Dann wurde ihre Jugend zerrissen.
> Sie haben die Zähne aufeinandergebissen
> Und sind Menschen geworden in zwei Jahren.

Und sollten sie einst nach Hause kehren,
So werden sie nimmer nach Rosen begehren
Und auch nach Tänzen nicht verlangen.

Sie werden harte Gesichter haben,
Von schweren Runen durchgraben.
Und den meisten ist der Glaube in Scherben gegangen.«[35]

Paul Natorp (Jahrgang 1854) philosophierte in einem Essay über
Jugend und Alter: Neben den beiden traditionellen Versuchen des
Alters zur erzieherischen Lenkung oder politischen Vereinnahmung der Jugend spiele sich derzeit in der Jugendbewegung eine
neue Konfrontation ab.

»Eine echte Jugend aber wird sich nichts suggerieren lassen, sie wird weder
zu den alten noch zu den neuen Göttern schwören, sondern sich ganz auf
eigene Füße stellen wollen. Das wäre die dritte Möglichkeit, *daß die Jugend
selber will*. Dann hätte das Alter mit diesem Willen zu rechnen wie mit jedem Alterswillen. Mehr sogar, denn: ›Wer die Jugend hat, hat die Zukunft‹
– habe sie also nur sich selbst, so hat *sie* die Zukunft.«[36]

Nach schier endlosen, meist vorsichtig abwägenden Debatten über
Das junge Geschlecht im allgemeinen und *Wohin, freideutsche Jugend?* im besonderen, an denen sich auch Heinrich Mann, Erich
Mohr und Alexander Rüstow beteiligten, setzte sich 1919 in der zitierten Zeitschrift der revolutionäre Ton durch. Ein Paul Graßl
schrieb (»aus der Untersuchungshaft«, wie die Redaktion ausdrücklich vermerkte) ein Pamphlet mit dem Titel *Wir Jungen*:

»Wer spricht heute in Deutschland ein erstes und einziges Wort? Wer terro-
risiert uns Kämpfer einer neuen Zukunft? Wer zwingt alle produktive, un-
bändige Kraft unverbrauchter Jugend, wer arbeitsbewußte Massen zur
Untätigkeit? Alte, ehrgeizige Generäle, sterile Politiker, eigensüchtige Ka-
pitalisten: Schemen, die sich vor dem Sterben fürchten, obgleich sie lange
tot sind. Wenn wir uns fragen, wer ist denn ursprünglich für unser Schicksal, unsere Zukunft verantwortlich und deshalb berechtigt, bestimmend,
urteilend auf diese einzuwirken, so wird zur klaren Antwort, daß wir Jungen selbst es sind, die diese Riesenaufgabe, diese gigantische Verantwortung
zu tragen haben. Doch nie und nimmer jene Generation, die in ihrem Fortschritt selbst noch in den siebziger, achtziger Jahren des vorigen Jahrhunderts wurzelt; vielfach aus einer Mischung von neuromantischen und materialistischen Blutwellen.
    Wie können diese Ideengreise, wie sie die deutsche Nationalversammlung
bevölkern, sich erdreisten, für unsre Zukunft, für Deutschlands Werden zu
sprechen und zu handeln. Wenn die ›Gesetze‹, ›Reformen‹, die sie schaffen,
ihre Lebensunfähigkeit, ihre Unzulänglichkeit beweisen werden an der

heranwachsenden Generation, an uns und an denen nach uns, sind jene Phrasenmumien längst ihrer Verantwortung entronnen durch den Tod (...). Weg damit, da doch alle Kraft, alles wühlende, brausende Leben, Keimende, Werdende im Frühling durch die Welt pulst, zur Jugendzeit der Erde. (...) Springt auf, ihr, die ihr stolz, jung und mutig seid, zielerfüllt laßt uns vorwärtsschreiten, Finsternis im Nacken, Gewürm unter Tritten. – Auf denn, ihr Zielmenschen – wir werden Sieger, die nach uns Vollender sein.«[37]

Ein bezeichnender Vorgang wird in einem solchen Text deutlich. Der Aufstand der »Jugend« gegen das »Alter« wird mit expressionistischem Pathos artikuliert, es fehlt aber jegliche Aussage über konkrete politische Ziele des Protestes und über Inhalte der »Tat«. Jugend und Jugendlichkeit werden zu Werten an sich, an die Stelle der Diskussion tritt der Frontkampf der Generationen. Eine für die politische Kultur der Weimarer Republik charakteristische Entwicklung zeichnet sich auch in der Jugendbewegung ab. So kann es dann 1921 in der *Freideutschen Jugend* heißen:

»Wesen der Jugend aber ist es, revolutionär zu sein, sich aufzubäumen gegen die Enge und Einseitigkeit überkommener fester Normen und Formen. Ihre Art ist es, Gewordenes dem Werdenden zu opfern, das Bestehende einzutauschen gegen etwas, das nicht ist, noch nicht ist, die Gegenwart um der Zukunft willen aufs Spiel zu setzen, gegen die geschriebenen Rechte das ewige Recht des lebendigen Menschen anzurufen. Immer, in Literatur, Philosophie oder Politik war die Jugend Träger eines neuen, vorwärtstragenden und stürmenden Geistes, Träger lebendiger Geister, immer war echte Jugend revolutionär.«[38]

Und ein Jahr später stellt Bruno Lemke (Jahrgang 1886) in derselben Zeitschrift fest, die Jugendbewegung habe angesichts der Aufgaben der Zeit versagt.

Sie habe »in der Vermeidung der ›Rauch- und Rauschgifte‹, in einer neuen ›Männertracht‹ und ähnlichem Krimskrams die wesentlichen Ziele der Jugend« gesehen, die herrschende Geselligkeit verachtet, sich an den Außenborden der Kunst getummelt, die Geschlechterfrage angetastet, die Schule kritisiert, die Familie brüskiert, doch »all dies umreißt ein verhältnismäßig harmloses Programm, innerhalb dessen sich meist die Opposition erschöpfte«. Die Kulturkritik der Jugendbewegung habe keine politischen Folgen gezeitigt. »Die Freideutsche Jugend ist tot (...). Man wird mir nicht vergeben, daß ich es an der rotbäckigen Naivität fröhlicher Bejahung fehlen lasse. Aber nichts steht dem Sinn für das Kommende mehr im Wege als in Zeiten des erschütterten Gefühls robustes Vertrauen auf das, was *da* ist.«[39]

»Neben dem vermorschenden Alten
bauen wir das Neue«

Durch solche Äußerungen sind die Positionen innerhalb der Jugendbewegung bis 1933 geprägt. Die Diskussionen zum Thema Jugend werden in den Publikationen häufiger, die Aussagen radikaler. Die internen, mit Leidenschaft ausgetragenen richtungspolitischen Differenzen zwischen den Bünden treten augenfällig zurück hinter das verbreitete Bewußtsein, den »Kampf bis aufs Messer gegen die verknöcherte alte Generation«[40] zu führen. Dabei sind, wie die Geburtsjahrgänge der Autoren zeigen, nur in seltenen Fällen die Jugendlichen selbst, statt dessen aber zumeist Vertreter der Erwachsenengeneration die Wortführer. Die Angebote politischer Entscheidungen und Konsequenzen innerhalb der bürgerlichen Jugendbewegung umfassen nun die gesamte Bandbreite der Ideologien und Parteien der Weimarer Zeit.

Eindeutig *für* die Republik engagiert sich freilich nur die Zeitschrift *Junge Menschen*, ein aus der publizistischen Vielfalt der Jugendbewegung herausragendes Werk des Vegetariers und Pazifisten Walter Hammer (Jahrgang 1888).[41] Autoren wie Ellen Key, Heinrich Vogeler, Heinz Kraschutzki, John Reinemann und Erich Lüth, vor allem aber wechselnde Redaktionsteams jugendlicher Mitarbeiter aus bürgerlichen *und* proletarischen Bünden beobachten die aktuellen politischen und jugendpolitischen Ereignisse, erhoffen von der Jugend die Beseitigung des nach dem Krieg restaurierten kapitalistischen Systems. Hans Albert Förster, ein Aktivist des Bundes zur Förderung von Werkgemeinden, veröffentlicht 1921 ein *Manifest der Jugend*, das mit dem an die zeitgenössische Lyrik der »Menschheitsdämmerung« erinnernden Vokabular schließlich zur Gründung von Siedlungen, Werkgemeinden und neuen Schulen aufruft:

»Wir wissen, daß wir ungeheure Schuld auf uns laden, wenn wir weiter warten im Chaos der Zeit, bis schließlich doch noch kommt, was sich jetzt ›kommende Dinge‹ nennt: *Die neue Wirtschaft, die neue Erziehung, die neue Gesellschaft*. Wir reißen dieses Bild der kommenden Dinge, was in uns wahr und groß lebt, heraus aus der Zukunft und stellen es in die Gegenwart: *Wir beginnen!* Wir werden nicht versuchen, das Alte zu reformieren. *Neben* dem vermorschenden Alten bauen wir *das Neue*. Dieses wird die Zersetzung des Alten bewirken. Wir bejahen diese unvermeidliche

Entwicklung, wir *wollen die Zersetzung* des Überlebten. (. . .) Die breite Majorität der Völker wird beherrscht von den Machtmitteln: Militarismus, Presse, Gesetz, Erziehung zum Staatsbürger einer kapitalistischen Minorität (Monopole, Truste), die ihre Macht nur mit dem Stumpfsinn und der Ergebenheit der Majorität aufrechterhält. Diese Masse glaubt sich glücklich, weil sie in ihrer Gebundenheit nichts anderes weiß und weil sie eingelullt wird mit Reförmchen. Wir sind die Wenigen, die Stürmer gegen die Unterdrücker. *Wir richten Beispiele auf für die Majorität der Geknechteten.* Weg mit der Lauheit! Es gibt nur *ein* Ziel: *Die ganze Menschheit!* Es gibt nur *einen* jugendlichen Willen: *Freiheit!* Sie wollen wir leben in Demut und Gebundenheit, denn keiner soll auf Kosten eines Menschenbruders frei sein. Es gibt nur *eine* Aufgabe: *Die endliche Revolution zum Aufbau!*«[42]

Von der entgegengesetzten Seite, dem völkischen Flügel der Jugendbewegung, und hier ebenfalls *Vom Willen und Weg der Kommenden* tönt es ähnlich:

»In dem ungeheuren Zusammenbruch Deutschlands, wo alles, was groß und edel war, wie in einem furchtbaren Glutofen vernichtet scheint, und ekle Unheilsgeister als stickiger Schwefel an die Oberfläche kamen, mutet es wie ein Wunder an, daß es noch eine reine klare Jugend gibt, die sich Hoffen und Wollen bewahrte; die in starker Fröhlichkeit daran geht, aus den Trümmern neu zu bauen; die zuerst sich selber läutern will, damit aus ihr ein neues deutsches Volk erwachse, fern dem Krämersinn und gierender Genußsucht, eingetaucht in alle Hochgedanken, die einst aus unserm Blut erwuchsen. (. . .) Der ewig deutsche Geist soll wieder aufleuchten, aber in neuen Formen, wie sie aus dem gewaltigen Erleben dieser Zeit notwendig emporquellen. Jugend will Jugend sein, die nicht auf vorgezeichneten Wegen marschiert, sondern das heilige Wunder des Werdens tief aus dem Brunnen der Welt in sich erleben will, die neue Botschaft, die in diesen Tagen unsäglicher Not mit frohen Glocken über unser Volk hinläutet, von der hohen Gottessendung des nordischen Menschen, seiner Schöpferkraft auf allen Gebieten menschlichen Geistes, die in seinen Großen aufglüht, diese Botschaft, die wahrhaft eine neue Zeit gestalten will, indem sie die Geister umformt, sie klingt auch in ihr. (. . .) Diese neue Jugend will, daß ihr Volk im Licht der Freiheit stehe, damit es aus klarem Quell schöpfe, sich zu neuen Großtaten deutscher Seele rühre und so ein Licht entzünde, das durch die Zeiten leuchtet. Sie will keine Ketten dulden.«[43]

Sogar in den Wandervogel-Bünden und ihren Publikationen, in denen weiterhin als »Triebkraft aller Jugendbewegung« vor allem das »Suchen und Sehnen nach dem Menschen« kultiviert wird, »nach jenem unsterblichen Wunschbilde, das wir zutiefst im Herzen tragen, nach dem reinen, vollkommeneren Ich«[44], ist jetzt die

Rede vom Kampf. So, wenn Robert Oelbermann (Jahrgang 1896) seinen Nerother Wandervogel als Revolte der Jungen innerhalb der Jugendbewegung vorstellt:

»In uns glüht der Funke, den Karl Fischer in die deutsche Jugend geschleudert hat. Das Wandervogelereignis ist uns Aufgabe geworden. Keine stekkengebliebene Romantik und keine Reformbestrebung bedeuten uns der Sinn dieser Aufgabe; sondern wir wissen, daß wir einem Geist dienen, der neu geboren wurde durch die Liebe und Gefolgschaftstreue, und der getragen wird von einer Gemeinde von Freunden und Kameraden, die ein enges Ordensbündnis geschlossen haben. Diesem neuen Geist zu dienen, ein edles und starkes Jugendreich zu gründen und eine Stätte zu schaffen, in der unsere Sehnsucht Gestaltung und Form annimmt, das ist wahrlich eine Aufgabe, die ganze Herzensglut und Energie erfordert. (. . .) Eine Jugend, die nicht lieben kann, ist keine Jugend! Eine Jugend, die nicht zu kämpfen vermag, ist keine Jugend! Eine Jugend, die nicht Burgen baut, ist keine Jugend!«[45]

Die folgende Jugendgeneration, für die der Krieg zu den Kindheitserlebnissen zählte, die mit Inflation, Wirtschaftskrisen und Straßenkämpfen aufwuchs, gab der Jugendbewegung eine wiederum neue Dimension. Sie fand, wie die politischen Verbände der Erwachsenen, zu aktivistischen und militanten Ideen und Formen. Eberhard Köbel (Jahrgang 1907) z. B., einer der charismatischen Jugendführer der Weimarer Zeit, kämpfte mit seiner Autonomen Jungenschaft für ein neues Ideal: den »Jungenstaat«, die »große junge Armee«, wobei die Qualität »Jugend« in extremer und ideologisch beliebig zu besetzender Weise zum Kampfruf geworden war. Mit ihren Aufsätzen und Reden, mit Büchern wie *Die Heldenfibel* und *Der gespannte Bogen* verhalfen Köbel und andere junge Wortführer jener Generation ihren »Gefolgschaften« zu einer Sozialisation, die sie zu Menschenverachtung und Todessehnsucht befähigte.

»Aber die Helden der Selbsterringenden sind bald jubelnde, bald weinende Kinder Gottes, die die Welt durchrasen, als jagte sie ein Schwarm von Gespenstern. Man sagt ›Dämonen‹, aber es ist ihr Blut und ihre Seele. Sie sündigen und töten bald leidenschaftlich, bald lassen sie ausgeliebte, traurige Mädchen zurück, bald opfern sie ihr Teuerstes für andere, bald erwürgt ihr Zorn Hindernde, bald scheinen sie am Ende und stehen dann doch immer wieder lächelnd auf zu unerklärlichen neuen Taten.«[46]

Den Konkurrenzkampf um die Jugend entschied dann jene Sammlungsbewegung für sich, die es wie keine andere verstand, den Mythos Jugend zu instrumentalisieren und den auch in der Jugendbewegung vorgedachten und vorgelebten »neuen Jugendwillen« in ihre Bahnen zu lenken. In der Zeitschrift *Sturm-Jugend* verkündete Baldur von Schirach (wie Köbel Jahrgang 1907) im April 1933, kurz nach der Auflösung des Reichsausschusses der deutschen Jugendverbände und auf dem Höhepunkt seiner Auseinandersetzungen mit der Bündischen Jugend, anknüpfend an Formulierungen von Walter Flex:

»Es gibt kein Argument gegen eine Jugendbewegung, die in unerhörter Opferung für eine sittliche Idee unaufhaltsam vorwärtsschreitend Verfolgung, Tod und Wunden als gleichsam selbstverständliche Folgerung des Kampfes auf sich nimmt. (...) Hitlerjugend! Gewaltige Bewegung der Reinen und Reifenden, der Klaren und Gläubigen!«[47]

»Jugend, brich auf!«

Es gilt, eine landläufige Vorstellung zu korrigieren und zu differenzieren: Der Wandervogel der Kaiserzeit und die Bündische Jugend der Weimarer Zeit waren zwar eine ungemein schöpferische jugendliche Subkultur, aber keineswegs die Speerspitze einer allgemeinen sozialen und politischen Jugendrevolte. Die bürgerliche Jugendbewegung entwickelte kein eigenes Jugendkonzept, das politisch relevant geworden wäre – abgesehen von der Vorstellung eines »Moratoriums« der Jugendzeit, die prägend wurde für Jugendarbeit und Jugendpolitik unseres Jahrhunderts. Ansprüche und Hoffnungen auf die organisierte, sich selbst so bezeichnende Jugendbewegung als innovatives, als kulturkritisches, als revolutionäres Potential wurden von außen an sie herangetragen; Wandervogel und Bünde erweisen sich so vor allem als »Produkt und Mittel des Ringens der Bildungsbürgerschicht um die Wahrung ihres Status und die Reprofilierung ihrer erschütterten kollektiven Identität«.[48]

Die Konkretionen des Jugendmythos in politischen Konzepten und Handlungsanweisungen vollzogen sich an anderen Orten, in den Jugendverbänden der Parteien, Gewerkschaften und Kirchen. Diese teilten mit der Jugendbewegung das Erlebnis, in einer Umbruchzeit zu leben, und das Bewußtsein von der tiefgreifenden Krise der jeweils jungen Generation. Die Ursachen und die Chronologie dieser Krisen gilt es noch zu untersuchen, z. B. durch die

Bündische Jugend 1925

Herstellung von Profilen einzelner Generationen und einzelner Gruppierungen innerhalb der Jugendbewegung; erste Ansätze erbrachten bisher mehr offene Fragen als gesicherte Antworten.

»Vielleicht waren die Angehörigen der Bündischen Jugend zum Teil sozial noch so privilegiert, daß sie auf eine Auseinandersetzung mit der ›schmutzigen‹ Parteipolitik verzichten konnten, sofern sie im außerpolitischen Raum blieben? Vielleicht waren sie aufgrund einer unproblematischeren Sozialisationsphase einfach kompensationsfähiger als ihre politisch aktiven

Altersgenossen? Vielleicht aber hatten sie allein noch die Kraft und das Glück, eine Fluchtstätte mit Gleichaltrigen zu schaffen, die sich mit der Krise entweder gar nicht oder idealistisch oder romantisch, jedenfalls realitätsfern auseinandersetzte.«[49]

Dennoch ist die Bedeutung der Jugendbewegung für die Entstehung und die letztlich politische Ausprägung des Mythos Jugend seit dem Ende des 19. Jahrhunderts nicht zu unterschätzen. Während vor allem nach 1918 eine Vielzahl von weltanschaulichen Gruppen begann, diesen Mythos mit Inhalten zu füllen, lebten schon vorher die Bünde der bürgerlichen Jugendbewegung wie selbstverständlich die Idee eines autonomen »Jugendreiches« vor. Sie demonstrierten sich selbst und ihrer Gesellschaft in rauschhaftem Erleben den Glauben, Jugend an sich sei der Inbegriff von Zukunft, der Aufbruch zu neuen Ufern, die Heilung der kulturellen Krisen, die Überwindung des kranken gesellschaftlichen Systems. So lieferten sie ihrer Zeit, der weitgehend ungeliebten Weimarer Republik, die Vision eines besseren Reiches der Jugend – eine Vision, die sich vor allem in ihren Liedern ausdrückte:

> »Jugend, brich auf!
> Schwinge die Banner und stürme,
> Stürze die finsteren Türme;
> Jugend, brich auf!«[50]

Anmerkungen

1 Hans Blüher, *Wandervogel – Geschichte einer Jugendbewegung*, Erster Teil: Heimat und Aufgang (Berlin 1912), S. 50.
2 Blüher, *Wandervogel* I, S. VI.
3 Standardwerk, Quellenedition und Selbstdarstellung der historischen bürgerlichen Jugendbewegung ist: Werner Kindt (Hg.), *Grundschriften der deutschen Jugendbewegung, Dokumentation der Jugendbewegung* I (Düsseldorf/Köln 1963); ders., *Die Wandervogelzeit – Quellenschriften zur deutschen Jugendbewegung 1896–1919, Dokumentation der Jugendbewegung* II (Düsseldorf/Köln 1968); ders., *Die deutsche Jugendbewegung 1920–1933 – Die bündische Zeit, Dokumentation der Jugendbewegung* III (Düsseldorf/Köln 1974).
4 Auch in diesem Beitrag ist, schon aus Gründen der beschränkten Seitenzahl, nur von der historischen *bürgerlichen* Jugendbewegung

die Rede. Die aus den Arbeiterbildungsvereinen und einer gänzlich anderen existentiellen Situation hervorgegangene, 1904 erstmals organisiert aufgetretene *proletarische* Jugendbewegung bleibt hier außer Betracht. Zum Verhältnis beider Jugendbewegungen vgl. die Beiträge in: *Jahrbuch des Archivs der deutschen Jugendbewegung* 10 (1978).

5 Zusammenfassend dazu: Walter Rüegg (Hg.), *Kulturkritik und Jugendkult* (Frankfurt/M. 1974); Klaus Vondung (Hg.), *Das wilhelminische Bildungsbürgertum – Zur Sozialgeschichte seiner Ideen* (Göttingen 1976); Ulrich Aufmuth, *Die Wandervogelbewegung unter soziologischem Aspekt* (Göttingen 1979).

6 Blüher hat mit seinem Buch (Anm. 1) Selbstverständnis und Geschichtsschreibung der Jugendbewegung nachhaltig beeinflußt. Beim Erscheinen allerdings distanzierten sich die meisten Bünde scharf davon, vor allem wegen des dritten Teils: *Die deutsche Jugendbewegung als erotisches Phänomen – Ein Beitrag zur Erkenntnis der sexuellen Inversion* (Berlin 1912), der eine öffentliche Diskussion über Wandervogel und Homosexualität auslöste. Vgl. Blüher, *Werke und Tage – Geschichte eines Denkers* (München 1953), S. 179 ff.

7 Blüher, *Wandervogel* I, S. 57, 59.

8 Formulierung nach einem Titel von Gerd-Klaus Kaltenbrunner (Freiburg 1980) über neue Formen von Gemeinschaften in der Massengesellschaft; hier bewußt auch auf das Gemeinschaftserlebnis der Jugendbewegung in der Wilhelminischen Industrie- und Fortschrittsgesellschaft bezogen.

9 Die häufig (und meist verkürzt oder falsch) zitierte Meißner-Formel lautet vollständig: »Die Freideutsche Jugend will aus eigener Bestimmung, vor eigener Verantwortung, mit innerer Wahrhaftigkeit ihr Leben gestalten. Für diese innere Freiheit tritt sie unter allen Umständen geschlossen ein. Zur gegenseitigen Verständigung werden Freideutsche Jugendtage abgehalten. Alle gemeinsamen Veranstaltungen der Freideutschen Jugend sind alkohol- und nikotinfrei.« – Rekonstruktion des Textes nach den authentischen Angaben bei: Gustav Mittelstraß, Christian Schneehagen (Hg.), *Freideutscher Jugendtag 1913 – Reden von Gottfried Traub, Knud Ahlborn, Gustav Wyneken, Ferdinand Avenarius* (Hamburg 1913), S. 8.

10 Zur Diskussion über Jugendbewegung und Nationalsozialismus zusammenfassend: Arno Klönne, *Jugend im Dritten Reich – Die Hitler-Jugend und ihre Gegner* (Düsseldorf/Köln 1982); Winfried Mogge, *»Der gespannte Bogen« – Jugendbewegung und Nationalsozialismus – Eine Zwischenbilanz*, in: *Jahrbuch des Archivs der deutschen Jugendbewegung* 13 (1981), S. 11–34.

11 Im *Reichsausschuß der deutschen Jugendverbände* waren gegen Ende der Weimarer Republik mehr als 100 Jugendverbände mit mehr als fünf

Millionen Mitgliedern unter 25 Jahren zusammengeschlossen; daneben gab es die Spitzenverbände *Deutscher Reichsausschuß für Leibesübungen* mit zuletzt 6,9 Millionen Mitgliedern, davon 1,4 Millionen unter 21 Jahren, und *Zentralkommission für Arbeitersport und Körperpflege* mit 1,3 Millionen Mitgliedern, davon 0,4 Millionen unter 18 Jahren. – Vgl. Deutsches Archiv für Jugendwohlfahrt (Hg.), *Kleines Handbuch der Jugendverbände* (Berlin 1931). – Jakob Müller, *Die Jugendbewegung als deutsche Hauptrichtung neukonservativer Reform* (Zürich 1971), S. 164f., 389f., stellte Berechnungen für die quantitative Stärke der bürgerlichen Jugendbewegung an. Demnach umfaßten Wandervogel und Freideutsche Jugend 1914 rund 60000 Mitglieder, die Bündische Jugend und eng mit ihr verwandte Gruppierungen 1925 rund 110000 Mitglieder und 440000 »Ehemalige«; zu diesen »integrierten« Jugendbewegten kam eine »Aura« von maximal 5 Millionen durch die Jugendbewegung »stark Beeinflußten«. Der Anteil der Jugendbewegten an der Gesamtzahl einer Jugendgeneration betrug maximal 5 Prozent.

12 Insgesamt 4800 Titel nennt allein eine bisher unersetzte »versteckte Bibliographie«: Albrecht Kistner, *Die deutsche Jugendbewegung, Antiquariatskatalog 68 von M. Edelmann* (Nürnberg 1960); ders., *Ergänzung zu Katalog 68 von M. Edelmann* (Nürnberg 1968).

13 Zusammenfassend dazu: Aufmuth, *Wandervogelbewegung*, S. 44ff.

14 Zusammenfassend demnächst: Irmtraud Götz v. Olenhusen, *Jugendreich, Gottesreich, Deutsches Reich – Jugend, Religion und Politik 1928–1933* (erscheint 1985).

15 *Wandervogel – Illustrierte Monatsschrift* 1 (1904), H. 1, S. 2.

16 *Wandervogel – Illustrierte Monatsschrift* 2 (1905), H. 1, S. 1f. Die *Ehren- und Freundesräte* wurden 1905 in *Eltern- und Freundesräte* umbenannt.

17 *Wandervogel – Illustrierte Monatsschrift* 2 (1905), H. 2, S. 16f.

18 *Wandervogel – Illustrierte Monatsschrift* 1 (1904), H. 12, S. 112.

19 *Wandervogel – Illustrierte Monatsschrift* 2 (1905), H. 4, S. 45f.

20 *Wandervogel – Illustrierte Monatsschrift* 3 (1906), H. 3, S. 38f.

21 Vgl. Georg Korth, *Wandervogel 1896–1906* (Frankfurt/M. 1967), S. 191ff. (Text eines Vortrages von Karl Fischer von 1927 *Aus der Begründung des Wandervogels*).

22 Vgl. Lutz Roth, *Die Erfindung des Jugendlichen* (München 1983), S. 112ff.

23 *Wandervogel – Monatsschrift für deutsches Jugendwandern* 8 (1913), H. 10, S. 285.

24 *Wandervogel – Monatsschrift für deutsches Jugendwandern* 10 (1915), H. 7, S. 183; H. 10, S. 286.

25 *Wandervogel – Monatsschrift für deutsches Jugendwandern* 10 (1915), H. 10, S. 282.

26 *Der Wandervogel – Zeitschrift des Bundes für Jugendwanderungen »Alt-Wandervogel«* 3 (1906), August, S. 2 f.

27 Das Original des Telegramms konnte bisher nicht nachgewiesen werden; den vermutlich authentischen Wortlaut überliefert Knud Ahlborn, *Das Freideutschtum in seinen politischen Auswirkungen* (Werther 1923), S. 3 f. Spätere Publikationen erwähnen, den jeweiligen politischen Opportunitäten entsprechend, das Telegramm in verkürzten Fassungen.

28 Vgl. Gerhard Ziemer, Hans Wolf, *Wandervogel und Freideutsche Jugend* (Bad Godesberg 1961), S. 519 ff.

29 Walter Flex, *Der Wanderer zwischen beiden Welten – Ein Kriegserlebnis* (München 1917³), S. 82.

30 *Wandervogel* 18 (1923), H. 4–6, S. 36.

31 *Freideutscher Jugendtag 1913*, Jahrhundertfeier auf dem Hohen Meißner am 11.–12. Oktober (Flugblatt). – Protokolle, Berichte, Pressedokumentation usw. zum Meißner-Tag befinden sich im Archiv der deutschen Jugendbewegung, Burg Ludwigstein, Witzenhausen.

32 Gustav Wyneken, *Der Gedankenkreis der Freien Schulgemeinde – Dem Wandervogel gewidmet* (Leipzig 1913), S. 10 f.

33 Gustav Wyneken, *Schule und Jugendkultur* (Jena 1913), S. 37.

34 Hauptausschuß der Freideutschen Jugend (Hg.), *Die Freideutsche Jugend im Bayrischen Landtag* (Hamburg 1914), S. 3.

35 *Freideutsche Jugend* 3 (1917), H. 7, S. 212 (Gedicht *Wir* von Kurt Schultze).

36 *Freideutsche Jugend* 3 (1917), H. 8, S. 246.

37 *Freideutsche Jugend* 5 (1919), H. 10, S. 422 f.

38 *Freideutsche Jugend* 7 (1921), H. 2, S. 49.

39 *Freideutsche Jugend* 8 (1922), H. 1, S. 3 ff.

40 *Wandervogel* 17 (1922), H. 1/2, S. 3.

41 Diese wichtige Zeitschrift ist in einem (inhaltlich und formal leider unbefriedigenden) Reprint auszugsweise wieder zugänglich: Walther G. Oschilewski (Hg.), *Junge Menschen – Monatshefte für Politik, Kunst, Literatur und Leben aus dem Geiste der jungen Generation der zwanziger Jahre 1920–1927* (Frankfurt/M. 1981); vgl. dazu die Rezension in: *Jahrbuch des Archivs der deutschen Jugendbewegung* 14 (1982–83), S. 362–370.

42 *Junge Menschen* 2 (1921), H. 19, S. 1.

43 *Die Kommenden – Großdeutsche Zeitung und Nachrichtenblatt der deutschen Jugendbewegung* 2 (1927), H. 12, S. 133.

44 *Wandervogel* 17 (1922), H. 1/2, S. 5.

45 *Wandervogel* 19 (1924), H. 4–8, S. 35.

46 E. Köbel, *Der gespannte Bogen – Eine Flugschrift zur deutschen Jungenschaft* (Berlin 1931), S. 9 f.

47 *Sturm-Jugend – Kampfblatt der Hitlerjugend* 1 (1933), H. 2, S. 5.

48 Aufmuth, *Wandervogelbewegung*, S. 236.

49 Irmtraud Götz v. Olenhusen, *Die Krise der jungen Generation und der Aufstieg des Nationalsozialismus – Eine Analyse der Jugendorganisationen der Weimarer Zeit*, in: *Jahrbuch des Archivs der deutschen Jugendbewegung* 12 (1980), S. 53–82, Zitat S. 82.

50 Vers aus *Flamme empor!*, einem der in der Jugendbewegung meistgesungenen Lieder, entstanden in den Freiheitskriegen, mit neuer Textfassung von Max Barth veröffentlicht in: *Junge Gemeinde – Von Wille, Weg und Werk der jungen Generation, Wochenblatt der wandernden Jugend*, Blatt 15 (1924). – Das Motto des Marburger Symposiums »Mit uns zieht die neue Zeit« ist Refrain zu dem Lied *Wir* (»Wann wir schreiten Seit' an Seit'«) von Hermann Claudius, entstanden schon 1913, von der (bürgerlichen *und* proletarischen) Jugendbewegung bezeichnenderweise aber erst seit 1920 adaptiert. Es erscheint in manchen Veröffentlichungen mit der Überschrift *Der neuen Jugend gewidmet*. Vgl. Wilhelm Mogge, *Wann wir schreiten...*, in: *Jahrbuch des Archivs der deutschen Jugendbewegung* 13 (1981), S. 137–146.

Jürgen Reulecke
Männerbund versus Familie
Bürgerliche Jugendbewegung und Familie in Deutschland im ersten Drittel des 20. Jahrhunderts

Die in Deutschland unter Beteiligung fast aller gesellschaftlichen Gruppen nach dem Ersten Weltkrieg kontrovers geführte Diskussion über die »Krise der Familie« und deren Folgen für Staat und Gesellschaft gewann ihre Argumente zwar aus den objektiv feststellbaren Strukturwandlungen der Familie seit dem Ende des 19. Jahrhunderts, war aber in einem beträchtlichen Ausmaß ideologisch bestimmt. Den meisten Befürwortern einer Restauration des herkömmlichen Familienideals ging es ebenso wie den meisten Kritikern der bürgerlichen Familie nicht in erster Linie um die Familie selbst und die Menschen im Familiengefüge, sondern um ihre Einbindung in Strategien zur Erreichung sehr viel weiter gesteckter Ziele. So richteten sich z. B. die massiven Angriffe von links wie auch von extrem rechts vor allem gegen die Funktion, die die Familie in der bürgerlich-kapitalistischen Gesellschaft besaß bzw. die ihr zu deren Stabilisierung zugewiesen wurde.

Bei den Auseinandersetzungen um dieses Thema ist besonders im bürgerlichen Lager – vom links-liberalen bis zum äußersten rechten Flügel – eine bemerkenswerte Generationendifferenzierung zu beobachten: Während die Vertreter der älteren Generation im wesentlichen durch eine gezielte Jugendpolitik mit Bewahrungscharakter und durch familienpolitische Maßnahmen jene Krise beheben und so die Familie wieder zur stabilen Basis des bürgerlichen Lebens machen wollten, fanden in der jüngeren Generation Gedanken zunehmend Eingang, welche die Schwerpunkte anders setzten, um die »Wunden am deutschen Volkskörper zu heilen« und zugleich das stark angeschlagene Selbstbewußtsein der Deutschen wieder zumindest zu den Höhen zurückzuführen, die es vor dem Kriege gehabt hatte. So forderte etwa die etablierte ältere Generation eine Ausweitung der Wohlfahrtspflege und Familienhilfe, eugenische Maßnahmen aller Art, die Verbesserung des Erziehungswesens, Volksaufklärung über die diversen biologischen und sittlichen Gefahren, welche die Familie bedrohten, weiterhin die Ausdehnung des Jugendschutzes und der Jugendbewahrungsmaßnahmen.[1] In der mittleren und jüngeren Generation erhoben sich dagegen Stimmen, die auf die angeblich von der Jugend ausgehenden Selbstheilungskräfte setzten, d. h. auf eine neue Jugendbewegung, die mit Tatkraft, Entschlossenheit und Begeisterung die Welt der »Philister« überwinden und eine »lebendige Erneuerung« der überkommenen, morsch gewordenen Gesellschaft herbeiführen würde. Die Ideologen dieser Lehre reduzierten die Funktion der Familie im wesentlichen auf den biologischen und arterhaltenden Aspekt[2], falls sie sich überhaupt zur Familienproblematik positiv äußerten. Ihnen galt die Familie fast ausschließlich als das Reich der Frau, in dem diese ihrer angeblich natürlichen Bestimmung gemäß für einen gesunden und leistungsfähigen Nachwuchs zu sorgen hatte. Das gesamte öffentliche und speziell das politische Leben dagegen, insbesondere in Zeiten des Um- und Aufbruchs und des gesellschaftlichen Selbsterhaltungskampfes, vor allem aber die »Neuschöpfung des Unerhörten«, spielte sich ihrer Meinung nach im »Männerbund« ab, als dessen »kämpferischer Vortrupp« die sogenannte Jungmannschaft galt.[3] Männerbund und Jungmannschaft waren damit nicht bloß Gegenspieler der Familie; sie schufen und sicherten überhaupt erst der Familie den Rahmen, in dem diese sich entfalten und ihre Aufgaben für die Volksgemeinschaft erfüllen konnte. Insofern wurden beide der Familie eindeutig übergeordnet.

Schon aus diesen wenigen Gedanken, die ansatzweise bereits vor dem Ersten Weltkrieg vertreten, nach dem Krieg dann gerade auch in jugendbewegten Kreisen breit diskutiert und später als Kernpunkte der nationalsozialistischen Familien- und Gesellschaftsideologie in typischer Weise zugespitzt wurden, läßt sich entnehmen, daß die damalige Generationenkonstellation erheblichen Einfluß auch auf die Debatte um die Krise der bürgerlichen Familie gehabt hat. Die Wurzeln und Vorformen der Männerbundideologie und ihre spezifischen Ausprägungen in den zwanziger Jahren sollen im folgenden dargestellt werden. Für die Mentalitätsgeschichte der Zwischenkriegszeit und besonders für die »Machtergreifung« des Nationalsozialismus in den Köpfen und Herzen vieler Zeitgenossen sind die Zusammenhänge m. E. von einer beträchtlichen, bisher unterschätzten Bedeutung, und es stellt sich von vornherein die Frage, ob es parallele Erscheinungen und Entwicklungen auch in anderen vergleichbaren Gesellschaften jener Zeit gegeben hat oder ob die atavistischen Züge der Männerbundideologie Teilausdruck einer spezifisch deutschen Krisenbewältigungsstrategie waren. Die Art und Weise, wie Erfahrungen aus dem Ersten Weltkrieg und wie die deutsche Niederlage in national und völkisch gesinnten Kreisen verarbeitet wurden, spielte jedenfalls bei der Ausbreitung männerbündlerischen Denkens eine zentrale Rolle: Der Krieg habe – so hieß es 1933 in einem nationalsozialistischen Erziehungsbuch rückblickend – zur »Wiedergeburt unersetzlicher, aber vergessener und verfallener Erziehungsmächte« geführt[4], womit in erster Linie der heroische Männerbund gemeint war. Die Jugendbewegung sei der Vorbote für die Wiedergeburt dieser männlichen »Zuchtform« gewesen, für welche die Wilhelminische Gesellschaft schon fast blind geworden sei.

Auf der Suche nach der Entstehung dieses Gedankengebäudes stößt man bald auf die an zukunftsweisenden Ansätzen positiver wie negativer Art so reichen Jahre um 1900, die vor allem durch eine unübersehbare Identitätskrise insbesondere des bildungsbürgerlichen Selbstbewußtseins geprägt waren.[5] Das Bürgertum als die bisher die allgemeine Modernisierung vorwärtstreibende Kraft, zugleich aber durch vielerlei Anpassungsprobleme belastet, die mit der immer noch starken Befangenheit in vormodernen Wertkategorien zusammenhingen, erlebte im Kaiserreich immer stärker die Diskrepanz zwischen den gewaltigen und geradezu rasanten Fortschritten im technisch-ökonomischen Bereich auf der einen und den ungelösten, sich deutlich zuspitzenden Problemen im politisch-sozialen Bereich auf der anderen Seite.[6] Die Reaktionen waren vielfältig: Neben verschiedenen Reformversuchen standen Fluchtbestrebungen aller Art, insbesondere in neue Mythen und Kulte – dies in der Hoffnung, durch sie zu einem neuen Sinn in einer nicht mehr durchschaubaren Welt zu finden. Die um sich greifende Statusunsicherheit äußerte sich in Aggressivität nach außen und innen und in einer zunehmenden Zivilisationskritik. Emotionen und Affekte bestimmten die politische Diskussion in wachsendem Maße, und individuell empfundene Bedrohungen wurden zu gesamtgesellschaftlichen Gefahren hochgespielt.

Eine dieser systembedrohenden Gefahren schien seit etwa 1890 von der Jugend auszugehen, die nicht mehr fraglos die Ideale, Werte und Normen der älteren Generation zu transportieren bereit war und die traditionellen Autoritäts- und Sinnstrukturen anzu-

zweifeln begann.[7] Dies wirkte sich außer im Arbeitsleben besonders in der bürgerlichen Familie aus, die ihrem Ideal als einem intimen Lebensraum, der durch die Autorität des Vaters und eine
klare Rollenverteilung bestimmt und gegen andere gesellschaftliche Bereiche abgeschottet war[8], immer weniger entsprach. Eine
Reihe von Kulturkritikern, Lebensreformern und Literaten wen-
dete diese Erfahrung positiv und erklärte Jugend zu dem gesellschaftlichen Leitbild schlechthin. Jugend war in ihrem Sinne nicht
mehr bloß ein biologisches Durchgangsstadium auf dem Wege zum
Erwachsensein, sondern ein Mythos und zugleich eine Chiffre für
einen Aufbruch in eine wie auch immer geartete bessere Zukunft.[9]
Die Hauptstoßrichtung dieses Gedankenkonglomerats, das dann
in den zwanziger Jahren noch viel deutlicher vertreten werden sollte, formulierte einer der Wortführer, Arthur Moeller van den
Bruck, bereits im Jahre 1904 folgendermaßen: »Ein Blutwechsel
tut der Nation not, eine Empörung der Söhne gegen die Väter, die
Ersetzung des Alters durch die Jugend.«[10] Die Organisationsform, welche die Ausgangsbasis einer solchen »Revolution« gegen
die Alten sein sollte, hatte zwei Jahre vorher der Soziologe und
Volkskundler Heinrich Schurtz beschrieben, als er – ausgehend
von gesellschaftlichen Grundformen in primitiven Völkern – in
seinem Band *Altersklassen und Männerbünde*[11] mit dem Männerbund einen Gemeinschaftstyp vorstellte, der dem männlichen Wesen angeblich sehr viel adäquater sei als die Familie, in der letztlich
die Frau dominiere. Ethnologische Beobachtungen wurden hier
also in zugespitzter Weise mit dem Erscheinungsbild von Familie
kontrastiert, wie es im Kaiserreich des ausgehenden 19. Jahrhunderts erlebt wurde. Allerdings gibt es tatsächlich, wie der Züricher
Religionswissenschaftler Hasenfratz vor kurzem in einem bemerkenswerten Aufsatz belegt hat[12], gerade im indogermanischen
Kulturkreis ein bis weit in die Frühzeit zurückreichende Tradi-
tionslinie sozio-religiöser männerbündlerischer Organisationsformen. Hasenfratz setzt Männerbund gleich Jugendbund und
betont, daß die germanischen Stämme diesem »ein gut Teil des
Expansionsdranges und der Stoßkraft verdanken, womit sie den
Gesichtskreis der Historie betreten haben«.[13]
Im Jahrzehnt vor dem Ersten Weltkrieg fand der Gedanke des
Männerbundes Eingang in jenen Teil der Jugendgeneration, der
sich seit 1900 den Gängelungsversuchen und Zumutungen der wilhelminischen Jugendpflege widersetzte und eine eigene, autonome

Von unten auf, Illustration von Fidus

Bewegung ins Leben rufen wollte. Gemeint ist der sich in Deutschland, aber auch in Österreich und in der Schweiz rasch ausbreitende Wandervogel (vgl. den Beitrag von W. Mogge in diesem Band).[14] Meist in reinen Jungengruppen, in geringerer Zahl anfangs auch in gemischten Gruppen, versuchten diese Jugendlichen durch einen Auszug aus der Stadt zugleich einen Auszug aus der verknöcherten und als verlogen empfundenen Wilhelminischen »Plüschkultur« zu proben und im Kreise Gleichaltriger unter der Leitung eines nur wenige Jahre älteren Führers die Utopie eines neuen Menschen zu verwirklichen. Fast von vornherein wurde dabei die Frage akut und kontrovers diskutiert, ob Mädchen gleichberechtigt im Wandervogel integriert werden sollten oder ob sie eher eine »existentielle Gefahr für die Männergemeinschaft« darstellten. Selbst einer der ausdrücklichen Befürworter des Mädchenwanderns, der Verfasser des *Zupfgeigenhansl*, Hans Breuer, befürchtete bei einer zu weit gehenden Mischung beider Geschlechter die Entstehung »femininer Mannsgruppen« und eine »Verbengelung« der Mädchen.[15]

Das Ideengebäude dieser neuen Bewegung war zunächst noch recht wenig ausgeprägt und vereinigte allerlei heterogene Aspekte, enthielt aber bereits jene Elemente, die dann nach dem Ersten

Weltkrieg stark in den Vordergrund treten sollten. Der Höhepunkt der bürgerlichen Vorkriegsjugendbewegung war schließlich ein großes Treffen auf dem Hohen Meißner. Hier einigten sich im Oktober 1913 die Vertreter der verschiedenen selbständigen Gruppierungen – darunter auch Abstinenzler, Reformpädagogen, Lebensreformer und völkische »Volkserzieher« – auf jene berühmte Meißner-Formel, die für alte Jugendbewegte bis heute die Richtschnur ihrer individuellen Existenz geblieben ist.[16] Die »Freideutsche Jugend« – so hieß es in dieser Formel, die nicht so sehr Aufruf zu konkretem Handeln als moralische Maxime war[17] – wolle »nach eigener Bestimmung, vor eigener Verantwortung, in innerer Wahrhaftigkeit ihr Leben gestalten«.

Ziel der Initiatoren des Meißner-Festes war es, eine »neue, edle deutsche Jugendkultur« zu begründen und der falschen und von »häßlichen Konventionen« geprägten Sozialisation in den bürgerlichen Familien und in den Schulen die jugendliche Gemeinschaft und Kameradschaft entgegenzusetzen.[18] Die bisher ausdrücklich der Familie zugewiesene Funktion, den jungen Menschen zur Reife zu führen und auf seine Rolle als Erwachsener vorzubereiten, wurde dadurch deutlich in Frage gestellt. Der Familie sollte nur noch die »Aufzucht« der Kleinkinder und Mädchen überlassen bleiben; für die heranwachsenden Jungen wurde statt dessen die Erziehung in ordensähnlichen Gemeinschaften und in sogenannten Freien Schulgemeinden propagiert, in denen sie unter der Anleitung eines fordernden Führers außerhalb der korrumpierenden Einflüsse der Großstadtzivilisation auf ihre Mission als »Sauerteig« in der Gesellschaft vorbereitet werden sollten. Tatsächlich gab es auch bald eine Reihe von Experimenten in dieser Richtung, von denen die Freie Schulgemeinde Wickersdorf unter der Leitung des streitbaren Gustav Wyneken das bekannteste war (vgl. den Beitrag von U. Herrmann in diesem Band).[19]

Der wohl umstrittenste, aber in unserem Zusammenhang bedeutendste der Wandervogelideologen vor dem Krieg war der Student Hans Blüher, der 1911/12 – damals 23jährig – eine eigenwillige Bestandsaufnahme und Deutung der Wandervogelbewegung veröffentlichte.[20] Obwohl seine Interpretation nur von einem Teil der Wandervögel und Freideutschen geteilt wurde[21], hat sie dennoch großen Einfluß gehabt – gerade auch wieder nach Kriegsende, als sich die bürgerliche Jugendbewegung neu konstituierte. Blüher verstand den Aufbruch der bürgerlichen Jugend seit 1900 ausschließlich als eine »leidenschaftliche Bewegung der männlichen Jugend« und – da Leidenschaft nie ohne Eros auskomme – zugleich als ein in höchstem Grade »erotisches Phänomen«, das in männlichen Freundschaftsbünden seinen reinsten Ausdruck finde.[22] Erst der Männerbund befreie den Mann zu voller schöpferischer Tätigkeit, während die Familie destruktiv auf ihn wirke, weil sie den Mann der »Vorherrschaft des Weibes« ausliefere. Die eigentliche Elite des Volkes müsse daher durch die Schule des Männerbundes gehen und »das Glück der menschlichen Gesellschaft (. . .) von der Seite des Männerbundes und nur in seinem Rahmen« zu erreichen suchen.[23]

Angeregt durch Sigmund Freud und andere Psychologen seiner Zeit entwickelte Blüher eine »Sexualtheorie der Wandervogelbewegung«: Die Stoßkraft dieser Bewegung leitete er aus dem Vorhandensein homoerotisch orientierter junger Männer ab, »die ihre Sexualität sublimierten, hochbildeten, die ihr so große Hemmungen auferlegten, daß sie stets *angewandt* wurde und nicht plötzlich im Orgasmus verpuffte«.[24] Entsprechend stellte er zwei sexuelle Verhaltensarten männlicher Erotik gegenüber: die Contrectation und die Detumescenz. Contrectation bezeichnet das auf männliche Gesellung und Sublimierung hinauslaufende Verhalten, die Detumescenz dagegen die ausgelebte heterosexuelle oder homosexuelle Begierde. Das Verhältnis der beiden zueinander charakterisiert Blüher mit der Metapher vom Glimmen und Brennen. Die Veranlagung des für den Männerbund idealen Mannes, der sogenannten »Erastennatur«, beschreibt Blüher folgendermaßen:

»Die Contrectation zum Weibe dient wesentlich Detumescenzzwecken, die immer sehr nahe liegen. Contrectation zum Manne neigt zur Verselbständigung und ist tiefer betont; sie bleibt der Detumescenz fern.«[25]

Die »Betätigung« des Erasten und seine Verwendung als Erzieher charakterisiert Blüher:

»Er würde verkümmern, wenn er die männliche Jugend nicht hätte. Aber er hält sich noch für normal, da ihn die männliche Jugend nicht zur Detumescenz reizt. Ist Jugendbewegungen begeistert hingegeben. Die dauernde Befriedigung des Contrectationstriebes, die er dort findet, entlastet einen Teil der Detumescenz zum Weibe. – Dieser Typ mit seinem oft hymnischen Freundschaftsdrange gibt den Jugendbewegungen die eigentliche Grundfarbe.«

Diese Zuspitzung ist zwar ein Individualprodukt Blühers geblieben, doch sollte die hier angesprochene Unterscheidung und unterschiedliche Bewertung später noch eine wichtige Rolle spielen.

Sehr plastisch beschreibt ein Gedicht mit dem Titel *Kameraden!* von Alfred Wolfenstein, veröffentlicht Anfang 1915 in der jugendbewegten Zeitschrift *Der Aufbruch*, die Stimmungslage, die Blüher sezierend vorgestellt hatte. Der Autor setzt der »Sumpfgemeinsamkeit« des Elternhauses und der »kühlen Einsamkeit« der Straßenliebe die »süße nahe weite Kameraderie« entgegen, in welcher Freundschaft, Sonne, Freiheit herrschen und die die Grundlage einer »neuen Welt« darstellt.[26]

> »Kameraden!
> Da eilte ich befreit zur Tür hinaus –
> Schnell flammend half das warme Treppenhaus
> Und lieber wollt' ich zu den Straßensteinen,
> Als in der horchend engen Wohnung weinen.
>
> Das ist die Flucht vor den zu eng Verwandten,
> Die mich berührten, ehe sie mich kannten –!
> Noch immer wie in ihrem hohlen Schoß
> Läßt mich Gebornen Elterndruck nicht los.
>
> Doch lieber Haß und Wüste dieser Stadt
> Als eure Liebe, die mich grundlos hat!
> Wir wählten niemals uns! Daß ihr mich säugtet,
> Wird es Gefühl denn, daß ihr mich erzeugtet?
>
> Nein von der Lampe falschem Seelenfrieden,
> Von eurer dichten Sicherheit geschieden!
> Und lieber in die unbekannte Nacht
> Und ohne Bett die Wahrheit durchgewacht!
>
> Da kommen wie die Häuser steil und kalt
> Die Wagen, nur berührt von kurzem Halt,
> Gefühllos auch und rasch die dunklen Leute,
> Und suchen sich als fremd genossne Beute –.
>
> Ich wandere mit ihnen wie alleine!
> In grelle Cafés wie in stumme Haine,
> Wie parallele Stämme Tisch an Tisch
> Thront jeder Kopf, getrennt und wählerisch.
>
> Und seh' die Paare ohne Harmonien
> In eisig klarem Bund nach Hause ziehn –

... Und schleiche lieber fort zu kleinen Sternen,
Längs schwarzer Fenster, lebloser Laternen.

Und endlich heb' ich meine wahren Hände –
Mein Herz trompetengleich dehnt alle Wände –:
O nieder diese kühle Einsamkeit!
Wie nieder jene Sumpfgemeinsamkeit!

Verwandtes Blut aus Elternliebesnacht,
Ohn' unser Wollen ihnen nah gebracht, –
Geschied'nes Blut, gepaart in Straßenliebe:
Daß beides nun ein neuer Ruf vertriebe –:

Ein Ruf nach Freundschaft –! daß in finstren Zimmern
Die Mauern stürzen und die Nackten schimmern
Entblößt von Decken dumpf und unsichtbar
Und von gespenstischen Gefühlen klar!

Daß Unerfüllte ihrer armen Zeit
Aus Gräbern wehn in unsre Geistigkeit,
Und Neue mit gefühlteren Geberden,
Voll blühnder Herzen nun geboren werden!

Ein Ruf nach Sonne –! statt sich rauh zu brauchen
Einander stolzre Seelen einzuhauchen –
Ein Ruf nach Freiheit –! nicht vermischt zu sein,
Sondern vereinigt wie in Heeresrrehn – –!

Der Platz voll stiller starker Fliederluft
Erglüht wie Echo, das sich weiter ruft,
Aus allen Straßen dämmern rote Strahlen
Hierher, sich tief in neue Welt zu malen.

Das sind die Willen, ganz aus Licht getrieben,
Die sich als Willensangesichter lieben,
Das ist die lautre lauteste Melodie,
Die süße nahe weite Kameraderie!«

In derselben Zeitschrift veröffentlichte Blüher wenig später einen
Beitrag, in dem er zu einer »Sozialisierung des Geistes« aufrief, die
nur durch die Männerbünde erreicht werden könne.[27] Sie seien das
»geschärfteste Organ zur Vergeistigung des Volkes«. Das vergangene liberale Kultur-Zeitalter habe sich den geistigen Funktions-
wert der Männerbünde verscherzt, indem es durch voreilige
Gleichsetzung von Mann und Weib das »gemischte Publikum« geschaffen habe. Im Männerbund dagegen gebe der überlegene, charismatische Männerheld den Geist nach unten weiter und schaffe

Augustinus Heumann, Kriegs-Neujahr 1916

so »Kasten-Ausgleich«. Blüher vergleicht diesen Vorgang mit dem Wirken Christi in seinem Jüngerkreis: Nie sei »ein Geistiger leichtfertiger mit sich umgegangen, nie sozialistischer gewesen«.

  Blüher hatte diesen Beitrag bereits vor dem Hintergrund des Ersten Weltkriegs geschrieben, der im Prozeß des Weitertreibens der bürgerlichen Identitätskrise in Deutschland eine zunächst eher retardierende Rolle spielte: Von der propagandistisch hochgeputschten Überzeugung getragen, in einer Welt von Feinden die bedrohte nationale Identität verteidigen zu müssen, fand sich die in sich zerrissene Wilhelminische Gesellschaft kurzfristig in der – illusionären – Hoffnung vereinigt, sie könne durch das Reinigungsbad des Krieges zu einer parteienlosen, geschlossenen und kraftvollen Volksgemeinschaft finden. Für die Ausbreitung der Männerbundidee dagegen stellte der Krieg eine erhebliche Schubkraft dar: Der Krieg bot die Chance zu mannhafter Bewährung und schuf zugleich die Voraussetzungen zur Überwindung einer verweichlichenden »welschen« Zivilisation.[28] Männliche Tugenden waren nun gefragt und gefordert: Tapferkeit und Härte, Treue und eiserner Wille, Kameradschaft, Liebe zum Volk und Einsatzbereitschaft bis zum Opfertod. Die Kriegslyrik, die Soldatenlieder, die Heldenberichte und die Frontpropaganda enthalten alle den gleichen Topos: Der Jüngling oder junge Mann trennt sich freudig, aber ernst von der Mutter, der Geliebten oder von seiner Familie, um seiner eigentlichen Bestimmung entgegenzueilen und sich in den »Stahlgewittern« als Mann zu bewähren. Das Rauschhafte, ganz und gar nicht Rationale dieses Vorgangs kommt z. B. in folgendem Kriegsgedicht des 1892 geborenen Heinrich Zerkaulen deutlich zum Ausdruck:

> »Aus zieh ich meiner Jugend buntes Kleid
> und werf es hin zu Blumen, Glück und Ruh.
> Heiß sprengt das Herz die Brust mir breit,
> der Träume Türen schlag' ich lachend zu.
>
> Ein nacktes Schwert wächst in die Hand hinein,
> der Stunden Ernst fließt stahlhart durch mich hin.
> Da steh ich stolz und hoch gereckt allein
> im Rausch, daß ich ein Mann geworden bin!«[29]

Beim Fronteinsatz, in der Schützengrabengemeinschaft schlug dann die große Stunde des Männerbundes: »Langemarck« sollte der sinnstiftende neue Mythos werden, mit dem die folgende Jugendgeneration ein Vierteljahrhundert später erneut in einen Weltkrieg geschickt wurde (vgl. den Beitrag von U.-K. Ketelsen in diesem Band).[30]

Die Heroisierung des Frontsoldaten überlebte nicht nur den Krieg und die Niederlage; sie blieb auch eines der schlimmsten Erbteile des Krieges, das durch die sogenannte Dolchstoßlegende und die demagogische Formel »im Felde unbesiegt« zusätzliches Gewicht erhielt. Viele vor allem der jüngeren Soldaten hatten durchaus eine emotionale Heimat in der Soldatenkameradschaft gefunden; desillusioniert kamen sie 1918/19 zurück und fanden sich im Alltag zu Hause nicht mehr zurecht:

»Zur Heimat fliehn, die keine Heimat haben, zur grauen Zukunft zieht das graue Heer...«, so heißt es in einem Gedicht des 1890 geborenen kriegsfreiwilligen Soldaten Fritz Woike.[31]

Und Otto Paust (geb. 1897) schrieb:

>>Wir schauen fremd uns in der Heimat um,
gehören nicht in Freude und Genuß,
gehören nicht in Alltagsmenschentum:
um uns ist noch ein kalter Todesgruß.<<[32]

Die Wiedereingliederung der Kriegsveteranen und Frontsoldaten
stellte auch, wie neuere Untersuchungen zeigen, in anderen Ländern ein großes Problem dar, das vor allem psychologische Dimensionen besaß.[33] Spezifisch deutsch war jedoch, daß sich in jenem
emotionalen Vakuum nach dem Krieg die Freikorps und sonstigen
paramilitärischen Organisationen ansiedelten, die nun in großer
Zahl wie Pilze aus dem Boden schossen und den entwurzelten jungen Frontsoldaten neuen Halt und Sinn sowie die Weiterführung
der kämpferischen Männergemeinschaft boten. Die Unruheherde
in Bayern und Sachsen, im Ruhrgebiet und in Schlesien sowie vor
allem im Baltikum waren ihre bevorzugten Einsatzorte und lieferten Chancen zu ihrer Bewährung. Aber auch an den spektakulären
politischen Morden in den Anfangsjahren der Republik waren sie
maßgeblich beteiligt. Analysen der psychischen Grundstruktur
von Mitgliedern dieser Verbände haben gezeigt, wie stark das fami-
lienfeindliche Männerbundideal die ideologische Basis nicht nur
für die Verbände als ganze, sondern auch für das Handeln des einzelnen Freikorpskämpfers war.[34] Wichtig dabei ist zugleich, daß
sich diese Verbände um einzelne herausragende Offiziere des ehemaligen kaiserlichen Heeres sammelten, die durch ihre Führerqua-
litäten, ihr landsknechtshaftes Auftreten und ihr >>Charisma<< ihre
meist noch jugendliche Gefolgschaft an sich zu binden verstanden.

Die Umsetzung der Männerbundidee in die Praxis vollzog sich
jedoch seit der Revolution 1918/19 nicht nur im Bereich der Freikorps, sondern bestimmte auch in weitgehendem Maße die in ihre
zweite Phase eintretende bürgerliche Jugendbewegung. Obwohl
Mädchen in einigen der Organisationen auch weiterhin Mitglieder
sein konnten und sogar einzelne eigenständige Mädchenbünde exi-
stierten, trat der männliche Charakter der Jugendbewegung immer
deutlicher hervor – dies nach dem Motto: Mädchen machen zufrieden, aber nicht revolutionär![35] Auch die äußeren Formen und
die Organisationsstrukturen änderten sich in typischer Weise:
Wachsende Disziplinierung und Hierarchisierung, Uniformierung

und Ideologisierung bestimmten das äußere Auftreten wie die innere Ausrichtung. Waren die Vorkriegs-Wandervogelgruppen nur locker miteinander kooperierende, überschaubare, von Spontaneität und bunter Vielfalt im Auftreten geprägte Kleingruppen gewesen, deren Gemeinschaftserlebnis im wesentlichen von den gemeinsamen Wanderfahrten geprägt war, so setzte sich jetzt als zentrale Organisationsform und zugleich als Leitbild der »Bund« durch. Der Bund sollte eine Art in sich geschlossener Jugendstaat sein, wobei mit Jugend eben nicht die biologische Altersphase, sondern all jene Menschen gemeint waren, »deren Tätigkeit in die Zukunft weist«.[36] Der Bund integrierte, indem er in die Altersgruppen Jungenschaft, Jungmannschaft und Mannschaft differenziert war, mehrere Generationen und läßt sich in seiner Idealform als aristokratisches, ständisch organisiertes Gegenmodell zum ungeliebten, kalten und sich angeblich ständig selbst diskreditierenden System des Parlamentarismus charakterisieren.[37] Nur wenige Bünde standen uneingeschränkt zur Republik und waren in der Endphase der Weimarer Republik zu deren Verteidigung bereit. All dies zeigt, daß man eigentlich nun nicht mehr von einer Jugendbewegung im engeren Sinn sprechen kann, sondern von einer von jüngeren Erwachsenen dominierten Bewegung, die die Jugendlichen für ihre weltanschaulichen, mehr oder weniger diffusen politischen und sonstigen weltverbessernden Lehren zu begeistern versuchten (vgl. den Beitrag von H. Mommsen in diesem Band).

Die einzelnen Bünde bauten sich hierarchisch auf, wobei die Kleingruppe oder »Horde« praktisch an die Stelle der bürgerlichen Familie trat. Hier herrschte der Führer, der nicht gewählt wurde, sondern sich selbst seine Gefolgschaft erwählte. Zwar basierten sowohl die bürgerliche Familie als auch der Männer- bzw. Jungenbund auf dem Prinzip von Befehl und Gehorsam; während jedoch die familiale Vaterrolle traditionell legitimiert war und die Unterwerfung der Söhne unter diese Autorität unfreiwillig erfolgte, legitimierten sich die Führer der einzelnen Jungengruppen wie der Führer des gesamten Bundes durch ihr Charisma.[38] Die Anhänglichkeit der Gefolgschaft beruhte auf Seelenharmonie, Freundschaft und freiwilliger Treue (die allerdings jederzeit aufgekündigt werden konnte), denn die Art, wie ein charismatischer Führer sich seine Jünger wählte, galt als Mysterium, bei dem Eros (die emotionale Zuneigung) und Logos (das überzeugend vertretene Wertsystem) zusammenwirkten[39] – kein Wunder, daß vielerlei suggestive

Elemente, Mythen, kultische Formen, Symbole, Rituale usw. für den inneren Zusammenhalt der Bundesgemeinschaft von zentraler Bedeutung waren.

Es ist bezeichnend, daß gerade in der Zeit der Neukonstituierung der bürgerlichen Jugendbewegung 1919/20 die Gedanken Hans Blühers eine Renaissance erlebten, die er selbst durch weitere einschlägige Veröffentlichungen zur »menschlichen Staatsbildung« aus dem Geist der männlichen Erotik anregte.[40] Welche Langzeitwirkungen die Gedanken Blühers gehabt haben, zeigt die Tatsache, daß 1933 im Vorfeld der Ausschaltung Röhms und der SA-Spitze durch Hitler, der Blühers Schriften gut kannte, dessen Männerbundinterpretation eine gewisse Rolle gespielt haben soll.[41] Dem Führer zu folgen, bedeutete jedenfalls für seine Jünger die Teilhabe an einer elitären, verschworenen Gemeinschaft, die das Abbild einer erst in Zukunft zu verwirklichenden neuen und besseren Volksgemeinschaft war; er verkörperte die Bundesidee am reinsten und bemühte sich, sie durch sein Vorbild so attraktiv und überzeugend wie möglich vorzuleben.[42]

Als idealisierte Vorformen der Bünde, die die Jungen mehr oder weniger spielerisch nachahmten, dienten die germanische Stammesordnung, das mittelalterliche Rittertum, die Kreuzritterorden, zum Teil auch das Leben der Landsknechte und später auch für kurze Zeit die Kosakenhorden. An die Stelle der Volks- und Studentenlieder des Wandervogels traten jetzt alte oder nachgedichtete Reiter-, Soldaten-, Landsknechts- und Seeräuberlieder, die meist auch zum Marschieren gesungen werden konnten. Das vielgesungene Lied *Jenseits des Tales standen ihre Zelte*[43] mag deshalb so bekannt und beliebt gewesen sein, weil es das innere Hin- und Hergerissensein eines jungen Königs zwischen der Sehnsucht nach der Marketenderin und der Treue zum Männerbund besonders anrührend zum Ausdruck brachte. Fanfaren und Trommeln bestimmten das Bild bei den in Mode kommenden großen Aufmärschen statt wie beim Wandervogel Geigen, Flöten und Mandolinen. Neben den sogenannten Großfahrten, die manche Gruppe bis zum Schwarzen Meer und nach Lappland führten, gewannen die Zeltlager, bei denen der Bundesführer »Heerschau« abhielt, eine wachsende Bedeutung. Unter dem Einfluß der sich jetzt mit der bündischen Jugend vermischenden Pfadfinderbewegung spielten sowohl Waldläuferkünste als auch Abzeichen, einheitliche Kleidung und Sportwettkämpfe im Lagerleben eine wichtige Rolle. Vor allem diese Lager vermittelten den Mitgliedern des Bundes das Gefühl, aktive Mitkämpfer in einem Aufbruch zu sein, der von der Jugend gegen die Welt der Alten durchgesetzt werden müsse.[44] Es würde hier zu weit gehen zu belegen, daß männerbündlerisches Denken und sublimierte Homoerotik in dieser Zeit in vielfacher Form auch in der zeitgenössischen Literatur auftauchten. Erinnert sei nur an Hermann Hesses Roman *Demian*, der nicht zufällig im Jahre 1919 erschien.

Die bürgerliche bündische Jugendbewegung in ihren extremen Ausprägungen war ein fast ausschließlich städtisches Phänomen und hat in ihren Gruppen kaum mehr als drei bis fünf Prozent der männlichen Bevölkerung zwischen 10 und 18 Jahren erfaßt. Die Ausstrahlungskraft ihrer Ideen, äußeren Formen und Stilmittel war jedoch immens und wirkte sich in vielfacher Hinsicht auf die großen konfessionellen Jugendverbände, die Sportvereine, die Nachwuchsorganisationen der Parteien und auch auf die Arbeiterjugendorganisationen aus. Lediglich die sozialistische Jugend versuchte trotz der Übernahme äußerer jugendbewegter Formen, Gegenmodelle gegen Männerbund und charismatisches Führertum zu entwickeln.[45] So organisierten zwar auch die »Roten Falken« große Zeltlager, doch gestalteten sie diese als »Kinderrepubliken«, in denen in bewußter Absetzung von den antidemokratischen und latent militanten Lagerregeln der bündischen Jugend demokratische Lebensformen eingeübt werden sollten. Die aus Jungen und Mädchen bestehenden Lagergemeinschaften wählten z. B. ein Lagerparlament und einen Lagerbürgermeister und lernten auf diese Weise Mitbestimmung und Mitverantwortung kennen. Die Erziehung im Lager sollte nicht von der Familie weglenken und die Alltagsverhältnisse völlig vergessen lassen, sondern im Gegenteil zu Fähigkeiten und Einsichten führen, die sich positiv auf das proletarische Elternhaus und die Lebensbedingungen der Arbeiterklasse, vor allem auf deren Selbstbewußtsein, auswirkten.[46]

Daß gerade die jüngere Generation der bürgerlichen Mittelschichten – meist höhere Schüler und Studenten – von den bündischen Ideen besonders infiziert wurde, hing mit deren nach dem Ersten Weltkrieg und in der Inflationszeit dramatisch gewachsenen Statusunsicherheit zusammen, in der sich die bereits erwähnte »Krise des Bürgertums« aus der Vorkriegszeit verschärft fortsetzte. Der anfängliche Protest des Mittelstandes gegen die Beschneidung

seiner sozio-ökonomischen Basis und gesellschaftlichen Position
schlug mehr und mehr in Panik um.[47] Die fortschreitende Erosion
bürgerlicher Werte – und dazu gehörte gerade auch die bürgerliche
Familie mit ihrer spezifischen Rollenverteilung – führte zu einer
zum Teil schon fast krampfhaften Suche nach neuen, Sicherheit
versprechenden Identifikationsangeboten und nach Überlebens-
strategien, kurz: nach neuer Heimat. Der »Demontage des Vaters«
entsprach deshalb bei der jüngeren Generation die Hinwendung
zum Führerkult, der »Krise der Familie« die Flucht in den Männerbund.

Ein wenig schien sich dieser Trend zu ändern, als die Weimarer
Republik in ihre »ruhige« Phase von 1924 bis 1929 trat. Die meisten Freikorps lösten sich auf oder wurden von der Polizei zer-
schlagen; andere bildeten sich aus Überlebensgründen äußerlich
um wie das Freikorps Roßbach, das nun als »Spielschar Ekkehard«
durchs Land zog und so Propaganda für die Erhaltung des angeblich bedrohten deutschen Volkstums betrieb.[48] Wieder andere
Freikorpsführer gründeten rechtsextreme Jugendbünde, welche
Formen der bündischen Jugend übernahmen (z. B. Wiking-Ju-
gend, Schill-Jugend, Bund Jung-Oberland usw.), und versuchten,
auf diese Weise Freikorpsdenken und den Geist des heroischen
Frontsoldatentums in der Jugend zu erhalten und zu verbreiten.
Aus diesen Zusammenhängen ist auch die Gründung der Hitler-
Jugend zu verstehen, die nach einer ersten kurzen Episode 1922/23
unter dem Namen »Jungsturm Adolf Hitler« im Jahre 1925 von
dem 21jährigen Kurt Gruber ins Leben gerufen wurde und ein Jahr
später auf dem NSDAP-Parteitag in Weimar ihren endgültigen
Namen erhielt.[49] Kurze Zeit später formierten sich auch ein nationalsozialistischer Studenten- und ein Schülerbund.

In der bürgerlichen Jugendbewegung ist in den Jahren zwischen
1924 und 1929 eine gewisse Versachlichung der Diskussion zu beobachten. Die ironisch als »Spaltpilz« bezeichnete Hauptkrank-
heit der bündischen Jugend schien in diesen Jahren überwunden
werden zu können: 1925 kam es zu einem Zusammenschluß verschiedener Einzelbünde zum größten autonomen Jugendbund der
Weimarer Zeit, der sich kurze Zeit nach seiner Gründung Deutsche Freischar nannte und 1929 rund 12 000 Mitglieder zählte, von
denen etwa 15% Mädchen waren.[50] Ohne vollständige Aufgabe
der Männerbundidee vertraten die gemäßigten Führungskreise der
Freischar eine nüchternere Auffassung von den Möglichkeiten

bündischer Jugenderziehung und begannen, in den Älterengruppen die bisher weit verbreitete apolitische Haltung zurückzudrängen: Man wolle keinen »Aufmarsch militärspielender halbwüchsiger Burschen (und) politisch bearbeiteter junger Männer (...) sondern die lebendige Front derer, die sich willig zum Neuen Reiche und zu seinen Gesetzen bekennen«, hieß es 1926 in einer ihrer Zeitschriften.[51] Die Devise lautete nun, Jugend sei Vorbereitung auf das Menschentum, deshalb könne ein »Reich der Jugend« kein höchster Wert sein.[52] Unter ihrem Führer Ernst Buske, der 1930 starb, entwickelte die Deutsche Freischar Aktivitäten, die zu den bemerkenswertesten gehören, die überhaupt von der deutschen Jugendbewegung ausgegangen sind. Sie reichten von Erwachsenenbildungsprogrammen und Volkshochschulen über Seminare zu politischen Fragen, Kontakten zur Arbeiterjugend, vielfältigen und zukunftsweisenden Jugendkulturinitiativen, Auseinandersetzungen mit der zeitgenössischen Pädagogik bis hin zur Ausrichtung freiwilliger Arbeitslager, als die Jugendarbeitslosigkeit ab 1929 dramatisch zunahm, und schließlich zur gezielten Unterstützung der 1930 gegründeten Deutschen Staatspartei – eines letzten Versuchs, in der Zeit des offensichtlichen Niedergangs des parlamentarischen Systems die politische Mitte durch Reformen von innen heraus zu stärken.[53] Doch die Geschwindigkeit dieses Niedergangs, zusammen mit der ökonomischen Krise, der Verschärfung der innenpolitischen Fronten und dem sprunghaften Wachstum der extremen Parteien, verurteilten einen solchen Versuch zur Erfolglosigkeit.

Die Männerbundidee, der Ruf nach einem starken Führer, der »Langemarck«-Mythos und eine verstärkt politisch gewendete Beschwörung der Jugend als der revolutionären Kraft, die allein aus der Misere herausführen könne, wurden im Treibhausklima zu Beginn der dreißiger Jahre in einer Radikalität vertreten, die weit über das hinausging, was seit 1918/19 diskutiert worden war. Dies läßt sich gerade auch in den Neugründungen innerhalb der bündischen Jugend wie bei der berühmten dj. 1.11. Eberhard Köbel-tusks und Fred Schmids Grauem Corps nachweisen.[54] Die Facetten dieser Renaissance können hier nicht im Detail behandelt werden, doch war in diesem Zusammenhang von entscheidender Bedeutung, daß gleichzeitig die beiden Kampforganisationen der NSDAP, die SA und SS, den ehemaligen Freikorpskämpfern und Frontsoldaten, aber auch den in perspektivloser Situation sich befindenden Jugendlichen aus der unteren und abgesunkenen Mittelschicht eine neue Heimat boten[55], indem sie eine Reihe von Elementen des Frontsoldatentums und der bündischen Ideologie in Form jener »Piraterie« usurpierten, die die Nationalsozialisten auch in vielen anderen Bereichen anwandten. Die Männerbundidee wurde jetzt von den nationalsozialistischen Pädagogen und Familienideologen geradezu zur Basis ihres Gedankengebäudes ausgebaut[56], in die außerdem noch Rassismus und Germanenkult, Antisemitismus und Blut-und-Boden-Ideologie eingingen. Nicht die Familie galt nach dieser Lehre als »Keimzelle« des Staates – sie war lediglich »der natürliche Anfang, der anderswo seine Fortsetzung finden« müsse[57]; der Staat entspringe vielmehr aus der der Familie entgegengesetzten Wurzel der Vereinigung freier Männer im charismatisch geführten Männerbund.[58] Wenn der Mann dort nicht seinen Platz und seine Aufgabe finde, könne es nicht zur Entfaltung seiner kämpferischen Tugenden kommen. Er habe dann nur die Wahl – so der nationalsozialistische »Philosoph« Alfred Baeumler – »zum nüchternen Geschäftsmann, zum Weiberknecht oder zum versimpelten Familienvater zu werden«.[59] Da Kampf »stets der lebenzeugende Funke«, ein nicht mehr zum Kampfe fähiges Volk aber zum Untergang verurteilt sei, gelte es vor allem, den von »heroischem Enthusiasmus« durchdrungenen Männerbund zum zentralen Strukturprinzip des nationalsozialistischen Staates zu machen: »Die Frau, die Familie wird angegliedert oder ausgeschlossen; ihre Opferfähigkeit wird in den Dienst eines Typus gezwungen«, womit der soldatische Mann gemeint war.[60] Sie sollte in diesem Konzept die »Bewahrerin der natürlichen Kräfte des Volkes, Bewahrerin des Blutstromes und der blutstreuen Sitte«[61] sein. Die eigentliche emotionale Bindung des Mannes aber war hiernach die bis zur Selbstaufopferung gehende Liebe zum eigenen Volk. Sie wurde besonders von der Jungmannschaft gefordert, und Hitlers Ausspruch, er wolle die Aufzucht einer »gewalttätigen, herrischen, unerschrockenen, grausamen Jugend«[62], drückt dieses Ziel ebenso aus wie das Hitler-Jugend-Motto: »treu leben, todtrotzend kämpfend, lachend sterben!«[63] Die schrecklichen Folgen dieser Lehre sind bekannt; ihre Wirksamkeit läßt sich bis in die Biographien einzelner Nationalsozialisten, aber auch in vielen anderen Zeugnissen jener Zeit ohne Mühe nachweisen. Die Lebensgeschichten Heinrich Himmlers und des KZ-Kommandanten Rudolf Höß sind besonders schlimme Beispiele.[64]

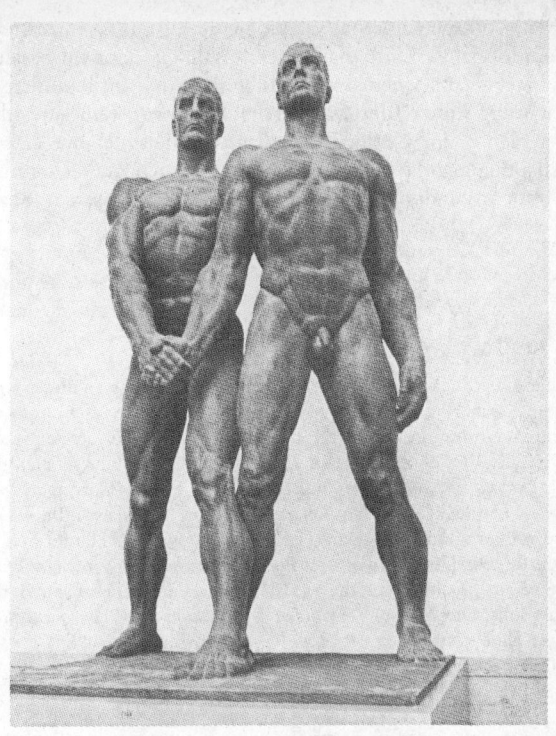

Kameradschaft. Plastik von Joseph Thorak

Als Fazit läßt sich feststellen, daß die im Kaiserreich als eine in recht unterschiedlicher Weise verstandene Männerbundidee in der Phase nach dem Ersten Weltkrieg und als Folge des Kriegserlebnisses vor allem durch die Freikorps eine eindeutige Richtung erhielt, während sie in der bündischen Jugend in Form der Lebensbundideologie mit anderen jugendbewegten Elementen verknüpft blieb und in der zweiten Hälfte der zwanziger Jahre zunächst an Einfluß verlor. In der Endphase der Weimarer Republik erlebte sie jedoch allenthalben eine bemerkenswerte Renaissance, zumal sie nun von den Nationalsozialisten aufgegriffen und in ihrem Sinn zugespitzt wurde. Die Funktion des Männerbundes wurde jetzt radikal militant-rassistisch gedeutet und diente – neben der verschwommeneren Volksgemeinschaftsideologie – als eine sinnstiftende und emotionalisierende Basis des gesamten nationalsozialistischen Herrschaftssystems. Die antifamiliale und antifeministische Stoßrichtung dieser Idee war bereits von vornherein eines ihrer Kernelemente; im Nationalsozialismus erhielt sie ihre extremste Ausprägung – trotz der partiell sich nach außen familien- und frauenfreundlich gebenden nationalsozialistischen Sozialpolitik![65]

Anmerkungen

1 Einen Überblick über die Organisationen und Strategien dieser Kreise bietet Karin Hausen, *Mütter zwischen Geschäftsinteressen und kultischer Verehrung*, in: Gerhard Huck (Hg.), *Sozialgeschichte der Freizeit* (Wuppertal 1980), S. 249–280. Zur Jugendpolitik s. Christa Hasenclever, *Jugendhilfe und Jugendgesetzgebung seit 1900* (Göttingen 1978).

2 Als ein herausragendes Beispiel aus einer ganzen Fülle von Publikationen mit programmatischem Titel sei hier erwähnt: Harald Schultz-Hencke, *Die Überwindung der Parteien durch die Jugend. Das Wollen der neuen Jugend I* (Gotha 1921). Siehe grundsätzlich dazu Barbara Stambolis, *Der Mythos der jungen Generation. Ein Beitrag zur politischen Kultur der Weimarer Republik* (Diss. Bochum 1982).

3 Horst Becker, *Die Familie* (Leipzig 1935), S. 56 ff.

4 Karl Friedrich Wurm, *Deutsche Erziehung im Werden* (Berlin 1938[4]), S. 136.

5 Siehe dazu Klaus Vondung, *Zur Lage der Gebildeten in der wilhelminischen Zeit*, in: Vondung (Hg.), *Das wilhelminische Bildungsbürgertum* (Göttingen 1976), S. 20–33.

6 Hierzu und zum folgenden Thomas Nipperdey, Probleme der Modernisierung in Deutschland, in: *Saeculum* 30 (1979), bes. S. 300 f.

7 Vgl. Jürgen Reulecke, *Bürgerliche Sozialreformer und Arbeiterjugend im Kaiserreich*, in: *Archiv für Sozialgeschichte*, Bd. XXII (1982), S. 299–329.

8 Heidi Rosenbaum, *Formen der Familie* (Frankfurt/M. 1982), bes. S. 376 f.

9 Walter Rüegg, *Jugend und Gesellschaft um 1900*, in: Rüegg (Hg.), *Kulturkritik und Jugendkult* (Frankfurt/M. 1974), S. 47–59, bes. S. 52.

10 Arthur Moeller van den Bruck, *Die Deutschen*, Bd. 1: Verirrte Deutsche (Minden 1904), S. 142; s. auch Stambolis, *Mythos*, S. 28.

11 Heinrich Schurtz, *Altersklassen und Männerbünde. Eine Darstellung der Grundformen der Gesellschaft* (Berlin 1902).

12 Hans Peter Hasenfratz, *Der indogermanische »Männerbund«. Anmerkungen zur religiösen und sozialen Bedeutung des Jugendalters*, in: Zeitschrift für Religions- und Geistesgeschichte, Jg. 1982, S. 148–163.

13 Ebd., S. 149.

14 Zur Geschichte der bürgerlichen Jugendbewegung liegt inzwischen eine große Zahl von Darstellungen vor. Die folgenden Angaben zum »Wandervogel« orientieren sich vor allem an Gerhard Ziemer, Hans Wolf, *Wandervogel und Freideutsche Jugend* (Godesberg 1961); vgl. auch John R. Gillis, *Geschichte der Jugend* (Weinheim/Basel 1980), bes. S. 155ff.

15 Der Verfasser verdankt einer Tagung mit dem Thema »Mädchen und Frauen in der Jugendbewegung« des Archivs der deutschen Jugendbewegung auf Burg Ludwigstein im Oktober 1983 diese Informationen; vgl. auch Hermann Giesecke, *Vom Wandervogel bis zur Hitlerjugend* (München 1981), S. 28.

16 Siehe etwa Horst Grimm, *Ausdruck geistiger Haltung. Die Meißnerformel: Inhalt-Bedeutung-Wirkung*, in: *Ludwigsteiner Blätter*, Heft 139 (1983).

17 Walter Z. Laqueur, *Die deutsche Jugendbewegung. Eine historische Studie* (Köln 1962), S. 44.

18 Zit. nach Ziemer, Wolf, *Wandervogel*, S. 444f.

19 Zu Wyneken s. ebd., S. 423ff., außerdem Laqueur, *Jugendbewegung*, S. 66ff.; vgl. auch die Schriften Gustav Wynekens, *Die neue Jugend. Ihr Kampf um Freiheit und Wahrheit in Schule und Elternhaus, Religion und Erotik* (München 1914) sowie: *Was ist Jugendkultur?* (München 1914).

20 Hans Blüher, *Wandervogel. Geschichte einer Jugendbewegung*, 2 Teile (Berlin 1912); der 3. Teil erschien 1914 unter dem Titel: *Die deutsche Wandervogelbewegung als erotisches Phänomen*.

21 Vgl. z. B. die Auseinandersetzung des Wandervogelführers Frank Fischer mit den Blüherschen Thesen: Helmut Wangelin (Hg.), *Der Wandervogel in den Tagebüchern Frank Fischers und anderen Selbstzeugnissen* (Tübingen 1982), S. 65f.

22 Hans Blüher, *Werke und Tage* (München 1953), S. 181.

23 Ders., *Führer und Volk in der Jugendbewegung* (Jena 1924), S. 8.

24 Ders., *Erotisches Phänomen* (Prien/Obb. 1920[4]), S. 52.

25 Ebd., S. 97.

26 Entnommen aus: *Der Aufbruch. Monatsblätter aus der Jugendbewegung*, 1. Jg. (1915), Heft 1, S. 20f.

27 Hans Blüher, *Die Hybris bei den Geistigen*, in: ebd., Heft 4 (Oktober 1915), S. 93–95, Zit. S. 95.

28 Vgl. etwa die Zeilen aus dem Kriegsgedicht des Wiesbadener Pfarrers Philippi:

> »Wir sind das Volk des Zorns geworden;
> wir denken nur noch an den Krieg.
> Wir beten als grimmiger Männerorden
> bluteingeschworen um den Sieg.«

Zit. nach W. Pressel, *Die Kriegspredigt 1914–1918 in der evangelischen Kirche Deutschlands* (Göttingen 1967), S. 117.

29 Zit. nach: Herbert Böhme (Hg.), *Rufe in das Reich. Die heldische Dichtung von Langemarck bis zur Gegenwart* (Berlin 1934), S. 11.

30 Vgl. Wolfgang Paul, *Das Feldlager. Jugend zwischen Langemarck und Stalingrad* (Esslingen 1978), S. 84. Siehe auch die Rede, die Josef Magnus Wehner 1932 bei der Übergabe des Schlüssels des Langemarck-Friedhofes vor Studenten gehalten hat; abgedruckt in: Adam Weyer (Hg.), *Reden an die deutsche Jugend im zwanzigsten Jahrhundert* (Wuppertal-Barmen 1966), S. 71–75. Der Soldatenfriedhof kann geradezu als Endergebnis und höchster Ausdruck des kämpferischen Männerbundes angesehen werden, s. dazu George L. Mosse, *Soldatenfriedhöfe und nationale Wiedergeburt. Der Gefallenenkult in Deutschland*, in: Klaus Vondung (Hg.), *Kriegserlebnis* (Göttingen 1980), bes. S. 246 f. und S. 250.

31 Böhme, *Rufe*, S. 33.

32 Ebd., S. 34.

33 Neben Vondung, *Kriegserlebnis* vgl. z. B. Paul Fussell, *The Great War and Modern Memory* (New York/London 1975) und Eric J. Leed, *No Man's Land. Combat and Identity in World War I*, Cambridge 1979, bes. S. 193 ff.

34 Siehe dazu vor allem Klaus Theweleit, *Männerphantasien*, 2 Bände (Frankfurt/M. 1977).

35 Giesecke, *Wandervogel*, S. 104 ff.; grundsätzlich zur bürgerlichen Jugendbewegung in den zwanziger Jahren neben Laqueur Felix Raabe, *Die bündische Jugend* (Stuttgart 1961), sowie Harry Pross, *Jugend, Eros, Politik* (Bern 1964).

36 Zit. Walther Rathenaus in der Zeitschrift *Junge Menschen*, 3. Jg. Heft 13/14 (Juli 1922), S. 177.

37 Siehe dazu Giesecke, *Wandervogel*, S. 94 f.

38 Vgl. z. B. die typische Aussage in einer bündischen Zeitschrift (Juni 1920): »Wir vertrauen dem dunklen, uns allen gemeinsamen Volks- und Lebensgrund, aus dem der Führer emporschnellt, um sein Volk zu deuten...«, zit. nach der von Werner Kindt herausgegebenen Quellensammlung *Die deutsche Jugendbewegung 1920 bis 1933. Die bündische Zeit* (Köln 1974), S. 837.

39 Blüher, *Führer und Volk*, S. 7.

40 Vor allem: *Die Rolle der Erotik in der männlichen Gesellschaft. Eine Theorie der menschlichen Staatsbildung nach Wesen und Wert*, 2 Bände (Jena 1917/19, Neudruck Stuttgart 1962). Vgl. auch die Rezensionen

der beiden Bände in der *Weltbühne*, 14 Jg. (1918), 2. Hj., S. 166–172, und 15 Jg. (1919), 2 Hj., S. 319 ff. (Willi Wolfradt).

41 Siehe dazu Hans-Georg Stümke, Rudi Finkler, *Rosa Winkel, Rosa Listen* (Reinbek 1981), S. 180 f.

42 Giesecke, *Wandervogel*, S. 101 ff.

43 Text von Börries Frh. von Münchhausen.

44 Vgl. die Rede Rudolf G. Bindings *Deutsche Jugend vor den Toten des Krieges* (1924), abgedruckt in *Reden an die deutsche Jugend*, S. 60–65.

45 Vgl. neben Giesecke, *Wandervogel*, S. 108 ff., bes. Ferdinand Brandekker, *Erziehung durch die Klasse für die Klasse. Zur Pädagogik der Kinderfreundebewegung in Deutschland 1919–1933*, in: Manfred Heinemann (Hg.), *Sozialisation und Bildungswesen in der Weimarer Republik* (Stuttgart 1976), S. 167–186. Allerdings war und blieb auch die Arbeiterbewegung weiterhin eine Männerbewegung, s. dazu Erhard Lucas, *Vom Scheitern der deutschen Arbeiterbewegung* (Basel/Frankfurt/M. 1983), S. 45–69.

46 Giesecke, *Wandervogel*, S. 123.

47 Grundsätzlich dazu Heinrich August Winkler, *Vom Protest zur Panik. Der gewerbliche Mittelstand in der Weimarer Republik*, in: Winkler, *Liberalismus und Antiliberalismus* (Göttingen 1979), S. 99–109; sowie Jürgen Kocka, *Die Angestellten in der deutschen Geschichte 1850–1980* (Göttingen 1981), bes. S. 142–170.

48 Theweleit, *Männerphantasien*, Bd. 1, S. 41.

49 Zur Entstehung der Hitler-Jugend s. Peter D. Stachura, *Nazi Youth in the Weimar Republic* (Santa Barbara 1975); außerdem Hans-Christian Brandenburg, *Die Geschichte der HJ* (Köln 1982[2]), und Arno Klönne, *Jugend im Dritten Reich* (Köln 1982), bes. S. 15 ff.

50 Zahlenangaben nach Rudolf Kneip, *Jugend in der Weimarer Republik. Handbuch der Jugendverbände 1919–1938* (Frankfurt/M. 1974), S. 75 ff.

51 Zit. nach Kindt, *Jugendbewegung*, S. 234.

52 Laqueur, *Jugendbewegung*, S. 163.

53 Siehe dazu Karl-Hermann Beeck, *Die Gründung der Deutschen Staatspartei im Jahre 1930 im Zusammenhang der Neuordnungsversuche des Liberalismus* (Diss. Köln 1955); außerdem Klaus Hornung, *Der Jungdeutsche Orden* (Düsseldorf 1958).

54 Siehe dazu zuletzt Winfried Mogge, *»Der gespannte Bogen«. Jugendbewegung und Nationalsozialismus. Eine Zwischenbilanz*, in: *Jahrbuch des Archivs der Jugendbewegung* 13 (1981), s. 11–34 (bes. zu Köbel); zu den männerbündlerischen Vorstellungen Fred Schmids s. Armin Mohler, *Die konservative Revolution in Deutschland 1918–1932* (Darmstadt 1972), S. 155 ff., sowie die Edition: Alfred Schmidt, *Erfüllte Zeit. Schriften zur Jugendbewegung* (Altdorf/Uri, Heidenheim 1978). Die

zeitgenössische Gegenposition zur Männerbundideologie formulierte Wilhelm Koppers im *Handwörterbuch der Soziologie* (Stuttgart 1931) unter dem Stichwort »Familie, I. Ehe und Familie«, S. 121: »Die Familienerziehung kann durch nichts voll ersetzt werden. Wir sahen im einzelnen, wie weitgehend namentlich der totemistische Staat die Erziehung der (männlichen) Jugend monopolisierte und sie dabei der wohltuenden Wirkung des warmen, frisch und natürlich pulsierenden Familienlebens entriß, auf diese Weise aber auch die Träger dieser Kultur vielfach geistig verhärtete und vor allem ihr ganzes Familienleben tief schädigte.«

55 Beispiele dafür finden sich bei Christoph Schmidt, Zu den Motiven »alter Kämpfer« in der NSDAP, in: Detlev Peukert, Jürgen Reulecke (Hg.), *Die Reihen fast geschlossen. Beiträge zur Geschichte des Alltags unterm Nationalsozialismus* (Wuppertal 1981), S. 21–43.

56 Siehe dazu Ingeborg Weber-Kellermann, *Die deutsche Familie. Versuch einer Sozialgeschichte* (Frankfurt/M. 1982⁷), S. 176ff.

57 Becker, *Familie*, S. 139.

58 Alfred Baeumler, *Männerbund und Wissenschaft*, (Berlin 1934, hier und im folgenden zit. nach der Auflage Berlin 1943), S. 42; vgl. auch die ähnliche Auffassung des NS-Chefideologen Alfred Rosenberg, *Der Mythus des 20. Jahrhunderts* (München 1930), S. 485 und S. 493. Zu Rosenberg s. Christine Wittrock, *Weiblichkeitsmythen. Das Frauenbild im Faschismus und seine Vorläufer in der Frauenbewegung der 20er Jahre* (Frankfurt/M. 1983), bes. S. 193–230.

59 Baeumler, *Männerbund*, S. 42.

60 Rosenberg, *Mythus*, S. 493.

61 Becker, *Familie*, S. 138.

62 Zit. nach Hermann Rauschning, *Gespräche mit Hitler* (Zürich/New York 1940), S. 237.

63 Zit. nach dem *Kalender der deutschen Jugend 1936* (Bayreuth 1935), S. 176.

64 Vgl. Peter Loewenberg, *The Unsuccessful Adolescence of Heinrich Himmler*, in: Loewenberg, *Decoding the Past. The Psychohistorical Approach* (New York 1983), S. 209–239; Martin Broszat (Hg.), *Kommandant in Auschwitz. Autobiographische Aufzeichnungen des Rudolf Höß* (München 1963); s. auch Herbert S. Levine, *Politik, Persönlichkeit und Verbrechertum im Dritten Reich. Der Fall Adolf Eichmann*, in: Jürgen Bergmann u. a. (Hg.), *Geschichte als politische Wissenschaft* (Stuttgart 1979), S. 175–193. Viele Hinweise auch bei Friedrich W. Doucet, *Im Banne des Mythos. Die Psychologie des Dritten Reiches* (Esslingen 1979).

65 Siehe dazu Tim Mason, *Women in Germany, 1925–1940: Family, Welfare and Work*, in: History Workshop 1 (1976), S. 74–113, und 2 (1976), S. 5–32, außerdem Dörte Winkler, *Frauenarbeit im Dritten Reich*

(Hamburg 1977), sowie Gisela Bock, *Frauen und ihre Arbeit im Nationalsozialismus*, in: Annette Kuhn, Gerhard Schneider (Hg.), *Frauen in der Geschichte* (Düsseldorf 1979), S. 113–149.

Ulrich Herrmann
Die Jugendkulturbewegung
Der Kampf um die höhere Schule

Mythos Jugend und Jugendkulturbewegung – die Verbindung beider eröffnet ein vielschichtiges Spannungsfeld von Zusammengehörigem und sich Widersprechendem. Denn *einerseits* war die Jugendkulturbewegung mit ihrem emphatischen Jugendbegriff eingebunden in eine vielfältig facettierte lebensreformerische Mentalität von »Jugendlichkeit«; teilte sie eine Stimmung von Aufbruch und Befreiung aus überlebter Bürgerlichkeit; reihte sie sich ein in den Kreis derer, für die Jugend und Jugendlichkeit im eigentlichen Sinne des Begriffs zum Mythos geworden war: unendlich produktiver und grenzenlos fruchtbarer Quellgrund der Zukunft. Jugend: das ist die Lebensform des »Noch nicht«, das ist die Avantgarde auf dem Weg in eine bessere Zukunft: »Mit uns zieht die neue Zeit!« Dieses Sendungsbewußtsein prägt das Denken und Wirken der beiden geistigen Führer der Jugendkulturbewegung in Deutschland und Österreich, Gustav Wyneken[1] und Siegfried Bernfeld[2]. *Andererseits* verflüchtigte sich die Jugendkulturbewegung nicht ins Mythisch-Allgemeine, in die schlechte Utopie einer ästhetischen Versöhnung real erfahrener Lebenskonflikte, nicht in die Marginalität einer sogenannten »Subkultur« (die doch allemal der »herrschenden« Kultur verhaftet bleiben muß), sondern formulierte als eine wirkliche Emanzipationsbewegung präzise die Frontstellung, wie sie sich im Rahmen ihrer Intentionen einer realen gesellschaftlichen Reformpraxis darstellte. Sie wagte den Kampf für ein selbstbestimmtes Jugendleben, und das mußte zuerst bedeuten: *den Kampf um die höhere Schule*.

I. Was heißt »Jugendkultur«?

Für die Jugendkulturbewegung, wie sie mit den Namen von Gustav Wyneken – dem Gründer der Freien Schulgemeinde Wickersdorf – und Siegfried Bernfeld – dem Gründer des Akademischen Comités für Schulreform in Wien – verbunden ist, die sich in der

Zeitschrift *Der Anfang*[3] (vgl. den Beitrag von K. Laermann in diesem Band) ihr Sprachrohr geschaffen hatte, bedeutete Jugendkultur nicht in einem allgemeinen Sinne »jugendgemäße« oder »jugendeigene« Lebensform (Kultur). Wyneken und Bernfeld führten in zahlreichen Vorträgen und Aufsätzen in den Jahren 1913 und 1914 aus, was Jugendkultur *nicht* sein sollte: die Lebensform und Jugendkultur des Wandervogels.

Gustav Wyneken hat in seinem Vortrag *Was ist »Jugendkultur«?*, gehalten am 30. Oktober 1913 in der Pädagogischen Abteilung der Münchner Freien Studentenschaft, das Selbstverständnis der Jugendkulturbewegung zusammenfassend formuliert[4], deren wichtigste Aspekte im folgenden wiedergegeben werden sollen:

– Die Jugend »möchte nicht mehr, wie bisher, zwangsweise erwachsen sein müssen, sondern wirklich jung sein dürfen«.[5] Sie »hebt immer wieder hervor, daß sie wesentlich anders beschaffen und gesinnt sei als die Erwachsenen und darum eine ganz andere Lebensführung beanspruchen müsse, als man ihr bisher zugebilligt hat«.[6]

– Bisher konnte die Jugend »am geistigen Leben des Volkes« nicht teilnehmen: »Sie war abgesperrt von der Öffentlichkeit, eingesperrt in die Schule und dort geflissentlich mit einer welt- und lebensfremden Arbeit beschäftigt. Sie hatte dort einen lediglich passive Rolle zu spielen, und es wäre weder schief noch übertrieben ausgedrückt, wenn man die Schule als eine Art von Gefängnis bezeichnen würde.«[7] Die Schule also isoliert die Jugend und zwingt sie zu »Passivität und Unlebendigkeit«.[8]

– In gleicher Weise geschieht dies in der Familie, zwar nicht durch Isolierung, sondern im Gegenteil dadurch, daß die Heranwachsenden ganz im Kreis der Erwachsenen zu verbleiben hatten. So wurden sie »zu einem Anhängsel der Erwachsenen gemacht. Aber die Familie wußte nichts anzufangen mit der Besonderheit der Jugend. Sie zwang ihre jungen Mitglieder, die Alten nachzuäffen, und wenn sie den Widerspruch zwischen dem eigenen Wesen der Jugend und dieser Nachäffung bemerkte, so setzte sie sich über ihn mit wohlwollend dummem Spott hinweg.«[9]

Die zeitgenössische Kritik am Gymnasialunterricht war notorisch. Wilhelm Flitner beschreibt rückblickend seine eigenen Erfahrungen:

»Vor allem war der Stil der Schule veraltet: es herrschte eine mechanische Disziplin, es gab keinen natürlichen Umgangston zwischen Lehrern und Schülern; die ›Pauker‹ wurden von den Schülern in den Reifungsjahren mißdeutet, verachtet, heuchlerisch behandelt; man fürchtete die willensstarken Lehrer und beugte sich, man hänselte und verspottete die schwachen und gutmütigen. Das Schulleben war nur dürftig entwickelt. Die Bildungspläne des humanistischen Gymnasiums stammten aus dem ersten Jahrhundertdrittel und waren veraltet; die neu entstandenen Realanstalten hafteten an den gleichen Methoden, die im Gymnasium üblich geworden waren, obgleich sie ganz andere Ziele hatten. Moderne Fremdsprachen wurden gelehrt, als wenn sie tote Sprachen wären; die Realien – Geographie, Biologie, Physik, Chemie –, als handle es sich um Sprachen; meist ohne Experimente und Werktätigkeit wurde ein an sich anschaulicher und praktisch erfahrbarer Stoff vermittelt, als ob es auch da auf Memorieren und Auswendiglernen ankäme. Was man von selbst lernen konnte, wurde ›behandelt‹, was man sich unter Führung selbständig hätte erarbeiten können, stückweise dargeboten, abgefragt, als wenn es einen Trieb zum Praktischen, zum Forschen, Wissen und Könnenlernen in der Jugend nicht gäbe. Die in ihrem Bildungsplan sehr reichhaltigen deutschen Schulen waren in ihrem psychologischen und methodischen Stil völlig rückständig. Sie spiegelten den Geist eines autoritär regierten Beamtenstaates, enthielten veraltete Auffassungen von Lohn und Strafe, eine mechanistische Methode der Schülerbeurteilung. Die Lernmotivation wurde anbefohlen, nicht erst erweckt. 13 Jahre lang saßen Kinder, Jugendliche und junge Erwachsene auf den gleichen unbeweglichen Schulbänken, in kasernenartigen Gebäuden, in undurchlässige Schulklassen eingeteilt, mit Jahresversetzung und vielen Sitzenbleibern; der Unterricht ging in gleicher Front allein vom Lehrer aus, der Schüler wurde überwiegend rezeptiv beansprucht. Die Hände blieben unbeschäftigt wie alles praktische Denken, das Schulturnen war trocken und amusisch; die künstlerische Fähigkeit des jungen Menschen wurde durch das Schulpensum nicht herausgefordert. Höchstens in den klassischen Sprachen regte sich in der Oberstufe etwas von akademischer Selbständigkeit. So läßt sich der Durchschnitt charakterisieren; zahlreiche Ausnahmen und traditionell gute Schulen gab es selbstverständlich auch.«[10]

So ist es ganz zweifellos das große und unbestreitbare Verdienst des Wandervogels, die jungen Menschen zu einem eigenen Lebens- und Gestaltungswillen angeregt zu haben (vgl. den Beitrag von W. Mogge in diesem Band). »Man kann geradezu sagen, daß der Wandervogel (. . .) die Jugend entdeckt hat. (. . .) Durch ihn erfuhren sie, daß es gemeinsame Interessen der Jugend gibt, daß die Jugend ein eigenes Leben besitzen kann und daß sie befugt und fähig ist, dies ihr eigenes Leben zu verteidigen und zu organisieren. Der Wandervogel bedeutet ein ganz beispielloses Aufatmen und Erwachen der Jugend.«[11] So verhalf der Wandervogel der Jugend zwar zu einem neuen Lebensgefühl, zu neuer Geselligkeit, zu eigener Sprache und Gesittung, aber die Grenze dieser Jugendbewegung war nicht zu übersehen.[12] Bereits in der ersten Ausgabe des *Anfang* wird dies zum Ausdruck gebracht:

»Entartung und Steckenbleiben sind Gefahren, die allem Menschlichen drohen. Der Wandervogel kann entarten in nachlässiges Vagabundentum oder in gefühlvolle Schlappheit, und er kann steckenbleiben beispielsweise in Vereinsmeierei, in Betriebsseligkeit und in jenem fröhlichen Behagen, das mit sich selbst so riesig zufrieden ist, das aus dem Leben eine Idylle mit Gitarrebegleitung machen möchte und geneigt ist, Bauerngeschirr und Teubners Steindrucke für die letzten Offenbarungen der Kunst zu nehmen.«[13]

Für Gustav Wyneken ist die Leistung des Wandervogel in einem *geistigen* Sinne »unvollkommen und provisorisch«[14]; denn seine Antwort auf die Frage nach einer besonderen Jugendkultur besteht in der Flucht in die »Romantik«, »in das Mittelalter, in das Vagantentum, in die Volkskunst«, in »das Bedürfnis nach größerer Einfachheit und Innigkeit«.[15] Wandern, abkochen, singen und tanzen, im Heu nächtigen – der Wandervogel zeigt nach Wyneken »deutliche Spuren geistiger Unterernährung«.[16] »Aus bloßer Gesundheit kann keine Kultur abgeleitet werden.«[17]

Der Grund, warum der Wandervogel keine geistig-intellektuelle Kultur hervorgebracht hat, war für Wyneken offensichtlich. In der Opposition gegen die *Familie* war der Wandervogel schöpferisch gewesen durch die Entwicklung eines neuen Gemeinschaftslebens der Jugend. Aber er suchte ausdrücklich jeden Konflikt mit dem Gymnasium und den Lehrern zu vermeiden; sein Betätigungsfeld lag außerhalb der Schule, so sehr die einzelnen Wandervögel als Individuen diese auch immer ablehnen oder bekämpfen mochten. Für Wyneken ist nun aber einmal das Gymnasium diejenige Institution, der die geistige Bildung der jungen Generation und ihre Hinführung zur Kultur der Gegenwart anvertraut ist, »wenigstens ihrer Idee nach«. »Darum ist es ganz ausgeschlossen, daß eine Jugendkultur an der Schule vorbeigehen kann. Und die Jugendkultur bleibt so lange Halbheit und Maskerade (damit ist zweifellos der Wandervogel gemeint, d. Verf.), als sie sich nicht auf das Schulleben der Jugend erstreckt.«[18]

»Jugendkultur« im Sinne Wynekens und Bernfelds ist – mit einem Wort – »ein Analogon zum ›Wandervogel‹: (. . .) *ein gemeinsames Wandern der Jugend auf geistigem Gebiet*«.[19] Wie man dies ermöglichen und institutionalisieren kann, dafür haben Wyneken und Bernfeld je selbständige Antworten zu geben gewußt. Ihr gemeinsamer Bezugspunkt ist zum einen *die Förderung und Intensi-*

vierung jugendlicher Intellektualität und zum anderen *die Reform der Schule.*

II. Wyneken und seine Konzeption
der Freien Schulgemeinde

In seinem Münchener Vortrag von 1913 sagte Wyneken abschließend:

»Die Frage: ›Was ist Jugendkultur?‹ habe ich Ihnen nicht (. . .) in einer runden, netten Formel beantworten können, noch wollen. Jugendkultur ist eine Idee, eine Aufgabe, ein Ideal. Ich habe nichts anderes getan, als Ihnen sozusagen den *geometrischen Ort* der neuen Jugendkultur bezeichnet. (. . .) Für mich ist der geometrische Ort der neuen Jugendkultur die neue Schule, die freie Schulgemeinde.«[20]

Wyneken hat seine Konzeption dieser Vorstellung in seiner Broschüre *Der Gedankenkreis der Freien Schulgemeinde*[21] dargelegt: Die Freie Schulgemeinde ist »frei«, weil sie zwar staatlich konzessioniert, aber nicht beaufsichtigt ist. Sie hat kein inhaltlich anderes Unterrichtsprogramm als andere Schulen. Aber sie hat eine andere Erziehungs- und Bildungsaufgabe, die sich besonders in der Organisation des Schullebens und des Schulalltags ausspricht: Das Kollegium wählt sich einen Direktor, der Primus inter pares ist; das Kollegium ist eine »Genossenschaft« aufgrund gemeinsamer Bestrebungen und Gesinnungen; Lehrer bilden als »Führer« um sich »Kameradschaften« von Schülern; aus Sekunda und Prima wird ein Schülerausschuß gewählt, der bei Schulstreitigkeiten Schiedsgerichtsfunktion hat; alle Lehrer und alle Schüler zusammen bilden die »Schulgemeinde«, eine »Ordensversammlung«, als gesetzgebende Versammlung der Schule; jeder Lehrer und jeder Schüler hat hier eine Stimme, es herrscht unbeschränktes Rede- und Ausspracherecht. Die Freie Schulgemeinde ist »ein geistiger Organismus«, eine »Lebensgemeinschaft«, ein soziales Gebilde nach der Art der klösterlichen Orden, das in sich nach den Prinzipien von Führertum und Gefolgschaft, Meistern und Jüngern geordnet ist; denn nur so kann geistige Erweckung bewirkt werden. Sie ist das »Heim«, sie ist die »Burg« der Jugend:

»Dem Leben zu einer neuen Selbstentfaltung zu verhelfen, das ist der Sinn der Freien Schulgemeinde. Diese neue Selbstentfaltung des Lebens heißt Jugend. Es hat, wenigstens in unserem Zeitalter und Kulturkreis, bisher

Gustav Wyneken 1916

keine Jugend gegeben. Es gab vielleicht Kindheit, es gab dann ein Noch-
nicht-alt-sein (und so schnell wie möglich Alt-gemacht-werden), es gab
aber Jugend nicht als eigenen Lebenstyp, als geistiges Phänomen. ›Jugend‹
kann sich nicht in der bürgerlichen Familie entfalten, da bleibt sie immer
ein unselbständiges Anhängsel der Erwachsenen, nach den Interessen der
Erwachsenen behandelt und geformt. Jugend müßte ein Jugendreich, eine
Pflanz- und Freistätte haben, um wirklich Jugend werden zu können. Wo?
In der Schule. Die früher von außen an die Jugend herangetragen wurde,
nun aber, ganz neu gedacht, aus ihr erwachsen soll; die früher ein Gefängnis war, deren Mauern ihre Front nach innen kehrten, jetzt aber eine schüt-
zende Burg sein soll, deren Mauern Störungen von außen abwehren.«[22]

Die Konzeption der Freien Schulgemeinde will also zweierlei Mängel überwinden helfen: den der Familie, die in der Regel nichts zur höheren geistigen Bildung der Jugend beisteuern kann, und den der überkommenen Schule, die als bloße Unterrichtsanstalt nichts zur Erziehung in, durch und für die Gemeinschaft beitragen kann. Es geht also nicht darum, der Jugend nach Art des Wandervogels »wärmende Nester« zu bauen, sondern darum, sie an die Kultur und die Aufgaben der Gegenwart heranzuführen. Geschieht dies nach der Art der Freien Schulgemeinde, verliert die Schule ihren »Gefängnischarakter« und wird zur eigentlichen »Befreierin der Jugend«[23]: In ihr lebt die Jugend nach selbst gegebenen Grundsätzen und Regeln; hier erfährt sie die unabdingbare geistige Erweckung und Führung; hier wird nicht durch Technik und Taktik »erzogen«, das heißt »von außen«, »äußerlich« gedrillt, verbildet, zurechtgebogen, sondern durch Gemeinschaftsleben und Kameradschaftlichkeit: durch soziales Lernen der Schüler, der älteren und jüngeren miteinander, durch Selbsterziehung, durch den familienähnlichen Lebenszusammenhang von Lehrern und Schülern.

Auf diese Weise schwindet für Wyneken die große Antinomie zwischen der Kultur der Erwachsenen und der Kultur der Jugend, indem die Schule als Ort der allgemeinen Kulturvermittlung *zugleich* der Ort der Hervorbringung und Realisierung der Jugendkultur ist.[24] Auf diese Weise müßte es nach Wynekens Überzeugung gelingen, die Lebendigkeit und Schöpferkraft der Jugend als »ewigen Jungbrunnen« für die Erneuerung der Gesellschaft und Kultur zu erhalten. Jugenderziehung wäre dann nicht mehr das, wodurch sie sich herkömmlicherweise auszeichnet: »Vernichtung der Kindlichkeit«, »Ausmerzen der Jugendlichkeit«, »künstliches Altmachen«, eine Mißachtung des Sinnes von Kindheit und Jugendalter. Die Erwachsenen »haben hinterher für diese von ihnen verhunzte Jugend (nur) noch ihren dumm-gutmütigen Hohn: Flegeljahre, Pennäler, Backfische«[25], übrig.

Allein: diese unterdrückende Modellierung des Kindes und des jungen Menschen hat aus der Sicht der Erwachsenen einen »guten Sinn«: *Herr über die Zukunft bleiben zu wollen.*[26] Und damit bezeichnet Wyneken höchst präzise den *emotionalen* Kern des sogenannten Generationskonflikts: die Sorge der Älteren um eine Zukunft, die von den Jüngeren gestaltet werden wird; den *gesellschaftspolitischen* Kern der schulpolitischen Auseinandersetzun-

gen, damals über die Freie Schulgemeinde, heute über die Gesamt-
schule: den künftigen sozialen Status der Familie nicht garantieren
zu können; den Kern der heftigen *öffentlichen Auseinandersetzungen* über die Gefahren der Jugendkulturbewegung und ihr Organ,
den *Anfang*: *»Eine emanzipierte Jugend bedeutet eine der gegenwärtigen Generation der Erwachsenen aus der Hand gleitende Zukunft.«*[27] Das ist klar gesprochen und rückt die heute üblich gewordene Redensart vom »Generationen-›Vertrag‹« ins richtige
Licht. Meist verbirgt Wyneken seine Auffassungen hinter unverbindlichen Floskeln wie »eine Jugend, die man wirklich jung sein
läßt, ist das große Heilmittel der Gesellschaft gegen Konventiona-
lismus, Philisterei und Ängstlichkeit«[28] oder hinter einem uns hohl
klingenden Pathos, das den Mythos Jugend beschwört:

Die *»eigene und eigenste Aufgabe* (der Jugend) *ist und bleibt: Jung zu sein.*
Jung sein ist das einzige, was sie vor dem Alter voraus hat. Jung sein ist das
einzige, durch nichts ersetzbare Gut, das sie der Menschheit liefern kann.
Jung sein (. . .) eben in jener großen, durch das Leben noch nicht gebro-
chenen und verbogenen Glaubens- und Begeisterungsfähigkeit, in jenem
Bedürfnis nach letzten und unbedingten Werten. Darum darf (. . .) auf ihre
Fahne nichts anderes geschrieben sein als das eine: Jung sein! Sie leistet für
die Welt das größte und schönste, was ihr beschieden ist, wenn sie der
Menschheit sich selbst als einen dauernden Jungbrunnen erhält, als eine
unerschöpfliche Möglichkeit, zurückzukehren zu reinem Willen, starkem
Glauben und heiliger Begeisterung.«*[29]

Erst wenn beide Aspekte zusammengesehen werden – wer ist
»Herr der Zukunft« und wer verwirklicht eine neue »Menschheit«? –, zeigt sich, wie der Mythos unversehens umschlägt in eine
radikale Kritik der herrschenden pädagogischen und gesellschaftlichen Praxis. Die Rede vom »Jungbrunnen«, vom Streben nach
dem »Unbedingten«, vom Dienst am »Geist« usw. erweist sich in
ihrem expliziten politischen Anspruch: nämlich das geistige Fundament zu sein auf dem Feld prinzipieller kultur- und gesell-
schaftspolitischer Auseinandersetzungen über das Recht und die
Formen menschlicher Selbstverwirklichung in einer Gesellschaftsordnung, deren Fundamente und Normen brüchig geworden
waren.
   Wyneken hatte seinen »geometrischen Ort« gezeigt, an dem Jugendkultur sich realisieren sollte: die Freie Schulgemeinde. Dieser
»Ort« läßt sich in den Worten von heute im Hinblick auf seine
Funktion auch anders benennen: der »Generationen-Vertrag«

sollte aufgekündigt werden! Es kann nicht verwundern, daß daraus der Vorwurf der Staatsgefährdung und der revolutionären Umtriebe resultieren mußte. Kulturkritische und pädagogisch-reformerische Intentionen in gesellschaftskritischer und -reformerischer Absicht wurden argwöhnisch (und natürlich mit Mitteln polizeilicher Überwachung) beobachtet und registriert. Es bestand (und besteht) keinerlei Aussicht, daß »freie« Schulen Regelschulen werden konnten und können. Das wußte auch Wyneken, er war schließlich kein Phantast.

Aufgrund dieser Einsicht mußte sich die Frage stellen, wie Jugendkultur sich ausbilden und ausbreiten können sollte neben dem Gymnasium, ohne in das Fahrwasser des kritisierten Wandervogels zu geraten. Der Student Siegfried Bernfeld versuchte in Wien, sich der Lösung dieses Problems zu nähern – nicht ohne Auswirkung auf einzelne Zirkel von Gymnasiasten und Studenten in Deutschland.

III. Siegfried Bernfeld und das Akademische Comité für Schulreform

So wie Wyneken den Beginn und die Voraussetzung einer Jugendkultur(bewegung) in der schöpferischen geistigen Tat eines Künders und Führers erblickte – der natürlich er selber war –, so war der Wiener Student Siegfried Bernfeld der Auffassung, daß die Jugendkultur(bewegung) eine Angelegenheit der Gymnasiasten und Studenten selber sein müsse – natürlich unter seiner Leitung. Bernfelds Konzept ist das der Organisation von Schüler- und Studentengruppen, von Komitees und Vereinen, von Arbeitskreisen, Sprechsälen und Jugendgemeinden; wenn man so will: das Konzept sich aufklärender Geselligkeit und öffentlichen Räsonnements, wie es für die »bürgerliche Öffentlichkeit« im ausgehenden 18. und frühen 19. Jahrhundert charakteristisch gewesen war, nun eben auf der Ebene der Gymnasiasten und Studenten.[30] Aber dieses Konzept bedeutete eben auch nicht mehr und weniger als eine »Gegenöffentlichkeit« zu Elternhaus, Schule und Hochschule. Dies war sein »geometrischer Ort« für die Jugendkulturbewegung.

Wie Wyneken zieht auch Bernfeld einen entscheidenden Trennungsstrich zur Jugendbewegung des Wandervogels.[31] Um – an-

Siegfried Bernfeld als Student

ders als der Wandervogel – »die Lage der Jugend in ihrem Zusammenhang mit der ganzen Ordnung der Welt« bedenken und sich Klarheit verschaffen zu können, warum man »von Problemen starrt«, gründet Bernfeld im Januar 1913 in Wien das Akademische Comité für Schulreform, dessen Leitgedanken er im ersten Heft des *Anfang* mitteilt:

»Kindheit und Jugend sind nicht die zwecklosen Durchgangsstadien zum erwachsenen Menschen, sondern notwendige, in sich geschlossene Entwicklungsstufen.

Jugend und Mannheit sind nicht graduelle, sondern qualitative Unterschiede. Die Jugend ist also nicht unvollkommene, unreifende Mannheit, sondern ein vollkommener Zustand für sich.

Der Übergang aus einer Entwicklungsstufe in die andere erfolgt naturnotwendig, organisch, zwanglos.

Die Jugend hat nur einen Sinn: sich zum vollkommenen Träger des Kulturgeistes zu bilden.

Wenn die Entwicklungsgesetze und das Ziel von Jugend und Mannheit verschieden sind, so muß es auch die rationellste Gestaltung ihres äußeren Lebens sein.

Die Gestaltung des Lebensverhältnisses der Jugend, die der Sonderart ihrer Natur entspricht, heißt Jugendkultur.

Die Schulreform hat die Aufgabe, das Schulwesen neu zu gestalten in dem Sinne, daß die äußere und die innere Organisation der Schule der erreichbar vollkommenste Ausdruck für das Streben nach Jugendkultur ist.«[32]

Da Bernfeld von der Möglichkeit weit entfernt ist, Landerziehungsheime oder Alternativschulen zu gründen, beschränkt er realistischerweise die Aufgaben des A. C. S. auf »folgende drei Komplexe:

1. Beiträge zu schaffen zur wissenschaftlichen Fundierung des Begriffs, der Aufgaben und der Technik der Jugendkultur;
2. die Verbreitung des Begriffs und der Gesinnung Jugendkultur unter der Studentenschaft;
3. Einrichtung und Unterstützung von Unternehmungen, die der Mittelschülerschaft (österreichische Bezeichnung für Gymnasiasten) wenigstens fragmentarische neben der Schule und der üblichen Lebensweise herlaufende Mittel zur Jugendkultur geben sollen.«[33]

Vorbild für diese Auffassung von Jugendkultur ist »Dr. Gustav Wyneken, der sie in Theorie und Praxis in der Freien Schulgemeinde Wickersdorf verwirklicht hat«. Bernfeld orientiert sich zwar an diesem Vorbild – er stand in regem Gedankenaustausch mit Wyneken und hatte Wickersdorf selbst besucht –, mit seiner Aufgabenbeschreibung für das A. C. S. geht er aber doch entscheidende Schritte darüber hinaus. Denn hinter dem Plan, »Beiträge zu schaffen zur wissenschaftlichen Fundierung (. . .) der Jugendkultur«, verbirgt sich der Beginn der modernen Jugendforschung, wie sie von Bernfeld in einer programmatischen Abhandlung über ein Archiv für Jugendkultur entwickelt wurde.[34] Des weiteren trifft sich die Verbreitung von »Begriff und Gesinnung der Jugendkultur und der Studentenschaft« mit den hochschulpädagogischen und kulturkritischen Interessen und Intentionen der Freideutschen Studenten[35] und wurde eine der Voraussetzungen dafür, daß Elemente der Jugendkulturbewegung in die Reformpädagogik zwischen den beiden Weltkriegen eingegangen sind. Und drittens schließlich erreichte Bernfeld mit den von ihm initiierten Sprechsälen die Mittelschüler/Gymnasiasten (und deren Eltern!) und mit seinen publizistischen Aktivitäten und Vorträgen die reformorientierten Politiker und Intellektuellen in Österreich, mit deren Hilfe nach dem Ende der Donaumonarchie grundlegende Schulreformen eingeleitet werden konnten.[36]

Mit diesen Initiativen ist der »Kampf um die Höhere Schule« (als Hauptstoßrichtung der Jugendkulturbewegung, wie Wyneken sie im wesentlichen konzipiert hat) auf eine allgemeinere, prinzipiellere Basis gestellt worden war. Der im weiteren Sinne kultur- und gesellschaftskritische und der im engeren Sinne schulpolitische und bildungstheoretische Rahmen – Kampf *um* die Schule als Frontstellung *gegen* die konventionelle und *für* eine künftige bessere Schule in der Form der alternativen Neugründung[37] – wurde von Bernfeld (und das ist sicherlich charakteristisch für einen jungen intellektuellen Juden im Wiener bürgerlichen Milieu) so pointiert, wie es die oben zitierten Passagen zeigen: Wie bewältigt der einzelne seine (problem-»starrende«) Individuallage, und wie steht es um das problemgeladene Selbstverständnis der Jugend im ganzen? Wo kann der einzelne sich offen aussprechen, wo kann er Rückhalt bei seinen Altersgenossen gewinnen? Wie ist der unsichere Weg in die eigene Zukunft in Verbindung zu bringen mit einer immer brüchiger gewordenen und in ihren Normen nicht akzeptablen Gesellschaftsordnung? Nicht nur die Suche nach einer »erlösenden« Orientierung, sondern vor allem die als innere Notwendigkeit konstatierte unabweisbare Orientierung im Denken und Handeln, wie sie in dem Programm einer *Jugendbewegung* skizziert wird[38], verleiht Bernfelds Initiativen und Äußerungen überzeugende Ernsthaftigkeit.

»*Ziel* der Jugendbewegung ist:
Die Förderung der Entwicklung der Jugend durch Gestaltung ihrer Lebensverhältnisse und ihres Lebens
1. ihrer Eigenart entsprechend, im Sinne höheren Glückes der Jugend,
2. ihrer Aufgabe im Menschheitsganzen entsprechend, im Sinne des Fortschritts der Kultur.
Dieses Ziel verfolgt die Jugendbewegung durch zwei Organisationen:
A. Die Organisation der *Jugend* (14–21 Jahre).
I. Die jungen Menschen sollen zum Bewußtsein ihrer Zusammengehörigkeit erweckt werden und sich zu Jugendgemeinschaften zusammenschließen zur Gestaltung ihres Lebens gemäß dem Ziele der Jugendbewegung.
II. In diesen Jugendgemeinschaften, die die verschiedensten Formen annehmen sollen (Sprechsäle, Kameradschaften, Hetärien, Zirkel etc.), soll

der junge Mensch einen Lebensinhalt und einen Halt im Leben finden, hier soll ihm geboten werden, was ihm Schule und Familie nicht bieten oder auch nicht bieten können, und seine Erziehung ergänzt und geleitet werden, wie es seine Aufgabe der Menschheit gegenüber verlangt.

III. Sie haben insbesondere zwei Aufgaben zu erfüllen:

1. Der Tendenz der Jugend zum Zusammenschluß mit Gleichaltrigen (...) zu entsprechen und der Jugend so ein ihrer Eigenart gemäßeres Leben zu bieten.

2. Die Geistesbildung der Jugend zu fördern, indem sie den jungen Menschen Gelegenheit zu freier Aussprache im Kreise von Jugendgenossen gewähren und sie zum Nachdenken über ihr Leben und ihre Lebensverhältnisse anregen, so daß sie nicht alles von der alten Generation ihnen Überlieferte gedankenlos hinnehmen, sondern es prüfen, auswählen und selbständig denkend erfassen, wie es der Fortschritt der Kultur verlangt. (...)

B. Die Organisation der *Erwachsenen* mit folgenden Aufgaben:

I. Die Organisation der Jugend zu unterstützen, sie nach außen zu sichern und zu schützen.

II. Die Umgestaltung aller mit dem Leben der Jugend in Zusammenhang stehenden Institutionen, letzten Endes der gesamten Gesellschaftsordnung, im Sinne des Ziels der Jugendbewegung anzustreben, insbesondere durch Verbreitung und Verwirklichung der Idee der Freien Schulgemeinde, die eine Synthese der beiden Forderungen des Ziels der Jugendbewegung bildet.«

Was hier noch mit dem ganzen Pathos des Mythos Jugend – in der zeitgenössischen Sprache nicht eben überraschend – und mit gänzlich illusionären Zielsetzungen – Umgestaltung »der gesamten Gesellschaftsordnung im Sinne des Ziels der Jugendbewegung« – verkündet wird, enthält dennoch einen harten politischen Kern. Auf höchst pragmatische Weise wird dieses Pathos umgesetzt, wenn das Lebensproblem »Jugendalter« unter geschichtlich konkretem (Wyneken), tiefenpsychologisch grundsätzlichem (Freud) und alltagsweltlichem Aspekt (Bernfeld) angegangen wird: Wo liegen die konkreten Probleme der Selbstverwirklichung und künftigen Identität (besonders im Problemhorizont der jüdisch-westeuropäischen Assimilationsproblematik); wie ist die sogenannte pubertäre »Latenzphase« und die anschließende – wenn das Wort erlaubt ist – »Prohibitionsphase« von Sexualität zu bewältigen und zu gestalten; was läßt sich für den praktischen Lebensalltag einrichten, um der Jugend, wie Bernfeld sich im Programm des A. C. S. ausdrückte, wenigstens eine »fragmentarische Jugendkultur« zu ermöglichen?

Hier ist nicht der geeignete Ort, alle Aktivitäten im Detail aufzuzählen[39], die vom A. C. S. bis zu seinem behördlichen Verbot 1914 ausgingen: Durchführung einer Enquete über die Zustände des Vereinswesens an den höheren Schulen, also des von den Gymnasiasten selbst gestalteten Jugendlebens[40]; Herausgabe von Flugschriften; Vortragsveranstaltungen; Gründung einer Schülerberatungs- und -hilfseinrichtung Grüner Anker (auf dem Hintergrund von Schülerselbstmorden); Einrichtung des Archivs für Jugendkultur, als Institution zwar ebenfalls behördlich verboten, aber privat doch initiiert[41], und vieles andere mehr. Die verschiedenen Aktivitäten führten zu einer klaren Trennung der Aufgaben und Funktionen: Das A. C. S. diente als Propagandaforum, nach seinem Verbot wirkte in diesem Sinne eine Gesellschaft für Erziehungswesen, die von jungen Wiener Akademikern getragen wurde; Selbsterziehungsgruppen von Schülern und Studenten formierten sich in den Hetärien, in Lese-, Kunst-, Wandergruppen usw.; der Sprechsaal und dann das »Jugendheim« dienten der Entwicklung und Pflege einer eigenen Jugendkultur.

Der Sprechsaal, im Februar 1913 ins Leben gerufen, diente der freien Aussprache der Studenten und Schüler, die hier in großer Zahl zusammenkamen, durchweg aus dem jüdisch-bürgerlichen Wiener Milieu, unter ihnen eine bunte Vielfalt philosophischer, musischer, politischer, pädagogischer, erotischer Begabungen, Mädchen und Jungen, junge Männer und junge Frauen, die im Sprechsaal oder im Jugendheim jene »intellektuellen Wanderungen« begannen, die sie vom deutschen Wandervogel und vom österreichisch-jüdischen Wanderbund Blau-Weiß unterschieden. Die Aussprachen wurden vorbereitet durch Vorträge, z. B. über Jugendkultur, Energie und Ethik (ein Thema, das auf Wilhelm Reich verweist), moderne Lyrik, die Esperantobewegung, reproduktive Kunst, den Wandervogel, die Friedensbewegung, die Erziehung im Hause – moderne Moral (Sexualdebatte, freie Liebe, Prostitution), die Suffragettenbewegung, Schülerausschüsse, die Ziele des Sprechsaals, Wyneken: »Schule und Jugendkultur«, Jugend und ethische Erziehung, Schopenhauer.

Aus Lebenserinnerungen und aus dem Bernfeld-Nachlaß sind wir über das Leben und Treiben im Sprechsaal gut informiert. Hier versammelte sich eine junge jüdische intellektuelle Avantgarde (vgl. den Beitrag von G. Mattenklott in diesem Band). Käthe Leichter[42] hat sie in ihren Lebenserinnerungen trefflich charakterisiert; aus einer Ferienadressenliste der Sprechsaalmitglieder vom Sommer 1914 seien einige einige herausragende Namen genannt: Norbert Elias, Otto Fenichel, Hans Lederer, Karl Frank, Paul Friedländer, die Geschwister Elfriede, Hanns und Gerhart Eisler. Im Kreise der Schüler finden wir Namen wie den von Paul Lazarsfeld, der nach dem Ersten Weltkrieg einer der Führer der Sozialistischen Studenten in Wien war. Ihrem Umgangsstil und -ton war nicht jeder gewachsen. Manche Eltern und vor allem die Behörden sahen mit Besorgnis, daß hier über Sexualität und Politik, Schule, Staat und Elternhaus diskutiert wurde. Ein Vortrag von Gustav Wyneken über Jugendkultur und Freie Schulgemeinde wurde zunächst untersagt und konnte dann nur unter der Schirmherrschaft des Monisten-Bundes stattfinden. Schließlich wurde das A. C. S. wegen familien- und staatsfeindlicher Umtriebe verboten: das Schulgemeinde-Konzept drohte offenbar, fundamentale Mechanismen sozialer Reproduktion und Anpassung in der k. u. k. Monarchie außer Kraft zu setzen.

Sprechsäle wurden in mehreren Universitätsstädten Deutschlands gegründet. Über die Münchener Aktivitäten sind wir durch die Publikationen der Münchener Freien Studentenschaft unterrichtet, über die Berliner Verhältnisse durch Walter Benjamin, über den Stuttgarter Sprechsaal unter Leitung von Arnold Bergstraesser berichtet Carlo Schmid in seinen Lebenserinnerungen.

Was uns in dieser Form der Jugendkultur entgegentritt, ist ein waches Bewußtsein von den politisch-sozialen und kulturellen Krisen des Wilhelminischen Kaiserreichs und der Donaumonarchie unmittelbar vor dem Ausbruch des Ersten Weltkriegs. Stand auch die Debatte über die Schulreform im Vordergrund, so muß doch die tiefere und weiterreichende Bedeutung dieser Diskussion gewürdigt werden: *Schulreform als Gesellschaftspolitik*. Ein Indiz dafür ist nicht nur das schon erwähnte obrigkeitliche Einschreiten gegen diese Bestrebungen im Jahre 1914 in Wien, sondern auch die sozialkritische Ausrichtung der deutschen Freien Studentenschaften, die sozialkritisch-sozialistische Ausrichtung der Zeitschrift *Aufbruch* (1915, nach vier Heften verboten) und des *Neuen Anfang* (1919/20)[43] sowie das Weiterwirken dieser schulpolitischen als gesellschaftspolitische Ideen bei den sozialistischen und sozialdemokratischen Lehrern im Bund Entschiedener Schulreformer[44] in der Weimarer Republik und während der sozialdemokratischen Schulreformphase unter Otto Glöckel in Wien.[45]

Wenn Wilhelm Flitner – damals im Jenenser »Sera-Kreis« um Eugen Diederichs, der mit auf den Hohen Meißner eingeladen hatte – rückblickend schreibt, die Freideutschen Studenten hätten viel über Sozialismus, Marxismus, soziale Fragen, Rechts- und Staatsphilosophie diskutiert, ohne eine »Aktivität eigener Richtung sich zum Ziel setzen« zu können, weil sie im Grunde »apolitisch« gewesen seien[46], so trifft dies für die Protagonisten der Jugendkulturbewegung, des A. C. S., der Freien Schulgemeinde und des *An-*

fang, aber auch für die publizistisch sich äußernden führenden Köpfe der Freistudenten sicherlich nicht zu. Zumindest Wyneken, Bernfeld und ihre engeren Freunde dachten dezidiert politisch und in »eigener Richtung« – nicht verwunderlich für junge (jüdische) Intellektuelle mit sozialistischer oder sozialdemokratischer Grundhaltung in der Zeit des Niedergangs des Wilhelminischen Kaiserreichs und der Donau-Monarchie, einer Zeit also, die nicht nur für die junge Generation neue Fragen aufwarf und neue Antworten erzwingen mußte.[47]

IV. Macht Jugend ihre eigene Geschichte?

Was den behördlichen Verboten nicht zum Opfer fiel, dem bereitete der Erste Weltkrieg ein rasches Ende. Warum also die historische Reminiszenz? Ist sie bloß »historisch«, oder vermittelt sie geschichtliche Erfahrung? Damit soll die Frage aufgeworfen werden, was das Faszinierende und das Ernüchternde an solchen Jugend-»Bewegungen« ist, was sie bewirken können, ob es zutrifft, daß »Jugend ihre eigene Geschichte macht«.[48]

Faszinierend ist sicherlich die Selbstsicherheit dieser Jugendkulturbewegung, die Begeisterung und Begeisterungsfähigkeit, eine Ernsthaftigkeit ohne Altklugheit, die eben mehr und anderes darstellen als bloß jugendliche »Subkultur«, wie sich die empirische Jugendsoziologie mit dem ihr eigentümlichen Unverständnis für den Sinn und die Bedeutung elementarer sozialer Sachverhalte auszudrücken pflegt. Jugendlichkeit wurde als kulturschaffende Kraft verstanden, als Quell gesellschaftlicher Erneuerung. Nicht bloß »Mit uns zieht die neue Zeit!« lautete die Devise, sondern: »Wir *sind* die neue Zeit!« Bewundernswert ist die mutige Selbstdarstellung im Wilhelminischen Deutschland und im kaiserlichen Österreich. *Ernüchternd* ist die Tatsache, daß die Probe aufs Exempel einer solchen Jugendkultur nicht möglich war ohne die charismatischen Führer. Waren sie nicht mehr da, dann gingen im Sprechsaal die Lichter aus ... Und in der Zeit nach dem Ersten Weltkrieg, die die »neue« hätte sein sollen, blieben Wyneken und Bernfeld mit ihren Schulreform- und Jugendkulturprogrammen Außenseiter. Die Devise der neuen Zeit war nicht die Emanzipation der Jugend, sondern ihre bündische Organisierung und ihre Verstaatlichung, die Zeit ihrer »anthropologischen« Entpolitisierung (Spranger), ihrer »staatsbürgerlichen« Neutralisierung und Anpassung (Kerschensteiner) und ihrer parteipolitischen Funktionalisierung. Am Ende steht als Ergebnis die gleichgeschaltete »Staatsjugend«, die prinzipiell keine Ausnahme dulden wollte – und neuen Protest provozierte.[49]

Macht also Jugend ihre eigene Geschichte? Wohl kaum. Wenn Bernfeld meinte, man müsse die *Eltern* zum Schutz des jugendeigenen Lebens organisieren, dann sprach er nur aus, was bei der Gründung des Vereins Wandervogel, Ausschuß für Schülerfahrten tatsächlich stattgefunden hatte.[50] Bleiben deshalb die jungen Leute also in der ausschlaggebenden Verfügung der Erwachsenen? Auch hier sind Zweifel angebracht, weniger bei den Schulpflichtigen, vielmehr bei den Gymnasiasten und Lehrlingen, also den jungen Erwachsenen. Sie verfügen über nicht zu unterschätzende Möglichkeiten, aktiv in die Gestaltung ihres eigenen Lebens und desjenigen der Erwachsenen einzugreifen, wenn auch – prinzipiell gesehen – nur bis an die Grenze des von der herrschenden Erwachsenenkultur definierten »abweichenden Verhaltens«, sei es im sozialen Bereich, sei es in der symbolischen Interpretation der Lebenswelt. Die Grenzen dieser Definition sind jedoch fließend, und im Fluß gehalten werden sie immer aufs neue von der jungen Generation, in immer neuen sozialen und kulturellen Manifestationen und Provokationen. Und so erhält der Mythos Jugend immer neue Nahrung in der Auseinandersetzung der Söhne mit den Vätern und muß immer wieder zur Reminiszenz verblassen, wenn die Söhne Väter werden.

Anmerkungen

1 Über Gustav Wyneken vgl. Ulrich Panter, *Gustav Wyneken. Leben und Werk* (Weinheim 1960); Erich E. Geissler, *Der Gedanke der Jugend bei Gustav Wyneken* (Frankfurt/M. 1963); Heinrich Kupffer, *Gustav Wyneken* (Stuttgart 1970).

2 Über Siegfried Bernfeld liegt noch keine sein Gesamtwerk würdigende Monographie vor. (Der Verf. wird demnächst eine ausführliche Studie über Siegfried Bernfeld vorlegen, die ein Kapitel über die Jugendkulturbewegung enthalten wird; dort wird bisher unbekanntes Material aus persönlichen Nachlässen [Wyneken, Bernfeld] und Archiven mit-

geteilt.) Eine biographische Skizze mit weiteren Nachweisen bildet das Vorwort von Ilse Grubrich-Simitis zu dem von ihr herausgegebenen Band: Siegfried Bernfeld/Suzanne Cassirer-Bernfeld, *Bausteine der Freud-Biographie* (Frankfurt/M. 1981), S. 7–48. Eine dreibändige Auswahl von Veröffentlichungen Bernfelds, herausgegeben von Lutz von Werder und Reinhart Wolff, trägt den irreführenden Titel *Antiautoritäre Erziehung und Psychoanalyse* (3 Bde., zuletzt Frankfurt/M. 1974).

3 Die Zeitschrift *Der Anfang* erschien, nach zwei früheren Anläufen unter gleichem Namen, von Mai 1913 bis Juli 1914 in Berlin in Franz Pfemferts Verlag *Die Aktion*. Redakteure waren Georges Barbizon (ein Pseudonym für Georg Gretor, ein Schüler Wynekens) und Siegfried Bernfeld; da beide nicht volljährig waren, übernahm Gustav Wyneken die presserechtliche Verantwortung. Eine Auswahl, mit einem Nachwort versehen, gab 1922 Eckart Peterich heraus (Lauenburg/Elbe). – Nach dem Ersten Weltkrieg erschienen in München zwei Jahrgänge einer Fortsetzung u. d. T. *Der Neue Anfang*. – Eine Untersuchung der Publizistik der Jugendkulturbewegung und der mit ihr in Verbindung stehenden Freien Studentenschaften steht noch aus; vgl. Anm. 35.

4 Gustav Wyneken, *Was ist »Jugendkultur«? Öffentlicher Vortrag . . . Mit einem Nachwort über den »Anfang«* (München 1914², Schriften der Münchner Freien Studentenschaft, H. 1).

5 Wyneken, *»Jugendkultur«*, S. 8.

6 Ebd.

7 Ebd., S. 9.

8 Ebd.

9 Ebd., S. 9f.

10 Wilhelm Flitner, *Ideengeschichtliche Einführung in die Dokumentation der Jugendbewegung*, in: Werner Kindt (Hg.), *Die Wandervogelzeit. Quellenschriften zur deutschen Jugendbewegung 1896–1919* (Dokumentation der Jugendbewegung, II, Düsseldorf/Köln 1968), S. 10–17, hier S. 13f.

11 Wyneken, *»Jugendkultur«*, S. 10.

12 Vgl. den Aufsatz *»Jugendkultur«* von Gustav Wyneken in seinem Buch *Der Kampf für die Jugend. Gesammelte Aufsätze* (Jena 1919), S. 122–127.

13 *Vom Wandervogel. Von einem Führer*, in: *Der Anfang* 1 (1913), H. 1, S. 12–15, hier S. 15.

14 Wyneken, *»Jugendkultur«*, S. 11.

15 Ebd., S. 12.

16 Wyneken, *Kampf für die Jugend*, S. 122.

17 Wyneken, *»Jugendkultur«*, S. 23.

18 Ebd., S. 13.

19 Gustav Wyneken, *Die neue Jugend. Ihr Kampf um Freiheit und Wahr-*

heit in Schule und Elternhaus, in Religion und Erotik (München 1919³), S. 30.

20 Wyneken, *»Jugendkultur«*, S. 32.

21 Gustav Wyneken, *Der Gedankenkreis der Freien Schulgemeinde. Dem Wandervogel gewidmet* (Leipzig 1913).

22 Gustav Wyneken, *Wickersdorf* (Lauenburg/Elbe 1922), S. 15.

23 Wyneken, *Kampf für die Jugend*, S. 124.

24 Ebd., S. 100.

25 Wyneken, *Gedankenkreis*, S. 11.

26 Ebd.

27 Ebd.

28 In dem Kapitel »Die Jugend« in Wynekens Buch *Schule und Jugendkultur* (Jena 1919), S. 39.

29 Wyneken, *»Jugendkultur«*, S. 24.

30 Vgl. dazu Philip Lee Utley, *Siegfried Bernfeld: Left-wing Youth Leader, Psychoanalyst and Zionist, 1910–1918* (Ph. D.-Thesis University of Wisconsin, 1975, masch.schr.).

31 In einem unveröffentlichten Aufsatz *»Von den Jugendgemeinden«*, der wahrscheinlich im Winter 1914 entstanden ist.

32 *Der Anfang* 1 (1913), H. 1, S. 27.

33 Ebd.

34 Siegfried Bernfeld, *Ein Institut für Psychologie und Soziologie der Jugend (Archiv der Jugendkultur), Entwurf zu einem Programm*, jetzt wieder abgedruckt in: Leopold Rosenmayr, *Geschichte der Jugendforschung in Österreich 1914–1931* (Wien: Österr. Inst. f. Jugendkunde, o. J.), S. 105–158. – Eine kurze Notiz findet sich auch in *Der Anfang* 1 (1913), S. 51–54. – Im Jahre 1915 promovierte Bernfeld an der Universität Wien mit einer Dissertation *Der Begriff der Jugend* (unveröff.).

35 Aus der umfangreichen Publizistik seien nur genannt das *Münchner Studentische Taschenbuch* und die *Münchner Hochschul-Zeitung* sowie die *Göttinger Akademische Wochenschau*. – Interessantes Material bietet die Dokumentation der *Ersten Studentisch-Pädagogischen Tagung zu Breslau am 6. und 7. Okt. 1913* – also unmittelbar vor dem Treffen auf dem Hohen Meißner! – in den *Säemann-Schriften für Erziehung und Unterricht* (Heft 9, Leipzig/Berlin 1914, mit Beiträgen von Gustav Wyneken, William Stern, Walter Benjamin, Chr. Papmeyer, Siegfried Bernfeld u. a. m.). – Von den Monographien sei hervorgehoben die von Hermann Kranold in Verbindung mit Karl Landauer und Hans Reichenbach herausgegebene Schrift *Freistudententum. Versuch einer Synthese der freistudentischen Ideen* (München 1913).

36 Otto Bauer – übrigens politischer Mentor Bernfelds – publizierte 1921 die aufschlußreiche kleine Schrift *Schulreform und Klassenkampf* (Wien). – Aus der Forschung: Hans Fischl, *Schulreform, Demokratie und Österreich 1918–1950* (Wien 1950); Georg Tidl, *Die sozialistischen*

Mittelschüler Österreichs von 1918 bis 1938 (Wien 1977). Vgl. auch Anm. 45.

37 Den treffenden Titel *Schulreform durch Neugründung* gab Rudolf Lassahn seiner Auswahl der *Pädagogischen Schriften* von Hermann Lietz (Paderborn 1970), bei dem übrigens Gustav Wyneken seine erste Zeit als Lehrer verbrachte, ehe er selber die Freie Schulgemeinde Wickersdorf gründete.

38 Unveröffentlichtes Typoskript im Bernfeld-Nachlaß, undatiert, wahrscheinlich Herbst 1914, also ein Resümee aus den Erfahrungen der Jahre 1913/14 ziehend.

39 Vgl. dazu Utley, *Bernfeld*. Im *Anfang* wird laufend berichtet.

40 Die Wiener Kulturpolitische Gesellschaft hatte ein paar Jahre früher ebenfalls eine Mittelschul-Enquete durchgeführt, die großes Aufsehen erregte, da die Öffentlichkeit durch sie mit den inneren Schulverhältnissen und den Einstellungen der Schüler zu Schule und Lehrerschaft bekannt gemacht wurde (Robert Scheu [Hg.], *Die Mittelschulenquête der Kulturpolitischen Gesellschaft*, 2 Teile [Wien/Leipzig 1907/8]).

41 Teile der Sammlung sind erhalten geblieben. Gegen Ende des Ersten Weltkriegs und in den Jahren bis 1921 aktivierte Bernfeld einen Kreis junger Juden für das »Archiv«, das jetzt »Jüdisches Institut für Jugendforschung« hieß und reformpädagogische Ideen nach Palästina übermittelte. Bernfeld hatte in dem von ihm geleiteten jüdischen Kinderheim Baumgarten in Wien 1919/20 das Schulgemeinde-Konzept praktiziert (er berichtete darüber in seinem Buch *Kinderheim Baumgarten*, Berlin 1921), und mit seinem Buch *Das jüdische Volk und seine Jugend* (Wien/Berlin 1920) kann Bernfeld als einer der geistigen Väter des Konzepts der Kibbuz-Erziehung gelten, was selbst in Israel heute weitgehend in Vergessenheit geraten ist.

42 Käthe Leichter, *Leben und Werk*, hg. von Herbert Steiner (Wien 1973), S. 329 ff., bes. 332–334.

43 *Der Aufbruch. Monatsblätter aus der Jugendbewegung*. Hg. von Ernst Joël, 4 Hefte von Juli bis Oktober 1915 (Jena), mit Beiträgen von Gustav Landauer, Hans Blüher, Kurt Hiller, Ernst Joël u. a. m. – *Der Neue Anfang. Zeitschrift der Jugend* (München 1/1919, H. 1 [Januar]– 2 /1920, H. 5/6 [April]); Redakteure in München sind u. a. Bernhard Reichenbach, Hermann Schlicht, Eckart Peterich, für Österreich ist in Wien Karl Frank zuständig. – Vgl. dazu Ulrich Linse, *Die Entschiedene Jugend 1919–1921, Deutschlands erste revolutionäre Schüler- und Studentenbewegung* (Frankfurt/M. 1981).

44 Siegfried Bernfeld hat in den zwanziger Jahren zahlreiche Vorträge vor sozialdemokratischen Lehrern gehalten; führende Mitglieder des Bundes Entschiedener Schulreformer betrieben auch Bernfelds Berufung an die Pädagogische Hochschule Braunschweig, die jedoch an der Tatsache, daß er Jude war, scheiterte. – Vgl. über den Bund die Studie von

Ingrid Neuner, *Der Bund Entschiedener Schulreformer 1919–1933* (Bad Heilbrunn 1980).

45 Vgl. von Otto Glöckel, *Schulreform und Volksbildung in der Republik* (Wien 1919); *Die österreichische Schulreform* (Wien 1923); *Drillschule, Lernschule, Arbeitsschule* (Wien 1928); *Selbstbiographie* (Zürich 1939) – Oskar Achs/Albert Krassnigg, *Drillschule – Lernschule – Arbeitsschule. Otto Glöckel und die österreichische Schulreform in der Ersten Republik* (Wien/München 1974).

46 Zitiert aus der noch unveröffentlichten Autobiographie, die im Rahmen der *Gesammelten Schriften* von Wilhelm Flitner erscheinen wird (Paderborn, im Druck).

47 So jedenfalls ein unverdächtiger Zeitgenosse: Wilhelm Dilthey in seiner Ethik-Vorlesung von 1890, die erst 1958 von Diltheys Schüler Herman Nohl veröffentlicht wurde (Wilhelm Dilthey, *System der Ethik*, in: *Gesammelte Schriften*, Bd. X [Stuttgart/Göttingen 1958], bes. S. 14 ff.). Vgl. dazu von Ulrich Herrmann den Artikel *Wilhelm Dilthey*, in: *Theologische Realenzyklopädie* VIII (1981), S. 752–763.

48 So die Ausgangsthese von John R. Gillis, *Geschichte der Jugend* (Weinheim/Basel 1980).

49 Vgl. Arno Klönne, *Jugend im Dritten Reich. Die Hitler-Jugend und ihre Gegner* (Köln 1984).

50 Vgl. die Dokumentation *Die Wandervogelzeit* (s. o. Anm. 10), S. 42 ff.

Ulrich Linse
»Geschlechtsnot der Jugend«
Über Jugendbewegung und Sexualität

I. Der Ausgangspunkt: Gedanken über jugendliche Sexualität im Deutschen Kaiserreich

1. »Geschlechtsfreiheit« – eine Sexualutopie aus der Bismarckzeit

Eine neue Welle in den sexuellen Revolutionen der Moderne[1] kündigte sich an, als seit dem Ende der siebziger Jahre des 19. Jahrhunderts durch die gemeinsame Forschungstätigkeit von Medizinern, Historikern, Ethnologen und Anthropologen die Fesseln der »viktorianischen« Sexualitätsauffassung gesprengt und die neue Sexualwissenschaft geschaffen wurde.[2] Deren praktische Konsequenzen wurden schon 1878 durch den (Berliner?) Arzt Roderich Hellmann in seinem Buch *Über Geschlechtsfreiheit*[3] gezogen. In diesem, in seiner Bedeutung bisher übersehenen »philosophische(n) Versuch zur Erhöhung menschlichen Glückes« (so der Untertitel) verlangt er den Gebrauch der Vernunft zur Förderung des menschlichen Glückstrebens auch im Geschlechtsleben und fordert vom Staat die volle gesellschaftliche Freiheit einschließlich einer freien Ordnung der Sexualität getreu dem seinem Buch vorangestellten Motto Kants: »Eine Handlung, durch welche keinem Menschen ein Nachtheil zugefügt wird, ist nicht unmoralisch.« Seine bürgerliche sexual-liberale Utopie faßt er im Begriff des »geschlechtsfreien Staates« zusammen. Die theoretische Voraussetzung des Werkes besteht darin, daß ein Vergleich der jetzigen zivilisierten Welt mit den bestehenden unzivilisierten Kulturen und mit den zivilisierten Kulturen der Antike zur Erkenntnis führe, »daß das Schamgefühl, sowie überhaupt die das Geschlechtsleben gegenwärtig beherrschenden Ansichten nur anerzogen sind« (283). Hellmann nimmt damit die später von der Soziologie popularisierte Ansicht vorweg, das Schamgefühl sei nicht angeboren, sondern »variabler Natur«: »es kommt lediglich Alles auf die Gewohnheiten und Meinungen an« (209). Diese Gewohnheiten und Meinungen versucht er gedanklich radikal zu verändern, wobei er als zentrale Schwierigkeit die ihm gesellschaftlich auferlegten sprachlichen Tabus sieht (er benützt ja nicht die Sprache der Pornographie[4] oder Zote, sondern wendet sich an den »Gebildeten«). In einem eigenen Abschnitt reflektiert er über »Das Sprechen und Schreiben über Geschlechtsverhältnisse« und darüber, daß »alle die geschlechtlichen Vorgänge bezeichnenden Ausdrücke (...) jetzt so verpönt (sind), daß die Leser über dem Entsetzen vor dem Ausdrucke oft gar nicht bis zum Inhalte durchdringen werden« (216). Mit Fremdwörtern und Umschreibungen hofft er das Verbot seiner Schrift als unzüchtig zu umgehen; genützt hat ihm seine Vorsicht allerdings wenig, denn das Buch soll gleich nach Erscheinen konfisziert worden sein.[5]

Hellmanns Utopie von »der Aufhebung der Scheu vor dem Nackten« (252) durch Ablegen der Kleider nimmt bereits in radikaler Weise die wilhelminische Körper- und Nacktkulturpropaganda von Heinrich Pudor bis Wilhelm Bölsche vorweg. Wie diese erhofft er sich von dem Wegfall der Verhüllung und des die Geschlechtlichkeit umgebenden Mysteriums (den Genitalien kann keine vor den anderen Körperteilen bevorzugte Stellung eingeräumt werden) ein Nachlassen der sexuellen Begierde. Andere Abschnitte, in denen er über jugendliche Sexualität spricht, wirken wie eine Vorahnung der durch den Ersten und Zweiten Weltkrieg beschleunigten Sexual-Revolution. Während er nämlich Kinder im geschlechtsfreien Staate trotz der dort nun möglichen schulischen »Belehrung über Geschlechtsverhältnisse« von jedem geschlechtlichen Genusse ausschließen will (strenges Onanie-Verbot!), gilt dies nicht mehr nach Eintritt der Geschlechtsreife (bei Mädchen gibt er diesen mit einem Alter von 13 Jahren an):

»Sobald nun die Geschlechtsreife vollständig eingetreten ist, dürfen die Geschlechtsteile in eine angemessene Tätigkeit gesetzt werden, und es ist den Personen beiderlei Geschlechtes nunmehr zu gestatten, sich jedweden geschlechtlichen Genuß zu verschaffen, sofern (...) erstens die Gesundheit nicht geschädigt wird, zweitens der Geschlechtsgenuß wirkungslos ist und drittens derselbe nur im Einverständnis der betheiligten Personen erfolgt« (221).

Hellmann plädiert also für die Freigabe des Geschlechtsverkehrs bei der Jugend (Charles Fourier hatte dagegen in seiner Sexualutopie noch der »Vestalität« seiner »Jouvenceaux« und »Jouvencelles« den Vorzug gegeben![6]) in Form des Präventivverkehrs, da er glaubt, es liege im Interesse des Staates wie der allgemeinen Wohlfahrt, daß Kinder nur in der Ehe gezeugt würden; denn diese allein gewähre die materiellen Voraussetzungen und eine sorgfältige Erziehung. Das Ziel der Freigabe des vorehelichen Geschlechtsverkehrs noch »in einem sehr jugendlichen Alter« (224) ist und bleibt also die Erhaltung der bürgerlichen Ehe und Familie. Während aber bisher die jungen Leute »der besseren Stände« kaum Gelegenheit hätten, sich vor der Ehe näher kennenzulernen, Enttäuschungen deshalb notwendigerweise später folgen müßten, werde im geschlechtsfreien Staate die Sonderung der jungen Leute einem »freien Umgang der beiden Geschlechter« (225) Platz machen. Insbesondere würden sich auf diese Weise Paare finden können, die auch sexuell harmonierten. Während bisher zwar dem bürgerlichen jungen Mann erlaubt sei, vor der Ehe sich mit Prostituierten einzulassen, dem Mädchen aber bis zur Eheschließung die Jungfräulichkeit abverlangt werde, könnten sich nun die in freieren geschlechtlichen Verhältnissen aufgewachsenen Mädchen Kenntnisse aneignen, »um ihren Mann auch durch geschlechtliche Liebenswürdigkeit an sich zu fesseln« (234), ein Wissen, das bisher nur im Besitz von Prostituierten und Mätressen gewesen sei. Hellmann, das ist klar, sagte damit der doppelten bürgerlichen Moral den Kampf an; er erklärte es ausdrücklich »für die Pflicht der Eheleute, sich gegenseitig keinen geschlechtlichen Wunsch zu versagen« (235). Diese Vorwegnahme der späteren »Sexualisierung der Ehe etwa nach der Art van de Veldes«[7] verknüpfte Hellmann mit der Hoffnung auf eine Abnahme der von ihm übrigens keineswegs verachteten Prostitution (er stellte die Prostituierte vielmehr auf eine Stufe mit dem Arzt, da sie wie dieser von den Leiden des unterdrückten Geschlechtstriebes befreie!), da ja im geschlechtsfreien Staat der kostenlose vor- und außereheliche Geschlechtsgenuß mit anderen Mädchen und Frauen möglich sei. Gerade dadurch aber erfährt das weibliche Geschlecht, das »durch die jetzt in Betreff des sexuellen Lebens herrschenden Ansichten bei Weitem am Meisten in seiner freien Bewegung eingeschränkt wird« (252), seine sexuelle Emanzipation. Während jetzt der bürgerliche junge Unverheiratete gezwungen sei, sozial unter ihm stehende Frauenzimmer zum geschlechtlichen Genuß zu wählen, und es für ein bürgerliches Mädchen als unehrenhaft gelte, sich vor der Ehe mit einem Manne einzulassen, findet im geschlechtsfreien Staat der Geschlechtsverkehr endlich zwischen Personen gleichen Bildungsgrades statt; und statt dem Mädchen Schande zu bereiten, wird man dann »in einem wirkungslosen [d. h. präventiven] Geschlechtsverkehre kaum etwas Anderes erblicken, als jetzt in der beim Tanze stattfindenden Umarmung« (231). Damit entfällt auch jeder Grund für die »Absonderung« und »Entfremdung« der Geschlechter; dies aber ist die Vorbedingung für die »Emancipation des weiblichen Geschlechtes«, wie sie Hellmann bereits vor Einführung der Koedukation, des Frauenstudiums und des Gemischtwanderns in der Jugendbewegung erahnte (252 f.).

Statt Geschlechtertrennung fordert Hellmann deren Verbindung, die durch »freie gesellige Vereinigungen« gefördert wird. Dort sollen sich vor ihrer definitiven Verheiratung diejenigen finden, die körperlich und seelisch am besten harmonieren. Mit diesen »freien Vereinigungen, welche auch evtl. dem geschlechtlichen Verkehre dienen« (226), war das bürgerliche Assoziationswesen mit der Sexualutopie gekoppelt worden. Es stellt sich die Frage, ob nicht die Vereinigungen der Jugendbewegten in ihrer Revolte gegen die bürgerlichen Konventionen in hervorragender Weise geeignet waren, eine Verwirklichung der Hellmannschen »Geschlechtsfreiheit« in die Wege zu leiten. Ehe wir uns jedoch dieser Frage zuwenden, muß das besondere Klima betrachtet werden, das die um die Jahrhundertwende entstehende Jugendbewegung vorfand, als sie sich mit der Sexualität zu beschäftigen begann.

2. »Relative Askese« – eine Forderung der Wilhelminischen Ära

Hellmanns Buch läßt bereits die Erotomanie der Jahrhundertwende erahnen, welche – so die damalige Auffassung – ihre Wurzeln in der von vielen Zeitgenossen geschilderten größeren nervlichen und damit sinnlichen Erregung des Großstadtmenschen hatte.[8] Hellmann läßt verstehen, wie in der Wilhelminischen Ära aus der alten »Sozialen Frage« die neue »Sexuelle Frage« entstehen konnte: Bindeglied ist der Neumalthusianismus, kurz gesagt: die Lehre von der Schwangerschaftsverhütung durch Präventivverkehr. Denn der Arzt Hellmann war stärkstens beeinflußt durch eine Studie des Engländers George R. Drysdale, der noch als Medizinstudent 1855 ein Werk unter dem Titel *Physical, sexual and natural religion* veröffentlicht hat, das später in einer überarbeiteten Fassung unter dem Titel *The Elements of Social Science; of physical, sexual, and natural religion* in vielen Auflagen erschienen ist; eine erste deutsche Übersetzung war bereits 1871 erschienen. Diese Publikation des Bruders des Gründers und Vorsitzenden der

Malthusian League (1878 bis 1927) enthielt die typischen Forderungen des Malthusianismus[9]: die mit der (Über-)Bevölkerungslehre verbundene Geburtenkontrolle sowie die Bekämpfung der Geschlechtskrankheiten durch Sexualhygiene. Ganz im Gefolge Drysdales bekennt sich Hellmann als Neomalthusianer. Er ist der Ansicht, »daß die sociale Frage ohne die Einführung des präventiven Geschlechtsverkehrs einer glücklichen Lösung nicht entgegengeführt werden könne« (157) und hält deshalb den präventiven Geschlechtsverkehr für eine der wichtigsten Entdeckungen, die jemals auf sozialem Gebiete gemacht worden seien. Hellmann geht aber in dem einen Punkte über Drysdale hinaus, daß er den Präventivverkehr nicht nur in der Ehe, sondern gerade außerhalb der Ehe anwenden will; denn er kann keinen Grund dafür erkennen, »daß der Geschlechtsgenuß an die Ehe gebunden sein soll« (166). Wie Drysdale hält er den präventiven Geschlechtsverkehr für »die Erlangung eines neuen Stückes Herrschaft des Menschengeistes über die Natur« (284), zieht aber aus der neugewonnenen Freiheit nicht Konsequenzen für die Bevölkerungspolitik, sondern für die sexuelle Emanzipation der Jugend und der Frau. Aus malthusianischer Wurzel wächst auch Hellmanns Kapitel über die »Ausrottung der Syphilis«. »Da die gesammte menschliche Gesellschaft ein bedeutendes Interesse an dem Verschwinden der syphilitischen Krankheiten nehmen muß« (255), hofft er jedoch nicht nur auf die Wirkung der Aufklärung und die durch das Niedersetzen der Schamschwelle mögliche Erleichterung der ärztlichen Therapie, sondern ruft – ein überraschendes Element seiner liberalen Sexualutopie – nach dem intervenierenden Staat. Er fordert die Zwangsinternierung syphilitisch kranker Personen, die sich nicht freiwillig ärztlich behandeln lassen, in Hospitälern sowie ihre gerichtliche Bestrafung. Die Ursache für diese dem Geist von Hellmanns Utopie fremde Forderung dürfte in seiner Beobachtung liegen, daß in den bestehenden »unfreien Zuständen« die Syphilis, trotz des Fehlens genauerer statistischer Aufzeichnungen, eine vermutlich bedeutende Ausbreitung gefunden habe (255) und deshalb im geschlechtsfreien Staate jedes Mittel recht sei, um diese verheerende Krankheit auszurotten.

Während im Zweiten Deutschen Kaiserreich die im Neumalthusianismus angelegte Betrachtung der sozialen Frage in den Hintergrund trat[10], schob sich statt dessen seit der Jahrhundertwende ein neues Problem in den Vordergrund: die »sexuelle Frage«. Über sie schreibt August Forel in seinem gleichnamigen Standardwerk[11]: Die »sexuelle Frage« sei nicht mit der »Alkoholfrage« oder anderen »sozialen Fragen« der Vergangenheit vergleichbar. Denn gebe es etwa beim Alkoholismus die einfache Lösung »Weg mit dem Alkohol als Genußmittel!«, so lasse sich die Sexualität eben nicht wie Alkoholgenuß, Folter, Sklaverei und andere »künstlich erzeugte Geschwüre des Menschengeschlechts (. . .) einfach ausschneiden«. Denn die völlige Beseitigung dieser sozialen Krankheitserscheinungen ziehe nur Vorteile nach sich; »die sexuelle Frage dagegen betrifft die Wurzel des Lebens selbst; sie ist mit der Menschheit aufs innigste verwoben und erfordert daher eine total andere Behandlung«. Die Sexualität sei eben keine bloße Krankheit; die Aufgabe der Wissenschaft bestehe vielmehr darin, so der Arzt Forel, das Gute und Schöne an der Sexualität zu scheiden von dem, was dem Bereich des Schmutzes und der Niedertracht, den brutal-egoistischen Leidenschaften und der erotischen Neugierde, dem Aberglauben und der Unwissenheit angehöre.

Die »sexuelle Frage« betraf nicht wie der Neumalthusianismus die Überbevölkerung, sondern die Angst vor der Entvölkerung und dem Niedergang der Nation.[12] Beide Diskussionen förderten freilich die »Medizinierung des Sexes«[13] und die immer stärkere Sexualisierung des Körpers[14], aber zumindest in Deutschland trat die Beschäftigung mit der Sexualität in ihr entscheidendes Stadium, als der staatliche Körper selbst sexualisiert wird. So stellt sich als wesentliches Thema der »sexuellen Frage« das Verhältnis von Geschlechtskrankheiten und Nation heraus. Im Vergleich dazu verlieren alle vom alten Neumalthusianismus herkommenden sozialen und emanzipatorischen Impulse (von der Gebärstreik-Debatte in der Sozialdemokratie[15] bis zum feministischen Bund für Mutterschutz und Sozialreform«[16]), aber auch die sich in Deutschland unter durchaus freiheitlichen Zielsetzungen entwickelnde Sexualwissenschaft[17] an Bedeutung. Selbst ein Sexualwissenschaftler und im »Bund für Mutterschutz« tätiger Arzt wie Iwan Bloch schreibt 1907: »Prostitution und Geschlechtskrankheiten (sind) das Zentralproblem der sexuellen Frage.«[18]

Die Wurzel der neuen »sexuellen Frage« war also die Angst – die Angst vor den besonders durch die Prostituierten übertragenen Geschlechtskrankheiten. Was Hellmann nur erahnte, schienen nun die Zahlen eines Alfred Blaschko[19] zu bestätigen. Selten haben Statistiken eine solche Wirkung gehabt! Blaschkos Angaben, daß

60 % bis 70 % der geschlechtsreifen unverheirateten Männer geschlechtskrank sind oder es waren, daß ferner keine Bevölkerungsgruppe so stark von Geschlechtskrankheiten befallen sei wie die Studenten, so etwa in Berlin bis zu 25 % – solche Zahlen werden zum Mobilisator der öffentlichen Meinung. Eine fast krankhafte Angst vor Krankheit und Ansteckung der Geschlechtsorgane kommt hier zum Ausdruck. Wichtig aber ist, daß sich die individuelle Furcht vor venerischer Infizierung ausweitet zur größeren Angst um den Niedergang von Rasse und Nation. Denn die Geschlechtskrankheiten gelten neben den kriminellen Aborten, deren Höhe damals bis zu 500 000 jährlich geschätzt wurde, als Hauptursache des Bevölkerungsverlustes und damit einer Bedrohung der deutschen Weltmachtstellung. Jacques Bertillons Band *La Dépopulation de la France* (1911) verstanden damals viele auch als Warnung für Deutschland, das, wie einst Rom, eine sterbende Nation werden könnte.[20]

Die Befürchtung des rassisch-nationalen Niedergangs wird zum großen Motor bei der Bekämpfung der Geschlechtskrankheiten und diese zur »brennenden Zeitfrage«.[21] Noch befand sich die medizinische Bekämpfung der Geschlechtskrankheiten, speziell der Syphilis, in den Anfängen. 1909 gelang zwar Paul Ehrlich der erste große Durchbruch mit der Synthetisierung des »Salvarsans«, doch wurde erst 1942 mit der Entdeckung des Penicillins ein wirksames Heilmittel erschlossen.[22] So nimmt es nicht wunder, daß um die Jahrhundertwende die Prostituierte als Trägerin der sittlichen und gesundheitlichen Ansteckung[23] zum Negativbild der Femme Fatale[24] stilisiert wurde – man denke an Alfred Kubin, der in einer Zeichnung »Salvarsan« (um 1910)[25] die Frau als Dienerin des Bösen wegen der von ihr ausgehenden venerischen Infektion identifiziert. Aber auch die großstädtischen Orte der Begegnung mit der Dirne – Animierkneipen, Kabaretts, Varietés, Tingel-Tangels, Tanzsalons, Ballettbühnen – werden verfemt.[26] Und schließlich führen die rein statistischen Hinweise etwa auf die »intensive Durchseuchung der Großstadt Berlin« mit Geschlechtskrankheiten[27] zur Mythisierung der Großstadt als der »Großen Hure Babylon« und der Abwertung der modernen Zivilisation als einer »Syphilisation«.

Gleichzeitig beginnt der Aufklärungsfeldzug gegen die Syphilis – literarisch durch Eugène Brieux' Stück *Les Avariés* (Die Schiffbrüchigen) von 1901, das einen Triumphzug über die ganze zivilisierte

Welt antritt. Der Arzt in diesem Stück ist modelliert nach Jean Alfred Fournier, der 1901 die »Société Française de prophylaxe sanitaire et morale« begründete. Diese wiederum war eine Zweigorganisation der 1899 im Gefolge der »Ersten Internationalen Konferenz für Prophylaxe der Syphilis und venerischen Krankheiten« ins Leben gerufenen »Société internationale de prophylaxe sanitaire et morale de la syphilis et des maladies vénériennes« (Sitz Brüssel). Und diesmal gab es in Deutschland keine, wie bei der Rezeption des Neumalthusianismus, zeitliche Verzögerung. Schon 1902 entstand in Berlin die »Deutsche Gesellschaft zur Bekämpfung der Geschlechtskrankheiten« (im folg. zit. als D. G. B. G.), deren Generalsekretär Alfred Blaschko wurde: auf dem Felde der Sexualhygiene die mächtigste Lobby im Wilhelminischen Kaiserreich und in der Weimarer Republik. »Der organisierte, systematische Kampf gegen die Geschlechtskrankheiten«[28] trat damit in sein entscheidendes Stadium. Mittels Aufklärung und Propaganda der Keuschheit sollten nun die Geschlechtskrankheiten ausgerottet werden. Lautstark wurde die nationale Reinigung gefordert. Zum wichtigsten Adressaten der D. G. B. G. wurde der Staat, sekundär aber auch die Familie. »Hatte man früher heimlich gesündigt, so wollte man jetzt im vollen Licht der Öffentlichkeit enthaltsam sein«, spottete Karl Kraus.[29] Dank dieser neugewonnenen Öffentlichkeit prägte die D. G. B. G. in entscheidender Weise den Diskurs über Sexualität: Sie brach das sprachliche Tabu, indem sie über Vorträge (ärztliche Abiturienten-Vorträge erstmals 1905), Wanderausstellungen (die erste wurde vom Hygiene-Museum in Dresden 1911 eingerichtet) und Aufklärungsfilme (beginnend mit dem Film über Syphilis *Es werde Licht,* 1916 bis 1918, bis zu *Falsche Scham,* 1926) die Sexualität zum Thema erhob, diese aber gleichzeitig einengte auf den Aspekt der geschlechtlichen Ansteckung. Karl Kraus sah das ganz richtig, wenn er davon sprach, es gehe offenbar darum, »der Lustseuche nicht etwa durch Bekämpfung der Seuche, sondern durch Schutzmaßregeln gegen die Lust den Garaus zu machen«.[30]

Dazu ist eine neue Sexualethik nötig, die ebenfalls um die Jahrhundertwende in fortschrittlichen wie konservativen Spielarten entsteht und sich unmittelbar mit der Sexualpädagogik berührt.[31] Denn die »sexuelle Frage« mündet in eine Neudefinition der weiblichen und jugendlichen Sexualität. So schreibt etwa 1919 der lebensreformerische Arzt Friedrich Landmann: »Wie ich das Wort

›Geschlechterfrage‹ auffasse, gibt es nur eine einzige solche Frage, und das ist die der Jugend. Denn meines Erachtens ist alles, was man dazu sagen kann (...) in erster Linie für die Jugend von Bedeutung.«[32] Denn die Jugend stehe noch *vor* der Aufgabe, ihr Geschlechtsleben zu ordnen; hätten sich erst einmal Fehlhaltungen ausgebildet, dann sei kaum noch Abhilfe möglich. Die Sexualfrage entpuppte sich also auch als Erziehungsfrage. Damit wurde die Jugend zum Exerzierfeld der sexualpädagogischen Bemühungen:

>»Nachdem schon erleuchtete Pädagogen der Aufklärungszeit wie Rousseau, Salzmann, Basedow, Jean Paul u. a. für die frühzeitige geschlechtliche Aufklärung der Jugend eingetreten waren, ist erst in den letzten Jahren im Zusammenhang mit den Fragen des Mutterschutzes, der Bekämpfung der Prostitution und der Geschlechtskrankheiten das Interesse für diesen Gegenstand neu erwacht, und es existiert bereits auf diesem Gebiete eine hauptsächlich den letzten Jahren angehörende, umfangreiche Literatur[33] aus der Feder von Ärzten, Pädagogen, Hygienikern und Frauenrechtlerinnen«, resümiert Bloch schon 1907.[34]

Lida Gustava Heymann hat zwar völlig recht, als sie 1907 feststellt, »daß die deutsche Frauenbewegung die erste gewesen ist, welche die sexuelle Aufklärung angeschnitten hat«.[35] Aber die Forderung nach einer Sexualaufklärung der Jugend ließ sich erst dann erfolgreich gegenüber dem Staate und den Schulbehörden durchsetzen, als sich die in der D. G. B. G. organisierten Ärzte der Sache annahmen, da sie nicht wie der »Deutsche Bund für Mutterschutz« die Sexualaufklärung mit emanzipatorischen Inhalten, sondern mit nationalen versahen.

1904 fand der »Erste Internationale Kongreß für Schul-Gesundheitspflege« in Nürnberg statt und forderte die Einführung der sexuellen Hygiene und Sexualaufklärung an der Schule; 1907 wurde dann auf dem Dritten Kongreß der D. G. B. G. der entscheidende Durchbruch in der Öffentlichkeit mit der Forderung nach »Sexualpädagogik« erzielt, im wesentlichen verstanden als die Aufklärung der Jugendlichen über die Geschlechtskrankheiten durch (Schul-)Ärzte. In der Weimarer Republik wurde dann die Sexualkunde in die Hände des Biologielehrers gelegt. Die Aufklärung müsse, schreibt Bloch[36], als eine naturwissenschaftliche Erkenntnis an die Jugend herangetragen werden, weil allein dadurch die sexuelle Unterweisung »jeder individuellen Beziehung, jedes persönlichen Charakters entkleidet« werde und somit »jede unerwünschte Nebenwirkung, jede Beziehung auf subjektive Empfindungen« ausgeschlossen sei. Dem jugendlichen Triebleben trat die nüchterne Norm wissenschaftlicher Erkenntnis entgegen. Dieser sexuellen Aufklärung ging es nicht um ein Verständnis des jugendlichen Seelenlebens, sondern um die Unterwerfung der Jugend unter eine objektive gesundheitliche und nationale Notwendigkeit. Sexuelle Abstinenz, wenn möglich bis zum 25. Lebensjahr, war deshalb die wesentliche Lehre dieser Sexualpädagogik.[37]

Doch es sei nochmals deutlich gesagt: Dieser Standpunkt wurde, wie es Blaschko deutlich formulierte, nicht etwa eingenommen, weil man der christlichen »Abtötung oder asketischen Unterdrükkung des Geschlechtstriebes« zuneigte; die Jugend sollte gerade den Geschlechtstrieb nicht als etwas Niederes oder Tierisches erfahren, sondern »im Gegenteil als eine gesunde und natürliche Betätigung des menschlichen Organismus, als ein köstliches Gut, das nicht leichtsinnig vergeudet und besudelt werden darf«.[38] Die religiöse Wertung des Geschlechtstriebes wurde so abgelöst durch eine »natürliche« – nicht umsonst wetterte im Namen der christlichen Tradition der heftigste Kritiker der D. G. B. G., Friedrich Wilhelm Foerster, gegen diese »Naturanbeter« und ihren »Kultus mit physiologischen Vorgängen«.[39] Gerade bei dieser »natürlichen« biologischen Sichtweise wurde die Degeneration von Rasse und Nation zur größten Gefahr, die sexuelle Lusthemmung – sei es durch Enthaltsamkeit oder durch Benützung des Präservativs – zur vaterländischen Tat. Ging es nach dem Willen der D. G. B. G., dann konnte kein Jugendlicher mehr außerhalb der Ehe sexuell verkehren, ohne daß er dabei an geschlechtliche Infektion und an die von der D. G. B. G. empfohlenen Präservative dachte. Hatten die Aufklärer und Philantropen primär die Kinder und ihre »heimlichen Sünden«, nämlich die Onanie im Auge, so stand 130 Jahre später, seit der Jahrhundertwende, nicht mehr die Verhinderung der Selbstbefriedigung im Mittelpunkt des ärztlichen und pädagogischen Interesses, sondern die Aufklärung der Jugend über die individuellen und nationalen Gefahren der Geschlechtskrankheiten, wie sie vor und außerhalb der Ehe drohten. Die Onanie erwies sich demgegenüber als das kleinere Übel, wenn nicht gar als Ausweg.

Die Utopie der »Geschlechtsfreiheit«, wie sie Hellmann eine Generation früher gefordert hatte, wurde jetzt verdammt als Propagierung der »wilden Liebe« – einem »wahren Krebsschaden unserer Gesellschaft« und »Quelle moralischer und physischer Entartung und Durchseuchung des Volkes«.[40] Der »geschlechtsfreie Staat« war im Lichte der Nationalisierung der Sexualität eine mit dem Interventionsstaat im Bereich der Sexualität nicht mehr zu vereinbarende liberale Anschauung.[41] Und die Freigabe des vorehelichen Geschlechtsverkehrs in privaten Vereinigungen, welche Hellmann zur Verbesserung des menschlichen Glücks vorgeschlagen hatte, galt als eine nicht nur unsittlich, sondern von seiten der Medizin als pathologisch, von seiten der biologischen Rassenlehre als kriminell zu wertende Entartung. Nicht die Promiskuität des Hellmannschen Entwurfs, sondern die Verlängerung der Keuschheit bis zur »Vollreife« Mitte des dritten Lebensjahrzehnts war die neue Norm, der die jugendliche Sexualität gerecht zu werden hatte. An die Stelle der alten kontrollierenden Gemeinschaften wie Familie und Dorf trat die Nation als neue Kollektivmacht auf sexuellem Gebiet.[42] Die Frage für die Jugend war, ob sie diesem Recht der Allgemeinheit eine eigene sexuelle Jugendkultur entgegenzusetzen vermochte oder ob sie sich unterwerfen würde. Nachdem mit den Schülerselbstmorden vor der Jahrhundertwende[43] eine erste Friktionszone bei der pubertären Jugend durchlaufen war, konnte jedenfalls der Geheime Medizinalrat Albert Eulenburg – Bearbeiter der Schülerselbstmordstatistik[44] im preußischen Staat! – auf dem D. G. B. G.-Kongreß von 1907 erklären[45], »die in unstillbarem erotischem Drang vergehenden Hänschen Rielows, Melchior Gabors und Moritz Stiefel« (Anspielung auf Figuren in Wedekinds Kinder- und Gymnasiastendrama *Frühlings Erwachen*) müßten lediglich als »aus ungünstigen Anlagen und traurigen Erziehungsverhältnissen hervorgegangene Abnormitäten beurteilt werden:

»Nicht um naturgemäße, gesunde und normale Triebäußerungen handelt es sich in derartigen Fällen, sondern um ungesunde, unnatürliche und künstlich verfrühte – um die traurigen Endprodukte einer namentlich durch die ungeheure Anhäufung von Sinnesreizen in Großstädten erzeugten und unterhaltenen geschlechtlichen Überreizung.«

Wollte sich die Jugend ausgerechnet diese »verunglückten und zerstörten Existenzen« zum Vorbild nehmen? Konnte die Jugendbewegung, welche gerade der Großstadt als Reaktion auf deren nervöses Lebenstempo den Rücken zugekehrt hatte, ausgerechnet die »geschlechtliche Überreizung« des Großstadtmenschen kultivieren?

II. Die Sexualität der bürgerlichen Jugendbewegung

1. Gibt es einen sexuellen Generationskonflikt?

Voll Stolz blickten Vertreter der bürgerlichen Jugendbewegung nach dem Ersten Weltkrieg auf das von ihnen im Bereich der Sexualität Geleistete zurück. So schreibt Alfred Kurella 1919[46], man könne die bisher erschienen Aufklärungsschriften guten Gewissens übergehen, denn sie enthielten die Fragestellung einer »überwundenen Generation«. Sie vermittelten ebenso wie jene Reichstagsreden, bei denen würdige alte Herren von der Pflicht der jugendlichen Triebbeherrschung redeten, obwohl man doch genau wisse, wie jene Herren es selbst in ihrer Jugend gehalten hätten oder gar jetzt noch hielten, das Gefühl »der großen *Lüge*«. Denn sie redeten zwar von »gutem Willen«, »Idealen« und »sittlicher Stärke« als Mittel zur Lösung des sexuellen Problems, ohne sie aber selbst zu besitzen. Erst die Jugendbewegung habe sich diese verbalen Forderungen wirklich zu eigen gemacht. In der »Überwindung« der Prostitution und in der »Kameradschaftsehe«, auf die Kurella anspielt, bewährt die Jugendbewegung im Vergleich zur alten Generation eine »höhere gedankliche und auch meist schon tatsächlich sittliche Einstellung«. Der Stolz, die Werte der Väter nicht verworfen, sondern erstmals verwirklicht zu haben, ist unüberhörbar! Auch beim Geschlechterverhältnis innerhalb der Bünde sehen die bürgerlichen Jugendlichen den großen Fortschritt über die Welt der Eltern hinaus:

»Wie in Schweden und England, in Ländern, in denen auch die städtische Jugend mehr und mehr mit der Natur in Berührung kommt und die Mädchen körperlich lebendiger erzogen werden, stellt sich auch bei uns heraus, daß an die Stelle der unschönen Explosionen zu einander, die aus der überhitzten Atmosphäre der gegenseitigen Absperrung bis zum zwanzigsten Lebensjahr entstanden, mehr und mehr die friedliche Harmlosigkeit eines ewigen Sonntagnachmittags tritt, an dem Kamerad und Kameradin im Endlichen miteinander spazieren gehen.

Die neue Jugend – früher nur auf künstliche Tanzstundenhitze und Koketterie heimlichen Konditoreibetriebes oder erschlichenen Mondscheinspazierganges angewiesen – findet sich jetzt allenthalben in Scharen beisammen, auf Wandermärschen, am See, im Freibad, in Heimabenden, Vortragssälen, Büros, Universitäten und nächtlichen Sonnwendfeiern im Walde. Vielleicht auch bald in der Schule!«[47]

Diese »Kameradschaftlichkeit« der gemischtwandernden Bünde (vgl. den Beitrag von W. Mogge in diesem Band) (zuerst im Wandervogel, Deutscher Bund für Jugendwandern, ab 1907) wurde vor allem als wesentlicher Schritt weiblicher Emanzipation gedeutet:

> »Denn erst die grundsätzlich andere Einstellung zum Geschlechtlichen an sich ermöglichte das Gedeihen und Entstehen jenes menschlich-befreiten und herzlichen Verhältnisses zwischen Jünglingen und Mädchen, dem man den Namen Kameradschaft gab. Hier wurde zum ersten Male auch der Frau die wahre Gleichberechtigung gegeben. Unter der bürgerlichen Sexualmoral, die die Frau immer nur als Gattungswesen, also in bezug auf den Mann wertet, ist diese Kameradschaft unmöglich. Und der seltsame Ehrenstandpunkt des hackenzusammenklappenden Offiziers und Corpiers, der ein ›anständiges‹ Mädchen nicht anrührt, sich aber anderswo schadlos hält, stellt den polaren Gegensatz zu diesem reinen Verhältnis der Geschlechter dar.«[48]

Diese »Revolution der Jugend« habe den stärksten Bruch mit der bürgerlichen Auffassung vollzogen, indem nun auch das bürgerliche Mädchen zur Jugend zählt. Bisher sei nur dem jungen Mann eine Periode des »Losgebundenseins« und »Nochnichtverpflichtetseins« zwischen der Schulzeit und dem Eintritt in das Berufsleben gewährt worden; die Gesellschaft habe aber vom 16- bis 18-jährigen Mädchen verlangt, kaum daß seine Jugend beginnt, sich bereits mit der konventionellen Rolle der Ehefrau und Mutter zu identifizieren. Bittere Feindschaft der Geschlechter habe deshalb innerhalb des offiziellen Gesellschaftsleben unter der Maske ritterlicher Liebenswürdigkeit geherrscht. Erst in der Jugendbewegung und durch die dort verwirklichte Kameradschaftlichkeit sei auch die Frau zum Bewußtsein ihrer Jugend und Freiheit gelangt – so habe die darin liegende Jugendrevolution tatsächlich die »Befreiung der Frau« gebracht.

Die neue jugendbewegte Sexualmoral öffnete nach dieser Meinung den Weg für ein gleichberechtigtes Zusammensein der Geschlechter in der Schule (Koedukation[49]) und Hochschule[50] (erste reguläre Immatrikulation von Studentinnen in Deutschland 1901). Gerade an den Universitäten drang vor dem Ersten Weltkrieg bereits jugendbewegter Geist über die Kanäle der studentischen Gruppen der Jugendbewegung ein. So war etwa die Forderung der Deutschen Akademischen Freischar »der natürliche, von jedem Flirt freie Verkehr des Studenten mit dem ihm ebenbürtigen Mäd-

Wandervogel-Hochzeitspaar

chen«.[51] Eduard Heimann bestätigt 1913[52], daß die jugendbewegten Bestrebungen zur Reform des studentischen Lebens, insbesondere zur sexuellen Abstinenz vor der Ehe, ihren Anstoß durch das Frauenstudium erhalten hätten. So entwickle sich »im Hörsaal und draußen in der frischen Luft« die »Kameradschaftlichkeit« als »Forderung der Keuschheit«, denn, wie die Motivation dafür durchgängig laute: »Sonst müßte ich mich ja vor diesen Mädchen schämen.«

So schien die sexuelle Revolution der bürgerlichen Jugendbewegung endlich das Problem zu lösen, das die erwachsenen bürgerlichen Ärzte und Pädagogen quälte – das der »geschlechtlichen Not«. Diese hatte ihre Ursache nach Heimann darin, daß im Gegensatz zum Jungarbeiter der junge Bürgersohn, ganz gleich ob als

Akademiker, Kaufmann oder Offizier, normalerweise erst mit dem Ende des dritten Lebensjahrzehnts beruflich so erfolgreich war, daß er die gesellschaftliche Berechtigung zur Eheschließung erhielt. Im Vergleich zum Arbeiter stelle sich deshalb für ihn »die Drastik der Sexualprobleme ungleich schärfer, weil während der doppelten und dreifachen Zeitdauer«.[53] Das »sexuelle Elend unserer Zeit« bestehe nun darin, daß die bürgerlichen Jugendlichen diese Wartezeit nicht durch Enthaltsamkeit überbrückten, vielmehr sei »Ungebundenheit, freies Ausleben (. . .) heutzutage das Sexualprinzip der bürgerlichen Jugend männlichen Geschlechts«.[54] Er zitiert eine Umfrage von Albert Neißer (dem Gründer der D. G. B. G.!) und Emil Meirowsky[55] unter Studenten, der zufolge 33% der Gefragten während der Schuljahre, weitere 66% als Studenten »die Keuschheit preisgaben«, und allein 1% sich bis zur Ehe »rein hielten«. So erwies sich, abgesehen von der gängigen Masturbation jüngerer Schüler, der voreheliche Geschlechtsverkehr von Gymnasiasten, Studenten[56] und anderen Bürgersöhnen, gerade weil es ein »freies Sexualleben« war[57], als Quelle der »Not«, oder konkret gesprochen: der venerischen Ansteckung.

Denn die bisherige bürgerliche Regelung vorehelicher Sexualität konnte nicht länger aufrechterhalten werden, als der Mittelstand und das Kleinbürgertum das klassische Besitz- und Bildungsbürgertum zurückdrängten:

»In der Tat sind es in ganz besonders hohem Maß sehr junge Menschen, junge Studenten, junge Kaufleute, die ohne genügende Vorsichtsmaßregeln sich auf einen unvorbereiteten Verkehr einlassen und, ohne mit den pekuniären Mitteln versehen zu sein, die ein sogenanntes ›festes Verhältnis‹ erfordert, der Infektion durch Prostitution erliegen (. . .) Bei öffentlichen Dirnen ist die Gefahr der Ansteckung in der Tat enorm groß. Das ›anständige‹ junge Mädchen, das sogenannte ›feste Verhältnis‹ aber wird auf jeden Fall durch die Möglichkeit einer Empfängnis den allergrößten Unbequemlichkeiten und Gefahren ausgesetzt.«[58]

Kenner[59] gingen noch einen Schritt weiter, indem sie selbst das »feste Verhältnis« einer Entartung unterworfen sahen: Es sei nicht mehr auf eine gewisse Beständigkeit ausgerichtet, beruhe nicht auf einer tieferen seelischen Verknüpfung, sondern der sexuelle Genuß stehe im Mittelpunkt des intimen Beieinanderseins, das gerade dadurch den Charakter der Flüchtigkeit annehme. Beim männlichen Teil, dem jungen Kaufmann, dem Studenten, Bureaubeamten, Unteroffizier, stelle sich deshalb leicht Überdruß an seinem »Mädel« ein und die Lust nach einem raschen Wechsel. Das Mädchen aber, von der Verkäuferin bis zur Tochter des mittleren Bürgertums, gehe meist geschlechtlich angesteckt aus dem Verhältnis hervor, und die Erfahrung, daß das Verhältnis nicht zur ersehnten Ehe, sondern nur ins nächste Verhältnis führe, lasse auch dort eine seelische Abstumpfung erwachsen; verbinden sich damit wirtschaftliche Schwierigkeiten wie Kündigung der Stellung oder Verstoßung aus dem Elternhaus, dann sei das immer tiefere Herabsinken bis in die Prostitution nicht auszuschließen. »Wer also den Kampf gegen die moralische Entartung des Liebeslebens und gegen die Geschlechtskrankheiten führen will«, schreibt Bloch, »muß die heutige Gestaltung des Verhältniswesens ebenso energisch bekämpfen und beseitigen wie die Prostitution.« Das zum »rohen Geschlechtsakt« degradierte Verhältnis sei deshalb genauso wenig eine Lösung des Sexualproblems wie die Prostitution.

Aus dieser Situation zogen Verfasser wie der für die bürgerliche Jugendbewegung so wichtige Eduard Heimann eine eindeutige Schlußfolgerung: War der Jugend sexuell »in unseren Tagen nicht viel weniger als alles erlaubt«[60], so verdammte er für Schüler und Studenten den »gemeinen Geschlechtsverkehr«, da er durch seine Abspaltung der Sexualität von der Liebe mit der jugendbewegten »Kulturidee« nicht vereinbar sei.[61] Auch die Liebe nach neumalthusianischem Rezept, der Präventivverkehr, kann vor Heimann nicht bestehen, da er meist nicht dem Gefühl hoher sittlicher Verantwortung entspringe, sondern das äußere Risiko der geschlechtlichen Gemeinschaft auf ein Minimum einschränke, und man so jedem flüchtigen sexuellen Reiz gedanken- und gewissenlos nachgeben könne.[62] Kultivierte Menschen dagegen suchten den Sexus in die sittliche Persönlichkeit einzugliedern, und dies bedeute strikte voreheliche Keuschheit und die Absage an jede außereheliche Sexualität.[63] Da aber die alten religiösen und familien-sakramentalen Rücksichten als sexuelle Hemmungen weggefallen seien, das Individuum also von institutionellen Zwängen einschließlich der bürgerlichen Eheschließung weitgehend frei sei, seien nur noch »individuelle Hemmungen« imstande, der zeitgenössischen »Extensivierung und Verflachung des Sexuallebens« zu widerstehen.[64] Diese individuellen Hemmungen zu kultivieren war für ihn offenbar zentrale Aufgabe der Jugendbewegung – dies aber bedeute einmal die Unterwerfung des Sexus unter den individuellen Willen, zum anderen eine »durch die Keuschheit bedingte Zuspitzung der Sexualität auf ein großes Erlebnis«.[65] Hans Wegener hat in einer damals viel gelesenen Schrift[66] das sittliche Ideal dahingehend zusammengefaßt, es gehe für die jungen Männer gerade nicht darum, Philister oder Muttersöhnchen zu werden, sondern »Helden«. Sie würden dies durch die »sittliche Kontrolle der Geschlechtssphäre«.[67]

Dieses heldische Kulturideal der bürgerlichen Jugendbewegung war merkwürdig ambivalent. Auf der einen Seite verstand es sich als Revolte der Jugend gegen die Phrasenhaftigkeit der bürgerlichen Enthaltsamkeitsforderung und gegen die doppelte Moral, die dem ehrbaren Mädchen das verweigerte, was man beim jungen Manne an sexueller Freizügigkeit zu tolerieren geneigt war. Ein neues, »freieres« und gleichberechtigteres Verhältnis der Geschlechter war die Folge dieser Kameradschaftsethik. Auf der anderen Seite konnte nicht übersehen werden, daß es sich bei der jugendbewegten Sexualmoral um eine freiwillige Anpassung an die neuen Asexualitätsnormen handelte, wie sie insbesondere die D. G. B. G. erfolgreich durch ihre Aufklärungskampagnen bei Abiturienten und an Fortbildungsschulen betrieb. Man sollte nicht übersehen, daß etwa noch 1914 die katholische Fuldaer Bischofskonferenz sich gegen jede kollektive sexuelle Aufklärung durch Vorträge vor Schüler- und Schulentlassenen-Gruppen aussprach (ebenso auch gegen das Gemischtwandern von Jungen und Mädchen und gegen mehrtägige Fahrten von Mädchengruppen alleine), während die D. G. B. G. schon 1910 Abiturientenvorträge – auch in München sowie ab 1913 an anderen bayerischen Gymnasien außerhalb Münchens – durchsetzte. Der scheinbare Generationskonflikt zwischen der alten und der neuen Sexualmoral relativiert sich unter diesem Blickpunkt; statt dessen wird eine erstaunliche Übereinstimmung zwischen den Forderungen des »fortschrittlichsten« Teils der bürgerlichen Sexualmedizin und Sexualpädagogik und deren Verwirklichung durch die bürgerliche Jugendbewegung sichtbar. Betrachtet man die zeitliche Reihenfolge dieser Vorgänge, dann ist überdeutlich, daß Elisabeth Busse-Wilson zu Unrecht von einer einseitigen Anpassungsleistung des Bürgertums an die Jugendbewegung sprach:

»Wenn heute nun auch die Bürgerlichkeit, den neuen Verhältnissen sich anpassend, die Kameradschaft der Jugend selbst pflegt und empfiehlt, so liegt hier nur die Absicht zugrunde, die Geschlechtlichkeit zu verharmlosen und abzulenken, also nur neue Sicherungen zu schaffen. Sie ist sich unbewußt, daß die Kameradschaft, die in der Jugendbewegung herrscht, die völlige Umstürzung der bürgerlichen Geschlechtsauffassung bedeutet.«[68]

Ein späterer Beobachter[69] war sich dagegen der ambivalenten Struktur der bürgerlich-jugendbewegten Sexualrebellion sehr viel bewußter:

Es »liegt dem ›Ernstmachen‹ mit der Sexualmoral der früheren Generation ein Element der Rebellion zugrunde, das sich einerseits gegen die doppelte Sexualmoral, andererseits aber gegen die hohle Autorität und gegen die Entwertung der Frau wendet, – dies alles bei strikter Einhaltung der grundlegenden Verbote. War es doch eine beliebte Oppositionsformel, man werde der Generation der Eltern beweisen, daß auch unbeaufsichtigt ein anständiges Verhalten der Geschlechter möglich sei.«

Von der Jugendbewegung wurden so die objektiven Normen der neuen Sexualaufklärung erstmals internalisiert und in die Lebenspraxis umgesetzt. Gerade weil sich die Jugend gehorsam erwies gegenüber den Enthaltsamkeitswünschen der Erwachsenen, konnte sie sich einen neuen Gruppenstil von den Eltern erzwingen, der die Rolle der Sexualität unterbewertete, dafür die dem Jungmann und der Jungfrau nun gemeinsame Jugend überbetonte und so der Phantasie von einer angeblichen Konfrontation zwischen Jungen und Alten Auftrieb gab.

2. Die Verdrängung der Sexualität – eine heroische Tugend

Der Bereich der Sexualität kann durchaus als Beweis dafür genannt werden, daß die bürgerliche Jugendbewegung nicht in der Negation der Werte der Erwachsenenwelt verharrte, sondern sich an die Spitze bei der Verwirklichung »fortschrittlicher« Positionen der Älteren stellte und so entscheidend zur Umsetzung solcher Positionen von der Theorie in die Praxis beitrug. Diese Transmissionsfunktion der Jugendbewegung wird besonders sichtbar am Beispiel der von den bürgerlichen Ärzten und Pädagogen geforderten »sexuellen Diätetik«[70]: einer Form der Sexualerziehung, die eine gesunde geschlechtliche Entwicklung durch Verhinderung einer frühzeitigen geschlechtlichen Überreizung empfahl. Sie propagierte das Verschieben des individuellen sexuellen Genusses bis zur späteren Eheschließung mittels Training von Willenskraft und Selbstbeherrschung. Zur Dämpfung der sexuellen Erregtheit schlugen ihre Anhänger vor: »In den Körper und Geist stählenden

Übungen der Jugend liegen die besten und zuverlässigsten Waffen gegen Alkohol, Kneipe und verfrühten Erotismus!«[71] Im engeren Sinne forderte diese Diätetik eine Regelung der Ernährung und eine Zügelung des Nahrungstriebs durch einfache Kost, insbesondere durch eine Zurückdrängung der Fleischnahrung zugunsten vegetarischer Speisen und eine völlige Enthaltsamkeit von Alkohol, aber auch von anderen Suchtstoffen wie Kaffee, Tee und Zigaretten. Insbesondere der Alkoholismus galt als *der* sexuelle Enthemmer, der gegenüber den Gefahren geschlechtlicher Ansteckung bei Prostituierten blind mache. Gerade die Schule, so wurde geklagt, versage vielfach im Kampf gegen den Alkoholgenuß und seine ritualisierten Formen, »da die trinkfesten akademisch gebildeten Lehrer der Abstinenz wenig Verständnis und Wohlwollen entgegenbringen«.[72] Hinzu kam, daß die alkoholischen Mannbarkeitsriten der Korporationen selbst sexuelle Aspekte hatten. Gegenüber solchen Versuchungen mußte der Willen gestärkt werden, und dies geschah am besten durch eine erweiterte Diätetik, nämlich durch Körperpflege und Abhärtung, Spiel und Sport, gymnastische Übungen, Ausflüge, Ferienwanderungen und Hinleitung zum Naturgenuß. Auch die Koedukation erhielt hier bereits eine erzieherische Begründung.

Nirgendwo aber wurden solche Forderungen konsequenter verwirklicht als in der Jugendbewegung. »Alle gemeinsamen Veranstaltungen der Freideutschen Jugend sind alkohol- und nikotinfrei«, hieß es in der Meißner-Formel von 1913, und für die körperliche Ablenkung von der Sexualität wurde wahrhaft genug getan. Aber auch sonst sind allenthalben die Zeichen des Kampfes gegen eine schwüle Erotik sichtbar: Im Tanzen bevorzugte man statt des Paartanzes den in der Gruppe verwirklichten Volkstanz, und die reformerische Mädchen-Mode entsexualisierte deren Körper, indem er diesen vom Korsett befreite. Ein Beobachter vermerkte das »Fehlen jeder Anmut und körperlichen Ausgeglichenheit bei den Tänzerinnen (...), nirgends jene restlose leidenschaftliche Hingabe des Frauenkörpers; die Tätigkeit im Tanze besteht aus Sprüngen und Tollen«.[73] Wie ein Lehrbuch der »sexuellen Diätetik« liest sich schließlich der von Hermann Popert 1910 verfaßte Roman *Helmut Harringa*, der den ganzen Komplex von Abstinenz, körperlicher Ertüchtigung und rassischer Erneuerung zusammenfaßt. Hunderttausende von Jugendlichen lasen diese aus der Jugendbewegung (Popert war 1910 Gründer des alkohol-abstentionisti-

schen »Vortrupp« und nahm mit ihm am Meißner-Treffen 1913 teil)
kommende Warnung vor Alkohol und unerlaubtem Sex als Zerstö-
rern der sittlichen, körperlichen und rassischen Gesundheit und
Schönheit.

So verwirklichte die bürgerliche Jugendbewegung ein neues Verhältnis der Geschlechter, das sich am Ideal der brüderlich-schwe-
sterlichen Reinheit orientierte, die auch beim Übernachten in gemeinsamen Räumen auf Wanderfahrten und beim Nacktbaden
nicht mehr ins Wanken kommen konnte. In einer undatierten Erinnerung eines Mädchens an eine solche Gemeinschaftswanderung
heißt es:

»Wir, mehrere Leute beiderlei Geschlechts, hatten eine Wanderung gemacht und eine Nacht im Zelt geschlafen. Es war, um es kurz auszudrük-
ken, eine gänzlich erotiklose Atmosphäre. Man war erfüllt von dem Erleben der Natur und reichlich beschäftigt mit Kochen usw. Ich glaube
bestimmt, daß man sich im allgemeinen wirklich sexuell kühl und gleichgültig gegenüberstand und glaube nicht, daß es anders war und ich es bloß
nicht merkte.«[74]

Und in einer anderen Aufzeichnung steht:

»Jeder Wanderer erfühlt seinen Körper als klar arbeitenden Teil der umgebenden Natur und nicht als einseitiges Geschlechtsorgan. In bewegter Luft
und frischem Wind entsteht keine Sinnlichkeit. Alle Glieder brauchen ihre
Kraft für die oft anstrengende Fortbewegung (. . .) Was bei den Wanderungen aus alten und neuen Liedern an Zärtlichkeit und Liebessehnsucht her-
austönte, bedurfte auch keiner Beherrschung (. . .) Was in einem Händerei-
chen oder in Volkstänzen sich äußerte, kann verglichen werden mit einem
langdauernden, sehr zarten Vorfrühling unter klarem blauem Himmel. Sie
waren *ja alle sehr jung* und schoben das Zueinander *unbewußt* in weite Zukunft hinaus.«[75]

Niemand konnte abstreiten, daß ein neues Verhältnis der Geschlechter sich angebahnt hatte: »Es ist heute« – schreibt Max Hodann 1916 – »eine Alltäglichkeit, daß Horden von Buben und
Mädchen durchs Land wandern, gemeinsam die Schönheiten vergangener Tage schauen, gemeinsam auf den Nestabenden ihre Lieder singen, gemeinsam arbeiten, gemeinsam – *leben*.«[76] Aber
trotzdem, oder vielleicht gerade weil sich hier ein »wahreres Verhältnis der Geschlechter« anbahnte, wurde die Sexualität um so
mehr verdrängt: »Man *wollte* nicht sehen, was klar zutage lag, was
gerade infolge der strotzenden seelischen und körperlichen Gesundheit der Jugendbewegung klar zutage treten *mußte*« – nämlich

daß es sich hier um junge Menschen aus Fleisch und Blut handelte. Hodann sprach 1916 deshalb von einer »großen Selbsttäuschung der Jugend«, von einem »Verdrängungswahn«: »Eine bestimmte Begriffsbildung machte sich geltend, die das leidenschaftliche Aufglühen des Lebens unter jungen Menschen decken mußte; mit den Worten ›Kameradschaft‹ und ›Freundschaft‹ umging man ängstlich das Wort Liebe.« Keiner hätte gewagt, dieses Wort zu gebrauchen, vielmehr täuschte man sich mit den Ausdrücken vom »rein geschwisterlichen Verhältnis zu den Kameradinnen« und vom »gemeinsamen Erleben« über das Sexuelle hinweg.

1919 verstärkte dann unter dem Einfluß Sigmund Freuds und seiner Lehre von der Stärke und Bedeutung des Sexualtriebes der Psychologe Otto Fenichel die Kritik[77]: Das meiste, was bisher in der Jugendbewegungsliteratur nach dem Motto »Halte deine Jugend rein!« geschrieben worden sei, entlarve sich als »oberflächlichste Dummheiten«. Der Jugendbewegung habe gerade in der sexuellen Frage ihre 1913 auf dem Meißner gelobte »innere Wahrhaftigkeit« gefehlt, weil man den »Widerspruch zwischen Wort und Tat« vertuschte, sich vor offener Aussprache des Problems drückte und in »hysterischem Nichtsehenwollen« die eigene Sexualität – nicht zuletzt auch was die mit der Enthaltsamkeit verbundene Praxis des Onanierens betreffe – glatt verleugne. Innere Wahrhaftigkeit heiße aber, das Verdrängte ans Licht zu holen: »Es mag ja unbequem sein, daß man Sexualtriebe hat, aber kann man ›sein Leben gestalten‹, ohne die Kräfte seines Lebens zu kennen? Kann man ›für sich einstehen‹ und die letzte Quelle aller Handlungskraft ausnehmen? Im Ernstnehmen der Meißnerformel liegt die Umwertung des Sexualitätsbegriffes.« Einklang zwischen Wort und Tat bedeute auch die »Bejahung seiner Sexualität«. Die bürgerliche Jugendbewegung müsse ihre bisherige Parole der »Herrschaft über sich selbst« aufgeben, die meinte, mit dem »Zügeln« der Triebe sei alles geleistet. Es gehe nicht darum, »Unglück zu verhüten, sondern Glück zu schaffen«.

1920 wies Franz Sachs[78] darauf hin, daß »die Abwendung von der Prostitution, das harmlos freie Umgehen mit dem anderen Geschlecht, die neue Freude am Körperlichen, an Musik und schöner Kleidung, an Grazie und Anmut des Menschlichen« noch keine positive Gestaltung des Geschlechterverhältnisses darstelle. Vielmehr bestehe die Gefahr, daß die einseitige Erziehung zur gegenseitigen »Achtung« in einen Zustand geschlechtlicher »Neutralität« münde. Die in der Jugendbewegung sichtbare zweck- und zukunftslose »Naivität von Naturvölkern« verhindere das Erwachsenwerden der Jugendbewegten. Sexuell und beruflich lehnten sie Entscheidungen ab, schöben sie hinaus, scheuten Bindungen und träumten von einer »jugendlichen« Lösung der Geschlechterfrage. Dabei müßten doch die Jünglinge irgendwann Männer werden – beruflich und sexuell. Solche nicht nur suchend schweifenden, sondern bindungsfähigen Männer vermißten aber die reiferen Mädchen in der Bewegung.

1920 klagte Elisabeth Busse-Wilson[79], daß die Liebesgemeinschaft zwischen den Geschlechtern nicht nur an der eigentümlichen sexuellen Zurückhaltung des männlichen Teils, sondern auch an dem »gewissen erotischen Manko« der jugendbewegten Mädchen scheitere, die den Typus der »geschlechtslosen Arbeitsbiene« verkörperten. So träfe sich in der Jugendbewegung der »unaggressive Männertypus« mit dem »neutralisierten Mädchentypus« und mache sie zum »Tummelplatz der Geschlechtslosen«.

Die Wirkungen der nun plötzlich fragwürdig gewordenen Erziehung zur Asexualität wurden immer mehr beklagt. Schon Franz Sachs beschrieb die Wirkung auf die jugendbewegten Ehen: Neben »jungfröhlichen Wandervogelehen«, deren formale Gesetzlichkeit noch kein Beweis für Verantwortungsgefühl ist, stehen viele Formen der freien Zuneigung, deren Sexualitätsstärke sehr verschieden und – das ist das Entscheidende – für den einzelnen Jüngling selbst ziemlich belanglos, das heißt unnotwendig ist«.[80] 1930 sieht Liepmann den ganzen Komplex zusammenlaufen in einer neuen Eheauffassung, die sich an die Stelle alter biologischer Notwendigkeiten setze: die »geistige Ehe« oder »Kameradschaftsehe«.[81] Die zeitgenössische Literatur belehrt uns, daß damit nicht die von Benjamin B. Lindsey propagierte »Companionate Marriage«[82] gemeint war, welche zu Unrecht als »Kameradschaftsehe« übersetzt worden war, da sie eher eine freiere Liebesverbindung junger Leute meint, sondern: »Wir verstehen unter Kameradschaftsehe die Ehe unter Erwachsenen, die sich weniger auf ein geschlechtliches Moment stützt, als auf die Kameradschaftlichkeit, die auch sonst zwischen zwei Menschen vorhanden sein kann, wenn sie einen gemeinsamen Lebensweg gehen.«[83] Ganz in diesem Sinne beschreibt Liepmann die unter der gebildeten Jugend modische »Kameradschaftsehe«: »Sie glaubt, daß die Drosselung der Natur, die Erziehung der Unfruchtbarkeit neue kulturelle Güter bedeuten, und sieht zunächst nicht, daß allen diesen Dingen etwas Unnatürliches, Widerliches anhaftet (. . .).«[84] Liepmann dokumentiert ausführlich die dahinterstehende Reinheits-Vorstellung, Hirschfeld[85] analysiert dazu das klinische Bild der zeitgenössischen Formen der »Leib-Seele-Trennung«. Interessanterweise sieht Liepmann eine wesentliche Ursache dieses Phänomens in der mangelnden Aufklärung der Jugend.

Dies verweist uns zurück auf die bürgerliche Jugendbewegung vor dem Ersten Weltkrieg. Sie übernahm die Vorstellungen der D. G. B. G., unterschied sich aber in einem Punkt radikal von ihr: Es gab in der Bewegung – über Ausnahmen ist später zu sprechen – keinen Diskurs über Sexualität. Während er sich bei den Pädagogen auf die Sexualhygiene reduzierte, fehlte er – als Folge der oben genannten jugendlichen Verdrängungsleistung der Sexualität – in der Jugendbewegung völlig.[86] Tiefe sexuelle Ängste müssen so hinter der naiven Oberflächlichkeit der Kameradschaftlichkeit gelauert haben.[87] In dieses Schweigen fiel wie ein Blitz Hans Blühers Werk *Der Wandervogel als erotisches Phänomen* (1912), der den Schleier, den man über die Sexualität gebreitet hatte, scheinbar brutal zerriß. Aber seine Analyse blieb auf halbem Weg stehen: Indem er nicht das heterosexuelle Problem, sondern die homosexuelle Komponente der Wandervogelbewegung aufdeckte, brach er zwar das Tabu der totalen Ausklammerung des sexuellen Aspekts, schuf aber gleichzeitig einen neuen Mythos, indem er homoerotische Befunde hochstilisierte zu einer so nie vorhandenen antifamiliären und antibürgerlichen Revolte des Männerbundes gegen die Väter (vgl. den Beitrag von J. Reulecke in diesem Band). In Wirklichkeit waren dies gerade keine Männer in der Jugendbewegung, sondern Jünglinge, die nicht einmal ihre Homoerotik bis zum genitalen homosexuellen Geschlechtsverkehr ausleben durften[88], sondern auch noch diese in der Freundschaft zu ihren Führern[89] sublimieren mußten. Den wahren Charakter des Blüherschen Antifeminismus hat sehr früh schon Busse-Wilson aufgedeckt[90], als sie schrieb, Blühers erotische »Inversion« sei nichts anderes als der »Fluchtversuch des Eros«, der die tiefe sexuelle Not dieser Jugend zeige. Die »Not-Invertierten« klammerten sich um so mehr an ihre Männerbund-Ideologie, »je unbefriedigter sie innerlich über das Ausbleiben des mann-weiblichen Liebesverhältnisses sind«. Deshalb sei diese »Inversion« nichts als ein »Angst- und Zwangsprodukt der gesellschaftlichen Verhältnisse«, und es erscheine als reichlich sensationell, daraus wie Blüher eine Tugend zu machen. Kurze Zeit später gab Richard Hammer[91] eine ähnliche Deutung, als er als Ursache der homoerotischen Phänomene das in der Jugendbewegung zirkulierende »Verbot« von Geschlechtsbeziehungen zu Mädchen nannte[92], als dessen Folge »die physiologische Entscheidung zum andren Geschlecht zeitlich um eine kleine Spanne hinausgerückt« werde. Jungmann nennt dies knapp die »Protraktion der Pubertät« einschließlich der »Protraktion des Onaniestadiums«.[93] Die damit einhergehende Abscheu vor dem heterosexuellen Geschlechtsverkehr – unter Blühers Einfluß vom Jungwandervogel bis zum Grauen Korps als männliches Ideal stilisiert – hatte so ihren eigenen Anteil an dem allerorts wahrzunehmenden unreifen, um nicht zu sagen kindischen Charakter der bürgerlichen Jugendbewegung. Sexuell prägte sich dieser, wie bereits Hammer klar formulierte, in der geschlechtlichen »Neutralisation« aus.[94]

Diese sexuelle »Unerlöstheit« der zwangsweise »Reinen« erklärt nicht zuletzt, wieso gerade Fidus zum bevorzugten Künstler der Jugendbewegung wurde (vgl. den Beitrag von R.-P. Janz in diesem Band). Denn er hat nicht die sexuelle Freude und Hingabe, selten nur die sexuelle Gelöstheit dargestellt, sondern »das Erschrecken vor der Sexualität bzw. das Scheitern vor ihr sind sehr viel häufiger thematisiert. Die Sehnsucht nach sexuellem Glück und die Erfahrung des Verbots, Verzichts oder Versagens: das sind die vorherrschenden Themen«[95]: Fidus habe sexuelle Konflikte (die sich bei der bürgerlichen Jugendbewegung sonst nirgends aussprechen konnten!) darstellungsfähig gemacht: Indem er die sexuellen Themen mythologisierte und heroisierte, ermögliche er eine relativ direkte Aussage seelischer Spannungszustände, die für den Betrachter einen geradezu befreienden Charakter annehmen mußten. Alternativen aber deutete er kaum an.

Was man also sehr wohl als die sexuelle Misere der Jugendbewegung hätte bezeichnen können, war aber gerade der zentrale Inhalt ihrer angeblichen Jugend-Revolution und deshalb ein gehüteter Schatz. So schreibt Busse-Wilson über das vom Außenstehenden vielleicht »als Feigheit und unjugendliche Liebesmattheit« getadelte »Ausweichen vor dem eigentlichen Problem« der Sexualität:

»Diese radikale Keuschheit war zwar heroisch, aber zunächst doch mehr Reaktion (auf die bürgerliche Sexualmoral) als aktive Neugestaltung. Gleichzeitig aber wurde der bewußte Verzicht auf Erotik eine Quelle der moralischen Überlegenheit, die man aus der sieghaften Überwindung aller jener roheren Formen der Geselligkeit zog. Auch der heimliche Triumph, der neidvollen Ungläubigkeit der Bürger zum Trotze – aber ohne Betrug und ohne Mißbrauch der Freiheit – die Möglichkeit einer menschlichen Geschlechtsbeziehung bewiesen zu haben, steigerte das Selbstbewußtsein der Jugend. Indem die Kameraderie so die Geborgenheit der Gemeinschaft verhieß, entschädigte sie wiederum reichlich für das Ausbleiben des Erlebnisses der Liebe.«[96]

Jungmann ist freilich der Meinung, daß gerade die Übernahme des Ideals der Asexualität auch durch die studentischen Jugendbewegten dieses Ideal selbst zum Scheitern verdammte: »Die gegen die ältere Generation gewendete Reinheitsforderung trieb unvermeidlich zur Loslösung der Sexualmoral von den bürgerlichen Legalitätsbegriffen. Das Keuschheitsideal der Erwachsenen-Bünde ist ein extremer Rigorismus vor dem Umschlag.«[97] Voraussetzung dieser Wendung war, daß man aus der bisherigen Tugend eine Not machte. Die Steigerung des bürgerlichen Ideals der geschlechtlichen Unberührtheit des Mädchens zu einem die Jungen ebenso einschließenden Keuschheitsgebot mußte also erst in seiner bedenklichen Wirkung erkannt werden, damit es seinen heroischen Glanz verlor. Das Gelächter über die »jugendlichen Greise«[98] mußte erst dem Erschrecken vor der neurotisierenden Kraft[99] dieser sexuellen Sublimierung weichen, ehe das Keuschheitsprinzip seine dialektische Dynamik entfalten konnte.

3. Befreiung von der Geschlechtsnot

Es steht außer Frage, daß die bewußte oder unbewußte Infantilisierung der bürgerlichen Jugendbewegten, ihre Neutralisation zu asexuellen Wesen vor dem Ersten Weltkrieg im großen und ganzen erfolgreich war. Nur radikale Randgruppen stellten, in gesteigertem Maße während des Weltkriegs, die gängigen Verdrängungen in Frage. Interessanterweise wurde sowohl von »linken« wie von »rechten« Jungradikalen (politische Positionen, die sich in der Jugendbewegung erst während des Weltkrieges deutlicher ausbildeten) an einer neuen Beurteilung der jugendbewegten Sexualität gearbeitet. Während die heroisch-asketische bzw. sublimierte Form jugendlicher Nicht-Sexualität den Jungmann und die Jungfrau geschlechtsgesund an Leib und Seele in die monogame Ehe führen sollte, stellten die linken und rechten Abweichler nicht nur das

Enthaltsamkeitsideal, sondern gleichzeitig die bürgerliche Ehe und Familie in Frage. Sie propagierten und verwirklichten ansatzweise neue Formen des kollektiven Zusammenlebens aus jugendbewegtem Geiste.

Die bedeutendere »linke« Widerstandshaltung gegen die Asexualität wurzelt in zwei unterschiedlichen Traditionen, die jedoch erst in ihrer Verbindung Sprengkraft entwickelten. Da war einmal die von Gustav Wyneken, dem prophetischen Oberlehrer, entwikkelte Utopie der Jugendkultur (vgl. den Beitrag von U. Herrmann in diesem Band). Er und Blüher begannen, unter dem Blickwinkel dieser Utopie, die Jugendbewegung in etwas umzudeuten, was sie nie gewesen war – in einen Jugendaufstand gegen Familie und Schule, die Sozialisationsinstanzen der bürgerlichen Gesellschaft. Unter dieser Perspektive wurde, wie es etwa Siegfried Bernfeld oder Max Hodann[100] im Gefolge Wynekens formulierten, als Motivation der Jugendbewegten bei ihrer angeblichen Kulturrevolution gegen den Ungeist und Materialismus der Welt der bürgerlichen Väter die »geistige« oder »seelische Not« erkannt. Sie führe die Jugend zu neuen Formen der Lebensgestaltung. Wyneken selbst zog daraus aber keine sexualrevolutionären Konsequenzen: Er war persönlich pädophil[101] und ohne eindeutig homosexuelle Züge[102]; sein Rezept ging nicht über die traditionelle heroische Enthaltsamkeit hinaus.

Erst die Rezeption der Wynekenschen Jugendkultur-Ideologie durch die großstädtische, mittelständisch-jüdische Jugend in Wien führte zu sexualtheoretischen Konsequenzen, ohne daß bis jetzt eindeutig bestimmbar wäre, ob das allgemein erotomanische Klima Wiens oder die dortige psychologische Diskussion mehr zu dieser Entwicklung beitrugen.[103] Bis 1915, so will Jungmann aus mündlichen Mitteilungen der Betroffenen erfahren haben[104], seien so gut wie alle Anhänger der Wiener Jugendkulturbewegung theoretisch davon überzeugt gewesen, »daß sexuelle Abstinenz nicht nur überflüssig, sondern unsittlich sei, und proklamierten sogar Berechtigung und Notwendigkeit völliger Promiskuität«, ohne allerdings zumeist den genitalen Verkehr auch zu praktizieren. Während die bürgerliche Jugend ihre Flucht aus der Autoritätswelt der Väter in ein »protrahiertes Onaniestadium« getrieben hätte, »führte umgekehrt die Aufstandssituation der Jugendkulturkreise diese zum schnellen Durchbrechen der Sexualverbote, eben um der Rebellion willen«.

Während in der übrigen bürgerlichen Jugendbewegung die Reinheits-Fixierung zu einer Scheu führte, »von den Dingen, die das letzte des Menschseins berühren, viel zu sprechen«[105], kam die sexuelle Problematik in den Sprechsälen der Wiener Jugendkultur voll zur Sprache. Es bedeutete einen kleinen Skandal, als die Wiener Jugendkultur-Anhänger in ihrer Zeitschrift *Der Anfang* diese Diskussion in aller Öffentlichkeit weiterführten (vgl. den Beitrag von K. Laermann in diesem Band). Noch nach Jahren wurde besonders Herbert Blumenthals 1913 dort veröffentlichter Aufsatz *Jugendliche Erotik*[106] diskutiert, der der jugendbewegten Enthaltsamkeit eine vollkommene Absage erteilte. Es handelt sich um eine einzige Bejahung des »Trieblebens« und um den Angriff gegen die bürgerlichen Alten, die die Jugend in den Sumpf der Prostitution getrieben hätten. Unsägliches Leiden, »Qual und bittere Not« hätten sie so über die Jugend gebracht. Blumenthal verbindet also die alte Bedeutung der Geschlechtsnot (venerische Ansteckung) mit der neuen (sexuelle Repression): Die Jugend habe die Verpflichtung, die in der Großstadt entfesselte Erotik nicht mehr zu verleugnen, sondern die Anerkennung jugendlicher Sexualität durchzusetzen. Getreu den jugendkulturellen Prämissen vom Jugendaufstand gegen die Alten interpretiert der Verfasser das sexuelle Ausleben als »Protest« gegen die »Unterdrückung« durch die Erwachsenen: »Wir veranstalteten Winters und Sommers unsere Feste, die nur von uns und für uns sind, wir machen den Tanz deutlich erotisch, wir flirten und lieben, wo wir nur können. Wir überstürzen uns in Veranstaltungen und schaffen fortwährend neue Gelegenheiten zur erotischen Geselligkeit der Jugend.« Die erotische Überreiztheit und Nervosität der Großstadt, die die Jugendbewegung einst gemieden hatte, wird hier also voll bejaht. Allerdings erkennt der Verfasser auch das bloß Reaktive dieser Einstellung und fordert deshalb, nicht in dieser Protesthaltung steckenzubleiben, sondern das Triebleben aus dem Geiste der Jugendkultur neu zu ordnen: »Wir haben die Verpflichtung, unser eigenes Triebleben zu *gestalten*. Aus dem Protest der Geknechteten muß die Schwärmerei der Freien werden.« In der folgenden Nummer des *Anfang*[107] wird aber gerade die Möglichkeit einer erotischen Jugendkultur (»›Heroischer Lebensstil‹ ist höheres Blech!«) als Unmöglichkeit bezeichnet, solange die Mädchen noch dem Keuschheitsideal verhaftet bleiben. Da noch keine Möglichkeit bestehe, dem Austauschbedürfnis der Geschlechter in befriedigender Weise Genüge zu tun, müßte die männliche Jugend wie bisher ihre sexuelle Befriedigung in Bars, Caféhäusern, Operettentheatern, Cabarets und bei Kellnerinnen, Tanz- und Ladenmädchen suchen. Die sexuelle Emanzipation des bürgerlichen Jungmädchens wird hier zur Voraussetzung jugendgemäßer Erotik und einer wahren, auch das Sexuelle umgreifenden Kameradschaftlichkeit. Die Entfesselung der Sexualität im und nach dem Ersten Weltkrieg[108] durchbrach dann die traditionelle Barriere; nach Jungmanns Information[109] hatte die Wiener Jugendkulturbewegung zwischen 1917 und 1919 den Übergang zur genitalen Geschlechtsbeziehung und praktizierten Promiskuität der Jugendbewegten vollzogen, ohne aber mit dieser Praktizierung der vorehelichen Sexualität schon Blumenthals Forderung nach der Kultivierung der Sinnlichkeit aus jugendkulturellem Geiste erfüllt zu haben.

Einen derartigen Versuch machte erst der »Berliner Kreis«[110] der Wyneken-Anhänger um Alfred Kurella und Hans Koch. Kurella, Sohn des Arztes und Sexualwissenschaftlers Hans Kurella, vierundzwanzigjähriger Kriegsheimkehrer, faßte 1918 in seiner gedruckten Briefreihe *Körperseele*[111] die sexuellen Anschauungen der Berliner Anhänger der »Jugendkultur« zusammen; er konnte ein Jahr später noch seinen Standpunkt verdeutlichen, als er im Freideutschen Jugendverlag die ablehnenden und zustimmenden Äußerungen zu seiner Veröffentlichung in einer eigenen Schrift *Die Geschlechterfrage der Jugend*[112] herausgab. Kurella, der 1914 noch – entgegen dem Wiener Radikalismus – die Keuschheit vor der Ehe für die Jugendbewegung vertreten hatte[113], bekennt[114] sich nun ebenfalls zur vorehelichen Promiskuität (»Recht auf freie Hingabe«) für beide Geschlechter; die »bürgerliche Regel«, die besage, »die erste Hingabe verpflichtet fürs Leben«, setzt er außer Kraft. Neu ist jedoch, wie er verhindern will, daß diese Freigabe der Sexualität diese zum gemeinen Geschlechtsverkehr entwürdigt. Er verkündet einen aus dem Geiste der Jugend geborenen quasi-religiösen Kult des Körpergefühls, der körperlichen Verfeinerung, der dann den Sexualakt zum »großen geschlechtlichen Erlebnis« und zur »seelischen Erfüllung« überhöhen werde. Kurellas körper-seelische Sexualverfeinerung speist sich aus verschiedenen Quellen: z. B. dem Reformtanz, wie er in der Jugendbewegung vor allem durch die Mädchensiedlung und Gymnastikschule Loheland (kurzfristig Bieberstein) verwirklicht wurde[115], der Kurella nahestand.[116] Die neue Bewegungskultur wurde dem Berliner Kreis aber auch nahegebracht durch das Gymnastik-Seminar von Elsa Gindler und Trude Markus, die ihre Schüler besonders auf die Atemgymnastik verwiesen.[117] Des weiteren erhofften sie sich, wie Kurella in *Körperseele* schreibt, eine religiöse Verfeinerung des Geschlechtsinstinkts durch Anpassung der alten zoroastrischen und vedischen Körperlehren »von der Kraft der Sammlung in Atem, Speise, Samen« an das neue Sexualleben. Die »Entdeckung jener Weisheit Asiens«, die den Berlinern nach Kurella zum »ungeheuren Erlebnis« geworden sei, verdankten sie vor allem dem späteren Pädagogen Fritz Klatt, der dazu wiederum durch seine Beschäftigung mit den indischen Weisheitsbüchern und der Masdasnan-Lehre angeregt worden war[118]; aus letzterer entnahmen sie auch die Lehre von der »inneren Sekretion«, d. h. die Benützung des nicht im Sexualakt vergeudeten Spermas zum körper-seelischen Aufbau.[119] Die von Kurella vorgeschlagene »Körper-Erziehung« wurde auch von seinen jugendbewegten Zeitgenossen durchaus gutgeheißen – Franz Sachs etwa äußerte dazu:

»Es ist sehr schön und eine neue Welt herzlicher Gemeinschaft heraufführend, wenn Formen des Umganges: ein Streicheln, ein Händedruck, ein Kuß, ein Kopfanlehnen, Schulterumfassen wieder Selbstwert bekommen, nicht mehr in den Zielmechanismus einer besitzlüsternen ›Eroberung‹ eingespannt werden, sondern ›an sich‹ gelten und genügen. Wer wünschte nicht, daß alle jungen Menschen so die alten Fesseln ihrer kargen ›preußischen‹ Isolierung sprengten und wieder aus der Fülle des Menschlichen frei und herzlich zueinander würden!«[120]

Es ist jedoch zu beachten, daß die asiatischen Praktiken des Berliner Kreises nicht der Unterdrückung, sondern der Intensivierung der Sinnlichkeit durch eine »Kultur der Geschlechtlichkeit« mittels einer »Verfeinerung unserer Psyche und Sexualität« dienten. Wynekens Jugendreich hatte sich hier konkretisiert zum »Reich der jugendlichen Liebe und endlichen Erfüllung«.

Kurella deutete bereits in *Körperseele* das zentrale Problem aus, das bei der Bejahung des vorehelichen Geschlechtsverkehrs zu lösen war: die Frage der sich daraus möglicherweise ergebenden unehelichen Mutterschaft. Da sich das Mädchen nach gängiger bürgerlicher Auffassung erst dann hingeben dürfe, wenn seine künftige Versorgung garantiert sei, handele es sich hier in erster Linie um ein wirtschaftliches Problem, da die moralischen Skrupel als überwunden galten. Eine Lehrerin bekräftigte in ihrer Antwort[121] die mit der unehelichen Mutterschaft verbundenen Schwierigkeiten: Die proletarischen unehelichen Mütter könnten wenigstens selbstbewußt für sich und ihr Kind arbeiten, den bürgerlichen Mädchen sei dies oft aus vielerlei familiären Rücksichtnahmen verwehrt. Dazu komme die gesetzliche Minderstellung des unehelichen Kindes. So müsse man sich fast fragen: »(. . .) darf ich es meinem Kinde aufladen, ohne gesetzlichen Vater durch das Leben gehen zu müssen?« Aus diesem Grunde werde wohl die »Liebe ohne Ehe« (Ellen Key) leider meist auch eine »Liebe ohne das Kind« sein müssen.

Kurella[122] aber wollte nicht auf künftige sozialgesetzliche Reformen und gesellschaftliche Veränderungen warten, so erstrebenswert sie auch zur Lösung der wirtschaftlichen Probleme der unehelichen Mutterschaft seien.[123] Vielmehr solle jetzt schon die Jugendbewegung etwas zur Überwindung des ökonomischen Problems tun: Ehe und Familie, beides überholte Lebens- und Wirtschaftsformen[124], müßten durch »gegenseitige Hilfe« (Peter Kropotkin), d.h. »durch die Gemeinschaft als künftige Lebensform« überwunden werden. Aus Kurellas Hinweis auf die Lösung der »Geschlechterfrage der Jugend« durch eigene jugendbewegte »Lebensformen der Gemeinschaft« geht nicht hervor, daß der Berliner Kreis auch darin bereits zur Praxis fortgeschritten war.[125] Als nämlich eine Wandervogelfreundin nach kurzer Liebelei von Kurella ein Kind erwartete, beschloß der Berliner Kreis, an der Spitze Hans Koch, dessen Freundin die Schwangere eigentlich war, für die werdende Mutter und das »Gemeinschaftskind« zu sorgen. Der Weg dazu war für die Berliner, die bereits in der Reichshauptstadt in Stadtkommunen zusammengelebt hatten, die Errichtung einer solchen Wohngemeinschaft in Berg am Starnberger See; dies war die Keimzelle der späteren jugendbewegten Landkommune Blankenburg bei Donauwörth. Freilich erwies gerade die kurze Lebensdauer dieser Siedlung ebenso wie ihrer Parallelgründungen, für die ökonomische ebenso wie politische Gründe ausschlaggebend waren, daß die Kommunen an emotionaler wie wirtschaftlicher Stabilität bei weitem nicht mit der bürgerlichen Ehe konkurrenzfähig waren – am Ende ihrer Blankenburger Zeit, so die ehemalige »Hetäre«, sei sie auf einem »persönlichen Scherbenhaufen« gesessen.[126]

Ähnlich scheiterte aber auch ein anderes Lebens- und Liebesexperiment, das auf der jugendbewegten Rechten Friedrich Muck-

Mittgart-Mehrehe

Lamberty[127] initiiert hatte. Ebenso wie Kurella und sein Kreis war
auch Lamberty aus dem Krieg mit der Absicht zurückgekehrt, die
Jugendbewegung zu radikalisieren; wie die Linke bejahte er die
Revolution, von der auch er erhoffte, daß sie die Welt des abster-
benden Bürgertums vollends stürzen und ein neues Zeitalter her-
aufführen würde. Nicht zuletzt unter dem Einfluß des völkisch-
rassezüchterischen Mittgartbundes, aber auch in jugendbewegter
Radikalisierung und Spiritualisierung von dessen polygamen Sied-
lungsphantasien, verkündete er schon 1919, er habe vom Schicksal
den Auftrag erhalten, mit einem blonden »Mädel« den deutschen
Kristus zu zeugen. Man vergesse nicht: Auch Kurella spekuliert[128]
über die »reine Empfängnis« und spricht vom »Kind, aus der alle
Grenzen lösenden Erfüllung empfangen«. Auch er deutet das Kind
als den Anfang neuen und höheren Lebens; auch er gab diesem
Kind einen religiösen Nimbus: »Das sei das Kind, der Sohn vom
ewigen Vater.« Ganz in diesem Sinne verkündete Lamberty die
»Geburt des Heilen-Heilenden«, des »Kindes«. Es war das große
Pathos der Jugendbewegung nach dem Weltkrieg, daß aus ihrer
Schöpfertat die neue Welt entspringen könne; es war ihre triebhafte
Leidenschaftlichkeit, die dem sexuellen Zeugungsakt welterlö-
sende Dimensionen gab. Das Bildungsbürgertum blickte zunächst

voller Wohlgefallen auf dieses Experiment, doch als Lamberty von der Theorie zur Praxis schritt und innerhalb seiner »Neuen Schar« den promiskuitiven Geschlechtsverkehr aufnahm und das erste Mädchen schwanger wurde, war die Verdammung allgemein. Schwerer wog, daß die Überwindung der bürgerlichen Besitzehe durch jugendbewegte Gemeinschaftsformen – hier in Gestalt einer Handwerkersiedlung – wenig überzeugend blieb. Zurecht konnte der Mittgartbund einwenden[129], solche Handwerkergemeinden böten »nicht die geringste Gewähr der Beständigkeit, denn ihnen fehlt der feste Boden unter den Füßen«; wer von den Frauen »Aufopferung, Entsagung, Heldentum« verlange, der müsse sie wirklich von der Sorge um ihre und ihrer unehelichen Kinder wirtschaftliche Existenz befreien. Dieses ökonomische Problem aber vermochte die Jugendbewegung nicht aus eigener Kraft zu lösen, da ihren Lebens- und Arbeitsgemeinschaften nur eine kurze Dauer beschieden war. Dies aber bedeutete auch das Ende der Lösung der sexuellen Frage aus dem Geist einer eigenständigen Jugendkultur. Diese Konsequenz zieht für die Freideutschen Franz Sachs[130] bereits 1920 (als noch Experimente des »Liebeskommunismus«, wie Heinrich Vogelers Barkenhoff, im Gespräch waren): Die gefährlichste Schwäche der Jugendkultur sei, daß sie die Jugend »als eine Art dauernden Lebensstils konstituieren will« und deshalb eine »jugendliche« Lösung der Geschlechterfrage erträume. Denn dies ginge doch einher mit einer »Abkehr von festen Beziehungen« und einem »Ausweichen vor dem wirtschaftlichen Beruf« als Grundlagen einer die Jugendlichkeit überwindenden Männlichkeit. Es gelte deshalb in Zukunft für die Jugend, neue Wege »zwischen dem Besitzaberglauben des früheren Ehemenschen und dem freischwebenden Sexual- und Liebeskommunismmus« à la Kurella zu suchen. Dies erforderte auch, sich von der hochgestimmten Sakralisierung des promiskuitiven Geschlechtsverkehrs durch Kurella und Lamberty abzukehren.[131]

Am besten gelang dieser Balanceakt in den zwanziger Jahren dem Berlin-Schöneberger Stadtarzt Max Hodann, dem wichtigsten aus der deutschen bürgerlichen Jugendbewegung stammenden Sexualwissenschaftler, der mit seinen Aufklärungsschriften[132] alle Formen jugendlicher Sexualität einschließlich der Onanie zu entmythologisieren suchte. Als Leiter der Sexualberatungsstelle in Magnus Hirschfelds Berliner Institut für Sexualwissenschaft war er mit den tatsächlichen Nöten des Geschlechtslebens genügend vertraut, um nicht noch einmal eine sexuelle Jugenderlöserlehre vom Typus der Jugendkulturbewegung zu prägen. Das letzte große Zeugnis der bürgerlich-jugendbewegten Beschäftigung mit der Sexualität sind die unter dem Leitmotiv »Zur Überwindung der Geschlechtsnot« stehenden Hefte der *Jungen Menschen* von 1927.[133] Sie beweisen, daß sich nun die ältere Jugend der vielfältigen seelischen, ökonomischen, sozialen und rechtlich-politischen Voraussetzungen einer gesunden Sexualität bewußt geworden war, und zeigen, wie die von ihr mit Respekt als Vorkämpfer betrachteten Sexualwissenschaftler Hirschfeld und Hodann für eine emanzipatorische Aufklärung und freiheitliche Gestaltung des Liebes- und Geschlechtslebens eintraten (sogar Benjamin B. Lindsays Buch über *Die Revolution der modernen Jugend*, Berlin-Leipzig 1927, fand mitsamt der dort vorgeschlagenen unkonventionellen und deshalb von manchen Kritikern als jugendverderbend eingestuften »Jugendehe« im Sinne Hellmanns die Sympathie des Blattes[134]). Noch Wilhelm Liepmanns Buch über *Jugend und Eros* (Dresden 1930) zeigt, daß eine solche Aufklärung als wichtigste Prophylaxe gegen neurotische Schädigungen betrachtet wurde. Der Abstand zur klassischen bürgerlichen Jugendbewegung war freilich inzwischen so groß geworden, daß ein Autor wie Jungmann[135] 1936 in ihr nur noch die Sammlungsbewegung der seelisch Verkrüppelten erblicken konnte: Sexuelle Not und Sexual-Neurose waren zu Synonymen geworden.

III. Die Sexualität der proletarischen Jugendbewegung

1. Die »sexuelle Sittlichkeit des Sozialismus«

Das, wonach die bürgerliche Jugendkulturbewegung verzweifelt strebte und was den fortschrittlichen bürgerlichen Sexualreformen als Ideallösung vorschwebte – die freie Liebesbeziehung gleichberechtigter Partner – schien der Arbeiterjugend bereits kampflos zugefallen. »Mit Recht weist Alfred Blaschko darauf hin«, schreibt Bloch 1906, »daß im Proletariat schon längst das Ideal der freien Liebe verwirklicht worden ist. Zum weitaus größten Teil verkehren Mann und Frau dort geschlechtlich miteinander, besonders in den Jahren zwischen 18 und 25, ohne sich zu verheiraten.«[136] Es ist also nicht so, daß der junge Arbeiter und die Arbeiterin ausschließlich durch Frühehen (noch in der Weimarer Republik verstand man darunter die Heirat des 21- bis 25jährigen Mannes und des Mädchens unter 20 Jahren) das Problem der Sexualität lösten[137], da bei ihnen der voreheliche Geschlechtsverkehr nicht durch die bürgerliche Virginitätsvorstellung und die Sakrosanktheit der Ehe gehemmt war. Deshalb findet sich bei bürgerlichen wie sozialistischen Autoren die Meinung, durch diese Freiheit der Liebe erübrige sich für das Proletariat die Einrichtung der Prostitution. Für Sozialisten wie Bebel[138] war die Prostituierte die vom Bürger verführte und benützte »Tochter aus dem Volke«.

Solche Vorstellungen einer unschuldig-gesunden Sexualität der Arbeiter lassen sich jedoch leicht an der Wirklichkeit korrigieren. Nehmen wir etwa das erhaltene Jugend-Tagebuch[139] eines Berliner Maurerlehrlings, eines Feilenhauersohnes aus dem Wedding (daß aus ihm einmal der Dichter Theodor Plivier werden sollte, tut hier nichts zur Sache!). 1908 beginnt der Fünfzehnjährige seine Tagebucheintragungen mit dem Satz: »Dieses Buch sei der Spiegel meines Seelenlebens.« Er beendet diesen typischen pubertären Selbstvergewisserungsversuch dann kurz vor dem siebzehnten Geburtstag. Das Tagebuch ist aber nicht nur Beweis dafür, daß sich auch bei der proletarischen Jugend ein eigenständiges Jugendalter formiert hatte (deutlichster Ausdruck dafür war die Gründung der ersten Arbeiterjugendorganisation in Berlin 1904), sondern es zeigt auch die sexuelle Problematik dieser Phase für einen jungen Arbeiter: Wir erfahren von sexuellen Wunschträumen und ersten realen Enttäuschungen, von seiner Idealisierung des Weiblichen (»reine Liebe«) und Anwandlungen der Sinnenlust (»natürliche Liebe«) – Eros und Sexus sind also aufgespalten! Wir hören von der Masturbation, aber auch von der Reue über diese »Selbstbefleckung«. Noch mehr aber als dieses Schuldgefühl läßt uns der Bericht über einen Silvesternachtbummel mit den beiden Brüdern (er selbst ist damals fast sechzehn) erstaunen: »Bis 12 Uhr zu Haus, dann mit Fritz und Paul hinunter – Friedrichstraße – übermütiges Leben – zurück nach dem Norden – Wie wenig kann (der ältere Bruder d. Verf.) Fritz sich Zwang antun, trotz seiner kleinen Brüder geht er mit einer Prostituierten mit, läßt uns warten: ›Was ihr hier gehört und gesehen, kein Wort davon. Verstanden!‹«

Aber von wem waren dem Jungen diese »bürgerlichen« Einstellungen vermittelt worden – vom Elternhaus, von der Volksschule oder gar von der Berliner Arbeiter-Bildungsschule, an der er damals u. a. »Naturerkenntnis« hörte? Wir wissen nichts von der Sexualerziehung durch seine Eltern (über allgemeine autoritäre Lenkung dürfte sie aber nicht hinausgegangen sein); bekannt ist auch, daß gerade die Volksschule bis dahin völlig in der Sexualerziehung versagt hatte, wie die D. G. B. G. nicht zu beklagen aufhörte.[140] Wie aber sah die Sexualethik aus, welche die Sozialdemokratische Partei lehrte und über ihre Bildungseinrichtungen damals verbreitete? Ein Blick in die entsprechenden Hefte der *Arbeiter-Gesundheits-Bibliothek*[141] genügt zur Klärung: Sowohl die Masturbation wie die Aufnahme des Geschlechtsverkehrs von unter 25jährigen wurden als gesundheitsschädlich abgelehnt und die völlige Enthaltsamkeit bis zur (späten!) Eheschließung gefordert. Der nicht nur hier zu beobachtende sexuelle Konservativismus der Sozialdemokratie in der Wilhelminischen Zeit[142] hat eine leicht zu fassende Ursache: Die Aufklärungsschriften werden von Ärzten geschrieben, die wiederum der D. G. B. G. und ihren primär sexualhygienisch begründeten Auffassungen nahestehen; die Sozialdemokratie aber rezipierte wegen ihrer materialistisch-naturwissenschaftlichen Ausrichtung voll die damaligen (bürgerlich-)medizinischen Anschauungen über Sexualität und sexuelle Diätetik. Dies galt allerdings nur für die heterosexuelle Sexualität uneingeschränkt; bei der Beurteilung der Homosexualität zeigte die Sozialdemokratie im Kaiserreich eine zwischen Rezeption wissenschaftlicher Erkenntnisse und Anpassung an gängige Vorurteile durchaus schwankende Haltung.[143] Wie bei der Prostitution gab es auch hier die Tendenz, die Homosexualität als Verfallserscheinung der Oberschicht zu deuten; für eine empathische Behandlung homosexueller Verhältnisse im Sinne Blühers war kein Raum.[144]

Betrachtet man die in der proletarischen Jugendorganisation betriebene Sexualaufklärung, so fällt die Parallelität mit den gleichzeitigen Bemühungen der D. G. B. G. besonders deutlich ins Auge. Unermüdlich forderte die D. G. B. G. die sexuelle, besonders sexualhygienische Aufklärung an Volks- und Hauptschule[145], und zwar auch für Mädchen.[146] Da der Staat zunächst nur zögernd solchem Verlangen nachkam, wurde einerseits die D. G. B. G. hier »interimistisch« tätig[147]; andererseits aber suchte die Sozialdemokratie das durch die Schule Versäumte durch ihre eigene Bildungsarbeit in der Jugendorganisation nachzuholen (Jugendbewegung als Ersatzschule!). Schon die Erste Internationale Konferenz Sozialistischer Jugendorganisationen hatte 1907 in Stuttgart die Behandlung der »soziale(n) Hygiene, einschließlich der Aufklärung über die geschlechtlichen Fragen und über den Alkoholismus« angeregt.[148] Ein Jahr später verstand Clara Zetkin in ihren Ausführungen zur Jugendfrage auf der Frauenkonferenz des Nürnberger Parteitages der SPD von 1908[149] das für die Jugend nötige »hygienische Wissen« als eine »Aufklärung über den Alkoholismus und über sexuelle Fragen«. Im einzelnen führte sie aus:

»Eine vernünftige, streng wissenschaftliche und dabei zartfühlende taktvolle Belehrung über die Fragen des sexuellen Lebens ist das beste Mittel, die Beziehungen zwischen den Geschlechtern auf eine gesunde sittliche Basis zu stellen. Gerade in dieser Hinsicht hat die sozialistische Jugendbewegung ein ungeheuer großes Wirkungsfeld vor sich. Was das proletarische Heim nicht leisten kann oder vernachlässigt, was die Schule heute noch nicht gibt, das kann sie dem proletarischen Nachwuchs ohne Unterschied des Geschlechts vermitteln.«

Sozialdemokratie und D. G. B. G. waren hier Bundesgenossen. Dies wird noch deutlicher, wenn man sich vorstellt, wie diese sexuelle Bildungsarbeit bewerkstelligt wurde. Aus einem Bericht von 1921 erfahren wir[150], daß die sozialistische Jugendbewegung sich dazu sachverständiger Ärzte, Samariter und Schwestern bediente, wobei die Vorträge durch Lichtbilder oder den Besuch von Wanderausstellungen anatomischer Museen ergänzt wurde, die gewöhnlich eine besondere Abteilung für Geschlechtskrankheiten mit entsprechend abschreckenden Wachsmodellen (Moulagen) besaßen. Als besonders vorbildlich werden in diesem Zusammenhang die Wanderausstellungen der D. G. B. G. für Großstädte gerühmt. Wie bei der D. G. B. G. kam es dieser sozialistischen Sexualerziehung auf die medizinisch definierte Reinhaltung der Sexualorgane, nicht auf Lustbefriedigung an. Sexuell stimulierend waren darum solche Aufklärungsvorträge ebenso wenig wie die der D. G. B. G.! So erinnert sich ein ehemaliges Mitglied der Hamburger antiautoritären proletarischen Jugend[151], wie dort kurz nach dem Weltkrieg ein Arzt einen wissenschaftlichen Vortrag über Sexualität hielt und er selbst darauf schleunigst aus seiner Jugendorganisation austrat, denn bei solchen Dingen könne man doch nicht vom Verstand und seiner Begrifflichkeit ausgehen, sondern allein von der lebendigen Bewegung des Erlebnisses.

Doch alle Betonung der Gemeinsamkeiten in Stil und Inhalt der Sexualaufklärung bei SPD und D. G. B. G. darf nicht den grundlegenden Unterschied übersehen lassen. Der von Clara Zetkin[152] verlangte Kampf für die Volksgesundheit (und gegen die »verwahrlosenden Einflüsse der kapitalistischen Gesellschaft« in Gestalt von Alkoholismus, Schundliteratur und pornographischen Reproduktionen, Tingeltangel, Varieté) mittels »Turnen, Märschen, Sport, Ausflügen«, zielt im typischen eugenischen Vokabular der Zeit auf die Vervollkommnung der Art und der Kultur ab – doch gemeint war damit vor allem die Stärkung des Sozialismus und seiner Organisationen. Wie dem bürgerlichen Jugendlichen wurde auch dem proletarischen das »Bewußtsein der ungeheuren Verantwortlichkeit, die (. . .) dem geschlechtlichen Leben jedes einzelnen zukommt«, eingeimpft, mitsamt der sich daraus ergebenden Konsequenz: »Die jungen Prolatarier müssen dazu erzogen werden, das rohe, blinde sexuelle Triebleben geistig und sittlich zu zügeln, es mit dem Gehalt unserer Kultur zu durchdringen, zu vergeistigen.« Und doch zeigen ihre weiteren Ausführungen, daß hier die Arbeiterbewegung vor allem an ihre eigene Zukunft dachte. Wie die bürgerliche Jugendbewegung wollte Zetkin das sexuelle »Triebleben« zugunsten der »Kameradschaftlichkeit« der Geschlechter zurückdrängen und diese auf dem Wege der Koedukation in der Jugendorganisation fördern:

Die proletarische Jugendbewegung »kann darauf hinwirken, daß der Jüngling in der Jungfrau, daß der heranwachsende Mann im Weibe mehr sieht als bloß das Geschlecht: den weiblichen Menschen, die Leidensgefährtin, die Kampfgenossin, die Mitbauerin und Mitträgerin des gesamten Lebenswerks. Je zielbewußter die proletarische Jugendorganisation sich bemüht, die zweierlei sozialen Wertungen und die zweierlei Moral für das männliche und das weibliche Geschlecht zu besiegen, um so fester, reiner, sittlicher wird die Grundlage für das Zusammenwirken der beiden Geschlechter, nicht allein draußen, im proletarischen Klassenkampf, nein, auch drinnen, in der Familie.«[153]

Realistischer als die bürgerlich-jugendbewegten Sexualverdränger konzediert Zetkin, daß die jugendliche Sexualität dabei nicht ganz auszuschalten sei, und stößt mit dieser Feststellung auf das Verständnis der erwachsenen Zuhörer:

»Es mag sein, daß es infolge des Zusammenfassens beider Geschlechter in einer Organisation vielleicht zu mancher kleinen Liebelei kommt. (Heiterkeit.) Aber meinen Sie, daß das, was in den Jahren, was in der Natur selbst begründet ist, nicht auch ohne Jugendorganisation geschieht? (Sehr richtig!) Ich behaupte sogar, daß Liebeleien zwischen den jungen Proletariern und Proletarierinnen außerhalb der Jugendorganisationen meist unter weit ungesünderen, ungünstigeren Verhältnissen auftreten werden als innerhalb dieser. Im ersteren Falle werden sie nur zu oft ausschließlich auf das Sexuell-Sinnliche gestimmt sein, in dem letzteren Falle aber wirkt das Sexuell-Psychische, wirken geistige und sittliche Umstände mit, weil die jungen Leute als gleichverpflichtete und gleichberechtigte Kameraden zusammenarbeiten und einen gemeinsamen höheren Lebensinhalt haben. Also keine Trennung der Geschlechter, die doch später in Partei und Gewerkschaften gemeinsam organisiert werden und kameradschaftlich zusammenarbeiten sollen.«[154]

Bei SPD und D.G.B.G. wird also der geforderte Triebverzicht funktionalisiert; bei der D.G.B.G. dient jedoch die Enthaltsamkeit den höheren nationalen Zielen (Reinhaltung der Rasse), beim Proletariat dagegen der Stärkung der Klassenorganisation. In diesem Sinne hatte 1907 die Erste Internationale Konferenz Sozialistischer Jugendorganisationen darauf hingewiesen, daß das Proletariat nur dann seine historische Aufgabe erfüllen könne, wenn es »die Züchtung und Stärkung der sittlichen Eigenschaften wie Solidarität« usw. als vordringliche Aufgabe der Jugendorganisation erkenne und diesem Ziel auch das Geschlechtsleben unterwerfe. Kameradschaftliche Geschlechtsbeziehungen seien die Grundlage der »sexuellen Sittlichkeit des Sozialismus«.[155]

Wir wissen nicht, wie weit die sozialdemokratische Sexualpädagogik erfolgreich war; wir erfahren aber aus der sexualpädagogischen Literatur, daß die Veränderungen während des Ersten Weltkrieges das bisherige versittlichende Werk zu bedrohen schienen. Die proletarische Frau hatte sich infolge des Krieges ökonomisch weiter emanzipiert und »stand ihren Mann« im Berufsleben; da sie nicht mehr des Versorgers harrte, brauchte sie nun nicht mehr ihre Keuschheit zu bewahren.

Sie war, so schrieb 1919 Edwin Hoernle, »Herrin ihrer selbst geworden, also auch über ihren Leib«.[156] Dazu hatte das Militär zur Kenntnis der Präventivmittel gerade in der Unterschicht beigetragen; unliebsame Folgen des Geschlechtsverkehrs konnten so ebenso wie Geschlechtskrankheiten leichter vermieden werden. »Nichts Äußerliches also«, schrieb deshalb Hoernle weiter, »hemmt heute die proletarische Jugend, sich bedenkenlos dem Rausch der Stunde hinzugeben. Bei der Arbeit, auf dem Wege hin und her, in den Massenquartieren und Vergnügungslokalen der Großstadt, überall sind Burschen und Mädchen miteinander und füreinander, keine noch so eifersüchtige Sitte, Polizei, Rechtsprechung kann die frühere künstliche Trennung der Geschlechter wieder einführen.«

Die Frage war jetzt, welche Konsequenz die sozialistische Pädagogik aus diesen Tatsachen ziehen würde, ob sie insbesondere von ihrer bisherigen Abstützung bürgerlicher familiärer Wertvorstellungen abgehen und sich durch die von der »Sexualrevolution in Rußland«[157] ausgehenden Impulse zu einer freieren Gestaltung des geschlechtlichen Zusammenlebens anregen lassen würde.

2. »Jugend, sei Neuerer!«

Zur Beurteilung des Stands der Sexualdebatte in der proletarischen Jugendbewegung der Nachkriegszeit eignet sich hervorragend ein 1920 von Hans Hackmack veröffentlichtes Heft *Arbeiterjugend und sexuelle Frage*[158], von dem in den Jahren 1920/21 zwischen 10000 und 15000 Exemplaren verkauft wurden, die Veröffentlichung also wohl auch eine wichtige Richtschnur für die vierzehn- bis achtzehnjährigen Mitglieder der sozialistischen Jugend war. Hackmack ist die Entwicklung in der bürgerlichen »reiferen« Jugend (Freideutschtum) bekannt, die er als Überwindung der »Nichts-als-Kameradschaft« durch »Liebesbeziehung« und »Liebeserlebnis« beschreibt, ohne daß er dieses Modell aber auf die jüngere proletarische Jugend anwendet. Er betont, daß ebenso wie für die Freideutsche Jugend auch für die sozialistische Jugendbewegung die Gleichheit der Geschlechter von hoher Bedeutung sei, stellt sich aber nicht die Frage, ob diese »Gleichheit« nun auf identische oder unterschiedliche Geschlechterrollen hinausläuft.[159] Er erwartet von der Koedukation in der Jugendbewegung vor allem, daß »das Geschlechtliche, das Unterschiedliche« bei gemeinsamem »Wettstreit der Geister« in den Hintergrund trete und »in natürliche Bahnen gelenkt« werde. »Ungezwungener und freier« sei hier das Zusammenleben der Jugendlichen; »künstlich aufgerichtete Schranken« fallen bei gemeinsamem Lernen, Diskutieren, Spiel und Sport. Hackmack beschwört enthusiastisch die neue proletarische Körperkultur (die 1920/21 mit dem von Adolf Koch in Berlin gegründeten Elternbund für Freie Körperkultur – später Bund freier Menschen – auch erste organisatorische Gestalt fand):

»Das Mädchen ist genau so frisch, ausdauernd und eifrig beim Ballspiel, beim Reigentanz und beim Wettlauf wie etwa beim Schwimmen. Ja, das gemeinschaftliche Baden! hört man die Zeloten jammern. Für sie ist es der Inbegriff der erdenklichsten Unsitte, wenn Jünglinge und Mädchen sich im köstlichen Naß tummeln. Aber erst durch ihre Nebengedanken unmoralischster Herkunft stempeln sie das Natürliche zum Unnatürlichen, das Reine zum Verabscheuungswürdigen (. . .) Ich wüßte aber keinen erhebenderen Anblick als den, wenn junge, gesunde und wohlgebaute Körper auf sonnenüberfluteten Wiesen oder im kristallklaren Bache die Glieder spielen lassen, wenn frischblickende, ihrer Jugend sich freuende Jünglinge und Mädchen sich so, wie sie von der Natur geschaffen sind, ohne die unangebrachte Scham zu empfinden, gegenüberzustehen und anzuschauen vermögen.«[160]

Hackmack übersieht, daß in solch sexueller Zurückhaltung gerade nichts Natürliches liegt, sondern die die Sexualität zähmende, retardierende und neutralisierende Leistung der Jugendbewegung selbst. Er feiert »des Menschen Frühling, die erste junge Liebe«, und warnt doch gleichzeitig vor der Befleckung der Seele und der Verseuchung des Körpers. Er sieht die Jugend als »Bahnbrecher einer neuen Auffassung« der Sexualität und Befreier von der Prüderie; erkennt aber andererseits die größte Leistung der Arbeiterjugendbewegung darin, daß ihre Mitglieder »aus Überzeugung den Genuß des Alkohols, des Nikotins und der käuflichen Liebe verabscheuen, (. . .) also *Beherrschung der Triebe und Leidenschaften* kennen und das egoistische *Ich* dem Interesse der Gesamtheit unterzuordnen verstehen«. Und er beschreibt eindringlich, wie die »sexuelle Erziehung« und Aufklärung über die Gefahren von Pornos, Alkohol und Geschlechtskrankheiten eben diesen gewünschten Zustand geschlechtlicher Kontrolle erzeugen.

Man wundert sich deshalb nicht, daß Hackmack schließlich fragt: »Soll man denn überhaupt von einem Liebes- und Geschlechtsleben der Jugend sprechen?« Ja, sagt er, da dürfe man sich nicht belügen, es stelle sich bei den Jugendlichen um das zwanzigste (!) Lebensjahr herum der Geschlechtstrieb ein. Aber es handle sich hier glücklicherweise um eine »neue Jugend«, die nicht wie die alte die Triebe »hinter alberner Poussiererei, Verliebtheit bei Bällen und Tänzen, Flirt und Courmachen nur allzu mangelhaft verbarg«. Jene Jugend »wußte mit dem ungestümen Drängen zur Betätigung des Trieblebens nicht fertig zu werden«; denn ihr fehlte die Aufklärung. »Bei unserer Jugend ist das anders«, oder, wie er vorsichtig anfügt, »wird es wenigstens anders werden.« Denn ihr stehe das in den Jahren der Geschlechtsreife gewonnene Aufklärungswissen »als getreuer Ekkehard« (!) zur Seite, »und dieses Wissen bedeutet die *Beherrschung und Lenkung der Triebe* « und weckt und fördert das *»Verantwortungsgefühl«*. Man könnte den Zusammenhang

zwischen Sexualpädagogik und Triebverzicht oder Geschlechts-
kontrolle nicht besser formulieren! Verantwortungsgefühl sich
selbst, dem kommenden Ehepartner und der Gemeinschaft gegenüber hält Hackmack für das beste Mittel, »um die Jugend vor früh-
zeitiger Ausschweifung und Entartung zu bewahren«.

Die einzige »revolutionäre« Neuerung, die der Verfasser anzu-
preisen weiß, ist die »Jugendehe« der bisher Reingebliebenen zwischen dem 20. und 25. Lebensjahr. In Berufung auf Paul und Maria
Krisches entsprechende Darstellung[161] versteht er darunter das
Abgehen vom bisherigen bürgerlichen Typus der »Versorgungs-
ehe« mit ihrer Voraussetzung einer »gesicherten Existenz« und
»geordneten Verhältnissen«. Die »Jugendehe« verzichte auf fast
jede traditionelle Voraussetzung ehelichen Zusammenlebens: auf
Wohnung, Möbel und Hausgerät und wachse »auf ganz einfachen
primitiven Anfängen«. Hackmacks verzweifeltes Bemühen, ja
nicht die bürgerliche Institution der Ehe als solche fragwürdig zu
machen, läßt ihn zur »Jugendehe« als »Ausweg aus der sexuellen
Not« greifen. Denn, wie er die Krisches zitiert, wer eine Jugendehe ins Auge faßt, »der kann, als noch so triebstarker Mensch,
ohne andere Anfechtung warten und das einzige, wahre erotische
Ideal verwirklichen: enthaltsam zu leben, bis zum Eintritt in die
Jugendehe mit dem wahrhaft geliebten Menschen, der gleichfalls
unberührt und voll jugendlicher Begeisterung der richtige Geselle
ist, um die hochzeitlichen Tage zum Höhepunkt des Lebens zu gestalten«.[162]

Über die Kameradschaftserziehung in der sozialistischen Jugendbewegung hofft Hackmack die bisher vorherrschende ehe-
liche Rollenverteilung – Unterordnung der Frau unter den Mann
(»Knechtschaft«) – durch eine neue Gleichwertigkeit der Geschlechter überwinden zu können. Aus den Jugendkameraden sollen so »Lebenskameraden« werden, geeint durch ein »geistiges
Band«. So gesehen war die Entsexualisierung des jugendlichen Ge-
schlechtsverhältnisses – ebenso wie dies Busse-Wilson ja für die
bürgerliche Jugendbewegung erkannt hatte – der Preis für die er-
strebte Gleichberechtigung der Proletarierin.[163] Wenn also Hackmack der Jugend zuruft, sie solle »Neuerer« sein, dann überrascht
zunächst der bürgerlich-konservative Zuschnitt seiner Ratschläge;
es ist jedoch deutlich, daß die alte sozialdemokratische Position einer Gleichheit der Geschlechter erst mit der ökonomischen Emanzipation der Frau im Ersten Weltkrieg ein realisierbares Ziel wurde

und damit die Sexualpädagogik der Arbeiterjugendbewegung einen neuen Impuls erhielt.

Es wäre jedoch falsch, die Lehre von der Veredelung der Geschlechtsliebe, wodurch der »Rausch der Stunde (. . .) der ordnenden, bändigenden Korrektur des Geistes, des bewußten Willen« unterworfen werden sollte[164], allein im Hinblick auf eine Neuordnung der proletarischen Ehe und Familie zu sehen. Nicht umsonst beruft sich Edwin Hoernle auch nach dem Ersten Weltkrieg wieder auf die »sexuelle Sittlichkeit des Sozialismus« und deren umfassenderes Konzept. Die Erziehung zur »gegenseitigen Achtung und Verantwortungsfreudigkeit« der Geschlechter[165] war auch eine Voraussetzung zur späteren Arbeit der Jugendlichen in den Arbeiterparteien und Gewerkschaften. Ohne diese Kameradschaftlichkeit der Geschlechter war eine sexuell neutrale, d. h. von männlicher Verachtung der Frau als bloßem Sexualobjekt, aber auch eine von Eifersüchteleien und Rivalitäten einigermaßen freie politische und gewerkschaftliche Tätigkeit von Mann und Frau nicht möglich.

Es war insbesondere der kommunistische Pädagoge Edwin Hoernle, der nach dem Ersten Weltkrieg die proletarische Sexualpädagogik den organisatorischen Erfordernissen anzupassen suchte. Er sieht »die Keimformen neuer sexueller Sittlichkeit« unmittelbar aus den Erfahrungen des Kampfes um die sozialistische Gesellschaft erwachsen, ohne die auch eine erneuerte proletarische Ehe nicht möglich sei.[166] Deshalb, so Hoernle, begnüge sich die sozialistische Sexualpädagogik nicht wie die bürgerliche mit dem egoistischen Argument »Halte dich gesund!« oder mit einer religiösen, nationalistischen oder rassentheoretischen Begründung moralischer Forderungen. Sie appelliere vielmehr »an das Klassenbewußtsein, an das Pflichtgefühl gegenüber der Klasse. Unsere proletarische Sittlichkeit hat nichts zu tun mit Monogamie, Familienidyll und Keuschheitsideal im bürgerlichen Sinn. Sie ist die *Regelung des Sexuallebens im Interesse der proletarischen Kampf- und Arbeitsgemeinschaft.*«[167]

Wenn auch Hoernle am schärfsten den Zusammenhang von Sexualität und organisatorischer Solidarität formuliert, so finden sich identische Auffassungen auch bei der anarchistischen Arbeiterjugend (zu erwähnen ist insbesondere Paul Albrechts Schrift *Geschlechtsnot der Jugend*[168]) wie bei den Sozialdemokraten (man denke etwa an die entsprechenden Passagen in Max Hodanns Aufklärungs-Buch *Bub und Mädel*[169]). Für die Arbeiterjugendbewegung, gleichgültig welcher politischen Zuordnung, war demnach in der Weimarer Zeit weniger die jugendliche Betätigung der Sexualität das Problem, sondern der potentiell organisationsfeindliche Charakter einer intimen Zweierbeziehung. Wesentliches Ziel der sozialistischen Sexualerziehung war es deshalb, daß die Solidarität der Klasse und Klassenorganisation stets der individuellen Betätigung der Sexualität übergeordnet blieb. In einem bemerkenswerten Artikel in dem anarchistischen Blatt *Schwarze Fahne* wird 1926[170] ausführlich das »›paarweise‹ Flüchten aus der Jugendbewegung« thematisiert und interessanterweise vor allem dem weiblichen Teil die Schuld dafür zugeschoben. Denn die Teilnahme der »Mädels« an der Jugendorganisation gelte nicht primär dem politischen Kampf; vielmehr betrachteten sie ihre dort erlernten klassenkämpferischen Talente lediglich als eine »Art Mitgift«, um sich damit schließlich einen Burschen in der Bewegung zu angeln. Weibliches Ziel sei es dabei, den klassenkämpferischen Idealismus des Jungen zu zersetzen; sie ruhe nicht eher, bis sie zwischen sich und dem Burschen »alle ihr fremden und unbeherrschbaren Verbindungsstücke ausgeschaltet und die Gemeinschaft auf dem Fundament der Sexualität gefestigt hat, deren Beherrscherin sie ist«. Für sie ist also die in der Organisation herrschende sexuelle Disziplin und Kameradschaftlichkeit der Geschlechter nur ein Hindernis bei der Aufnahme der intimen Beziehung, die Organisation wird ihr so zum Feind ihrer persönlichen Bedürfnisse. Das Mädchen allein, so unterstellt es diese auf Positionen Otto Rühles aufbauende Analyse, verkörpere noch den Rückfall in die bloße Sexualität der Geschlechtsbeziehungen, die zu überwinden die proletarische Sexualpädagogik seit Jahrzehnten bemüht gewesen sei. Das Weib war so immer noch die Eva, die die Sünde der Solidaritätszerstörung in die Reihen der Arbeiterjugendorganisationen trug. Allerdings mußte der Verfasser des genannten Artikels auch zugeben, daß hinter dieser weiblichen Sexualrolle die jahrhundertealte soziale Schwäche und Demütigung der Frau stand, durch die sie einseitig zum »Geschlechtswesen« geworden wäre. Deshalb müßten nicht nur die »Mädels«, sondern auch die Burschen in der Jugendbewegung umlernen, um dort dem weiblichen Teil eine wirkliche Gleichberechtigung zu eröffnen. Freilich war die einzige Antwort, welche den meisten proletarischen Pädagogen einfiel, um die angeblich zerstörerischen Kräfte der Sexualität aus der Organisation fernzuhalten, ihre sublimierende Einbindung in die geschlechtlich neutralisierende Kameradschaftsgruppe; die Intimität der Zweierbeziehung konnte dagegen nur als »Privatsache« toleriert werden.[171]

3. Freiheit der Liebe

Tatsächlich hatte der Sozialismus seit Charles Fourier auch die andere Vision einer »neuen Liebeswelt« einzulösen, in der sexuelle Freiheit und brüderliche Solidarität sich nicht im Wege standen, sondern sich gegenseitig dadurch ergänzten, daß die unsublimierten sexuellen Leidenschaften selbst zu sozialen Triebfedern wurden. Die Russische Revolution schien eine solche Befreiung der Sexualität als Möglichkeit zu eröffnen, aber bald konnten die dorthin Entsandten vermelden[172], Lenin habe höchstpersönlich das »neue sexuelle Leben« der Jugend als unkommunistisch, »als eine Erweiterung des gut bürgerlichen Bordells« verdammt. Grundsätzlich habe er die »famose Theorie« abgelehnt, »daß in der kommunistischen Gesellschaft die Befriedigung des sexuellen Trieblebens, des Liebesbedürfnisses so einfach und belanglos sei, wie das Trinken eines Glases Wasser«. Diese Glaswassertheorie der Liebe habe die Jugend »ganz toll» gemacht: »Nun gewiß! Durst will befriedigt sein. Aber wird sich der normale Mensch unter normalen Bedingungen in den Straßenkot legen und aus einer Pfütze trinken? Oder auch nur aus einem Glas, dessen Rand fettig von vielen Lippen ist?« Batkis, Sozialhygieniker an der Universität Moskau, konnte schon Mitte der zwanziger Jahre den beruhigenden Hinweis geben, mit der »wilden freien Liebe« der Jugend sei es nichts mehr, die Erotik habe sich den Erfordernissen des Kollektivs gebeugt.[173] Bald konnte Wilhelm Reich die Ursachen dieser »Bremsung der Sexualrevolution« in Rußland analysieren.[174]

Auch in Deutschland blieb nur in Randgruppen des Proletariats Fouriers Bild der »Freiheit der Liebe« lebendig, am stärksten in der anarchistischen Bewegung. Das anarchistische Credo ließ sich gut mit der Kritik an der von Kirche und Staat sanktionierten Ehe-Institution verbinden, der die »Freie Liebe« entgegengesetzt wurde. So schreibt Fritz Oerter, Verfasser des anarchistischen Klassikers *Die freie Liebe* (Berlin 1920) über Curt Corrinth, den »Revolutionär der Geschlechtsmoral« und seinen expressionistischen Roman *Liljol*, in dem der gleichnamige Jüngling Onanie, Homosexualität,

Inzest usw. erkundet und schließlich einen Bund der »Geschlechtsmoralrevolutionäre« gründet.[175] Wenn auch der anarchistische Arbeiter des Kaiserreichs in seiner sexuellen Praxis gänzlich konservativ blieb[176], so drängten doch immer über den Bohèmeflügel des Anarchismus Bilder einer freieren Praxis in die Bewegung.[177] Wie beim »Berliner Kreis« der Wyneken-Anhänger um Kurella verstärkte die Erfahrung tatsächlichen gemischtgeschlechtlichen kommunitären Lebens[178] nach Weltkriegsende den Drang in diese Richtung. So veröffentlichte der Anarchist Paul Albrecht, nach dem Kriege Mitglied der Berliner anarchistischen Polit-Kommune von Ernst Friedrich[179], ein paar Jahre später seine Broschüre *Freiheit der Liebe*.[180] Der typische anarchistische antiautoritäre Individualismus führt ihn fort – ganz im Gegensatz zu seiner gleichzeitigen Broschüre *Geschlechtsnot der Jugend* – zur Erkenntnis: »jeder hat das Recht auf seine Liebe!« Der »innere Trieb« heilige jede Liebesbeziehung, gleichgültig ob homo- oder heterosexuell. Was allerdings die Sexualität der Jugend betrifft, so schwankt Albrecht bedenklich, ob er ihr die »Keuschheit« oder die »Sinnlichkeit«, das Hinausschieben der sexuellen Betätigung oder deren Erfüllung empfehlen soll; was dabei herauskommt, ist nur ein Kompromiß im Stile des verklemmten Fidus-Edelkitsches (der allerdings wieder verzeihlich wird vor dem Hintergrund der Kinderprostitution in Berlin und den venerischen Kinderinfektionen aufgrund des proletarischen Wohnungselends).[181] Und auch die anarchistische Jugendbewegung selbst ist sich unsicher, ob die freie Liebe der Anarchie auf der Sinnlichkeit oder Übersinnlichkeit basieren soll; es ist bezeichnend, daß gerade die weibliche Seite die Triebentfesselung ablehnt, da die Frau nicht mehr nur »Lusttier und Gebärmaschine«, sondern auch »Kameradin« sein wolle.[182]

Zusätzliche Anregung erhält der Gedanke der Freien Liebe in der zweiten Hälfte der zwanziger Jahre einmal durch die »Wilden Cliquen« – Jugendgruppen, bei denen es weder alkoholische noch sexuelle Askese gab.[183] Diese Bewegung führt eindeutig zu Wilhelm Reich hin; Verbindungsglied ist dabei u. a. Walter Kolbenhoff, als proletarischer Jugendbewegter einer der »Protagonisten« Reichs in Berlin, und sein unter Reichs direktem Einfluß entstandener Roman *Untermenschen*.[184] Er beschreibt darin eine »gemeinsame Orgie« unter Anleitung des vierzehnjährigen »Häuptlings«: »Wir armen Hunde wollten doch glücklich sein. Über alles Verbieten, Treten, Unterdrücken hinaus waren wir glücklich.«[185] Die Sexualität gewinnt bei Kolbenhoff Bedeutung als stärkste utopische Triebkraft der elenden Proletarierjungen, als Ausdruck ihrer »Sehnsucht zum Leben«.[186] Die gemeinsame orgiastische Sexualität wird ihm zur unbewußten und noch vorpolitischen Revolte gegen die bestehenden Verhältnisse und zur Vorahnung und Vorwegnahme des sozialistischen Paradieses.

Aber nicht nur in den dunklen Tiefen der Großstadt liegt diese Ahnung der Befreiung durch die Sexualität; sie kommt auch als exotische Kunde aus der Südsee. 1928 veröffentlicht Margret Mead *Coming of Age in Samoa*, 1933 folgt *Sex and Temperament in Three Primitive Societies*. 1929 veröffentlicht Bronislaw Malinowski seine Studie über *Das Geschlechtsleben der Wilden in Nordwest-Melanesien. Liebe, Ehe und Familienleben bei den Eingeborenen der Trobriand-Inseln, British Neuguinea.* Wilhelm Reich ist so beeindruckt, daß er seinen Kopenhagener Verlag »Trobris«-Verlag nennt. Die traditionelle Naivität der »Wilden« und die unkontrollierte Sexualität der »Wilden Cliquen« verschmelzen dann bei Reich zu einer großen Utopie befreiter Sexualität in der proletarischen Jugendbewegung, wie er sie besonders in seiner Schrift *Der sexuelle Kampf der Jugend* von 1932 darstellt.[187]

In Reichs Schrift laufen die Argumentationen vorausgehender Jahrzehnte zusammen und finden eine neue Lösung. Der Sexualität, bisher von den sozialistischen Parteien als Privatangelegenheit angesehen, wird hier ein eminent politischer Stellenwert eingeräumt, ja sie wird zum Schlüssel für die Lösung der sozialen Frage. Reich sieht bereits die »unabwendbare sexuelle Revolution der Jugend«, will sie aber aus einer vor- und unpolitischen »unfruchtbaren sexuellen Revolution« in eine »fruchtbare revolutionäre Kampfesgesinnung« verwandeln. Das eigentlich Neue ist demnach bei Reich die »Politisierung der Sexualfrage der Jugend«. Hatte die bisherige sozialistische Politik in der Ablenkung von der Sexualität als eines den Klassenkampf störenden Faktors beruht, so fordert Reich die »offizielle Bejahung des Sexuallebens in der Organisation«, um damit die bisherige falsche Alternative zwischen Sexualität oder revolutionärer Arbeit aufzuheben. Nicht mehr die Sublimierung der Sexualität in der Kameradschaftsgruppe ist sein Ziel, sondern die Freisetzung der Sexualität *in* der Gruppe zur Erhöhung ihrer Integrationskraft. Während die vorausgehenden sozialistischen Sexualpädagogen den Begriff der solidarischen Gemeinschaft immer asexuell formulierten, reicht bei Reich die

Kameradschaft vom geistigen bis zum sexuellen Bereich. Er will die sexuellen Gefühle direkt für die proletarische Bewegung nutzbar machen. Indem er das bekannte Problem der paarweisen Abwanderung von Jugendlichen aus der sozialistischen Bewegung erneut aufgreift, kommt er zur Feststellung, daß sicher ein großer Teil der Mädchen und Jungen aus demselben Grund zur proletarischen Jugendorganisation käme, der sie auch auf den Tanzboden führe: aus dem Bedürfnis nach einem Sexualpartner und einem Sexualleben. Diese Mehrheit gelte es, *mit* ihrem sexuellen Interesse in die Organisation zu führen. Indem nun die kommunistische Organisation auch auf die Sexualprobleme der Jugendlichen eingehe, verstärke sich die gefühlsmäßige und sachliche Bindung der Jugendlichen an die Sache der Werktätigen und an die Kommunistische Partei.[188]

Der »Ausweg aus der Not« bisheriger jugendlicher Sexualität besteht vor allem in einer repressionsfreien Sexualaufklärung. Ihr Grundprinzip: Die Jugend habe nicht bloß ein Recht auf Aufklärung, sondern ein »volles Recht auf ihre Sexualität«. Denn: »Nichts ist unsittlich, was keinem schadet und dem Partner zur größeren Lust verhilft.« Deshalb könne es nicht das Ziel der Sexpol-Bewegung sein, so wie die D. G. B. G. durch ihre sexualhygienisch betriebene Aufklärung Hypochondrien und Angstzustände zu schaffen. Vielmehr sollten von der KPD als Akt proletarischer Selbsthilfe Sexualberatungsstellen für Jugendliche geschaffen werden. Dort könnten diese sich nicht nur sexuelle Ratschläge und Auskunft über die Möglichkeiten der Fruchtabtreibung holen, sondern auch Empfängnisverhütungsmittel, diese offenbar verbilligt oder gratis (wir befinden uns in der Weltwirtschaftskrise, und Reich hält den Preis von 30 Pfennig für ein Kondom für zu teuer für den arbeitslosen Jungarbeiter). Insbesondere aber soll die kommunistische Jugendorganisation selbst eine offene und freiere Atmosphäre bieten, in der die durch den Kapitalismus sexuell schwer geschädigten Proletarier wenigstens ihre sexuellen Schuldgefühle verlieren. Leider komme für diese Masse sexuell gestörter Jugendlicher eine langwierige psychotherapeutische Behandlung ihrer Schwierigkeiten nicht in Frage; aber man könne ihnen doch sagen: »Willst du die sexuelle Not beseitigen, so kämpfe für den Sozialismus. Denn der Sozialismus verwirklicht die sexuelle Lebensfreude.«[189] Nicht alle wollten diesen abwarten, und da Reich den ungehinderten Geschlechtsverkehr für Jugendliche verlangt hatte, sammelten fünfzehnjährige Jungen etwa gleichaltrige Mädchen und zogen mit ihnen am Wochenende in die Wälder um Berlin.

Hier ist nicht der Ort, um Reichs gesamte Sexualtheorie und -politik oder deren Kritik darzustellen. Bezüglich seiner Konzeption jugendlicher proletarischer Sexualität stammt eine kompetente, wenn auch damals infolge der politischen Ereignisse nicht mehr gedruckte Erwiderung von Heinz Jacoby.[190] Jacoby war ursprünglich durch Ernst Friedrichs Jugend-Anarchismus geprägt worden, unter dem Einfluß von Alice und Otto Rühle und der Individualpsychologie Alfred Adlers Marxist geworden und opponierte damals als ein Sprecher der Gruppe Marxistischer Sozialarbeiter gegen Reich. Jacoby kritisiert treffend die Schwachstellen der Reichschen Auffassungen: So glaubt er die These einer Sexualunterdrückung im jugendlichen Proletariat gänzlich in Frage stellen zu können. Vielmehr würden Wohn- und Arbeitsverhältnisse zu einer frühen Kenntnis sexueller Vorgänge und zu einem früh einsetzenden Geschlechtsverkehr führen. Nicht an »einfacher sexueller Entspannung« fehle es dem Proletariat, sondern an der durch die depravierten materiellen Lebensbedingungen verhinderten »höheren Genußfreudigkeit«. Des weiteren hegt er Zweifel, ob Reichs sexuell enthemmter Jugendlicher zum Träger sozialistischer Solidarität in den Organisationen werden könne. Jacoby sagt über diesen Typus des sexuell Rebellierenden:

»Der Gegenpol dieses (des abstinent-neurotischen) Typus ist jener, der aus seiner tristen Kindheitssituation heraus eine starke Sucht nach Bedürfnisbefriedigung und einen wahren Hunger nach Lust und Geltung bezogen hat, aber den Mut der Aggression, des Trotzes, des Protestes besaß, der seine Lebensform auf dem Tanzboden, dem Rummel fand und für den der Geschlechtsverkehr vom Augenblick der Schulentlassung an (wenn nicht schon vorher) so selbstverständlich wie die Zigarette wurde. Dieser Typ fand sich auch in der proletarischen Jugendbewegung ein, brachte aber immer die Gefahr mit sich, daß dort seine Geltungskämpfe, Eroberungssucht, Beziehungsschwierigkeiten störend bemerkbar wurden und lernte nur schwer, seine Bedürfnisse dem gemeinsamen Kampfinteresse unterzuordnen (. . .) Die Erfahrung der proletarischen Jugendbewegung lehrte ganz deutlich, daß diejenigen schwer einzuordnen waren, die überall nach sexueller Bedürfnisbefriedigung suchten. Sie brachen oft für ganz oder doch zeitweilig aus der Gemeinschaft wieder aus, obgleich die Sexualbefriedigung für sie nichts Problematisches hatte.«

Es gelte nicht, die Jugendlichen zum Sexualverkehr zu drängen, sondern ihnen erst einmal die »richtige Annäherungs- und Beziehungsfähigkeit« zu vermitteln. Denn die Sexualfrage sei für den Jugendlichen »in erster Linie ein Beziehungsproblem«. Und der praktizierende Sozialarbeiter Jacoby fährt fort, für spätere seelische Konflikte spiele ein bloß von der augenblicklichen Triebbefriedigung gelenkter zufälliger Sexualverkehr der Jugendlichen die gleiche böse Rolle wie die neurotisierende Abstinenz. Deshalb setzt Jacoby dem Reichschen Idealtypus des Sexualrebellen eine andere Leitfigur des proletarischen Jugendbewegten entgegen, dem sehr früh nicht die Sexualität, sondern soziale Aktivität oder berufliche Spezialinteressen zum wesentlichen Lebensinhalt werden und dem gerade die lebensökonomisch bedingte Einschränkung des Sexualinteresses die Möglichkeit eröffnet, echte soziale Beziehungen einzugehen: »In der proletarischen Jugendbewegung, in der seine Beziehungsfähigkeit rasch reifte, nahm er oft Sexualverkehr und Dauerverbindung gleichzeitig auf, so daß frühzeitig langdauernde Verbindungen entstanden.« Mit einer solchen Konzeption wehrt sich Jacoby gegen das, was er als typische Auflösungserscheinung der bürgerlichen Welt zu erkennen meint: die Ablösung der »alten Ehe« wie ihres Pendants, die Prostitution, durch den »häufig wechselnden Geschlechtsverkehr« außerhalb der Prostitution; gegen solchen durch keinerlei reale oder moralische Schranken mehr gehinderten Verfall stellt er mit Verweis auf Lenins Polemik gegen die »Glaswassertheorie« seine neue sozialistische Ordnung der Sexualität.

Vielleicht ist aber, ohne daß die älteren Sexualpädagogen wie Reich oder sein Kontrahent Jacoby dies wußten, um 1930 bereits unter den kommunistisch ausgerichteten Jugendlichen eine neue sozialistische Sexualität ins Leben getreten. Zumindest schwärmt Ernest Bornemann (u. a. später Herausgeber des *Lexikons der Liebe)* noch heute von der damaligen, unter dem theoretischen Einfluß Reichs und Hoernles zustandegekommenen Sexualbefreiung der sozialistischen Schüler in Berlin:

»Die sexuellen Probleme, an denen unsere bürgerlichen Schulkameraden litten, kannten wir nicht, weil meistens unsere Eltern arbeiteten, so daß wir während des Arbeitstages oft genug in der Wohnung der Eltern mit unseren Freundinnen aus dem SSB (dem kommunistischen Sozialistischen Schüler-Bund) schlafen konnten. Jungens und Mädchen waren in etwa gleicher Anzahl im SSB vertreten. Aufklärung brauchten wir nicht, weil wir mindestens vom 15. Lebensjahr an feste Freundinnen hatten. Wenn jemand schwanger wurde, fanden Ärzte wie Wilhelm Reich uns stets Genossen mit bester gynäkologischer Ausbildung, die uns halfen. Niemand brauchte zu Pfuschern oder Winkelabtreibern zu gehen. Niemand litt an Potenzstörungen oder sexueller Unterernährung.«[191]

Gerade der Bruch mit dem bürgerlichen Tabu des pubertären Geschlechtsverkehrs und der Beischlaf mit einer liebevollen gleichaltrigen Partnerin habe vor den sexuellen Störungen bewahrt, welche die Folge frustrierter Enthaltsamkeit oder der ersten sexuellen Erfahrung mit einer Prostituierten oder lieblosen älteren Frau seien. Bornemann stellt sich hier ganz auf die Seite Reichs gegen Hoernle, der eine in sexuellen Fragen äußerst konservative Linie verteidigt habe (er hatte in der Tat 1929 nochmals seine seit zehn Jahren vorgetragene These von der sozialistischen »Selbstzucht« wiederholt).[192] Trotzdem sieht auch Bornemann eine gewisse Sittlichkeit in der unter Reichs Einfluß stehenden Kommunistischen Jugendbewegung: Ein häufiger Partnerwechsel sei verpönt gewesen, Gruppensex habe nicht stattgefunden, auch seien keine oralen oder analen Varianten des Geschlechtsverkehrs ausprobiert worden. Wesentlich sei gewesen, daß sich die individuelle geschlechtliche Liebe mit dem sozialen Lernen verband, da die meisten Sexualpartner aus einer anderen sozialen Schicht kamen. So sei mit der ersten Liebe nicht nur die Entdeckung eines anderen Körpers, sondern auch die Erforschung eines neuen Aspekts der Gesellschaft verbunden gewesen. Ferner habe diese Sexualität partriarchalisches Verhalten, wie es nicht nur das Bürgertum, sondern auch das Proletariat vertrat, abgebaut: Erst sei noch die Vorstellung einer Eroberung der Frau durch den Mann vorhanden gewesen, und mancher proletarische Junge habe die Eroberung des bürgerlichen Mädchens »als eine Art Klassenkampf auf sexueller Ebene« betrachtet. Doch langsam sei ihnen klar geworden, daß es im Bett keine Eroberer und keiner Eroberten gibt – »zumindest nicht in einer Gemeinschaft, deren Ziel die Veränderung der Gesellschaft ist«. Damit aber glaubt er Reichs Erwartungen an eine sozialistische Sexualität bestätigen zu können, die nicht – wie Hoernle es in alter sozialdemokratischer Tradition sah – auf Askese und Sublimierung, sondern auf Sinnlichkeit beruhe.

Es wäre jedoch falsch, in Reichs und Bornemanns Bejahung jugendlicher Sexualbetätigung bereits die Norm in der damaligen proletarischen Jugendbewegung zu sehen. Für manche sozialistischen Sexualpädagogen galten immer noch die alten asketischen Werte. So fragt 1930 der leitende Stadtarzt in Berlin-Lichtenberg und Mitglied des Generalsekretariats der D. G. B. G., Georg Loewenstein: »Worin besteht nun die sexuelle Not, die sexuelle Frage der Jugend?« Und er antwortet: »Sie besteht darin, daß Ungewißheit darüber besteht, ob vorzeitig der Geschlechtstrieb geweckt und zur Betätigung gebracht werden darf.«[193] Für ihn gibt es keinen Zweifel: Allein schon die Statistik der Geschlechtskrankheiten bei Jugendlichen[194] lasse nur *eine* Konsequenz zu: Enthaltsamkeit bis zum 25. Lebensjahr! Aber auch die Achtung vor der Frau und »Kameradin« mache die Selbstüberwindung zur Notwendigkeit.[195] Schließlich sei es nicht sozialistisches Erziehungsziel, »Triebmenschen« zu erziehen, deren »Sinnenleben allein auf das Tierische im Menschen gerichtet ist«; sondern der Weg des beruflichen und sozialen Erfolges der Jugendlichen führe allein über die »Abkehr vom Geschlechtlichen« durch Willensstärkung.

Reich hatte versucht, die real bestehende »freie Liebe« des Proletariats mit den Erfordernissen einer starken Klassenkampf-Organisation zu versöhnen. Ohne mit seiner Variante der Geschlechtsfreiheit der Arbeiterjugend viel Neues sagen zu können, bestätigte er nur deren gängige Praxis vorehelicher »wilder« Sexualität. Deshalb ist es nicht verwunderlich, daß es schließlich die bürgerliche Jugend während der Studentenrevolte war, die die Reichschen Positionen rezipierte und damit einen Ausweg aus ihrer »Sexualunterdrückung« gefunden zu haben glaubte. Als damals die Berliner »Kommune I« mit ihrem »Psychospezialisten« Rainer Langhans über Reichs Theorien und die sexuelle Revolution diskutiert, versteht der Proletarier Bommi Baumann die ganze Debatte über »Zweierbeziehungen und hin und her« gar nicht: »Denn bei uns war das sowieso einfach. Da haste mal mit der Braut gepennt, denn mal mit der, du warst sowieso immer hinter Bräuten her, und zu der Zeit sind dir soviel Bräute hinterhergerannt, daß du so ein Ding nie druff hattest (. . .) Diese ganzen Psychodramen, die sich in den Kreisen (der Kommune I) abgespielt haben, zu denen hat man natürlich immer ein anderes Verhältnis gehabt« – schließlich waren das ja »bürgerliche Probleme«: »Liebesgeschichten sind da immer heavy gelaufen, da hast du's natürlich leichter gehabt!«[196]

1 Beschrieben werden die modernen Sexualrevolutionen bei Edward Shorter, *Die Geburt der modernen Familie* (Reinbek 1983). Der Begriff selbst scheint aber eher der Utopie als der Realität zuzugehören, denn nach Erwin J. Haeberle, *Die Sexualität des Menschen* (Berlin/New York 1983), S. 505 stammt er von Wilhelm Reich, der 1945 einige frühere Arbeiten in Amerika unter dem Titel *Die sexuelle Revolution* in Buchform veröffentlichte. Benjamin B. Lindsey hatte schon 1928 *The Revolt of the Modern Youth* publiziert.

2 Eine umstrittene Umdeutung viktorianischer Sexualität versuchen etwa Steven Marcus, *The Other Victorians* (New York 1966) (Umkehrung der Moral, Frankfurt/M. 1979) oder Peter Gay, *The Bourgeois Experience* (= Education of the Senses, Bd. 1) (Oxford 1984). Zur Geschichte der Sexologie s. Anm. 17.

3 Roderich Hellmann, *Über Geschlechtsfreiheit. Ein philosophischer Versuch zur Erhöhung des menschlichen Glückes* (Berlin 1878). Im folgenden werden die Seitenangaben im Text selbst zitiert.

4 Paul Englisch, *Geschichte der erotischen Literatur* (Stuttgart 1926). Eduard Fuchs, *Illustrierte Sittengeschichte*, 6 Bde. (München 1909–1912).

5 Iwan Bloch, *Das Sexualleben unserer Zeit in seinen Beziehungen zur modernen Kultur* (Berlin 1908²), S. 337, Anm. 23.

6 Charles Fourier, *Aus der Neuen Liebeswelt* (Berlin 1977), S. 124 f. und 203 f.

7 Karl Jaspers, *Die geistige Situation der Zeit* (Berlin 1960: Abdruck der 5. Aufl. v. 1932), S. 55; Theodor Hendrik van de Velde, *Die vollkommene Ehe* (Leipzig/Stuttgart 1927); ders., *Die Erotik in der Ehe. Ihre ausschlaggebende Bedeutung* (Leipzig/Stuttgart 1928).

8 »Die Stadt ist die typische Trägerin jenes Sinnen- und Nervenzustandes der Reizsamkeit, der unsere Generation historisch charakterisiert, der Städter der typische Repräsentant der Nervosität in ihrer modernen Gestalt (. . .) Wo die Sinne stärker in Anspruch genommen werden, dort wächst die erotische Begierde, verliert sie ihren periodischen Verlauf zugunsten eines beständigen Wachseins oder doch eines durch leisen Anstoß zu weckenden Scheinschlummers« (Bloch, *Sexualleben,* S. 316). »Dekadenz der Nerven, der menschlichen Sinnlichkeit, Neurasthenie und Nervosität« erscheinen als zeitgenössische »Krankheit«: Gisela von Wysocki, *Peter Altenberg-Bilder und Geschichten des befreiten Lebens* (München/Wien 1971), S. 21. Auch Eduard Heimann, *Das Sexualproblem der Jugend* (Jena 1913), S. 6 sieht die Gründe für die Sexualisierung der Jugend im »rasend beschleunigten Lebenstempo unserer Zeit«, das »gesteigerte Inanspruchnahme der Nervenkraft« und »das Bedürfnis nach rascher Erfrischung und

Zerstreuung« hervorrufe. Vgl. Willy Hellpach, *Nervosität und Kultur* (Berlin 1902) und Sigmund Freud, *Die ›kulturelle‹ Sexualmoral und die moderne Nervosität*, in: Freud, *Fragen der Gesellschaft. Ursprünge der Religion* (Studienausg. Bd. 9, Frankfurt/M. 1974). Vgl. auch Michael Worbs, *Nervenkunst, Literatur und Psychoanalyse im Wien der Jahrhundertwende* (Frankfurt/M. 1983).

9 Maurice Chachuat, *Le mouvement du ›Birth Control‹ dans les pays anglo-saxons* (Paris 1934); E. Himes, *History of Contraception* (Baltimore 1936), S. 209ff.; Angus McLaren, *Birth Control in Nineteenth-Century England* (London 1978), S. 107ff.

10 Die Verbindung des Neomalthusianismus mit der Arbeiter- und Frauenbewegung blieb in Deutschland ein Randphänomen: Ulrich Linse, *Arbeiterschaft und Geburtenentwicklung im Deutschen Kaiserreich von 1871*, in: *Archiv für Sozialgeschichte* 12 (1972), S. 229ff.

11 August Forel, *Die sexuelle Frage. Eine naturwissenschaftliche, psychologische, hygienische und soziologische Studie für Gebildete* (München 1905), S. 3f.

12 Linse, *Arbeiterschaft*, S. 207ff.; George L. Mosse, *Race and sexuality. Bourgeois society and the outsider in the 19th century*, in: *Among Men – Among Women* (Amsterdam 1983), S. 280ff. Angekündigt sind eine Berliner Diss. von Anneliese Bergmann über Geburtenrückgang und staatliche Reproduktionspolitik im Deutschen Kaiserreich; ein 4. Band über »Bevölkerung und Rassen« in Michel Foucaults Werk *Sexualität und Wahrheit* und von George L. Mosse *Nationalism and Sexuality. Respectability and Abnormal Sexuality in Modern Europe* (New York 1985).

13 Michel Foucault, *Sexualität und Wahrheit. Bd. 1: Der Wille zum Wissen* (Frankfurt/M. 1983), S. 122.

14 Ebd., S. 147ff.

15 Linse, *Arbeiterschaft;* Anneliese Bergmann, *Geburtenrückgang – Gebärstreik. Zur Gebärstreikdebatte 1913 in Berlin*, in: *Archiv für die Geschichte des Widerstandes und der Arbeit* 4 (1980), S. 7ff.; dies., *Frauen, Männer, Sexualität und Geburtenkontrolle. Zur ›Gebärstreikdebatte‹ der SPD 1913*, in: Karin Hausen (Hg.), *Frauen suchen ihre Geschichte* (München 1983), S. 81ff.

16 Daniela Weiland, *Geschichte der Frauenemanzipation in Deutschland und Österreich* (= Hermes Handlexikon) (Düsseldorf 1983), S. 58ff.; Marielouise Janssen-Jurreit, *Sexualreform und Geburtenrückgang – Über die Zusammenhänge von Bevölkerungspolitik und Frauenbewegung um die Jahrhundertwende*, in: Annette Kuhn, Gerhard Schneider (Hg.), *Frauen in der Geschichte* (Düsseldorf 1979, 1982²), S. 56ff.

17 Annemarie Wettley, W. Leibbrand, *Von der ›Psychopathia sexualis‹ zur Sexualwissenschaft* (Stuttgart 1959); Edward M. Brecher, *Vom Tabu zum Sex-Labor. Die Geschichte der Sexualforschung* (Reinbek

1971); Frank J. Sulloway, *Freud. Biologie der Seele* (Köln 1982), S. 387 ff.; Erwin J. Haeberle (Hg.), *Anfänge der Sexualwissenschaft* (Berlin/New York 1983).

18 Bloch, *Sexualleben*, S. 340 und 394.

19 Etwa Alfred Blaschko, *Die Verbreitung der Geschlechtskrankheiten*, in: ders. (Bearb.), *Hygiene der Prostitution und der venerischen Krankheiten* (Jena 1900), S. 19 ff.

20 Kennzeichnend ist der Aufschwung, den damals die Rassenhygiene in Deutschland nahm – so erschien ab 1905 das von Alfred Ploetz hg. *Archiv für Rassen- und Gesellschafts-Biologie*.

21 Bloch, *Sexualleben*, S. 419.

22 Walther Schönfeld, *Kurze Geschichte der Dermatologie und Venerologie und ihre kulturgeschichtliche Spiegelung* (Hannover/Kirchrode 1954).

23 Regina Schulte, *Sperrbezirke. Tugendhaftigkeit und Prostitution in der bürgerlichen Welt* (Frankfurt/M. 1979).

24 Patrick Bade, *Femme Fatale. Images of Evil and Fascinating Women* (London 1979).

25 Wolfgang K. Müller-Thalheim, *Erotik und Dämonie im Werk Alfred Kubins* (München 1970), S. 71 und 33, vgl. Albert Neisser, *Syphilis und Salvarsan* (Berlin 1913).

26 Bloch, *Sexualleben*, S. 315 ff. und 381 ff.

27 Georg von Mayr, *Statistik und Gesellschaftslehre*. Bd. 3 (Tübingen 1917), S. 44; dort auch die entsprechenden statistischen Materialien von 1900.

28 Ebd., S. 420. Einen guten Einblick in die Wirksamkeit der D. G. B. G. gibt – neben ihrer *Zeitschrift für Bekämpfung der Geschlechtskrankheiten* – die Festschrift *Zum 25-jährigen Bestehen der Ortsgruppe Frankfurt der D. G. B. G. 1903–1928* (Frankfurt/M. 1928).

29 Karl Kraus, *Ö. G. Z. B. D. G.* (Österreichische Gesellschaft zur Bekämpfung der Geschlechtskrankheiten), in: Kraus, *Die chinesische Mauer* (München/Wien 1964), S. 107.

30 Ebd.

31 Auguste Forel, *Sexuelle Ethik* (München 1906); Friedrich Wilhelm Foerster, *Sexualethik und Sexualpädagogik. Eine Auseinandersetzung mit den Modernen* (Kempten/München 1907).

32 Friedrich Landmann, *Eine Leitlinie*, in: Alfred Kurella, *Die Geschlechterfrage der Jugend* (Hamburg 1919), S. 28.

33 Zusammenstellungen der sexualpädagogischen Literatur nach der Jahrhundertwende finden sich bei Bloch, *Sexualleben*, S. 747, Anm. 3; ferner in: *Sexualpädagogik. Verhandlungen des Dritten Kongresses der Deutschen Gesellschaft zur Bekämpfung der Geschlechtskrankheiten in Mannheim am 24. und 25. Mai 1907* (Leipzig 1907), S. 87 f. und 314 ff.; Georg Klatt, *Geschlechtliche Erziehung als soziale Aufgabe*

(= Entschiedene Schulreform. Abhandlungen zur Erneuerung der deutschen Erziehung, Heft 50) (Leipzig 1926), S. 133 ff.

34 Bloch, *Sexualleben*, S. 746 ff.

35 *Sexualpädagogik*, S. 168. Siehe Helene Stöcker (Hg.), *Petitionen des Deutschen Bundes für Mutterschutz 1905–1916* (Berlin 1916).

36 Bloch, *Sexualleben*, S. 750.

37 Bloch, *Sexualleben*, S. 740; Julian Marcuse, *Die sexuelle Erziehung unserer männlichen Jugend im Hinblick auf die Fortpflanzung,* in: Adele Schreiber (Hg.), *Mutterschaft. Ein Sammelwerk für die Probleme des Weibes als Mutter* (München 1912), S. 109.

38 *Sexualpädagogik*, S. 9.

39 Friedrich Wilhelm Foerster, *Jugendlehre* (Ausg. München 1909), S. 613 und 636.

40 Bloch, *Sexualleben*, S. 313.

41 Über staatliche, rechtliche und polizeiliche Maßnahmen zur Aussperrung der Prostituierten informiert Schulte, *Sperrbezirke,* S. 157. Die D. G. B. G. hatte auch wesentlichen Anteil am Zustandekommen des Gesetzes zur Bekämpfung der Geschlechtskrankheiten von 1927.

42 Der entscheidende Fehler in Shorter, *Moderne Familie,* ist der von ihm konstruierte Übergang von einer traditionellen gemeinschaftsgebundenen Sexualethik zu einer modernen privaten. Die Dramatisierung der Geschlechtskrankheiten verhinderte zunächst gerade diese Entwicklung. Zu Recht schreibt deshalb Schönfeld, *Kurze Geschichte,* S. 133: »Vorbei ist (. . .) in den Geschlechtskrankheiten die Privatangelegenheit eines einzelnen zu sehen. Sie sind eine Sache der Allgemeinheit. Diese Verlagerung des Schwerpunktes vom Einzelnen zur Allgemeinheit bringt es auch mit sich, daß der Staat für die Allgemeinheit das Recht beansprucht, den Einzelnen und die Gemeinschaft vor Übertragung zu schützen.«

43 Sterling Fishman, *Suicide, Sex, and the Discovery of the German Adolescent,* in: *History of Education Quarterly* (Summer 1970), S. 171 ff.

44 Albert Eulenburg, *Kinder- und Jugendselbstmorde* (Halle 1914).

45 *Sexualpädagogik*, S. 198 f.

46 Alfred Kurella (Hg.), *Die Geschlechterfrage der Jugend* (Hamburg 1919), S. 57.

47 Franz Sachs, *Das Verhältnis der Geschlechter,* in: Adolf Grabowsky, Walther Koch (Hg.), *Die freideutsche Jugendbewegung. Ursprung und Zukunft* (Gotha 1920), S. 45.

48 Elisabeth Busse-Wilson, *Die Frau und die Jugendbewegung* (Hamburg 1919), zit. nach Werner Kindt (Hg.), *Grundschriften der deutschen Jugendbewegung* (Düsseldorf/Köln 1963), S. 328.

49 Vgl. Gertrud Bäumer, *Koedukation,* in: Adele Schreiber (Hg.), *Das Buch vom Kinde,* Bd. 2 (Leipzig/Berlin 190), S. 44–48.

50 Vgl. Weiland, *Geschichte der Frauenemanzipation*, S. 166–171 mit Literatur.

51 Werner Kindt (Hg.), *Die Wandervogelzeit* (Düsseldorf/Köln 1968), S. 438 (das Zitat stammt aus dem Jahr 1913).

52 Eduard Heimann, *Das Sexualproblem der Jugend* (Jena 1913), S. 12.

53 Ebd., S. 5. Vgl. John R. Gillis, *Geschichte der Jugend* (Weinheim-Basel 1980) über den Zusammenhang zwischen der »Ausdehnung der Schulbesuchsdauer« in den bürgerlichen Mittelschichten und der »Unterdrückung der Sexualität«.

54 Heimann, *Sexualproblem*, S. 5.

55 Emil Meirowsky, Albert Neisser, *Neue sozialpädagogische Statistik*, in: *Zeitschrift für Bekämpfung der Geschlechtskrankheiten*, 12. Jg. (1911/12), S. 341–366 und 385–405, zit. nach Heimann, *Sexualproblem*, S. 5.

56 Konrad H. Jarausch, *Students, Sex and Politics in Imperial Germany*, in: *Journal of Contemporary History*, Vol. 17 (1982), S. 285–303 mit weiterer Literatur.

57 Heimann, *Sexualproblem*, S. 7.

58 *Sexualpädagogik*, S. 144 und 146.

59 Bloch, *Sexualleben*, S. 331–336 (Zitate S. 336 und 335) im Rückgriff auf Willy Hellpach, *Liebe und Liebesleben im 19. Jahrhundert* (o. O., o. J.).

60 Heimann, *Sexualproblem*, S. 8.

61 Ebd., S. 31.

62 Ebd., S. 21.

63 Ebd., S. 32 f.

64 Ebd., S. 6 f.

65 Ebd., S. 37.

66 Hans Wegener, *Wir jungen Männer. Das sexuelle Problem des gebildeten jungen Mannes vor der Ehe* (1. Aufl. Leipzig 1906; aktualisierte Kriegsausgabe Leipzig 1917).

67 Heimann, *Sexualproblem*, S. 2.

68 Kindt, *Grundschriften*, S. 328.

69 Fritz Jungmann, *Autorität und Sexualmoral in der freien bürgerlichen Jugendbewegung*, in: *Studien über Autorität und Familie. Forschungsberichte aus dem Institut für Sozialforschung* (= Max Horkheimer [Hg.], Schriften des Instituts für Sozialforschung, Bd. 5) (Paris 1936), S. 685.

70 Beispielhaft Albert Eulenburg in: *Sexualpädagogik*, S. 194 ff. und Julian Marcuse in: Schreiber, *Mutterschaft*, S. 108 ff.

71 Marcuse, ebd., S. 110.

72 *Sexualpädagogik*, S. 256; vgl. Hartmann Wunder, *Alkohol in der Geschichte*, in: *Neue politische Literatur*, 28. Jg. (1983), S. 436 ff.

73 Richard Hammer, *Formen der Sexualität in der Jugendbewegung* (med. Diss. Heidelberg 1924; Mschr.), S. 29.

74 Wilhelm Liepmann, *Jugend und Eros* (Dresden 1930), S. 31 f.

75 Elly Bommersheim, . . . *bis es mir zu bunt wurde* (Lebenserinnerungen) (St. Michael 1981), S. 66 f.

76 Max Hodann, *Das erotische Problem in der bürgerlichen Jugendbewegung*, in: *Neue Generation* (Juli 1916), zit. nach Hodann, *Bub und Mädel. Gespräche unter Kameraden über die Geschlechterfrage* (Leipzig 1925), S. 102 ff.; ebenfalls abgedruckt bei Hodann, *Sexualpädagogik* (Rudolstadt 1928), S. 9 ff.

77 Otto Fenichel, *Grundsätze zu jeder Sexualethik*, in: Kurella, *Geschlechterfrage*, S. 30 ff.

78 Sachs, *Verhältnis*, in: Grabowsky, Koch, *Jugendbewegung*, S. 45 ff.

79 Busse-Wilson, *Frau*, in: Kindt, *Grundschriften*, S. 327 ff.

80 Sachs, *Verhältnis*, in: Grabowsky, Koch, *Jugendbewegung*, S. 47.

81 Liepmann, *Jugend*, S. 21.

82 Benjamin B. Lindsey, *The Companionate Marriage* (New York 1927, dt. Übers. *Die Kameradschaftsehe*, Berlin/Leipzig o. J./ca. 1929).

83 Magnus Hirschfeld, Ewald Bohm, *Sexualerziehung. Der Weg durch Natürlichkeit zur neuen Moral* (Berlin 1930), S. 219.

84 Liepmann, *Jugend*, S. 21.

85 Hirschfeld, Bohm, *Sexualerziehung*, S. 201 ff.

86 Ein gutes Beispiel bei Liepmann, *Jugend*, S. 64; dort wird auch der Zusammenhang mit der »Kameradschaftsehe« deutlich; denn der genannte Jugendliche will sein reines »Edelweib« auf »kameradschaftliche, natürliche Art« kennenlernen (S. 65).

87 Vgl. Beispiel bei Liepmann, *Jugend*, S. 32.

88 Hammer, *Formen*, S. 11 ff.

89 Jungmann, *Autorität*, S. 677 und 684. Seine Erklärung lautet: »Der durchschnittliche psychologische Vorgang war also der: die Jungen nahmen den strengen Sexualverzicht, den ihnen das Elternhaus nicht hatte aufzwingen können, nunmehr freiwillig auf sich, weil sie dafür durch eine, wenn auch sehr gedämpfte und sublimierte, so doch autoritätslose und also unväterliche Beziehung mit älteren Führern entschädigt wurden« (S. 678); und: »Wir haben schon oben den typischen Kompromißcharakter der Wandervogellösung angedeutet. Sie revoltiert nicht gegen die Sexualeinschränkung, die ihr die Väter auferlegen, akzeptiert sie vielmehr unter der Bedingung, daß an Stelle der tyrannischen wirklichen Väter verständnisvolle ungefährliche ältere Freunde treten« (S. 679).

90 Busse-Wilson, *Frau*, S. 330.

91 Hammer, *Formen*, S. 21.

92 Ein gutes Beispiel zitiert Jungmann, *Autorität*, S. 679 f. aus der *Wandervogelführerzeitung* (1914), S. 12: »Jungs und Mädels, die wochen-

tags einander auf dem Bummel poussieren, können unmöglich Anspruch darauf machen, im Wandervogel zu bleiben und dort gemeinsam zu wandern.«

93 Jungmann, *Autorität*, S. 680 und S. 684.

94 Hammer, *Formen*, S. 23 ff.

95 Janos Frecot, Johann Friedrich Geist und Diethart Kerbs, *Fidus 1868–1948. Zur ästhetischen Praxis bürgerlicher Fluchtbewegungen* (München 1972), S. 284 f.

96 Busse-Wilson, *Frau*, S. 329 f.

97 Jungmann, *Autorität*, S. 686.

98 Busse-Wilson, *Frau*, S. 333.

99 Jungmann, *Autorität*, S. 686 nennt die bürgerliche Jugendbewegung »die spezifische Gemeinschaft der neurotischen Flüchtlinge vor dem Sexualleben«. Ohne Beweis für seine Behauptung setzt er hinzu: »Die freideutsche Jugend hat infolgedessen nicht Unerhebliches zur Befreiung und Rehabilitation der Perversionen, aber sehr wenig für die Befreiung der normalen Sexualität geleistet.«

100 Siegfried Bernfeld, *Die neue Jugend und die Frauen* (Wien/Leipzig 1914), S. 8; Max Hodann, *Vom Weg der Jugend* (= Schriften zur Jugendbewegung. Hg. im Auftrag der Centralarbeitsstätte für Jugendbewegung von Max Hodann) (Leipzig, April 1916), S. 4.

101 Erich Ebermayer, *Kampf um Odilienberg. Roman* (Berlin 1929); vgl. Gustav Wyneken, *Eros* (Lauenburg 1921).

102 Karl Seidelmann, *Wyneken und die Frauen*, in: *Jahrbuch des Archivs der deutschen Jugendbewegung*, Bd. 4 (1972), S. 151.

103 Jungmann, *Autorität*, S. 688 weist darauf hin, daß keine andere Gruppe der jungen Generation der Psychoanalyse so viele Kräfte stellte wie die Jugendkulturbewegung, insbesondere deren Wiener Zweig.

104 Ebd., S. 687 f.

105 Hodann, *Problem*, S. 104.

106 Herbert Blumenthal, *Jugendliche Erotik*, in: *Der Anfang. Zeitschrift der Jugend*, 1. Jg. Heft 6 (Oktober 1913), S. 166–169.

107 Friedrich Mono, *Unsere Geselligkeit*, in: ebd., 1. Jg. Heft 7 (November 1913), S. 200 ff.

108 Magnus Hirschfeld, *Sittengeschichte des Weltkrieges*. Bearb. von Andreas Gaspar, 2 Bde. (Leipzig 1930); J. C. Brunner, *Illustrierte Sittengeschichte. Krieg und Geschlechtsleben* (Nürnberg 1926²); Hans Ostwald, *Sittengeschichte der Inflation* (Berlin 1931).

109 Jungmann, *Autorität*, S. 695 und 697.

110 Dazu Ulrich Linse, *Die Kommune der deutschen Jugendbewegung* (München 1973), S. 69 ff.

111 Alfred Kurella, *Körperseele*, in: *Freideutsche Jugend*, 4. Jg. (Juli 1918), S. 235–252; zit. im folg. nach Kurella, *Körperseele. Drei Briefe*,

in: *Der Leib. Blätter zur Erkenntnis wesentlichen Lebens aus der Vernunft des Leibes*, hg. v. Max Tepp, 1. Jg. Heft 1 (Oktober 1919), S. 18–39.

112 Alfred Kurella (Hg.), *Die Geschlechterfrage der Jugend* (Hamburg 1919). Weitere Antworten: Eduard Heimann, *Bemerkungen zur Geschlechterfrage*, in: *Freideutsche Jugend*, 4. Jg. (Juli 1918), S. 252–257; Harald Schultz-Hencke, *Hemmungen. Ein Beitrag zur Geschlechterfrage*, in: ebd., 5. Jg. (Juli 1919), S. 303–308.

113 Alfred Kurella, Jungen und Mädels, in: *Der Anfang*, 1. Jg. Heft 9 (Januar 1914), S. 258 ff.

114 Zum folg. Kurella, *Körperseele*.

115 *Die Loheland-Schule*, in: Werner Kindt (Hg.), *Die deutsche Jugendbewegung 1920 bis 1933* (Düsseldorf/Köln 1974), S. 1602 ff. Allgemein: Hans W. Fischer, *Körper, Schönheit und Körperkultur. Sport, Gymnastik, Tanz* (Berlin 1928); Helmut Günther, *Gymnastik und Tanzbestrebungen vom Ende des 19. Jahrhunderts bis zum 1. Weltkrieg*, in: H. Ueberhorst (Hg.), *Geschichte der Leibesübungen*, Bd. 3/1 (Berlin 1980).

116 Alfred Kurella, *Unterwegs zu Lenin* (Berlin 1967), S. 21.

117 Mündl. Inform. von Hans Koch.

118 Linse, *Kommune*, S. 75 ff.

119 Mündl. Auskunft von Hans Koch. Die vom Kreis studierten Schriften des Masdasnanbundes bei Kurella, *Geschlechterfrage*, S. 59.

120 Sachs, *Verhältnis*, S. 47.

121 Kurella, *Geschlechterfrage*, S. 24.

122 Ebd., S. 58.

123 Er zitiert dazu die von Theopil Christen, dem Mitarbeiter Silvio Gesells bei der Münchner Räterepublik, verfaßte Schrift *Die menschliche Fortpflanzung, ihre Gesundung und ihre Veredelung* (München 1918²).

124 »Ganz abgesehen von der psychischen und kulturellen Hinfälligkeit der Familie (. . .) ist sie einfach schon als wirtschaftliche Lebensform denkbar unpraktisch. Daß zwei Menschen sich zu einer geschlossenen Wirtschaftsgruppe zusammentun, für die ein eigener ganzer Hausbetrieb, eigene Küche, eigene Dienstboten usw. nötig werden, ist heutzutage einfach Verschwendung. Die Unmöglichkeit, eine Ehe in dieser überlieferten Form zu schließen, darf für uns wirklich nicht mehr zum Anlaß werden, sie überhaupt nicht zu schließen« (Kurella, *Geschlechterfrage*, S. 58).

125 Linse, *Kommune*, S. 93.

126 Brief E. K. an den Verfasser.

127 Vgl. Ulrich Linse, *Barfüßige Propheten. Erlöser der zwanziger Jahre* (Berlin 1983), S. 97 ff.

128 Kurella, *Geschlechterfrage*, S. 40 f.

129 Rudolf Linke, *Freie Liebe – oder Zucht? Von Muck zu Mittgart* (Hartenstein 1922).

130 Sachs, *Verhältnis*.

131 So schon Harald Schultz-Hencke, *Hemmungen,* in: *Freideutsche Jugend,* 2. Jg. (1919), S. 3 ff.

132 Max Hodann, *Bub und Mädel. Gespräche unter Kameraden über die Geschlechterfrage* (Leipzig 1925); ders., *Sexualpädagogik* (Rudolstadt 1928); ders., *Geschlecht und Liebe in biologischer und gesellschaftlicher Beziehung* (Rudolstadt 1927).

133 *Junge Menschen,* 8. Jg. Heft 6 (Juni 1927) und 7 (Juli 1927).

134 Bruno Wachsmuth, *Jugendehen?* in: ebd., 8. Jg. Heft 7 (Juli 1927), S. 170 f.

135 Jungmann, *Autorität*.

136 Bloch, *Sexualleben,* S. 265 mit Verweis auf Alfred Blaschko, *Die Prostitution im 19. Jahrhundert* (Berlin 1902), S. 12.

137 August Bebel, *Die Frau und der Sozialismus* (Frankfurt/M. 1981), S. 201 schreibt dazu: »Die Statistik zeigt, daß die sozial bessergestellten und gebildeten Klassen durchschnittlich in einem höheren Alter eine Ehe zu schließen pflegen als die unteren (...) In Preußen betrug 1881 bis 1886 das durchschnittliche Heiratsalter beim männlichen Geschlecht für Bergbau 27,6; Fabrikarbeiter 27,7; Metallarbeiter 28; Industrie der Steine 28,2; Baugewerbe 28,6; Holzindustrie 28,7; Maschinenfabrikation 29; Erziehung, Unterricht 29,1; Landwirtschaft 29,6; Verkehrsgewerbe 30; Handel 30,9; Gesundheitspflege, Kirche, Beamte 31,8 bis 33,4 (...) Wenn in den meisten europäischen Staaten das durchschnittliche Heiratsalter in den letzten Dezennien des 19. Jahrhunderts etwas gesunken ist, so ist es wiederum eine Folge der starken Industrialisierung der Gesellschaft. So im Deutschen Reiche (...), wo die Zunahme der Jungverheirateten mit der bedeutenden Vermehrung der industriellen Arbeiterschaft im Zusammenhang steht.« Ausführlich analysiert das Problem Fr. Prinzing, *Die Wandlungen der Heiratshäufigkeit und des mittleren Heiratsalters,* in: *Zeitschrift für Sozialwissenschaft,* 5. Jg. (1902), S. 656–674. Er bestätigt die Abnahme des Heiratsalters bei beiden Geschlechtern in den letzten drei Jahrzehnten des 19. Jahrhunderts und damit die Herabsetzung des mittleren Heiratsalters; zur Erklärung führt er die industrielle Entwicklung im allgemeinen und die »günstige wirtschaftliche Gestaltung« im besonderen an (S. 673).

138 August Bebel, *Frau,* S. 207 ff.

139 Jugendtagebuch Theodor Pliviers, unveröff., Kopie im Besitz d. Verf.

140 Zahlreiche Beiträge in *Sexualpädagogik* beschäftigen sich damit.

141 Etwa Julian Marcuse, *Geschlechtliche Erziehung in der Arbeiterfamilie* (= Arbeiter-Gesundheits-Bibliothek, Heft 10) (Berlin 1908); Dr. Popitz, *Die Jahre der Geschlechtsreife* (ebd., Heft 27) (Berlin 1912).

142 Robert Paul Neuman, *Socialism, the Family and Sexuality: The Marxist Tradition and German Social Democracy before 1914* (Ph. Diss. Northwestern University 1972); ders., *The Sexual Question and Social Democracy in Imperial Germany*, in: *Journal of Social History*, Spring 1974, S. 271–286.

143 W. U. Eissler, *Arbeiterparteien und Homosexuellenfrage* (Hamburg 1980).

144 Es scheint mir symptomatisch, daß der Sozialdemokrat Bruno Vogel seinen Roman *Alf* noch in der Weimarer Zeit im anarcho-syndikalistischen Asy-Verlag veröffentlichte (1929).

145 Reiches Material dafür bietet der Band *Sexualpädagogik*, passim.

146 Vgl. Dr. A. Heidenhain, *Sexuelle Belehrung der aus der Volksschule entlassenen Mädchen. Vortrag, gehalten vor den Herbst 1906 und Ostern 1907 zu Steglitz entlassenen Volksschülerinnen* (= Flugschriften der D. G. B. G., Heft 8) (Leipzig 1907); dazu *Sexualpädagogik*, S. 119f.

147 *Sexualpädagogik*, S. 186.

148 Deren »Thesen über die sozialistische Erziehungs- und Bildungsarbeit« sind wiedergegeben in: *Zur Geschichte der Arbeiterjugend in Deutschland. Eine Auswahl von Materialien und Dokumenten aus den Jahren 1904–1946* (Berlin 1956), S. 28f.

149 *Protokoll der Verhandlungen des Parteitags der SPD, Nürnberg 1908*, S. 529.

150 Hans Hackmack, *Arbeiterjugend und sexuelle Frage* (= Proletarische Jugend. Sammlung sozialistischer Jugendschriften, Heft 1) (1. Aufl. Berlin 1920, zit. nach 1921[3]), S. 13.

151 Mündl. Information durch Willy Ackermann.

152 *Protokoll der Verhandlungen*, S. 528ff.

153 Ebd., S. 535.

154 Ebd., S. 535.

155 *Zur Geschichte der Arbeiterjugend*, S. 29.

156 Edwin Hoernle, *Sozialistische Jugenderziehung und Sozialistische Jugendbewegung* (= Internationale Sozialistische Jugendbibliothek, Heft 4) (Berlin 1919), S. 31.

157 Dr. Batkis, *Die Sexualrevolution in Rußland* (= Beiträge zum Sexualproblem, hg. v. Dr. Felix Theilhaber, Heft 4) (Verlag Der Syndikalist, Berlin 1925); über die sexuelle Emanzipation der russischen Jugend durch die Revolution berichtet Klaus Mehnert in seiner Darstellung der städtischen Jugendkommunen, deren Bewohner keine Einschränkung der geschlechtlichen Beziehungen mehr anerkennen wollten (Klaus Mehnert, *Die Jugend in Sowjetrußland*, Berlin 1932, S. 175 ff., bes. S. 186 ff.). Für die geschlechtliche Befreiung der (jungen) Frau geben Alexandra Kollontais drei Erzählungen *Wege der Liebe* (Berlin 1925) ein eindrucksvolles Beispiel; vgl. dazu auch dies., *Autobiogra-*

phie einer sexuell emanzipierten Kommunistin (Berlin o. J.; erste vollständige Ausgabe der 1926 in München gekürzt u. d. T. *Ziel und Wert meines Lebens* erschienenen Autobiographie) und dies., *Die neue Moral und die Arbeiterklasse* (Münster 1977). Vgl. auch die konservative Antwort von Ludwig Hoppe, *Sexueller Bolschewismus und seine Abwehr,* Berlin o. J.).

158 Hackmack, *Arbeiterjugend.*

159 Trotz Koedukation und Gleichheit der Geschlechter in der Arbeiterjugendbewegung werden »in den proletarischen Zeitschriften der Jugend der Weimarer Zeit verschiedentlich besondere Fragen der ›Mädelarbeit‹ diskutiert«: Gerhard Roger, *Die pädagogische Bedeutung der Proletarischen Jugendbewegung Deutschlands* (Diss. paed. Rostock 1953, Frankfurt/M. 1971), S. 97.

160 Hackmack, *Arbeiterjugend,* S. 9.

161 Paul Krische, *Jugendehe! Eine Forderung für unsere Zukunft* (Leipzig 1918).

162 Paul und Maria Krische, *Vom werdenden Leben. Wie es Kindern und Jugendlichen zu erklären ist* (Berlin o. J./1920), zit. nach Hackmack, *Arbeiterjugend,* S. 20.

163 Hoernle, *Jugenderziehung,* S. 30; ähnlich Hackmack, *Arbeiterjugend,* S. 3–7.

164 Hoernle, *Jugenderziehung,* S. 31.

165 Ebd., S. 33.

166 Hoernle, *Die Arbeit in den kommunistischen Kindergruppen* (= Der Kindergruppenleiter, Heft 1) (Wien 1923), zit. nach ders., *Schulpolitische und pädagogische Schriften,* hg. v. Wolfgang Mehnert (Berlin 1958), S. 101; wörtlich übernommen in ders., *Grundfragen der proletarischen Erziehung* (Berlin 1929; zit. nach der Neuausgabe Frankfurt/M. 1973), S. 194.

167 Hoernle, *Arbeit,* S. 102.

168 Paul Albrecht, *Geschlechtsnot der Jugend* (Verlag Junge Anarchisten, Berlin 1926) fordert die »Sublimierung« des Triebes, indem man ihm »die Gebiete des *Klassenkampfes* eröffnet« (S. 22).

169 Max Hodann, *Bub und Mädel. Gespräche unter Kameraden über die Geschlechterfrage* (= Entschiedene Schulreform. Abhandlungen zur Erneuerung der deutschen Erziehung, Heft 25) (Leipzig 1925), S. 18, 99 f. Ebenso Dr. Kurt Kerlöw-Löwenstein, *Sozialistische Schul- und Erziehungsfragen* (Berlin 1919), S. 30.

170 *Das Mädel in der revolutionären Jugendbewegung,* in: *Die Schwarze Fahne,* 2. Jg. Heft 41 (1926); wiederabgedruckt in: Ulrich Linse, *Die anarchistische und anarcho-syndikalistische Jugendbewegung 1919–1933* (Frankfurt/M. 1976), S. 287–291.

171 Ludwig Turek, *Ein Prolet erzählt. Lebensbericht eines deutschen Arbeiters* (Berlin 1930), S. 57.

172 *Lenin ruft die werktätigen Frauen. Artikel Lenins zur Frauenfrage, Erinnerungen an Lenin von Clara Zetkin, Stimmen der Arbeiterinnen und Bäuerinnen über Lenin* (Berlin 1926), S. 27 f.

173 Batkis, *Sexualrevolution,* S. 22 f.

174 Wilhelm Reich, *Die Sexualität im Kulturkampf* (Kopenhagen 1936; erweiterte Fassung von *Geschlechtsreife, Enthaltsamkeit, Ehemoral,* 1930), S. 159 ff.

175 Fritz Oerter, *Curt Corrinth, der Revolutionär der Geschlechtsmoral,* in: *Der freie Arbeiter,* 16. Jg. (1923), Nr. 12, S. 2. Neben *Liljol. Die Geschichte eines Unverwundbaren* (Berlin 1921) erwähnt Oerter vom gleichen Autor lobend *Trieb. Ein Roman* (München 1919), *Potsdamer Platz oder Die Nächte des neuen Messias. Ekstatische Visionen* (München 1919) und *Bordell. Ein infernalischer Roman in 5 Sprüngen* (Berlin o. J. [1920]).

176 So war Rudolf Lange, Organisator des deutschen Vorkriegsanarchismus, bei seinen Kameraden »unten durch«, nachdem er mit der Frau eines Genossen ein Verhältnis begonnen hatte. Vgl. Ulrich Linse, *Organisierter Anarchismus im Deutschen Kaiserreich von 1871* (Berlin 1969), S. 98, Anm. 105.

177 Man denke etwa an Erich Mühsam, der das Thema der Freien Liebe in einem Schauspiel *Die Freivermählten* (München 1914) gestaltete, und an seine Polemik gegen Gustav Landauer, der als energischer Vertreter der Ehe die Freie Liebe eine »kultur- und würdelose Schweinerei« genannt hatte; für Mühsam war dagegen die Freie Liebe nicht nur Männer-, sondern auch Frauenrecht, dessen Durchsetzung wichtiger sei als die Erkämpfung politischer Rechte für die Frau (Linse; *Anarchismus,* S. 98, Anm. 107). Für die bürgerliche Jugendbewegung hatte dagegen die freie Erotik der Bohème nichts Anziehendes; Busse-Wilson, *Frau,* S. 329 f. schreibt: »Auch verschmähte man den Ausweg der Bohème, der das gegenseitige Extrem zur bürgerlichen Ordnung darstellt. Hier konnte das Recht auf Freiheit nur verwirklicht werden, indem man an die Stelle der barbarischen Sexualmoral der Gesellschaft eine verpflichtungslose Erotik setzte, die ihrerseits wieder tragische Konflikte in sich birgt.« Dagegen gibt es Verbindungen zwischen der Sexualwissenschaft und der Bohème; so wurde Iwan Bloch der »Geschlechtsarzt der Berliner Bohème-Cafés« genannt (Franz Mehring, zit. nach Helmut Kreuzer, *Die Bohème,* Stuttgart 1968, S. 176).

178 Vgl. Raymond Lee Muney, *Sex and Marriage in Utopian Communities* (Bloomington/London 1973).

179 Henry Jacoby, *Von des Kaisers Schule zu Hitlers Zuchthaus* (Frankfurt/M. 1980), S. 44.

180 Paul Albrecht, *Freiheit der Liebe* (Berlin o. J./ca. 1926).

181 Kinderprostitution: Hoernle, *Grundfragen,* S. 192; Proletarisches Wohnungselend: Victor Noack, *Kulturschande. Die Wohnungsnot als*

Sexualproblem (= Beiträge zum Sexualproblem, hg. v. Felix A. Theil-
haber, Heft 6) (Berlin 1925); ders., *Das soziale Sexualverbrechen.*
Wohnungsnot und Geschlechtsnot. Ein Kampfwort auch für die Jugend
(= Schriften zur Psychologie und Soziologie von Sexualität und Ver-
brechen, Heft 3) (Berlin 1932); A. Buschke und Martin Gumpert,
Geschlechtskrankheiten bei Kindern (Berlin 1926); kritisiert durch
Wilhelm Grumach, *Haben die erworbenen Geschlechtskrankheiten*
bei Kindern wirklich zugenommen? in: *Deutsche medizinische*
Wochenschrift, Bd. 52, 1 (1926), S. 1084 f., darauf Antwort von A.
Buschke, Martin Gumpert, *Die Fürsorge für geschlechtskranke Kin-*
der am Rudolf Virchow-Krankenhaus, in: *Deutsche medizinische*
Wochenschrift, Bd. 52, 2 (1926), S. 1863 f. Henriette Fürth hat-
te bereits 1907 die D. G. B. G. auf die sexualethische Seite der pro-
letarischen Wohnungssituation hingewiesen (*Sexualpädagogik,*
S. 258).

182 *Liebe und Ehe,* in: *Freie Jugend* (Beilage von *Die Schwarze Fahne*), 8.
Jg. Nr. 9 (1926); Elisabeth Jurczyk, *Wie ich es mir denke. Erwiderung*
auf den Artikel ›Liebe und Ehe‹, in: ebd., 8. Jg. Nr. 12 (1926); Heinz
Jacoby, – *und wie es ist!* in: ebd.; G. Graveure, *Zur Diskussion ›Liebe*
und Ehe‹, in: ebd., 8. Jg. Nr. 13 (1926). Ausgangspunkt der Diskus-
sion war ein Vortrag des Lebensreformers Werner Zimmermann über
›Liebe und Ehe‹; Zimmermann vertrat in sexueller Hinsicht die »Ka-
rezza-Praxis«, eine Liebesvereinigung ohne Samenerguß: Vgl. X. Y.,
Das Knospenwunder. Karezza, die Prophetie der unvollendenden
Liebe, in: Rudolf Olden (Hg.), *Das Wunderbare oder die Verzauber-*
ten (Berlin 1932), S. 273 ff. Über den Erfinder der Karezza-Methode
J. Humphrey Noyes berichtet Muncy, *Sex.*

183 Hellmut Lessing, Wilhelm Liebl, *Wilde Cliquen. Szenen einer ande-*
ren Arbeiterjugendbewegung (Bensheim 1981), bes. S. 25; Detlev
Peukert, *Die ›Wilden Cliquen‹ der Zwanziger Jahre,* in: Wilfried
Breyvogel (Hg.), *Autonomie und Widerstand. Zur Theorie und Ge-*
schichte des Jugendprotestes (Essen 1983), S. 66 ff.

184 Walter Kolbenhoff, *Untermenschen. Roman* (Kopenhagen 1933, Reprint Berlin 1979).

185 Ebd., S. 142.

186 Ebd., S. 19.

187 Wilhelm Reich, *Der sexuelle Kampf der Jugend* (Berlin 1932).

188 Ebd., S. 140 f.

189 Ebd., S. 115.

190 Heinz (später Henry) Jacoby, *Seelenleben und Sexualmoral. Die Irr-*
tümer im Versuch Wilhelm Reichs (1937 in der Prager Emigration mit
Hilfe von Aufzeichnungen aus dem Jahre 1933 verfaßt; Kopie beim
Verfasser).

191 Ernest Bornemann, *Aufklärung brauchten wir nicht. Revolutionäre*

Jugend in den 20er Jahren, in: *underground*, 3. Jg. Heft 3 (März 1970), S. 23 ff.

192 Hoernle, *Grundfragen*, S. 194.

193 Georg Loewenstein, *Arbeiterjugend und sexuelle Frage* (= Gesundheitsschriften für das werktätige Volk, Heft 16) (München o. J./ca. 1930), S. 17.

194 Georg Loewenstein, *Geschlechtsleben und Geschlechts-Krankheiten* (= Gesundheitsschriften für das werktätige Volk, Heft 11 (München o. J./ca. 1929), S. 5; S. 29. Das Heft ist nicht zufällig Alfred Blaschko gewidmet!

195 Loewenstein, *Arbeiterjugend*, S. 21–23, zum folg. S. 19.

196 Bommi Baumann, *Wie alles anfing* (Frankfurt/M. 1976), S. 18 f. Vgl. auch Ronald Grossarth-Maticek, *Revolution der Gestörten? Motivationsstrukturen, Ideologien und Konflikte bei politisch engagierten Studenten* (Heidelberg 1975).

Rolf-Peter Janz

Die Faszination der Jugend durch Rituale und sakrale Symbole
Mit Anmerkungen zu Fidus, Hesse, Hofmannsthal und George

Seit der Jahrhundertwende und zunehmend in den zwanziger Jahren ist ein auffälliges Interesse vor allem der Jugend an Kulthandlungen, Mythen und religiösen Symbolen zu beobachten. Die Jugendbewegung tritt an unter dem dunklen, bei George entlehnten Wahlspruch: »Wer je die flamme umschritt / Bleibe der flamme trabant!« Das *Lichtgebet* Hugo Hoeppeners, der sich Fidus nannte, wird seit dem »Fest der Jugend« auf dem Hohen Meißner 1913 zum Kultbild der Jugendbewegung. Kreuze oder Rosenkreuze, Runen, Feuer und Flamme, Fackelzüge haben Konjunktur, beileibe nicht nur die wärmespendenden Lagerfeuer, um die sich die Wandervögel gerne versammeln. Zeremonien der Initiation, der Beschwörung, Verbrüderung etc. werden allerorten eingesetzt, um Ziele mit höchsten Weihen auszustatten und ihre unbestreitbare Verbindlichkeit zu garantieren.

Die Irrationalisierung der Kultur, die hier sichtbar wird, reicht weit ins 19. Jahrhundert zurück und erreicht in Wagners *Ring*, der Mythen neu in Szene setzt, bereits einen spektakulären Höhepunkt. Indessen findet das Interesse an antiken Mythen, an Mysterien, an der christlichen und jüdischen Religion, aber auch fernöstlichen Lehren, daneben an Spiritismus und Okkultismus erst in den Jahren nach 1900 eine nie gekannte Verbreitung. Im Zuge der sogenannten Lebensreform schwärmen Fidus, aber auch Erich Mühsam, neben vielen anderen, von der »Mutter Erde«, huldigt Gustav Landauer einem Demeter-Kult, entstehen theosophische Vereinigungen und Architekturentwürfe für Tempel. Im Rahmen der religiösen Renaissancen hat *ein* Gott die mit Abstand größte Fortune: Dionysos.[1] Auf ihn, angeregt durch Nietzsche, berufen sich u. a. Schuler, Wolfskehl und Klages, die in München den sogenannten Kosmiker-Kreis bilden. Sie alle glauben an eine Neubegründung des Lebens im »Kult«, verstehen sich selbst als Religionsstifter. Diesen Anspruch erhebt auch Stefan George, und man wird sich das spätere Zerwürfnis zwischen ihm und Klages zu einem guten Teil aus der Unverträglichkeit zweier Religionsstifter in einer Gemeinde erklären dürfen. Auch Schuler sah sich als Begründer einer neuen Religion. »Er war ein wahrhaft Besessener, der von der Wiederbelebung heidnischer Zeiten träumte, sich als orphischer Tänzer versuchte und sogar den Plan gefaßt hatte, den wahnsinnigen Nietzsche durch korybantisches Umtanzen zu heilen.«[2]

Wie läßt sich der Kult des Irrationalen erklären, die Bereitschaft, religiöse und mythische Verheißungen zu glauben, exotische oder archaische Bräuche zu kopieren bzw. wieder aufleben zu lassen? Das aufgeklärte bürgerliche Denken hatte, so wird man argumentieren können, indem es dem Glauben seine Verbindlichkeit nahm, zugleich die Grundlagen einer Wertordnung beseitigt, die es selbst nicht gleichwertig zu ersetzen vermochte. »Myths give men ›something to hold to‹«, lautet eine Definition von Clyde Kluckhohn.[3]

Die »tröstende und stabilisierende Funktion«, die die Mythen zu ihrer Zeit übernahmen, hat das aufgeklärte Denken in der Moderne nicht erfüllen können. Ob dies Denken prinzipiell außerstande ist, sich aus eigenen Mitteln zu legitimieren und eine Orientierung an Werten vorzugeben, über die sich die Gemeinschaft verständigen kann und die ihren Zusammenhalt garantiert, soll an dieser Stelle nicht erörtert werden.[4] Entscheidender ist hier die Kluft, die sich bereits vor der Jahrhundertwende zwischen den Idealen rationalen Denkens und den faktischen Rationalisierungsprozessen innerhalb der Gesellschaft aufgetan hatte. Max Weber hat gezeigt, daß die fortschreitende rationale Organisation immer weiterer Lebensbereiche keineswegs zur Erfüllung aufklärerischer Hoffnungen, sondern zu einem leeren Funktionalismus innerhalb der Gesellschaft geführt hat. Das Gebot der Zweckrationalität hat die Verständigung über Ziele und Werte des Handelns außer Kurs gesetzt.[5] Die Philosophie des 18. Jahrhunderts hatte ein Gemeinwesen mündiger Bürger und einen Ausgleich ihrer divergierenden Interessen im Namen einer vernünftigen Humanität jedenfalls in Aussicht gestellt. Die französische Republik sollte auf den Fundamenten der Freiheit, der Gleichheit und der Brüderlichkeit errichtet werden. Ein Jahrhundert später war unübersehbar geworden, daß die Hoffnungen auf eine humane Gesellschaft getrogen hatten. Es gab Anlässe genug, den Egoismus, den Materialismus und die leere

Mechanik der bürgerlichen Gesellschaft zu beklagen. Was vor allem fehlte, war – neoromantisch gesprochen und zugleich jugendbewegt gefühlt – ein »Nest« in der »erkalteten Welt«.

Die Rückbesinnung auf Religionen und Mythen zu Beginn dieses Jahrhunderts entsteht, wie es scheint, aus dem Bedürfnis, eine Gesellschaft, die vermeintlich den materiellen Interessen ihrer Mitglieder ganz und gar verfallen ist, aus immateriellen Werten neu zu deuten, vielmehr eine andere Gesellschaft aus einer reetablierten Werthierarchie zu beglaubigen. Mit dem Schwinden der Religion aus der bürgerlichen Lebenswelt scheint ein Bedarf an »Ersatzreligion«, welcher Provenienz auch immer, einherzugehen. Das aufgeklärte bürgerliche Denken hat nicht nur dem Glauben seine Verbindlichkeit genommen, es hat überdies einen Wertrelativismus als unvermeidlich behauptet, aus dem nur die Annahme von Ewigkeitswerten, wie sie dann etwa Fidus seinen Tempelentwürfen einschreibt: Wahrheit, Reinheit, Erlösung etc. herauszuhelfen verspricht. Allein von einer solchen Sinngebung auf der Grundlage einer Wertordnung steht die Überwindung der oft beklagten Isolation der Individuen zu erwarten. Nur die Verpflichtung auf einen gültigen Kanon der Werte kann Gemeinschaft verbürgen.

Man muß zugestehen, daß diese Interpretation der Remythisierungen das sektiererische Unwesen, das auf dem Monte Verità oder in der Münchener Bohème getrieben worden ist und das offenkundig auch Züge der Lächerlichkeit hat, gar nicht oder kaum zutreffend beschreibt. So ist etwa die Organisation des George-Kreises nur als privatistische Umdeutung der gemeinschaftsbildenden Funktion religiöser oder mythischer Weltbilder zu verstehen. Gleichwohl ist nicht zu verkennen, daß auch George an der Rehabilitierung religiöser und mythischer Vorstellungen teilhat, einer Rehabilitierung in aufgeklärten Zeiten, die nicht schon deshalb, weil sie sich überhaupt auf Mythen und Rituale einläßt, zu verurteilen ist; in der sich, wie verstellt auch immer, sehr wohl legitime Bedürfnisse artikulieren können. Die Renaissance religiöser Vorstellungen ist nicht Sache des privaten Geschmacks allein. Vielmehr wird man von einem gesellschaftlichen Bedarf an Mythen sprechen dürfen, auf den in oft fataler, freilich höchst unterschiedlicher Weise George, Fidus und viele andere antworten.

Auch die expressionistische Generation, die George und seine Lehre erbittert bekämpfte, entwickelt im Zuge ihrer Revolte gegen die Konventionen des bürgerlichen Daseins im Kaiserreich nachgerade eine Obsession für Karfreitag und Auferstehung. Ihr O-Mensch-Pathos, so lärmend es auch vorgetragen wird, erreicht mühelos die Intensität religiöser Ekstase. Es soll zwar den Bürger in seinem seelenlosen Erwerbsdasein aufschrecken, trifft aber womöglich – ungeachtet aller Bürgerschreck-Allüren – gerade auch dessen geheime Sehnsucht nach dem Übersinnlichem.

Die Wiederentdeckung der Religionen und Mythen gilt indessen nicht so sehr zentralen Glaubensinhalten als vielmehr den *liturgischen Aspekten der Kulte*. Es sind augenscheinlich die symbolischen Handlungen selbst in ihrem streng geregelten Vollzug, die okkultistischen oder magischen Praktiken, die auf die Adepten eine außerordentliche Faszination ausüben. Immer wieder geht es um Zeremonien, vorzugsweise um Opfer-, Erlösungs- und Reinigungsrituale.

Rituale lassen sich Mary Douglas zufolge definieren als eine Form der Kommunikation, in der in verdichteter, nichtverbaler Weise Informationen vermittelt werden; rituelles Verhalten ist sowohl Ausdruck wie auch bestätigende Ausschmückung einer Sozialstruktur.[6] Im einzelnen sind im rituellen Verhalten vier Momente zu unterscheiden. Unbestreitbar dominiert in ihm der symbolische Ausdruck. Wer das Gebot beachtet, am Freitag kein Fleisch zu essen, gedenkt vermittels einer persönlichen Verzichthandlung der Passion Christi, damit eines zentralen Stücks der christlichen Lehre. In erster Linie also hat rituelles Verhalten einen religiösen Sinn.[7] Daneben ist augenscheinlich die unmittelbare Sinnlichkeit der Handlung, der sinnliche Vollzug von Bedeutung, so die Entgegennahme der Hostie beim Abendmahl, der Tanz ums goldene Kalb, das Umschreiten des Feuers. Schließlich hat rituelles Verhalten eine soziale und eine ästhetische Funktion; beide sind in der vorangestellten Definition von Mary Douglas besonders hervorgehoben. Rituale bestätigen eine Gruppenzugehörigkeit oder stellen sie her. Wer am Abendmahl teilnimmt, bekennt sich zur Gemeinde derer, die an Christus glauben. Daß Kulthandlungen auf vielfältige Weise ästhetische Reize vermitteln, ist unmittelbar evident.

Woher die Sympathie und die Nachahmungsbereitschaft für ritualistische Formen des Gemeinschaftslebens, wie sie sich u. a. auf dem Monte Verità, im George-Kreis, aber auch im Wandervogel und im Kreis um Fidus beobachten lassen? Die von Max Weber so genannte Entzauberung der religiösen Weltbilder war einhergegangen mit Umdeutungen oder auch Liberalisierungen der religiösen Vorschriften. Im Prozeß der Säkularisierung hatten sich Lebensformen ausgebildet, deren Verträglichkeit mit religiösen Ritualen die Kirchen unter Beweis zu stellen bemüht waren.

Mit dem Schwinden der religiösen Überzeugungen ändern sich generell auch die Formen, in denen sich das Verbundensein durch gemeinsame Symbole ausdrückt. Die Säkularisierung manifestiert sich immer auch als Entritualisierung. Im Prozeß der Abkehr vom Ritual lassen sich prinzipiell, so die These von Mary Douglas, drei Phasen unterscheiden.[8] Zunächst Ablehnung der rituellen Formen als »bloß äußerlicher« Handlungen, deren mechanische Befolgung keinen religiösen Sinn (mehr) erkennen läßt. (Mit diesem Argument ist Luther gegen den Ritualismus in der katholischen Kirche aufgetreten.) Zweitens: »Privatisierung«, Verinnerlichung des religiösen Erlebens, der Glaube wird nicht länger als Sache öffentlich sichtbarer Zeremonien, sondern als Angelegenheit der seelischen Verfassung verstanden. Drittens: der Übergang zur humanitären Praxis. In diesem letzten Stadium der Entritualisierung ist der Freitag nicht mehr der Tag der Fleischabstinenz, sondern der Wohltätigkeitsveranstaltungen. Dieser weltweite Prozeß erreicht innerhalb des Christentums mit Luther einen dramatischen Höhepunkt und ist gegenwärtig noch keineswegs abgeschlossen, wie etwa die Bemühungen der katholischen Kirche in England und den USA zeigen, die Freitagsabstinenz den heutigen Gegebenheiten anzupassen. Die Empfehlung des englischen Episkopats etwa, am Freitag angesichts des Hungers in der Welt nicht länger die Fleischabstinenz zu beachten, sondern Nächstenliebe zu praktizieren, bedeutet die Abschaffung eines Rituals.[9] Die begrüßenswerte caritative Absicht der Kirche steht hierbei nicht in Frage.

Die Abkehr vom Ritual setzt sich zu Beginn des 20. Jahrhunderts scheinbar unaufhaltsam fort. Wenn sich trotzdem Teile des Bildungsbürgertums, Intellektuelle, Künstler für ritualistische Formen des sozialen Lebens wieder zu interessieren beginnen[10], so deshalb, weil sie die modernen Verkehrsformen, wie sie das neuzeitliche Denken inauguriert oder doch fordert, ablehnen: die rationale, verbale Form der Verständigung unter Individuen. Sie fühlen sich von Ritualen angezogen, weil sie all das verheißen, was die vermeintlichen höheren Formen des sozialen Umgangs so schmerzlich vermissen lassen: magische, averbale und irrationale Weisen der Verständigung.[11] Georges Polemik gegen Luther gehört in diesen Zusammenhang; sie trifft gerade den notorischen Anti-Ritualismus des Reformators.

Es dürfte schwer zu entscheiden sein, ob für die Renaissance para-religiöser Kulte das Interesse am Übersinnlichen oder das an »Gemeinschaft« ausschlaggebend war. Denn die Besonderheit der Rituale besteht eben darin, daß sie das Verbundensein durch gemeinsame Symbole manifestieren. In rituellen Handlungen sind religiöse und soziale Funktionen identisch. Das erklärt womöglich die erstaunliche Anziehungskraft, die ritualistische Verhaltensweisen um die Jahrhundertwende besessen haben. Sie versprachen, wie es schien, eine Form des symbolischen, nicht des praktischen Verhaltens; und sie versprachen zugleich eine Form nicht der individuellen, sondern der kollektiven Erfahrung.

Die Zeremonien, die beispielsweise im George-Kreis gepflegt wurden, sind mit Hilfe solcher Bestimmungen des Rituals leichter zu deuten. Ritualistische Handlungen boten sich an, weil sie die Rücksicht auf praktische Erfordernisse dispensierten, wie sie Georges Ästhetizismus nahelegte. Sie sind über jeden Verdacht zweifelsfrei erhaben, einen Nutzen zu erbringen. Überdies kamen ritualistische Verkehrsformen gerade sozialen Bedürfnissen entgegen. Der um den Meister sich bildende Kreis sollte eine Alternative zur Vereinzelung bieten, gleichzeitig aber auch den »dionysischen Kollektivismus« ausschließen[12], dessen sich, so sah es George, die »Kosmiker« schuldig gemacht hatten. Rituale setzen nicht nur, wie u. a. Mary Douglas gezeigt hat, die Geschlossenheit der sozialen Gruppe voraus.[13] Sie eignen sich offensichtlich in besonderer Weise dazu, eine Gruppe allererst zu konstituieren und ihren Zusammenhalt zu sichern.

Wenn ich mich im folgenden zunächst auf den Monte Verità konzentriere, so deshalb, weil hier um die Jahrhundertwende ein prominentes Experimentierfeld für die verschiedensten Alternativen zum Status quo des bürgerlichen Daseins im Wilhelminischen Deutschland entstanden ist, für Sozialreform, Seelenreform, Kulturreform und Lebensreform. Der Monte Verità bot Platz, wie es zeitweilig schien, für den Anarchismus und die Bohème, »dritte Wege« zwischen Kapitalismus und Sozialismus; für Licht- und Luftbäder, Nacktbaden, kurz: für die Wiederentdeckung des Körpers; für den Vegetarismus, die Theosophie, die Wiederbelebung archaischer und exotischer Kulttänze.[14] Wie kam es unter seinen Bewohnern und Gästen zur Erfindung von Privatreligionen, zur Gründung einer Bruderschaft »Ordo Templi Orientis«, zum Kult der großen Mutter und des Jünglings, zu Tanzmysterien und Tempelzeichnungen?

Wie immer diese Kulte im einzelnen aussehen mögen, ihnen ist gemeinsam, daß sie im Zeichen einer Gegenkultur des Jungen gegen das Alte stehen. Es sind junge Leute zwischen zwanzig und dreißig, die sich der Weihe und Feierlichkeit, Zeremonien und Exerzitien verschreiben. Dabei fällt auf, daß die Adepten nicht der Inhalt ihrer Ersatzreligion interessiert, sondern die liturgischen Arrangements. Die Gegenstände der Anbetung: Liebe, Wahrheit, das Göttliche etc. sind beliebig, vor allem aber gänzlich unbestimmt. Wer durch was erlöst werden soll und wovon, bleibt ein Rätsel.

Die Sehnsucht der Bewohner und Gäste des Monte Verità nach dem Heiligen hat einen anti-bürgerlichen Zug, sie widerspricht den Erfahrungen des bürgerlich-kapitalistischen Erwerbslebens; sie ist anti-rational: In der Abkehr von der »methodischen Lebensführung« (Max Weber), die dem Kapitalismus zu seinen Leistungen verholfen hat, soll der »Seele« Gerechtigkeit widerfahren, ertönt der Ruf nach Ekstase, nach Ausnahmezuständen im Gefühlsleben. Sie ist anti-zivilisatorisch: Die Abkehr von der Großstadt soll in die ursprüngliche, ja die paradiesische Natur führen. Und sie ist schließlich archaisch: Der leidvoll erfahrenen Gegenwart entgeht, wer sich der Vorgeschichte und ihren Göttern und Riten verschreibt.

Auf dem Monte Verità sind die Sympathien für Sakrales auf vielfältige Weise zutage getreten, insbesondere in Plänen für Tempelbauten (die nicht verwirklicht wurden), in der Kultivierung des Tanzes (in der Tat ist ein Tanztheater gebaut worden), in Festen und feierlichen Zeremonien aller Art. Die Idee, Tempel zu bauen, ist nicht neu, sie hat im 19. Jahrhundert viele beschäftigt, unter ihnen Schinkel, und Tempel wurden de facto auch errichtet, so die Walhalla bei Donaustauf (1830 bis 1842) von Leo von Klenze, das Festspielhaus in Bayreuth (1878) und auch Josef Olbrichs Haus der Sezession in Wien (1899).[15] Dabei darf hier die Beliebigkeit nicht irritieren, mit der die Weihestätte Monarchen, nationalen Heroen oder der Kunst gewidmet wird. Der Tempel kommt, ohne Ansehen der Person oder des Ereignisses, die gefeiert werden sollen, um seiner sakralen Funktionen willen in Mode, er soll eine für unverzichtbar gehaltene Erhabenheit verleihen. Davon zeugen auch Tempelmotive in der Malerei eines Sir Lawrence Alma Tadema, Gustave Moreau, Böcklin oder Klimt.[16]

1903 findet im Rathaus von Berlin ein Lichtbildvortrag über »Fidus' Tempelkunst« statt. Um ein Höchstmaß an Farbigkeit zu erreichen, hatte Fidus selbst ein neues Verfahren zur Glasbemalung entwickelt. Ein Jahr zuvor waren von Wilhelm Spohr in einem Fidus-Buch die ersten Tempel-Entwürfe vorgestellt worden.[17]

Tempel sind auch an den Zielorten der Stadtfluchtbewegung, in den Siedlungen vorgesehen, die Fidus nach den Ideen der Lebensreform propagierte, so in der Zeichnung zu einem Essay-Band *Menschen* des Jahres 1910. Die exotische Pracht der Tempelfassade bildet dabei zum Szenario uriger Kleingärtnerei – ein nacktes Paar hält Spaten, Krug und Füllhorn in Händen – einen merkwürdigen Kontrast. Die Lebensreformer wollten Organisationsformen, die auf der freien Übereinkunft der Mitglieder beruhten. Fidus verordnet ihnen Tempel, die als »Festsaal« oder »Tonhalle« dienen sollen, um der neuen Gemeinschaft einen Ort zuzuweisen, an dem sie ihre Reinigung von den Schäden der Zvilisation rituell begehen kann. Die Tempel sind notwendig, weil die freie Übereinkunft der Mitglieder den Zusammenhalt der Siedlungsgemeinschaft offensichtlich allein nicht garantieren kann.[18] Fidus hat zahlreiche Tempel zu sehr verschiedenen Themen entworfen: für die religiöse Andacht und die Nacktkultur, für Musik- und Tanzfeste; später kommen, zeitgemäß, »nordische Feuerweihe-Hallen« hinzu.[19] Diese architektonischen Phantasien machen leicht deutlich, daß die Objekte der Verehrung austauschbar sind, vorausgesetzt, sie werden einer sakralen Erhebung für würdig erachtet, und darüber befand, wie noch zu zeigen ist, nicht die private Vorliebe eines theosophisch oder buddhistisch inspirierten Einzelgängers, sondern die Nachfrage eines fürs Sakrale anfälligen Publikums.

Mit seinen Tempelphantasien stand Fidus keineswegs allein. Von Kultbauten hat in den zehner und zwanziger Jahren eine ganze Generation von Architekten geträumt, darunter Hans Poelzig, Bruno Taut, Walter Gropius und Hans Scharoun.[20]

Vor allem seiner Tempelentwürfe wegen ist Fidus von den Bewohnern des Monte Verità, als er sich dort 1907 einige Wochen aufhielt, willkommen geheißen und geradezu bedrängt worden, einen Tempel auf ihrem »heiligen Berg« zu errichten. Der Monte Verità trat damit in Konkurrenz zu einer theosophischen Kolonie Josua

Kleins am Walensee; dort wurde er gebeten, gleich drei Tempel zu bauen. (Warum es hier wie dort zum Bau nicht kam, braucht uns nicht zu interessieren, vermutlich fehlte das Geld.)[21]

Wahlverwandt hat sich Fidus sicher auch mit der Tanzkultur gefühlt, die auf dem Monte Verità gepflegt wird. 1913 ist dort Isadora Duncan zu Gast, Laban errichtet eine Schule, Mary Wigman kommt hinzu, und 1927/1928 wird für die Tänzerin Charlotte Bara in Ascona ein Tanztheater gebaut, das Teatro San Materno. Die Zeitgenossen nennen die Prinzipalin die »Santa Ballerina«, auf ihrem Programm stehen sakrale Tänze wie *Die Büßerin, Judith, Der blaue Tempel, Versuchung in der Wüste.*[22] 1917 wird ein »Weihespiel« aufgeführt, das den Titel *Die sinkende Sonne* trägt, daneben *Die Dämonen der Nacht,* ein »pantominisches Tanzspiel und Fackelreigen«.[23] Die Revolutionierung der Tanzkunst zum ekstatischen Ausdruckstanz stand im Zeichen mittelalterlicher Mysterien, griechischer oder ägyptischer Kulte. Die Anverwandlung mittels Kostüm, Requisit und Maske geht bei Charlotte Bara bis zur ägyptischen Priesterin oder auch zum leidenden Christus, Dornenkrone und Heiligenschein inbegriffen.[24] Remythisierungen und die Wiederentdeckung des Körpers durch die Lebensreformer sind hier eine für den modernen Tanz folgenreiche Allianz eingegangen.

Der Tempelkünstler und Lebensreformer Fidus hat sich für die Kulttänze auf dem Monte Verità begeistert. Dafür sprechen neben seinem Angebot an Isadora Duncan, ihr als Illustrator zur Seite zu stehen[25], vor allem die Figuren seiner Bilder und Zeichnungen, die oft in dramatischer Tanzgebärde verharren. Was schließlich die Gewohnheit auf dem Monte Verità angeht, auch den alltäglichen Verrichtungen ein Höchstmaß an Feierlichkeit zuteil werden zu lassen, so brauchte Fidus kaum etwas hinzuzulernen. Er gehörte, neben Erich Mühsam und Gustav Landauer, zur »Neuen Gemeinschaft«, einer Gruppe von Künstlern und Intellektuellen um die Brüder Hart, die sich weitgehend aus der Friedrichshagener Bohème rekrutierte. Heinrich und Julius Hart verstanden sich als Mittelpunkt eines »Ordens vom wahren Leben«, zu dessen wichtigsten Tätigkeiten die Ausrichtung von »Weihefesten« gehörte.

»Die neue Gemeinschaft«, heißt es in einem Werbeblatt von 1902, »die im Einzel- wie im Gesamtleben der ihr Angehörigen die sozialen, künstlerischen und religiösen Ideale der modernen Kultur zu verwirklichen strebt, hat im Laufe der zwei letzten Jahre eine Reihe von Festen veranstaltet.

Frühlings- und Sonnenaufgangsfeste, Feste des Todes und der Freude, Nachtfeiern usw., – Weihe- und Weltanschauungsfeste, in denen die Erkenntnisse, Gefühle und Ideale des modernen Menschen zum Ausdruck gelangen sollen. (. . .) Aus unserem dumpfen Hinvegetieren, aus den engen und verworrenen Auffassungen, den Sorgen und Fürchten des alltäglichen Lebens wollen sie uns zu den ewigen Höhen des Geistes emporheben, wo wir mit gesammelter Seele die Welt rein anschauen und unseres unzerstörbaren Allseins in allen Dingen und durch alle Dinge bewußt werden. Sie wollen dem modernen Menschen ein Ersatz sein für die alten religiösen Feiern, die mit dem Verfall der alten Religionen und Kulturen für ihn Inhalt und Bedeutung verloren haben. (. . .) In mystischen Feiern, in Götter- und Naturfesten brachte der Mensch in bedeutsamen Symbolen seine kosmogonischen Vorstellungen zum Ausdruck und erfüllte seine Seele mit den reinen Stimmungen, deren wir mehr als jeder andern bedürfen, um die Widerwärtigkeiten und Bitternisse des Lebens zu ertragen.«[26]

Für 1903 hatte die »Neue Gemeinschaft« monatlich ein Fest geplant, darunter »Neue Dionysien (Trachten-Fest)«, ein »Fest der Seligen«, der Schönheit, des Friedens, der »Selbsterlösung«.[27] Die Naivität, mit der die umstandslos Ersatzreligionen, wenn auch in Anlehnung an den Kirchenkalender oder im Stil altgermanischer Folklore, aus der Taufe gehoben werden, muß befremden. Erstaunlicher noch, daß auch Landauer und Mühsam sich dem Zauber der Sakralisierung, wie es scheint, nicht immer haben entziehen können. Ergriffen berichtet Landauer z. B. von einem Ausflug der »Hartgemeinschaft, etwa 70 Personen«, zu einem See, zwei Tage nach Pfingsten im Jahre 1900. Das Abendlicht auf dem See, eine Prologdichtung Heinrich Harts (*Zur Weihe*) und ein Vortrag von Julius Hart (*Der neue Mensch*) hätten vereint eine »religiöse Stimmung«[28] erzeugt, der auch er erlegen sei. Ungleich stärker als Landauer hat sich indessen Fidus von der in der »Neuen Gemeinschaft« gepflegten Feierlichkeit angezogen gefühlt.

Mühsam berichtet, »das Merkwürdigste an ihm« sei »die Sprunghaftigkeit (gewesen), mit der er (. . .) die Feierlichkeit mystischer Versunkenheit mit einem krassen Witz und die ausgelassenste Heiterkeit mit einer todernsten, wie aus dem Jenseitigen geholten Betrachtung durchbrechen konnte. (. . .) Ging es feierlich zu, dann war er der Feierlichste, ganz ergriffen, ganz hingegeben. Im Moment aber, wo die Feierlichkeit vorbei war, riß er Kalauer, die einen Hund zum Heulen gebracht hätten.«[29]

Mühsams Beobachtungen können Fidus nicht recht gewesen sein. Denn durchgängig sind seine Briefe und Aufzeichnungen auf den psalmodierenden Ton gestimmt. In der »hohen Halle« des Hauses,

Tempel der Erde 1895/1901

das er später in Woltersdorf bei Berlin bauen läßt, geraten die Bewohner tagaus, tagein in »lichte Zustände«, werden simple Geburtstage als Andachten für das kosmische Licht inszeniert, hüllen sich die Beteiligten in priesterliche Gewänder.

Die Geschichte des Fidus vom »Backfischzeichner« im Jugendstil-Dekor über den »Tempelkünstler« zum »neugermanischen Propheten« braucht hier nicht nachgezeichnet zu werden. In unserem Zusammenhang interessiert nicht die ideologiekritische Demontage eines Sektierers, der 1932 der NSDAP beitrat – eine Demontage, die leicht ist –, sondern der ästhetische und geschäftliche Umgang mit dem »Heiligen«, der einem verbreiteten Bedürfnis Rechnung trug. Dieser soll im folgenden an dem Entwurf für einen *Tempel der Erde* und am *Lichtgebet* erläutert werden, an dem Bild, das Fidus berühmt gemacht hat.

Sehen wir hier davon ab, ob und inwiefern diese Architektur ästhetisch monströs oder kitschig ist. Um zu diesem Urteil zu gelangen, genügt bereits ein Blick auf die Fassade. Ein Potpourri unterschiedlicher Symbole ist um das Beschwörungswort »Tat« versammelt; Drachen und Löwen, der Baum des Lebens, der Kreis als Zeichen des Kosmos, das Ei als Symbol der Fruchtbarkeit. »Tat« mahnt zur vita activa, die freilich hinter sich lassen soll, wer den Innenraum des Tempels betritt.[30] Dem ästhetischen Eklektizismus der Fassadengestaltung entspricht der der religiösen oder mythischen Motive. Weit interessanter sind die Räume, die der Adept durchschreiten muß. Die Initiation sieht für die Geschlechter verschiedene Wege zum Zentrum vor, durch den Saal der Lust oder des Ehrgeizes. Die Prüfungen, die dem Besucher auferlegt werden, erkennbar in freimaurerischer Manier, bereiten zum Eintritt in den »Saal der Ergebung« vor, und hier stehen dem Suchenden merkwürdigerweise zwei Wege offen: ins Atrium zum »Bild des Herrn der Erde« oder, vielleicht für die besonders Frommen, durch die »Kammer des Schweigens« und einen Raum, der schlicht »Das Dunkle« heißt, zum »Heiligtum«.

Wem aber die Ergebung gelten soll, was als Objekt der Verehrung im Heiligtum sich befindet, läßt Fidus ganz unbestimmt. Dieser Unbestimmtheit des Heiligen widerspricht die strenge Ordnung der Zugänge. Die Initiationen ins Heilige unterliegen einer strikten Choreographie und überdies einer bis ins einzelne abgestimmten Lichtregie. Die Vagheit des Heiligen und der Synkretismus der Symbole geben zu erkennen, daß Fidus allein an der sakralen Funktion dieser Architektur gelegen ist. »Unsere kommenden Tempel«, schreibt er 1907, »werden wundersame Darstellungen einheitlicher Gefühlserlebnisse sein.«[31] Die Symbole, was immer sie besagen, und die Initiation über mehrere Stationen, gleich ob sie Lust oder Ehrgeiz heißen – sie sollen der einen Aufgabe dienen, den Besucher des Tempels in den Zustand der Ergriffenheit zu versetzen.

Auf die in den modernen Gesellschaften fortschreitende Abkehr von Ritualen, auf das Schwinden der Verbundenheit durch gemeinsame Symbole antwortet Fidus, doch keineswegs er allein, mit einem Überangebot kultischer Zeichen, so als könne dem Nachlassen der Glaubenskräfte auf diese Weise Einhalt geboten werden. Daß Motive der ägyptischen Mythologie oder der christlichen Tradition zitiert werden, besagt indessen nicht, daß der Betrachter deren überlieferten Sinn zu erinnern hätte. Indem solche Bedeutungen nebeneinander evoziert werden, sollen sie sich auch gegenseitig dementieren. Nur auf diese Weise ist der Eindruck des Numinosen zu erzielen, läßt sich das Unsagbare sagen. Allein aus einer so hergestellten Vagheit[32], und nicht aus den einzelnen Symbolen, deren Bedeutung der Betrachter kennt, ist die parareligiöse Ergriffenheit zu erhoffen.

Hinter der sakralen Funktion dieser phantastischen Architektur wird eine doppelte soziale Funktion sichtbar. Zum einen nehmen der Eklektizismus der Symbole und die Unbestimmtheit des Heiligen geradezu liberal auf die unterschiedlichsten religiösen Privatansichten Rücksicht: Jeder ist eingeladen, sich das Seine dabei zu denken. Zum andern zielt der Tempelentwurf auf eine Kollektiverfahrung, auf »gemeinschaftliche Gefühlserlebnisse«. Damit beansprucht Fidus die Partizipation an der ehrwürdigen Leistung des Rituals, durch gemeinsame Symbole einen sozialen Zusammenhang zu schaffen. Er sucht zwar den Glauben an die Wirkungsmacht von Zeichen als Orientierungsmerkmalen wiederherzustellen, muß dabei aber sowohl das Gebot der Vagheit beachten wie auch auf das Nebeneinander verschiedener Symbole Rücksicht nehmen, die von Sekten und Konventikeln, von Freisinnigen, Theosophen, Lebensreformern, Germanenschwärmern etc. reklamiert werden oder reklamiert werden können. Diese Widersprüche aber machen seine Tempelveranstaltung notwendigerweise zum leeren Ritual, bei dem jeder glaubt, was er will, zu einem bloßen Exerzitium der Gefühligkeit. Die »Gemeinschaft der Eingeweihten«, die Fidus fördern will, hat nichts gemeinsam, nur ihre abstrakte Ergriffenheit. Träger dieser Ergriffenheit soll hier wie auch im *Tempel der weißen Bruderschaft* (1911), im *Tempel der Zweieinheit* (1914) oder in *Der Einsame Tempel* (1928)[33] der durchgehende Zug zur Monumentalität und zum Numinosen sein, und in ihm glaubte er den Träumen seiner Klientel von einem anderen Leben zu entsprechen.

Ähnlich gegenstandslos wie der *Tempel der Erde* ist die Feierlichkeit des *Lichtgebets:* Die nackte Gestalt, die sich, abgewandt vom Betrachter, mit erhobenen Händen dem Himmel entgegenreckt, könnte die Anbetung der Sonne im Sinne der Lebensreformer veranschaulichen. Eine frühe Fassung des Bildes von 1892 zeigt dagegen einen Knaben und trägt den Titel *Zu Gott.*[34] 1913 wird das *Lichtgebet* in geänderter Fassung zum Kultbild der überwiegend akademischen Wandervogelgruppen, die sich auf dem Hohen Meißner versammeln in Erinnerung an die Völkerschlacht bei Leipzig (vgl. den Beitrag von W. Mogge in diesem Band).[35] Nicht

vertreten sind in der Freideutschen Jugend, die sich hier konstituiert, die Schüler-Wandervögel (wohl aus Angst, für Ziele der Erwachsenen eingespannt zu werden) wie auch die Pfadfinder und
die sozialdemokratische Jugend. Die Einigung auf einen Minimal-
konsens, die sogenannte Meißner-Formel, fällt auch den mehr als
2000 Anwesenden, die u. a. Gustav Wyneken zuhören, schwer genug.

Sie lautet: »Die Freideutsche Jugend will aus eigener Bestimmung, vor eigener Verantwortung, mit innerer Wahrhaftigkeit ihr Leben gestalten. Für
diese innere Freiheit tritt sie unter allen Umständen geschlossen ein. (. . .)
Alle gemeinsamen Veranstaltungen der Freideutschen Jugend sind alkohol-
und nikotinfrei.«[36]

Mit der Meißner-Formel hat Fidus' *Lichtgebet* vor allem eins gemeinsam: den Widerspruch zwischen dem Gestus der Entschiedenheit und der Unbestimmtheit der Ziele. Eben dieser Widerspruch aber vermag den ungeheuren Erfolg des Bildes zu erklären.
Sein Thema sei, konnten die Lebensreformer sagen, die Anbetung
des Lichts als »Quell des Lebens«.
  Ebensogut aber ließ es sich als Fest der Nacktheit oder der Schönheit des Körpers oder der Freiheit deuten, jedenfalls der Freiheit
zwischen Himmel und Erde. Seit 1913 findet Fidus' *Lichtgebet* begeisterte Zustimmung und viele Abnehmer in der Jugendbewegung. Die mag zu einem guten Teil »konservativ, mittelständisch
und völkisch« sein.[37] Überdies begeistert sich aber auch die proletarische Jugendbewegung für Fidus, weil sie im *Lichtgebet* ihr eigenes Lebensgefühl wiederzuerkennen glaubt. Die breite Rezeption des Bildes auf der rechten, aber auch auf der linken Seite der
Jugendbewegung spricht dafür, daß das Bild weniger als Gebet ans
Licht, vielmehr als Hommage auf die Jugend verstanden wurde; als
Verherrlichung einer verzückten, feierlichen Gestik des Aufbruchs
und der Erwartung, die mehr faszinierte und eher konsensfähig
war als bestimmte programmatische Ziele.
  Dem Propagandisten des Kultischen wird die Genugtuung zuteil,
selber Kultgegenstand zu werden: Das Fidushaus bei Woltersdorf
nahe Berlin wird zum Wallfahrtsort der Jugendbewegung. Wandervögel ziehen in Scharen hinaus vor die Stadt, um den Schöpfer
des *Lichtgebetes* persönlich zu sehen. Das Avancement des *Lichtgebetes* zum Kultobjekt wäre freilich nicht zustande gekommen,
hätte der Meister nicht auf höchst profane Weise selbst dazu beige-

FREIDEUTSCHER JUGENDTAG 1913
JAHRHUNDERTFEIER AUF DEM HOHEN MEISSNER · 11-12 OK

Fidus, Lichtgebet

tragen. Er hatte eigens für den Meißner-Tag mit dazugehöriger Beschriftung eine genügend große Zahl Postkarten von diesem Bild herstellen lassen, so daß die Versammelten den verzückten Jüngling kaufen und mit nach Hause nehmen konnten.

Die massenhafte Verbreitung des Bildes steht freilich im Widerspruch zur Exklusivität des Motivs und zu seiner sakralen Funktion: Sie zielt, ähnlich wie der *Tempel der Erde,* auf Ergriffenheit, aber auf die Ergriffenheit von Eingeweihten. Das Weihevolle dieser auf Dauer gestellten Ekstase ist nicht jedermanns Sache und auch nicht jedermann zugänglich. Wie andere Arbeiten von Fidus ist auch dieses Bild nicht leicht zu entschlüsseln; die oft zu beobachtende Kluft zwischen Darstellung und Bedeutetem, zwischen Anbetungsgebärde und Objekt der Anbetung, entsteht nicht aus mangelnder ästhetischer Kompetenz, sie ist der sakralen Funktion geschuldet. Nur Eingeweihte sollen ihren Sinn erahnen können, und um sie anzusprechen, organisiert Fidus Vereinigungen wie den St.-Georgs-Bund, tragen viele Fidus-Bilder geheimnisvolle Erkennungszeichen wie Runen, Kreuze, Sonnen, Kreise etc. Es sind die Erkennungszeichen zwischen Meister und Gemeinde.

Auch das *Lichtgebet,* das ohne solche Geheimzeichen auskommt, prätendiert diese quasi-religiöse Exklusivität, und dies keineswegs erfolglos, traut man den Berichten, die besagen, daß die Käufer die Postkarten mit dem *Lichtgebet* wie Ikonen in den eigenen vier Wänden ausgestellt haben. Die Exklusivität einer Gemeinde der Eingeweihten aber kollidiert, wie es scheint, mit dem Faktum des Massenverkaufs. Zeitweilig muß das *Lichtgebet* den Favoriten in den deutschen Wohnstuben, Dürers *Betenden Händen,* Spitzwegs *Armem Poeten* und Böcklins *Toteninsel,* den Rang streitig gemacht haben.[38] Der Widerspruch löst sich, bedenkt man, daß die sorgsam beachtete Unbestimmtheit des Gegenstands der Anbetung es absichtsvoll *jedem* gestattete, sich als Eingeweihten zu erkennen. Das Wiedererkennungsritual, dessen Symbolsprache vorderhand den Zugehörigen ihre Zugehörigkeit und den Ausgeschlossenen ihr Ausgeschlossensein bekräftigt, öffnet, da die Einladung an alle ergeht, den Kreis der Erwählten und disponiert das Bild wie andere auch zum Massenartikel.

Fidus' *Lichtgebet* feiert die Jugend, und die Jugend feiert Fidus. Die jugendliche Gestalt freilich, die das Bild darstellt und mit der den Wandervögeln die Identifikation so leicht fiel, repräsentiert bei genauerem Hinsehen die »reine« Natur, und dies gleich in dreifacher Weise. Sie ist vorindustriell, unbekleidet und – geschlechtslos. Der Auftritt des Jünglings, der unübersehbar auch weibliche Züge besitzt, findet auf einem Felsen statt, vor einer Kulisse aus Wolken und Licht. Zugunsten der Requisiten ewiger Natur hat Fidus jeden Verweis auf einen historischen Ort vermieden. Indem er auf Bekleidung verzichtet, versetzt er die Gestalt in den Stand der Unschuld, der aller zivilisatorischen Beschädigung vorausgeht. Augenscheinlich trägt die Figur, indem sie sich vom Betrachter ab- und dem Himmel zuwendet, auch einem Darstellungsproblem Rechnung, das mit dem Abstraktum »Jugend« unvermeidlich gegeben war. Zwar ist die Natur der abgebildeten Figur auch insofern »rein«, als ihr Gechlecht unsichtbar bleibt, damit ist sie aber keineswegs unsinnlich. Nach wie vor galt zu Beginn des Jahrhunderts die Darstellung des nackten Körpers als anstößig, und Fidus hat vielfach bei der Darstellung dessen, worauf es ankommt, Diskretion walten lassen, um desto ungenierter Sexualsymbolen die sinnliche Suggestion anzuvertrauen. Das *Lichtgebet* überträgt das Prädikat jugendlicher Vitalität auf einen schlanken, um nicht zu sagen mageren Körper. Der Zeitgeschmack bevorzugte eher üppige Körperformen, und aus der Favorisierung des schmalen Gliederbaus im Jugendstil dürfte die Gestalt allein nicht zu erklären sein. Eher wohl aus des Meisters idealistischen Imperativen. Die Verpflichtung auf »Ewigkeitswerte« wie Wahrheit, Leben, Heiliges etc. vertrüge sich schlecht mit kraftstrotzendem Personal. Der Vitalismus, den die Zeit unermüdlich der Jugend zuschreibt, kommt, wie der Körperbau des Jünglings zeigt, in Fidus' Bild nur in spiritualisierter Form an, als Begeisterung. Der irdische Stand, der an einen Turner vor dem Aufschwung erinnert, verflüchtigt sich nach oben in andachtsvoll ausgebreiteten Armen. Gerade aber die Sprache der Hände ist nicht reich an Bedeutung, sondern nur unsicher. Anders fällt die dramatisierte Sprache des Körpers aus. Daß die Hingabe ans Licht religiöser Inbrunst in nichts nachstehen soll, dokumentiert auch der Rahmen, dessen Ornamente die Figur wie eine Devotionalie einfassen. Dabei veranschaulicht der Reichtum der Verzierung die Kostbarkeit der Bildidee.

Nicht alle haben sich von der Monumentalität dieser Gebärde verführen lassen. Else Frobenius berichtet eine »ergötzliche Einzelheit«: »Ein ›Wandervogel‹ betrachtet die Postkarte mit dem ›Lichtgebet‹ von Fidus, die in der Jugend sehr verbreitet ist und auf dem Hohen Meißner verkauft wird. Endlich sagt er: ›Kiek mal, wie der Bengel sich freut.‹«[39]

Tempelentwürfe und Bilder wie das *Lichtgebet* folgen in ihren Sujets wie auch in ihren ästhetischen Mitteln der Überzeugung, daß sich die kultische Erfahrung in einer Zeit, in der der Glaube im Schwinden begriffen ist, unversehens wiederbeleben lasse. Naiv hofft Fidus darauf, daß zum einen die Wirksamkeit einmal etablierter Zeichen für das Heilige erhalten geblieben sei und daß zum andern die Aufnahmefähigkeit für solche Symbole beim Publikum den Prozeß der Säkularisierung unbeschadet überstanden habe. Daß dieser Glaube so naiv nicht war, daß die Spekulation auf die Empfänglichkeit fürs Numinose Erfolg hatte, zeigt jedenfalls der gewaltige Erfolg, der zu jener Zeit dem *Lichtgebet* zuteil geworden ist.

An Fidus' Darstellungen des Heiligen sind zwei Usurpationen auszumachen. Von der ersten war bereits die Rede. Sie besteht darin, an die Stelle dessen, was einst geglaubt, gefeiert oder auch gefürchtet wurde, die bloße Feierlichkeit zu setzen. Da die Gegenstände, die der Heiligsprechung für würdig erachtet werden, untereinander austauschbar sind, zeigt Fidus' Kunst nur die bloße Ergriffenheit. Da die kultische Geste keine Richtung hat, feiert Fidus in Bildern und Illustrationen die Feierlichkeit. Da der Himmel, dem sich der Jüngling zuwendet, leer ist, wird er mit Wolken dekorativ zugehängt.

Die zweite Usurpation ist folgenreicher. Die Feierlichkeit, die in heidnischen oder religiösen Kulten bestimmten Anlässen vorbehalten ist, soll auf Dauer gestellt werden. Feste werden allgemein als Stillstand des gewohnten Gangs des Lebens gedeutet, als »Zwischenräume eines Lebensgefühls, dem die Zeit noch nicht Geld ist«, wie Bloch im Blick auf heidnisch-katholische Kirchenfeste der Italiener in New York bemerkt hat. Er betont zugleich, daß es allgemein mit den Festen in der Moderne bergab gegangen sei; »der häusliche Sonntag des Kleinbürgers ist fast nirgendwo mehr als möblierte Verzweiflung«.[40] Die ältesten Gesellschaften haben bereits die Feste als zeitweiligen Ausbruch aus dem zivilisierten Leben begangen, als kollektive Rückkehr in die Natur, die auf den Genuß hoffen ließ, den das zivilisierte Leben verwehrte. Die Orgien in den griechischen Mythen werden um des kollektiven Genusses willen gefeiert.[41] In zwei Momenten stimmen, soweit ich sehe, die Theorien über Feste überein.[42] Feste sind Orte der kollektiven Erfahrung, und sie gewährleisten die außerordentliche Unterbrechung der gewöhnlichen Zeit. Diese Bestimmungen hält auch die surrealistisch inspirierte Arbeit von Roger Caillois fest. Sie deutet das Fest als »Zwischenakt universeller Verwirrung«, als einen »Augenblick, in dem die Weltordnung aufgehoben ist. Deshalb sind in ihm alle Exzesse erlaubt. Man muß gegen die Regeln handeln, alles soll verkehrt geschehen.«[43]

Indem Fidus eine pseudosakrale Feierlichkeit zu seinem wichtigsten Thema macht, sind seine Werke nur insofern auf die kollektive Erfahrung bezogen, als sie leere Ergriffenheit in einem Zirkel Eingeweihter verbreiten sollen. Der Betrachter der Bilder des Fidus darf wissen, daß er dazugehört; doch er weiß nicht, wozu er gehört. Die kultische Erfahrung, die prinzipiell Festtagen vorbehalten ist und die den profanen Alltag vergessen läßt, wird in Fidus' Bildern und überdies auch in seiner Lebensgestaltung zur einzig möglichen Erfahrung stilisiert. Nicht nur wimmeln die Bilder von feierlichen Posen, auch das Leben in Woltersdorf scheint eine einzige Folge von »Weihefesten« gewesen zu sein. Den komischen Aspekt daran hat Erich Mühsam bemerkt: »Weihe in Permanenz schafft Narren, Zeloten und Spekulanten.«[44] Der Versuch, in Leben und Werk den banalen Alltag zum Feiertag zu machen, die Wirklichkeitserfahrung durch, wie Fidus meinte, kultische Erfahrung abzulösen, schließt sowohl Wirklichkeitserfahrung wie kultische Erfahrung aus. Die Begeisterung fürs Sakrale, die Fidus erfüllt und die er dem Betrachter vermitteln möchte, endet bei der Feierlichkeit, mit der er das eigene Werk ausstaffiert.

Sympathien fürs Übersinnliche und für heilige Handlungen prägen auch die Literatur seit der Jahrhundertwende. Ich beschränke mich auf einige Beobachtungen bei Hofmannsthal, Hesse und George. Die vielleicht radikalste Apologie eines Opfer-Rituals findet sich, soweit ich sehe, bei Hofmannsthal im *Gespräch über Gedichte* (1903), in dem Verse Georges zitiert und kommentiert werden. Erläutert wird dort u. a. die Funktion des dichterischen Symbols. Es wird erklärt aus der Analogie zum Schlachtopfer. Anstelle einer allgemeinen Rückführung der Dichtung auf den Mythos versucht diese Programmschrift des Symbolismus die direkte Herleitung des dichterischen Symbols aus dem Mysterium des Opfers. Die Symbole des mythischen Glaubens und die Symbole der Dichtung werden in ihr auf eine höchst fragwürdige Weise als identisch behauptet:

Der erste, der ein Tier an seiner Statt sterben läßt, um den Zorn der Götter zu beschwichtigen, muß bereit gewesen sein, in dem Tier selbst zu sterben. Einen Augenblick lang glaubt er, es sei nicht das Blut des Widders, sondern das eigene, das da fließt. Daß das Tier den symbolischen Opfertod sterben kann, setzt sein Sterben im Tier, eine magisch erzwungene momentane Auflösung des Selbst im »fremden Dasein«, in dem des Schlachtopfers, voraus. Das meint nicht weniger als eine Identität des Opfernden mit dem Opfer.[45]

Dabei fällt auf, daß Hofmannsthal seine Figuren vor allem von der blutigen Prozedur selbst fasziniert sein läßt, sehr viel weniger von der kulturellen Leistung des Opfernden. Auf provozierende Weise konzentriert sich das Gespräch auf das Opfer des Menschen im Tier. Daß dieser symbolische Akt nur die Voraussetzung für den Entschluß bildet, sich nicht mehr selbst, sondern stellvertretend das Tier zu töten, um die Götter zu versöhnen, wird nur beiläufig erwähnt. Offensichtlich ist für den Zusammenhang zwischen den Symbolen des mythischen Glaubens und denen der Dichtung nur der erste Vorgang, das symbolische Sterben des Opfernden im Opfer, von Bedeutung.

Wie der Opfernde einen Moment lang in dem Tier stirbt, weil die Natur ihn unwiderstehlich in ihren Bann schlägt, so vollzieht sich dank der unbezwinglichen Bezauberung, die dichterischen Symbolen eigentümlich ist, die Selbstaufgabe des Zuschauers z. B. in der Gestalt des Hamlet, solange er auf der Bühne steht. Die gleiche magische Gewalt, die den Opfernden nötigt zu glauben, er sterbe in dem Opfertier, ergreift auch den Zuschauer und zwingt ihn, sein »Fühlen in Hamlet auf(zu)lösen«. Das Mysterium der Opferhandlung bleibt gegenwärtig noch im dichterischen Symbol. Worte haben »die magische Kraft«, »unseren Leib zu rühren, und uns unaufhörlich zu verwandeln«.

Die Opferung des Selbst in der Theatergestalt, die die Kunst magisch-gewaltsam herbeiführt – das ist der Königsweg des Ästhetizismus, den Hofmannsthal avisiert, um ein höheres Dasein in Aussicht zu stellen. Denn um das Ich, das da geopfert werden soll, ist es nicht sonderlich schade: »Wir besitzen unser Selbst nicht: von außen weht es uns an, es flieht uns für lange und kehrt uns in einem Hauch zurück. (. . .) Wir sind nicht mehr als ein Taubenschlag.«

Um dieser Identitätsdiffusion[46] ein Ende zu setzen, bleibt nur der Glaube an die Kunst. Sie erhält die Autorität der Bezauberung zugesprochen, die in der Antike die mythische Natur besaß.

In Hesses *Demian* wird an einer Stelle ausführlich beschrieben, was den Helden reizt, immer wieder und ausdauernd ins Feuer zu blicken.[47] Das Ritual der Feueranbetung erweist sich in einer Zeit, die die »Verödung des Geistes« beklagt, die konstatieren muß, daß Europa »die ganze Welt gewonnen hat, um seine Seele darüber zu verlieren«, als willkommenes Mittel, das Ich-Gefühl zu steigern und sich in Übereinstimmung mit der Natur zu fühlen. Der langanhaltende Blick ins Feuer, der Schweigen erfordert, verschafft die Tröstungen in einer »kalten« Welt, die nur der Mythos bereithält. Zwar verwahrt sich der Held entschieden gegen das Lebensziel von Pretorius, der »Orgelmusik und Mysterium, Symbol und Mythos« braucht, der alte Götter wiederbeleben und »neue Götter« schaffen will[48]; zwar bescheidet sich Sinclair bei der Selbstsuche und verzichtet auf die hilfreichen Mythen. Doch kaum hat er den Entschluß gefaßt, wird er rückfällig: »Furchtbar und heilig stieg das neue Bild vor mir auf, hundertmal geahnt, vielleicht oft schon ausgesprochen, und doch erst jetzt erlebt.«[49] Auch das vermeintlich schlichte Selbstbild gerät Sinclair unvermeidlich zum Heiligenbild. Die Attraktivität von Kulten und Mythen scheint unbezwinglich zu sein.

Opfer-, Reinigungs- und Initiationsrituale wie sakrale Symbole gehören zu den prominentesten Themen der Dichtung Georges (vgl. den Beitrag von M. Winkler in diesem Band), die an wenigen Gedichten, die von Festen und vom Symbol des Feuers handeln, erläutert werden sollen.

Den Beginn des Gedichts aus dem *Stern des Bundes:* »Wer je die flamme umschritt / Bleibe der flamme trabant!«[50] hat sich die spätere Jugendbewegung zu eigen gemacht, und dies nicht ohne Grund. Es beschreibt einen rituellen Akt, dessen einmaliger Vollzug magisch an die Flamme binden soll. Das Gedicht evoziert die Magie, die das Feuer in archaischen Kulturen besaß; die Leuchtkraft, eine seiner großen kulturellen Leistungen, von der die Mythen ein beredtes Zeugnis geben, ist in ihm gegenwärtig als »Schein«, der verläßliche und unabdingbare Orientierungen gewährt. Am Ende erklärt das Gedicht die Flamme als der »Mitte Gesetz«. Wer dieses Gesetz befolgt, wessen Blick an die Flamme magisch gebannt bleibt, ist gegen Abirrungen gefeit. Dagegen droht dem, der sich auf sich selbst verläßt (»Eigener schimmer ihn trügt«), die unvermeidliche Auflösung der Individualität (»Treibt er zerstiebend ins all«). Gerade die Selbstbestimmung führt zur Atomisierung des Selbst und macht es zum Spielball fremder zentrifugaler Kräfte. Die Auflösung des Selbst ist ebenso gewiß wie die Geltung von Naturgesetzen. In der Opposition von authentischem Schein und trügerischem Schimmer optiert das Gedicht für magische oder religiöse Formen der Erleuchtung und gegen das autonome Denken. Nur soziale Bindungen von der Art, die allein die Magie der Flamme gewährleistet, können vor der Selbstauflösung des Individuums bewahren. Ob die Flamme als Symbol der Gottheit oder als sakrales Feuer der Reinigung zu deuten ist, bleibt offen. Es geht dem Gedicht vielmehr, folgt man seiner Topographie, um die feierliche Begehung eines strikt begrenzten sakralen Raumes[51] im Gegensatz zur unendlichen Weite des Alls, um die abstrakte Antithese von Ordnung vermittels magischer Praktiken und Chaos.

Ob die Jugendbewegten, die die ersten beiden Verse zitierten, sie auch verstanden, ist fraglich. Zum einen dürften die Wandervögel, solange sie an lockeren Organisationsformen festhielten und sich eher als Vaganten verstanden, am Begriff des »Trabanten« Anstoß genommen haben. Zum andern konnten sie im Ritual selbst, im feierlichen Gang um die Flamme in der Mitte, eigene Erfahrungen bestätigt finden. Da das Gedicht die Bedeutung der Flamme bewußt vage hält, lag es für die Wandervögel nahe, die Flamme als Symbol der Bünde selbst zu reklamieren. Dabei übersahen sie möglicherweise, zumindest aber unterschätzten sie die herrische Gebärde, die Sanktionsandrohung, die dem gilt, der sich dem Bann entzieht. Daß die Jugendbewegung dem Feuerzauber erlag, ist nicht per se schon ein Indiz der Anfälligkeit fürs Irrationale. Sichtbar wird darin vor allem, daß sie sich darauf verwiesen sah, ihren Zusammenhalt in gemeinsamen Symbolen anschaulich zu zelebrieren.

Das Gedicht *Entrückung* aus dem *Siebenten Ring* schildert den Prozeß der Auflösung eines Ich »Im rausch der weihe wo inbrünstige schreie / In staub geworfner beterinnen flehen.« Die Preisgabe des Selbst, das seine Konturen nur als unerträgliche Begrenzungen wahrnehmen kann, endet im erlauchten Zustand der unio mystica: »Ich bin ein funke nur vom heiligen feuer / Ich bin ein dröhnen nur der heiligen stimme.«[52]

Die Entrückung soll aus dem »taumel streitendes getobes« her- ausführen, in der Ekstase vermag das Ich eine als unerträglich er- fahrene Wirklichkeit hinter sich zu lassen. George hat Feste als In- stitutionen gefeiert, in denen sich die Durchbrechung der profanen durch die sakrale Zeit vollzieht. Feste haben auch für ihn ihren Sinn darin, daß sie von der Wirklichkeitserfahrung dispensieren.

> »Feste
> Hüllt auch das bild der schnöde werktag heuer,
> Hier trat aus zeiten-wirrnis und -gezeter,
> Das haupt bekränzt vortragend offne feuer,
> Der erste feierliche zug der beter.«[53]

Überscharf zieht das Gedicht die Trennungslinie zwischen Alltag und Feiertag, zwischen historischer und kultischer Erfahrung. Gegen die wirren Zeitläufte und das ordinäre Durcheinander strei- tender Meinungen wird die soziale Ordnung einer gemessen ein- herschreitenden Prozession aufgeboten. Die Beteiligten können einen »Zug« nur bilden dank ihres Einverständnisses im Gebet. Der Blick des Betrachters gilt dem Ritual und seiner sozialen wie ästhetischen Funktion, er gilt der Choreographie der Betenden und den Symbolen des Heiligen, Kränzen und »offenen Feuern«, Fackeln, wie sie u. a. im antiken Rom aus feierlichen Anlässen ge- braucht wurden; er gilt nicht dem Heiligtum selbst. Das Bild der Gottheit ist nicht nur insofern verhüllt, als der Festtag vorüber ist und der »schnöde Werktag« regiert. Vielmehr verweigert das Ge- dicht prinzipiell die Aussage darüber, wer in welcher Bedeutung angebetet wird. Es gehört zum Heiligen, ließe sich einwenden, daß es unsagbar ist. Hier steht indessen eher zu vermuten, daß das »Bild« weniger ein Geheimnis birgt als eine Leerstelle markiert. *Feste* verrät die Faszination für kultische Handlungen und ihren ästhetischen Ausdruck, es verrät nichts über ihren religiösen Sinn.

George sind die bedenklichen Seiten eines zu neuem Leben er- weckten Ritualismus durchaus bewußt gewesen. Das zeigt vor al- lem das Gedicht *Fest*, ebenfalls aus dem *Siebenten Ring*. In ihm hat er bekanntlich die Feste der Münchner Kosmiker und deren Selbstdeutung der Kritik unterzogen.

> »Fest
> Wenn ihr die hüllen warft und die gewinde
> Ums haupt euch schlanget und die fackeln rochen
> Dann habt ihr mit des tages zwang gebrochen:
> Nun seid ihr eines andren herrn gesinde.

Sobald das dunkel die gemächer spreitet
Farbige flammen schlagen aus den kesseln
Und hall von horn und pfeife eint und weitet:
Dann sprengt ihr eures eignen willens fesseln.

Dann schwillt das fest in rasendem getobe
Und in den brennenden und blutigen küssen
Wo alle sich in eins verlieren müssen
Voll eines atems bei des gottes probe.

Doch lockern sich die knäuel und die tänze
Befrein die glieder sich aus süsser pachtung:
Dann werden seufzer wach durch die umnachtung
Dann fallen tränen auf die welken kränze.«[54]

Das Gedicht verbleibt gegenüber den Ritualen, die die Kosmiker zu ihrer Sache machten, in einer aufschlußreichen Ambivalenz. Zum einen verurteilt es den Rausch als Zustand der Besinnungslosigkeit (»Dann schwillt das fest in rasendem getose«, »Umnachtung«), vor allem aber den dionysischen Kollektivismus, den Schuler unter dem Titel des *Knäuel* propagierte.[55] Ein Fest, in dem sich »alle in eins verlieren müssen / Voll eines atems bei des gottes probe«, mußte Georges aristokratischem Selbstverständnis ein Greuel sein. Zum andern aber sind Georges Sympathien für Rituale, wie er sie verstand[56], gerade auch innerhalb dieser Kritik unüberhörbar. Einige der konstitutiven Momente kultischer Erfahrung, an denen George gelegen war, sind hier mustergültig versammelt: der sinnliche Vollzug der im Ritual vorgeschriebenen symbolischen Handlungen (das Abwerfen der Hüllen, die »Gewinde« ums Haupt, der Einsatz der Fackeln), die von »des Tages Zwang« befreien, und die Preisgabe der borniertern Subjektivität (»Dann sprengt ihr eures eignen willens fesseln«) in der Gemeinschaftserfahrung.

Während das Gedicht *Entrückung* den »Rausch der Weihe« feiert, der die Erhebung des Ich aus der Schar der Beterinnen ermöglicht und dem einzelnen, quasi solistisch, die Einswerdung mit der Gottheit gestattet, verurteilt das Gedicht *Fest* einen Rausch, in dem sich »alle in eins verlieren« »bei des Gottes Probe«. Zugelassen ist das Ritual nur als singuläre Erfahrung eines Ich mit dem Heiligen, nicht als Kollektiverfahrung. Ebenso evident wird beim Vergleich dieser beiden Gedichte Georges Festhalten an der Spiritualität der rituellen Erfahrung – das heilige Feuer behält seine Kühle –, im Unterschied zur Besinnungslosigkeit (»Umnachtung«), zu den

»brennenden und blutigen Küssen«, die er als Ideal der Kosmiker verwirft.

So sehr George auch den Kreis um Klages und Schuler um der »Knäuel« willen, die sie bilden, verurteilt; wenn der nächste Vers von der »süßen Pachtung« spricht, in der die Glieder während des Festes befangen sind, wird deutlich, daß deren Formen der Ekstase so verdammenswert doch nicht gewesen sein können. Hier wie in andern Formulierungen des Gedichts bleibt der Tenor zwischen Widerspruch gegen solche Kulthandlungen und Sympathie für sie ambivalent. Auch wenn George sich gegen falsche rituelle Praktiken verwahrt, seine Faszination durch das Ritual um seiner magischen, averbalen und irrationalen Momente willen bleibt davon unberührt.

Die größte Aufmerksamkeit verdient freilich in diesen Gedichten die Figur des Selbstopfers. Die Selbstpreisgabe des Ich, verstanden als eine Selbstbefreiung aus der eigenen Beschränktheit in einer Zeit, in der, wie George meinte, das Individuum ohnehin auf verlorenem Posten steht, gilt ihm als die größte Leistung und Errungenschaft des Rituals. Wenn aber das rituelle Verhalten auf keinen religiösen Sinn bezogen ist, wenn die sakralen Symbole, die er zitiert, kein Ziel haben, so fällt dem ritualisierten Selbstopfer die Funktion zu, selber Sinn zu stiften. Wo ein Opfer feierlich dargebracht wird, da gibt es auch etwas, für das zu opfern sich lohnt. Die Preisgabe des Ich zugunsten eines höheren Selbst muß ihrerseits als sakralisierter Vorgang imaginiert werden, da der Himmel von Göttern entvölkert ist.

George hat die Ritualisierung aller Lebensbereiche literarisch wie biographisch zu seinem Thema gemacht, weil ihm deren strenge Ordnung selbst bereits Sinn verhieß. Den Sinn der Rituale sah er vor allem darin, die Ausgrenzung einer als chaotisch, gemein und animalisch geringgeschätzten Welt sicherzustellen.

Anmerkungen

1 Vgl. zuletzt Manfred Frank, *Der kommende Gott. Vorlesungen über die Neue Mythologie* (Frankfurt/M. 1982), S. 26, 31 ff.

2 Hansjürgen Linke, *Das Kultische in der Dichtung Stefan Georges und seiner Schule,* 2 Bde. (München/Düsseldorf 1960), Bd. 1, S. 60.

3 Zit. nach Manfred Frank, *Die Dichtung als »Neue Mythologie«*, in: Karl Heinz Bohrer (Hg.), *Mythos und Moderne* (Frankfurt/M. 1983), S. 20.

4 Ebd., S. 20, 23 u. ö.

5 Frank, *Dichtung*, in: Bohrer, *Mythos*, S. 25 f.

6 Mary Douglas, *Ritual, Tabu und Körpersymbolik. Sozialanthropologische Studien in Industriegesellschaft und Stammeskultur* (Frankfurt/M. 1981), S. 11 f. (zuerst englisch 1970).

7 Ebd., S. 58 f.

8 Ebd., S. 19.

9 Ebd., S. 67.

10 Auch in der evangelischen und katholischen Kirche hat es in den zwanziger Jahren Bemühungen gegeben, das geistliche Leben aus der Stärkung der Liturgie, vermittels neuer Gottesdienst- und Gebetordnungen, zu erneuern. Sie gingen auf evangelischer Seite von Berneuchen aus (später von der Michaelsbruderschaft), auf katholischer Seite von Odo Casel. Dessen Hauptwerk trägt den Titel *Das christliche Kultmysterium* (1932). Berneuchen folgt, das ist für unseren Zusammenhang wichtig, starken Impulsen aus der christlichen Jugendbewegung. Ich verdanke den Hinweis auf die Rehabilitierung der Liturgie in beiden Konfessionen Karlfried Gründer.

11 Ebd., S. 15.

12 Gerhard Plumpe, *Alfred Schuler, Chaos und Neubeginn. Zur Funktion des Mythos in der Moderne* (Berlin, 1978), S. 240.

13 Douglas, *Ritual*, S. 25–29. Daß die historische Veränderung sozialer Strukturen auch einen Wandel religiöser Einstellungen mit sich bringt, hat M. Douglas sehr überzeugend für den Stamm der Navahos nachgewiesen.

14 Harald Szeemann, *Monte Verità – Berg der Wahrheit*, in: *Monte Verità, Berg der Wahrheit. Lokale Anthropologie als Beitrag zur Wiederentdeckung einer neuzeitlichen sakralen Topographie*, Ausstellung der Akademie der Künste (Berlin, 25. März bis 6. Mai 1979), Venedig 1978, S. 5 f.

15 Antje von Graevenitz, *Hütten und Tempel: Zur Mission der Selbstbesinnung*, in: *Monte Verità*, S. 91.

16 Ebd., S. 92.

17 Janos Frecot, Johann Friedrich Geist, Diethart Kerbs, *Fidus 1868–1948. Zur ästhetischen Praxis bürgerlicher Fluchtbewegungen* (München 1972), S. 107. Vgl. auch das Fidus-Kapitel in Jost Hermand, *Der Schein des schönen Lebens* (Frankfurt/M. 1972), S. 55–127.

18 Ebd., S. 231 f.

19 Ebd., S. 232–252, 237.

20 Ebd., S. 237–239.

21 Ebd., S. 249 f.

22 Edmund Stadler, *Theater und Tanz in Ascona,* in: *Monte Verità,* S. 126–135, S. 132.

23 Ebd., S. 129.

24 Vgl. die Abbildungen ebd., S. 131.

25 Frecot, Geist, Kerbs, *Fidus,* S. 104–106.

26 Zitiert nach: Ulrich Linse (Hg.), *Zurück, o Mensch, zur Mutter Erde. Landkommunen in Deutschland 1890–1933* (München 1983), S. 71f.

27 Ebd., S. 72f.

28 Ebd., S. 67.

29 Zitiert nach: Frecot, Geist, Kerbs, *Fidus,* S. 99f.

30 von Graevenitz, *Hütten,* in: *Monte Verità,* S. 93.

31 Zitiert nach: ebd., S. 93.

32 Schon Mühsam hat die Unverständlichkeit dieser »symbolistischen Tempelarchitektur« beklagt. »Ich gestehe, daß ich von den Erklärungen, die er mir von all den kreisenden Sonnen und Gestirnen zu geben versuchte, die in seinen Zeichnungen jetzt die halbreifen Mädchenakte ablösten, wenig begriffen habe.« Erich Mühsam, *Unpolitische Erinnerungen,* zit. nach: Frecot, Geist, Kerbs, *Fidus,* S. 99.

33 Abbildungen dieser Tempelentwürfe finden sich in Frecot, Geist, Kerbs, *Fidus,* S. 458, 463, 476.

34 Ebd., S. 290.

35 Ich beschränke mich hier auf diese Fassung zum »Freideutschen Jugendtag« 1913; sie ist auch abgebildet in Frecot, Geist, Kerbs, *Fidus,* S. 166. Die Verfasser haben auch die aufschlußreiche Geschichte des Bildes rekonstruiert, S. 288–301.

36 Else Frobenius, *Mit uns zieht die neue Zeit. Eine Geschichte der deutschen Jugendbewegung.* Mit 16 Tafeln (Berlin 1927), S. 125f.

37 Frecot, Geist, Kerbs, *Fidus,* S. 167.

38 Ebd., S. 299.

39 Frobenius, *Zeit,* S. 129.

40 Ernst Bloch, *Das Prinzip Hoffnung* (Frankfurt/M. 1959), S. 1067.

41 Max Horkheimer, Theodor W. Adorno, *Dialektik der Aufklärung* (Frankfurt/M. 1971), S. 95f.

42 Eine bemerkenswerte Anthologie zur Geschichte des Fests und zum Wandel seiner Funktionen hat H. J. Simm herausgegeben: *Das Fest. Ein Lesebuch vom Feiern* (München 1981). Ich verdanke ihm wertvolle Hinweise.

43 Roger Caillois, *Théorie de la Fête, Nouvelle Revue Française* Januar 1940, S. 49. Zitiert nach: Horkheimer, Adorno, *Dialektik,* S. 95.

44 Erich Mühsam, *Namen und Menschen* (Leipzig 1949), S. 27f.

45 Hugo von Hofmannsthal, *Das Gespräch über Gedichte,* in: Hofmannsthal, *Gesammelte Werke,* 10 Bde., Bd. 7 (Frankfurt/M. 1979), S. 495–509, S. 502f. Wichtige Hinweise zu dieser Schrift verdanke ich Wilhelm Emrich.

46 Ebd., S. 497. Ausführlicher ist dies zentrale Thema der Wiener Literatur um 1900 dargestellt in: Rolf-Peter Janz, Klaus Laermann, *Arthur Schnitzler. Zur Diagnose des Wiener Bürgertums im Fin de siècle* (Stuttgart 1977).

47 Hermann Hesse, *Demian. Die Geschichte von Emil Sinclairs Jugend* (Frankfurt/M. 1984), S. 123.

48 Ebd., S. 125.

49 Ebd., S. 124.

50 Stefan George, *Werke*, Ausgabe in zwei Bänden (München/Düsseldorf 1958), Bd. 1, S. 382 f.

51 Gerhard Plumpe hat darauf aufmerksam gemacht, daß die Münchner Kosmiker auf den historischen Umbruch, in dem etablierte Ordnungen erschüttert und traditionelle (soziale, geographische, moralische) Grenzen überschreitbar werden, mit »hermetischen Wunschträumen« antworten, mit einer Vielzahl »ästhetisierter oder quasireligiöser Raumbilder« (Klöster, Inseln, Archen, Muscheln). Es ließe sich vermutlich an vielen Gedichten zeigen, daß auch George eine Vorliebe für hermetische Räume besitzt. Plumpe, *Alfred Schuler*, S. 192.

52 George, *Werke*, Bd. 1, S. 293.

53 Ebd., S. 341.

54 Ebd., S. 320.

55 Plumpe, *Alfred Schuler*, S. 240.

56 Die umfassendste Dokumentation über Rituale im Werk Georges gibt Linke, *Dichtung*, a. a. O. Eine Zusammenfassung der Berichte über rituelle Praktiken im George-Kreis findet sich in Bd. 2, S. 72.

Gert Mattenklott

»Nicht durch Kampfesmacht und nicht durch Körperkraft...«
Alternativen Jüdischer Jugendbewegung in Deutschland vom *Anfang* bis 1933*

Den Hintergrund der jüdischen Jugendbewegung bildet Theodor Herzls Vision jener gigantischen Wanderbewegung ins Gelobte Land, deren Ergebnis der moderne Staat Israel ist: »Zum Bleiben wie zum Wandern muß die Rasse zunächst verbessert werden. Man muß sie kriegsstark, arbeitsfroh und tugendhaft machen. Nachher auswandern – wenn es nötig ist.«[1]

Ich zitiere diese Sätze über »Volkserziehung« aus einer Tagebuch-aufzeichnung, die sich Herzl 1895 über ein Gespräch mit einem potentiellen Geldgeber des Auswanderungsprojekts, Baron Hirsch, gemacht hat. Herzl ist zu dieser Zeit noch nicht sicher, ob seine Pläne Stoff zu einem Roman sind, den er unter dem Titel *Die Lösung der Judenfrage* bei Duncker und Humblot in Berlin publizieren könnte, oder die Grundlage eines eigenen Staates, dessen Startkapital er bei jüdischen Millionären, Hirsch, Rothschilds u. a. auftreiben will. – Selbst wenn es bei einem Roman bleiben sollte, steht ihm das Landnahme-Projekt doch so konkret vor Augen, daß kein Zweifel an der Buchstäblichkeit des Gemeinten sein kann. An die Stelle des ungefähren belletristischen »Als ob« der gleichzeitig sich bildenden Pachanten- und Scholarenpädagogik in Berlin-Steglitz tritt bei Herzl die konkrete Vorbereitung einer Völkerwanderung. Wie immer später der jüdische Anteil an der Jugendbewegung in Deutschland formuliert und organisiert werden wird – die Erziehung zum Exodus bleibt als Parole hörbar, auch wenn sie angegriffen und mit Gegenkonzepten bestritten wird. Ihr Sog wird immer stärker, je aggressiver der Antisemitismus im Wandervogel selbst und bei anderen Organisationen und gesellschaftlichen Gruppen auftritt und Raum erhält.

* Dieser Aufsatz ist im Zusammenhang eines von der »Stiftung Volkswagenwerk« geförderten Forschungsprojekts des Verfassers entstanden, das »Deutsch-Jüdische Kulturbeziehungen zwischen 1910 und 1933 am Beispiel von Zeitschriften« zum Thema hat.

Herzls Vorstellungen über die Erziehung der jugendlichen Wanderer ins Gelobte Land sind im übrigen sehr schillernd. Den Beifall Karl Fischers hätte wohl kaum eine gefunden. Allzu eng sind in ihren Zielen die Pioniertugenden mit konventionellen kulturbürgerlichen Kompetenzen verschränkt; z. B. in den folgenden Sätzen: »übrigens erziehe ich alle zu freien starken Männern, die im Notfall als Freiwillige einstehen. Erziehung durch Patriotenlieder und Makkabäer, Religion, Heldenstücke im Theater, Ehre usw.« oder: »Die Jugend (auch die Armen) bekommt englische Spiele: Kricket, Tennis usw., Lyzeen im Gebirge.«[2] Über Erkundungskarawanen, die er schon bald ins Neue Land schicken will, schreibt er:

Den Führer der Jünglingskarawanen (nach Muster der Dominikaner von Arceuil) verantwortlich machen für sittliche Zucht, Ernst und Studien der Burschen. Das sind keine Vergnügungsreisen, sondern Lern- und Arbeitsreisen, ambulante Schulen mit täglichen Stunden und Vorträgen, ein Botanisieren in der Welt. Ich werde mir hierüber jedesmal speziell berichten lassen. Sehr wichtig.«[3]

Zur Breitbandtherapie zivilisatorischer Erkrankungen – etwa der Prostitution – verschreibt er die patriarchalische Familie.[4] – Künftig aber werde Pädagogik kein Problem mehr sein: »Die Kinder erziehen wir gleich von Anfang an, wie wir sie brauchen.«[5] So will er die Lehranstalten des künftigen Staates auch gleich in der Provinz statt in den Metropolen ansiedeln: »Studenten haben in der Hauptstadt nichts zu suchen.«[6] Gleichwohl sorgt er sich nicht um mangelnde Unterstützung durch die Jugendlichen selbst:

»Unsere Jugend, all, die jetzt zwischen zwanzig und dreißig Jahre alt sind, werden von unklaren sozialistischen Richtungen ab- und mir zufallen. Sie werden als Wanderprediger in ihre Familien und ins Land hinausgehen, ohne daß ich sie erst noch aufzufordern brauche.
Für sie ist ja das Land!«[7]

In wie starkem, ja entscheidendem Umfang der Zionismus auf die Jugend angewiesen war, scheint Herzl gleichwohl in seinem ganzen Ausmaß nicht klar gewesen zu sein, als er in seiner Schulutopie englische College-Ausbildung, paramilitärische Früherziehung und reformpädagogische Wanderschule zusammenbringen wollte. Die Lebensumstände in Palästina begünstigten die Entfaltung der Vitalität, des Improvisationsvermögens, der Lernfähigkeit und Kameradschaftlichkeit von Jugendlichen nicht nur, sondern sie forderten diese Eigenschaften geradezu zwingend, und zwar auf lange Zeit, zur elementaren Selbstbehauptung. Der tatsächliche Anteil der Jugendkultur am Zionismus – weit über emphatische Zustimmung hinaus – übersteigt die Planungen Herzls bei weitem. So berichtet Gershom Scholem über seine Ankunft in Palästina Anfang der zwanziger Jahre:

»Als ich kam, gab es weniger als hunderttausend Juden im Land, und doch gab es so etwas wie einen großen Auftrieb, der von dieser Jugend kam, die sich der Sache des Zionismus als der ihren verschrieben hatte. Diese Jugend, und es ist nie zu vergessen, daß der Zionismus im Entscheidenden eine Bewegung der Jugend war, hatte etwas als selbstverständlichen Besitz, was so vielen Jugendbewegungen fünfzig Jahre später so zerstörerisch abging, ja zum Schimpfwort wurde: sie hatte Geschichtsbewußtsein.«[8]

Scholems Erinnerung an das historische Bewußtsein der zionistischen Jugendbewegung ist Mitte der siebziger Jahre mit dem Blick auf die Tabula-rasa-Gesinnung der Studentenbewegung geschrieben. Tatsächlich war bereits Herzl von jedem Radikalismus einer Creatio ex nihilo weit entfernt, wie nicht nur seine Hochachtung des englischen Erziehungssystems zeigt. Ob freilich seine Form des Geschichtsbewußtseins Scholems Zustimmung hatte, darf man bezweifeln. Das kulturelle Ideal dieses eigentlichen Erfinders von Israel war stark durch die Bewunderung großbürgerlichen Repräsentationsstils geprägt. Ein begeisterter Wagnerianer, entwirft er so das Szenario des jüdischen Auszugs immer wieder im Opernstil des 19. Jahrhunderts. Dahin gehört auch seine Phantasie der Ausfahrt übers Meer:

»Auf dem Schiff zum Diner Smoking, wie drüben möglichst bald Eleganz. Sinn davon: die Juden sollen nicht den Eindruck haben, daß sie in die Wüste ziehen.
Nein, *diese* Wanderung vollzieht sich mitten in der Kultur. Wir bleiben in der Kultur, indem wir wandern. Wir wollen ja keinen Buren-Staat, sondern ein Venedig.«[9]

Als die Siedler dann wirklich ausfuhren, lag Afrika doch näher als Italien, und die Eleganz-Phantasien verflüchtigten sich ebenso rasch zur Fata Morgana wie die Lyzeen im Gebirge und der Krikket-Rasen. Der andere Teil von Herzls Vision kam statt dessen zur Geltung: die Erziehung zu disziplinierten Arbeitern und Kämpfern, deren Intelligenz dennoch möglichst nicht viel geringer sein durfte als die von College-Zöglingen. Der Widerspruch zwischen dem Wunsch, das europäische Niveau von Luxus und bourgeoiser Bildung, Sicherheit in sozialen Konventionen und kultureller Identität festzuhalten und gerade um der eigenen (jüdischen) Identität willen die Jugend auf diametral entgegengesetzte Ziele hin erziehen zu müssen, blieb aber bestehen. Die jüdischen Auswanderer betraf er besonders dramatisch, drängend aber auch die zum Bleiben Entschlossenen, die unter dem Druck des Antisemitismus und dem Sog des Exodus eine zugleich jüdische und deutsche Identität zu behalten bzw. zu finden versuchten.

Als 1913, dem Jahr des Ersten Freideutschen Jugendtages auf dem Hohen Meißner, der 3. Delegiertentag des Verbandes der jüdischen Jugendvereine Deutschlands tagt, sind für die Begrüßungsfeier »Frack oder dunkler Anzug erwünscht«.[10] Unter den 14 Diskussionsrednern sind drei Rabbiner, drei Rechtsanwälte, ein Sanitätsrat, mehrere Lehrer. Nur ein einziger dieser Redner ist unter 25 Jahren alt. Der seit 1909 bestehende Verband umfaßt zu dieser Zeit etwa 125 Vereine mit ca. 20000 Mitgliedern. Das Spektrum seiner politischen, sozialen und philosophisch-pädagogischen Richtungen ist weitgehend identisch mit dem entsprechender nicht-jüdischer Vereine. Insofern ist nicht generell die jüdische Jugendbewegung eine Alternative zur nicht-jüdischen gewesen, sondern viel eher deren Spiegel: mit einigen Ausnahmen allerdings, von denen hier in erster Linie die Rede sein soll. Ihre Voraussetzung liegt in einer besonders frühen und scharfen Prägung des gesellschaftlichen Konfliktpotentials unter dem Eindruck einer seit dem Fall Dreyfus mit zunehmender Intensität geführten Emanzipations-Diskussion. In ihr finden die verschiedenen Fraktionen der Juden in Deutschland Gelegenheit, ihre Haltung zu gleich drei sie betreffenden Zeitfragen darzustellen: zum Zionismus, zur Jugendbewegung und zur allgemeinen politischen Perspektive der Gesellschaft.

Als nach dem Ersten Weltkrieg das stenographische Protokoll des Delegiertentages erscheint, kommentiert es ein junger Autor der zionistischen Jugendbewegung mit den Worten:

»Warum das Kind nicht beim rechten Namen nennen? Die jüdische Jugendbewegung in Deutschland ist keine Bewegung der jüdischen Jugend. Es ist der Versuch der großen politischen Organisationen oder Richtungen im deutschen Judentum, sich der Jugend für den späteren politischen Konkurrenzkampf frühzeitig zu bemächtigen, sich aus der jüdischen Jugend ein politisches Rekrutendepot zu bilden, keine Bewegung, die der Jugend dient, sondern die dem Alter dient, keine Bewegung um der Jugend willen, sondern um der Alten willen.«[11]

Diese Polemik wird nicht nur in der jüdischen Jugendbewegung laut. Wir kennen sie bereits vom Ersten Vertretertag der Freideutschen Jugend (vgl. den Beitrag von W. Mogge in diesem Band) in Marburg 1914, als die Freischar-Kreise um Knud Ahlhorn sich mit ähnlichen Vorwürfen und einem Programm der »Absichtslosigkeit« von gewissen »Tendenz- und Erziehungsverbänden« distanzierten, die ihrerseits ihren Mentor in Gustav Wyneken (vgl. den Beitrag von U. Herrmann in diesem Band) fanden. Beruft sich Ahlhorn auf das »Wesen« der Jugend, so Wyneken auf ihren sich wandelnden werdenden Geist. – Nicht eine Neigung zu »Tendenz- und Erziehungsverbänden«, sondern zu dieser Philosophie eines geschichtlichen Geistes war es denn auch, die den jungen Walter Benjamin zum Anhänger Gustav Wynekens werden ließ. Sein Artikel *Erfahrung* im 1. Jahrgang des *Anfang* von 1913 läßt daran so wenig Zweifel wie an der Entschiedenheit seines Autors, keine Bevormundung durch die Generation von »ewig gestrigen« Erziehern hinzunehmen. Der Anteil von Intellektuellen auf dem von Wyneken bestimmten Flügel der Jugendbewegung war größer als anderswo, proportional hoch also auch der von Juden, ein Umstand, der bei Kritikern den Verdacht eines ungünstig hohen Überschusses von Reflexivität nahelegte.

Die Geschichte des *Anfang* (vgl. den Beitrag von K. Laermann in diesem Band), zu dessen Autoren neben Benjamin und Wyneken auch Wieland Herzfelde und Carlo Schmid gehörten[12], ist inzwischen im wesentlichen bekannt, bzw. durch den wohl endgültigen Verlust des größten Teils der Korrespondenz zwischen Herausgebern und Autoren nicht weiter zu komplettieren.[13] Das betrifft auch die publizistische und parlamentarische Kontroverse um diese Zeitschrift – »Tagelang keuchte das Ende gegen den Anfang«, spottet 1914 die *Aktion* –, in die zugunsten des *Anfang* Franz Pfemfert, zu seinen Lasten u. a. Paul Natorp eingriffen. Ich nehme sie hier nur mit wenigen Anmerkungen noch einmal auf, um auf einen speziellen Zusammenhang mit meinem Thema hinzuweisen.

Der *Anfang* war keine Zeitschrift der jüdischen Jugendbewegung, obwohl einer ihrer beiden Herausgeber – er blieb allerdings im wesentlichen passiv – Siegfried Bernfeld war, auf den als einen Propagandisten der zionistischen Jugend ich noch eingehen werde. Daß sie allerdings überwiegend von jüdischen Schülern des Berli-

ner Westens geschrieben wurde, daß auch der Berliner Sprechsaal –
eine Institution intellektueller Geselligkeit von *Anfang*-Lesern –
vorwiegend von jungen Juden besucht wurde, spielte zumindest in
der Polemik eine wichtige Rolle und offensichtlich auch bei der
abweisenden Haltung der Delegierten des Marburger Treffens 1914
gegenüber dem Aufnahmeantrag des Sprechsaals. Als »Judenblatt«
wird gelegentlich der *Anfang* in der berühmt-berüchtigten antisemitischen *Wandervogel-Führerzeitung* bezeichnet.[14] Wie hoch die
Zahl der Juden war, die außerhalb der speziell jüdischen Organisationen in der deutschen Jugendbewegung organisiert waren, ist
wohl nicht mehr zu ermitteln und dementsprechend Gegenstand
von Spekulationen. Die Schätzungen reichen von 250 Organisierten bis zu 40% der Gesamtzahl, stets ohne Angabe der Schät-
zungsgrundlage. Für die Freideutsche Jugend sind die Zahlen nicht
zuverlässiger. Wie der Kontext der *Führerzeitungs*-Attacke erkennen läßt, ist aber der hier artikulierte Antisemitismus auch nicht in
erster Linie durch die Häufigkeit jüdischer Mitarbeit an der Berliner Zeitschrift der Freideutschen veranlaßt, sondern durch das
Programm. Der Angreifer wittert allzuviel Intellektualität, Wur-
zellosigkeit und Kosmopolitismus, wo er »völkischen« Geist sehen möchte.

Eine andere, prominentere Polemik, die des Marburger Philoso-
phen Paul Natorp, wird vollständig verständlich erst vor diesem
Hintergrund. Bei seinem Berliner Auftritt vor der Hauptversammlung der Comenius-Gesellschaft 1913, wo er über »Hoffnungen
und Gefahren unserer Jugendbewegung« spricht, unterscheidet
Natorp ausdrücklich zwischen seiner Stellungnahme zum poli-
tisch-pädagogischen Programm des *Anfang* und seiner Ansicht zur
»Judenfrage«. Der Sinn dieser Differenzierung ist, freie Hand zu
haben für eine politische Abrechnung mit dem Anarchismus des
Anfang, ohne sich zugleich mit der Auseinandersetzung zu belasten, wie typisch der Anarchismus und Kosmopolitismus für die
politischen Artikulationsformen gerade des jungen intellektuellen
Judentums der Zeit sind.

Wie positiv Natorp im allgemeinen auch der Jugendbewegung
gegenübersteht, im Fall der Angriffe des *Anfang* gegen die Schule
sieht er »schwarz«, das bedeutet für ihn die Farbe der Anarchie:

»Die Schule wird von vielen ihrer Angehörigen in einem Sinne verneint,
wie kein Sozialdemokrat den bestehenden Staat verneint.«[15] An anderer
Stelle: »Einen unausgleichbaren Gegensatz zu konstruieren zwischen der

Selbsterziehung der Jugend und der Erziehung des Hauses, der Schule, des Staats, es gar auf einen Kampf gegen diese Mächte ankommen zu lassen, wäre eine Vermessenheit, die sich sehr bald strafen müßte, denn Haus, Schule, Staat sind mächtige, gegebene, und zwar unbedingt notwendige Kulturkräfte; sie würden eben nicht abdanken vor der Revolte der Jugend, die sich vermäße, sie zu verneinen; sie könnten nur mit der ganzen vereinten Wucht ihrer dreifachen Autorität sich ihr entgegenwerfen und würden dann wohl sehr bald mit ihr fertig werden. Man soll das vielleicht nicht an die Wand malen, aber einzelnen Auswüchsen der Jugendbewegung gegenüber scheint es doch nicht ganz überflüssig, daß gerade ihre besten Freunde ihr diese klare Sachlage einmal deutlich vor Augen führen, damit sie sich darüber klar wird, daß ein Radikalismus, der gegen Haus, Schule, Staat die Idee der Selbsterziehung ins Feld führen wollte, den sicheren Untergang der Jugendbewegung bedeuten würde.

Das muß gesagt werden besonders im Hinblick auf die mitunter geradezu anarchische Haltung, die gegen die Arbeit in der Schule hier und da eingenommen worden ist.«

Im Nachwort zitiert Natorp den *Anfang* ausdrücklich in diesem Sinne.[16] Er nimmt dann zur »Judenfrage« Stellung, wie sie in der Festschrift der Freideutschen Jugend zum Meißner-Tag vor allem und zuerst durch den österreichischen Vertreter aufgeworfen worden war, der dort das antisemitische Votum seines Verbandes mit den Worten erläutert hatte:

»Die Deutschen in Österreich stehen auf Vorwacht gegen fremde Nationen und Rassen, und ein Bund, der so sehr deutsches Wesen betont, wie der Wandervogel, mußte naturgemäß bedacht sein, sich diesen Verhältnissen anzupassen. Darum haben wir auf dem heurigen Bundestag in Krems mit überwältigender Mehrheit kundgetan, daß wir weder Slaven, noch Wälsche, noch Juden in unseren Reihen sehen wollen, weil wir, umbrandet von Fremden und durchsetzt von Mischlingen, unsere rassische Reinheit bewahren müssen. Wenn im heurigen Frühjahr ein jüdischer Wanderbund ›Blau-Weiß‹ ins Leben treten konnte, so gibt das auch uns das Recht, einen arischen Standpunkt einzunehmen.«[17]

(Es liegt nahe, sich an dieser Stelle an die hohe, vielleicht gar Schlüssel-Bedeutung zu erinnern, die die entsprechende Haltung eines Wiener Verbandes der studentischen Jugend für den politischen Werdegang des jungen Theodor Herzl gehabt hat. Dieser war 1883 aus der Mitgliederliste der deutschnationalen Burschenschaft Albia »unehrenhaft« gestrichen worden, eben in dem Augenblick, in dem er selbst wegen antisemitischer Tendenzen dieses Verbandes um seine Entlassung gebeten hatte. Man hat in dieser Kränkung den psychischen Initial-Impuls für Herzls bewußte Hinwendung zum Judentum sehen zu können gemeint.[18])

Ohne sich auf das antisemitische Votum des österreichischen Vertreters auf dem Meißner direkt zu beziehen, bekennt Natorp sich zu der von Ahlhorn vorgeschlagenen Neutralisierung aller »das Wesen« der Jugend nicht betreffenden Identitäten:

»Der Kern auch des Wandervogels läßt sich Rassenhaß so wenig wie Klassenhaß, Parteihaß, Konfessionshaß und alle die anderen Häßlichkeiten aufdrängen, er strebt Unbefangenheit zu bewahren gegenüber dem jüdischen Kameraden so gut wie gegen den sozialdemokratischen Arbeiter oder zentrumstreuen Katholiken; er lehnt es jedenfalls ab, sich als Hilfstruppe eines Bestrebens gebrauchen zu lassen, das so wenig frei, so wenig deutsch, so wenig wahrhaft, und am allerwenigsten jugendgemäß ist.«[19]

Die Grenze der »Unbefangenheit« Paul Natorps – im privaten und beruflichen Leben ein loyaler Freund Hermann Cohens – ist damit gut markiert. Der sozialdemokratische Arbeiter mag jüdisch sein, der jüdische selbst Sozialdemokrat, sofern beide nur »jugendgemäß« und Familie, Schule und Staat unberührt bleiben. Der Preis für die wohlwollende Neutralisierung auch des Jüdischen ist die Abwendung von der *anarchistischen* Idee der Selbsterziehung. Gerade sie aber ist die erste und wichtigste Alternative, die – so radikal wie sonst nirgendwo – in der Jüdischen Jugendbewegung formuliert worden ist. – Warum gerade dort?

Die Antwort hat Siegfried Bernfeld formuliert – mit seinem *Sisyphos oder die Grenzen der Erziehung* im übrigen einer der Gewährsmänner antiautoritärer linker Pädagogik in der Studentenbewegung; mit der Schrift über *Das jüdische Volk und seine Jugend* (1920) einer der profiliertesten Pädagogen der jüdisch-nationalen Bewegung. Noch engeren Bezug zur Jugendbewegung hat sein Aufsatz *Zum Problem der Jüdischen Erziehung*, den er für den 1. Jahrgang von Martin Bubers Zeitschrift *Der Jude* 1916/17 geschrieben hat. – Die beschwerdenreiche Argumentation im *Anfang* ist hier in der lapidaren Feststellung zusammengefaßt: »Die deutsche Schule ist nicht die geeignete Stelle, in der Jugend und Werte einander durchdringen könnten.«[20]

Rabiater läßt sich das nicht sagen. Bernfeld plädiert gleichwohl für einen Kompromiß mit dieser Institution, aber aus anderen, auch nur provisorisch gültigen Gründen als Natorp: Es gibt keine verbindliche jüdische Schule. Dieses Argument wäre nicht ausschlaggebend, wenn es möglich wäre, eine zu schaffen. Gerade diese Möglichkeit aber verneint der Autor als die »unwirksamste, schwächlichste und schematischste Konstruktion, die gegenüber

der tiefen Problematik des Westjudentums flach und unzulänglich
wäre. Unser Erziehungswesen muß aufgebaut sein auf dem Fundament *jugendlicher* Begeisterung, jugendlicher Entscheidung, jugendlichen Willens.«[21] Jüdische Nationalerziehung von Kindern
sei institutionell unmöglich, weil sie a priori die Bedingungen der
älteren Generation, denen die Kinder doch gerade entwachsen
müssen – es sind die psychischen und moralischen Bedingungen
von Menschen, die durch das Ghetto geprägt sind –, pädagogisie-
rend auf die nachwachsende Generation übertrage.

Mit Herzls pädagogischen Vorstellungen hat Bernfeld keine einzige mehr gemein. Generell plädiert dieser für ein institutionelles
Minimum und im Sinne eines individuellen Selbsthelfertums notwendig stets sezessionistisch. Je weniger die lebenden Nachbarn
aufgrund ihrer mißglückten Assimilation als Erzieher in Frage
kommen, desto bedeutender werden die toten Gewährsleute einer
sei's auch fernen jüdischen Tradition. So rücken der Erwerb der jüdischen bzw. hebräischen Sprache und das Studium der entsprechenden künstlerischen und philosophischen Traditionen an die erste Stelle. – Wir können hier den Inhalt des Geschichtsbewußtseins
vermuten, das Scholem bei den jugendbewegten Zionisten Palästinas wahrnahm. Denn eng verbunden mit der Idee des Selbsthelfertums – der Dilettantismus erfährt insofern eine neue Wertung – ist
das Bemühen um eine historische Identität. Wie noch jede Generation revoltierender Söhne überspringt auch diese von jungen Juden
die Linie der angepaßten Väter, um sich im tief gestaffelten Hintergrund schon historisch gewordener Generationen eine Tradition
zu suchen, vor deren ehrwürdiger Kulisse die Väter als blasse
Schemen erscheinen müssen. Unter historischer Identität versteht
Bernfeld sowohl manche expressive und physiologische Eigenhei-
ten orientalischen Ursprungs – in jahrhundertelangem Ghettole-
ben verspannt –, wie auch gewisse geistige »Imponderabilien, die
für das Gesellen von schwerstem Gewicht sind; die besondere Nuance des Stimmungserlebnisses, des Gleichgewichts im Bedürfnis
nach Natur, Sport, Spiel, Reflexion, Rede, Schweigen«.[22] – Die
unscheinbare Formulierung bedeutet im zeitgenössischen Diskus-
sionszusammenhang eine pointierte Aufwertung der Reflexion.
Den Vorwurf der antisemitischen Propaganda, die jüdische Intellektualität »zersetze« die Naivität des jugendlichen Gemüts,
nimmt Bernfeld auf, um selbstbewußt ihn zur Tugend zu wenden.

Aufgrund der speziellen jüdischen Situation besteht er auf einigen

Voraussetzungen pädagogischen Handelns, die seiner theoretischen Version von Jugendbewegung ihren spezifischen Charakter geben. Es sind dies die prinzipielle Unverträglichkeit der überkommen pädagogischen Institutionen mit der Idee eines nur dem freien Willen gehorchenden Selbstgewinns, einschließlich der Verneinung der Möglichkeit, entsprechende Institutionen zur Zeit schaffen zu können; ferner die Notwendigkeit einer historischen Rekonstruktion der eigenen Individualität aus der Voraussetzung von Menschen, die keine Gegenwart, wohl aber eine Vergangenheit haben und eine Zukunft haben wollen; schließlich Aufmerksamkeit und Respekt für individuelle körperlich-geistige Konstitutionen, die sich ohne Verzerrung nicht Gemeinschaften einfügen lassen, wenn diese ihnen keinen Bewegungsraum gewähren. – Institutionenkritik, sezessionistisches Selbsthelfertum und radikaler Individualismus, das sind sämtlich potentiell anarchische Momente, wie Natorp zu Recht geargwöhnt hatte, unabhängig davon, wie weit diese Momente von allen konkreten politischen Programmen ausgelegt werden.

Einige mögliche Mißverständnisse über diese spezifisch jüdische Alternative innerhalb der deutschen Jugendbewegung möchte ich ausschließen. Mir ist bewußt, daß derlei auch von Nicht-Juden formuliert und gefordert worden ist, ebenso wie die Tatsache, daß Bernfelds Gedanken im Spektrum jüdischer Jugendbewegung, wie es in den wegweisenden Arbeiten von Hermann Meier-Cronemeyer breit zur Darstellung gekommen ist[23], nur einen eng begrenzten Raum einnahmen, so daß sie in der Auseinandersetzung über die einzuschlagende Richtung wenn überhaupt, so nur abgeschwächt oder variiert zur Geltung gekommen sind. Ihre programmatisch-theoretische – gelegentlich der Münchener Räte-Republik auch politisch-praktische – Verdichtung haben sie dennoch nicht ohne Grund immer wieder durch Juden erhalten, weil deren Selbstbehauptung in besonderem Maße auf die anarchischen Bedingungen angewiesen waren, die bei Bernfeld zur Sprache kommen.

Der schärfste Kritiker der pädagogischen Theorie Bernfelds im Zusammenhang der Jugendbewegungsdiskussion heißt Gerhard Scholem. – Die im folgenden dargestellte Episode ist in der oben zitierten Autobiographie Scholems *Von Berlin nach Jerusalem* nicht enthalten. – Ein Jahr nach seinem Grundsatz-Artikel im *Juden* gab Siegfried Bernfeld im Löwit Verlag (Wien und Berlin

1918/19) eine eigene Zeitschrift heraus. Sie heißt *Jerubbaal*, mit dem Untertitel *Eine Zeitschrift der Jüdischen Jugend*. Der erste Jahrgang ist zugleich der letzte. Unter den Beiträgern finden wir neben Bernfeld selbst den späteren Bibliotheksdirektor, dann ersten Rektor der Universität Jerusalem Hugo Bergmann sowie Martin Buber, Max Brod, Bruno Frei, Alfred Kurella, Fritz Saxl (den Kunsthistoriker aus dem Warburg-Kreis), auch Siegfried Lehmann, in dessen Berliner »Siedlungsheim« sich Walter Benjamin und Gerhard Scholem bei einer Diskussion mit Kurt Hiller kennenlernten und den Kafka bei seinen Berlin-Besuchen aufzusuchen pflegte. (Felice Bauer nahm an seiner Arbeit persönlich teil.)[24]

Unter dem Titel *Abschied* veröffentlichte Scholem im dritten Heft dieser Zeitschrift seinen ersten und zugleich letzten Beitrag, dem er die Form eines *Offenen Briefes an Herrn Dr. Siegfried Bernfeld und gegen die Leser dieser Zeitschrift* gibt. Es ist eine vernichtende Abrechnung mit der organisierten jüdischen Jugendbewegung. Auslöser war ein Artikel von Moses Calvary über *Blau-Weiß. Anmerkungen zum jüdischen Jugendwandern,* der während des Krieges im ersten Jahrgang von Bubers *Juden* (1916) erschienen war.[25] Was Scholem vor Augen hatte und worüber er in Sottisen gegen den Jüdischen Wanderbund Blau-Weiß zeitlebens spotten wird, mag hier mit einigen Versen zu Wort kommen, mit denen dieser Bund 1914 zu einem Gründungsfest einlud:

> »Wir sind nicht matt und zimperlich,
> Wir sind besond'rer Art,
> Nicht weich und seich und pimperlich
> Nicht müd' und trübe-timperlich,
> Nein! Wir sind rauh und hart!
> Wir sind ein fröhliches Geschlecht,
> Wie's grade kommt, es ist uns recht,
> D'rum feiern wir vor allen
> Die Feste, wie sie fallen.
>
> Ich weiß, ihr ward uns oft nicht gut
> Und habt euch oft beklagt,
> Weil unser junges, heißes Blut,
> Weil unser frischer Uebermut
> Euch gar zu arg geplagt;
> Weil wieder einmal viel zu spät
> Der Junge erst nach Hause geht,

Weil pitschenaß die Strümpfe
Nach einem Marsch durch Sümpfe.

Ich weiß, ihr meint es mütterlich,
Doch seid nicht gar so bang,
Und sorgt ihr euch auch bitterlich,
Es ist nicht so erschütterlich:
Das macht uns lang nicht krank!
Und wird euch gar so leer das Haus,
Zieht mit uns in den Tag hinaus,
Den hellen Tag, den freien Tag,
Mit Wanderlied und Lautenschlag!

Ihr seid ja auch nicht zimperlich,
Auch ihr seid frisch und frei,
Nicht weich und seich und pimperlich,
Nicht müd' und trübe-timperlich:
Nein! Immer fest dabei!
D'rum auf! Beflüget euren Schritt,
Und bringt uns tüchtig Kuchen mit,
Wir feiern mit euch allen
Die Feste, wie sie fallen!

Der Auftakt von Scholems Angriff lautet:

»Diese Jugend ist moralisch gesehen eine Kugel: man muß sich in ihr Zentrum stellen, um ihre Verlogenheit zu erkennen, denn von außen ist sie unangreifbar und jeder andere Ort in ihr verschiebt die Perspektive. Gegen sie gilt nicht mehr Hieb und Stich, sondern allein das eine: sie zu durchschauen. Sie kann nicht widerlegt, sie kann nur überwunden werden. Der einzige Weg dieser Überwindung, der nicht pervertiert werden kann, ist das Schweigen.«[26]

Das entspricht dem Vorwurf Scholems, daß die organisierte Bewegung der Jugend die Leere des ausbleibenden Messias mit dem Geschwätz über ihre Gemeinschaftserlebnisse übertönen wolle. »Im Galuth kann es keine vor Gott gültige jüdische Gemeinschaft geben«, ist die radikale Gegenposition. Sie erhält Kontur in der Forderung anarchischer Vereinzelung, die allerhöchstens in verschwiegenen Zirkeln nicht aufgehoben, sondern mitgeteilt werden kann:

»Gemeinschaft verlangt Einsamkeit: nicht die Möglichkeit, zusammen das Gleiche zu wollen, sondern allein die gemeinsamer Einsamkeit begründet die Gemeinschaft. Zion, die Quelle unseres Volkstums, ist die gemeinsame, in einem ungeheuren Sinne identische Einsamkeit aller Juden, und die religiöse Behauptung des Zionismus keine andere als: die Mitte der Einsamkeit sei eben zugleich das, worin Alle zusammentreffen, und einen anderen Ort für ein solches Zusammentreffen könne es nicht geben. Solange dies Zentrum nicht mit strahlender Helligkeit restituiert ist, muß die Ordnung unserer Seele, zu der sich zu bekennen die Ehrlichkeit gebietet, eine anarchische sein.«[27]

Das reine Wort und die reine Tat hält Scholem gegen die geschändete Sprache und die unberufene Erziehung von anderen. Der Erlebnis-Mystik schleudert er seine geballte Verachtung entgegen. Wahrer als er ahnen kann, schreibt er:

»Wir sind auf einem sinkenden Schiff und kein Jubel und keine Zufriedenheit über die ›allgemeine Richtung‹ vermag darüber hinwegzutäuschen, daß wir nicht nach Zion fahren, sondern in Berlin untergehen, ›sie schreien Schalom, Schalom – aber es ist kein Friede‹.«[28]

»Wohin entwickelt sich denn eigentlich die Jugend? Die Antwort ist so fürchterlich, wie die Frage es verdient; wir Alle wissen es ja: von Berlin nach Prag. Zion kommt hier nur metaphorisch vor und ist im besten Falle ein Limes.«[29]

Einzig in Einsamkeit Hebräisch zu lernen, läßt Scholem gelten, nicht als mögliche Sprache Palästinas, das in seinem Denken dieser Zeit, wie er später selbst bestätigen wird, noch keine Rolle spielt[30], sondern weil ihm nur so eine neue Sprachzucht aus der Tiefe der eigenen Volkstradition möglich zu sein scheint.

Es muß die Zeit dieser Philippika gewesen sein, in die Scholems spätere Erinnerung die Lektüre von Mauthners Werk *Skepsis und Mystik* sowie seiner sprachphilosophischen *Beiträge zu einer Kritik der Sprache* verlegt; dieselbe Zeit auch, in der er sich dem Anarchismus nahegestanden zu haben erinnert, näher zumindest als der organisierten Linken, deren Sache im Familienkreis der Bruder vertrat:

»Freilich machten noch immer die marxistischen Lehren, die er mir nun freundschaftlich ohne Gewaltgebrauch anpries, weit weniger Eindruck auf mich als die Schriften der Anarchisten, von denen ich damals, wohl unter dem Eindruck der Ereignisse, nicht wenige las, soweit sie in der Staatsbibliothek Berlin vorhanden waren. (. . .) Ihr Sozialismus hatte mir mehr zu sagen als der angeblich wissenschaftliche, dessen Überzeugungskraft bei mir versagte.«[31]

Ähnlich wie bei Walter Benjamin, dessen Bruder Georg sich kommunistisch orientierte, reichen auch bei Scholem die Fraktionierungen der zeitgenössischen Intelligenz bis in den engsten Kreis der Familie, und hier wie da kristalliert sie sich an der Einstellung zu den verschiedenen Richtungen der Jugendbewegung.[32] Zwischen deren Gemeinschafts- und Erlebnisideologie und dem Vergesellschaftungsanspruch des wissenschaftlichen Sozialismus können die jeweils spröderen Brüder ihren dritten, den anarchischen Weg fast zwingend nur im Sinne von individueller Tragik und theoretischer Esoterik bestimmen. Je schwieriger dieser eigene Weg zu definieren ist, desto ausfallender die Abwehr aller Versuche von Vereinnahmung.

Pathetischer, wütender, wortgewaltiger – und mit mehr Recht als in Scholems Artikel ist die Intimisierungs-Ideologie der Jugendbewegung schwerlich angegriffen worden. Der Rest war zwar nicht gerade Schweigen – wie dieser es in seinem Schlußsatz verordnet hatte –, doch blieben die Repliken dürftig. Bernfeld, der sich zu Recht am wenigsten getroffen gefühlt haben dürfte, überließ sie einem gewissen Rudolf Menzel. (»Lieber Wanderbruder Gerhard Scholem! . . .«)

Die Scholemsche Attacke fügt sich nur zu einem Teil ihrer Argumente in die kritische Opposition, mit der nach dem Ersten Weltkrieg eine neue Generation junger Juden für eine stärkere Bindung der jüdischen Jugendbewegung an die zionistische Bewegung eintrat. (Sie führte mit der Ablösung der Vorkriegs-Führung des Blau-Weiß 1918 und den Prunner Bundesgesetzen von 1922 zu einer Neuorientierung und disziplinierten Ausrichtung dieser mitgliederstärksten jüdischen Jugendorganisation auf die Vorbereitung der Palästina-Besiedlung, damit aber auch zum Abschluß der jugendbewegten Phase im engeren Sinne.[33]) Scholem teilt mit den meisten Kritikern der Vorkriegs-Entwicklung des Blau-Weiß die Absage an den Sentimentalismus einer autonomen Jugendkultur. Mit seinem Plädoyer für die Geburt von Gemeinschaft aus dem Geist weicht er allerdings in einer entscheidenden Frage auch von deren Standpunkten wiederum ab. Er distanziert sich von deren Unmittelbarkeit und Vitalismus zugunsten einer Begründung der jüdischen Bewegung aus dem Bewußtsein ihrer spirituellen, damit aber auch ihrer geistes*geschichtlichen* Eigenart. Seine Auffassungen berühren sich in dieser Zeit übrigens vielfach mit denen Gustav Landauers, neben Buber dem zweiten großen spiritus rector der jüdischen Jugendbewegung.

War Scholems Kritik spezifisch jüdisch? Hier ist Gelegenheit, variierend zu wiederholen, was ich über Bernfelds Position in der Jugendbewegung schon andeutete. Man könnte sich Scholems

Jüdischer Turnverein »Bar Kochba« in Berlin 1902

Zurechtweisung auch anders begründet vorstellen als aus jüdischer Metaphysik und nationaljüdischem Traditionsbewußtsein. Meines Wissens ist aber in dieser Zeit kein vergleichbar hellsichtiger und zugleich scharfsinniger Angriff gegen das Entgleiten einer metaphysisch gerichteten Selbstermannung in geschwätzige Vereinskumpanei geführt worden. Wiederum aber geht die Erkenntniskraft dieser Kritik auf eine Sensibilität zurück, die ohne das traditionsbewußte Judentum des Autors undenkbar wäre. Die von Scholem bezogene Position, so frontal sie gegen jegliche Jugendbewegung vorgetragen wird, dürfte übrigens in ihrem Sinn einigen von deren Idealen in der Tat mehr entsprochen haben als die geschäftigen und eloquenten Programmatiken von deren offiziellen Sprechern in derselben Zeitschrift.

Auch hier möchte ich auf eine weitere Darstellung zugunsten anderer Autoren verzichten, die die jüdische Alternative in der deutschen Jugendbewegung mit einer seit Herzls frühen Visionen nun schon drei Jahrzehnte während den Jüdischen Jugendbewegung im Rücken und entsprechendem Selbstbewußtsein vortragen konnten. Ich meine die Verfasser des *Sonderheftes der jüdischen Jugendbewegung,* das 1923 in der Zeitschrift *Die Tat* erschien, die zu dieser Zeit noch von Eugen Diederichs herausgegeben wurde (ehe sie in vorfaschistischer Zeit von Zehrer u. a. übernommen wurde). Unter ihnen sind Leo Baeck und Margarete Susmann, Siegfried Kracauer und Gustav Löffler (vom Verband der Jüdischen Jugendvereine Deutschlands). Es ist der letztere, der in seinem Vorwort die Stichworte nennt, die als Parolen nicht fehlen dürfen, wo Alternativen jüdischer Jugendbewegung in Deutschland zur Sprache kommen.

Als ein »Freier im Reich Gottes« wird hier der Jude porträtiert, dem dies oft die einzig verbleibende Freiheit gewesen sei, zugehörig zu einem Volk, dessen Tradition wie die keines anderen Volkes an die geistige Kultur der Schrift gebunden ist: »Der Sohn des ›Volks des Buches‹ sitzt hinter verschlossener Trödelbude und neben seinem Krampacken in nächtlichen Stunden bei kümmerlichem Lichte über dickleibige Folianten gebeugt und sinnt über uralte Wahrheiten und ewige Rätsel und wirkt sinnend am geistigen Bau der Welt.«[34] Es ist ein Genre-Bild, das hier zitiert wird, und doch enthält es mehr aktuelle Wirklichkeit als etwa die entsprechende Abbildung eines Handwerkers der zwanziger Jahre im Stil von Jacob Böhmes Werkstatt. Die enge Bindung der Buchgeschichte ans Judentum gilt ungemindert bis ins 20. Jahrhundert für alle ihre Bereiche: Autoren, Verleger und Händler, Antiquare, Sammler und Leser. Karl Wolfskehl, selbst ein leidenschaftlicher »Bücher-Mensch«, hat seine Passion in den Sätzen verallgemeinert:

»Einen Juden ohne Bücher kann man sich gar nicht vorstellen. Lesen gehört zum Judentum so gut wie die leibliche Nahrung, wie alle sonstige Lebensnotdurft. Und auch der Ärmste oder der ganz nach außen Gerichtete strebt nach Buchbesitz. Nirgends ist die Freude an eigenen Büchereien verbreiteter als unter den Juden. Und viele in alte Zeiten zurückreichende Anekdoten berichten davon, wie schwer sich Juden selbst auf ihren Wander- und Leidensfahrten von geliebten Leseschätzen trennen.«[35]

Das gilt wohl in symbolischem Sinn auch für jene andere, die deutsche Jugend- und Wanderbewegung, für die die Büchermenschen wie Klötze am Bein waren, eine beschwerliche, verlangsamende Last, die den Aufbruch verzögerte. Die starke Bindung gerade der jungen, jüdischen Intelligenz ans Buch steht für die zwiespältige, gar paradoxe Haltung, mit der ihre Avantgarde die Metapher des Aufbruchs interpretierte: im Sinne einer Rückbeziehung auf die Tradition bei simultaner Aufkündigung ihrer Gefolgschaft; sehr charakteristisch, daß Scholem einer Buchdruckerfamilie entstammte, wie denn auch seine Freundschaft mit Benjamin seit den Zeiten der Jugendbewegung im Banne der Bücher stand. Der Briefwechsel belegt es – eine Bindung an die Geschichte buchstäblich. Nicht durch die Kämpfer, durch die Gelehrten habe das Judentum sich retten können, wird später der Erste Bibliothekar des jüdischen Palästina, Hugo Bergmann, dem militanten araberfressenden Zionismus entgegenhalten.

Im *Tat*-Heft bei Eugen Diederichs wird der Sinn dieser traditionellen Verhaftung ans Buch noch mehrfach gedeutet; einleitend durch den Herausgeber Löffler. Es ist die Tradition der Aufklärung, die er anruft, wenn er – in Worten, deren Emphase uns fremd geworden und deren Zuversicht uns verloren ist – bündelt, was ihm an der Jüdischen Jugendbewegung vorbildhaft zu sein scheint:

»Wandlung der Welt, wie wir sie *alle* ersehnen, wird nur durch treuesten Dienst am Geiste. Der aber bedeutet, jetzt negativ gewendet, Absage an den Trieb als herrschende Gewalt der Welt, Trieb aber waltet unbewußt in den Dumpfen, Stumpfen der Herde, Trieb auch gebärdet sich im Leben der Einzelnen wie der Völker. Ihnen gelte unser geeinter Gegenruf mit dem göttlichen Wort des Propheten Zacharias: ›Nicht durch Kampfesmacht und nicht durch Körperkraft, sondern durch den ewigen Geist.‹ Mit dieser heiligen Parole zwingt unser Geist – nein doch, zwingt ewiger Geist aus uns die Künder von dem Recht der Fäuste und des Schwertes in die Knie.«[36]

Der »ewige Geist« erhält hier seine Strahlkraft als Devise weniger unter Berufung auf Wynekens Hegel-Reprise als auf die Philosophie Hermann Cohens, seines Schülers Franz Rosenzweig und Georg Simmels, deren Bücher im selben Heft als die Bürgschaft jüdischer Jugendbewegung besprochen werden. Den Autoren ist es wichtig, die leidenschaftliche Unbedingtheit dieses Geistes – im Unterschied zum pragmatischen oder kritizistischen »Intellektualismus« – zu betonen. Cohens monotheistische Religion der Ruhe und des Friedens, Georg Simmels tragischer Individualismus gelten Margarete Susmann als die zwei widersprüchlich aufeinander bezogenen Seiten jüdischen Bewußtseins – Buchseiten, können wir ergänzen. Fast durchweg werden hier die Positionen der Jung-Juden zitierend abgesteckt und dies so, daß ihr Anteil an der Geschichte jüdischen Geistes erkennbar wird. »Jung« wird in diesem Heft öfter als in biologischem Sinne zur Charakterisierung einer ersten Generation gebraucht, die aufbricht, um den Weg zu den Alten zu suchen. Es will ein erlesener Weg sein: Weg einer Bücher-Elite. – Im Sinne der Polarisierung von Kampfesmacht und Geisteskraft glaubt Oskar Wolfsberg voll Genugtuung prophezeien zu dürfen: »Nicht die Bettler des Geistes werden die Fürsten im messianischen Zeitalter sein.«[37] Die anonyme Stellungnahme eines Chaluz aus der zionistischen Arbeiterbewegung, der sein Plädoyer für den praktischen und ideellen Sozialismus mit einem Lob des »Instinkts gesunder Fäuste« und kritischen Bemerkungen gegen die Ansprüche des Verstandes verbindet, bleibt vereinzelt.

An die Favorisierung der Buchkultur als einer elementaren Bewegungsform des Judentums, das in diesem Horizont als eine metaphysische Wanderbewegung erscheint, läßt sich eine kritische Reflexion Siegfried Kracauers über anarchische Tendenzen bei Martin Buber anschließen. Ihre Pointe ist konservativ aus Sorge vor Stagnation, eine Analogie zur paradoxen Bindung des Aufbruchs an die Tradition. An Bubers Ordnungsphilosophie in *Ich und Du* bemerkt sein Frankfurter Kritiker eine undialektische Verwerfung alles Geformten, für Buber ein Erstarrungsphänomen. Im Blick auf die Idee des Ewigen sei Buber unfähig, eine Vorstellung der möglichen Lebensformen »in der fließenden Zeit« zu bilden: »Wer wie er alles auf die Karte des ›Reichs‹ setzt, dem muß freilich jede Ordnung als Hemmschuh und lästige Schranke erscheinen.«[38] Bubers anarchischem Spontaneismus, so besagt dieser Einwand, drohe eine Auflösung ins amorph Unbewegliche. Sein Affekt gegen die Gestalt, wie berechtigt er sich auch gegen angeblich Endgültiges richte, versage vor der Aufgabe, dem konkret lebendigen Menschen das zeitlich-geschichtliche Überleben zu ermöglichen. – Es ist offensichtlich, daß dies auch ein Argument in der Kontroverse zwischen politischem und »Kultur«-Zionismus ist, doch nicht als solches trägt es Kracauer vor. Auch für unseren Zusammenhang von »Alternativen jüdischer Jugendbewegung« ist ein anderes Moment wichtiger: das Insistieren Kracauers auf der Verschränkung von profaner und messianischer Blickrichtung. Das Ewige in die Zeit hineinziehen, vom Menschen aus Brücken ins Ewige bauen, in solchen Bildern tastet er nach sprachlichem Halt für ein metaphysisches Begehren, das gleichwohl keinen anderen Aktionsradius hat als das Diesseits. Der Jenseits- und Todesmystik, deren

Tradition gerade durch Eugen Diederichs verlegerisch und editorisch gepflegt wurde, wie die *Tat* fast über ihre gesamte Erscheinungszeit hin bezeugt, wird an anderer Stelle des jungjüdischen Sonderheftes ausdrücklich die besondere Form jüdischer Mystik gegenübergestellt: Ihre unio mystica, so Leo Baeck, sei keine der Verflüchtigung, keine des Sterbens und Verlöschens, sondern eine des Lebens und der Tat. Daß Bubers Mystik zum Zeitpunkt von Kracauers Besprechung übrigens keineswegs mehr so spirituell und erdenflüchtig war, wie dort geargwöhnt, läßt sich daran beweisen, daß gerade diese »Mystik der Tat« am wirkungsstärksten von Buber vertreten worden war: in den philosophischen Gesprächen, die er 1913 unter dem Titel *Daniel* publiziert hatte. Im Insel Verlag erschienen, ist ihr Einfluß weit über die jüdische Jugendbewegung hinaus bedeutend gewesen.

Gegen die Vergleichgültigung der Ordnungen diesseitigen Lebens, wie Kracauer sie nicht ganz zu Recht bei Buber nahegelegt findet und Leo Baeck sie in der mystischen Überlieferung des Ostens und des deutschen Mittelalters sieht, stellen die Autoren der jüdischen Jugendbewegung in diesem Heft deren Beziehung auf die kulturelle und sozialethische Tradition des Judentums heraus: auf die altjüdische Bodengesetzgebung und den Sabbatgedanken, Theologie des tätigen Lebens und Friedensphilosophie, die Ordnungen des jüdischen Gemeinschaftslebens und die Buchkultur.

Mir scheint, daß die *Tat* ein Bündel von Angeboten beinhaltete, das nicht nur für junge Juden hätte produktiv werden können.

Das trifft mit Sicherheit auch für ein weiteres Thema des Heftes zu, *Die Frau in der jung-jüdischen Bewegung.* Ausdrücklich werden hier ihre Aufgaben auch außerhalb von Ehe und Mutterschaft definiert: »Mitarbeit an der Bekämpfung des Elends, eigenes Lernen und der Versuch, andere Menschen zu ihrer körperlichen geistigen Vollendung zu bringen, Übernahme jedes Dienstes, der der Neugestaltung im Leben des Volkes nutzt – das sind die Aktionen, mit denen die jüdische Frau selbständig nach außen tritt.«[39] – Tatsächlich sind Frauen in der Jüdischen Jugendbewegung früh und mit deutlich artikuliertem Anspruch auf Selbständigkeit aufgetreten. Das entspricht ihrer im Vergleich zu nichtjüdischen Frauen weit überproportional hohen Mitgliederschaft in den feministischen Organisationen der Zeit (nach Marion A. Kaplan etwa 25 : 1 % im Jahre 1909).[40] Undenkbar für die nichtjüdischen Organisationen, was der Verband der Jüdischen Jugendvereine Deutschlands, der mitgliederstärkste jüdische (1913 etwa 14500 Mitglieder, davon ein gutes Drittel weibliche) seit 1912 praktizierte: die Geschäftsleitung in der Verantwortung einer Frau, Cora Berliner. Diese war dort keineswegs nur Sekretärin, sondern über Jahre die wichtigste Programmatikerin und Historikerin, die 1917 in Heidelberg mit einer volkswirtschaftlichen Dissertation über *Die Organisation der jüdischen Jugend in Deutschland – Ein Beitrag zur Systematik der Jugendpflege und Jugendbewegung in Deutschland* promovierte. Später war sie auch Stellvertretende Vorsitzende des Jüdischen Frauenbundes und für kurze Zeit Inhaberin eines Berliner Lehrstuhls für Volkswirtschaftslehre, ehe sie von den Faschisten amtsenthoben wurde. Was Kaplan über den »Feminismus« des Jüdischen Frauenbundes schreibt, er sei ein Amalgam »aus verinnerlichten patriarchalischen Werten und frauenorientierten Interessen« gewesen, trifft durchaus auch auf Cora Berliner zu[41]; freilich aber auch auf die Frauenverbände dieser Jahre überhaupt. So bleibt der eindrucksvolle weibliche Anteil in der Jüdischen Jugendbewegung ein wichtiges Indiz für die Avantgarde-Position von jüdischen Frauen in der Geschichte des deutschen Feminismus – nicht nur während des 19. Jahrhunderts.

Anmerkungen

1 *Theodor Herzls Tagebücher 1895–1904*. Drei Bände. Berlin 1922, Bd. 1, S. 25.
2 Ebd., S. 45.
3 Ebd., S. 61.
4 Ebd., S. 107.
5 Ebd., S. 155.
6 Ebd., S. 141.
7 Ebd., S. 113.
8 Gershom Scholem, *Von Berlin nach Jerusalem. Jugenderinnerungen* (Frankfurt/M. 1977), S. 209.
9 *Herzl*, S. 242.
10 *Mitteilungen des Verbandes jüdischer Jugendvereine Deutschlands* 4 (1913), H. 4, S. 116.
11 Julius Berger, *Verständigungskonferenz und zionistische Jugendbewegung*, in: *Jerubbaal* 1 (1918/19), S. 145–152; zitiert S. 148.

12 Dazu Walter Laqueur, *Die deutsche Jugendbewegung. Eine historische Studie* (Köln 1962), S. 73; sowie Heinz S. Rosenbusch, *Die deutsche Jugendbewegung in ihren pädagogischen Formen und Wirkungen* (Frankfurt/M. 1973), S. 41 und 43.

13 Dazu außer Laqueur und Rosenbusch auch der autobiographische Bericht von Georg Gretor-Barbizon, *Jugendbewegung und Jugendburg. Mit einem Vorwort von Bruno Goetz* (Zürich 1918) S. 3–8; außerdem Martin Gumpert, *Selbstdarstellung eines Arztes* (Stockholm 1939), S. 52–56; gründlich recherchiert auch die Zusammenstellung von Rolf Tiedemann und Hermann Schweppenhäuser in ihren Anmerkungen zu Walter Benjamins frühen Aufsätzen in: Walter Benjamin: *Gesammelte Schriften* II, 3 (Frankfurt/M. 1977), S. 824–918.

14 *Wandervogelführerzeitung* 2 (1914), H. 6, S. 93; danach zusammenfassend: Friedrich Wilhelm Fulda unter Mitwirkung vieler Wandervögel (Hg.), *Deutsch oder National! Beiträge des Wandervogels zur Rassenfrage* (Leipzig 1914). Paul Natorp, *Hoffnungen und Gefahren unserer Jugendbewegung.* Vortrag, gehalten bei der Hauptversammlung der Comenius-Gesellschaft zu Berlin 6. 12. 1913 (Jena 1914), S. 33.

16 Ebd., S. 19.

17 Anonymus: *Gestaltungsbedingungen im »Österreichischen Wandervogel«*, in: *Freideutsche Jugend. Zur Jahrhundertfeier auf dem Hohen Meißner 1913* (Jena 1913), S. 12 f.

18 Josef Fränkel, *Des Schöpfers Erstes Wollen* (Wien 1934), S. 117–131, insbesondere S. 118 ff.; sowie Alex Bein: *Die Judenfrage. Biographie eines Weltproblems* (Stuttgart 1980), Bd. I, S. 278 und 283.

19 Natorp, *Hoffnungen*, S. 23.

20 Siegfried Bernfeld, *Zum Problem der jüdischen Erziehung*, in: *Der Jude* 1 (1916/17), S. 169–182; zitiert S. 182.

21 Ebd., S. 181 f.

22 Ebd., S. 175.

23 Hermann Meier-Cronemeyer, *Jüdische Jugendbewegung*. Teil 1 und 2, in: *Germania Judaica* N. F. 27/28, Jg. 8 (1969), H. 1/2 und 3/4, S. 1–122 (mit Bibliographie). Die Arbeit geht auf eine unpublizierte Habilitationsschrift am Institut für Judaistik der FU Berlin zurück.

24 Nach Max Brod, *Der Prager Kreis. Mit einem Nachwort von Peter Demetz* (Frankfurt/M. 1979), S. 116.

25 Vgl. zu Scholems Artikel, vor allem auch seinen Folgen, die Darstellung bei Meier-Cronemeyer, *Jugendbewegung*, H. 1/2, S. 33–35.

26 Gershom Scholem, *Abschied*, in: *Jerubbaal. Eine Zeitschrift der Jüdischen Jugend* 1 (1918/19), S. 125–130; zitiert S. 125. – Vorausgegangen war ein temperamentvolles Engagement Scholems für die Jugendbewegung unter der Parole der »blau-weißen Brille«. Vgl. Gershom Scholem: *Jüdische Jugendbewegung*, in: *Der Jude* 1 (1916/17), S. 822–825.

27 Scholem, *Abschied*, S. 126.

28 Ebd., S. 127.

29 Ebd., S. 129.

30 Scholem, *Berlin*, S. 73.

31 Ebd., S. 71.

32 Vgl. die Darstellung der Verschiedenheit der Brüder aus der Sicht von Georgs Frau Hilde Benjamin im Kapitel »Jugendbewegung und letzte Schuljahre – ein Semester in Genf«, jener Biographie, die sie 1977 zum Andenken ihres ermordeten Mannes schrieb: Hilde Benjamin, *Georg Benjamin* (Leipzig 1982²) S. 20–31.

33 Vgl. dazu den kurzgefaßten Aufriß von Chaim Schatzker: *Die jüdische Jugendbewegung in Deutschland (1919–1933)*, in: Werner Kindt (Hg.): *Die deutsche Jugendbewegung* Bd. 3 (1920–1933). Die bündische Zeit. Quellenschriften hg. im Auftrage des »Gemeinschaftswerkes Archiv und Dokumentation der Jugendbewegung« von W. K. mit einem Nachwort von Hans Raupach. (= Dokumentation der Jugendbewegung 3) (Düsseldorf/Köln 1974), S. 769–794.

34 Gustav Löffler, *Sein und Sinn*, in: *Sonderheft der Zeitschrift* Die Tat *zur Jüdischen Jugendbewegung* (im folgenden: *Tat-Sonderheft*) Jg. 15 (1923), H. 5, S. 321–325; zitiert S. 322.

35 Karl Wolfskehl, *Die Juden und das Buch*, in: *Gesammelte Werke* 2, hg. v. Margot Ruben und Claus Victor Bock (Hamburg 1960), S. 334–337; zitiert S. 336.

36 Löffler, *Sein*, S. 322, 325.

37 Oskar Wolfsberg, *Messianismus*, in: *Tat-Sonderheft*, S. 347.

38 Siegfried Kracauer, *Martin Buber*, in: *Tat-Sonderheft*, S. 392.

39 Margarete Tornowsky, *Die Frau in der jungjüdischen Bewegung*, in: *Tat-Sonderheft*, S. 372–373; zitiert S. 373.

40 Marion A. Kaplan, *Die jüdische Frauenbewegung in Deutschland. Organisation und Ziele des Jüdischen Frauenbundes 1904–1938* (Hamburg 1982), S. 24f.

41 Ebd., S. 18, S. 150f. Vgl. auch die Bemerkungen bei Meier-Cronemeyer, H. 1/2, S. 17.

Klaus Laermann
Der Skandal um den *Anfang*
Ein Versuch jugendlicher Gegenöffentlichkeit im Kaiserreich

Skandale sind nachträglich oft schwer zu verstehen. Der Widerspruch und die Entrüstung, die sie hervorgerufen haben, erscheinen um so bemerkenswerter, je weniger sie noch nachvollziehbar sind. Aber gerade weil die Idiosynkrasien, die in ihnen zutage treten, unverständlich zu werden drohen, sind sie ein Indiz historischer Veränderungen. Denn Skandale zeigen Bruchstellen geschichtlicher Entwicklungen an. Je geringfügiger ihr Anlaß im nachhinein zu sein scheint, desto mehr hat sich im öffentlichen Bewußtsein seither verändert.

Einer der bisher weniger beachteten, wenn nicht überhaupt vergessenen Skandale des Kaiserreichs hatte ausgerechnet eine Schülerzeitschrift zum Gegenstand.[1] Ein derartiger Anlaß würde heute bestenfalls lokale Aufmerksamkeit erregen. Aber die Wogen der Empörung, die unmittelbar vor dem Ersten Weltkrieg über diese Zeitschrift hereinbrachen, durchlief mehrere Länderparlamente und fast die gesamte deutsche Presse.

Am 29. Januar 1914 griff im Bayerischen Landtag der Abgeordnete Dr. Schlittenbauer von der Zentrumspartei anläßlich der Beratung des Kultusetats die sogenannte Freideutsche Jugend sowie die Zeitschrift *Der Anfang* mit heftigen Worten an. Nach seiner Auffassung bestanden deren Ziele im

»Kampf gegen das Elternhaus, Kampf gegen die Schule, Kampf gegen jede positive Religion, Kampf gegen die christliche Moral, Kampf gegen einen gesunden Patriotismus (. . .) also anarchistische Auflösung unentbehrlicher, unersetzlicher Werte, eine Art pädagogischer Futurismus.«[1a] Die Freideutsche Jugend strebe eine »Loslösung von der Autorität der Schule und des Elternhauses« an. Dem anwesenden Kultusminister rief der empörte Zentrumsabgeordnete zu: »Sehen Sie, das sind die modernen Bestrebungen. Diesen Bestrebungen gegenüber, Herr Staatsminister, da hilft kein schwächliches Paktieren, (sehr wahr! rechts) da hilft keine mattherzige Stellungnahme! Da heißt es: Nur immer feste druff!«[2] Denn: »Das Volk hat nur eine Jugend zu verlieren, wenn diese verdorben ist, ist das ganze Volk verdorben.«[3]

Darauf erwiderte der Abgeordnete Buttmann von der Liberalen Partei:

»Die Bewegung, die geschildert worden ist, in der Erscheinungsform wie sie zutage tritt, ist an sich nicht zu billigen. Aber das Eine müssen wir sagen, diese offene Wunde ist ein Beweis dafür, daß wir auf dem Gebiete des Unterrichtswesens, namentlich der Mittelschule, nicht durchaus auf dem rechten Wege sind. Die Jugend hat sich empört gegen alle Autorität in einer maßlosen, geradezu widerwärtig berührenden Weise. Das ist zu tadeln. Woher kommt aber denn diese Empörung? Ein solch starker Gegendruck kann bloß dann sich entfalten, wenn ein Druck zu stark ist. Da darf man nun wohl sagen, in gewissen Dingen wird in unseren Schulen auch auf das eigene selbständige Denken und Fühlen der Jugend ein zu starker Druck ausgeübt, so daß sie leicht, eben nach Art der Jugend, über das rechte Maß hinausgeht und in überschäumender Weise alles, auch das Gute über Bord wirft (. . .) Jene Erscheinung ist traurig; aber sie sollte nicht bloß zu Repressivmaßregeln gegen Äußerungen dieses Gefühls führen, sondern sollte dahin führen, daß wir auch schauen, woher alles kommt.«[4]

Diesem Rat zu wohlmeinendem Verständnis für die Jugend vermochte der Kultusminister Dr. von Knilling nicht zu folgen. Nach seiner Meinung mußte »die gesamte Jugendkulturbewegung (. . .) seitens der Unterrichtsverwaltung ernste Beachtung finden«. Zu diesem Zweck, so berichtete er (ebenfalls in der Sitzung vom 29. Januar 1914), hatte er in der Woche zuvor eine Entschließung an alle »Anstaltsvorstände« in Bayern gesandt, die er nunmehr im Parlament vortrug:

»Seit Mai 1913 erscheint im Verlage *Die Aktion*, Berlin-Wilmersdorf, herausgegeben von Georges Barbizon, Berlin, und Siegfried Bernfeld, Wien, verantwortlicher Redakteur Dr. Gustav Wyneken, Gründer der Freien Schulgemeinde in Wickersdorf, unter dem Titel *Der Anfang* eine Monatsschrift die sich als ›Zeitschrift der Jugend‹, und zwar der studierenden Jugend vorstellt. Soviel aus einzelnen Nummern ersehen werden kann, tritt diese Zeitschrift durch bewußte Erschütterung jedes Autoritätsgefühls, durch Verhöhnung der Lehrer in der ständigen Rubrik ›Klassenspiegel‹, durch Empfehlung einer ›gesunden Erotik‹ und durch Herabwürdigung der Religion und des Religionsunterrichts den Zielen und Bestrebungen der höheren Unterrichtsanstalten für eine religiös-sittliche Erziehung der Jugend geradezu feindselig entgegen. Außerdem war der ersten Nummer vom Mai 1913 ein Fragebogen beigelegt, der sich auf den Zustand des Vereinswesens an den deutschen und österreichischen Mittelschulen bezieht und in dem unter Verbürgung unbedingter Verschwiegenheit die Schüler zu Angaben über geheime, von der Schulbehörde nicht geduldete Schülervereine aufgefordert werden. Da unter den Beiträgen aus Schülerkreisen, die bisher in der Zeitschrift veröffentlicht wurden, auch solche aus München und Nürnberg sich finden, besteht Anlaß zu der Annahme, daß diese Zeitschrift auch bei den Schülern von bayerischen höheren Lehranstalten bereits Verbreitung gefunden hat. Die Schulvorstände und Lehrer werden daher beauftragt, sofort in geeigneter Weise einzuschreiten, wenn sie wahrnehmen sollten, daß sich die Zeitschrift *Der Anfang* in den Händen von Schülern vorfindet; insbesondere wäre gegen Schüler strafweise vorzugehen, die die Weiterverbreitung der Zeitschrift irgendwie zu fördern suchen. Falls etwa beobachtet werden sollte, daß die Zeitschrift von Buchhandlungen des Schulorts an Schüler versandt wird, ist Anzeige hieher zu erstatten.«[5]

Dem fügte der Minister hinzu, es gelte hier, »ein Übel im Keime zu ersticken, bevor es schlimme Früchte tragen« könne. Seine Ausführungen gipfelten in dem Ausruf: »Principiis obsta!«[6], womit er (wohl eher ungewollt) noch einmal auf den Namen der inkriminierten Zeitschrift anspielte.

Daß indes auch die Liberalen keineswegs bereit waren, in ihrer Gesamtheit für den *Anfang* Partei zu ergreifen, wurde am folgenden Tag deutlich, als ihr Abgeordneter Prof. Dr. Günther gegen »diese neue Art von Jugendbewegung« und gegen »die mit einem ganz unglaublichen Inhalt angefüllte Zeitschrift (. . .) mit vollster Entschiedenheit« protestierte. Denn, so sagte er, »Liberalismus ist nicht Libertinismus«. *Der Anfang* bilde nicht »Männer und Charaktere« heran, sondern »aufgeblasene Frösche«.[7]

Auch im preußischen Landtag war es ein Abgeordneter des Zentrums, ein Herr Wildermann, der in der Debatte über den Kultusetat am 30. April 1914 die Aufmerksamkeit des hohen Hauses auf diese Zeitschrift lenkte:

»Man hat gemeint, vielleicht würde darüber besser nicht gesprochen, um die Jugend nicht darauf aufmerksam zu machen. Ich glaube, die Jugend kennt die Zeitschrift schon; (sehr richtig! im Zentrum) aber wer sie zu wenig kennt, sind die Eltern, und ich möchte wünschen, daß die Eltern über diese Zeitschrift aufgeklärt werden, damit sie aufpassen, ob sie in den Händen ihrer Kinder ist. Denn diese Zeitschrift wird nicht nur öffentlich, sondern, wie es ausdrücklich heißt, auf Wunsch auch unter Kuvert und verschlossen geschickt, damit die Eltern nichts davon merken, daß die Schüler die Zeitschrift beziehen. Wie mir mitgeteilt worden ist, wurde in einer der letzten Nummern der Zeitschrift, die ich noch nicht habe, auch die Belügung der Eltern unter Umständen für eine sittliche Tat (. . .) hingestellt.«[8]

Schon vorher hatte in der Badischen Ständeversammlung der Abgeordnete Dr. Blum von den Nationalliberalen gewarnt:

»Gegen die Stimmung, wie sie sich in der Zeitschrift *Der Anfang* und in den darum gruppierten Kreisen geltend macht, muß man energisch Front machen (sehr richtig! beim Zentrum). Hier macht sich ein derartiges Mißtrauen, eine derartige Verachtung gegenüber allen erziehenden Mächten, namentlich aber gegen die Schule im Bunde mit einer dumpfen, ungesunden und schwülen Erotik bemerkbar, daß man unsere Kinder vor einer derartigen Lektüre unbedingt bewahren muß.«[9] Ihm antwortete der zuständige Kultusminister Dr. Böhm mit der Einschätzung, »daß die Zeitschrift *Der Anfang* zu den betrüblichsten Erscheinungen unserer Zeit gehört. Und zwar ist mir dabei durchaus nicht so betrüblich, daß junge Leute von 15 bis 18 Jahren so abgeschmacktes Zeug schreiben, vielmehr ist es mir betrüblich, daß Erwachsene an solchem groben Unfug teilnehmen (lebhafte, allseitige Zustimmung). Aber ich glaube, darüber werden wir hinwegkommen.«[10]

Ebensowenig wie sein Kollege in Baden war der preußische Minister der geistlichen und Unterrichtsangelegenheiten, D. v. Trott zu Solz, bereit, dem bayerischen Beispiel folgend die Zeitschrift zu verbieten. Im Parlament äußerte er die Hoffnung, daß die Jugend »von diesen Einflüssen und Versuchen« abrücken werde.

»Es ist meiner Ansicht nach hocherfreulich, wenn eine gesunde Reaktion aus der Jugend selbst kommt und diese selbst einsieht, daß das eigentlich alles nur dummes Zeug ist, was ihr vielfach vorgesetzt wird. So ist vielfach der Zeitschrift *Der Anfang* zu viel Ehre angetan, daß sie hier mit solchem Ernst behandelt wird. (Na, na! im Zentrum) Man sollte sie doch der Lächerlichkeit preisgeben, wohin sie gehört. Sie hat auch schon eine andere Zeitschrift hervorgerufen, die betitelt ist *Das Ende* (...) Ich glaube, *Der Anfang* hat in der Tat schon sein Ende gefunden, und deshalb sehe ich diese Tendenzen doch nicht für so gefährlich an.«[11]

Mit dieser Äußerung vor dem preußischen Abgeordnetenhaus brachte sich der Kultusminister (vielleicht ohne davon Kenntnis zu haben) in Gegensatz zum Polizei-Präsidenten von Berlin, der am 25. Februar 1914 auf eine Anfrage der k. k. Polizei-Direktion in Wien unter dem Vermerk »streng vertraulich« folgendes mitgeteilt hatte:

»Die Monatsschrift *Der Anfang* (...) muß diesseitigen Erachtens als geradezu gemeingefährlich bezeichnet werden. Von literarisch oder pädagogisch wertvollen Darbietungen kann man angesichts der faustdick aufgetragenen, durchweg und mit voller Absicht *destruktiven*, ja *revolutionären* (zunächst im erziehlichen Sinn) *Tendenz* überhaupt nicht reden. Der Inhalt stellt eine von Heft zu Heft sich steigernde Häufung von unerhörter Pietätlosigkeit und schamloser Disziplinverletzung gegen Schule und Haus dar, die sicherlich in der ganzen Druckschriftenliteratur ihres Gleichen nicht hat. Und das sind nicht etwa Entgleisungen und Exzesse jugendlichen Überschwanges, sondern es sind durchweg – und darin liegt eine unsagbare Rohheit – beabsichtigte Angriffe auf die bisher von aller Welt unbestrittenen Grundlagen jeglicher Erziehung, auf die Autoritätsmächte des Staates, des Elternhauses, der Schule; dazu kommt ein haßerfüllter Kampf gegen die Religion, die bewußte (mit Hurrahpatriotismus bezeichnete) Vaterlandsliebe und sexuelle Moral.«[12]

Neben den Debatten in den einzelnen Landtagen kam es über den *Anfang* auch in der Presse zu einer heftigen Polemik, die schon unmittelbar nach dem Erscheinen der ersten Nummer der Zeitschrift einsetzte. Die konservative *Kreuzzeitung* schrieb am 15. 5. 1913: »Endlich erhalten unsere Herren Pennäler also eine Stelle, an der sie ihre Lehrer zensieren können.«[13] Am Tag zuvor hatten die *Berliner Neuesten Nachrichten* geschrieben: »Wohin soll es führen, wenn jeder Bengel, der sich durch etwas beschwert fühlt, einen Artikel fabriziert, um die staunende Mitwelt darüber aufzuklären, daß er ein Märtyrer der Schulbank ist.«[14] Prompt wurden die Autoren des *Anfang* als »grüne Jungen«, »alberne Backfische«[15], »Tintenkulis«[16], »Jüngelchen«[17] bzw. als »unreife oder halbflügge Menschen«[18] bezeichnet. Die *Essener Volkszeitung* sah »wahre Abgründe seelischer und moralischer Verirrung«. Weiter schrieb sie: »Die berufenen Stellen werden zu erwägen haben, was da geschehen kann.«[19] Deutlicher noch war schon einen Monat nach der Veröffentlichung des ersten Hefts des *Anfang* eine Leserzuschrift an die *Vossische Zeitung,* welche die *Kreuzzeitung* vom 24. 6. 1913 zustimmend zitierte: »Hoffentlich finden die Schulbehörden recht bald durchgreifende Mittel, dem *Anfang* ein schnelles und völliges Ende zu bereiten.«[20] Schon vorher hatte die *Norddeutsche Allgemeine Zeitung* den Eltern gedroht, sie müßten »ihre Jungen eines von den Schulgesetzen mit Recht streng verbotenen Unfugs wegen von der Schule nehmen«.[21]

Wieso aber konnte eine einzelne Zeitschrift (die zudem noch von Schülern geschrieben wurde) derart Furore machen? Verständlich wird das Ausmaß der parlamentarischen und publizistischen Empörung nur, wenn man sich klarmacht, daß mit dem *Anfang* ein Einbruch in die Domäne der bürgerlichen Öffentlichkeit durch eine in ihr bisher nicht vertretene Gruppierung erfolgte. Es handelte sich hier um die wenn schon nicht erste, so doch um die bis dahin wirkungsvollste und bis heute wohl einzige Schülerzeitschrift in deutscher Sprache mit überregionaler, ja sogar internationaler Verbreitung. Vorher und nachher blieben(und bleiben) ähnliche Versuche regional oder institutionell entjweder auf eine Stadt oder gar auf ein Gymnasium beschränkt. Verboten worden war zwar bereits 1874 in Preußen eine Schülerzeitschrift unter dem Namen *Walhalla* mit der Begründung, daß ihre »Beaufsichtigung durch die große Ausdehnung, welche die Sache in Deutschland und darüber hinaus allmählich gewonnen hat, sehr erschwert oder unmöglich gemacht« worden sei.[22] Da aber diese Zeitschrift bibliographisch nicht mehr nachzuweisen ist, scheint es mit ihrer Verbreitung doch nicht so gut bestellt gewesen zu sein, wie es das ministerielle Verbot behauptete. Vermutet werden darf wohl, daß sie sich der behördlicherseits geforderten Kontrolle durch den Direktor einer *einzigen* Schule zu entziehen begonnen hatte. Nicht aber, daß sie sich wie *Der Anfang* von vornherein keiner solchen Anstaltskontrolle unterworfen und sich unmittelbar an die Öffentlichkeit gewandt hatte.

Wie fast alles, was mit dem Anspruch des Erstmaligen und Einmaligen auftritt, hatte auch *Der Anfang* mehrere Anfänge: genau drei.[23] Zunächst erschien in fortlaufender Folge seit 1908 eine hektographierte Schülerzeitschrift dieses Namens in 23 Heften mit einer Auflage von jeweils 150 Exemplaren[24], für die der damals erst sechzehnjährige Georges Barbizon[25] verantwortlich zeichnete. Einige Gedichte, die Walter Benjamin in ihr publizierte, sind in dessen *Gesammelten Schriften* abgedruckt.[26] Mit Beginn des Jahres 1911 tat sich der erste *Anfang* zu einer Zeitschrift gleichen Namens mit der ebenfalls von Jugendlichen herausgegebenen Publikation *Der Quell* zusammen. Für vier Nummern zwischen Januar und Mai 1911 erschien die Zeitschrift im Buchdruck, mußte dann aber aus finanziellen Gründen ihr Erscheinen einstellen. Herausgeber war wiederum Georges Barbizon, neben ihm Fritz Schoengarth. Im Vorwort zum zweiten Heft heißt es:

»Der Anfang ist eine Zeitschrift der Jugend: er soll sich daher besonders mit allen Fragen, welche die heranwachsende Jugend beschäftigt [sic!], befassen (. . .) Da jetzt so viel über Schule und Erziehung geschrieben wird, muß es von größtem Interesse für die betreffenden Kreise sein, auch einmal die Auffassung der heranwachsenden Jugend darüber zu hören.«[27]

Die Schulkritik, die hier angekündigt wurde, ließ allerdings noch auf sich warten. Statt dessen druckte man mäßige Lyrik und einige eher feuilletonistisch anmutende Aufsätze, darunter aber immerhin auch schon einen theoretischen Text von Benjamin. In ihm bestimmte er hellsichtig die Lage seiner Generation:

»Die Jugend (. . .) ist das Dornröschen, das schläft und den Prinzen nicht ahnt, der naht, es zu befreien. Und daß die Jugend erwache, daß sie teilnehme an dem Kampfe, der um sie geführt wird, dazu will ja unsere Zeitschrift nach Kräften beitragen.«[28]

Doch schon kurz danach war auch dieser *Anfang* am Ende. Erst zwei Jahre später, im Mai 1913, wurde ein neuer *Anfang* gemacht. Redakteure waren Georges Barbizon und der spätere Psychoanalytiker Siegfried Bernfeld. Letzterer hatte 1911 in Wien zwei Nummern einer ebenfalls nur von Jugendlichen geschriebenen Zeitschrift mit dem Titel *Das Classenbuch* herausgegeben. Weil beide Redakteure noch minderjährig waren, übernahm Gustav Wyneken als Herausgeber die presserechtliche Verantwortung. Unter dem Motto »Durch die Jugend, für die Jugend!« schrieb Barbizon zur Einleitung des ersten Heftes:

»Es muß sich eine öffentliche Meinung der Jugend bilden und zum Ausdruck gelangen. Und zwar besonders in Jugendfragen, denen die gereifte Welt so wenig Verständnis und Interesse entgegenbringt. Denn man hat zwar häufig Gelegenheit, ihre jugendfremde Weisheit in erregten oder wohlwollenden Orakeltönen zu hören, aber die Jugend selbst bleibt von einer öffentlichen Stellungnahme innerhalb der Jugendfragen prinzipiell ausgeschlossen.«[29] Gegen ein »System der Entrechtung« der Jugend gelte es, »einen Kulturkampf: den Jugendkulturkampf« zu führen.[30]

Damit wurde deutlich, daß Wyneken nicht nur presserechtlich, sondern auch ideologisch als Ziehvater der neuen Zeitschrift anzusehen war. Denn von ihm stammte der Begriff Jugendkultur (vgl. den Beitrag von U. Herrmann in diesem Band).

Nach seiner Auffassung stellte die Jugendbewegung eine »Emanzipationsbewegung« dar, in der eine durch »natürliche und angeborene Schwäche« charakterisierte Gruppe – eben die Jugend – sich von der Unterdrückung durch die stärkere Gruppe – die Erwachsenen – befreien sollte.[31] Die Jugend habe ein Recht auf eine eigene, ihr angemessene Lebensführung, unabhängig von den Zwängen der Familie und der Schule. Sie müsse sich die Kultur, dieses »Machtmittel« der Herrschenden[32], autonom aneignen, sich den »Geistesbesitz der Gegenwart und die Mittel, selbst diesen Geistesbesitz zu verwalten und zu vermehren«[33], verschaffen. Gerade darin unterscheide sich die Jugendkulturbewegung vom Wandervogel. Dieser habe zwar die Jugend »entdeckt« und ihr zu einem neuen Gemeinschaftsleben verholfen, gleichzeitig aber einen Hang zur idyllischen Isoliertheit, zur

DER ANFANG
ZEITSCHRIFT DER JUGEND

HERAUSGEGEBEN VON:
GEORGES BARBIZON, BERLIN / SIEGFRIED BERNFELD, WIEN

BERLIN   I. Jahr   Mai 1913   Heft I   WIEN

„Der Anfang" erscheint als Monatsschrift zum halbjährlichen Bezugspreis von
2 Mark bez. 2.50 Kronen (im Auslande zu 3 Mark). Wird durch den Buch-
=========== handel, durch die Post oder direkt vom Verlag bezogen. ===========

Die treibenden Kräfte

Von Georges Barbizon

Es hat sich erwiesen, daß es der aufgeklärte Absolutismus: „Alles
für die Jugend, nichts durch die Jugend", nicht weit gebracht hat
und diese Jugend vergeblich auf angewandte Erziehungs- und Schulreform warten läßt. Jetzt will sie ihre Sache selbst in die Hand
nehmen. Sie versucht es unter der Devise:

„Durch die Jugend, für die Jugend!"

Es muß sich eine öffentliche Meinung der Jugend bilden und
zum Ausdruck gelangen. Und zwar besonders in Jugendfragen, denen
die gereifte Welt so wenig Verständnis und Interesse entgegenbringt.
Denn man hat zwar häufig Gelegenheit, ihre jugendfremde
Weisheit in erregten oder wohlwollenden Orakeltönen zu hören,
aber die Jugend selbst bleibt von einer öffentlichen Stellungnahme
innerhalb der Jugendfragen prinzipiell ausgeschlossen.

Ueberall da, wo man eine Kritik des Schülers an der Schule
wahrnimmt, wird sie als Arbeitsscheu, schlechter Wille oder
Unbegabtheit ausgelegt. Und doch hat kein Lebensalter einen so
großen Drang nach Bildung, nach Einsicht, nach Offenbarungen, als
gerade die Jugend. Keines hat ein so allgemein ausgesprochenes
Interesse für Kultur- und Weltprobleme und keines so geringe Möglichkeit, dieses zu betätigen.

Scheu vor der Öffentlichkeit an den Tag gelegt und vor allem die traditionelle Vermittlungsinstanz der Kultur, die Schule, nicht in Frage gestellt.[34]

Es ist daher kaum verwunderlich, daß Kritik an der Schule im *Anfang* den breitesten Raum einnahm. Daneben traten die übrigen Themen der Zeitschrift, also allgemeine Jugendfragen, das Verhältnis zu den Erwachsenen (und insbesondere zu den Eltern) sowie die Einstellungen der Jugend zur Religion, weniger stark hervor. Die Redaktion sah ihre Hauptaufgabe im »Kampf gegen geistige Knechtung, gegen Heuchelei und Lüge, gegen Barbarei und Dummheit in der Schule« (63).[35]

»Erst wenn die, die es am besten wissen müssen, wie die heutige Schule wirkt: die ›Erzogenen‹ selbst (. . .) aus ihrer Passivität erwachen und selber ihre Stimme erheben und tätig werden, ist zu hoffen, daß das Tempo einer grundlegenden Schulreform sich beschleunigt« (61).

Die Kritik des *Anfang* galt sowohl den Inhalten wie auch den Formen des Schulunterrichts. Schon in der ersten Nummer bemängelte Benjamin (unter dem Pseudonym »Ardor«) in einer Kritik des Deutsch- und Geschichtsunterrichts, daß die Werke der Dichtung »in den Schulen so oft technisch zerfetzt werden« (7). Daran schloß er die Frage, ob der Geschichtsunterricht »ein Kulturbild gibt oder nicht vielmehr selbst eines darstellt!« (10)

»Entweder gibt es ein Vorbeten oder Wiederkäuen zusammenhangloser oder oberflächlich verbundener Tatsachen aller Art – oder man sucht sich den ›Kulturperioden‹ einmal bewußt zu nähern. Da paradieren denn die Schlagworte aus der Literaturgeschichte und ein paar berühmte Namen oder endlich, es tritt zum Ersatz einer freien, großen Wertung die kleinlichste Beurteilung irgend einer historischen Tat ein« (10).

In einer besonderen Rubrik, dem »Klassenspiegel«, wurden krasse Fälle »geistiger Mißhandlung« (146) angeprangert. Hier finden sich etwa Aufsatzthemen zur *Emilia Galotti* wie »Marinellis Spaltung in Wurm und Kalb« (59) oder ein Hinweis darauf, daß von einer Abbildung der Laokoon-Skulptur im Unterricht nur die obere Hälfte gezeigt wurde bzw. daß »das Wort ›Turnhose‹ in der Höheren Mädchenschule nicht« verwendet werden durfte (150).

Immer wieder wird gegen Lehrer vorgegangen, deren »Gefühlsorgane durch Entbehrungen und Kriechereien verkrüppelt« sind (82). Die Frage, wie die Verhältnisse an den Schulen zu verbessern seien, wird ironisch mit dem Vorschlag beantwortet, »alle deutschen Oberlehrer im Teutoburger Wald zusammenzuführen und dort den Göttern zu schlachten« (122). Die Antwort der Redaktion auf diesen Vorschlag lautete, man müsse »unermüdlich die herrschende Geistlosigkeit« aufdecken, »die Stupidität aus den Klassen hinausgraulen«, »wobei als Teutoburger Wald vorerst einmal der *Anfang* zur Verfügung steht« (123).

Die weitestgehende Schulkritik sprach sich gegen bloße »Reförmchen« aus. »Derartige Ausbesserungsarbeiten können wir ruhig den Leuten vom Bau, den Wirklichen Geheimen Ober- und Unterregierungsräten überlassen (. . .) *wir* wollen die Schulrevolution. *Wir* wollen die Schule abschaffen« (172). Doch so radikal, wie diese Sätze klingen, waren sie, wie unmittelbar darauf deutlich wird, nicht gemeint. Denn die Schule sollte nach Meinung des Autors lediglich zu einem »Sammelplatz der Jugend« umgestaltet werden (172). Darunter aber verstand er eine Freie Schulgemeinde im Sinne Wynekens.

Nach dessen Auffassung war der *Anfang* »eine Waffe der Jugend. Sie soll die Möglichkeit haben, gegen die sie betreffenden Mißstände in der Öffentlichkeit zu kämpfen, genau so gut, wie das die Erwachsenen in ihrer Presse tun« (146). Er wollte, wie er in einer programmatischen Erklärung zum ersten Heft schrieb, dafür »sorgen, daß diese Zeitschrift wirklich und ernstlich und ohne jede Bevormundung der Jugend gehöre« (3). Mit ihr erhalte die Jugend »die Möglichkeit, allen Mächten und Autoritäten, wenn es sein muß, zum Trotz ihre Meinung und ihren Willen auszusprechen, rückhaltlos und weithin vernehmbar« (3).

Diese Möglichkeit zu freier Aussprache führte im *Anfang* gelegentlich zu einem neuen Pathos der Jugendlichkeit, wie es z. B. in einem Aufsatz von Siegfried Bernfeld zum Ausdruck gelangte:

»Die Jugend beginnt heute einen Kampf um ihr Recht, um das Recht auf ein ihr gemäßes Leben (. . .) Soll dieser Kampf auch nur den allerkleinsten Erfolg haben, so müssen die Gedanken der Jugend ›in das öffentliche Denken der Menschheit‹ eingereiht werden« (52).

Nicht in allen Äußerungen zur Lage der Jugend herrschte ein derartiges »Glücksgefühl« und »Kraftbewußtsein« vor (164), und längst nicht alle Beiträge waren von der Devise getragen: »Wir sind die Jugend! Uns gehört die Zukunft!« (164) Zuweilen wurde gerade die Pose der Jugendlichkeit kritisiert. Die Jugend, so hieß es, »steht vor dem Spiegel und probiert, was ihr gut steht und was ihre Jugendlichkeit heben könnte – wie eine ältere Dame« (367).

Manche Zuschriften an den *Anfang* zeugen von einem offenbar bei Jugendlichen verbreiteten Gefühl der Isolierung, das sie durch den Kontakt mit der Zeitschrift erst als solches zu definieren gelernt haben. Aufschlußreich ist in dieser Hinsicht der Brief einer Schülerin, die sich in ihrem Elternhaus völlig vereinsamt fühlte und glaubte, an ihrer Einsamkeit selbst schuld zu sein. Sie wandte sich an die Redaktion mit der Bitte, ihr Briefpartner(innen) zu vermitteln. Die Redaktion sah sich wohl überfordert; denn sie lehnte die Bitte mit der Begründung ab, Briefe seien »etwas so Persönliches, daß (sic!) man nicht auf gut Glück an einen Unbekannten richten« könne (280).

Freimütig äußerten sich die Autoren und Autorinnen, die sich in aller Regel wohl zum ersten Mal an die Öffentlichkeit wandten, über »jugendliche Erotik« (166), über religiöse Probleme sowie über ihr Verhältnis zu den Eltern. Gegen die Geheimniskrämerei im Liebesleben argumentierten sie mit der nüchternen Feststellung, das Mysterium der Liebe lasse »sich nicht in ein Tabernakel sperren, um es profanen Blicken zu entziehen« (138). Es gelte die Unterdrückung der Sexualität zu beseitigen gerade aufgrund der freiwilligen »Verpflichtung, unser eigenes Triebleben zu *gestalten*« (168). Gegen eine »üble, verwilderte Poussier-Erotik« (202) wurde für »Menschlichkeit« und »Kameradschaft« zwischen den Geschlechtern plädiert.

Im Hinblick auf Religion und Religiosität befaßte sich der *Anfang* vor allem mit dem Problem, ob Schüler ihre Areligiosität verleugnen sollten, um sich selbst und den Eltern nicht dadurch zu schaden, daß sie von der Schule verwiesen würden (225–227). Diese Frage wurde als so wichtig angesehen, daß die Redaktion sie einigen Persönlichkeiten des öffentlichen Lebens vorlegte, die den *Anfang* unterstützten. Die Antworten reichten von der Aufforderung zu absoluter Ehrlichkeit (291) bis hin zu der These, in religiösen Angelegenheiten sei die Lüge eine »Waffe der Schwächeren« (303).

Mindestens ebenso schockierend wie diese Ermahnung zur Unaufrichtigkeit wirkten in der bürgerlichen Öffentlichkeit wohl einige Passagen, in denen den Eltern gegenüber »schrankenlose Ehrlichkeit« in bezug auf sexuelle Erfahrungen gefordert wurde. Es hieß da: »Wir dürfen nur nicht mehr so viel falsches Mitleid mit unseren Eltern haben, dürfen sie nicht mehr so ängstlich schonen. Wir haben sie schon viel zu sehr verwöhnt« (233). Es sei kaum zu glauben, »wie leicht man Eltern mit ein wenig Energie erziehen kann« (234).

Der Versuch, unter dem Namen Jugendkultur gezielt eine Gegenöffentlichkeit durchzusetzen, blieb nicht auf das Medium der Presse beschränkt. Schon vor der Neugründung der Zeitschrift bediente sich die Jugendkulturbewegung einer weiteren traditionellen Institution der Öffentlichkeit: eines Vereins. Bereits im Januar 1913 hatte Siegfried Bernfeld in Wien das Akademische Comité für Schulreform gegründet (vgl. den Beitrag von U. Herrmann in diesem Band).

Gleichzeitig wurden die sogenannten Sprechsäle eingerichtet, der erste am 1. Februar 1913 in Wien. Weitere entstanden bis zum Oktober 1913 in München, Stuttgart und Berlin sowie in Heidelberg und Göttingen. Ihre Faszination ist heute kaum mehr nachzuvollziehen. Obwohl sie zunächst nur etwa 25 bis 40 Mitglieder hatten, stellten sie nach deren Auffassung gemeinsam mit der Zeitschrift und dem Archiv für Jugendkultur tatsächlich Institutionen einer Gegenöffentlichkeit dar. In Wien, dem Zentrum des Akademischen Comités für Schulreform hatte dieses nach Bernfelds Angaben im Juni 1914 ca. 500 Anhänger.[36]

Daß diese Angaben nicht übertrieben sind, wird durch eine Quelle bestätigt, die auch heute noch dazu neigt, die Teilnehmerzahlen öffentlicher Versammlungen niedriger anzusetzen als die Veranstalter, eben von der Polizei. Im Österreichischen Staatsarchiv/Allgemeines Verwaltungsarchiv befinden sich bisher unpublizierte, vertrauliche Berichte von Angehörigen des k. k. Bezirks-Polizei-Kommissariats Innere Stadt Wien über drei Vorträge, die Bernfeld am 14., 21. und 28. 2. 1914 im Saal des Café Adlon gehalten hat. Nach diesen Berichten waren jeweils ca. 200, 450 bis 500 bzw. 300 »ausschließlich jugendliche Personen im Alter von 14–20 Jahren« anwesend.[37] Bernfeld sprach über den »Sinn der Jugend«, den »Kampf der Jugend« und den »Sieg der Jugend«. Jugend definierte er (wohlgemerkt nach der Wahrnehmung eines k. k. Polizei-Oberkommissärs) als

»das wirtschaftlich Unbestimmte, physisch und moralisch Unverbrauchte, das äußerste Ziel, also das Ideal Erstrebende, nur des rechten Weges noch Unkundige, also kurz das, was die Erwachsenen tadelnd das Unpraktische nennen«.[38] »Die Jugend hat seit jeher einen Kampf gegen das Alter geführt und ihre erste Tat war gegen den ›Käfig‹ zu rennen. Sie kämpft gegen die Anschauungen des Alters . . . Was nun die Schule anbelangt, so ist die Jugend in ein Lehrgefängnis eingesperrt . . . weil der Lehrplan nach den Zielen gerichtet ist, die das Alter gefunden hat. Die Jugend fühlt in der Schule am schwersten das, dass sie nicht mittätig ist, dass sie nicht weiss, was ihr der Lehrplan soll, ob er der richtige ist. Es fühlt beinahe jeder, dass er falsch ist. Demgegenüber rettet sich die Jugend so: Was sie wirklich lernen will, lernt sie ausserhalb der Schule, in Vereinen oder vereinzelt, mit der ihr eigenen intensiven Hast.

Der Fehler liegt darin, dass die Schule der Jugend als etwas Fertiges entgegentritt, was die Jugend annehmen muss ohne die Möglichkeit, das Geringste daran zu ändern.«

In der Familie ist das Kind »Eigentum der Eltern oder extrem ausgedrückt, es befindet sich im Zustand der Sklaverei«. Daher »muß die Jugend einen Kampf gegen die Schule und gegen die Familie beginnen (. . .) Wie rettet sich die Jugend aus dieser 1000jährigen Einzwängung? Entweder zurück in die Kindheit oder nach vorne in die Erwachsenheit. Es entstehen 2 Typen: der junge Mensch, der die unbewußte Kindheit beibehält und der junge Mensch, der sich ins Alter flüchtet und daraus entstehen Karrikaturen [sic!] des Kindes und des Erwachsenen. Wir wollen aber etwas, was in der Mitte zwischen Kind und Erwachsenen steht und doch etwas Ganzes und Eigenes ist. Deshalb will die heutige Jugend, die zu sich selbst gekommen ist, den Käfig der Lebensart, den die anderen mit Blindheit gegenüber der Kultur und den Aufgaben der Jugend gebaut haben, zertrümmern (. . .) Die Jugend soll das Wesentlichste des Erziehungsvorganges selbst besorgen. Es gibt keine fremde Erziehung, sondern nur Selbsterziehung, dabei aber keine Anarchie, denn die Jugend ist das natürlichste Organ der Gefolgschaft, sie will einem Führer folgen, der ihrer Eigenart gemäß ist . . . Der Kampf gegen die Schule ist also ein Kampf für die Schule, zu deren Verbesserung (. . .) Wenn die Jugend aus den Reibungen und Bestimmungen des Familienlebens losgelöst wird, dann hört alles auf, was heute als Trübung zwischen Kind und Elternhaus steht. Die Stimme des Blutes ist unverlöschbar, wo wirkliche Verwandtschaft ist, aber diese ist heute überwuchert durch falsche Autoritätsansprüche auf der einen Seite und durch falsche Subordinationsverweigerung auf der anderen Seite. Es kann heute kein Mensch mehr Eigentum des anderen sein (. . .) Man muss es die Jugend einmal versuchen lassen, ihre Triebe aus sich zu hemmen. Wir müssen hier zu uns selber Zutrauen gewinnen. Man muss den Mut haben, mehrere Generationen der Jugend aus dem inneren Kodex gestalten zu lassen. Man fürchtet ein Chaos, eine Revolution. Vielleicht ist es nicht so schade, wenn die Menschheit aus den Fugen geht, das ernsthaftere Argument ist jedoch die Überzeugung, dass sie nicht aus den Fugen gehen wird. Dann wird zum ersten Mal der Bau der Menschheit fundiert sein . . .«[39] »Zusammenfassend erklärte der Redner: die Aufgabe der kulturbewussten Jugend ist eine Veränderung des Gesamtbaus der Gesellschaftsordnung, in der die Jugend einen Platz hat, der ihr ein sinnvolles Leben möglich macht. Zu diesem

Zweck muss sich die Jugend zu einer Art Kampfgemeinschaft zusammenfinden und so wird sie siegen.«[40]

Zunächst freilich siegte sie keineswegs; statt dessen wurde nach dem zweiten Vortrag die geplante Diskussion verboten, weil der anwesende Polizeivertreter »die Namen und Adressen der auftretenden Redner verlangte«[41] und offenbar die Sitzung für geschlossen erklärte, als sie ihm verweigert wurden.

Nachdem zuvor schon durch einen Erlaß der k. k. nö. Statthalterei vom 3. Februar 1914 Z IV-313 die Bildung des Vereins Archiv für Jugendkultur »aus formellen Gründen untersagt« worden war[42], schrieb die k. k. Polizei-Direktion Wien am 16. März 1914 an das Präsidium des k. k. Ministerium des Innern über Bernfelds Vorträge:

»Da sich aus dem Zusammenhange der drei Referate der dringende Verdacht ergibt, daß es sich dem Redner um eine vorsätzliche Herabwürdigung und Erschütterung der Einrichtungen der Familie handelt, habe ich im Sinne des § 305 St. Ges. die k. k. Staatsanwaltschaft im Gegenstande informiert und verfügt, daß die Abgeordneten der Behörde in Hinkunft bei den vom ›akademischen Komitee für Schulreform‹ beziehungsweise von dessen Mitgliedern veranstalteten Versammlungen gesetzwidrigen Ausführungen mit größter Strenge entgegentreten.

Zugleich habe ich die Prüfung der rechtlichen Grundlagen des ›akademischen Komitees für Schulreform‹ veranlaßt.«[43]

Bernfeld wurde polizeilich vorgeladen. Das Ergebnis war, daß das Akademische Comité für Schulreform »sich zwar noch im Rahmen des Gesetzes bewege, aber hart an der Grenze des Zulässigen steht. Um nun eine ruhige Gestaltung einer neuen gesetzlich unanfechtbaren Organisation zu ermöglichen, wurde am 21. März 1914 der Sprechsaal aufgelöst.«[44] Er sollte im Herbst 1914 neu gegründet werden, wozu es jedoch wegen des Kriegsausbruchs nicht mehr kam.

Die Grenzen der Legalität waren in den Auseinandersetzungen um die Jugendkulturbewegung nicht nur durch den im Fall Bernfeld angesprochenen § 305 des Österreichischen Strafgesetzes vom 27. 5. 1852 gezogen, der denjenigen »mit Arrest von einem bis zu sechs Monaten« bedrohte, der öffentlich »die Einrichtungen der Ehe, der Familie oder die Rechtsbegriffe über das Eigenthum herabwürdiget, oder zu erschüttern versucht«.[45] Der Versuch, eine jugendliche Gegenöffentlichkeit zu etablieren, drohte auch gegen die bestehenden Vereins- und Pressegesetze zu verstoßen. In Österreich bestimmte § 30 des Gesetzes vom 15. November 1867 über das Vereinsrecht: »Ausländer, Frauenspersonen oder Minderjährige dürfen als Mitglieder politischer Vereine nicht aufgenommen werden.«[46] Ob ein Verein politischer Natur war, entschied letztlich das Innenministerium. Die preußische »Verordnung über die Verhütung eines die gesetzliche Freiheit und Ordnung gefährdenden Mißbrauchs des Versammlungs- und Vereinigungsrechts« vom 11. 3. 1850 war noch deutlicher: »Vereine, welche bezwecken, politische Gegenstände in Versammlungen zu erörtern ... dürfen keine Frauenspersonen, Schüler und Lehrlinge aufnehmen.«[47] Diese durften auch den Versammlungen nicht beiwohnen. Generell unterlagen Vereine obrigkeitlicher Kontrolle. Die zuständigen Polizeibehörden durften zu jeder Versammlung Beamte oder Bevollmächtigte entsenden, denen (zumal in Österreich) das Recht zustand, die Namen und Adressen aller Redner zu notieren und die Versammlung gegebenenfalls aufzulösen.

Die wohl in erster Linie gegen die Arbeiterbewegung gerichteten vereinsrechtlichen Bestimmungen wirkten sich auch an den Schulen restriktiv aus. Die herrschenden Schulordnungen verboten Schülern die Mitgliedschaft in Vereinen.

So lautet etwa § 62 der badischen Schulordnung: »Die Gründung von Vereinen unter den Schülern, der Beitritt von Schülern zu Vereinen (. . .) ist untersagt.«[48] In Preußen waren laut ministeriellem Erlaß von 1913 »Schülervereine zu Zwecken, die an sich zu billigen sind, nur dann zulässig, wenn sie sich wirklich auf Schüler, und zwar solche, welche einer und derselben Anstalt angehören, beschränken, so daß der Anstaltsleiter die Verantwortlichkeit dabei übernehmen kann. Auch der Anschluß von Schülervereinen (. . .) an außerhalb der Schule stehende Verbände ist nicht statthaft.«[49]

Wandte sich diese letzte Bestimmung gegen die Sozialdemokratie, aber auch gegen Versuche der Kirchen, über Vereinsgründungen an den Schulen Einfluß zu gewinnen[50], so bestand ihr Zweck darüber hinaus darin, Bestrebungen entgegenzuwirken, die eine Nachahmung des studentischen Verbindungswesens durch höhere Schüler bedeuteten. Da nach Ansicht des preußischen Kultusministeriums das Ziel der Verbindungen in der »Gewöhnung an einen übermäßigen Genuß geistiger Getränke« bestand[51], hatten die »Theilnehmer an einer Verbindung außer einer schweren Carcerstrafe das *consilium abeundi*« zu erwarten.[52]

Wenn freilich der ersten Nummer des *Anfang* ein »Fragebogen über den Zustand des Vereinswesens an den österreichischen und deutschen Mittelschulen (Gymnasien, Realgymnasien, Realschulen etc.)«[53] beigelegt wurde, so sollte damit keineswegs das Terrain für eine Ausdehnung von Schülerverbindungen sondiert werden. *Der Anfang* betrachtete im Gegenteil den Alkoholgenuß als »verderblichen Zwang«.[54] Das Akademische Comité für Schulreform, das für den Fragebogen verantwortlich zeichnete, wollte vielmehr gegen die »Taktik der Schulbehörden« vorgehen, Vereine von Schülern zu verbieten.

Über ein derartiges Verbot wurde im *Anfang* berichtet. Der Fall ist zugleich geeignet, die organisatorischen Unterschiede zwischen dem Wandervogel und der Jugendkulturbewegung hervortreten zu lassen. Unter dem Titel *Aachener Wandervogel und Schulgewalt* wurde ein Konflikt mit dem Direktor einer Schule geschildert, der den Wandervogel verbieten wollte, um statt dessen »einen Schulwandervogel unter seiner Oberaufsicht« zu gründen.[55] Interessant ist an diesem Fall weniger das Verhalten des Direktors (denn der hielt sich an den bereits zitierten Erlaß des Kultusministeriums von 1913 über die »Beteiligung von Schülern an Vereinen«), hingegen vielmehr, daß wir bei dieser Gelegenheit eher beiläufig erfahren, daß nicht die Schüler, sondern die Eltern Mitglieder des Wandervogel waren.[56] Um das geltende Vereinsgesetz zu umgehen, war also eine Rechtskonstruktion gefunden worden, die sich die Jugendkulturbewegung, zumindest was das Akademische Comité für Schulreform betraf, ausdrücklich nicht zu eigen gemacht hatte. Bernfeld und sein Kreis wandten sich direkt an die Öffentlichkeit. Gerade darum mußten sie in stärkerem Maße als der Wandervogel mit den Behörden in Konflikt geraten.

Einer ähnlichen juristischen Konstruktion wie der Wandervogel bedienten sich die Redakteure des *Anfang*. Das Reichsgesetz über die Presse vom 7. 5. 1874 bestimmte in § 8 ausdrücklich, daß Minderjährige – nach damaligem Recht: Personen unter 21 Jahren – nicht verantwortliche Redakteure periodisch erscheinender Druckerzeugnisse sein durften.[57] Wenn also Wyneken für den *Anfang* die presserechtliche Verantwortung übernahm, fungierte er für jeden erkennbar als eine Art Strohmann; denn Barbizon und (zunächst auch) Bernfeld waren noch minderjährig.

Auch im Wilhelminischen Deutschland galt ein Grundrecht auf Meinungsäußerungsfreiheit und eine damit zusammenhängende materielle Pressefreiheit (also Informationsfreiheit, Redaktionsfreiheit sowie Vertriebsfreiheit).[58] Doch diese Freiheiten blieben

Schülern vorenthalten. Sie besaßen nach der damals herrschenden Rechtsauffassung zwar eine Grundrechtsfähigkeit, aber noch keine Grundrechtsmündigkeit. Sie unterlagen auf der einen Seite der elterlichen Gewalt (§ 1626–1698 BGB), auf der anderen Seite dem besonderen Gewaltverhältnis der schulischen Erziehung. Noch 1957 formulierte eine *Schulrechtskunde* die bis dahin geltende Auffassung (welche seither einige Änderungen erfahren hat): Aus der Erziehungsbedürftigkeit Minderjähriger folge »ohne weiteres das Recht des Staates, zu Erziehungszwecken über die allgemeinen Gesetzesvorbehalte hinaus die Grundrechte Minderjähriger einzuschränken«.[59]

Dies geschah unter Zuhilfenahme der verwaltungsjuristischen Formel des besonderen Gewaltverhältnisses. Dabei handelte es sich um eine Kategorie, »die Richter und Strafgefangene, Soldaten und Geisteskranke, Lehrer und Schüler unter einen Hut bringt«.[60] Ein besonderes Gewaltverhältnis begründete eine stärkere Abhängigkeit des Bürgers (ursprünglich: des Beamten) vom Staat und setzte eine *besondere* Gehorsamspflicht voraus. Vor allem aber übte die staatliche Verwaltung gegenüber den in einem besonderen Gewaltverhältnis stehenden Personen »ein gesetzlich nicht spezifiziertes Anordnungsrecht« aus. Das bedeutete: »Der Grundsatz vom Vorbehalt des Gesetzes kann im besonderen Gewaltverhältnis (. . .) keine Geltung beanspruchen. Besonderes Gewaltverhältnis und Vorbehalt des Gesetzes schließen sich gegenseitig aus.«[61]

Für Schüler hieß das, daß die Einschränkungen ihrer Grundrechte gerade nicht durch Gesetze, sondern durch Erlasse und Verordnungen vorgenommen werden konnten. Als Besucher einer staatlichen Anstalt verfügten sie nur über verminderte Freiheiten. Sie waren gewissermaßen Glieder der Staatsorganisation und standen der Schule nicht als Bürger gegenüber, sondern als persönliche Mittel zur Erreichung eines Anstaltszwecks.[62] Die Verwaltungsverordnungen, die ihre Freiheiten beschränkten, enthielten zwar bindende Regeln, aber keine Rechtssätze. Sie fielen nicht in den Vorbehaltsbereich der Legislative und bedurften weder einer förmlichen Verkündigung noch einer gesetzlichen Ermächtigung.

Erst vor dem Hintergrund rechtlicher Restriktionen, die es Schülern prinzipiell untersagten, Vereine zu gründen oder eigene Zeitschriften herauszugeben, läßt sich die Tragweite des Skandals ermessen, den *Der Anfang* ausgelöst hat. Zum ersten Mal meldete sich hier eine Bevölkerungsgruppe zu Wort, die von der bürgerlichen Öffentlichkeit strikt ausgeschlossen gewesen war. Die Redaktion des *Anfang* setzte sich, wie es in einer undatierten Abonnementseinladung hieß, dafür ein, »daß sich eine öffentliche Meinung der Jugend bilde und zum Ausdruck gelange (...) Der Grundsatz der Öffentlichkeit, den wir sonst rückhaltlos anerkennen, hat sich in Beziehung auf die Jugend noch nicht durchgesetzt.«[63]

Von Bedeutung ist hier vor allem, daß dieser Grundsatz mit genau den Mitteln durchgesetzt werden sollte, denen einst auch die liberale Öffentlichkeit ihre Entstehung verdankte: durch das öffentliche Räsonnement in der Presse und in Vereinen.[64] Wie unangemessen die bürgerliche Öffentlichkeit auf die Jugendkulturbewegung reagierte, zeigt ein Vorwurf, der zuerst in einer anonymen Broschüre erhoben wurde[65] und danach die publizistische Diskussion um den *Anfang* beherrschte: Es handele sich bei dieser Bewegung um Geheimbündelei.[66] Gerade dieser aus dem 18. Jahrhundert bekannte Vorwurf macht deutlich, daß nicht nur die Mittel, sondern auch die Techniken aus der Entstehungsphase der liberalen Öffentlichkeit bei dem Versuch wiederkehrten, diese Öffentlichkeit auch Jugendlichen zugänglich zu machen. Daß viele Beiträge im *Anfang* anonym oder pseudonym veröffentlicht wurden, geschah aus demselben Grund, aus dem Pseudonyme sich im 18. Jahrhundert größter Beliebtheit erfreuten: Sie schützten ihre Träger vor Verfolgung durch die Behörden. Wenn allerdings auch Angriffe auf die Herausbildung einer jugendlichen Öffentlichkeit anonym vorgetragen wurden, so zeugte das eher von Hilflosigkeit und schlechtem Gewissen.

Beides war für die Reaktionen des Bürgertums charakteristisch. Vergessen schienen die Maximen, nach denen die Bourgeoisie einst angetreten war, um Publizität als Vorbedingung einer gerechten Ordnung allgemein durchzusetzen, um im öffentlichen Räsonnement politisches Handeln auf seine moralische Rechtfertigungsfähigkeit hin zu befragen und um durch autonomen Vernunftgebrauch zu einer allgemeinen Aufklärung zu gelangen. Die Grenzen der liberalen Öffentlichkeit wurden an dieser selbst deutlich, als Menschen in ihr zu Wort kommen wollten, denen die herrschende Rechtsordnung die Autonomie (also die Voraussetzung einer Teilhabe an der Öffentlichkeit) aus Altersgründen verweigerte. Der eigentliche Skandal des *Anfang* bestand darin, daß der bis dahin fraglos gültige Zusammenhang von autonomen (und das hieß: erwachsenem) Vernunftgebrauch und bürgerlicher Öffentlichkeit auf einmal durchbrochen schien. Menschen, die noch nicht »vollgültige« Rechtssubjekte sein durften, beanspruchten plötzlich ein Mitspracherecht in allen sie betreffenden Fragen.

Daß sich dabei freilich unreflektiert wieder nur Partikularinteressen im Gewande allgemeiner Ansprüche durchsetzen, erkannten sehr früh schon Vertreter der Arbeiterbewegung – und leider nur sie. Die Münchener *Post* schrieb am 13. 2. 1914:

> »Die Sozialdemokratie kann ja bei diesem Schauspiel insofern nur Zuschauer sein, als die ernsten Erziehungsfragen, die eine neue bessere Jugend in der Bourgeoisie begeistern, als *Schul*problem für die Millionen der armen Kinder des Proletariats nicht existieren können; denn in dem Alter, da jene jungen Leute aus der bemittelten Klasse so leidenschaftlich ringen, sich selbst idealistisch zu erfüllen und zu heben, sich aus den widrigen Konflikten ihrer Zeit herauszufinden, wird die proletarische Jugend bereits in der ›Freiheit‹ des wirtschaftlichen Lebens gerüttelt und geschunden.«[67]

Anmerkungen

1 Vgl. Philip Lee Utley, *Radical Youth: Generational Conflict in the Anfang Movement, 1912–January 1914,* in: *History of Education Quarterly,* Summer 1979, S. 207–228.

1 a *Verhandlungen der Kammer der Abgeordneten des bayerischen Landtags,* XXXVI. Landtagsversammung, II. Session im Jahre 1913/1914, Stenographische Berichte Nr. 215 bis 248, von der 215. Sitzung am 22. Januar 1914 bis zur 248. Sitzung am 14. März 1914, IX. Band, S. 133. Die genannten Formeln tauchen wieder auf in einem Artikel des *Bayerischen Kurier* vom 30. 1. 1914 sowie in der anonymen Broschüre »*Jugendkultur«. Dokumente zur Beurteilung der »modernsten« Form »freier« Jugenderziehung, zusammengestellt von einem bayerischen Schulmann* (München 1914), S. 26. Die Rede vom »pädagogischen Futurismus« taucht zuerst auf bei Ria Claaßen, *Freideutsche Jugend,* in: *Allgemeine Rundschau, Wochenschrift für Politik und Kultur* (München), 10. Jg. Nr. 51 vom 20. Dezember 1913, S. 1028 f.

2 Ebd., S. 134.

3 Ebd., S. 136.

4 Ebd., S. 137.

5 Ebd., S. 152.

6 Ebd., S. 153.

7 Ebd., S. 172; vgl. ferner S. 200 f. und 295 f.

8 *Stenographische Berichte über die Verhandlungen des Preußischen Hauses der Abgeordneten*, 22. Legislaturperiode, II. Session 1914/15, 5. Band, 65. Sitzung am 27. April 1914 bis 79. Sitzung am 13. Mai 1914 (Berlin 1914), Sp. 5774.

9 *Amtliche Berichte über die Verhandlungen der Badischen Ständeversammlung*, No. 71, Karlsruhe, den 29. April 1914, Zweite Kammer, 62. öffentliche Sitzung am 27. April 1914, Sp. 3023.

10 Ebd., Sp. 3048.

11 *Stenographische Berichte*, Sp. 5778. Angespielt wird hier auf eine Parodie des *Anfang: Das Ende. Zeitschrift für Jugendkubismus. Organ des Geistes- und Kulturphilisteriums*, hg. Walther Groothoff und Karl Winkler (Sonderdruck der Wandervogelführerzeitung) (Februar 1914). Über den *Anfang* heißt es dort: »ein Blättchen ohne offizielle Bedeutung, Privatunternehmen einiger Herren in Wien und München; wird zu etwas mehr als einem Viertel von Juden gemacht« (S. 8).

12 Österreichisches Staatsarchiv/Allgemeines Verwaltungsarchiv Wien, Akte Nr. 2926 – 14/M. I.; den Hinweis auf diese Akte verdanke ich: Annette Koch: *Siegfried Bernfelds Kinderheim Baumgarten. Voraussetzungen jüdischer Erziehung um 1920* (Phil. Diss. Hamburg 1974), S. 69 f.

13 *Kreuzzeitung* vom 15. 5. 1913.

14 *Berliner Neueste Nachrichten* vom 14. 5. 1913.

15 *Norddeutsche Allgemeine Zeitung* vom 16. 5. 1913.

16 *Berliner Neueste Nachrichten* vom 14. 5. 1913.

17 *Kreuzzeitung* vom 12. 6. 1913.

18 *Berliner Lokal-Anzeiger* vom 17. 5. 1913.

19 *Essener Volkszeitung* vom 4. 10. 1913.

20 *Kreuzzeitung* vom 24. 6. 1913.

21 *Norddeutsche Allgemeine Zeitung* vom 16. 5. 1913.

22 *Verbot einer Beteiligung von Schülern höherer Unterrichtsanstalten an der Zeitschrift Walhalla vom 11. 2. 1874*, in: *Centralblatt für die gesamte Unterrichtsverwaltung in Preußen*, Jg. 1874, S. 200 f.; vgl. ferner: *Verbot einer Beteiligung der Schüler höherer Unterrichtsanstalten an der Zeitschrift Freya. Norm für Gestattung von Schülervereinen überhaupt vom 12. 5. 1875*, in: *Centralblatt*, Jg. 1875, S. 404 f.

23 Vgl. die Übersicht bei Ulrich Panter, *Gustav Wyneken. Leben und Werk* (Weinheim 1960), S. 102–110.

24 Vgl. die Angaben in: Walter Benjamin, *Gesammelte Schriften*, Bd. II, 3, hg. R. Tiedemann und H. Schweppenhäuser (Frankfurt/M. 1977), S. 835.

25 Pseudonym für Georg Gretor (1892–1943); vgl. die Angaben in einer biographischen Notiz im Archiv der deutschen Jugendbewegung V a 1654. Vermutlich handelt es sich bei der Wahl des Namens Barbizon um

eine Hommage an die französische Schule von Landschaftsmalern, die sich im zweiten Drittel des 19. Jahrhunderts in dem Dorf Barbizon, nahe Fontainebleau bei Paris, trafen, um nach der Natur zu arbeiten.

26 Benjamin, *Schriften*, S. 831–834.

27 *Der Anfang. Vereinigte Zeitschriften der Jugend*, H. 2, 1. Jg. (Februar 1911), Vorwort S. 27.

28 *Der Anfang*, H. 3, 1. Jg. (März 1911), S. 51.

29 Georges Barbizon, *Die treibenden Kräfte*, in: *Der Anfang. Zeitschrift der Jugend*, H. 1, 1. Jg. (Mai 1913), S. 1.

30 *Der Anfang*, S. 3.

31 Gustav Wyneken, *Was ist »Jugendkultur«? Öffentlicher Vortrag, gehalten am 30. Oktober 1913 in der pädagogischen Abteilung der Münchner Freien Studentenschaft. Mit einem Nachwort über den »Anfang«* (München 1914), S. 6 f.

32 Ebd., S. 9.

33 Ebd., S. 13.

34 Ebd., S. 28.

35 Im folgenden werden die Seitenangaben des *Anfangs* in Klammern genannt; aus: *Der Anfang*. Zeitschrift der Jugend, 1. Jg. 1913.

36 Vgl. Siegfried Bernfeld, *Die Schulgemeinde und ihre Funktion im Klassenkampf* (Berlin 1928), S. 20.

37 Österreichisches Staatsarchiv/Allgemeines Verwaltungsarchiv, Wien, Akte Nr. 2926-14/M. I., Bericht vom 23. 2. 1914.

38 Ebd. Bericht vom 15. 2. 1914.

39 Ebd. Bericht vom 23. 2. 1914.

40 Ebd. Bericht vom 2.3. 1914.

41 Ebd. Bericht vom 23. 2. 1914.

42 Ebd. Brief der k. k. Polizei-Direktion Wien an das Präsidium des k. k. Ministeriums des Innern.

43 Ebd.

44 *Der Kampf in Wien* in: *Der Anfang*, I (1913/14), S. 386.

45 *Strafgesetz über Verbrechen, Vergehen und Übertretungen vom 27. 5. 1852*, in: *Allgemeines Reichs-Gesetz und Regierungsblatt für das Kaiserthum Österreich*, Jg. 1852 (Wien 1852), S. 493 bis 591, hier §305, S. 550.

46 *Gesetz vom 15. 11. 1867 über das Vereinsrecht*, in: *Reichs-Gesetz-Blatt für das Kaiserthum Österreich* (1867), S. 377–381.

47 *Verordnung über die Verhütung eines die gesetzliche Freiheit und Ordnung gefährdenden Mißbrauchs des Versammlungs- und Vereinigungsrechts*, in: *Gesetz-Sammlung für die königlichen Preußischen Staaten* (Berlin 1850), S. 277–283, §8, S. 279; vgl. ferner das *Reichsgesetz vom 19. 4. 1908*, in: *Reichsgesetzblatt* 1908, §17, S. 155 sowie die Gesetze von Bayern 26. 2. 1850, Sachsen 22. 11. 1850 und Baden 22. 11. 1867.

48 Zitiert nach *Amtliche Berichte über die Verhandlungen der Badischen*

Ständeversammlung, No. 78, Karlsruhe, den 7. Mai 1914, Sp. 3374.

49 *Beteiligung von Schülern an Vereinen,* in: *Centralblatt,* Jg. 1913, S. 334.

50 *Verbot religiöser Vereine an Gymnasien,* in: *Centralblatt,* Jg. 1872, S. 477.

51 *Anordnungen gegen Schülerverbindungen an höheren Lehranstalten* in: *Centralblatt* (1880), S. 572–578, hier: S. 573.

52 Ebd., S. 576.

53 Archiv der deutschen Jugendbewegung V a 1652.

54 *Der Anfang,* I (1913/14), S. 94.

55 Ebd., S. 270.

56 Ebd., S. 306f. Diese Rechtskonstruktion war eine Erfindung von Karl Fischer; sie wurde generell in Deutschland praktiziert.

57 Gesetz über die Presse vom 7. 5. 1874, in: *Reichs-Gesetzblatt 1874,* No. 16, S. 65–72.

58 Vgl. hierzu und zum folgenden: Frithjof Rendtel, *Zur Schülerpresse in der Bundesrepublik* (Hannover 1971), S. 14ff.

59 H. Heckel, P. Seipp: *Schulrechtskunde* (Neuwied/Berlin 1957), S. 312 zit. nach: Rendtel, *Schülerpresse,* S. 18.

60 Bernd Löhning, *Der Vorbehalt des Gesetzes im Schulverhältnis* (Berlin 1974), S. 52.

61 Ebd., S. 40f.

62 Ebd., S. 46f.

63 Undatierte Abonnementseinladung für den *Anfang,* unterzeichnet Verlag *Die Aktion,* Berlin-Wilmersdorf; im Archiv der deutschen Jugendbewegung V a 1652.

64 Vgl. Jürgen Habermas, *Strukturwandel der Öffentlichkeit* (Neuwied 1962), insbes. S. 118ff.

65 Vgl. »*Jugendkultur*« (s. Anm. 1).

66 *Bayerischer Kurier* vom 30. 1. 1914 und 2. 2. 1914.

67 *Münchener Post* vom 13. 2. 1914.

Carmen Klement
»In ihrem Rücken ist Zusammenbruch«
Zur Selbstdarstellung der »Jüngsten« um 1918
in den Zeitschriften *Anbruch* und *Aufschwung*

»Immer gewaltiger wird durch den Ansturm der Jungen das Alte, Verstaubte in den Hintergrund gestellt. (. . .) Bald wird eine neue Zeit kommen, wo die Jugend die Herrschaft haben wird, wo der Geist der jungen Strömung gehorchen muß. (. . .) *Der Anbruch ist ein Vorbote.* «[1]

Mit diesen Worten begrüßt im Jahre 1919 eine der Jugend gewidmete Zeitschrift ein verwandtes Blatt. Programmatisch nennen sie sich *Aufschwung* und *Anbruch*. Der Charakterisierung des *Anbruch* als Vorboten entspricht die Selbsteinschätzung des *Aufschwung* als »eine(r) Zeitschrift, die unmittelbarer Ausdruck der geistigen Jugend sein will«.[2] Das gemeinsame Interesse beider Zeitschriften liegt zum einen in der publizistischen Unterstützung solcher Bestrebungen von »Geistigen«, wie sie sich im Nachkriegs-Wien etwa im Bund der geistig Tätigen oder in dem von Robert Müller initiierten Geheimbund »geistiger Menschen«, der Katakombe, zusammenschlossen.[3] Zum anderen vertreten sie einen kulturkritisch vermittelten Jugendbegriff. Jede will, zunächst als Zeitschrift des literarischen Expressionismus konzipiert, über das künstlerische Gebiet hinaus Richtung weisen. Der *Aufschwung* verwarf seinen Untertitel »Eine literarische Zeitschrift« bereits nach der ersten Nummer, um sich fortan als »Zeitschrift der Jüngsten« zu bezeichnen. Der *Anbruch* charakterisiert sich in Selbstanzeigen als die »Zeitschrift der jungen Generation« und publiziert ein *Jahrbuch neuer Jugend*.[4]

Eine Durchsicht beider Blätter erscheint nicht zuletzt dadurch interessant, daß sie für sich beanspruchen, aus ihrer Jugendperspektive heraus »zu den wichtigsten Richtungen und Strömungen in der Politik zumindest Stellung zu nehmen«[5], »die Politik in edlere Bahnen zu lenken« und damit zu »Triebkräften des Tages« zu werden.[6] Auf diese Verflechtung des Jugendbegriffs mit politischen und kulturellen Zukunftsperspektiven in einem Weltbild »neuer Zeit« richtet sich im folgenden das Augenmerk. Die erste Nummer des *Aufschwung* erscheint im Februar 1919. Herausgeber ist zunächst Tobias Sternberg, ab Heft 7 Emil Gustav Gruchol; dazu kommt ab Heft 8 Friedrich Gustav Tietz. Bald nachdem Robert Müllers *Literarische Vertriebs- und Propagandagesellschaft* Vertrieb und Auslieferung übernommen hat, stellt das Blatt mit der Doppelnummer 9/10 noch im ersten Jahrgang sein Erscheinen ein. Inhaltsschwerpunkte sind Lyrik, philosophische, kulturkritische und politische Zeitbetrachtungen, kurze Erzählungen, Aphorismen, Aufrufe, die sich an die »Geistigen« und an die Jugend wenden; bis zur 6. Nummer wird pro Heft ein Kurzdrama oder eine Dramenszene gedruckt. Weiterhin erscheinen Essays zur Rolle der Kunst und zu den Beziehungen von Kunst und Politik. Die Hefte sind jeweils mit einer modernen, oft unbedeutenden Graphik spärlich illustriert.

»Flugblätter der Zeit« nennen die beiden Herausgeber, Otto Schneider und Ludwig Ullmann, den *Anbruch* im Untertitel, der erstmals im Dezember 1917 erscheint. Aus einem zweiseitig bedruckten Blatt im Folioformat wird ab der 4. Nummer ein 8 Seiten Folio umfassendes Heft mit ganzseitiger Titelgraphik und reicher Illustration. Ullmann scheidet bald aus, Felix Grafe wird ab Heft 4 verantwortlicher Redakteur. Mit dem zweiten Jahrgang wird Berlin neben Wien zum Sitz der Zeitschrift. Israel Ber Neumann, in dessen Graphischem Kabinett der *Anbruch* erscheint, zeichnet als Mitherausgeber. Mit der 9. Nummer des 4. Jahrgangs stellt der *Anbruch* sein Erscheinen ein. Thematische Schwerpunkte sind auch hier moderne Lyrik und Erzählprosa, philosophische Essays, Aufsätze zur kulturellen und politischen Perspektive der Zeit. Aus Dramen und lyrisch-dramatischen Dichtungen werden Szenen und Auszüge veröffentlicht; Aufrufe und Berichte beschäftigen sich mit Möglichkeiten zukünftiger Friedensregelung und kultureller Erneuerung. Vom 2. Jahrgang an liegt großes Gewicht auf den Bildbeiträgen moderner Künstler, die etwa den halben Umfang des Heftes einnehmen. Zunehmend geringer wird der Anteil an Essays und sonstigen Beiträgen nicht-künstlerischer Form. Hier ist der erste Jahrgang von Interesse, in dem der Jugendbegriff in psychologisch-politischen und kulturkritischen Aufsätzen sowie in Essays zur neuen Kunst und Kultur eine zentrale Rolle spielt. Diese Bedeutung verliert er in den nachfolgenden Jahrgängen.

Tobias Sternberg gibt in der ersten Nummer unter dem Titel *Stirb und werde! Die neue Zeit* eine Positionsbestimmung seiner Gegenwart. Er proklamiert nach überstandenen Kriegsjahren ein neues Zeitalter, dessen Werden der Verheerung des Krieges zu verdanken sei. »Wie lange hätte es wohl gedauert, bis wir ohne den Krieg erreicht hätten, was wir jetzt besitzen.«[7] In dem Schlüsselbegriff der »neuen Zeit« wird die Kriegserfahrung zugleich verdrängt und umgemünzt. Der Krieg erscheint als Katalysator eines rapiden Wandlungsprozesses, der voller Emphase bildlich, nicht aber begrifflich vermittelt wird. »Ein ganzes Zeitalter mit allen Bräuchen und Heiligtümern mußte zugrunde gehen, damit die neue Zeit wie ein Phönix aus seiner Asche emporsteige.«[8] Die unmittelbare Vergangenheit, Realität der Doppelmonarchie, wird als entrückt geschildert wie eine längst vergessene Epoche. Die neue Zeit ist der aschenentsprungene Mythos. »Denn für uns gibt es nur Heute und Zukunft. Die Vergangenheit ist einmal abgetan und – gründlich.«[9] Kein Blick zurück auf der Schwelle dieser vermeintlichen Zeitenwende. Abstrakt wie die neue Zeit bleibt die Vergangenheit – so unbestimmt, daß sie nur verhüllt, in Form von Verwesungsmetaphern angesprochen wird. »Wer mit seinen Wurzeln nicht zu tief im alten Moder haftet, wird nun sicher guten Boden finden und Früchte treiben.«[10] Das Bild zweier Erdschichten, deren tiefere nicht berührt werden darf, wenn das Neue gedeihen soll, verrät die Furcht vor der Berührung mit der Vergangenheit. Die Metapher kann das brüchige Weltbild nicht retten, das sie illustrieren soll. Der aus der pflanzlichen Natur entlehnte und damit verfehlte Bildsinn zeigt wider Willen die Absurdität eines historischen Ablaufs ohne Bezug zum Gestern. Aus dieser Welt des erstarrten Gegensatzes, die in unvermittelte alte und neue Zeit zerfällt, ergibt sich, mit entsprechenden Bestimmungen, der propagierte Jugendbegriff. Als das Idealbild des neuen Menschen zeichnen die Autoren das einer Jugend, die vom zu verdrängenden Gestern unberührt ist. Das Ziel der Epoche ist die Zukunft – nicht mehr und nicht weniger. Das Subjekt der Entwicklung ist die abstrakte Jugend. Vor ihr liegt der weiter nicht bestimmte Weg. Aus dieser Vision speist sich der Zukunftsoptimismus, der auf die »Jüngsten« setzt. »Der Weg ist frei. Wer Kraft hat, wird ihn gehen. Und dazu sind vor allem wir da, die Jungen und

Jüngsten mit unserem starken Willen und ungebrochenen Kräften.«[11] Sternbergs *Rede an die Jugend*[12] wiederholt und variiert noch einmal jene zentralen Motive, die bereits in seiner Darstellung der »neuen Zeit« anklangen. Der Aufruf wendet sich an alle, »die neuer Zeiten Hoffnung in sich tragen«, »die ihr Wesen bewahrt vor Unrat und Moder althergebrachter Überlieferung« und »die mit leichter Hand und gutem Gewissen alle Brücken hinter sich abgebrochen, die zu den trostlosen Zuständen jener Dunkelzeiten führen«. Die Vorstellung eines historischen Bruchs verbindet sich mit der einer von Überlieferung unberührten, vom verrotteten Gestern unbefleckten Jugend zu einem Programm ohne Programm. Der Mythos Jugend als der eines zukunftsweisenden neuen Menschen entspringt jenem vorausgesetzten Mythos des toten, vermoderten Zeitalters, welchem entwicklungslos die neue, hoffnungsvolle Epoche folgt. Die Proklamation »neuer Zeit« verzichtet auf die Kritik der »alten Zeit« und tritt ein für deren Verdrängung. »Es ist nicht unsere Absicht, Meißel kritischen Geistes an alte Urteile und Vorurteile anzulegen.«[13] Die Verheißung liegt vielmehr im jugendlichen »Busen«, Sitz der »Hoffnung froher Zeit«. »Ihr seid berufen«, so schließt Sternbergs Rede an die Jugend, »die Sehnsucht eures Menschseins zu erfüllen, denn euch gehört die Zukunft.«

In diesem Weltbild erfüllt der Jugendbegriff im wesentlichen drei Funktionen. Als bloße Altersbestimmung bezeichnet er die Analogie zur neuen Epoche. Ihr Charakter erschöpft sich in ihrer bloßen Neuheit. Sie ist definiert durch den Gegensatz zur alten Epoche, die entsprechend die Züge des Alters trägt. Was die soziale Aufgabe der Jugend betrifft, so entspricht sie der neuen Zeit (im starren Gegensatzschema von der alten abgegrenzt) dadurch, daß ihr Traditionslosigkeit, historische Erinnerungslosigkeit eigen sein sollen. Geringe Lebenserfahrung bürgt für jugendliche Ursprünglichkeit und verheißt das unspezifisch Neue. »Erfahrung macht nicht weise, sondern schwerfällig; denn sie stumpft die urwüchsigen Triebe ab«.[14] Jugend ist somit die urwüchsige, naturnahe Gattung Mensch und bleibt nur rein erhalten, wenn sie der prägenden Gewalt von Erziehungsinstitutionen nicht erliegt. »Instinkt (. . .) ist die erste Voraussetzung eines tatkräftigen Menschen«.[15] Erzieherisch beeinflußte Jugend verdient daher ihren Namen nicht mehr. Erziehung als Formung durch die Alten belastet sie mit Herkömmlichem, macht sie unfähig zur neuen Aufgabe. In Robert

Klingers Essay *Sexus als Dominante*[16] wird die »sogenannte Erziehung« als eine Destruktionsmaßnahme dargestellt, die darauf abzielt, »das wenige an unbeeinflußter Individualität im jungen Menschen (zu) zerdrücken und verkrüppeln«. Die Wirkung von Erziehung versteht Klinger als Zerstörungswerk am Ursprünglichen, als »Verstümmelung des jungen Menschen«.

Das Erfahrungspotential der Jugend, die in Ulrich Ebners *Aufruf zur Geistigkeit*[17] die Stimme erhebt, besteht allenfalls in ihren Kriegserlebnissen. »Wir jungen Menschen, gereift in ungeheurem Leid, geformt aus ungemessener Qual dieser Zeit (...), rufen die Tiefe auf im Menschen, den Geist.« Ebner läßt die Jugend als »Qualgeborene« auferstehen, als »Seher in Zukunft kommender Geistigkeit«. »Wir, Jugend voran!« ist die Parole einer Jugend, die die Vorkriegszeit zwar gründlich verdrängen hilft, mit Stolz aber sich als kriegsgeläutert fühlt.

Auch in Camill Schmalls Drama *Der Europäer*, aus dem der *Aufschwung* eine Szene veröffentlicht[18], gilt als produktive Wirkung des Krieges, das Ende einer Epoche herbeigeführt zu haben. Vor dem Bild einer aufgehenden Sonne im Osten, die nach jahrelanger Nacht Erleichterung bringt, sieht man die » aufgerüttelte, erkennende bessere Menschheit, die geläutert aus großer Zeit steigt«. Der heraufdämmernde »Menschheitsmorgen« strahlt in »jungem Licht«, und wie in einer durch Naturgewalt ausgelösten Katastrophe verschwindet das Gestern: Ein »heller brausender Strom überfließt die runden (sic!) Städte und nimmt Unrat und Verwesung, Tradition und Lächerlichkeit mit«. Die Überwindung der Vergangenheitsübel leisten naturhafte Geschichtseruptionen, die den traditionslosen, den jungen neuen Menschen hervorbringen.

Auch Autoren, die sich darum bemühen, genauer zu schildern, wie die neue Zeit aussehen soll, setzen auf die Jugend. Daß sie Träger der Entwicklung sei, wird in einem *Ausblick*[19] mit der Fähigkeit zu geistiger Wandlung begründet. Der nicht genannte Autor macht die umkämpften Nationalgrenzen als das Grundübel aller bisherigen Geschichte aus. Deren Beseitigung setze eine internationale Geistesart der Menschen voraus, die »das Weltwesen umfassen« müsse. Von der eben gegründeten Weltjugendliga erhofft sich der Autor die zündende Initiative zu dieser Wende. »Die Alten können wohl ihr Gebaren ändern, das heißt äußerlich mit der Zeit gehen, nicht aber ihr Gehirn, ihr Denken. Die geistige Umwandlung kann nur von der Jugend ausgehen.«[20] Jugendlicher

Idealismus soll das ewige Kriegsübel auf den Flügeln des Geistes überwinden. Das »andere Denken« bereitet der Jugend den Weg in den Internationalismus. Je unspezifischer die Ablehnung des Vergangenen ausfällt, desto gewichtiger die Betonung der Jugend als einzigem Subjekt der Neuorientierung, erscheint sie doch in ihrer bloßen Jugendlichkeit als das rettende Gegenbild des abgestorbenen Alten.

In Hans Koch-Dieffenbachs Lehrgespräch *Der Weg zum Bolschewismus*[21] zeigt der seinen Gefährten belehrende »Alf« ein besonders ausgeprägtes Jugendbewußtsein, an das er appelliert, indem er seinen Gesprächspartner auf den »besonderen Eigenwert der jungen Generation für die Volksgemeinschaft« hinweist und ihn auffordert, in politischen Zeitfragen auf den »guten Engel unserer Jugend« zu setzen. Die Verknüpfung des Jugendbegriffs mit den von Alf entwickelten Prinzipien des Bolschewismus gipfelt in der Formel: Der »Bolschewismus ist eine Jugendbewegung der Völker«. Die Selbstverteidigung der Jugend gegen die Einwirkung der Erziehung wird als Politisierung in diesem Sinne verstanden und gelobt: »Seit wir uns mit 14 Jahren gegen die geistigen Verbiegungsversuche in Schule und Haus auflehnten, sind wir im Grunde schon vom Geist des Bolschewismus infiziert!« Die Jugendhoffnung der »Geistigen« erscheint im letzten Artikel des *Aufschwung*, der diesen Begriff behandelt, als nur verbal integriertes Element, das von der Absicht zeugt, die ungerichteten Jugendkräfte in konkretere politische Bahnen zu lenken.

Der Jugendbegriff im *Anbruch*

Im *Anbruch* erhält der Jugendbegriff zunächst eine Funktion im ästhetischen Zusammenhang. Wie aus einem Hinweis im ersten Flugblatt hervorgeht, versteht sich die Zeitschrift als ein Forum für die Entwicklung neuer Grundsätze auf künstlerischem Gebiet. Der programmatische Aufsatz Ludwig Ullmanns auf der Titelseite des ersten Flugblatts definiert Jugend als Bezugsgröße von Kunst. »Jugend: das ist dem Künstler Maß, dem Dichter Zustand, dem Musiker Harmonie.« Das Zusammenfließen der Gesetzmäßigkeiten verschiedener Künste im Jugendbegriff, wie hier angedeutet, läßt anfänglich vermuten, daß Jugend ein übergreifendes Kriterium zeitgenössischer Ästhetik sei. Doch die sich anschließenden

Ausführungen entfernen sich von der ästhetischen Fragestellung. Der Begriff wird schillernd. Als »ewige Revolte« und zugleich »ewige Erneuerung«, als »Geist des Widerspruchs« und »Genie der Verneinung« wird Jugend zu einer Kraft, die durch Zerstören und Säen, durch Abwehren und Binden vorantreibt, um schließlich zum menschlichen Charakterzug, der Stärke des aufrechten Ganges, zu werden. Diese Bestimmungen führen nun doch zur Kunst zurück, die sich dank ihrer Jugendqualität eben nicht formalen Kriterien unterwirft, wie sie die Begriffe »Maß« und »Harmonie« nahelegen, sondern solche »Formfragen« übergeht. »Möge man also besser und schlagkräftiger sagen, daß die künstlerische Jugend von heute nicht aus der Geste schaffen will, sondern aus der Struktur ihres Inneren. Daß sie keine Notwendigkeiten der Form anerkennt, sondern nur solche der Sache. Daß sie den Buchstaben verachtet um des Sinnes willen und gerade darum gigantischen Ausdruck finden kann.«[22] Den neuen gigantischen Ausdruck garantiert nach Ullmanns Konzept die Sprengung der Form durch – Jugend.

Unter dem Titel *Vom Parnaß ins Parlament*[23] weist der Herausgeber auf eine Wende hin, die jene Künstler, als deren Sprachrohr er sich versteht, angesichts der »neuen Zeit« vollziehen. Die Kriegserfahrungen haben aus »müßigen Außenseitern des Tages« zum politischen Eingreifen Entschlossene gemacht. »(...) wir saßen vordem ein jeder vor seinem Altar und – extasierten, wie einer von uns sich selbst vorwirft.« »Wir haben eingesehen, daß wir aufzuhören haben, entbehrliche Gewerbetreibende zu sein.« »Wir stürzen uns also mit himmelentsagender Geberde(!) in den Kehricht des Alltags, in Dingen des staatlichen und bürgerlichen Haushalts mitzureden.«[24] Die entschlossene Abkehr von der bloß ästhetischen Lebenshaltung erscheint als selbstgefällig, posenhaft und die »himmelentsagende Geberde« dem »Extasieren«, das damit überwunden werden soll, als noch allzu verwandt, zumal der Aufrufende von dem Alltag, in den er sich stürzen will, als bloßem »Kehricht« spricht, während er entsagungsvoll, aber gebannt auf den vertrauten Himmel starrt. So kommt der neue Künstler auf seinem Wege vom Parnaß ins Parlament nicht recht voran, bleibt zwischen Alltagskehricht und Kunsthimmel hin- und hergerissen. Zu einem schlüssigen Bild verdichtet Otto Schneider dieses Schwanken, indem er wünscht, politischen Einfluß auszuüben, »ohne den apollinischen Zauberstab mit der politischen Leimrute zu vertauschen«.[25] Für die Aufgabe des Tages jedoch, die im selben Aufsatz als das »Reinemachen im europäischen Augiasstall«, also als herakleisches Arbeitsprogramm formuliert wird, scheint der zur Umkehr entschlossene Künstler mit seinem apollinischen Zauberstab nicht recht gerüstet zu sein. Denn wie soll Kunst eine Dynamik gewinnen, die die Revolte – vom Parnaß her ausgestreut – im Kehricht des Alltags keimen läßt? Jugend dient als Kompromißformel für den zwischen Alltag und Himmel schwankenden Künstler. Zwei als einander entgegengesetzt empfundene Bereiche werden in ihr scheinbar miteinander versöhnt.

Die dem Jugendbegriff angemessene neue Kunst setzt sich keine ästhetischen Maßstäbe – sie ist Tendenzkunst. »Tendenz ist Inhalt, Tendenz ist Wille, Tendenz ist, so verstanden, Perspektive.«[26] Paul Kornfeld erläutert die *Mission der Kunst:* Der wilden Herrschaft der Realität setze Kunst eine bessere Welt entgegen, in der der wahre Mensch als der von Liebe besessene erscheine. An die Stelle bürgerlicher Moral und Tüchtigkeit tritt das sich über jedes Mittelmaß erhebende Extrem als Kraft und Leidenschaft. Die Jugend, die in der Kunst lodernder als das Alter sei, ist damit Ausdruck des eigentlichen Wesens des Menschen, Vorbild für ein »entmenschtes Menschtum«, dem die Kunst ihre »Welt des Aufschwungs und der Ekstase« entgegensetzt. Den besseren, weil leidenschaftlichen Menschen kennzeichnet auch Otto Schneider in einem Artikel über *Die von heute*[28] als die eine Seite eines Doppelbildes, auf dem eine lebendige Jugend einer vernichteten gegenübersteht. Die auf eine erhabene Zukunft gerichtete Jugend ist jene, die am »großen Eigenwunder« wächst. »Nichts, das sie lähmt oder versteint; in ihrem Rücken ist Zusammenbruch, Panik und Klage, das Schicksal Sodoms und Gomorrhas, das sie nicht umwenden läßt auf ihrem Weg (...) vor ihr ist nur noch der Olymp.«[29] Der Vergleich mit den vernichteten Sündenstätten des alten Testaments nimmt das bekannte Motiv einer zu Recht zerstörten alten Welt wieder auf und verbindet damit zugleich die jugendgemäße Tugend des Nicht-Zurückblickens. Das Wahrnehmen der Trümmerstätte, der Panik und Klage, würde zur Lähmung, zur Versteinerung führen. Die Furcht vor der magischen Ausstrahlung des Alten und seiner Asche führt zum Begriff einer Jugend, die frei und unbelastet vom Gestern und damit von Sünde und Verderbnis dem Olymp zuschreitet. Die Perspektive einer neuen Zeit liegt wieder einmal himmelwärts.

Die gottnahe Jugend ist wild und urwüchsig, damit Inbegriff und Urbild eines Menschen, der der »Zeit mit vermorschter Seele und logischem Gehirn« noch nicht zum Opfer gefallen ist. Zum jämmerlichen Zerrbild aber wird eine Jugend, die der Prägung durch diese Zeit nicht widerstanden hat, die den Alten zum Opfer gefallen und »verseucht«[30] ist. Eine Erziehung, die narkotisiert oder vergiftet, vermittelt die Kultur eines »siechen Europa«, das der »erhitzten Illusion des Erfolges« nachjagt. Solche Kultur kann nur als Trümmerfeld zur Brutstätte einer neuen Welt werden. Die Verwüstungen des Krieges werden als fruchtbringend begrüßt: Die Finsternis gebäre den neuen Menschen, der neue Geist erhebe sich aus Not und Staub. Überall beginne »des Krieges und seiner gigantischen Divina comedia Saat hochzuschießen«, schildert Ullmann in einer Gegenwartsbetrachtung.[31] »Über alles Erwarten ist ihr Ertrag. (. . .) Ein junger Gedanke ist geboren. (. . .) Eine Welt tobt und keucht in ihm herauf, die auf Trümmerstätten bauen und binden will.« Die neue Zeit als Kriegsgeburt begrüßt auch Otto Schneider. »Ein neuer Geist ist da, den die Not der Zeit aus der verstaubten Taufe hob.«[32] Und Robert Müller denkt sich die Genese des neuen Menschen als ein Auftauchen aus unterirdischer Finsternis: »Eine neue Menschenart drängt vor (. . .) eine geistige Schicht. (. . .) Sie erinnern an die Geschöpfe in einer Erzählung des englischen Schriftstellers R. Kipling ›Die Seeschlangen‹. (. . .) Ein Seebeben türmte die Gründe der Meere zu oberst und mit ihnen alle die Wesen, die dorten dunkel und unter dem Druck von Wasserwelten gedeihen. (. . .) Mit diesen Geschöpfen möchte ich die Rasse dieser Zeit vergleichen.«[33]

Diese Zeitdiagnosen zeigen zwei Entwicklungsvorstellungen: Zum einen das eruptive Erscheinen des Neuen aus dem Dunkel, dem Unterweltlichen, zum andern die Geburt des Neuen aus dem zu Staub zerfallenen Gestern, das Aufgehen junger Saat auf Trümmern. Dem Lob auf die Zerstörungskräfte des Krieges, angesprochen als welterschütternde Naturgewalten, die paradoxerweise in ihrer Destruktionsleistung als Zeugungskräfte wirken, liegt zudem die Vorstellung einer überzogenen kulturellen Entwicklung zugrunde. Diesen Schritt zurückzunehmen, gilt als die Chance einer neuen Menschheit, die auf den Trümmern der alten Welt zur Selbstbesinnung kommt. Robert Müller zum Beispiel konstatiert die »Übertreibung des Bewußtseins«: »Eine solche Übertreibung des Bewußtseins ist der Geschmack für alles Mechanische der

menschlichen Verhältnisse, wie es in unserer Vorkorkung, Erd-
rindpräparierung, Logisierung, Technisierung – in unserer Organisation zum Ausdruck kommt.«[34] Die Gegenbewegung zu solcher
Bewußtseinsübertreibung geht, laut Ullmann, von der Jugend aus.
»Immer wieder führt sie Energie, Seele und Herz des Menschen
zur reinen Primitivität zurück.«[35]

Das »*rückwärtsgewandte*« *Forschrittsideal* zwingt zur Suche nach
Vorbildern des Ursprünglichen. Erwin Hansliks *Wettlauf zur geistigen Abrüstung*[36] schließt einen Bericht über die Gründung eines
Instituts für Kulturforschung in Wien ein. Dieses Institut ziele auf
die Vorbereitung eines allgemeinen dauernden Friedens zwischen
den Völkern und sei zu diesem Zweck mit der Entwicklung einer
»objektiven Menschheitslehre« beschäftigt. Aus einer Schrift dieses Instituts zitiert nun Hanslik die »Stimme des Ostens« mit einer
Rede an die westliche Welt. Jung und Alt sind Schlüsselbegriffe in
dieser kulturellen Konfrontation. »Eure westliche Weisheit von
der Kultur, ihr älteren Brüder, kommt von macht- und wirt-
schaftsgläubigen Menschen. (. . .) Umsonst jagt ihr nach ›Gesetzen
der Geschichte‹. Wir Östlichen sind jung und kindlich. Noch haben Ideale in uns die ganze Macht. Darum haben wir die Kraft, die
Menschheit zu entdecken.« In der Vorstellung einer Rettung durch
den rätselhaften Osten gipfelt Josef Bernhards Vision der zeitgenössischen Welt als eines »Weltchaos«[37], die er mit den Worten eröffnet: »Es ist, als ob Uranos die Welt wieder neu gebären wollte.«
Die nebelumwallte chaotische Erde ist Resultat des Vernichtungs-
willens, den die moderne Zivilisation erzeugt hat. »Vernichtungs-
wille ist das Geschöpf jener satanischen Denkweise, die den me-
chanisierten Geist und sein Produkt, die Maschine (. . .) als Clou
der Zivilisation ansah.« Im »Weltchaos« als der neuen Geburts-
stunde der Welt blickt der Autor erwartungsvoll auf den »fernsten
Osten«, wo »das Schlitzauge aus einer starren gelben Maske«
grinst: »Liegt hinter seiner unbeweglichen Miene vielleicht der
Schöpfergeist, der aus dem Weltchaos neues Leben schafft?« Die
Vision einer solchen Rettung vertieft Bernhard in seinem Essay
Licht aus dem Osten.[38] »Aus dem fruchtbaren Schoße Asiens mag
wohl sich dann ein ungeheurer Völkerzug dem Westen zuwälzen.
(. . .) Eine Völkerwanderung (. . .), die tiefinnerlichst die Bestimmung in sich trüge, frisches Reis auf den vermorschten Stamm zu
pfropfen.« Auch dieses Bild illustriert, daß der kulturelle Gegensatz zwischen West und Ost vor allem als einer zwischen Jung und

Alt verstanden wird. Dabei sind Jugend und Alter Bestimmungen, die sich nach Bernhard aus einer vollendeten oder mangelnden kulturellen Harmonie ergeben: »Der Dualismus von Lehre und Tat hat Europa in den Abgrund gestürzt, das Einssein der Menschenreligionen mit allen Äußerungen der Lebensbetätigung hat den Osten ewig jung erhalten.«[39]

Der im *Anbruch* und *Aufschwung* vertretene Jugendbegriff entsteht unter dem unmittelbaren Eindruck des Kriegserlebnisses, des Zusammenbruchs der politischen Strukturen der Vorkriegszeit – Erfahrungen, die als apokalyptisch erlebt werden und an eine Zeitenwende glauben lassen.

Jugend – für die Kunst der neue Inhalt, der den bloßen Ästhetizismus vergangener Zeiten überwinden helfen soll; für die Konzeption der neuen Welt das Subjekt, das als unverbildetes, ursprüngliches den Trümmern der alten Welt geläutert entspringt; für die Rekreation einer morbiden Kultur das Vorbild im Osten, das einer vergifteten, der Maschine und der fruchtlosen Logik verfallenen Kultur den Weg zurück weisen soll – Jugend heißt immer das ›Ganz-Andere‹, das Prinzip, das aus dem Verhängnis zu retten verspricht. Allseitig verwendbar und abstrakt, bezeugt dieses Denkmuster eine begriffslose Abkehr von den realen Bedingungen für gesellschaftliche und kulturelle Entwicklung. Jugend ist der emphatische Ausdruck einer *großen, aber leeren Hoffnung* auf eine bessere Zukunft.

Anmerkungen

1 *Aufschwung* 1 (1919), H. 9/10, S. 83.
2 *Freunde! Weggenossen!*, in: *Aufschwung* 1 (1919), H. 7.
3 Über Robert Müller, der in beiden Blättern publizierte, stehen *Anbruch* und *Aufschwung* in Beziehung zum Aktivismus. Jener literaturgeschichtlich lange verdrängte, von Helmut Kreuzer u. a. in Erinnerung gerufene Autor des Romans *Tropen* »spielt für den österreichischen ›Aktivismus‹ (. . .) eine so dominante Rolle wie Kurt Hiller (der ihn [. . .] seinen ›österreichischen Zwilling‹ genannt hat) für den reichsdeutschen ›Aktivismus‹«. Helmut Kreuzer, *Einleitung*, in: Helmut Kreuzer, Günter Helmes (Hg.), *Expressionismus, Aktivismus, Exotismus. Studien zum literarischen Werk Robert Müllers* (Göttingen 1981), S. 12.

Weitere Autoren des *Anbruch* aus dem Kreis um Robert Müller sind dessen Freund Arthur Ernst Rutra und der Mitherausgeber des Blattes, Ludwig Ullmann. Beide waren, wie Müller, vor dem Krieg zeitweise Leiter des »Akademischen Verbandes für Literatur und Musik« in Wien, der »für die Geltung neuer Dichtung und Kunst« stritt. Arthur Ernst Rutra, *Pionier und Kamerad* (1927), zit. nach Kreuzer/Helmes, *Expressionismus* S. 317.

4 Vgl. Anzeige in *Der Anbruch* 4 (1921), H. 2

5 *Notizen*, in: *Aufschwung* 1 (1919), H. 1, S. 16.

6 Schneider, *Vom Parnaß ins Parlament*, in: *Anbruch* 1, 1. Flugblatt.

7 *Aufschwung* 1 (1919), H. 1, S. 13–14.

8 Ebd.

9 Ebd.

10 Ebd.

11 Ebd.

12 *Aufschwung* 1 (1919), H. 6, S. 86.

13 Ebd.

14 Ebd.

15 Ebd.

16 *Aufschwung* 1, H. 6, S. 98–102.

17 *Aufschwung* 1, H. 3, S. 38.

18 *Aufschwung* 1, H. 6, S. 89–93.

19 *Aufschwung* 1, H. 8, S. 35–37.

20 Ebd., S. 37.

21 *Aufschwung* 1, H. 9/10, S. 51–58.

22 *Der Anbruch* 1, 1. Flugblatt.

23 Schneider, *Vom Parnaß*.

24 Ebd.

25 Ebd.

26 Ullmann, *Jugend*, ebd.

27 Kornfeld, *Die Mission der Kunst*, in: *Der Anbruch* 1 (1918), H. 6.

28 *Der Anbruch* 1 (1918), H. 4.

29 Ebd.

30 Ebd.

31 Ullmann, *Gegenwart*, in: *Der Anbruch* 1 (1918), 2. Flugblatt.

32 Schneider, *Vom Parnaß*.

33 Müller, *Die Zeitrasse*, in: *Der Anbruch* 1 (1917), H. 1.

34 Müller, *Organisation und ihr Ende I*, in: *Der Anbruch* 1, H. 4.

35 Ullmann, *Jugend* . . .

36 *Der Anbruch* 1, 2. Flugblatt.

37 Bernhard, *Weltchaos*, in: *Der Anbruch* 1, H. 4.

38 *Der Anbruch* 1, H. 9.

39 Ebd.

Jutta Stehling
Karl Liebknecht, der Sohn

»Der Geist der freien Jugend wehte allerorten in Deutschland den revolutionären Erhebungen der Arbeiter- und Soldatenmassen voran.« So resümierte Karl Liebknecht, Jahrgang 1871, Symbolfigur der linkssozialistischen Antikriegsbewegung und Sohn eines berühmten Vaters, die Ereignisse der ersten Revolutionstage am 27. November 1918.[1]

Geschehen war etwas scheinbar Ungeheuerliches: Seit dem 28. Oktober 1918 hatten sich Matrosen der Nordseeflotte einem militärischen Befehl verweigert, der sie zu einer letzten selbstmörderischen Schlacht zwingen wollte. In wenigen Tagen war daraus eine machtvolle, zunehmend politischere Protestbewegung gewachsen, die wie ein Lauffeuer das ganze Reich erfaßte. Heimkehrende Marinesoldaten trugen den Funken der Revolution von Stadt zu Stadt. Überall wurden Arbeiter- und Soldatenräte gebildet, so am 6. November in Hamburg und Bremen, am 7. November in München, am 8. November in Köln, Düsseldorf, Magdeburg, Leipzig und Frankfurt und am 9. November schließlich in Berlin. Die Monarchie wurde beendet, Deutschland war – bis aus weiteres – eine Republik.[2]

Was mag Liebknecht dazu geführt haben, das Thema der Revolution, der gewaltsamen Umwälzung des Alten zum Neuen, der Hoffnung auf umfassende Demokratisierung, der »vertanen«, der »verpaßten« Chance, des »Verrats«, oder wie immer das Thema Novemberrevolution hierzulande attribuiert wird[3], unter einem scheinbar peripheren Aspekt zu betrachten: dem der Jugend? Das Problem erschöpft sich offensichtlich nicht im Historisch-Faktischen, sondern ist auch ein Bewußtseins-, vielleicht sogar ein existentielles Problem: Welche Informationen und Wahrnehmungen Karl Liebknecht zu seinem Urteil motiviert haben, läßt sich nicht eindeutig feststellen, aber doch vermuten. In markanter Weise dokumentierte er sein Interesse an der Jugend erstmals im Jahre 1906, als er in der Zeitschrift *Junge Garde* die patriotischen Phrasen, mit denen die Jugendlichen in den Krieg gelockt werden sollten, in didaktisch-polemischer Wechselrede entlarvte:

»›Das Vaterland ruft! Erbärmlich, wer sich seinem Ruf nicht freudig weiht!‹ – ›Bisher wart ihr freie Männer, soweit kapitalistische Unkultur freie Männer kennt. Die Hungerpeitsche aber ist ein Symbol der Freiheit im Vergleich mit dem Druck, mit der Sklaverei, unter die euch der blutig eiserne Militarismus zwingen will.‹«[4]

Herausgeber der Zeitschrift und Gründer des süddeutschen Verbandes junger Arbeiter und Arbeiterinnen war der Mannheimer Reichstagsabgeordnete Ludwig Frank.[5] Liebknecht und ihn verband zunächst der Kampf für eine unabhängige sozialdemokratische Jugendbewegung. So bildeten sie im März 1907 zusammen mit dem belgischen Jugendvertreter Henrik de Man ein Internationales Jugendbüro, das ein monatliches *Bulletin* über den Stand der Arbeiterjugendbewegung in den verschiedenen europäischen Ländern herausgab und die Gründung einer Jugendinternationale nach dem Vorbild der II. Internationale vorbereiten sollte. Im Anschluß an den Stuttgarter Kongreß der II. Internationale im August 1907 lud das Büro zu einer ersten Konferenz der Internationalen Verbindung der Sozialistischen Jugendorganisationen ein, an der 20 Delegierte aus 13 Ländern teilnahmen. Referate über »Die Bildung der arbeitenden Jugend« (Henriette Roland-Holst, Holland), den »wirtschaftlichen Kampf der arbeitenden Jugend« (Julius Alpari, Ungarn), die »Alkoholfrage« (Gustav Möller, Schweden) und den »Kampf gegen den Militarismus« (Karl Liebknecht, Deutschland) zeigen die Interessenschwerpunkte der Tagung, zugleich aber auch die extremen Unterschiede in der Behandlung des Themas »Jugend«. Konkretes Ergebnis der Tagung war die Bildung eines Internationalen Büros, zu dessen Vorsitzendem Karl Liebknecht gewählt wurde.[6]

Zwei Monate blieben dem »deutschen Jugendagitator« zur Ausübung seines Amtes; dann mußte er am 24. Oktober 1907 eine 18monatige Haftstrafe antreten. Während Liebknechts Inhaftierung vollzog sich in Deutschland die entscheidende Diskussion um die Zukunft der sozialistischen Jugendorganisationen.[7]

Äußerer Anlaß war die Verabschiedung eines ersten »Reichsvereinsgesetzes« im April 1908, das die restriktiven preußischen Bestimmungen, die Jugendlichen unter 18 Jahren die Mitgliedschaft in politischen Vereinigungen untersagten, auf das gesamte Reichsgebiet ausdehnte.[8] Damit war für den süddeutschen Verband junger Arbeiter und Arbeiterinnen die Existenzfrage gestellt. Sollte er sich auflösen oder nach norddeutschem Vorbild in einen unpolitischen Verein umwandeln? In die Diskussion hierüber schalteten sich erstmals und ganz massiv die Gewerkschaften ein, die die Existenz autonomer Jugendorganisationen als wachsende Bedrohung ansahen. Dem Gewerkschaftsführer Robert Schmidt gelang es schließlich, Ludwig Frank zur Auflösung des Verbandes zu überreden. Als Gegenleistung versprach er, sich dafür einzusetzen, daß der für September 1908 nach Würzburg einberufene SPD-Parteitag die Frage der Jugendorganisationen in deren Sinne positiv regeln werde.[9] Tatsächlich jedoch initiierte er im Vorfeld eine Gewerkschaftskampagne gegen die Bildung selbständiger sozialdemokratischer Jugendorganisationen. Den »jungen Leuten« empfahl er, sie sollten sich lieber »Würstchen« statt »schlechte(r) Zeitungen« kaufen.[10] Die Jugendvertreter reagierten empört.

Liebknecht griff aus der Haft heraus in diese Diskussion ein. In einem Schreiben an Hermann Molkenbuhr, den Sekretär des SPD-Parteivorstands, kritisierte er – unmittelbar auf ein von Schmidt gehaltenes Referat bezugnehmend – das Vorgehen der Gewerkschaften: »Schmidt's Referat war nicht nur ohne Sachkunde, es war auch taktisch unklug, zum Teil geradezu brutal. Weil man der Stärkere ist und den Parteivorstand hinter sich glaubt, schlägt man die Jugendorganisationen einfach tot. ›Dumme Jungens‹, und damit basta!«[11]

In einem Brief an den Bremer Jugendvertreter Hermann Brandler nannte er die seiner Ansicht nach entscheidende Schwäche der sozialistischen Jugendbewegung: »Sie hat kein klares Programm.«[12] Daß sich in ihr etwas völlig Neues ankündigte, ein Protest gegen die Herrschaft der Alten, aus dem sich eine konkrete politische Zielvorstellung erst noch herauskristallisieren mußte, entging ihm ebenso wie die Gefahr, daß andere dieses programmatische Defizit für ihre Zwecke mißbrauchen könnten. Das Interesse des damals fast vierzigjährigen Liebknecht an der Jugend ist zunächst kaum anders motiviert als das der Gewerkschaften. Auch er will die Jugend für seine politischen Ziele instrumentalisieren, will seinem Antimilitarismus größere Schlagkraft verleihen, will die Machtbasis der SPD um eine jugendliche Anhängerschaft erweitern.[13]

Wenn außer Liebknecht jemand in der Sozialdemokratie damals den Aufbruch der Jugend gegen das Alte als ein neues Phänomen registriert hätte, dann war es Ludwig Frank. Frank, drei Jahre jünger als Liebknecht und wie dieser promovierter Jurist und Reichstagsabgeordneter, war wie ein Komet aufgestiegen. Eine von ihm auf dem Magdeburger Parteitag 1910 gehaltene Rede wurde von der *Frankfurter Zeitung* als »in der Form glänzend und inhaltlich voll überschäumender Kraft« beschrieben.[14] Seine spätere Verlobte Hedwig Wachenheim, die durch ihn »Vom Großbürgertum zur Sozialdemokratie«[15] fand, beschrieb später die charismatische Wirkung, die von dem »jungen Politiker« Frank ausging: »Ich wundere mich noch heute, daß wir, beide oberflächliche junge Dinger [gemeint sind H. W. und die sie begleitende Freundin], die sozialdemokratische Versammlung für interessanter hielten als das ›Überbrettl‹ mit seiner gepfefferten Erotik, die uns sonst nicht geboten wurde.«[16]

Ludwig Frank bemühte sich mit größtem persönlichen Einsatz um die Erhaltung des Friedens. So war er einer der Initiatoren der Pfingsten 1914 in Basel tagenden interfraktionellen Friedenskonferenz.[17] Doch unter dem Schock über die Ermordung des französischen Sozialistenführers Jean Jaurès am 31. Juli 1914 meldete sich Frank als Kriegsfreiwilliger. Die zum Zerreißen gespannte Atmosphäre, in der so scheinbar widersprüchliche Verhaltensweisen entstehen konnten, hat wiederum Hedwig Wachenheim festgehalten:

»Ich ging zu Franks Versammlung in den überfüllten Nibelungensaal. Wieder war seine Rede phrasenlos. Er beschwor die deutsche Regierung, Österreich klarzumachen, daß Deutschland einen Eroberungskrieg nicht mitmachen werde. (...) Aber schon in dieser Rede sprach er von der gewissenhaften Pflichterfüllung der sozialdemokratischen Soldaten, wenn es zum Krieg kommen sollte. (...) Die Rede unterschied sich von den Frankschen Reden, die ich gewohnt war. Sie war kein siegessicherer Angriff auf ein überaltertes Regime – er und dieses Regime waren nun einem neuen Herrscher unterworfen: dem Krieg.«[18]

Frank wurde am 13. August 1914 eingezogen und schon am 31. an die Front geschickt, ohne daß er die geringste militärische Ausbildung erhalten hätte. Es war unverkennbar, daß den Militärs »mehr an der politischen Wirkung seiner Entscheidung als am Leben eines gemeinen Soldaten«[19] gelegen war: Ludwig Frank fiel am 3. September 1914 in Lothringen.

Anders als Frank hatte Karl Liebknecht die Chance weiterzulernen, die Chance auch, mehr zu werden als »Wilhelms Sohn«. Während er selbst stets die Preisgabe seiner persönlichen Freiheit als selbstverständliches Opfer für die große sozialistische Idee verstanden hatte, folgte eine überwältigende Zahl jugendlicher

Kriegsfreiwilliger dem Beispiel Ludwig Franks, folgte »dem Ruf von Kaiser und Vaterland«.

»Durch die dunklen Straßen wogte die Menge, erfüllt von vaterländischer Begeisterung. Man fühlte sich erhoben und mitgerissen durch das Empfinden rückhaltloser Gemeinsamkeit von arm und reich, jung und alt, durch das Gefühl, mit allen innerlich verbunden zu sein auf Tod und Leben durch das Schicksal des geliebten Vaterlandes!«

So wie der damals 18jährige Kurt Rüdt von Collenberg haben es viele beschrieben, und mehr noch haben es empfunden.[20]

Waren die, die vor solch massenhafter alters- und klassenübergreifender Solidarität zurückschreckten, »Friedensfreunde oder Fanatiker«?[21] Und welchen Standpunkt nahm Karl Liebknecht zu diesem Zeitpunkt ein? Karl Liebknecht wurde vom Kriegsausbruch ganz offensichtlich überrascht. Völlig ungeschützt aber traf ihn, daß die Mehrheit der SPD-Fraktion sich für die Bewilligung von Kriegskrediten entschied. »Das doppelte Überraschungsmoment war einfach zu stark, als daß sich Liebknecht zu einer wirksamen Opposition hätte aufschwingen können«, so beschreibt Liebknechts Biograph Helmut Trotnow dessen erste Reaktion auf den Weltkrieg.[22] Wie alle anderen Mitglieder der sozialdemokratischen Reichstagsfraktion stimmte Liebknecht am 4. August 1914 für die von der Regierung verlangten Kriegskredite.

Aber bereits wenige Monate später hatte er seine pazifistische Position wiedergefunden: In der Reichstagssitzung am 2. Dezember 1914 stimmte er als einziger gegen die im Nachtragshaushalt vorgesehenen Kriegskredite. Das Zeichen für den Widerstand gegen den Militarismus war gesetzt. Das mußte der Abgeordnete Liebknecht büßen. Am 4. Februar 1915 entzog ihm die Fraktion der SPD die Rechte eines Fraktionsmitglieds, am 7. Februar wurde er als »Armierungssoldat« zum Militärdienst eingezogen.[23] Der zuständige Bezirkskommandeur belehrte ihn über die Einschränkung seiner Rechte: »Dann las er mir die Erlasse über das Verbot der Teilnahme an Versammlungen und Sitzungen (außer denen des Landtages) und das Verbot der Agitation in Wort und Schrift (›im In- und Ausland‹) sowie des ›Ausstoßens revolutionärer Rufe‹ vor.«[24]

Liebknecht wurde Armierungssoldat, gehorsam wurde er nicht. Sein Engagement gegen den Krieg wuchs. Die von ihm wie von Rosa Luxemburg als »Verrat« empfundene Kriegspolitik der SPD-Parteiführung brachte beide zusammen. Dies wirkte sich

auch auf ihr persönliches Verhältnis aus; als Rosa Luxemburg am
18. Februar 1915 verhaftet wurde, solidarisierte er sich nicht nur
politisch, sondern schickte ihr auch »›des Lebens kleine Zierden‹
in Gestalt von Nachthemden, Kämmen und Seifen«.[25] Die von
Liebknecht betriebene Mobilisierung der Jugend unterstützte sie
jedoch nicht.[26]

Seit Ende 1915 lassen sich Bestrebungen erkennen, die weitgehend unabhängig voneinander arbeitenden kriegsoppositionellen
Arbeiterjugendgruppen auf eine gemeinsame organisatorische Basis zu stellen. (Liebknecht ist daran nur indirekt beteiligt, er erkennt jedoch die Chance.) An einer zu diesem Zweck einberufenen
Konferenz in Jena am 23. und 24. April 1916 nehmen 62 Jugendvertreter aus 16 Orten teil. Eine von Liebknecht hierzu ausgearbei-
tete Resolution findet einstimmige Annahme. Sie fordert »die
rücksichtslose und vollkommene Verselbständigung, die Befreiung
von aller Bevormundung, die organisatorische Loslösung von den
von Partei und Gewerkschaften abhängigen offiziellen Jugendin-
stanzen«.[27]

Während einer antimilitaristischen Kundgebung am 1. Mai 1916
wird Liebknecht verhaftet und unter Verlust seines Reichstags-
mandats wegen Hochverrats zu vier Jahren Gefängnis verurteilt.
Willi Zimmerlich, ein junger Kundgebungsteilnehmer, berichtet
über Liebknechts Verhaftung:

»(...) von allen Seiten wurde nun ›Nieder mit dem Krieg!‹ gerufen. (...)
Wir stürmten auf die Gruppe zu, um Karl Liebknecht den Bullen zu entrei-
ßen. Aber es tauchten plötzlich so viele Polizisten auf, die uns von der
Gruppe abdrängten. In ohnmächtiger Wut mußten wir zusehen, wie Karl
Liebknecht auf das Polizeirevier geschleppt wurde.«[28]

Die Gefahren, die von der Arbeiterjugendbewegung ausgingen,
wurden von den Behörden aufmerksam registriert. So hieß es etwa
in einem im Juli 1916 vom Büro für Sozialpolitik herausgegebenen
Bericht: »Die Jugendbewegung verdient dauernde Beachtung. Die
radikalste Richtung sucht die 14- bis 18jährigen einzufangen, ver-
breitet·schmeichlerische und aufhetzende Flugblätter und treibt
die jungen Leute in den Großstädten zur Auflehnung gegen die alte
Partei.«[29] Beamte der politischen Polizei bemerkten, daß die Mitglieder der Freien Jugendorganisation in den sozialdemokratischen Parteiversammlungen als entschiedene Gegner der Burgfrie-
denspolitik auftraten und »daß sie, durch ihre Leitung veranlaßt, in

das Fahrwasser der Liebknechtschen Richtung geraten« seien.[30] Bis zum Beginn des Jahres 1917 wurden im gesamten Reich die regionalen oppositionellen Jugendorganisationen verboten. In Hamburg etwa geschah dies im Zusammenhang mit einer von der Hamburger Arbeiterjugend organisierten Friedensdemonstration am 18. August 1916, die »durch den gleichzeitigen Ausbruch der Hungerunruhen in den proletarischen Stadtteilen (...) ihre besonderen Akzente« erhielt.[31] »Wie auf Kommando stellten die Jugendlichen sich vor dem Gewerkschaftshaus ein, und sie bildeten auch später die Spitze des Zuges. Überall hatten sie die Führung und machten den nötigen Spektakel dazu«, hieß es in dem Polizeibericht.[32]

Vor allem für die Jugendlichen wurde Karl Liebknecht zur Symbolfigur des Widerstandes gegen den Krieg und gegen das herrschende Regime. Sein Gefängnisaufenthalt entrückte ihn der Konfrontation mit der politischen Realität und verstärkte damit die suggestive Wirkung seines Namens. Als zum Beispiel am 27. Januar 1917 in Halle eine Versammlung einen Toast auf den Geburtstag Wilhelms II. ausbringen wollte, demonstrierten etwa 40 Jugendliche erfolgreich mit dem Ruf »Hoch Liebknecht! – Nieder mit dem Krieg!«[33]

Der Anteil der sozialistischen Arbeiterjugend an den antimilitaristischen Aktionen während des Krieges war quantitativ weit geringer, als es die fast hysterischen Reaktionen der staatlichen Überwachungsorgane und der Führung von SPD und Gewerkschaften vermuten lassen. Eine große Wirkung hatten allerdings die überall wie Pilze aus dem Boden schießenden Publikationsorgane der Arbeiterjugend, die *Proletarier-Jugend* in Hamburg, der *Jugendruf* in Dresden oder der *Stürmer* in Berlin. »Wir führen einen rücksichtslosen Kampf gegen unsere Peiniger und Unterdrücker. Wir kennen keine Feinde außer einem, und das ist der Kapitalismus«, ließen sie verlauten.[34]

So wie den Jugendlichen die reale Person Liebknecht allmählich entrückte, mag für diesen das Bild eines alternativen Demokratiepotentials, das in den Jugendzeitschriften gezeichnet wurde, die ihm vorenthaltene Realität überlagert haben. Als er am 23. Oktober 1918 nach fast zweieinhalbjähriger Haft aus dem Zuchthaus in Luckau entlassen wurde, bereiteten ihm 20000 Menschen auf dem Anhalter Bahnhof in Berlin einen begeisterten Empfang.[35] Noch bevor die Kieler Matrosen das Signal zur Revolution gaben, hatte

»Berliner, ich führe euch herrlichen Tagen entgegen!
Wer sich mir entgegenstellt, den zerschmettere ich!«

die politische und militärische Führung die Symbolfigur des Widerstandes freigelassen. Wie das Auftauchen Liebknechts empfunden wurde, spiegelt sich in einer im Dezember 1918 vom *Simplicis-*
simus abgedruckten Karikatur wider, die ihn unter der Überschrift
»Liebknecht II.« in einem mit allen militärischen Attributen ver-
sehenen offenen Wagen stehend zeigt, die Parole verkündend:
»Berliner, ich führe euch herrlichen Tagen entgegen. Wer sich
mir entgegenstellt, den zerschmettere ich!«[36]
Tatsächlich konnte der »deutsche Jugendagitator« in der Revolu-

tion 1918/19 die entscheidende Wirkung nicht erzielen. Zwar war »das Alte und Morsche« zusammengebrochen[37], doch erwiesen sich auch bei der Errichtung des »Neuen« die »Älteren«, die erprobten Funktionäre der sozialdemokratischen Partei, als die schlagkräftigeren. Die wenigen Minuten, die Philipp Scheidemann mit seiner Verkündung »Es lebe die Republik!« seinem Widersacher Liebknecht zuvorkam, haben ebenso symbolische Bedeutung wie Ort und Ambiente beider Ereignisse: Scheidemann sprach vom Fenster des Reichstagsgebäudes aus zu der unter ihm wartenden Menge, Liebknecht war umringt von Anhängern, als er in den Anlagen vor dem Berliner Schloß verkündete: »In dieser Stunde proklamieren wir die freie sozialistische Republik Deutschland!«[38]

Wie gering die Zahl der hinter diesem »Wir« stehenden Deutschen zu diesem Zeitpunkt tatsächlich war, offenbarte sich rasch. Zwar waren Jugendliche gerade bei den spontanen Aktionen der ersten Revolutionstage an allen Orten des Deutschen Reiches in spektakulärer Weise beteiligt – der Typus des durchreisenden zwanzigjährigen Matrosen, der das Signal zur Erstürmung von Gefängnissen und zur Entwaffnung von Offizieren gibt, taucht in allen Berichten auf, in Hamburg und Köln ebenso wie in Frankfurt und Karlsruhe.[39] Auch kommt es zu dramatischen Opfergängen, wie dem des Funktionärs der Oppositionellen Jugend Hamburgs »Fiete« Peter, der am 6. November 1918 bei der Erstürmung der Bundeskaserne erschossen wird[40], oder von Erich Habersaath, Mitglied der Zentrale der Freien Sozialistischen Jugend, der am 9. November 1918 beim Sturm auf die Maikäferkaserne fällt.[41]

Doch bei der Etablierung von Arbeiter- und Soldatenräten wurden von Hamburg bis München die jugendlichen Revolutionäre rasch ins zweite Glied verwiesen. Eine genaue Analyse der zeitgenössischen Berichte über die ersten Revolutionstage zeigt keine auffällige Beteiligung der Jugendlichen, ebensowenig konnten die inzwischen vorliegenden Lokalstudien und regionalen Räteeditionen eine markante Teilnahme der Jugendlichen am Revolutionsgeschehen oder an den lokalen Rätegremien nachweisen.[42] Als der damals immerhin schon 27jährige Reserveleutnant Walther Lamp'l von dem im Dezember 1918 in Berlin tagenden ersten Rätekongreß als jüngster Delegierter in den »Zentralrat der deutschen sozialistischen Republik« gewählt wird, findet das allgemeine Beachtung.[43]

Wenn der Begriff Jugend in der Revolution 1918/1919 überhaupt markant auftritt, dann nicht in der Beschreibung initiativer Gruppen, sondern in der begrifflichen Attribuierung der Person Karl Liebknechts. Peter Nettl, der erste wichtige Biograph Rosa Luxemburgs, führt wohl zu Recht an, daß Liebknecht für die führenden Sozialdemokraten ein »unreifer Mensch, kein würdiger Nachfolger seines großen Vaters« gewesen sei.[44] Und kaum anders urteilt auch Trotnow in seiner so sehr auf gerechte Beurteilung angelegten Liebknecht-Biographie: »Dabei kann man sich manchmal nicht ganz des Eindrucks erwehren, daß hier jemand mit Problemen rang, die seine geistigen Fähigkeiten überstiegen.«[45]

Das Vater-Sohn-Problem Liebknechts ist in der wissenschaftlichen Literatur bisher kaum ernsthaft betrachtet worden: Der gehorsame, früh überforderte Sohn eines kühn-revolutionären Vaters, der, um dem eigenen idealisierten Vaterbild nicht zu widersprechen, ungehorsam werden muß gegen jene Partei, deren Mitbegründer der Vater war; der versucht, sich demokratischer Urkräfte der Jugend zu versichern, wo die eigene theoretische Durchdringung der politischen Herausforderung des Augenblicks nicht gerecht wird; der Gewalt auslöst, wo er Krieg verhindern will; der ermordet wird von denen, in denen er alternative Selbstheilungskräfte für die sozialistische Bewegung erwartete: jugendlichen Aktiven, die sich vor der Vereinnahmung durch das »Alte« schützen zu müssen glaubten.

Karl Liebknecht war fast fünfzig, als er starb, und Vater von zu diesem Zeitpunkt schon erwachsenen Söhnen. Aber die Zeitgenossen waren nicht bereit, ihm auch die Vaterrolle zu erlauben; er selbst vermittelte bei seiner Rebellion eher einen jungenhaft-trotzigen Eindruck als den eines reifen Mannes.

Die Nachgeborenen östlicher Provenienz benannten ihre Straßen und ihre Jugendgruppen nach ihm[46], seine politische Botschaft jedoch verkauften sie mit den Thesen seiner Mitkämpferin Rosa Luxemburg.[47] Hierzulande fällt die Betroffenheit über den Revolutionär Karl Liebknecht sogar auf den Vater zurück: Wer eine westdeutsche Großstadt mit einer Wilhelm-Liebknecht-Straße findet, kriegt einen Taler!

»Johannes Fischart« hat das Problem Karl Liebknecht Ende 1918 in der *Weltbühne* treffender beschrieben als alle nachfolgenden klugen Wissenschaftler:

»Saht Ihr ihn von einem schwerfälligen Kasten-Automobil zur Kopf an Kopf gedrängten Menge sprechen? Saht Ihr, wie Maschinengewehre neben ihm aufgestellt waren, um ihn zu schützen? (. . .) Fühltet Ihr, wie eine unheimliche Suggestion von Liebknecht auf die zu einem festen Block erstarrte Masse ausging, wenn er redete? (. . .) Bald reißt er seine Joppe auf, schlägt sich mit einer pathetischen Geste an die Brust, sagt, nein, ruft, schreit, kreischt: ›Hier, Brüder, Genossen, schießt mich auf der Stelle nieder, wenn nicht wahr ist, was ich behaupte!‹ Dann, im nächsten Augenblick, fährt er sich durchs Haar, schnellt den Kopf vor und schleudert die Worte heraus: ›An den Laternenpfahl mit den Bluthunden Ebert und Scheidemann!‹«[48]

Und man möchte hinzufügen: an den Laternenpfahl mit denen, die die reine Lehre des Vaters Wilhelm Liebknecht in die Niederungen der Realität ziehen mußten, in denen keine Theorie jungfräulich bleiben kann – was auch eine wichtige Lehre ist, die zu finden dem Revolutionär und Sohn Wilhelm Liebknechts schwerfallen mußte. »Schaut auf sein Leben zurück«, schreibt »Johannes Fischart«, »vielleicht findet Ihr dann den Schlüssel.«[49]

Angesichts der persönlichen Problematik Karl Liebknechts, wird deutlich, daß seine Interpretation der Revolution als einer Jugendbewegung ganz entscheidend mit seiner eigenen ungelösten Vater-Sohn-Beziehung zu tun hat und seiner Weigerung oder seinem Unvermögen, in politischer Hinsicht selbst ein »Vater« zu sein.

Anhang: Der Historiker Eberhard Kolb und die Rätebewegung

Am 12. April 1973 widersprach Eberhard Kolb, Jahrgang 1933, Verfasser einer bis zum heutigen Tage als Standardwerk zur Revolution 1918/19 geltenden Dissertation und »Sohn« einer belastenden – nationalsozialistischen – Vätergeneration, der »vor allem von konservativer und rechtsradikaler Seite« aufgestellten Behauptung, »unreife Knaben hätten in den Räten die beherrschende Rolle gespielt«.[50] Kolb ist in der historischen Zunft bekanntgeworden als Entdecker des »demokratischen Potentials der Räte«.[51] Er selbst hat diesen Begriff nicht geprägt, ihm aber zur Kennzeichnung des Ergebnisses seiner Räteforschungen nicht widersprochen und gebraucht ihn inzwischen auch selbst.[52] Um dem Generationenproblem bei Kolb auf die Spur zu kommen, muß erklärt werden, was sich hinter der Formel vom »demokratischen Potential der Räte« verbirgt. Für Kolb hat sich verwirklicht, was der Traum vieler Historiker ist: Was er in jahrelanger Archivarbeit herausgefunden hatte, gewann plötzlich politische Aktualität. Kolb hatte im Jahre 1959 eine 1962 im Druck erschienene Dissertation vorgelegt[53], in der er nachwies, daß das Bild, das die historische Forschung bis dahin von den Arbeiter- und Soldatenräten gezeichnet hatte, gründlich revisionsbedürftig war. Dem Geschichtsbild des kalten Krieges mit seiner platten Alternative »parlamentarische Demokratie im Bündnis mit den Kräften des alten Regimes oder bolschewistische Diktatur«[54] setzte er das Bild von den »demokratischen« Arbeiter- und Soldatenräten entgegen, die sich ohne Zögern für die parlamentarische Demokratie entschieden hatten, als man sie auf dem ersten Rätekongreß im Dezember 1918 danach fragte.[55]

Die Rezeption dieses historischen Befundes wurde überlagert von dem gerade entstehenden Jugendprotest der Studentenbewegung. »Die« Räte spielten in den Diskussionen dieser Phase eine entscheidende Rolle. »Brecht dem Schütz die Gräten, alle Macht den Räten«, skandierten in Berlin die Studenten auf den Straßen. – Sie skandierten auch: »Wer hat uns verraten? Sozialdemokraten! Wer hat recht? Karl Liebknecht!«[56] – Gemeint war hier jedoch das Rätesystem als Alternative zum parlamentarischen System, das man für scheindemokratisch hielt, da es die objektiven Interessen der Mehrheit der Bevölkerung nicht realisiere.[57] Gesucht wurde die »richtige« Demokratie.

Aus dem politischen Interesse der Situation von 1968 wurde nach einer Tradition in Deutschland gesucht, in der ein alternatives Demokratiemodell schon einmal erprobt worden war. Dieses Interesse schien sich befriedigen zu lassen durch die kurz zuvor von Kolb vorgelegte Untersuchung der Räte in der Novemberrevolution, in der er gerade das behauptete, wonach die intellektuelle Avantgarde von 1968 suchte: es habe ein demokratisches Potential der Räte gegeben. Was Kolb freilich damit meinte, war etwas ganz anderes als das, was diejenigen im Blick hatten, die den Begriff nun als Bestätigung ihrer Hoffnung auf ein »demokratischeres« System für ihre Interessen vereinnahmten. Auf eine kurze Formel gebracht, hat Kolb nichts anderes bewiesen, als daß die Arbeiter- und Soldatenräte nicht die Diktatur des Proletariats anstrebten, sondern in ihrer überwältigenden Mehrheit Anhänger des von der Mehrheitssozialdemokratie favorisierten parlamentarischen Systems waren.[58] Sie waren »demokratisch« also in diesem einen eingeschränkten Sinne.[59] Gerade das aber widersprach zugleich der

Erwartung, daß sich in der deutschen Geschichte die Erfahrung eines alternativen demokratischen Systems finden ließe. »Die Räte« der Novemberrevolution waren nicht »die« Räte im Sinne eines Rätesystems. Man hätte sie ebensogut Ausschüsse, Kommunalparlamente o. ä. nennen können und damit ihren Charakter sehr viel eher getroffen.

Für den Zusammenhang der hier angestellten Überlegungen ist ein weiterer Aspekt interessant. Das anfangs genannte Zitat, in dem Kolb die These vom hohen Anteil der Jugendlichen an der Revolution zurückweist, stammt aus einem 1973 in Büdingen gehaltenen Vortrag über »Deutsche Führungsschichten in der Neuzeit«.[60] Kolb führte bei diesem Vortrag als Beweismaterial zur Widerlegung der »Jugendbewegungsthese« gerade jenes Beispiel aus der Rätebewegung 1918/19 an, das zu diesem Zweck das untauglichste überhaupt ist – und was Kolb auch wissen mußte –: den Zentralrat der deutschen sozialistischen Republik[61], jenes erste Erfolgsprodukt der rätefeindlichen Politik der sozialdemokratischen »Instanzen«. Gewählt worden war eine rein mehrheitssozialdemokratische Mannschaft.[62] Das von Kolb errechnete Durchschnittsalter dieses Gremiums von 40 Jahren gegenüber dem (von mir errechneten) Durchschnittsalter der Mitglieder des auf dem Weimarer Parteitag 1919 gewählten SPD-Vorstands von 50 Jahren[63] ist durchaus signifikant und möglicherweise einer der wenigen Hinweise überhaupt, die sich für eine Jugendinitiative in der Überlieferung der Revolution 1918/19 finden lassen. Alles weitere wäre reine Spekulation. Die noch auffindbaren biographischen Daten der Mitglieder der lokalen und regionalen Räteorgane sind zu bruchstückhaft, als daß sie eine entsprechende Aussage erlaubten.

Aus welchen Gründen also wird die Frage der Jugend bei Kolb in dieser Weise akzentuiert? Ein Blick in den zeitgeschichtlichen Kontext, in dem Kolb mit seiner Untersuchung hervortrat, ist hilfreich. Kolbs Untersuchung richtete sich gegen die »herrschende Lehre« der Ära des kalten Krieges, wie sie etwa von Karl-Dietrich Erdmann vertreten wurde[64], und nicht zuletzt deshalb wurde sie auch von der politisch und theoretisch interessierten jungen Generation von 1968 so positiv aufgenommen, allerdings mit oben beschriebenem Mißverständnis. Einem Historiker vom Format Kolbs konnte natürlich nicht verborgen bleiben, daß die Generation der 68er ihn eigentlich mißverstand, und zweifellos war ihm auch nicht daran gelegen, mit dieser Jugendrevolte allzusehr identifiziert zu werden. Dies jedenfalls scheint ein plausibler Grund dafür zu sein, daß er sich so vehement gegen die Bedeutung »unreifer Knaben«[65] wandte, die in der Forschung zur Revolution 1918/19 gar nicht behauptet wird.

Die Frage, ob Jugendliche in der Revolution 1918/19 eine bedeutende Rolle gespielt hätten, läßt sich nicht eindeutig beantworten. Zwar finden sich einzelne Indizien, die zu solcher Interpretation verführen könnten, doch insgesamt berechtigt das bisher vorliegende Quellenmaterial nicht dazu, von der Rätebewegung als einer Jugendbewegung zu sprechen. Der eigentliche Jugendprotest fand anderswo statt, nämlich in den Freikorps[66], in Anarchistenbünden[67] und präfaschistischen Gruppierungen.[68] In der Rätebewegung hatten die alten Funktionäre der SPD bald wieder die Zügel in der Hand.

Das eigentlich Interessante jedoch ist in diesem Falle das Interpretationsphänomen, wie es sich in dem Streit offenbart, ob die Jugend in der Revolution eine Rolle gespielt habe oder nicht, die Tatsache, daß man über etwas streitet, das vom rein Faktischen her überhaupt keinen solchen Stellenwert hat. Und dies erklärt sich eben eher, und zwar sowohl im Falle des Zeitgenossen wie dem des historischen Betrachters, aus der jeweiligen deutenden Position: einmal der Vater-Sohn-Problematik, der unbewältigten Jugendlichkeit Liebknechts in seinem politischen Handeln, zum andern, im Falle des historischen Betrachters, aus dem ambivalenten Charakter, den die Rezeption der neuen These über die Rätebewegung zeigte.[69]

Anmerkungen

1 Zit. nach: *Geschichte der deutschen Arbeiterjugendbewegung 1904–1945* (Berlin, Ost/Dortmund 1973), S. 186.
2 Vgl. *Illustrierte Geschichte der Novemberrevolution in Deutschland,* hg. vom IML des ZK der SED (Berlin, Ost 1968).
3 Zum Stand der inzwischen ausufernden Forschung über die Revolution 1918/19 s. die kontroversen Berichte von Eckard Jesse/Henning Köhler, *Die deutsche Revolution 1918/19 im Wandel der historischen Forschung,* in: *Aus Politik und Zeitgeschichte* 45 (1978), S. 3–73; Reinhard

Rürup, *Demokratische Revolution und »dritter Weg«. Die deutsche Revolution 1918/19 in der neueren wissenschaftlichen Diskussion*, in: *Geschichte und Gesellschaft* 9 (1983), S. 278–301. Vgl. die Überzeichnungen in der publizistischen Vermarktung der Revolution: Sebastian Haffner, *1918/19. Eine deutsche Revolution* (Hamburg 1981); Eberhard Kolb, *1918/19: Die steckengebliebene Revolution*, in: *Wendepunkte deutscher Geschichte. 1848–1945*, hg. von Carola Stern/Heinrich A. Winkler (Frankfurt/M. 1979).

4 Zit. nach: *Geschichte der deutschen Arbeiterjugendbewegung*, S. 53.

5 Die neueste biographische Untersuchung über Frank: Susan Tegel, *Ludwig Frank and the German Social Democrats 1904–1914* (Ph. D. London 1971); zur Entstehung des Verbandes, S. 47 ff. Vgl. Walter Sieger, *Das erste Jahrzehnt der deutschen Arbeiterjugendbewegung 1904–1914* (Berlin, Ost 1958). Außerdem: Ludwig Frank, *Aufsätze, Reden, Briefe*, hg. von Hedwig Wachenheim (Berlin 1924).

6 Helmut Trotnow, *Karl Liebknecht. Eine politische Biographie* (Köln 1980), S. 97 ff.

7 Vgl. *Geschichte der deutschen Arbeiterjugendbewegung*, S. 62 ff.

8 Wortlaut des Gesetzes bei: Sieger, *Arbeiterjugendbewegung*, S. 117, Anm. 33.

9 Tegel, *Ludwig Frank*, S. 60 ff.

10 *Protokoll der Verhandlungen des 6. Kongresses der Gewerkschaften Deutschlands*, abgehalten zu Hamburg vom 21. bis 27. Juni 1908, Berlin 1908, S. 319 ff. Einzelheiten auch in: *Geschichte der deutschen Arbeiterjugendbewegung*, S. 65 ff.

11 Zit. nach Trotnow, *Liebknecht*, S. 101.

12 Ebd., S. 103.

13 In einem Diskussionsbeitrag auf dem Leipziger Parteitag 1909 macht er das offenkundig: »Außerordentlich schwierig ist die Frage, die geeigneten erwachsenen Parteigenossen zu finden, die in der Jugendbewegung die Führung und Kontrolle übernehmen können.« Abgedruckt in: *Gesammelte Reden und Schriften*, hg. vom IML beim ZK der SED, Bd. 2, S. 332.

14 Zit. nach: Hedwig Wachenheim, *Vom Großbürgertum zur Sozialdemokratie. Memoiren einer Reformistin* (Berlin 1973), S. 25. Vgl. zur politischen Bedeutung Ludwig Franks: *Die SPD in Baden-Württemberg und ihre Geschichte*, hg. von Jörg Schadt/Wolfgang Schmierer (Stuttgart 1979), S. 97 ff.

15 So der Titel ihrer Memoiren.

16 Ebd., S. 25.

17 Jutta Stehling, *Die badische SPD im Ersten Weltkrieg und in der Weimarer Republik 1914–1933*, in: *Die SPD in Baden-Württemberg*, S. 132.

18 Wachenheim, *Großbürgertum*, S. 50.

19 Ebd., S. 52.

20 Zit. nach: Kurt Kranich, *Karlsruhe. Schicksalstage einer Stadt* (Karlsruhe 1973), S. 19. Zum visuellen Ausdruck dieser Stimmung: Karl Riha, *Den Krieg photographieren,* in: Klaus Vondung, *Kriegserlebnis. Der Erste Weltkrieg in der literarischen Gestaltung und symbolischen Deutung der Nationen* (Göttingen 1980), S. 146–161.

21 So die Überschrift eines am 29. 7. 1914 im *Hamburger Echo* abgedruckten Berichts.

22 Trotnow, *Liebknecht,* S. 185.

23 Ebd., S. 216.

24 Zitiert nach: Ebd., S. 216.

25 Rosa Luxemburg in einem Brief an Mathilde Jacob im Jahre 1915 (genaues Datum unbekannt), abgedruckt in: *Rosa Luxemburg. Ich umarme Sie in großer Sehnsucht. Briefe aus dem Gefängnis 1915 bis 1918* (Berlin/Bonn 1984), S. 89.

26 Vgl. Peter Nettl, *Rosa Luxemburg* (Köln/Berlin 1965), S. 353 ff.

27 Abgedruckt in: *Dokumente und Materialien zur Geschichte der deutschen Arbeiterbewegung,* Reihe II, Bd. 1, Berlin (Ost) 1958, S. 363 f.

28 Zitiert nach: *Geschichte der deutschen Arbeiterjugendbewegung,* S. 129.

29 Zit. nach: Volker Ullrich, *Die Hamburger Arbeiterbewegung vom Vorabend des Ersten Weltkrieges bis zur Revolution 1918/19* (Hamburg 1976), Bd. 1, S. 340.

30 Ebd., Bd. 2, S. 117.

31 Ebd., Bd. 1, S. 341.

32 Ebd.

33 *Geschichte der deutschen Arbeiterjugendbewegung,* S. 140.

34 Zit. nach: Ebd.

35 Weitere Einzelheiten bei: Heinz Wohlgemuth, *Karl Liebknecht. Eine Biographie* (Berlin, Ost 1973), S. 397 ff.

36 Abdruck in: *Panorama 1918. Ein Jahr im Spiegel der Presse,* hg. von Alice Gräfin Wallwitz (München 1968), S. 142.

37 So formulierte es Scheidemann bei seiner Ansprache am 9. 11. 1918: »Das Alte und Morsche, die Monarchie, ist zusammengebrochen. Es lebe das Neue! Es lebe die Deutsche Republik!« Abdruck der aus der Erinnerung Scheidemanns überlieferten Formulierung u. a. bei: Gerhard A. Ritter/Susanne Miller, *Die deutsche Revolution 1918–1919* (Frankfurt/M. 1968), S. 73.

38 Wortlaut nach dem Bericht der Vossischen Zeitung, abgedruckt in: *Gesammelte Reden und Schriften,* Bd. 9, S. 594 ff.

39 Eine Zusammenstellung der wichtigsten inzwischen vorliegenden Regional- und Lokalstudien zur Revolution 1918/19 findet sich in der 1978 erschienen Taschenbuchausgabe von Eberhard Kolbs Dissertation *Die Arbeiterräte in der deutschen Innenpolitik.* Leichter zugängliche Quellenveröffentlichungen zu dieser Frage: *Revolution und Räterepu-*

blik in München 1918/19 in Augenzeugenberichten, hg. von Gerhard Schmolze (Düsseldorf 1969); die drei inzwischen vorliegenden Bände der Quellen zur Geschichte der Rätebewegung in Deutschland 1918/19, 1968 ff.: 1. *Der Zentralrat der deutschen sozialistischen Republik,* hg. von Eberhard Kolb; 2. *Regionale und lokale Räteorganisationen in Württemberg 1918/19,* hg. von Eberhard Kolb und Klaus Schönhoven; 3. *Arbeiter-, Soldaten- und Volksräte in Baden 1918/19,* hg. von Peter Brandt und Reinhard Rürup; in Kürze außerdem der inzwischen im Manuskript abgeschlossene Bd. 4 über Revolutionsgeschehen und Räteorgane in Hamburg, hg. von Jutta Stehling. Nach wie vor unverzichtbar: *Illustrierte Geschichte der Novemberrevolution in Deutschland,* hg. vom IML des ZK der SED (Berlin, Ost 1968).

40 Richard Gyptner, *Friedrich Peter,* in: *Deutschlands Junge Garde, 50 Jahre Arbeiterjugendbewegung* (Berlin 1955), S. 151–153; Rudolf Lindau, *Während der Novemberrevolution in Hamburg,* in: Ebd., S. 152 f.

41 *Geschichte der deutschen Arbeiterjugendbewegung,* S. 191 f.

42 Siehe die obengen. Räteeditionen.

43 Vgl. Kolb, *Arbeiterräte,* S. 201 ff.; *Der Zentralrat der deutschen sozialistischen Republik,* hg. von Eberhard Kolb (Leiden 1968), S. XXVII ff.

44 Peter Nettl, *Rosa Luxemburg,* S. 590.

45 Helmut Trotnow, *Karl Liebknecht,* S. 311.

46 Ebd., S. 307.

47 Vgl. etwa *Karl Liebknecht – Rosa Luxemburg. Zum 100. Geburtstag,* (Berlin, Ost 1971).

48 *Die Weltbühne,* XIV. Jg. Nr. 51 vom 19. 12. 1918, S. 573–578.

49 Ebd., S. 573.

50 In einem beim 11. Büdinger Gespräch über »Deutsche Führungsschichten in der Neuzeit« gehaltenen Vortrag, veröffentlicht unter dem Titel: *Zur Sozialbiographie einer Führungsgruppe der SPD am Anfang der Weimarer Republik: die Mitglieder des »Zentralrats« 1918/19,* in: *Herkunft und Mandat* (Frankfurt/M. 1976), S. 97–109.

51 Vgl. etwa die Forschungsberichte von Köhler/Jesse und Rürup, *Demokratische Revolution.*

52 In: Eberhard Kolb, *Die Weimarer Republik* (München 1984), S. 159 ff.

53 Eberhard Kolb, *Die Arbeiterräte in der deutschen Innenpolitik 1918–1919* (Düsseldorf 1962).

54 Vgl. Kolb, *Weimarer Republik,* S. 149.

55 Vgl. etwa Kolb, *Arbeiterräte,* S. 197–216.

56 Trotnow, *Liebknecht,* S. 317.

57 Am besten dargestellt m. W. von Gerhard A. Ritter in seinem Aufsatz »*Direkte Demokratie*« *und Rätewesen in Geschichte und Theorie,* in: Erwin K. Scheuch (Hg.), *Die Wiedertäufer der Wohlstandsgesellschaft. Eine kritische Untersuchung der »Neuen Linken« und ihrer Dogmen*

(Köln 1968), S. 188–216. Eine Kurzfassung dieses Aufsatzes erschien in: *FAZ* Nr. 240 vom 15. 10. 1968, S. 11 f.

58 Vgl. Kolb, *Weimarer Republik*, S. 157.

59 Den Hinweis auf diese spezielle Problematik der Anwendung des Begriffs »demokratisch« verdanke ich Jürgen Kocka.

60 Vgl. Anm. 2.

61 Die Protokolle des Zentralrats wurden ediert von Kolb, s. Anm. 39.

62 *Zentralrat,* S. XXVII ff.

63 Mitglieder waren: H. Müller (43), O. Wels (46), F. Bartels (48), O. Braun (47), Scheidemann (54), Molkenbuhr (68), Pfannkuch (78), H. Schulz (47), Juchacz (40), A. Ritter (48), O. Frank (45), E. Ryneck (47). Das Durchschnittsalter der auf dem Weimarer Parteitag von 1931 gewählten Vorstandsmitglieder lag noch erheblich höher, während 1932 NSDAP und KPD bereits je 11 Reichtstagsabgeordnete unter 30 Jahren hatten.

64 Vgl. Kolb, *Weimarer Republik*, S. 149.

65 Kolb, *Sozialbiographie*, S. 100.

66 Vgl. Kolb, *Weimarer Republik*, S. 38–47. Das Thema »Freikorps« wird in der bundesrepublikanischen wissenschaftlichen Literatur zur Weimarer Republik noch immer weitgehend verdrängt.

67 Dazu neuerdings Ulrich Linse, *Barfüßige Propheten. Erlöser der zwanziger Jahre* (Berlin 1983).

68 So etwa die Gruppierung um Gregor Strasser, deren Slogan »Macht Platz, ihr Alten!« bereits darauf hinweist.

69 Kolb erwähnt, daß seine »Neuinterpretation der deutschen Revolution 1918/19 (...) innerhalb der Forschung erstaunlich rasch rezipiert und in wesentlichen Teilen auch akzeptiert worden sei, so daß die neuerdings sogar als ›herrschende Lehre‹ bezeichnet« werde (vgl. *Weimarer Republik*, S. 159). Ein besonders interessantes Beispiel für die ambivalente Rezeption der These Kolbs bietet die Schulbuchliteratur, die unter Überschriften wie »Rätestaat oder parlamentarische Demokratie« (*Fragen an die Geschichte*, Bd. 4, S. 18), den Eindruck entstehen läßt, als seien die Räte der Revolution 1918/19 Räte im Sinne eines Rätesystems gewesen. Ähnlich erhellend auch die Diskussion um das Frankfurter Historische Museum, die zu wesentlichen Teilen gerade aus diesem Mißverständnis gespeist wurde.

Thomas Lange
Der »Steglitzer Schülermordprozeß« 1928

I. Sensationsprozeß

»Ich bitte das Gericht, mir durch einen Freispruch die Möglichkeit zu geben, als Mann das sühnen zu können, was ich als Kind moralisch gesündigt habe.«[1] So demütig lautete das Schlußwort des 18jährigen Angeklagten Paul Krantz in einem Prozeß, der zu seiner Zeit Sensation und Justizgeschichte gemacht hat. Zwei Wochen lang beherrschte im Februar 1928 der – schon das Wort suggerierte Ungeheuerliches – »Schülermordprozeß« die Titelseiten deutscher Zeitungen. Das bescheidene Schuldbekenntnis der Hauptperson stand in krassem Gegensatz zur Sensationsmache der Zeitungen, zum gierigen Publikumsgedrängel, zu dem Aufgebot respektabler Gutachter, den Wortgefechten von Gericht und Verteidigung, die Nachhall bis in den Preußischen Landtag fanden. Der Prozeß wurde als Symptom für eine »Krise der Jugend« begriffen, die sich bis dahin hauptsächlich in Roman und Drama ereignet hatte.

Plötzlich war eine Unterminierung aller gesellschaftlichen und moralischen Werte offenkundig, was um so gravierender wirkte, da hier nicht die bekannten alten Gegner der neuen Republik, sondern die gerade erst heranwachsenden Jugendlichen sich als gesellschaftsfern zu erweisen schienen. Man begriff den Prozeß als Manifestation einer allseits gespürten Ungefestigkeit der gerade dem Anfangschaos entwachsenen Republik und zugleich als bedrohliches Vorzeichen einer Zukunft, die von der Generation getragen werden sollte, deren Vertreter nun vor dem Kriminalgericht Moabit standen und völlig haltlos, selbstsüchtig, ja selbstzerstörerisch zu sein schienen. Als solch ein Symptom soll hier dieser Prozeß betrachtet werden: als Gegenstand zeitgenössischer Aufmerksamkeit, als Zeugnis eines literarischen Klimas und nicht zuletzt als lebensgeschichtlich einschneidendes Geschehen.

»Machen Sie es mir nicht unmöglich, als Mann wieder gutzumachen, was ich als Kind gefehlt habe.« So lautet in anderer Überlieferung[2] das Schlußwort des Jugendlichen Paul Krantz; sein Werk als Mann, das sind die Romane des Schriftstellers Ernst Erich Noth, die noch lange Spuren dieses traumatischen Erlebnisses zeigen werden.

Zuerst die Fakten. Die *AZ am Abend* vom 7. 2. 1928 berichtet unter der Überschrift *Die Steglitzer Schülertragödie vor dem Gericht – zwei Tote, vier sollten es werden:*

»Am Donnerstag beginnt vor dem Landgericht in Berlin die seit langem erwartete Verhandlung gegen den Oberprimaner Paul Krantz. Krantz, der sich seit Mitte vorigen Jahres in Untersuchungshaft befindet, ist angeklagt, gemeinsam mit dem verstorbenen Schüler Günter Scheller vorsätzlich und mit Überlegung den Kochlehrling Hans Stephan getötet zu haben. Dazu habe er sich auch in unbefugtem Besitz einer Schußwaffe befunden.

Der Leser wird sich noch an die traurigen und sensationellen Ereignisse erinnern, die sich mit dem Namen des unglücklichen Angeklagten verbinden. Das Ergebnis der Untersuchung (...) bestätigt von neuem, daß es sich im Grunde um kein Kapitalverbrechen, sondern um die unselige Wirrsal von Kinderherzen handelt, die, aus der Sexualsphäre entstanden, zu so blutiger Lösung geführt hat.«[3]

Paul Krantz entstammt der halbproletarischen Familie eines Caféhausmusikers. Da er sehr begabt ist, erhält er an der Oberrealschule Mariendorf eine Freistelle. Dadurch kommt er mit bürgerlichem und großbürgerlichem Milieu in Kontakt. Er befreundet sich mit Günther Scheller, dem Sohn eines wohlhabenden Kaufmanns, der seine Kinder – Günther und die zwei Jahre jüngere Hilde – weitgehend sich selbst überläßt. Paul verliebt sich in Hilde. Im Juni 1927 kommt es – wie die *AZ* formuliert – »zwischen dem Oberprimaner und der Hilde zu einem nahen Beisammensein, das bei dem Mädchen ohne seelische Folgen bleibt, während es des Primaners großes Erlebnis wird«. In der Nacht vom 26. zum 27. Juni lädt Hilde den Kochlehrling Hans Stephan in die Wohnung ihrer Eltern nach Steglitz ein und will die Nacht mit ihm verbringen. Günther, ein merkwürdig verschlossener und hochfahrender Charakter, haßt Stephan: Es scheint, daß Hans Günther bei einem älteren Homosexuellen den »Rang abgelaufen« hat.

In der gleichen Nacht kommen Günther und Paul ebenfalls in die Steglitzer Wohnung. Hilde versteckt Hans, doch Paul weiß von dessen Anwesenheit, die begreiflicherweise emotionale Erregung in ihm auslöst. Günther und Paul trinken die ganze Nacht durch und führen grüblerisch-schwermütige Gespräche. Schließlich erfährt Günther doch, daß Hans im Haus ist. Nun steigern sich beide Primaner in ein Gemisch aus Aggression und Schuldgefühl, das eine gefährliche Entladungs- und Realisierungsmöglichkeit findet, als Paul eine Pistole hervorzieht, die ihm als Mitglied des rechtsra-

413

dikalen Jungdeutschen Ordens zugespielt wurde. Sie beschließen einen Mord und Selbstmord zu vieren: Günther will Hans erschießen, dann Paul Günther, Hilde und sich selbst. Dieser Plan wird schriftlich in pathetischer Form niedergelegt. – Gegen Morgen findet Paul die Idee albern. Hilde tut so, als habe sie Hans schon aus dem Haus gelassen, doch als Günther in ihr Zimmer geht, entdeckt er ihn hinter Tüchern verborgen. Er schießt auf ihn und dann auf sich, die Schüsse sind tödlich. Paul war ebenfalls im Zimmer. Man ruft einen Arzt, der den Tod von Hans und Günther feststellt. Hilde und Paul werden verhaftet.

Die Sachverständigen stellten fest, daß die Schüsse von einem Linkshänder abgegeben wurden: Günther war Linkshänder. Paul Krantz wurde nicht des Mordes, sondern der Beihilfe zum Mord angeklagt. Die Indiziengrundlage des Prozesses war sehr dünn, sein Verlauf erwies die Unschuld von Paul Krantz, der freigesprochen wurde. Freilich bedurfte es dazu angesichts einer stur juristisch argumentierenden Staatsanwaltschaft – der Gerichtsreporter Sling, d. i. Paul Schlesinger, nennt die Anklageschrift ein »haltloses Machwerk«[4] – der schneidenden und manchmal beleidigenden Attacken des Strafverteidigers Dr. Dr. Erich Frey, der als Verteidiger prominenter Krimineller großstädtische Bedeutung erlangt hatte. Der Sensationscharakter des Prozesses ging in den Überschriften der Zeitungsberichte langsam verloren: Aus der *Schülertragödie* (7. 2. 1928) wurde ein *Schülerdrama* (10. 2.), dann ein *Jugenddrama* (10. 2.), dann der *Krantzprozeß* (13. 2.) und schließlich hieß es wieder sachlich *Primaner Krantz* (16. 2.). – Weniger die Tat als deren Begleitumstände und die Personen der überlebenden Zeugen weckten das Interesse, das während der zwölf Verhandlungstage sogar ausländische Beobachter in die vollen Gerichtssäle lockte. Da waren Gymnasiasten, die tagelang die Schule schwänzten und Nächte durchsoffen; eine sechzehnjährige Schülerin aus »gutem Hause«, die zwei aufeinanderfolgende Nächte mit zwei verschiedenen Jungen verbringt; Andeutungen homosexueller Verwicklungen zwischen Günther Scheller und Hans Stephan; eine Atmosphäre von Morbidität und Lebensverneinung bei den Jungen; vor allem aber das selbstbewußte und ruhige Auftreten der sechzehnjährigen Hilde und des achtzehnjährigen Paul: Sie waren gar nicht mehr die Kinder, für die sie von Lehrern und Eltern gehalten wurden und die Staatsanwalt und Richter vor sich sehen wollten. »Die Revolution der modernen Jugend«, über die der amerikanische Jugendrichter Benjamin B. Lindsay in einem aufsehenerregenden Buch 1927 berichtet hatte, schien nun auch Europa erreicht zu haben.

II. Neusachliche Jugend

Die eigentliche Sensation des Prozesses war die Entdeckung einer zweiten Jugendkultur nach der Jugendbewegung in Deutschland. Nicht mehr hymnische Exaltationen, Fahrtenlieder, asketische Lebensführung und flatternde Reformkleidung, die, belächelt und ungefährlich, einer träumerischen Welt angehörten, provozierten bei der Verhandlung, sondern äußerlich gefällige, angepaßte junge Leute, die den Rechtfertigungszwang des juristischen Apparates als Zumutung empfanden und sich auch allein über ihr Verhalten klarwerden konnten.

Sling schildert Paul Krantz:

»Als ein begabter Schüler steht er vor seinem Richter. Blond, wohlfrisiert, was man so sagt, ein hübscher Junge. (. . .) Er spricht frei und fließend, und er zeigt Geistesgegenwart. Nie ist er um einen Ausdruck verlegen. Man könnte ihm keine Spur von Schnoddrigkeit nachsagen. Artig und respektvoll verhält er sich in dem Zwiegespräch mit dem Vorsitzenden. (. . .)

Seinem Charakter nach ist er ein Junge, der bei jeder Schwierigkeit, die ihm begegnet, ins Leichtere flieht. Er schwankt ständig zwischen einer liebenswürdigen Heiterkeit, die ihm ja auch eine gewisse Stellung bei den Mädchen verschaffte und zwischen einer großen Traurigkeit. Für sein Verhalten fehlen alle Motive. Was er tat, das beging er nicht aus Wut, sondern aus Traurigkeit.«[5]

Während Sling ihm ausdrücklich attestiert, eine, wenn auch gefährdete »Persönlichkeit« zu sein, äußert sich die Justiz in dumpf-dröhnender Selbstgewißheit durch den Staatsanwalt: »Der Angeklagte ist keine Persönlichkeit, er ist ein Erziehungsobjekt.«[6] Die strafende bürgerliche Gewalt erwartet zerknirschte Reue. Man kann das Verhalten des Paul Krantz unmittelbar nach der Tat nicht verstehen: »Und zu dem inzwischen erschienenen Arzt äußerte er: ›Nun wird es wohl mit der Sommerreise Essig werden. Das Abitur ist nun auch verpfuscht.‹ P. K. rauchte Zigaretten, um sich zu beruhigen.«[7] Auf den Arzt machte dies einen »kalten und berechnenden Eindruck«.[8]

Noch empörender wirkte Hilde Scheller, die als Zeugin auftreten

Hilde Scheller im Gerichtssaal

mußte. Auch hier soll Sling zitiert werden, der die Prozeßatmo-
sphäre unnachahmlich eingefangen hat:

Sie entspricht »gar so wenig den Vorstellungen derer, die zum mindesten
das von einem solchen jungen Mädchen verlangen, daß es den Eindruck einer Verlorenen und Verworfenen macht. Recht jungfräulich, zart und frisch
steht sie da mit allen farbigen Kontrasten, die ihr die Natur mitgegeben: ein
dunkelbrauner, glatthaariger Bubikopf, unter schwarzen Brauen und
Wimpern zwei dunkelblaue Augen, die zarten Wangen in dem fein und
klug geschnittenen Gesicht frisch gerötet, die Stimme sanft, silbern hell.
Aber eindrucksvoller noch als die anmutige Erscheinung die Klarheit ihres
Denkens, die Sicherheit und Ruhe, mit der sie ihre gefährdete Situation verteidigt.«[9]

Der Polizeipräsident von Berlin brachte die konservativen Erwar-
tungsklischees auf den zeitgemäßen Begriff, indem er Hilde Scheller als »lächelnd, beinahe kokettierend (. . .) wie eine junge Dame,
die zu einer Filmgesellschaft geht«[10], beschreibt. Auf der Suche
nach Personifizierungen des Stils der »Neuen Sachlichkeit« inter-
pretierten andere den gezeigten Mangel an sichtbarer Erschütterung als »stillschweigende Konvention der jungen Generation,

gewisse gefühlsmäßige Haltungen nicht zu heucheln«.[11] Unter den bohrenden, peinlichen Verhörmethoden des Gerichts, das in aller Öffentlichkeit emotionale und sexuelle Details juristisch dingfest machen wollte, brachen allerdings sowohl Krantz wie Hilde Scheller mehrfach nervlich zusammen. Krantz mußte im Krankenhaus behandelt werden. Da die Notwendigkeit dieser Methoden nicht einzusehen war – hatte sich doch schon von Anfang an gezeigt, daß kein des Mordes Schuldiger vor Gericht stand –, empörte sich die Öffentlichkeit gegen das Gericht. Nachdem der Haftbefehl für Paul Krantz aufgehoben war, brachte man ihm auf der Straße Ovationen entgegen.[12] Die Presse griff die Verhandlungsmethoden des Gerichts scharf an, der Preußische Landtag beschäftigte sich damit, es kam schließlich zu Reformen der Jugendgerichtsbarkeit.[13]

Eine Reihe glänzender psychologischer Gutachter ließ die bornierte Justizkrämerei des Gerichts nur als um so wirklichkeitsferner erscheinen. Die Fragen des Landgerichtsdirektors Dust, etwa von der Art: »Fräulein, ich will Ihnen ungebührliche Breite ersparen, deuten Sie nur an: Haben Sie das Gefühl gehabt, einen völligen Geschlechtsakt zu vollziehen?«[14], waren nicht nur juristisch überflüssig, sondern zeigten Hilf- und Verständnislosigkeit gegenüber der Tatsache, daß Jugendliche sich auf sexuellem Gebiet als Erwachsene benahmen.[15] Die damalige »Zeit« erlaubte es noch nicht, die homosexuellen Neigungen von Günther Scheller und Hans Stephan offen zur Sprache zu bringen, was manche Kommentatoren als Skandal werteten, da damit weitere psychologische Hintergründe (offenbar bewußt) nicht ausgeleuchtet wurden.[16] Allein schon die »normale« Sexualität war Skandal genug. In Erinnerung an Frank Wedekinds *Frühlings Erwachen* wurde von einer Sexualnot der Jugend gesprochen, und auch aufgeklärte Kommentatoren taten sich schwer, hierin nur etwas Natürliches zu sehen.[17] Konservative und kommunistische Stellungnahmen sind einander merkwürdig ähnlich im genierten oder pikierten Distanzieren von dem, was bei den einen »triebhaftes Wollen« oder eine »Schmiere« gelangweilter Kinder heißt, bei den anderen aber die überreizte Sexualität einer todgeweihten bürgerlichen Gesellschaft genannt wird, die als Verursacherin eigentlich selbst auf die Anklagebank gehöre.[18] Eine Ausnahme ist die sachliche Feststellung Siegfried Bernfelds, der Krantz-Prozeß habe gezeigt, daß das Sexualleben der bürgerlichen Jugend (vgl. den Beitrag von U. Linse in diesem Band) sich verändert habe, und zwar von der Onanie zur erwachsenen Sexualbetätigung, was mit den Beobachtungen des vielzitierten Lindsay übereinstimme. Bernfelds Bemerkung weist zugleich auf eine neue Anschauung über die Jugend hin, denn sie steht im Zusammenhang mit einer heftigen Polemik gegen die damals allgemein anerkannten Jugendpsychologen Bühler und Spranger: die von ihnen behauptete, asexuelle »reine« Jugend habe es nie gegeben.[19] Bernfelds Kritik am idealistischen Charakter der geisteswissenschaftlichen Psychologie mag zutreffend sein; ebenso aber hat gerade diese, in Gestalt des Gutachters Eduard Spranger, vor Gericht Entscheidendes für den Freispruch des Angeklagten Krantz bewirkt.

III. Jugendpsychologie

Im Jahre 1928 war »Jugend« als soziologischer Begriff gerade 60 Jahre, als psychologischer erst 20 Jahre alt. 1904 waren in Amerika, 1910 in Deutschland die ersten Werke zur Jugendpsychologie erschienen. Soziale Voraussetzung für die Entdeckung der Jugend als eigenständiges Lebensalter war die Auflösung der Großfamilie einerseits, der stärkere Zugriff des Staates durch Erziehung und Jugendpflege andererseits, vor allem aber die Lockerung der Sexualtabus.[20] Als Kollektivbegriff meinte »Jugend« nach 1871 vor allem die jungen Männer, die im neuen Reich zu Patriotismus, staatsbürgerlicher Unterordnung, zu bürgerlichen Pflichten und Tugenden erzogen werden sollten. Der Begriff des »Jugendlichen« war in dieser Zeit zunächst noch synonym mit »junger Straffälliger«, wobei bevorzugt an Verwahrloste und Kriminelle aus den unteren Schichten gedacht wurde. Erst kurz vor dem Ersten Weltkrieg wurden »Jugend« und »Jugendlicher« ohne negative Konnotationen gedacht und neutral auf alle sozialen Schichten angewandt.[21]

Das Jugendalter als Übergangszeit zwischen Kind und Erwachsenem, wesentlich geprägt von der physiologischen Reifung wie der psychologischen Individuation: dies sind die Ausgangspunkte von Eduard Sprangers epochemachendem Werk *Psychologie des Jugendalters* (1924).[22] Dem Anspruch nach soll es für alle Jugendlichen gültig sein, doch erklärt er, daß »wir überwiegend den gebildeten Jugendlichen im Auge haben«.[23] Hier wirkt noch eine spezifisch deutsche Tradition nach: war doch seit den Zeiten von

Empfindsamkeit und Sturm und Drang der »antispießige«, sehn-suchtsvolle, leidenschaftliche, idealistisch eingestellte »Jüngling«, verkörpert in Gestalten wie Werther, Prometheus und Karl Moor, die Leitfigur der jungen bürgerlichen Intellektuellen aus dem Mit-telstand gewesen.[24] Sozial verwirklicht hatte er sich hauptsächlich in einigen Dichtern zwischen 1770 und 1815, doch geisterte er als zunehmend phrasenhaftes Ideal noch durch die Erziehungsschrif-ten des 19. Jahrhunderts.[25] Für die mittellosen Kleinbürger-Jüng-linge des 18. und 19. Jahrhunderts war das Sexualitätsverbot (oder Keuschheitsgebot, mit entsprechender Stilisierung der »Reinheit«) vor allem sozial begründet.[26] Es war mit der beginnenden Groß-stadt-Kultur zum Ende des 19. Jahrhunderts zwar gelockert, aber noch lange nicht gefallen. Die Zeitgemäßheit Sprangers besteht nun darin, daß er die sexuelle Entwicklung des Jugendlichen aus-drücklich als eigenes Kapitel in sein Werk aufnimmt. Andererseits folgt er der deutschen Tradition, indem er »Erotik« und »Sexuali-tät« strikt trennt. Gerade mit diesem Dualismus kann er aber das Verhalten des Angeklagten Paul Krantz verständlich machen und exkulpieren.

Die normale Entwicklung des Jugendlichen ist nach Spranger eng an diesen Dualismus von Erotik und Sexualität gekoppelt. Die In-dividuation des Jugendlichen vollzieht sich auf dem Weg einer »Lebensplanung« über die Bildung eines Ideals und d. h. die eroti-sche Identifikation mit einer anderen Person (Freund oder Freun-din). Diese identifizierende »Einfühlung« erfolgt ästhetisch, idea-lisierend, nicht-körperlich.[27] Aus dem »Sichselbsterleben« und dem »Welterleben« entwickelt sich ein »subjektives Lebensge-fühl«, eine »jugendliche Weltanschauung«, die im »Aufbau einer idealen Welt« gipfelt. Hier kommt in der Beschreibung Sprangers voll der Idealismus der deutschen Klassik zum Tragen:

»Und so werden Welt und Dasein unter den Ideen von Schönheit, Wahrheit und Güte gesehen. (. . .) Man glaubt an Reinheit und Gerechtigkeit, an ho-hes Menschentum und Seelenadel. Die persönlichen Bindungen an den Freund oder an die fern und scheu Geliebte (. . .) empfangen von hier aus ihren enthusiastischen Schwung.« – Aber »die Versuchung liegt immer nahe, das bloß Naturhafte und Triebhafte als das Eigentliche zu bekennen, womit dann jene andere Seite als ›bloße‹ Sublimierung entwertet und ent-kräftet wird.

Sehr oft ist der Verlauf so, daß mit der Enttäuschung der ersten idealen Liebe jene ganze schöne Innenwelt früh zusammenbricht. Schwache Naturen erkennt man eben daran, daß der geringste Gegenstoß sie aus der idealen Haltung herauszuschleudern vermag. Und mit der reinen Liebe werfen sie dann ihr besseres Selbst über Bord. Vor allem ist jener Augenblick gefährlich, in dem die geistige Erotik mit der sexuellen Vereinigung zu früh zusammenfließt.«[28]

Aus dieser »Enttäuschung« kann eine grundsätzliche Erschütterung werden, die zum Zweifel an allem führt. Ekel und Drang zur Selbstvernichtung liegen nahe beieinander, ebenso nahe wie die Bereitschaft, »dem Leben ein Ultimatum zu stellen. Sobald nur etwas Wesentliches ›schief geht‹, liegt ihnen die Wendung auf der Lippe ›Ich mache Schluß‹.«[29] Die Jugendlichen sind noch »viel weniger fest in die Welt verflochten«, ein »Phantasieschleier« trennt sie von der Wirklichkeit. Spranger ist »überzeugt, daß etwas von Todessehnsucht, Thanatophilie, innerhalb der jungen, normalen Jugendentwicklung liegt«. Selbstmord, ja gerade auch »Kollektivselbstmord« liegen immer im Bereich des Möglichen. »Aber das Besondere des Selbstmords im Jugendalter ist damit noch nicht ausgesprochen. Vielmehr ist, vom Standpunkt des Erwachsenen aus gesehen, das Auffallende und Charakteristische gerade das Fehlen eines in diesem Sinne ausreichenden Motivs.«[30]

Der Fall Krantz bewies die Zeitgemäßheit von Sprangers Theorie aufs deutlichste. Man könnte ihn geradezu als Illustration seiner Thesen auffassen. Neben Ernst Goldbeck und Magnus Hirschfeld sprach Eduard Spranger als Gutachter vor Gericht, zwar für die Staatsanwaltschaft, aber kaum in deren Sinne. Anhand der Tagebücher von Paul Krantz konnte Spranger seine Theorie glänzend verifizieren und zugleich den Jugendlichen Paul Krantz vor formaljuristischer Verkennung und Verurteilung bewahren. Sein Gutachten[31] hob anhand des Tagebuches von Krantz (Tagebücher, Briefe, jugendliche Poesie sind eine Hauptquelle seiner Theorie gewesen) hervor, wie sehr dessen Verhalten einer allgemein üblichen Entwicklung entsprach. Da ist – und die Übereinstimmung verblüfft – zunächst die Phase der Idealbildung (Krantz im Tagebuch: »Ich spüre stärkere Triebe und die sind Höherem geweiht«), der Verliebtheit (»Hilde«: »Doch ewig bin ich Dir verfallen«), Eifersucht (»Obgleich schon der Verrat aus jedem Kusse spricht / Bist Du mein Leben«), der Bewußtheit und des Zweifels (»Hilde? Liebe? eine psychologische Studie. (. . .) Bei aller Hingabe blieben sie einander Rätsel. (. . .) Zweifel quälten beide«), was alles schließlich kulminiert in jenem aus dem Untersuchungsgefängnis

Paul Krantz mit Eltern

geschriebenen Brief, in dem seine hilflose Verzweiflung deutlich wird:

»Und dann geriet ich ganz in das Netz des Mädchens, das in einer Juninacht geruhte, mich als Mittel zur Stillung ihres tierischen Triebes – für den sie aber auch nichts kann – zu gebrauchen. So schmeißt man sich und seine lange gehütete Reinheit dem Ekel hin und hat trotz alledem noch das Gefühl, etwas Wunderbares, ja das Letzte erlebt zu haben.«[32]

Bemerkenswert ist nicht nur die teilweise wörtliche Kongruenz zwischen der wissenschaftlichen Theorie und dem notierten Gefühlsleben eines 16- bis 18jährigen (»Reinheit«, »Höheres«, »Ekel« usw.), sondern auch die Tatsache, daß die aus den Traditionen der gebildeten Mittelschicht hergeleitete idealistische Bildungsvorstellung so bruchlos mit der Entwicklungskurve eines

Proletarierjungen aus der Mietskaserne übereinstimmt. Allerdings war er durch besondere Umstände für die Aufnahme dieses Mittelschichtideals disponiert: Seit seinem zehnten Lebensjahr stand er unter dem Einfluß der von der deutschen Klassik dominierten[33] Gymnasialerziehung, und seine Eltern und Großeltern hatten ihn – wie er selbstkritisch schon im Jahr des Prozesses bemerkt – verwöhnt, verzärtelt und »bewußt zum Wundertier und Musterschüler dressiert«.[34] Zu Hause für etwas Besonderes gehalten, auf den sozialen Aufstieg über die Bildung gewiesen, war er in der Schule doch der soziale Außenseiter, der sich um so stärker mit den Bildungsinhalten identifizierte, als er allein über sie und seine Schulleistungen soziale Anerkennung erringen konnte. Die psychische Unsicherheit dieser Zeit, die er in einem Zeitungsartikel 1928 zurückhaltend benennt – »Mit der Zeit paßte ich mich an. Nur hatte man nichts Festes (. . .) man schwankte«[35] –, kennzeichnet er in einem Brief aus dem Gefängnis weitaus rücksichtsloser: »Ich wollte nicht länger Schuljunge sein, sondern wie andere, die vielleicht geistig und psychisch tief unter mir standen, genießen, und ich sollte abseits stehen, dem doch alle äußeren Vorzüge und geistige Gaben gegeben waren.«[36] Die sozialen und psychischen Ursachen für einen todessehnsüchtigen Verzweiflungsausbruch summierten sich in diesem individuellen Fall erheblich.

Mit all diesen Besonderheiten reiht sich die »Steglitzer Schülertragödie« auch in ein literarisch bezeugtes Zeitklima von Amoralität und Morbidität ein. Die ungelenken Schreibversuche des Gymnasiasten Paul Krantz stehen im Kontext der Erschütterung öffentlicher und privater Werte, der (literarischen) Spätfolgen von Décadence und Expressionismus.

IV. » . . . alles auf Erden Erreichbare
(lies: also banal und schal)«

Die Abschiedsbriefe der Unglücksnacht spiegeln einen totalen Nihilismus:

»Lieber Fritz! (. . .) Du magst evtl. wenig Wert darauf legen, daß Dich ein Doppel- und Selbstmörder mit seinen letzten Grüßen beehrt. (. . .) Ich glaube, daß Liebe (staunste, was?) mich zur letzten Konsequenz verleitet. (. . .) wünsche ich Dir für die Zeit, die Dir zum Leben bleibt (2 Jahre?), alles auf Erden Erreichbare (lies: also banal und schal). – Fritz! Ich erschieße erst Günther, dann Hilde, während Günther Hans Stephan zuerst erschießt. Dies ist die volle Wahrheit. Nun lache nicht, sondern denke daran, daß mein Schritt die letzte Konsequenz eines vom Leben Getöteten ist.«

Aus dem zweiten Brief:

»Liebes Weltall! Ein winziges Stück Deines Organismus vergeht. Sei nicht böse darüber. Du wirst den Untergang einer Zelle kaum als Verlust empfinden. Tausend andere drängen sich als Ersatz.«[37]

Jugendpsychologisch gesehen mag dies das »Ultimatum« an das Leben sein, von dem Spranger schreibt. Doch literarisch gehört es in die Reihe von Verzweiflungs- und Mordthemen, die damals Buchseiten und Theaterbühnen füllten. Der Verteidiger Frey besaß Instinkt für den Zeitgeist, als er, um ein blutrünstiges Gedicht des Paul Krantz als Literatur und nicht als Mordplan zu identifizieren, den Dramatiker Arnolt Bronnen als Gutachter vor Gericht auftreten ließ.[38] Das Gedicht hat den Titel »Mord«:

> »Auf dem Boden liegt die Leiche
> Meines Freundes Robert Krause.
> Aus der Wunde sickert langsam
> Rotes Blut zur grauen Erde.
>
> Neben ihm sitzt stieren Blickes
> Er, der ihn gemordet hat.
> Es verglimmt die Zigarette
> Zitternd in der Mörderhand.«[39]

Dieses Gedicht als Anlaß zu nehmen, Anklage wegen Mordes zu erheben – dazu brauchte es eine Staatsanwaltschaft, die Sling treffend als »vergessenes Relikt der Wilhelminischen Ära, von verzweifelter Überflüssigkeit«[40], charakterisiert. Arnolt Bronnen, Autor des expressionistischen Dramas *Vatermord* (1920), war sicher die geeignete Person, die Literarizität und Fiktionalität solcher Mordprosa darzutun. Man zog auch Wedekinds »Tantenmörder« als Anregung heran (das wahre Vorbild freilich war Klabunds »Der Sonnengott« und ein Bild Lovis Corinths).[41] An literarischen Assoziationen fehlte es also nicht. Im Gegenteil: Wedekinds *Frühlings Erwachen* wurde ebenso selbstverständlich von den Zeitungskommentatoren bemüht wie Werfels Erzählung *Nicht der Mörder, der Ermordete ist schuldig* (1920).[42]

Man kann die »Steglitzer Schülertragödie« geradezu als die von der Bühne ins Leben geholte »Krankheit der Jugend« ansehen. In diesem gleichnamigen Schauspiel Ferdinand Bruckners (1924, aufgeführt 1926) sind nahezu alle Motive vorgebildet: homoerotische Beziehungen als Flucht vor den heterosexuellen, Promiskuität statt individueller Liebe, schließlich Selbstmord als Alternative zu (oder Flucht vor) der Verbürgerlichung: »(. . .) eine ziellose Jugend wie wir nach diesem Krieg – da wird Jugend selbst zur Krankheit.«[43] Diese Krankheit heißt: Gleichgültigkeit und Fremdheit gegen alles und alle. Darin stimmen die – sonst sehr gegensätzlichen – Hauptpersonen überein. Beide sind in diesem Stück (in dem die Frauen eindeutig aktiver und führender sind als die Männer) Studentinnen, aber grundverschiedener Natur: Die eine, begabt, aus reicher Familie, treibt ohne moralische Grundsätze schließlich vom hemmungslosen Genuß in den Selbstmord; die andere hat sich ihr Studium erhungern müssen, sie setzt sich das Ziel, zu überleben und Erfolg zu haben – um den Preis der Einsamkeit und unschöpferischen Anpassung.[44] Etwas von einem »Schauerbild«[45] hat diese allseits entfesselte Emanzipation, aus der nicht das Bekenntnis zu einem Ideal, sondern nur der Überlebenswille und ein mehr oder minder voluntaristisch gesetztes Ziel befreit. Ein Einverständnis mit der gegenwärtigen Gesellschaft ist nicht zu erkennen, allenfalls ein gleichgültiges, wenn Verbürgerlichung als Alternative zum Selbstmord gewählt wird. Ideale sind Illusionen, man bleibt leben – um zu überleben. Dieser Mangel an positiven Überzeugungen war es, der an der Jugend schockierte, diese Fremdheit, die als inhaltlose Sachlichkeit verklärt wurde.

Ein weiteres Zeitstück Bruckners, *Die Verbrecher* (Uraufführung 1928) könnte geradezu von Prozessen wie dem oben beschriebenen angeregt sein. Hier verkehrt sich alles: Strafgesetze werden als Mittel zum Verbrechen benutzt, einzig Ahnungsloser ist die Justiz in einer durch die Simultanbühne auf mehreren Ebenen verdeutlichten ubiquitären Entfesselung von Amoralität, die durch den Zusammenstoß von Emotionen mit Gesetzen verursacht wird. Gerechtigkeit gibt es so wenig wie Verantwortlichkeit. Als faszinierendste Figur galt ein morbider Homosexueller, in dessen Rolle Gustaf Gründgens das Berliner Publikum hinriß.[46] Dieses Zeugnis wird von Klaus Mann überliefert, der selbst zur gelebten und beschriebenen Amoralität dieser Jahre beitrug. Schon daß der Sechsundzwanzigjährige seine Autobiographie vorlegte (*Kind dieser Zeit*, 1932) mußte als Provokation wirken: Rückblick auf ein gerade begonnenes Leben wie auf ein schon abgeschlossenes, das sich aber vor allem in der Literatur verwirklicht hat. Von früh an schreibt er gegen den übermächtigen Vater, der den Amoralität bedichtenden Sohn akzeptieren kann, aber gegen dessen Neigung zur kriminellen Verwahrlosung nichts anderes unternimmt, als ihn hilflos der Obhut von Landerziehungsheimen anzuvertrauen. Lügen, Stehlen und »erotischer Zynismus«[47] werden von Klaus Mann als Bestätigung der eigenen Außenseiterstellung aufgefaßt. In den Erzählungen des Neunzehnjährigen erscheinen »Die Jungen« (1924/25) als »seltsam alt«, einsam, kommunikationslos trotz freiem, homo- und heterosexuellem Geschlechtsleben. Sie ähneln Wesen ohne Lebensberechtigung, denen das »Ende im Blut« liegt.[48]

Freilich, dies alles war vorwiegend Literatur, Spiel – wenn auch letztlich mit Einsatz des eigenen Lebens, wie das spätere Schicksal Klaus Manns (nach einer allerdings sehr wirklichkeitsverhafteten Phase im Kampf gegen Hitler) zeigt. 1932 nennt ein Zeitgenosse Bruckners *Krankheit der Jugend* »brüsk und vielfach außerordentlich unwirklich«; Klaus Manns frühe Romane werden gar als »Auswege und Ausflüchte« in der »Verfolgung einer Linie des geringsten Widerstandes« barsch abgetan. So hart urteilt der ehemals angeklagte Jugendliche, der beinahe zum Verbrecher abgestempelte Paul Krantz – in seiner Dissertation über *Die Gestalt des jungen Menschen im deutschen Roman der Nachkriegszeit* aus dem Jahr 1932/33.[49]

V. Die Tragödie der deutschen Jugend – »Die Linie des geringsten Widerstandes«?

Bisher ist von Paul Krantz nur als Fall, als Opfer die Rede gewesen. Dies war eine bewußt eingeschränkte Perspektive. Paul Krantz hat nach diesem unglückverheißenden Auftakt eine – um mit zeitgenössischen Begriffen zu reden – »Aufwärtsentwicklung« erlebt. Die Berliner Schulbehörde schickte ihn in das Landerziehungsheim Odenwaldschule, wo er – erfolgreicher als sechs Jahre zuvor Klaus Mann – das letzte Schuljahr verbrachte und das Abitur bestand. Danach studierte er in Frankfurt/M. Germanistik und Soziologie. 1931 erschien unter dem Pseudonym Ernst Erich Noth sein Roman *Die Mietskaserne*. Seine Dissertation *Die Gestalt des jungen Menschen im deutschen Roman der Nachkriegszeit* (bei Franz Schultz) stellte er zwar fertig, doch konnte er nicht promovieren, da er aus politischen Gründen emigrieren mußte. In Frankreich erschienen dann unter dem Pseudonym seines ersten Romans weitere Romane, Essays, journalistische und wissenschaftliche Arbeiten. Sein Exilweg führte ihn weiter in die USA, schließlich wieder über Frankreich nach Deutschland zurück, wo er am 15. Januar 1983 in Bensheim (in der Nähe der von ihm geliebten Odenwaldschule) verstarb. Aus dem Pseudonym »Ernst Erich Noth« war längst sein bürgerlicher Name geworden. Sein Leben und sein Werk (über das an andere Stelle berichtet wird)[50] hat die vorsichtigen Erwartungen der Prozeßbeobachter und -gutachter sicher übertroffen, insofern er ein eigenständiges Profil als Autor ausbildete.

Hier interessiert Paul Krantz/Ernst Erich Noth ausschließlich als Analytiker seiner selbst und seiner Altersgenossen. Er hat in mehreren Schriften zu seinem »Fall« Stellung genommen; auch indirekt läßt sich manches in seinem Werk mit diesen traumatischen Erlebnissen in Verbindung bringen. Vorsicht ist allerdings geboten: die akribische Suche nach eindeutigen »Motivspuren«, aber auch das psychologische Deuten symbolhafter Zusammenhänge können in die Irre führen. Autobiographie, Roman wie auch Analyse durch andere können nur Schichten und Teile einer Wirklichkeit umreißen, die schon im Erleben subjektiv gefärbt ist. Zu erinnern wäre an Max Frischs Bemerkung: »In gewissem Sinn sind wir tatsächlich das Wesen, das die anderen in uns hineinsehen, Freunde wie Feinde. Und umgekehrt! Auch wir sind die Verfasser der anderen.«[51]

Ernst Erich Noth schreibt in seinen *Erinnerungen eines Deutschen* 1971 aus »illusionslosem Abstand« über sich selbst. Er stellt dort den Tatablauf so dar, wie er oben referiert wurde, und spricht (wie schon während der Verhandlung) von seiner »moralische(n) Mitverantwortung an dieser grauenhaften Katastrophe«. Eine »bange, dämonische Stunde lang (habe er) in den wahnsinnigen Plan eines ›Selbstmordes zu vieren‹ eingewilligt«, von »weltschmerzlichem Pathos triefende« Abschiedsbriefe mitformuliert, dann aber, ernüchtert und mit wiedererwachtem Selbsterhaltungstrieb, versucht, mit »Beschwörungen, Überredungsversuche(n) und ironisch selbstspöttischen Gefühlsduschen« Günther Scheller von dem Mord-Selbstmord-Plan abzubringen. Vergeblich. Dann kam die quälende Ungewißheit der Untersuchungshaft, die »Sensationslüsternheit des Publikums«, die Erschöpfung nach dem endlichen Freispruch. Als Noth, nachdem der Prozeß vorüber war, sein Gesicht im Spiegel erblickt, sieht er »Züge weich wie

Wachs, aus dem der leiseste Druck eines ungemeisterten Lebens Versager und Verlierer knetet. Dieses Gesicht aber hat sich längst erheblich verändert.« Bitterkeit und Pessimismus bestimmen sein Lebensfazit, wenn er, ein Erlebnis aus der Emigrationszeit berichtend, die Bemerkung kommentiert, die sein ebenfalls exilierter ehemaliger Verteidiger Frey zu ihm, dem Schriftsteller auf dem Weg zum Erfolg, macht: Er »sagte unter Freudentränen: ›Es hat sich alles gelohnt.‹ Heute kann ich ihm da nicht mehr zustimmen.«[52]

Der jetzt so spürbaren Abwehr öffentlicher Sensationslust hat er 1928 »nicht völlig« widerstanden: In der kommunistischen Zeitung *Die Welt am Abend* veröffentlichte er den Bericht *Mein Prozeß*. Dort sind in dem unsicheren Suchen nach Bewältigung zwei Erklärungslinien erkennbar: einmal die Aufdeckung der Bedingungen in seiner Umgebung (Verwöhnung durch die Eltern, Armut, soziale Verunsicherung in der Höheren Schule, Verführung durch Hemmungslosigkeit und Überspanntheit eines »hypermodernen Nachkriegsbürgertums«); zum anderen ist der Schritt aufgezeichnet von der Desillusionierung, »wo falsche Ideale fallen« und »mir deutlich geworden (ist), daß die heutigen Zustände nicht das sind, als was sie mir bisher vorgespiegelt wurden«, als »in mir etwas gestorben« ist, bis zu dem Entschluß, »Positives aufzubauen«, »reifer« zu werden.[53] – Seine zweite persönliche Notiz *Über mich selbst*, 1932 in der *Frankfurter Zeitung* erschienen, als die Identität zwischen dem Romanautor Noth und Paul Krantz schon bekanntgeworden war, zeigt eine weitaus stärkere Selbststilisierung: sachlich, emotionslos beschuldigt er sich der frühen moralischen und ideologischen Korruption, aus der – »es war höchste Zeit« – ihn das Leben mit »kräftigen Schlägen« befreit habe. Frage, Zweifel, Skepsis, völlige Illusionslosigkeit, das sei seine Haltung jetzt.[54]

Diese Eindeutigkeit täuscht. Vielmehr – und das wird bestimmend für Krantz/Noths weiteres Schreiben sein – findet seine Selbstreflexion künftig auf zwei verschiedenen Ebenen in zwei Medien des Schreibens statt, die auch Träger inhaltlich verschieden akzentuierter Tendenzen waren. 1931 war der Roman *Die Mietskaserne* erschienen. Um die Jahreswende 1932/33 hatte er seine Dissertation im Manuskript fertiggestellt, deren Thema in gewisser Weise identisch mit dem Roman war: die jungen Menschen der Nachkriegszeit. Hier – und das gilt auch für seine weiteren Essays und journalistischen Arbeiten – spricht und analysiert er mit dem Bestreben, zu eindeutigen Urteilen zu kommen (die nicht Anschluß an eine bestimmte Partei bedeuten); aber in den Romanen und Erzählungen bleibt Platz für unausgetragene Widersprüche, für Hoffnungen *trotz* Einsicht, für Verzweiflung *trotz* Kampfbereitschaft, also für die Gegensätze des gelebten und reflektierten Lebens.

Die materialreiche Dissertation (die – nebenbei – eine Ahnung von der Wichtigkeit und den Facetten des Jugendthemas in der Literatur der zwanziger Jahre vermittelt) sucht nach einem Standpunkt und läßt dabei einen gewissen moralischen Rigorismus erkennen. Im Anschluß an eine Formulierung von Spranger polemisiert Krantz/Noth dort gegen die Literatur (Klaus Mann vor allem), die die sexuelle Emanzipation einseitig betont, aber auch gegen diejenigen, die sich bedingungslos einem politischen Dogma unterwerfen: Beide folgten einer »Linie des geringsten Widerstandes«.[55] Vor allem die Überbetonung der Sexualität weist er kühl als Problem unterschiedlicher sozialer Herkunft zurück: Den stärker tabuverhafteten bürgerlichen Autoren muß etwas als wichtig erscheinen, was denen aus proletarischem Milieu »bereits in frühester Zeit ein Zuviel«[56] war. Die oft gefeierte neusachliche Illusionslosigkeit sieht er als durch äußeren Druck erzwungen an: Sie müsse einer positiven, im Alltag realitätstüchtigen Resignation weichen.[57]

Der Roman *Die Mietskaserne* ist bei weitem nicht so rigoros. Seinem schmucklos-knappem Stil nach selbst der »Neuen Sachlichkeit« zugehörig, macht er deren inhaltliche Spannweite deutlich. Im Gegensatz zu Erich Kästners gleichzeitig erschienenem *Fabian* (1931) wird desillusionierte Skepsis nicht als Zustand, sondern der Weg zu ihr und damit die Möglichkeit eines Weiterschreitens gezeigt. Es ist ein Jugendroman im Rahmen der Sozialgeschichte der Weimarer Republik: vom Weltkriegsend der Zivilbevölkerung über die Revolutionshoffnung zur ziellosen Verlorenheit in der beginnenden Depression. Mittelpunkt ist die psychische Entwicklung eines begabten Jungen (Albert), der aus dem Mietskasernenmilieu in die Cliquen begüterter Gymnasiasten gerät. Seiner sozialen Gruppe entfremdet, findet er auch nicht zu geistiger Identität oder charakterlicher Eindeutigkeit. Ideale, wie die von »Schönheit und Kunst« oder »Kampf gegen alle, nur auf sich gestellt«[58], kollidieren mit Wohnküchenmief, bornierter Vaterstrenge und Wohnungsmisere, denn immer zwei Geschwister müssen sich ein Bett teilen. Sexualität ist – trotz aller frühzeitigen, in dieser Enge unvermeidlichen »Aufklärung« – für die Jungen ein dunkles Geheimnis. Den Mädchen fällt die Rolle der enthemmten Verführerinnen zu. Ein anderer Junge (Walter) aus der Mietskaserne hält die Widersprüche nicht aus, er erschießt sich. Albert, die Hauptfigur, kann ihn nicht davon abhalten, zumal er außer einem unbestimmten Lebenswillen keine Argumente gegen die Verzweiflung über die Sinnlosigkeit hat. Die Lösung ist individualistisch: Flucht aus der Mietskaserne ins Studium; Geist und Bildung, Wahrheitssuche werden der einzige Halt bleiben. Heroisch ist allein die Tapferkeit im Alltag, die gleichgestellt wird mit der der ehemaligen Soldaten an der Front. Skeptisches Ausweichen zum Schluß: Die Zukunft ist ein Fragezeichen wie die Eisenbahnschienen, auf denen Albert davonfährt. »Es geht dem Anfang zu.«[59]

Literarisch gesehen weist der Roman einige Mängel auf. Wedekind ist in der Selbstmordszene auf dem Friedhof deutliches Vorbild; eine Kunstfigur ist der Klassenkamerad Fritz, ein besserwissender Zyniker von »ausgesprochener Unjugendlichkeit«, eine Kontrastfigur von eher papierener als »imponierender Selbstverständlichkeit«[60], die recht unmotiviert auftaucht. Aber es war ein erfolgreicher Roman, der rasch eine zweite Auflage und sechs Übersetzungen erlebte.[61] Als Zeugnis der Zeitstimmung – und vielleicht auch als ein bißchen mehr – ist er weiterhin gültig.

Autobiographisch gesehen liegt es natürlich nahe, in Noths Romanfiguren die »Partial-Ichs« zu finden, in die nach Freud der moderne Dichter »die Konfliktströmungen seines Seelenlebens in mehreren Helden zu personifizieren«[62] pflegt. Paul Krantz, der gerade noch Entwischte, der Schwächling-Starke ist in Albert, aber ebenso auch in dem Zyniker Fritz wiederzufinden – eine ähnliche Konstellation wie die Aufspaltung des rebellisch-sensiblen Seminaristen Hermann Hesse in die Figuren des lebenskräftigen Herman Heilner und des moribunden Hans Giebenrath in Hesses frühem Roman *Unterm Rad* (1906). Auch andere Romanfiguren verweisen auf reale Vorbilder. In dem selbstbewußt-kühlen Mädchen mit dem glatten Pagenkopf, deren Zügellosigkeit eigentlich Frigidität ist, kann man ein Abbild der Hilde Scheller sehen; der schwächlich-verzweifelnde Selbstmörder Walter ähnelt Günther Scheller, der aber wohl auch dem Skeptiker Fritz einige Züge geliehen hat. Die einzige Person aus dem wirklichen

Morddrama, die keiner Figur im Roman zugeordnet werden kann, ist der (vermutlich) bisexuelle Hans Stephan, das Mordopfer.

Aber der Roman erschöpft sich nicht in solchen oberflächlichen Parallelen. Er ist ein Generations- und Zeitbild und gibt tieferreichende, zum Teil auch widersprüchliche Stimmungen wieder. Neben der skeptischen Sachlichkeit finden sich auch vitalistische Elemente, Sehnsucht nach Führung und Abenteuer (in der Episode mit einem nationalistischen Wehrverband), ja auch Bewunderung von Führernaturen wie dem fronterfahrenen Jugendpfleger, der Alberts Erlebnisse bei reichen Freunden und den »Mädels« kurzerhand als »Aufwachen«, aber auch als »unwichtig« kennzeichnet. Er lacht über die »dicken Bücher«, über die Revolution der Jugend: »Die Welt ist für ganz andere Dinge bereit.«[63] Unbestimmt zwischen Furcht und Hoffnung wirken diese Worte auf Albert. – Die psychosozialen Wirrnisse der Jugend werden den Erfahrungen der Weltkriegsschützengräben gleichgestellt. Damit ist eine Parallele zwischen Kriegs- und Nachkriegsgeneration gezogen (die erstere etwa bleibt bei Klaus Mann völlig ausgeblendet): Gleiche Hoffnungslosigkeit, aber ungleiche Charakterstärke kennzeichnen sie. Denn der Weg aus der Mietskaserne ins Studium wird als eine mit schlechtem Gewissen begangene Flucht beschrieben. Daran besteht im Roman kein Zweifel. Er spricht offen aus und macht bewußt, was Rezensenten dem Mietskasernensohn Krantz vorwarfen: Klassenverrat zu begehen.[64] Der Roman hält allerdings ein Recht auf Selbstverwirklichung fest, eine egoistische Parteilichkeit, deren Berechtigung in den individuellen Bedürfnissen der Personen zu finden ist. Anderen galt dies als »Ufa-Trick«, »Luftschlösser«: »Albert Krause wird für sie (die klassenbewußten, kämpfenden Proletarier) so lange ein Deserteur sein, bis er wieder bei ihnen steht.«[65] Der so schimpfende Rezensent, Georg Glaser, stammte aus ähnlichem Milieu und blickte auf vergleichbare Erfahrungen wie Krantz zurück. Später erlitt er ein ähnlich außenseiterisches Einzelgängerschicksal, das er in seiner Autobiographie *Geheimnis und Gewalt* 1951 beschrieben hat. Freilich waren seine Erfahrungen nur vergleichbar, aber nicht gleich. In Glasers erstem Roman *Schluckebier* (1932) führt der Versuch individualistischer Selbstverwirklichung eines Proletarierjungen über den Abbruch einer Gymnasiallaufbahn zur Jugendfürsorge und schließlich in die Kriminalität: Familiäre und staatliche Unter-

drückung wirken zusammen, um die Klassenverhältnisse aufrechtzuerhalten.

Man las *Die Mietskaserne* vor allem als Roman über die Schwierigkeiten eines Aufstiegs, der nur durch Begabung ermöglicht
wird. Die SPD-Parole »Freie Bahn dem Tüchtigen« durchzieht
leitmotivartig das Buch, das deutlich macht, wie sehr die Klassen
nicht nur ökonomisch, sondern auch in Verhaltens- und Erlebnis-
weisen geschieden waren, eben in den Bereichen des Alltags:
»(...) glauben Sie, daß in einem Rätedeutschland die Männer hier
nicht weiter trinken, die Frauen nicht weiter klatschen, die Kinder
nicht weiter verkommen oder bessere Angestellte werden oder
stehlen?«[66] Das hält Fritz, als Sprecher des Autors, dem kommunistischen Studenten entgegen, der sein gutbürgerliches Zuhause
verlassen hat, um unter den Mietskasernenbewohnern zu agitie-
ren. Der Roman enthält, wie man kritisierte, keine »große Philosophie«[67], die über diese Beschreibung der klassenspezifischen
Wahrnehmung hinausweist. Gerade hierin zeigt sich aber eine ehr-
liche, tief erfahrene Menschlichkeit, die die Kluft zwischen All-
tagsmisere und Menschheitsideal zwar naiv, aber konkret erfaßt.
Zwischen Klaus Manns Alltagserleben als »Kind dieser Zeit«
(Schlangestehen im Krieg als Sport, Stehlen und Lügen als Spiel)
und dem des Albert Krause/Paul Krantz, für den all das bitter nötig
ist, um die minimale Versorgung der Familie zu sichern, gibt es
keine Verbindung – außer der, daß die geltende Moral zur Farce
geworden ist.

1928 begegnete Paul Krantz einem kommunistischen Dichter, der
»mich ziemlich taktlos über meine jüngsten Erlebnisse ausfragte«,
wie er in seinen *Erinnerungen* berichtet.[68] Es war Johannes R. Becher, der als Jugendlicher in einen ähnlichen Skandal verwickelt
war: Er hatte (schon vor 1914) seine Freundin erschossen und sich
selbst lebensgefährlich verletzt. Die Folgen markieren klassenspe-
zifische Unterschiede: Bechers Vater, ein hoher Justizbeamter,
konnte verhindern, daß es überhaupt zu einem Prozeß kam. Becher hat diese Affäre sehr viel später in seinem autobiographischen
Roman *Abschied* (1940) dargestellt. Es ist eine der Episoden, die
die haltlose Verwirrung des Helden auf der Suche nach dem »An-
ders-Werden« illustrieren, das sich – im Roman nur angedeutet –
mit dem Eintritt in die kommunistische Partei vollendete. Die
Sexualität erlebt sein Roman-Held ähnlich gespalten in unreine
Körperlichkeit und geistige Liebe wie die Pubertierenden bei

Noth. Um sozialen Aufstieg allerdings braucht der Bürgersohn sich nicht zu bemühen. Anders als bei dem suchenden Skeptiker Noth erfüllt sich Bechers Bedürfnis nach Führung, als er sich an einen »in sich« ruhenden Proletarier anschließt. Der Roman enthüllt die psychologischen Wurzeln dieser im späteren Leben bedingungslosen Selbstaufgabe und des Klassenwechsels. Die Liebes- und Mordepisode, die von der sozialistischen Biographik und Literaturwissenschaft übrigens weitgehend verschwiegen wird, hat eine Schlüsselfunktion im Roman.[69] – Krantz/Noth tauscht die Klassenzugehörigkeit in umgekehrter Richtung wie Becher, ohne aber dafür eine neue Bindung und Identität einzugehen. Bei ihm gibt es keine positive Führerfigur, aber auch keine bedingungslose Selbstaufgabe.

Das Motiv der Flucht und der Heimatlosigkeit bestimmt Noths späteres Werk, ja in gewissem Umfang auch sein Leben, geographisch, sozial wie geistig. Die Beschäftigung mit dem Thema »Jugend« tritt dabei allmählich in den Hintergrund, prägt aber noch seine ersten, in Frankreich entstandenen Werke. Der 1933 geschriebene, aber erst 1935 in französischer *(Un homme à part)*, dann 1936 in deutscher Sprache erschienene Roman *Der Einzelgänger*, der umfangreiche Essay *La tragédie de la jeunesse allemande* (1934) und der Roman *La voie barrée* (1937; *Weg ohne Rückkehr*, 1982), alle diese Werke stellen den Weg Deutschlands in den Faschismus dar. Der Essay versucht die Gründe verständlich zu machen, aus denen vor allem die jungen Deutschen sich radikalisierten und schließlich zu Anhängern des Nationalsozialismus wurden. Nach der Zerstörung aller moralischen Gewißheiten, infolge einer lange vor Hitler einsetzenden, von den miserablen Lebensumständen verschuldeten Barbarisierung, waren sie, deren Wille nur noch dem reinen Überleben galt, dazu prädestiniert, der Ideologie zu folgen, die die Zerschlagung des schlechten Bestehenden versprach.[70] Die Romane schildern den gleichen Prozeß durch die Vorstellung repräsentativer Personentypen. Ist der Essay aber noch bestimmt durch die parteiliche, antifaschistische Analyse und durch Hoffnungen und Schlußfolgerungen für die politische Entwicklung (wenn auch nicht einer Theorie des baldigen Zusammenbruchs verhaftet, wie dies in den Anfängen der deutschen Emigration verbreitet war), so sind die Haupthelden der zwar ebenso eindeutig antinazistischen Romane doch eher passiv und zunehmend pessimistisch.

Dies hat mehrere Gründe. Einer war die realistische Einschätzung der Affirmation, die Hitler weitgehend erfuhr. Ein anderer aber war der, daß Noth sich von Deutschland abwandte und seine persönliche Lebenshoffnung eher glaubte in Frankreich verwirklichen zu können. Dies mag private, ja verborgene und unbewußte Gefühle wie Enttäuschung und Bruderhaß zur Ursache gehabt haben[71], die auch auf die traumatischen Erfahrungen des Prozesses von 1928 zurückgehen. Die zur Aktivität des Schriftstellers und politischen Publizisten Noth merkwürdig konstrastierende Passivität seiner Romanhelden (die in dem auf französisch geschriebenen Roman *Le désert*, 1939, mit dem Selbstmord seines Helden endet) ist mit den Lebenserfahrungen des umhergetriebenen Emigranten (1933: Frankreich; 1941: USA; 1965: Frankreich; 1971: Deutschland), aber auch mit seinem Lebensgefühl zu erklären, das ihn nach dem als »Aufstieg« gemeinten Ausstieg aus seiner Klasse nirgends heimisch werden ließ. In seinen *Erinnerungen* von 1971 sieht er sich selbst als »Daueremigranten«: »Mein Exil ist mir gleichsam schon an der Wiege gesungen worden.«[72] Seine unbewußte Grundhaltung wurde von Gabriel Marcel – und Noth stimmt dem zu – als »refus de parvenir« beschrieben.[73] Das Sich-dem-Erfolg-Verweigern und der Traum von einer geistigen Bildung, die Sehnsucht nach »reifer« Überwindung des Jugendalters und die Realität einer ungeistigen Welt: Die Absicht des Jugendlichen, als Mann seine Verfehlungen wieder gutzumachen, mag naiv gewesen sein. Doch wir verdanken ihr ein originelles und ehrliches schriftstellerisches Werk, das die Meinungen klären hilft, indem sie sich an ihm scheiden.

Anmerkungen

Ich habe vor allem Ernst Erich Noth zu danken, der in vielen Gesprächen und mit zahllosen Hinweisen mich nicht nur viel gelehrt, sondern mir auch das Beispiel eines unabhängigen Menschen geboten hat. Der hier unternommene Versuch einer psychologischen Rekonstruktion der tragischen Ereignisse von 1927/28 – über die er selbst nie gesprochen hat – und der Folgen mußte wegen seines zu frühen Todes leider ohne Rücksprache mit ihm erfolgen. Meine einzige Entschuldigung für vielleicht unzulässige Vereinfachungen besteht darin, daß ich hier das Typische und Symptomatische darzustellen versucht habe.

1 Wortlaut rekonstruiert nach der Wiedergabe in der *AZ am Abend, Abendzeitung, 8-Uhr-Abendblatt*, München, vom 21. 2. 1928, S. 2.

2 So die Wiedergabe durch den Gerichtsreporter der *Vossischen Zeitung*, Paul Schlesinger, berühmt unter seinem Kürzel »Sling«. Zitiert nach: Sling, *Richter und Gerichtete* (1928) (München 1979); *Mordprozeß Krantz*, S. 19–47, hier S. 35.

3 *Vossische Zeitung* vom 7. 2. 1928. S. 10.

4 Sling, *Richter*, S. 31.

5 Ebd., S. 20f.

6 Ebd., S. 35.

7 Theodor Lüneburg, *Symptome einer negativen und positiven Entwicklung beim Jugendlichen, dargestellt an der Katastrophe des Krantz-Prozesses* (Göttingen 1931), in: *Archiv für Religionspsychologie und Seelenführung*, 5, 1930, S. 111.

8 *AZ* vom 11./12. 2. 1928.

9 Sling, *Richter*, S. 22.

10 *AZ* vom 11./12. 2. 1928.

11 Frank Matzke, *Jugend bekennt: so sind wir!* (Leipzig 1930), S. 48.

12 *AZ* vom 15. 2. 1928.

13 Sling, *Richter*, S. 37 ff.; – Walter Kiaulehn, *Berlin. Schicksal einer Weltstadt* (Berlin/Wien o. J.), S. 524. Otto Friedrich, *Weltstadt Berlin. Größe und Untergang 1918–1933* (München/Wien/Basel 1973), S. 217.

14 Peter, *Mordprozeß Krantz und seine Richter* (Wien 1929), S. 14.

15 Siegfried Bernfeld, *Zur Sittenlosigkeit der Jugend*, in: *Zs. für psychoanalytische Pädagogik*, 3. Jg. (Okt. 1928), H. 1, S. 32–34.

16 Peter, *Mordprozeß*, S. 7. – Balder Olden, *Das Schauspiel von Moabit*, in: *Das Tagebuch* 9. Jg. (1928), 1. Hj., S. 254–257. – Siehe auch die sehr sachliche Darstellung von Ernst Erich Noth, *Erinnerungen eines Deutschen* (Hamburg 1971), S. 97 f.

17 So etwa der anonyme Kommentar der *AZ* vom 18./19. 2. 1928, Titelseite; oder Hermann Zucker, *Generation der Selbstmörder*, in: *Die Weltbühne* 24. Jg. (1928), Bd. 1, S. 363–366.

18 Lüneberg, *Symptome* S. 157; – Max Fürst, *Talisman Scheherazade. Die schwierigen zwanziger Jahre* (München 1976), S. 243 ff. (Fürst leistet sich – aus Unkenntnis? – die Geschmacklosigkeit, das Gesicht des späteren Emigranten Krantz/Noth mit dem eines SA-Mannes gleichzusetzen.) – Peter, *Mordprozeß*, S. 7, 11, 22.

19 Bernfeld, *Sittenlosigkeit*.

20 Hans Heinrich Muchow, *Sexualreife und Sozialstruktur der Jugend* (Reinbek 1963), S. 11 ff.

21 Lutz Roth, *Die Erfindung des Jugendlichen* (München 1983), S. 75, 95, 108, 130.

22 Eduard Spranger, *Psychologie des Jugendalters* (Heidelberg 1979[29]), S. 41, 46.

23 Ebd., S. 39.

24 Roth, *Erfindung*, S. 16 ff., 27.

25 Roth, *Erfindung*, S. 59 ff.; – Muchow, *Sexualreife*, S. 28.

26 Roth, *Erfindung*, S. 33, 46.

27 Spranger, *Psychologie*, S. 53, 82.

28 Ebd., S. 242 ff.

29 Ebd., S. 245.

30 Ebd., S 245 f.

31 Vgl. Bericht der *AZ* vom 18./19. 2. 1928, S. 2.

32 Tagebücher, Gedichte und Briefe sind wiedergegeben bei Lüneberg, *Symptome*, S. 224, 243, 238, 196.

33 Noth, *Erinnerungen*, S. 61 f.

34 Paul Krantz, *Mein Prozeß*. Artikelreihe in der *Welt am Abend*, 6. Jg., Nr. 47–51 (1928). Zitiert nach Lüneberg, *Symptome*, S. 247.

35 Krantz, *Prozeß*, S. 249.

36 Zitiert bei Lüneberg, *Symptome*, S. 196.

37 Ebd., S. 109 f.

38 Noth, *Erinnerungen*, S. 102.

39 Lüneberg, *Symptome*, S. 230.

40 Sling, *Richter*, S. 32; – vgl. Lüneberg, *Symptome*, S. 161.

41 Sling, *Richter*, S. 21; – Noth, *Erinnerungen*, S. 102, gibt die sicher authentische Aufklärung.

42 Vgl. *AZ* vom 18./19. 2. 1928; – Olden, *Schauspiel*, S. 256.

43 Ferdinand Bruckner, *Krankheit der Jugend, Schauspiel, 1924*, in: ders., *Jugend zweier Kriege* (Berlin 1948), S. 55.

44 Ebd., S. 25, 75, 55, 28, 33.

45 Thomas Koebner, *Das Drama der Neuen Sachlichkeit und die Krise des Liberalismus*, in: W. Rothe (Hg.), *Die deutsche Literatur in der Weimarer Republik* (Stuttgart 1974), S. 25.

46 Klaus Mann, *Der Wendepunkt* (München 1981), S. 243.

47 Klaus Mann, *Kind dieser Zeit (1932)* (Reinbek 1965), S. 109.

48 Klaus Mann, *Die Jungen (1924/25)*, in: ders., *Abenteuer des Brautpaars*, Erzählungen (München 1981), S. 10, 33.

49 Paul Krantz (d. i. Ernst Erich Noth), *Die Gestalt des jungen Menschen im deutschen Roman der Nachkriegszeit*. Typoskript bei der Philosophischen Fakultät der Johann-Wolfgang-Goethe-Universität Frankfurt/M., S. 82, 67.

50 Vgl. Thomas Koebner, Wulf Köpke, Joachim Radkau (Hg.), *Exilforschung. Ein internationales Jahrbuch*, Bd. 2 (S. 121–142 Thomas

Lange, *Sprung in eine neue Identität. Der Emigrant Ernst Erich Noth*)
(München 1984).

51 Max Frisch, *Tagebuch 1946–1949* (1950) (Frankfurt/M. 1981), S. 33.
52 Noth, *Erinnerungen*, S. 93–111.
53 Krantz, *Prozeß*, S. 250, 246, 265.
54 Paul Krantz, *Über mich selbst*, in: *Das Buch unserer Zeit*. (Mitt. des So-cietäts-Verlages, Frankfurter Zeitung Nr. 904), 3. 12. 1932.
55 Krantz, *Gestalt*, S. 67f., 76, 165; – bei Spranger, *Jugendpsychologie*, S. 70.
56 Krantz, *Gestalt*, S. 175.
57 Krantz, *Gestalt*, S. 150, 178.
58 E. E. Noth, *Die Mietskaserne* (1931), Neuausgabe (Stuttgart 1982), S. 206.
59 Ebd., S. 190, 315, 319.
60 Ebd., S. 127.
61 Noth, *Erinnerungen*, S. 237.
62 Sigmund Freud, *Der Dichter und das Phantasieren (1907)*, in: ders., *Studienausgabe, Bd. X: Bildende Kunst und Literatur* (Frankfurt/M. 1982), S. 177.
62 Noth, *Mietskaserne*, S. 287, 289.
64 Ebd., S. 196, 268.
65 Georg Glaser, *Der Weg durch die »Klassen«* (Rez. zur »Mietskaserne«), in: *Frankfurter Zeitung* vom 28. 2. 1932, Jg. 76, Nr. 157–158, S. 3.
66 Noth, *Mietskaserne*, S. 170.
67 W. St., *Die Mietskaserne*, in: *Frankfurter Zeitung* vom 29. 10. 1931, Literaturblatt, Jg. 64, Nr. 43, S. 5.
68 Noth, *Erinnerungen*, S. 118.
69 Johannes R. Becher, *Abschied* (Berlin 1945). Siehe bes. S. 243ff., 261, 318ff., 391ff. – Zu Becher vgl. Michael Rohrwasser, *Der Weg nach oben. Johannes R. Becher, Politiken des Schreibens* (Frankfurt/M. 1980), S. 23ff. – Die Ausblendung der Mord-Episode etwa bei Dieter Schiller, *Im Chaos der verstellten Stimmen. Entwicklungsroman als Bewußtseinsroman. J. R. Becher »Abschied«*, in: S. Bock/M. Hahn (Hg.), *Erfahrung Exil. Antifaschistische Romane 1933–1945* (Berlin/Weimar 1981), S. 246–284. Christian Fritsch, *»Sie werden über sich selbst schreiben.« J. R. Bechers Roman »Abschied«*, in: Lutz Winckler (Hg.), *Antifaschistische Literatur, Bd. 3: Prosaformen* (Königstein/Ts. 1979), S. 126–171.
70 Ausführlicher dazu mein Beitrag in: Koebner, Köpke, Radkau (Hg.), *Exilforschung* Bd. 2.
71 Pierre Foucher, der außerordentlich viel Material zu E. E. Noth zu-sammengetragen hat und dem ich auch sehr viele Diskussionen mit wertvollen Anregungen zu diesem Thema verdanke, hat darüber in sei-

nem mémoire de maîtrise: *Emigrés allemands et autrichiens en Pays d'Aix entre 1933 et 1939* (Aix-en-Provence 1980) gehandelt. Bes. in dem unveröffentlichten Kapitel: Une experience ambivalente: Ernst Erich Noth. Noth selbst hat sich zu diesen Thesen abweisend geäußert. Ihre Diskussion bleibt einem größeren Zusammenhang vorbehalten.

72 Noth, *Erinnerungen*, S. 73.

73 Ebd., S. 257; – vgl. dazu Sigmund Freuds Kapitel »Die am Erfolg scheitern«, in seinem Aufsatz: *Einige Charaktertypen aus der psychoanalytischen Arbeit* (1916), in: Freud, *Studienausgabe*, S. 236 ff.

Gert Sautermeister
Vom *Werther* zum
Wanderer zwischen beiden Welten
Über die metaphysische Obdachlosigkeit
bürgerlicher Jugend

Prolog

Die Literaturwissenschaft, sofern sie durch die Sozialgeschichte inspiriert war, hat in den vergangenen drei Jahrzehnten unter wechselnder Blickrichtung gesellschaftliches Leben ins Auge gefaßt, um seine Einflüsse auf das Kunstschöne zu bestimmen: Per aspera ad astra! Der Weg vom sozialen Grund aufwärts zu ätherischen Höhen in Ehren: Ist es indes nicht an der Zeit, die umgekehrte Richtung beherzter als üblich zu verfolgen? Der Frage nachzugehen, welche Folgen die Literatur fürs gesellschaftliche Leben habe? Wie sie von ihm eingeholt, umgebildet oder zur sinngebenden Produktivkraft mißbildet werde? Zur Mitproduzentin sozialer Lebenskunst? Der Lebenskunst von Jugendlichen vor allem, ja ganzer Jugendgruppen? Per astra ad aspera!

Man wird sehen, daß diese Fragerichtung keine rezeptionsästhetische im eigentlichen Sinne ist, nicht sein kann aufgrund ihres sozialphilosophischen Erkenntnisimpulses. Unser Interesse nährt sich aus einem neueren, folgenreichen Kulturphänomen: der umfassenden Verweltlichung der Religion und des metaphysischen Lebenshorizontes seit dem Zeitalter der Aufklärung. Die Sinnleere, welche mit der »Emanzipation« aus religiösen Bindungen um sich zu greifen drohte, wurde vom Geist der Aufklärung dadurch gebannt, daß er das Diesseits selber zur Religion erhob: so unaufhebbar scheint das menschliche Bedürfnis nach Sinnstiftung, so zwiespältig die Geburt des neuzeitlichen Lebenssinns! Die »Emanzipation« betrat die neuen Wege im Diesseits mit rückwärtsgewandtem Antlitz. Und sie holte mit dem alten Sinn auch den poetischen Schein zurück, der bislang von den Vorstellungen des jenseitigen Paradieses auf das irdische Leben niederstrahlte. Dieses Leben selbst wäre in seiner puren Diesseitigkeit prosaischbürgerlich geworden – darauf wies die Ausbreitung des modernen

Zweck-Nutzen-Prinzips unverkennbar hin.[1] Aufgeklärte, romantische, hegelianische, frühliberale, frühsozialistische und andere Weltheilige poetisierten ihr Zeitalter mit der Verweltlichung transzendenter Glücksbilder, ja, verschafften ihm dadurch einen »Glanz von innen« wie nie zuvor in der Geschichte. So hielt man durch poetische Sakralisierung und sakrale Poetisierung das neue Leben für den Verlust des alten Lebenssinns schadlos und zog die gefälligsten Schleier vor die Prosa zweckrationalen Handelns bzw. seines jüngsten Repräsentanten: der bürgerlichen Klasse. Noch deren profanste Erscheinung – der Konkurrenzkampf der Privateigentümer – wurde durch das quasi-metaphysische Konzept einer »prästabilierten Harmonie« allen Wettbewerbs poetisch überhöht.

Erhielt dieser Prozeß durch die Poesie selbst Auftrieb? Gewiß wurde sie mit der Emanzipation von der Religion diese nicht los; die Poeten persönlich haben ihre Schöpfungen nicht selten zum Religionsersatz, sich selber zu Religionsstiftern aufgeworfen. Die ekstatische Feier des Diesseits etwa in der Sturm-und-Drang-Phase »emanzipierter« Kunst scheint diesem Selbstverständnis zu entsprechen: Auch sie ist Gegenentwurf zur bürgerlich-prosaischen, des metaphysischen Sinns ermangelnden Welt. Aber die Kunst ließ es beim pseudo-religiösen Entwurf, beim Glorienschein der Selbst- und Welterlösung nicht bewenden. Sie spiegelte den Schein wider, um ihn aufzulösen; beschwor die Mystik der Ich-Entgrenzung, Natur- und Kollektiv-Verschmelzung, der individuellen Allmachtsphantasien und innerweltlichen Heilserwartungen, um sie ihren geheimen Mitspielern auszuliefern: Melancholie, Weltschmerz, Selbstzerknirschung, Suizid. Die Pseudo-Religion hatte mit ihren mystisch-narzißtischen Ekstasen den Gegensatz zur bürgerlichen Welt überspannt: scheiternd fiel sie ihr zum Opfer. So wurde sie – ohne Preisgabe ihrer unbürgerlichen Impulse – im Medium der Kunst profaniert: Ihr Absolutheitsanspruch ward auf seine Zeitbedingtheit, ihre maßlose Utopie auf die Sinnverlassenheit des historischen Augenblicks hin durchsichtig. Gerade an *literarischen Jugendgestalten* wird dieser Vorgang evident. Verwandelt der mystische Narziß (als Kunstfigur) das »Göttliche« zur diesseitigen Heilskunde, so wird es im figurenübergreifenden Kunstganzen zum Wundmal des Diesseits: Selbst- und Weltvergötterung sind nicht länger zum seligen Surrogat der Religion verhimmelt, sondern zum scheiternden Widerpart des geschichtlichen Zustands der Welt herabgestimmt – sind historisch determiniertes, religiös verstiegenes Traumbild legitimen Glücksbegehrens. Eben dadurch – als vertiefter Widerschein des Bestehenden und Vorschein des Begehrenswerten – konnte die neuere Poesie dem bürgerlichen Leben einen kritischen Spiegel vorhalten.

Bürgerliche Jugendliche und Jugendbewegungen haben dieses produktive Spannungsverhältnis der Kunst zur (Pseudo-)Religion und zum Leben eingeebnet, haben das Leben mittels der Kunst als *poetischen Religions-Ersatz* bzw. als *religiösen Poesie-Ersatz* entworfen: welcher Entwurf auch die neueren (Befreiungs- und Welt-)Kriege umschloß. Eben damit wurde die Jugend erneut der Erwachsenenwelt tributpflichtig, von der sie sich emphatisch und mit Grund hatte abgrenzen wollen. Und sie verscherzte sich die ersehnte Autonomie nicht nur durch ihre Anleihen am religiösen Erbe, sie verspielte sie auch durch die Wiederbelebung kultureller Altertümer wie des Heldenmythos. Oder waren es nicht vielmehr die gesellschaftlichen Verhältnisse, welche die Jugend fürs mythische Altertum erst reif machten? Für die Heldenrolle aus grauer Vorzeit erst ertüchtigten? Jedenfalls hafteten der Religion und Poesie »ewiger Jugend« mehr und mehr auch die Züge unaufhaltsamen Alterns an. Des kindlichen Alterns, um es zum Paradox zu überspitzen, eines vor allem im Scheitern sich darstellenden Paradoxes. Nach dem Sturz aus dem selbstgeschaffenen Himmel in die Untiefen der Selbst- und Weltverzweiflung flüchteten der »gekreuzigte Prometheus«[2] und der entgöttlichte Mystiker gern in die uralten Familienbindungen zurück, namentlich in die mütterliche des Kindesalters. So zeigt die mentale und psychosoziale Physiognomie der neueren Jugendbewegungen das Schwanken zwischen extremen Lebensaltern als wunderliches Mienenspiel.

Auf die skizzierten Problemfelder seien literatur- und kulturhistorische Streiflichter geworfen, von Goethes Werther über das Jugendfieber in den Befreiungskriegen zu vormärzlichen Werther-Figuren, von der Poesie Eichendorffs über den Wandervogel der Jahrundertwende zum *Wanderer zwischen beiden Welten* aus dem Ersten Weltkrieg.

I.

Im Jahre 1771 zieht sich ein junger Herr in die Natur zurück, malend und Briefe schreibend. Es ist im Frühling, der »Jahrszeit der Jugend«, wie er berichtet. Entzückt gibt er sich der aufblühenden

Landschaft rings um ihn hin. Es kann nicht ausbleiben, daß der empfindsame Jüngling sich verliebt – das Alter und die Muße dazu hat er. Die Liebe nimmt ein tragisches Ende, denn das Mädchen ist schon versprochen. Das hat sich nun seit 1771 so oft ereignet, daß man davon nicht viel Aufhebens zu machen bräuchte. Mit dem jungen Herrn hat es indes eine eigene Bewandtnis. Er ging mit der Natur ebenso sonderbar um wie mit der Liebe. Er vergötterte sie buchstäblich, will sagen: Er zog den allmächtigen und all-lieben-den Gott in die irdische Natur und die menschliche Liebe hinein. Das war gewagt – war's allzu gewagt? Zur Begründung führte er an, er hoffe, sich »mit all der Wonne eines einzigen großen herrli-chen Gefühls ausfüllen zu lassen« (Brief vom 21. Juni), sehne sich danach, »aus dem schäumenden Becher des Unendlichen jene schwellende Lebenswonne zu trinken und (. . .) einen Tropfen der Seligkeit des Wesens zu fühlen, das alles in sich und durch sich her-vorbringt« (Brief vom 18. August). Wenn wir das recht verstehen, wollte der junge Mann zu Gott in ein besonders inniges Verhältnis treten und sich ihm gleichsam anverwandeln. In der abendländi-schen Geistesgeschichte ist dieses Geschehen auf den Namen Unio mystica getauft worden. Dieser mystischen Einswerdung mit dem Göttlichen zuliebe holt Werther – denn dies ist der Name des Jüng-lings[3] – den alten Gott vom Himmel herunter und versetzt ihn erst in die Natur, dann in die Liebe. Dieses Kunststück bedarf einer schöpferischen Einbildungskraft, und so spricht denn auch Wer-ther gleich zu Anfang von der »warmen, himmlischen Phantasie in meinem Herzen« (10). Das phantasievolle Herz – es allein ist der Schöpfer von Werthers Wonne und der Urheber des irdischen Pa-radieses. Dank dieser Schöpferkraft erhebt sich Werther zum Zau-berer von Gottes Gnaden, nein: zum Gott selbst. Die ersehnte Unio mystica ist in Wahrheit die selige Versenkung in die eigene schöpferische Potenz. Die Psychologie hat dieses Phänomen als Narzißmus bezeichnet – und man wird sagen dürfen, daß die lite-rarischen Jugendbewegungen der letzten zweihundert Jahre von einer besonders zartsinnigen Narzißmus-Gestalt angeführt wer-den. Im Hinblick darauf ist es nur ein Zeichen ungeschichtlichen Räsonierens, wenn in den vergangenen sechs Jahren der Typus des Narziß als historisch neues Jugendphänomen präsentiert wurde.[4] Man messe derlei Spekulationen an dem entwaffnenden Selbstbe-kenntnis des jungen Werther: »Auch halt ich mein Herzchen wie ein krankes Kind, all sein Wille wird ihm gestattet« (10). Das ist die

Perspektive des sich absolut setzenden Ich. Des Herzens Wille ist Werthers Himmelreich, und er ist auch seine Hölle, sobald die Welt sich ihm nicht fügt. Emphase und Melancholie sind dem absoluten Ich als polare Empfindungsarten zubestimmt. Wenn es mit seiner unendlichen Sehnsucht sich und die Welt zu verzaubern vermag, neigt es zur Selbstvergötterung; wenn die Sehnsucht kein Echo findet, erwachen die Höllenzweifel des Melancholikers. Und der Melancholiker ist es, der sich in Werther mehr und mehr einnistet. Die Wonnen des Jugendfrühlings schwinden dahin – denn die Verhältnisse, sie sind nicht so. Sie sind dem absoluten Ich auf die Dauer nie gewogen. Es ist ja nicht nur die bereits vergebene Geliebte, die dem Sturm und Drang Werthers Paroli bietet – die ganze Welt macht gleichsam Front gegen ihn. Man hat des öfteren bemerkt, daß Werther die Ständegesellschaft der Kritik unterziehe, weil sie ihm die Entfaltung seiner reichen Kräfte versage. Und es ist wahr: Wie dieser jugendliche Müßiggänger Etikette und Kalkül in der Adelswelt, Erwerbsstreben, Vernünftigkeit und Zweckrationalität im Bürgertum verwirft, hat einen aufregenden Rhythmus, wie geschaffen, um der Fahrt nach neuen Ufern den Takt zu schlagen, wo die Menschen in Freiheit ihr Selbstgefühl entwickeln können. Aber diese Utopie einer Emanzipation des Individuums ist schon an der Wurzel versehrt. Man übersah häufig, daß Werthers Gesellschaftskritik eine indirekte Selbstkritik enthält, weil sie naiv das sich vergottende Ich zum Maß aller Dinge erhebt. Wer in der Ständegesellschaft nur der »Fülle des Herzens« teilhaftig werden will (67), läßt der eigenen Vernunft, der Anwältin des Möglichen, wenig Spielraum; wer die Poesie und das Fieber der Leidenschaft in der politisch-sozialen Welt durchsetzen will, bringt sich leicht um die kritische Urteilskraft. Er fühlt sich persönlich provoziert, wo die Gesellschaft schlicht ihren Konventionen folgt. So mißversteht denn Werther Umgangsformen und Lebensstil der bürgerlichen Welt als private Kränkung, ja, als wohlgezielte Verstoßung. Einem ausdauernden Konflikt mit der Gesellschaft zieht der Narziß die Weltflucht vor. Das enthebt ihn der Notwendigkeit, sich auf Vermittlungen, vielleicht auf Kompromisse einzulassen. Das absolute Ich ist gleichzeitig das sich isolierende Ich. Und seine Vereinzelung spielt Werther mit radikaler Konsequenz durch. Die Kritik an der Welt verstummt nach und nach. Er selber sei die »Quelle alles Elendes«, so, wie er auch die »Quelle aller Seligkeiten« gewesen sei (83). Wer so bewußt auf seine Autonomie pocht, dem sind die Bindungen der Religion nur Fesseln. Werther will sie denn auch bewußt abstreifen. Er steigert sich in die neuzeitliche Situation der metaphysischen Obdachlosigkeit hinein. Freilich – ganz ohne Rückversicherung kann er das nicht. Es ist die Idee des Freitods, die dem Obdachlosen Schutz und Trost bietet. Das absolute Selbst, dem sich die Welt verschließt, kokettiert mit der Selbst-Entleibung, der äußersten Form der Autonomie. Doch ehe aus der Koketterie Ernst wird, hat es diese Autonomie längst untergraben. Werther, der ein neues Zeitalter der Leidenschaft ankündigt, ist insgeheim Gefangener der alten Zeit. Wie nur irgendein Feudalherr meldet er, der Aristokrat des Herzens, Eigentumsansprüche auf die Frau eines anderen an, des weniger subtil empfindenden Albert (77), wie nur irgendein Konkurrent in der bürgerlichen Welt ersehnt er den Tod des Rivalen (vgl. 78), wie nur irgendein altadeliger Spieler aus Passion entzündet er sich an der »Unmöglichkeit zu besitzen«. Werthers Geliebte führt offen Klage darüber (96 f.). Er entdeckte ursprünglich in ihr eine Poesie, die vielleicht niemand sonst an dem Mädchen entdeckt hätte, bildete zu dieser Poesie ein klangvolles Echo, das in Lottes Welt zauberhaft hineintönte. Aber dem neuen Leben, das er zu erwecken half, haftet der Widerschein alter Verhältnisse an. Die Poesie der Leidenschaft ist durchsetzt von der überlieferten Ideologie, vornehmlich der des Habens und Herrschens. Erst als sich Werthers Geliebte zu einer heftigen Umarmung hinreißen läßt und er sich im Besitz ihrer heimlichen Liebe weiß, ist er am Ziel seiner Wünsche: »Sie ist mein! du bist mein! ja, Lotte, auf ewig!« (111). Jetzt, da die »fieberhaften Zweifel« an Lottes Neigung getilgt sind, kehrt in Werthers Herz die »Himmelsfülle« der ersten Begegnungen wieder ein, weicht die Qual der besitzlosen Leidenschaft einer neuen »Himmelswonne« (111 f.). Um den himmlischen Augenblick zu verewigen, macht Werther mit Inbrunst seine frühen Anspielungen auf das Grab und den Freitod wahr. Im absoluten Lebensbegehren richtet sich gern die Todes-Wollust ein. Sie ist des Melancholikers letztes und höchstes Vergnügen, dank seiner nimmermüden, quasi-religiösen Einbildungskraft. Auf ihren Flügeln flüchtet Werther von seiner ersten und einzigen Umarmung ins Jenseits, um dort »vor dem Angesichte des Unendlichen in ewigen Umarmungen« weiterzuleben (112).

Wie leicht doch dem Jüngling das religiöse Vokabular von den liebesdurstigen Lippen geht![5] Die neue metaphysische Obdachlosigkeit – sie scheint unerträglich. Werther flieht aus ihr unter den alten Himmel zurück. Die Liebe im Herzen, wähnt er pfeilgerade ins Reich Gottes aufzufahren. Schon seine abgrundtiefe Melancholie wußte er zu heiligen, indem er sich zum Nachfolger Christi ausrief kraft des Bibelworts: »Mein Gott! Mein Gott! warum hast du mich verlassen?« (85). Der Heiligen- und Märtyrerschein, den sich Werther hier und anderswo verlieh, hat nicht nur ihn selbst geblendet. Von den bayrischen Illuminaten erzählt man sich, sie hätten Goethes Büchlein sogar über des Thomas a Kempis *Nachfolge Christi* gestellt und »an die Stelle mönchischer Meditationen« gesetzt.[6]

Die Verstrickung einer aufbegehrenden Jugend ins Uralte wird noch auf einem anderen Feld augenscheinlich. Ich habe schon zu Beginn vermerkt, wie sehr Werther im Naturerlebnis »die Gegenwart des Allmächtigen« und »das Wehen des Alliebenden« beschwört. Natürlich ist diese pantheistische Heiligung dazu angetan, die Natur aus ihrer Umklammerung durchs wirtschaftliche Kalkül und zweckrationale Verplanung zu erlösen. Erst so kann sie zur Mitspielerin des empfindungsstarken und freiheitsdurstigen Individuums werden. Aber die Heiligung der Natur erfolgt nicht nur metaphorisch – als müßte die neue Weltlichkeit durch die Nomenklatur des Göttlichen lediglich rhetorisch aufgewertet werden. In Werthers Naturbild sind von Anfang an auch die patriarchalischen Züge des alten Gottes heimlich gegenwärtig; sie treten hervor und lösen sich von der Natur ab, als diese der poetischen Einbildungskraft unzugänglich wird, ja, sie verselbständigen sich zum vertrauten Vaterbild der bürgerlich-religiösen Gesellschaft. Und im Bunde damit gewinnt auch das Mutterbild an Bedeutung. Es wirkt prägend in Werthers erste Naturerfahrung hinein, die gleichsam gesättigt ist von den Empfindungen des »Wiegens«, »Keimens«, »Quellens« und »Schwellens« und einer »unendlichen Fülle« (52 f.), als wäre die Natur ein gesegneter Mutterleib und eine nährende Brust: »Das volle, warme Gefühl meines Herzens an der lebendigen Natur, das mich mit soviel Wonne überströmte« (52) – so faßt Werther sein »ozeanisches Gefühl«[7] zusammen. Leitmotivisch kehrt es wieder in den Metaphern des Stroms und des Meers, und wohl nicht zufällig übersetzt Werther auch seine Todes-Wollust ins Bild des Wassers, das sich mit der Rückbildung des Ich, mit vorgeburtlicher Unio mystica, so leicht assoziieren läßt: »Ach! mit offenen Armen stand ich gegen den Abgrund und atmete hinab!

hinab und verlor mich in der Wonne, all meine Qualen, all mein Leiden da hinabzustürmen, dahinzubrausen wie die Wellen« (92). Hat man hinreichend bedacht, daß über Werthers früher Jugend, noch vor der Bekanntschaft mit Lotte, der Stern einer mütterlichen Freundin leuchtete, daß er Lotte zum erstenmal als mütterliche Ernährerin im Kreis ihrer jüngeren Geschwister erblickt und von diesem Blick sogleich bezaubert ist, daß sein erstes Charakterbild mütterliche Züge an ihr hervorhebt – »So viel Einfalt bei so viel Verstand, so viel Güte bei so viel Festigkeit, und die Ruhe der Seele bei dem wahren Leben und der Tätigkeit« (18) –, daß dieses Bild vollkommen dem Lob Alberts korrespondiert, wie Lotte »in Sorge für ihre Wirtschaft und im Ernste eine wahre Mutter geworden, wie kein Augenblick ihrer Zeit ohne tätige Liebe, ohne Arbeit verstrichen und wie dennoch all ihre Munterkeit, all ihr Leichtsinn sie nicht verlassen habe« (45)? Werther liebt an dem feurigen Mädchen stets auch die Rolle der Ernährerin, Hüterin und Trösterin, die sie im Namen und im Geist ihrer verstorbenen Mutter so vortrefflich ausübt. In der jungfräulichen Mutter findet der kindliche Narziß die ihm notwendige Ergänzung. Gelegentlich träumt sich Werther selbst in die Rolle des Sohns von Lottes Vater und in die Rolle eines väterlichen Freundes von Lottes Geschwistern hinein. Ja, es wandelt ihn die Verlockung an, »ein Glied der liebenswürdigen Familie auszumachen« (44). Der gegen die bürgerliche Gesellschaft aufbegehrende Rebell macht ehrerbietig vor ihrer Keimzelle, dem Familienverband, halt. Er idealisiert ihn geradezu und wählt ihn zum Fluchtpunkt seiner unbürgerlichen Passion. Werthers erster, vorläufiger Abschied von Lotte ist dem Gedanken an ihre Mutter und ihre Mutter-Rolle gewidmet – seine letzten definitiven Abschiedsworte zitieren erneut Lotte und ihn selbst vor das mütterliche Forum. Kurz vor seinem Tod bringt er Lottes Vater als seinen eigenen ins Spiel und assoziiert ihn mit Gott-Vater. Mit dieser Restauration der Familienidee zähmt Werther das Experiment seiner Selbstbefreiung. Und doch rettet er etwas vom anarchischen Elan seiner Anfänge, weil er seine unbürgerliche Leidenschaft ausgerechnet durch das patriarchalisch-religiöse Familienbild legitimiert. Nachdem er die Geliebte zur heiligen Mutter erhoben hat, empfindet er sein sexuelles Begehren als »Himmelswonne« und im selben Atemzug als »Sünde« (112) – fürwahr eine anstößige Zwieschlächtigkeit.

Ich habe den *Werther* bisher als Ideenhistoriker gedeutet, und auch als Seelenforscher, und wenn jemand den mentalen und psychischen Habitus der Jugend zwischen 1770 und 1790 verstehen will, so kann die Ideenwelt und Seelenlandschaft des *Werther* ihm manchen Wink geben.[8] Die ungeheure Wirkung des schmalen Büchleins[9] läßt auf einen jugendlichen Sozialcharakter schließen, dessen Beharrungskraft über zwei Jahrhunderte hinweg ich hypothetisch annehmen möchte. Eigentlich hätte dieser Sozialcharakter, wie ich ihn skizzierte, die Anwälte des Bestehenden schon zu Werthers Zeiten in Ruhe wiegen können. Bestraft sich Werther denn nicht selbst für seinen unbürgerlichen Lebenslauf durch die Krankheit zum Tode? Aber die Erzieher der Jugend gebärdeten sich wie unerziehbare Furien. Werke wie der *Werther,* so taten sie kund, »entflammen die Leidenschaften, erschlaffen alle Kräfte zur wohltätigen Arbeit für die menschliche Gesellschaft, und machen unaufhaltbar die Menschen und Staaten unglücklicher«.[10] So der aufgeklärte Physiokrat Johann August Schlettwein, der aus dieser schaurigen Vision höchst praktisch die »Nothwendigkeit der Censur« ableitete. Schlettweins tobsüchtige Angst dürfte von der unterirdischen Sprengkraft des *Werther* genährt worden sein, der Sprengkraft seiner Ästhetik. Werthers Schicksal allein mit seiner Ambivalenz von narzißtischer Unbotmäßigkeit und »religiöser Familienbeschwörung« hätte schwerlich die Gemüter derart erregt. Erst durch den ästhetischen Darstellungsmodus geriet die Wirkung des Werks zum berühmt-berüchtigten Wertherfieber, erhielt seine Ideen- und Seelenwelt den Beigeschmack einer »Lockspeise des Satans«, die dem Hamburger Pastor Goeze so verführerisch in die orthodoxe Zensur-Nase duftete.[11] Die Lektüre-Wirkung, wie sie ein Schubart aufzeichnete, leitet uns auf diese Werk-Ästhetik hin: »Da sitz ich mit zerfloßnem Herzen, mit klopfender Brust und mit Augen, aus welchen wollüstiger Schmerz tröpfelt und sag Dir, Leser, daß ich eben *Die Leiden des jungen Werthers* von meinem lieben Göthe – gelesen? – nein, verschlungen habe.«[12] Schubarts lustvoller Körperschmerz hängt aufs innigste mit der *Körpersprache* des *Werther* zusammen. Nicht ohne Grund vergleicht der Held einmal die Dynamik einer Leidenschaft mit einem Krankheitsbild – mit steigendem »Fieber« und dem »Tumult« des Blutes (50). Werthers eigene Passionsgeschichte hat die Gestalt einer Fieberkurve, die unaufhaltsam dem tödlichen Höhepunkt zutreibt, Ströme von Tränen in ihrem Gefolge, eine »fürchterliche

Empörung« der Sinne erzeugend (98), von »einem heftigen Ausbruch« nach dem andern begleitet (90), mit bösen Folgen für »Brust« und »Gurgel« (91) und namentlich für den Eros, der die verpönteste aller Begierden, die sexuelle, zulassen muß. Wer sich daran erinnert, wie ungeniert die maßgeblichen Bildungs-Institutionen der Zeit, Kirche, Schule, Universität, öffentliche Moral, alle Zeichen einer freien Körpersprache verfolgten, kann sich den faszinierenden Affront der so leiblichen Passion Werthers vorstellen. Und wer bedenkt, daß selbst die körperlose Seelensprache damals nur als maßvolle, gezügelte, tugendhafte sich äußern durfte, mag die sprengende Wirkung der rücksichtslosen Selbstentblößung Werthers nachfühlen. Der Briefroman als eine Modeform der empfindsamen Epoche wurde zum intimen Tagebuch; indem Goethe den Brief-Partner nur zum Schein in Szene setzte, revolutionierte er das dialogische Genre ästhetisch, revolutionierte es durch den »leidenschaftlichen Monolog«, der nach Lenzens Worten den leidenschaftlichen Leser forderte.[13] Es entstanden eine *leiblich-seelische Expressivität* und eine *ich-besessene Intimität,* die den Choc als Hauptwirkung jenseits rationaler Kontrolle erzeugten. Ich sehe darin Grundzüge einer rebellischen Jugend-Ästhetik, Grundzüge, die der leidenschaftlich-narzißtischen Körperlichkeit des jugendlichen Lebensalters entsprechen dürften, vermute daher, daß diese Jugend-Ästhetik ebenso wenig Veränderungen erfahren hat wie der jugendliche Sozialcharakter Werthers.

Das »Wertherfieber«, das zwei bis drei Jugendgenerationen erfaßte, ist Sinnbild der ersten *literarisch vermittelten* Jugendbewegung in Deutschland.[14] Sie entstand aus der Identifikation mit dem literarischen Helden und seinem Schicksal. Insofern ist diese Jugendbewegung an ein fatales Mißverständnis gekettet. Sie nahm die kritische Distanz nicht wahr, die der Erzähler des *Werther* zu seinem Helden einhielt. Sie zog ohne viel Federlesens einen literarischen Lebenslauf ins wirkliche Leben hinein, ohne Goethes kunstvolle Montagetechnik zu bemerken. Sie empfand als lebensecht und als Lebensempfehlung, was doch unverkennbar die Spuren einer selbstironischen Konstruktion trug. Die Werther-Bewegung verfuhr nicht anders als der unglückselige Werther selbst, der sich erst eine Poesie zusammenphantasiert, die Poesie der Unio mystica, und dann diese Poesie im Leben erfahren und durchsetzen will: in der Natur, der Liebe, der Gesellschaft. Was für ein folgenreicher Irrtum – der Irrtum aller uns bekannten Jugendbewegungen, wie ich vermute. Denn die herbeiphantasierte, ins Leben hineinphantasierte Poesie – sie ist auch das Einfallstor für die ehrwürdigen Ideologien, die eine neue Jugend zu überwinden doch sich anschickte. Ich habe darauf angespielt, wie in Werthers Schicksal nach und nach die alten Ideologeme des Habens und Herrschens, die Urbilder der Familiengemeinschaft und das Erbe religiöser Gefühlskultur zusammenfließen. Die Geburtswehen einer neuen Zeit – sie wurden beschwert durch die Nachwehen der alten. Das klassische Beispiel hierfür im neuen, im 19. Jahrhundert ist die Jugendbewegung der Befreiungskriege. Sie steht der Werther-Bewegung eigentümlich nahe – und ist doch von ihr durch eine Kluft getrennt. Es ist die Kluft, in die Tausende von Jugendleibern hinabstürzten, verlockt von einer Poesie, die diesen Namen nicht mehr verdient, da sie zur Opferideologie herabgesunken war.

II.

Die Nähe der Kriegspoetiker von 1812/13 zu gewissen Phantasien des jungen Werther stellt sich durch das Phänomen der Unio mystica her. Wie der Goethesche Jüngling mit dem Göttlichen einszuwerden hoffte im Medium der Natur und der Liebe, so die Körners, Arndts, Schenkendorffs im Medium des Vaterlands und kriegsberauschter Brüderlichkeit. Und was der Stürmer und Dränger an mystischer Seligkeit zuletzt dem Freitod abforderte, forderten die Kriegspoeten und Kriegsfreiwilligen dem massenhaften Selbstmord ab. Dennoch gehen durch diese Geistes- und Seelenverwandtschaft unübersehbare Risse und Sprünge. Werther und seinesgleichen ziehen das Göttliche ins Leben hinein im Namen ihrer absoluten Selbstverwirklichung und mit dem Effekt des Gesellschaftsprotests und der sozialen Selbstverweigerung. Ihre Nachfahren im frühen 19. Jahrhundert ziehen Gott und seine Heiligen ins Leben herunter, um aus Volk, Vaterland und Brudergemeinschaft eine neue Religion zu schmieden, vor der das Individuum nichts mehr zählt. Es wird als namenloser Opferheld vom heiligen Ganzen verschlungen.

Bei Arndt liest sich das so:

»Freiheit und Vaterland sind ein erhabener Traum, eine überschwengliche Idee, die über die Idee hinausfliegt, ein heiliger und unbegreiflicher Wahn, den das Menschenherz nicht ergründet, weil er über den irdischen Menschen ist; das Ewige, das Unsterbliche, das Unermeßliche, wodurch wir Gott ähnlich sind, ergreift uns, macht uns zu Sehern, zu Helden, zu Märtyrern, wann die Namen Vaterland und Freiheit mit der aller süßesten Liebe und Treue durch unsere Seelen klingen.«[15]

Arndt konnte damals nicht wissen, daß sich die ersehnte Freiheit der Nation nach dem Ende der Befreiungskriege in der Willkürherrschaft spätabsolutistischer Kleinstaaten verzehren werde. Aber er mußte wissen, daß die mystische Gottähnlichkeit der Vaterlandsgesellen Lug und Trug war: todessüchtige Herdenbildung, wofür Christus als Oberhirte bestellt wurde. Dies verrät uns Arndt an späterer Stelle:

»Ein Volk zu sein, *ein* Gefühl zu haben für *eine* Sache, mit dem blutigen Schwert der Rache zusammenzulaufen, das ist die Religion unserer Zeit: durch diesen Glauben müßt ihr einträchtig und stark sein, durch diesen die Teufel und die Hölle überwinden (. . .) das ist die höchste Religion, das Vaterland lieber zu haben als Herren und Fürsten, als Väter und Mütter, als Weiber und Kinder (. . .) das ist die höchste Religion, mit dem teuersten Blute zu bewahren, was durch das teuerste, freieste Blut der Väter erworben ward. Dieses heilige Kreuz der Welterlösung, diese ewige Religion der Gemeinschaft und Herrlichkeit, die auch Christus gepredigt hat, macht zu eurem Banner und nach der Rache und Befreiung bringt unter grünen Eichen auf dem Altar des Vaterlandes dem schützenden Gotte die fröhlichen Opfer.«[16]

Welche Entfernung vom Sinnen und Trachten des jungen Werther im Verlauf von vierzig Jahren! An die Stelle des quasi-religiösen Emanzipationsversuches des absoluten Individuums tritt die quasi-religiöse Omnipräsenz eines Kollektivs, das seinerseits nur Puppenspiel in den Händen spätabsolutistischer Dynastie ist. Und doch – welche Verwandtschaft gleichzeitig unterm Blickwinkel des religiösen Erbes! Es lastet zu schwer, als daß die erneuerungswillige Jugend ihrer metaphysischen Obdachlosigkeit froh werden könnte. Sie holt wie Werther den Himmel auf Erden, um die Erde zu heiligen, sie flieht wie Werther unter den alten Himmel zurück, wenn die Erde ihr unheiliges Antlitz preisgibt, und sie verhimmelt schließlich die Politik, um mit der alten Religion die neuen Erdenkämpfe zu beseligen. Der die abendländische Kultur seit ihren Anfängen mitprägende ›Hunger nach dem Absoluten‹ treibt auch diese Jugend ruhelos umher. Das Lützowsche Freikorps[17] mit dem poesiebeflissenen Körner führt sich auf wie eine herrnhutische Brüdergemeinde.[18] Es tritt im Vorfrühling 1813 zu einer ebenso

»religiösen wie patriotischen Einsegnung«[19] zusammen und stimmt ein nationales Preislied Gottes an. Der Gesang handelt von »flammenden Herzen«, als wäre hier eine »Gemeinschaft von göttlich Erweckten« am Werk[20], die eben von der Ausgießung des Heiligen Geistes profitiert hätten. Pietistischer Brudersinn und Anleihen beim neutestamentarischen Pfingstfest ergeben eine Werbekampagne für »Gotteshaus« und »Pflicht zum Kampf«, für »Sieg und Schlacht« und »deutsches Volk«.[21] Erst das Todesopfer fürs große Ganze verleiht der Sache Glanz und Gloria. Die Brüder vermählen sich untereinander und mit der blutgetränkten Erde. Das ›ozeanische‹ Gefühl, worin Werther sich als rebellischer einzelner verlor, umfaßt jetzt eine ganze, unterwerfungsbereite Kriegsjugend. Die blutigen Verschmelzungswünsche mit dem Prinzip Mutter treten als neueste Poesie auf. Als Körner nicht an der Feldschlacht teilnehmen kann, dichtet er:

> »Soll ich in der Prosa sterben? –
> Poesie, du Flammenquell,
> Brich nur los mit leuchtendem Verderben,
> Aber schnell!«[22]

In die Prosa des Lebens will eine solche Poesie mit Feuer und Blut erlösend einbrechen. Im Banne der Politik wird Körners Leier zum blanken Schwert, die Poesie zur Heilslehre, der Poet zum Heilslehrer in Diensten des Todes. Der Kult um den früh gefallenen Körner seitens der Kriegsjugend bezeugt ihre Neigung zur Heiligenverehrung und zum Selbstopfer. Dazu inspirierte sie schon die Ästhetik der Kriegslyrik. Auch sie bevorzugt, ähnlich wie die des Sturm und Drang, eine Expressivität, die Leib und Seele der Leser anvisiert, eine Expressivität jedoch, die auf waffenklirrende Rhetorik setzt und das Herz zum Untergangspathos überreden, den Körper zum Eisenträger stählen will. Das Trommelfeuer der Anaphern, Wiederholungen, Antithesen, Interjektionen, Anreden, Gebetsformeln, der Gottes- und Teufelsbeschwörungen geistert durch die Szenerie der Gedichte, als wäre sie eine Propagandabühne für hitzige Jungpolitiker.

Der Befreiungskrieger trieb eine Neigung ins Extrem, die beim Typus des Wertherianers vorgebildet ist: die Besitzergreifung dessen, was ihm Widerstand leistet oder sich entzieht, sei es eine angebetete Geliebte, sei es der Höllenfeind. Des widerspenstigen Gegenübers sich mit Todes-Wollust zu bemächtigen, war der militanten Jugend ein »heilig« Unterfangen, weil ein neues Paradies am blutroten Horizont sich abzuzeichnen schien, das Paradies des geeinten Vaterlandes und der brüderlichen Nation. Als sich zeigte, daß vor diesem Paradies der Klerus und die spätabsolutistischen Dynastien Posten bezogen hatten, stürzte die Jugend in abgrundtiefe Melancholie. Wie doch die Bilder im Wandel der Zeiten sich gleichen! Der Wertherianer, dem die Unio mystica mit Natur und Liebe fehlschlug, fiel vom Himmel seines Herzens in die Hölle der Selbstverzweiflung – der Heros, dem die Verschmelzung mit der Nation mißlang, flüchtete vom Vaterlandshimmel in die Untiefen des Weltschmerzes. Dieser Weltschmerz wurde zum Kainszeichen der in die Restaurationszeit verschlagenen Jugend und aller nachfolgenden Generationen. Er spiegelte die Zerrissenheit eines halb religiösen Bewußtseins wider, das in der politisch-sozialen Welt keinen heilsgeschichtlichen Sinn zu stiften vermochte, eines Bewußtseins, das sich nicht verhehlen konnte, wie rasch das Himmelreich sich von der platten Erde hinwegstahl, auf die man es herabgezogen hatte. Die Lust zum Untergang, eben durch die Befreiungskriege entfacht, konnte weiter Blüten treiben. Über die Art und Weise, in der das verunglückte religiöse Bewußtsein sich dieser blütenreichen Lust überließ, berichtet der Zeitgenosse Hermann Marggraff (1839):

»Bei uns war die Pistole eine Zeitlang an der Tagesordnung, jetzt ist man bereits raffinierter, man ist nicht zufrieden mit dem Erschießen, Erhängen, Ersäufen, Vergiften, man weiß exquisitere Todesarten in Anwendung zu bringen. Es ist gar keine Norm mehr, es herrscht, wie in der Literatur, die vollste Willkür. Einige Mystiker schlugen sich selbst ans Kreuz, unglücklich Liebende oder junge Dichter, die mit ihren Melodramen nicht reüssierten, ersticken sich in unserer Zeit der Dampfanwendung mit Kohlendampf, Napoleonisten stürzen sich von der Vendômesäule, ein Mädchen verschluckt Nähnadeln in Honigkuchen, bis ihre Eingeweide in unheilbare Geschwüre übergehen, ein Mann in Birmingham kriecht in einen glühenden Ofen und verkohlt sich darin, andere kauen und verschlingen Glas, ein genialer Selbstmörder stürzt sich unter die zermalmenden Räder eines schwer belasteten Wagens, eine ganz neue Erfindung, die ihre Nachahmer fand; ein Engländer erhängt sich, indem er sich mit Lichtern bespickt und der eingeladenen Gesellschaft als Kronleuchter dient – man sieht, daß es uns nicht an Erfindungsgabe fehlte und daß der Humor selbst bei dieser schrecklichen Angelegenheit keine untergeordnete Rolle spielt.«[23]

Der französischen bürgerlichen Jugend gebrach es an weltschmerzlichem Humor ebensowenig. Nach dem Untergang des

›heroischen‹ napoleonischen Zeitalters und dem enttäuschenden Ausgang der Juli-Revolution führten sich Teile von ihr wie zeitgemäße Wertherianer auf, indem sie beispielsweise einen »Club der Selbstmörder« gründeten. Ihre Mitglieder, so kommentiert Gillis, gelobten, »der bürgerlichen Moral durch den letzten rebellischen Akt zu trotzen – durch Selbstmord«.[24] Der »gekreuzigte Prometheus«, um die gedankenvolle Formel des Stürmer und Dränger Lenz zu wiederholen – hier war er wiederauferstanden: Zeuge des illusorischen Selbstinszenierungs- und Welterlösungsaktes ekstatischen Jugendalters. »Ich war«, notierte Stendhal, »voll von den Helden der römischen Geschichte: ich sah in mir einen zukünftigen Camillus oder Cincinnatus.« Und Alfred de Musset sprach solch heroischer Vergeblichkeit den Nachruf: »Junge Leute fanden heraus, wie man ungenützte Kräfte in den Dienst einer übertriebenen Vorliebe für Verzweiflung einsetzen konnte.«[25]

Das Werther-Fieber ist also in raffinierterer und morbiderer Gestalt wiedergekehrt. Die ästhetische Klimax dieses Fiebers und gleichzeitig die authentische Reprise der Werther-Figur ist Büchners Lenz. Ihm wird das religiöse Bewußtsein zur Krankheit zum Tode. Weil sein Gott die Welt vom Leid nicht zu erlösen scheint, artikuliert er einen Atheismus-Schrei, der an ungebärdiger Heftigkeit seinesgleichen in der deutschen Literatur sucht. Das führt ihn einen Schritt über Werther hinaus, der zuletzt Gott-Vater wieder herbeirief. Aber mit Werther ist Lenz darin verwandt, daß auch er nach einer Vater-Gestalt unterwegs ist, weshalb er den Pfarrer Oberlin zum Ersatz für den entthronten Gott wählt. Und auch darin äußert sich die Seelenverwandtschaft beider, daß Lenz, kaum hat er die Erzählszene betreten, die pantheistische Verschmelzung mit der Mutter Erde herbeisehnt, daß er einem Kind gleich die Natur zur mütterlichen Welle und zum Meer umbildet, worin ihm Erlösung winkt, daß er das natürliche Sein insgesamt zum Spiegel göttlicher Harmonie glättet, so, als müsse er die entschwindende Transzendenz auf Erden heimisch machen. Der Riß, der durch diese Illusion geht, verschärft das Sündenbewußtsein, das sich Lenzens bei seinem Atheismus-Schrei bemächtigte – das Sündenbewußtsein des Melancholikers, dem weder Gott sich fügen wollte als irdischer Erlöser noch das Göttliche als Kraftquelle des natürlichen Seins. Die aus freiem Entschluß herbeigewünschte metaphysische Obdachlosigkeit krankt an den Schuldgefühlen des Rebellen, der eine religiöse Norm von sozialer Verbindlichkeit verletzt hat. Der Protest gegen Gott-Vater schließt die vergebliche Suche nach dem Vater-Gott nicht ab , und die Natur bietet dem Trostbedürftigen die Erlösung nicht, die er von ihr als mütterlicher Stellvertreterin erhoffte. So verknoten sich schuldbewußte Religions-Revolte und die fortdauernde Last überlieferter Familienmuster bei Lenz allmählich zur ›Krankheit zum Tode‹.

Es ist bekannt, welche utopischen, quasi-religiösen Programme die revolutionäre Jugend von 1848 samt ihren gläubigen Vorboten ausheckte und wieviel Melancholien nach dem Scheitern der März-Revolution wiederauflebten. Als der deutsch-französische Krieg im Jahre 1870/71 die Gemüter erregte, verschworen sich besonders die Jüngeren zu einer heroisch-völkischen Unio mystica, die Befreiungslyrik aus den Jahren 1811–1813 auf den germanischen Lippen.[26] Nicht von ungefähr hatte kurz vor Kriegsausbruch ein junger Philosoph das »Ur-Eine«, das »Urwesen«, die »Urmutter« als Weltprinzip ausgerufen, ein dionysisches Prinzip, das die »überschwängliche Fruchtbarkeit des Weltwillens«[27] meine. Und die Funktion dieser fruchtbaren Urmutter und ihrer Zwillingskinder »Urleiden« und »Urlust«? Sie wirke als »Urlust« dahin, daß die »Klüfte zwischen Mensch und Mensch einem übermächtigen Einheitsgefühle weichen, welches an das Herz der Natur zurückführt«.[28] Und im selben Atemzug bezeuge sich das »Urleiden« in der »Vernichtung der Erscheinungen«, im »Zertrümmern der Individualwelt«.[29] So entsteht die leidvolle Urlust, jene Unio mystica, deren Anwalt, Friedrich Nietzsche, vor dem deutsch-französischen Krieg die rauschhafte Selbstverneinung, während und nach dem Krieg die rauschhafte Feindvernichtung preist.

Es waltete mehr Urleid als Lust in den Jahrzehnten, die auf den deutsch-französischen Krieg folgten, und namentlich das uralte Leiden an den Krisen einer privatwirtschaftlichen Ordnung erneuerte sich. Schopenhauers Philosophie des Pessimismus, in der Restaurationszeit entstanden, und seine Willensmetaphysik als Lehre von der Selbsterlösung kamen da wie gerufen – der junge Nietzsche war einer ihrer ersten Lobredner gewesen, dreißig Jahre später sollte die jüngste Generation der Buddenbrooks-Familie in Thomas Manns Kaufmannsroman ihr vollständig erliegen. Kontrapunktisch zum Weltschmerz der Jünglinge um 1900 regte sich jedoch in der Wandervogelbewegung die Lust an einem neuen Leben. Es wurde ein Leben in der freien Natur, das manchen Impuls der deutschen Geistesgeschichte, insbesondere der Romantik, verdankte. Als einer der Kronzeugen dieser vita nuova galt der Freiherr Joseph von Eichendorff. Es sei uns daher ein kurzer Rückblick gestattet.

III.

Eichendorff entwickelte seine Poesie des Jugendalters im Gegensatz zu den Sängern der Befreiungskriege, vor allem im Gegensatz zu ihrer Beugung der Kunst unters Joch der Politik. Gewiß, auch seine Lyrik wird anfangs bewegt vom Wellenschlag der Kriegsbegeisterung um 1812/13. Als aber der brüderlich rauschende Enthusiasmus im engen Flußbett der Restauration verrann, erschloß seine zeitkritische Phantasie neue Quellen. Obgleich Zeit seines Lebens ein pflichtbewußter Beamter, richtete sich Eichendorff nie in der politischen Windstille des deutschen Spätabsolutismus ein. Er begehrte dagegen auf und hielt der Utopie des Aufbruchs die Treue – des Aufbruchs aus der Bürgersphäre zweckrationaler Lebensplanung und asketischer Arbeit, des Aufbruchs aus jenen Kleinstaaten, wo man bei jedem größeren Schritt auf eine Landesgrenze, bei jedem kleineren auf eine Standesschranke stieß. Die Zeit bot dem Weltschmerz hinreichend Nahrung; was die Befreiungskriege und später die Julirevolution an heilsgeschichtlichen Perspektiven eröffnet hatten, wurde stets und rasch ein Opfer des überlebensfähigen Juste milieu – Grund genug für die Auszehrung der religiös gefärbten Erwartungen vieler Jugendlicher. Anders der junge Eichendorff. Er entwirft den jugendlichen Antitypus zu den Werthers und Lenzens. Sein Protestbild wider den kleinstaatlichen Weltschmerz ist der in die Ferne schweifende, jeder Arbeit ledige Wanderer, ein Einzelgänger ohne vernünftige Zukunftsperspektive, ohne ökonomisches Kalkül, ohne politisches Ziel. Es ist, als hätte Eichendorff ihn in kritischer Distanz zum politisch verblendeten Kollektivismus der Befreiungskriege entworfen, als hätte er ihn einzig und allein im Reich der autonomen Poesie ansiedeln wollen. In diesem Reich aber entfaltet sein Wanderer einen Wagemut, eine Liebeskraft, einen Phantasiereichtum, eine Seelenstärke, wie das bürgerliche Individuum sie sich nur wünschen kann. In kritischer Ferne zur Gesellschaft hält Eichendorffs Wanderer den Traum der Selbstbestimmung wach – und es macht den Rang dieser spätromantischen Reisepoesie aus, daß sie stets den Traum als Traum, den phantasievollen Entwurf als Phantasie, die Utopie als ästhetische Konstruktion fühlbar macht. Das lyrische Ich, das im Gedicht *Sehnsucht* in die Ferne schweift und seinen Eros entbindet, bleibt an seinen Ausgangsort, das nächtliche Fenster, gebannt: es verleiht seinen Wünschen nicht den Schein der Realität, sondern den Akzent des Potentialis. So bleibt die Distanz zwischen Poesie und Leben kenntlich, und in eins damit die Herausforderung der Poesie für das Leben, der Stachel im Leser, weder die eigene Person noch die Verhältnisse auf sich beruhen zu lassen und das Wandern in die Welt der Selbstfindung irgendwann doch zu erproben.

»Es redet trunken die Ferne / Wie von künftigem großen Glück! –« lauten die Schlußverse eines Eichendorff-Gedichts.[30] Dieses Ferne-Glück setzt freilich den Mut zur Selbsthingabe voraus. Sie erst ermöglicht die Selbstfindung. Ihre Geschwister sind die Selbstverschwendung und die Selbstpreisgabe, die Eichendorff vorzugsweise in den Metaphern des Frühlings, der Fahrt, des Stroms und des Waldes beschwört. Diese Metaphernwelt figuriert als Sinnbild der Jugend, begleitet von einem optischen Phänomen, dem Blitzen und Funkeln des Lichts, und von einem akustisch-musikalischen Phänomen, das zugleich Bewegung versinnlicht: dem Rauschen. Und wie das blitzende, funkelnde Licht einen Taugenichts zur Ausfahrt aus bürgerlicher Seßhaftigkeit und Liebesmelancholie verlockt, so entrinnt er im Rauschen der Ströme und Wälder der steinernen Restaurations-Zeit und ihrem langweiligen Alltag.

> »Und ich mag nicht bewahren!
> Weit von euch treibt mich der Wind,
> Auf dem Strome will ich fahren,
> Von dem Glanze selig blind!«[31]

Die Selbstentgrenzung in der Natur und die Selbstverschwendung an die Ferne münden bei Eichendorff nur ausnahmsweise in die Unio mystica eines Werther. Vor der Verschmelzung mit Strom- und Waldesrauschen bewahrt sich das lyrische Ich durch den scheuen Vorbehalt des Konjunktivs. Das »Als ob« ist eine seiner bevorzugten, vielfach variierten Stilfiguren. Die Natur schließt sich dem Ich nicht gänzlich auf; sie teilt sich ihm in einer Hieroglyphen-Sprache mit, sinnenbezaubernd, aber vieldeutig und wie durch einen Schleier. So kann sich das Subjekt der Natur gegenüber nicht als absolutes aufspielen und bleibt von den Täuschungen der Einbildungskraft verschont – einer der Gründe, weshalb Eichendorff nicht in abgrundtiefe Melancholie stürzt. Dennoch ist sein Wanderer der drohenden Verlockung zur Einswerdung mit der Natur immer wieder preisgegeben, vor allem in der Sphäre der Nacht, wo das Umherirren auf fremden Wegen sich als Verirrung in den heidnischen Eros offenbart. Das Rauschen der Ströme und Wälder drängt sich dem Ich als magische Musik auf, die seine schlummernde Todeslust erweckt. Vielmehr: Die Todeslust drängt sich der Natur auf und hört ihre eigene Musik als Rauschen zurückklingen. Daß diesem heidnischen Sirenengesang nicht auch der Leser verfallen soll, bezeugt Eichendorffs Zitierkunst: Er vergegenwärtigt die Todeslust in den zersungenen Metaphern der Nixen, Zauberfrauen und Loreleien und rückt sie damit in das Reich des Künstlichen, Abgelebten, Unzeitgemäßen. Weil Eichendorff die quasi-religiöse Unio mystica von sich fernhält, muß er seine Seligkeit nicht im Untergang suchen, wenn die Schleier der Illusion zerreißen. Freilich, Eichendorff brauchte Todesbereitschaft und Selbstgefährdung nicht ästhetisch zu entwirklichen, wenn sie nur Fiktion wären. Sie sind Teil seiner Innenwelt, wie bei vielen seiner Generation, sind die Ausläufer jenes Weltschmerzes, den Eichendorff durch die Ausfahrt aus der Zeit bannt. Eine lebenspraktische Lösung will das nicht sein. Wer auf den Flügeln der Phantasie aus der Restaurationsepoche hinwegwandert, kann ihr bleiernes Gewicht nur für Augenblicke abstreifen. Als der alternde Eichendorff und sein lyrisches Ich wandermüde wurden, suchten auch sie eine mystische Erlösung von weltschmerzlicher Todeslust. Sie wähnten sie im Schoße der Mutter Gottes zu finden – eine katholische Unio mystica, die ob ihrer Weltferne der Vergessenheit anheimfiel. Sie ist nur ein Zeugnis mehr für die fortwirkende Anziehungskraft des Mütterlichen angesichts vertagter Jugend-Hoffnungen.

Unvergessen blieb dagegen Eichendorffs Wanderpoesie. Sie trat um die Jahrhundertwende ins Leben der Wandervogelbewegung ein.[32] Es fanden darin auch andere Literaturen Eingang – z. B. die romantische Volkspoesie oder der deutsche klassische Idealismus. Kein Wunder, die Bewegung rekrutierte sich vor allem aus Gymnasialschülern, und ihre Führer waren häufig Philologie-Studenten. Der ungestüme Drang ins Freie hatte etwas auffallend Literarisches an sich, und eine Führergestalt wie der berühmte Wolfgang Meien bekannte sich ebenso offen zu seinem Atheismus wie zu seiner neuen »Bibel«: Wilhelm Raabes Roman *Die Akten des Vogelsangs* mit dem unbehausten Helden Velten Andres, der für Wolfgang Meien zum religiös verehrten Wandertypus wurde. Aus der Einverleibung der Poesie und Religion ins Wanderleben machte man durchaus kein Hehl, und Hans Breuer, auch er ein maßgeblicher Führer der neuen Bewegung, charakterisierte 1910 das Erbe eines ihrer Gründer, des Großbachanten Karl Fischer, mit den aufschlußreichen Sätzen: »Die Großstadt verschandelt die Jugend, verbildet ihre Triebe, entfremdet sie immer mehr einer natürlichen, harmonischen Lebensweise. Aus den großen Häusermeeren steigt das neue Ideal: Erlöse dich selbst, ergreife den Wanderstab (. . .). Da hatte die Jugend eine neue Heilswahrheit – selber gefunden.«[33] Der zeitgenössische Weltschmerz war erlösungsbedürftig – und die Poesie zu seiner Erlösungsbedürftigkeit schöpfte man mit Vorliebe aus der Romantik. Gerhard Ziemer und Hans Wolf, die konservativen Geschichtsschreiber der Bewegung, verwahren sich vehement gegen die zimperliche Meinung, man hätte diese Poesie damals nur als Traum fernab des wirklichen Lebens aufgefaßt. »Von einer solchen träumerischen Grundhaltung war im Wandervogelreich keine Rede. Es war höchste Gegenwart. Die Blaue Blume, von der der Wandervogel sang und die er suchte, wurde auch täglich gefunden.«[34] Sie erinnern sich aus der Schulzeit an das vielleicht berühmteste Wandervogellied *Wir wollen zu Land ausfahren* mit dem vielsagenden Finale: »Es rauschen die Bäume, es murmelt der Fluß: Wer die blaue Blume will finden, der muß ein Wandervogel sein.«

Sie vernehmen darin die Erbschaft des Eichendorffschen Strom- und Waldesrauschen, und die Huldigung, die dem Komponisten des Lieds, dem genialischen Abenteurer Kurt von Burkersroda, zuteil wurde, mag zugleich wie ein prägnantes Charakterbild anmuten: »Es mag sein, daß die Götter ihn jung sterben ließen, weil sie ihn liebten. Weil sie ihn liebten ob seiner echten, ihm eingeborenen Romantik, die er ohne Vorbehalt lebte, als sei er aus Eichendorffs Dichtung geworden.«[35]

»Aus Eichendorffs Dichtung geworden» – ein treffendes Wort und doch kein ganz wahres. Denn aus Eichendorffs Dichtung kann nur *der* frischweg ins Leben springen, der sie verbiegt. Die Verbiegung kam unter anderem dadurch zustande, daß man die zarten Differenzen zusammenschmolz, die Eichendorffs künstlerischen Rang ausmachen: die Differenz zwischen Poesie und Leben und die Differenz zwischen dem lyrischen Ich und der ihm entgegentretenden Natur. Eine Verschmelzung findet da ja keineswegs statt. Den Sensibelsten unter den Wandervögeln aber wird die Verschmelzung zur inspirativen Quelle ihres neuen Lebens; aus der Romantik und besonders aus der Spätromantik Eichendorffs destillieren sie eine Unio mystica, die bei ihren poetischen Kronzeugen allenfalls als Traum Geltung hatte, und bereiten aus ihr das erlösende Arkanum. Dies dürfte einer der Gründe dafür sein, weshalb andere gegenläufige Traditionsströmungen in der Wandervogelbewegung nach und nach versandeten – vor allem die klassisch-idealistische Idee der Selbstverwirklichung im Bunde mit der Gemeinschaft und im Dienst an ihr, eine Idee, die von den humanistisch Gebildeten unter den Wandervögeln lange Zeit emphatisch beschworen wurde.[36] Die realen Dissonanzen zwischen Individuum und Gesellschaft, die dieser Idee stets schrill entgegenklangen, ließen sich in der freien Natur im Kreis gleichgesinnter Schüler allerdings leicht durch deutsches Liedgut übertönen. Damit wurde eine Chance verspielt, die dem Gemeinschaftsleben damals innewohnte, so vital innewohnte wie bis dahin noch nie in deutschbürgerlichen Jugendbewegungen. Diese waren, von einigen Freimaurer-Vereinigungen im 18. Jahrhundert abgesehen[37], lose Assoziationen von Gleichgesinnten und Gleichgestimmten gewesen (z. B. die im »Wertherfieber« einander verbundenen einzelnen) oder Kollektivverbände unterm Diktat uniformer politischer Gesinnung (z. B. die Burschenschaften oder studentische Freiwilligenkorps in den Befreiungskriegen). Im ersten Fall drohte den Individuen die Gefahr modisch-müßiger Selbstbespiegelung in der Melancholie, im zweiten die der modisch-tatkräftigen Selbstbespiegelung in kollektiver Ekstase. Diese Gefahren wurden in der Wandervogelbewegung sporadisch gebannt, solange sich die Jugendlichen als solidarische Verfechter ihrer Selbsterziehung begriffen und gegen die Erwachsenenwelt anarchisch Front machten. Das dürfte eher die Ausnahme gewesen sein. Ein ekstatisches Gemeinschaftsgefühl ohne rechtes Ziel[38] sollte sich als durchschlagskräftiger erweisen – der spiegelverkehrte kollektive Narzißmus, überspitzt gesagt. Fernab von der Gesellschaft mit ihren Klassen und Parteien, befreit von der Lebensfristung durch Arbeit und von sozialen Interessenkonflikten, konnten die jugendlichen Wanderer sich gar als Vorboten einer Volksgemeinschaft mißverstehen. So tun es noch heute Ziemer und Wolf: »Es gab im Wandervogel kein Weiterleben der Klassen, die unser Volk damals trennten. Sozialer Zuschnitt und Reichtum des Elternhauses galten nichts. Es war gleichgültig, ob der Vater eines Wandervogels Briefträger oder Kommerzienrat war.«[39]

Das einige Volk – es schien seine Keimzelle in der Bewegung wandernder Gleichgesinnter zu finden. Und daher begriff sich der Wandervogel auch bis zum Jahre 1913 weitgehend als unpolitisch. Die Politik der Erwachsenen mit ihrem Parteien- und Klassenstreit sollte sich im unpolitischen Volk der nachfolgenden Jugendgenerationen auflösen – bis dann eines Tages die Idee der politikfernen Volksgemeinschaft den Politikern wie gerufen kam: als Kraftquelle für die ultima ratio der Politik, den Krieg. Es flossen in diese Kraftquelle die so jugendgemäßen Verschmelzungswünsche religiöser und poetischer Abkunft organisch hinein.[40] Dies soll am Beispiel eines der feinsinnigsten Ästheten und zugleich tatkräftigsten Organisatoren der Wandervogelbewegung, Frank Fischer, in Kürze nachgewiesen werden.

Der hochempfindliche Fischer legt 1909 in einer der Monatsschriften des Wandervogel eine Betrachtung nieder mit dem Titel *Unser Wandern*.[41] Es gehe darum, »eine zufällige Gesellschaft von Älteren und Jüngeren schonend und fest in eine Einheit zu verschmelzen, die mit dem Leben draußen fertig wird. (. . .) Das doppelte Gefühl vollkommener Einheit krönt eine Wanderung erst« (80). Allerdings stelle sich diese Einheit nur schwer ein und sei »im letzten Grunde doch nur ein Sichgeltenlassen« (80). Einfacher, so Fischer, ergebe sich die Einheit des einzelnen mit der Natur, wovon er in einem zweiten Aufsatz kündet:

»Das nämlich sollst du jetzt in dir verschmelzen: das traumhafte Weiterschweifen und das zaubervolle Durchfühlen und Beseelen jedes Augenblicks und jedes Bildes. (. . .) Denn im Wandern und Schweifen sollst du den Raum tragen und fühlen, der dich umschließt, und sollst ihm atmend danken.«[42]

Sie vernehmen den Wunsch nach der ›ozeanischen‹ Alleinheit, das uralte Mutterbegehren des Fremdlings der Zivilisation. Fischer verleiht dem Wunsch den Akzent verschämter Homoerotik, wenn er das Preislied der Unio mystica wie folgt fortsetzt:

»Du mußt die Natur kennen vom langen Wandern, wenn sie so zu dir sprechen soll. Wie einem Freunde mußt du ihr lauschen können. Mit einem Freunde ist Reden und Hinhören kein Andrängen und Fortreißen, sondern ein sanftes Strömen, ein wechselndes Eingehen und Auslösen« (83).

Soweit Fischer 1909; vier Jahre später, 1913, läßt sich der Zartsinnige auf sanften Strömen in die »Deutsche Vergangenheit« tragen.[43] Die deutsche Jugend hat eben in einer rauschhaften Hundertjahrfeier der Völkerschlacht von Leipzig gehuldigt und das im Volk schlummernde Bruderwesen wiederentdeckt, aber auch seine Wehrkraft und seinen furchtlosen Riesenleib. Die Körners, Arndts und Schenkendorffs ertönen wieder im Lande. Frank Fischers Lied von deutscher Vergangenheit ist weniger martialisch und schlägt doch der Selbstauflösung des Ichs einen sanften Takt; durfte das Subjekt Jahre zuvor in naturhafter Einheit aufblühen, so soll es jetzt entsagungsbereit im Dienst an der Gemeinschaft aufgehen: »Der wirklich Lebende hat am meisten Zeit für andere (. . .), weil er keine Zeit mit sich selber verliert« (286). Die andern – sie sind des Volkes Führer, wie sie sich in gotischen Kirchen verewigt haben, der Adel beispielsweise, »der in Staat und Kirche gleich freudig dastand« (289). Um die deutschen Kathedralen ist es auch sonst merkwürdig bestellt. Ein Vierteljahr vor Kriegsbeginn, im Mai 1914, zeigt Fischer, welche Kräfte in den Steingebilden, die eine führende Schicht gebaut hat, hausen. Fischer hat den Kölner Dom erblickt. Ich meine, daß sein Blick eine Projektion deutscher Zustände vor dem Ersten Weltkrieg ist. Die Kriegserwartung erscheint metaphorisch in Stein gemeißelt – das Blut, das in naher Zukunft fließen sollte, ist in roten Kirchenfenstern bereits geronnen, die Menschen, die im Todesrausch untergehen werden, schrumpfen zum ekstatischen Nichts. Die Apokalypse als äußerste Form der Unio mystica hebt an:

»Das lastende Steinmassiv, das zackige Steingebirge verwandelt sich in ein maßloses, ruheloses Gestrebe aufschießender Strahlen und Rippen. Der Stein ist verschlungen von Bewegung. Die Pfeiler scheinen nicht Stein, sondern grauer Stahl, ja scheinen bloße Kraftbündel, ohne Stoff und Ruhe aufwärtsbegehrend. (. . .) Das Licht fällt, matt oder grell, mit verachtendem Schein, nicht um Menschen zu leuchten. Wir wenden uns zur Westwand zurück, und kolossalisch stehen da die Hauptpfeiler, die die Türme tragen. Fast unvorstellbar ist, wie sich diese metallgrauen Schaftriesen noch einmal zum Spitzbogen zusammenbiegen: wir fürchten eine elastisch auseinandersprengende Vertikalkraft der Riesenträger. Und in die schwere Nacht dazwischen fällt aus den Frontfenstern blutrotes, unheimliches Licht, nicht erwärmend, sondern schreckend aus blitzenden, metaphysischen Lichtaugen. (. . .) Ein erregter Zauberwald, in dem Riesen ihr Spiel treiben. Der Mensch ist ein Nichts. Ob er kommt oder geht, die Sprache der bezauberten Steine stürmt über ihn hinweg.«[44]

Wenig später stürmte die Feuer-Sprache des Kriegs über die kriegsberauschte Jugend hinweg, auch über Frank Fischer, der als Kriegsfreiwilliger im Herbst 1914 fiel. Der »verachtende Schein« blutroten und unheimlichen Lichts, die »metallgrauen Schaftriesen« und »Riesenträger« – derlei Dämonisches war aus der Kathedrale ins Kriegsfeld gerückt und betätigte sich als metaphysisch wirkende, den Menschen zum Nichts demütigende Maschinerie.

  Ein »erregter Zauberwald« konnte den jugendlichen Soldaten das Kriegstreiben auf die Dauer kaum dünken – von den ekstatischen Anfängen und vereinzelten Augenblicken einmal abgesehen. Auch den Kriegsmystikern mußten sich Todesgrauen und – die Öde des Immergleichen einmal bemerkbar machen. Diese Erfahrung schlägt sich gleichsam gegen den Willen des Autors im berühmtesten und wohl auch meistgelesenen Kriegsbuch der Zeit nieder – im *Wanderer zwischen beiden Welten* von Walter Flex. Um das Elend des Kriegs zu überblenden, das ihm im zweiten Teil des Buchs die Feder führt, türmte Flex im ersten Teil mystische Ekstasen: türmte sie mit so viel Aufwand an Tradition, vor allem jugendbewegter Tradition, daß seine Erzählung wie in einem Brennpunkt einige unserer bisherigen Bestimmungen neuerer Jugendmentalität zusammenzufassen scheint.

IV.

Der Held der Erzählung[45], zu dem eine Gestalt aus dem wirklichen Leben Modell stand, ist aus demselben jugendlichen Stammholz geschnitzt wie der oben erwähnte Frank Fischer:

»Die Wandervogeljugend und das durch ihren Geist verjüngte Deutschtum und Menschentum lag ihm vielleicht zutiefst von allen Dingen am Herzen, und um diese Liebe kreisten die wärmsten Wellen seines Blutes« (41). [46]

Wes Geistes Kind diese Jugend – genauer: ihr gebildetster Teil – war, verrät der »kleine Stapel zerlesener Bücher«, den der Held, ein Student der Theologie, in Mußestunden aus seinem Tornister zu kramen pflegt: »ein Bändchen Goethe, den Zarathustra und eine Feldausgabe des Neuen Testaments« (9). Kraft dieser Dreifaltigkeit – der idealistischen Poesie, dem Übermenschentum eines Zarathustra, dem Gottmenschentum Christi – erneuert der junge Offizier die Romantik der Wandervogelwelt. Schon sein Gehen, nein Schreiten ist Ausdruck der neoromantischen Trias von Poesie, Heldentum und Religion:

»Der Gang dieses Menschen konnte *Spiel* sein oder *Kampf* oder *Gottesdienst,* je nach der Stunde. (...) Wie der schlanke, schöne Mensch in dem abgetragenen grauen Rock wie ein *Pilger* den Berg hinabzog, die lichten grauen Augen ganz voll Glanz und zielsicherer Sehnsucht, war er wie *Zarathustra,* der von den Höhen kommt, oder der *Goethesche Wanderer«* (6f. Hervorhebungen G. Sa.).

Sie hören, wie unbedenklich Walter Flex das Entfernteste ineinanderschlingt, wie erborgt der »Glanz« in den Augen seines Jünglings ist, erborgt aus europäischer Geistesgeschichte. Es dürfte wohl nicht ohne weiteres ein Buch auszumachen sein, das aus dem Borgen geradezu lebt, dessen Held nichts anderes ist als eine wandelnde Zitatmontage – bis in die allgemeinsten Charakterbestimmungen hinein. Schillers Idealsynthese aus Anmut und Würde – »So wie er die Anmut des Knaben mit der Würde des Mannes paarte, war er ganz Jüngling« (13) – liegt ebenso als »Glanz über seinem Wesen« (21) wie das Neue Testament: »Sein Gott war mit einem Schwerte gegürtet, und auch sein Christus trug wohl ein helles Schwert, wenn er mit ihm in den Kampf schritt« (18). Wie hundert Jahre zuvor in den Befreiungskriegen wird die Religion zur Dienstmagd des Irdisch-Allzuirdischen herabgesetzt, damit dieses eine metaphysische Weihe erhalte. »Sein Christentum war ganz Kraft und Leben«, vernehmen wir (18), und was so hehre Worte bedeuten können, erläutert im gleichen Atemzug der Held selber, wenn er sich über feige Soldaten mokiert: »Gottes Wille ist ihnen nicht so heilig wie ihr bißchen Leben« (18). Im heroischen Tod, so dürfen wir deuten, kommt das Leben erst zu sich selbst, ganz wie es der »Wille Gottes« gebeut.

Wer im Geiste Schillers spielend Anmut und Würde paart, aus Goethes und Eichendorffs Gnaden unbehaust-naturverbunden dahinwandert, ein heroisch-kriegerisches Einzelgängertum à la Zarathustra mit der Gotteskindschaft krönt – der wäre doch der rechte Wandervogel nicht, diente er bei alledem nicht allzeit seinem Volk. Als menschgewordenes Bildungsgut kann der Jüngling auch hierfür sich auf Kulturhistorie berufen: explizit auf »Meister Kellers« *Fähnlein der Sieben Aufrechten* (37), implizit auf den Hera-kles- und Christus-Mythos der Bewährung und Berufung durch Leiden. Aus dem abendländischen Heldenkanon frisch entsprungen, hat er – als einfacher Soldat – »schwere Monate hindurch um die Seele seines Volkes gedient« und dessen »heimliche Kammern, seine Rumpelkammern und seine Schatzkammern«, erschlossen (8): »Als ein Wissender an Kopf und Herzen stieg der junge Kriegsfreiwillige von den lothringischen Bergen herab, um Führer und Helfer in seinem Volke zu werden« (8).

Die Poetisierung und Sakralisierung des Jünglings erhält den letzten Schliff: Durch Nacht zum Licht – durchs Märtyrertum zum Volksführertum, Volk selbstredend als klassenlos-einiges aufgefaßt, eine Fiktion, von der die Wandervogelbewegung schon zehrte, bis sie schließlich der Propaganda völkischer Unio mystica verfiel.

Dieser Unio mystica bereitet nun Flexens Heldenjüngling den Boden, indem er in zwei ekstatischen Sonderszenen an sich selber die Verschmelzung des Deutschen mit (Natur-)Poesie, Religion und Krieg vorführt. Bei beiden Szenen – sie spielen in Rußland unmittelbar hinter der Front – handelt es sich um ein soldatisches Wasser-Sonnen-Bad:

»Dann lagen wir lange in dem reinlichen Gras und ließen uns von Wind und Sonne trocknen. Als Letzter sprang der Wandervogel aus den Wellen. Der Frühling war ganz wach und klang von Sonne und Vogelstimmen. Der junge Mensch, der auf uns zuschritt, war von diesem Frühling trunken. Mit rückgeneigtem Haupte ließ er die Maisonne ganz über sich hinfluten, er hielt ihr stille und stand mit frei ausgebreiteten Armen und geöffneten Händen da. Seine Lippen schlossen sich zu Goethes inbrünstigen Versen auf, die ihm frei und leicht von den Lippen sprangen, als habe er die ewigen Worte eben gefunden, die die Sonne in ihn hinein und über Herz und Lippen aus ihm herausströmte:

> »Wie im Morgenglanze
> Du rings mich anglühst,
> Frühling, Geliebter!
> Mit tausendfacher Liebeswonne
> Sich an mein Herz drängt
> Deiner ewigen Wärme
> Heilig Gefühl,
> Unendliche Schöne!
> Daß ich dich fassen möcht'
> In diesen Arm! – – –«

Feucht von den Wassern und von Sonne und Jugend über und über glänzend stand der Zwanzigjährige in seiner schlanken Reinheit da, und die Worte des Ganymed kamen ihm schlicht und schön und mit einer fast schmerzlich hellen Sehnsucht von den Lippen. ›Da fehlt nur ein Maler!‹ sagte einer von uns. Ich schwieg und war fast traurig, ohne sagen zu können warum. Unser Wandervogel aber ließ leicht die Arme fallen und trat mit ein paar raschen, frischen Schritten in unsre Mitte. Wir schleuderten uns die letzten Wassertropfen von den Händen und griffen nach unsern Kleidern. Bald schritt mir der Freund wieder im grauen Waffenrock, der die hohe Gestalt knapp und kleidsam umschloß, und mit eingehenktem Degen zur Seite. Der Helmrand umlief die trotzige Form seines eigenwillig gestreckten und prächtig gewölbten Schädels, und wie er mit frei ausgreifendem Schritt den von fernen Donnern leise erdröhnenden Wäldern entgegenschritt, schien er, von Freude und Kraft bebend, begierig in eine klirrende Zukunft zu horchen. ›Wen du nicht verlässest, Genius, wird dem Regengewölk, wird dem Schloßensturm entgegen singen . . .!‹ Wenn ihm nicht die Lippen davon klangen, so klang sein Schritt davon. ›Tanztüchtig will ich den Jüngling und waffentüchtig.‹ Alte Worte sprangen immer wie junge Quellen an seinem Wege.

Warum ergreift uns alle Schönheit des Lebens, statt daß wir sie ergreifen? Ach, wie der Mensch aus Erde gemacht ist und wieder zu Erde wird, so ist alle Schönheit aus Sehnsucht gemacht und wird wieder zu Sehnsucht. Wir jagen ihr nach, bis sie zur Sehnsucht wird –« (23 ff.).

An Eichendorff gemahnt in dieser wie in der zweiten Wasser-Sonnen-Szene die wiederholte Beschwörung des Jugendalters. Doch während Eichendorff die Jugend zum Organ der Poesie – der Selbstpreisgabe und Selbsterneuerung, der verschwenderischen Liebesfülle und der unbürgerlichen Ausfahrt ins Unbekannte – erhoben hatte, gerinnt sie bei Flex zum zitierfreudigen Bildungserben. Zwar liebt sein Heldenjüngling mit Nietzsches Zarathustra den »schwingentragenden Gedanken, daß der Mensch ein Ding sei, das überwunden werden muß« (37), aber dieser neue Mensch ist in Wahrheit nur der Hauptakteur eines poetisch-philosophischen Raritätenkabinetts. Nichts an seiner mystischen Ekstase ist ursprünglich, alles daran ist Zitat eines Zitats, Widerschein eines Scheins. Als Abkömmling des Wandervogels bereitet er dessen poetische Maximen noch einmal auf: Die Unio mystica zwischen Mensch und Natur, aus dem *Werther* oder dem *Ganymed* vertraut; die kosmische Einheit zwischen Jüngling und Sonne aus dem Bilder-Arsenal des Jugendstils, etwa dem *Lichtgebet* (1892) oder den *Sonnenanbetern* (1901) des Fidus[46] (siehe den Beitrag von Rolf-Peter Janz in diesem Band); überhaupt die Licht-Metaphorik, die dem metaphysischen Licht – biblisches Gleichnis für den Schöpfungsakt Gottes – entstammt und säkularisiert wurde zum Symbol der Ich- und Natureligkeit bei Werther, des heiligen Patriotismus bei den Schwärmern der Befreiungskriege, der Zivilisationsflucht beim Wandervogel, des Körperkultus im Jugendstil. Goethe hatte in seinen Jünglingsgestalten erstmals die Poesie der Leidenschaft entbunden, die zum Zitatenschatz ihrer Zeitgenossen wurde; Eichendorff die Poesie des Jugendalters entworfen, die der Wandervogel wiederaufleben ließ; der Jugendstil den schönen Schein davon fixiert, an dessen farbigem Abglanz nun der Heldenjüngling von Flex sein Leben hat. Er betreibt die Renaissance der Renaissancen und macht so das *Altern der Poesie einer »ewigen Jugend«* perfekt. Die Szene erstarrt ob ihres Zitatenarrangements und ihrer Versatzstücke zum Genrebild und verrät darin ihren Abstand zur rebellierenden Ästhetik des *Werther,* der Urkunde normenkritischen, unbürgerlichen Jugendalters. Die kriegerische Jugend des 20. Jahrhunderts ist jung nur auf dem Papier, ihre Poesie ist zum Formelschatz, ihre Aura zu Lichtreflexen veräußerlicht, weshalb denn eines der Lieblingsworte von Walter Flex der »Glanz« (des Jünglings) ist: Was nicht mehr durch sich selbst leuchtet, muß herbeigespiegelt werden. Nur der Narzißmus, wie er im Bilde des sich selbst genügenden Sonnenjünglings gleich zweimal beschworen wird, ist authentisch: Der Tanz um das goldene Ich mündet zwangsläufig in die selbstverliebte Ichpose, die mit dem Jugendstil längst auf dem Markt kursiert. Worin Flex noch nicht altmodisch sein dürfte, ist seine hurtige Überwölbung dieser vertrauten Zitate durch ein Kriegerporträt, marktgängig auch dieses. Er krönt die friedfertigen Natur- und Ichbilder unversehens mit einem Soldatenschädel, dem er ebenfalls einen Kulturkranz windet, geflochten aus dem Prometheus-Lied Goethes und Platos Hymne auf die sehnsuchterweckende Schönheit.

Daß hier Goethe und Plato gleichsam als poetisch-philosophische Marketenderinnen für den Krieg werben sollen, vernimmt man nicht ohne Schaudern. Andererseits ist bekannt, daß der Werbung prinzipiell nichts unverwertbar dünkt, um wieviel weniger der Kriegswerbung, die das schmutzige Geschäft des Imperialismus mit Sirenenklängen begleitet. Wir müssen daher bei diesem Thema nicht länger verweilen. Gewichtiger als die Vermarktung der Ästhetik zur Ware scheint mir an dieser Stelle, daß der schöne Schein in einem *einzigen Augenblick* zusammengeballt wird. Denn dieser

Augenblick, in dem ein abendländisches Kulturpanorama von Plato über Goethe und Nietzsche bis zum Jugendstil und Wandervogel eingefaßt ist, zeichnet die Frühlingsszene vor allem aus. Ist sie nicht ein heimlicher Widerpart des Kriegs, wie er kurz darauf die Erzählerbühne betritt? Will sie nicht das lichtdurchflutete Gegenbild zu seiner schmutzigen Öde sein, das ekstatische Nu auf der Folie seiner endlosen Dauer, der Hymnus auf den unversehrten Leib angesichts zerstückelter Soldatenleiber? Nicht Jugendfülle heraufrufen gegen das Altwerden »an unseren Taten und an unseren Toten« (103), homoerotische Körpernähe beschwören gegen die anonyme Kriegsmaschinerie? Ist, mit einem Wort, der aus dem Kriegsalltag herausgesprengte Augenblick nicht rasend gehäufte Sinngebung angesichts der Sinnverlassenheit des Tötens? Was den Krieg legitimieren, ja heiligen sollte, enthüllt sich gleichzeitig als bewußtlose Auflehnung. Ähnlich die zweite Bade- und Sonnenszene, die in eifernde Kriegserwartung einmündet, aber mit dem Zitat aus den Psalmen Davids die Erdenpracht als Schöpfung Gottes preist und sie damit unbewußt der Verfügungsgewalt von Kriegen entzieht (48 ff.).

Es entspricht diesem Doppelgesicht eines kriegerischen Heroismus und bewußtlosen Kriegsprotests, daß den stählernen Willen leitmotivisch die Sehnsucht nach der Mutter, der Mutter Erde und dem Mutter-Schoß, durchkreuzt. Ein entsprechender Vierzeiler über das Kriegsschwert und den Kriegertod lautet:

> »Der Stahl, den Mutters Mund geküßt,
> Liegt still und blank zur Seite.
> Stromüber gleißt, waldüber grüßt,
> Feldüber lockt die Weite! –« (44 u. 86)

Der Kinderwunsch nach »ozeanischer« Alleinheit, nach vorgeburtlicher Vereinigung mit dem Mütterlichen, geistert wie ehedem durch die Jugend, auch durch die waffenklirrende, und läßt erkennen, daß ihr Heroismus sich wieder einmal verstiegen hat: eine narzißtische Versuchung der Götter, eine prometheische Himmelfahrt, auf die der Sturz in weltschmerzliche Selbstauflösung und kindgemäßen Muttertrost folgte.

Der metaphysische Riesen-Aufschwung am Schluß des Buches dürfte kein Einwand gegen diese These sein. Die Apotheose des toten Heldenjünglings ist eine Omnipotenzphantasie, wie sie seinem Narzißmus wahrhaft ziemt. Da sie niemals halten kann, was sie verspricht, wird der Melancholie und der Flucht zu den Müttern kein Ende sein:

> »Ein Flammenengel des Weltgerichts
> Schläft still in schimmernden Waffen.
> Einst wird er, zerstäuben die Welten in Nichts,
> Die blühende Lanze voll schwellenden Lichts
> Von seinem Grabe raffen.
>
> Dann leuchtet sein Leib aus der Toten Chor,
> Ein Blitz aus wogender Wolke,
> Dann bricht er mit Fackel und Schwert hervor
> Und leuchtet durch der Ewigkeit Tor
> Voran seinem deutschen Volke« (93).

Die imitatio Christi als Weltenrichter durch den deutschen Leutnant? Die imitatio im Stande der unfreiwilligen Parodie – Apokalypse auf dem Niveau pathetischer Komik! Auch ältere Jugendräusche spuken durch diese Strophen, beispielsweise der dionysische Weltschmerz des jungen Nietzsche und seiner Zeitgenossen: Reminiszenzen an die leidvolle Urlust der »Vernichtung der Erscheinungen«, an den überschwenglich fruchtbaren »Weltwillen« mit seinen Zerstörungs- und Wiederaufbauorgien. Es wird deutlich, daß unter dem apokalyptischen Flügelschlag göttlicher Omnipotenz auch die sehr irdische Potenz des Verseschmiedes einherrauscht. Der »Stahl, den Mutters Mund geküßt« – er kehrt wieder als »blühende Lanze voll schwellenden Lichts«, nachdem er schon in einer Strophe davor aufgepflanzt wurde: »Das Schwert, so oft beschaut mit Lust, / Glüht still in eig'nem Glanze« (92). Die Phallus-Symbolik ist überdeutlich – wer dürfte sich darob wundern, nachdem der Erzähler seine homoerotische Neigung zum heldischen Sonnen-Jüngling so lange gezügelt und ins poetische Erbe abgeleitet hat? Die Triebabfuhr mittels des klassisch-romantischen Zitats – auch dies bezeichnet den Status einer Poesie »ewiger Jugend«. Ihrem Altern wird nicht dadurch abgeholfen, daß sich in sie jugendliche Geschlechtsnot ergießt, im Gegenteil. Der Rhythmus und die Bildersprache körperlicher Leidenschaft, unverhohlener Leidenschaft, hatten einst die explosiven, normensprengende Ästhetik des *Werther* mitbegründet – Rhythmus und Bildersprache verschämter, weil durch soziale Normen geächteter Homoerotik neigen dagegen zu blumigem Versteckspiel, zu romantischer Verhüllung der Blöße und – im Bunde mit pseudoreligiöser Helden- und Kriegsekstase – zur Wiedererwärmung eines sakralen Pathos, das zu schwüler Komik hin offen ist. So erschwerte auch die bürgerliche Geschlechtlichkeit der Poesie eine Erneuerung und der Jugend das Jungsein. Während die Jünglinge, biologisch gesprochen, in den öden Katastrophen des Kriegs vorzeitig in die Jahre kamen, fanden Geist, Gemüt und Geschlecht ihr Genüge an der alternden Ästhetik eines Walter Flex, die Jugendlichkeit nicht einmal mehr als schönen Schein, sondern nur noch als erborgte Schminke vorwies, dazu geschaffen, die Physiognomie des Kriegs poetisch zu maskieren und – weil diese Maske nicht lange vorhielt – das eigene melancholische Antlitz für die Dauer eines Augenblicks ekstatisch zu übermalen. »Ein Jüngling mit grauem Haar«, um die Wendung Uhlands aufzugreifen, die den Jugendtypus seiner Zeit bezeichnen sollte, mag noch den Reiz des unerwarteten Widerspruchs haben, aber Muttersöhne mit ergrauter Poesie auf den Lippen beim Marsch in die neue Zeit: welch erbarmungswürdiges Paradoxon!

Epilog

Von den vielen Wegen, die den bürgerlichen Jugendlichen vom 18. übers 19. ins 20. Jahrhundert führen, sollte hier einer der verzweigtesten, auch von Massen beschrittenen, nachgezeichnet werden. Eine seiner Abzweigungen, gewiß die abwegigste, mündet in den Ersten Weltkrieg und präsentiert dort – in der literarischen Darstellung von Walter Flex – den Jüngling als »Wanderer zwischen beiden Welten«, in unserer Terminologie: *den Jüngling als poetisierten und sakralisierten Helden*. Diese Formel verrät mehr über den »Prozeß der Zivilisation«, als auf den ersten Blick vermutet werden könnte. Lassen Sie mich ihre vier Komponenten in Form eines kulturgeschichtlichen Streifzugs abschließend bedenken.

Der *Held* war schon im barocken und klassischen Drama ein Erzeugnis hochgradiger Stilisierung, denn unheroisch verläuft das Leben nicht erst seit der Einrichtung der bürgerlichen Demokratien: unheroisch verlief es spätestens seit der Heraufkunft des modernen Staats, sei dies im Rahmen der absoluten bzw. konstitutionellen Monarchie oder des aufgeklärten Absolutismus. Bürokratie und stehende Heere bedürfen des Helden nicht – nur die bürgerlichen Revolutionen waren für eine kurze Spanne Zeit in der Lage, die Illusion zu nähren, die Vertreter des dritten Standes könnten zu Helden im politischen Kampf gegen die beiden ersten Stände werden.[48] Ein Heldentum fiel allenfalls wenigen einzelnen wie Napoleon zu. Das lag in der Logik des geschichtlichen Prozesses. Mit der politischen Emanzipation des dritten Standes zur bürgerlichen Klasse gewann nicht das politische Individuum, sondern eine wirtschaftliche Potenz, das Privateigentum, jene heroische Dynamik, die sich der gesamten Gesellschaft bemächtigte; Geschäft und Konkurrenz, privates Erwerbsstreben und zweckrationale Lebensplanung leuchten seitdem als Fixsterne dem Lebensweg des bürgerlichen Individuums voran. Was die öffentlich-staatliche Sphäre ihm längst versagt hatte, war in der beruflich-privaten erst recht dahin: ein »heldisches Leben«, um mit Walter Flex zu sprechen (39). Nicht einmal in der Intimsphäre jenseits des Berufs, im Gefühls- und Liebesleben, war eine heroische Aufführung möglich, wie das Beispiel Werthers bezeugt, weil dieses »Jenseits« nie autonom, nie dem Einflußbereich der Ökonomie und der politischen Öffentlichkeit vollständig entzogen war. Der politische Held wie der Heros der Innerlichkeit sind seither Traumbilder konkreter Autonomie, ästhetische Gegenbilder zur anonymen Prosa modernen Lebens, inspiriert vom Geist der Pseudo-Religiosität. Befreit von jahrhundertealten sozialen und politischen Bindungen, streift das bürgerliche Individuum auch die religiöse siegesgewiß ab – und bleibt doch darin gefangen. Die neue Sinngebung der Individual- und der Gattungsgeschichte erfolgt durch Anleihen beim alten Glauben. Beharrt die Religion auf der Hinfälligkeit des Irdischen und seiner unaufhebbaren Spannung zur göttlichen Transzendenz, so zieht der bürgerliche Held das Göttliche ins Diesseits herab und erwartet das Heil schon auf Erden, ein vergebliches Unterfangen angesichts der »gebrechlichen Einrichtung der Welt« (Kleist). Ein vergebliches und folgenreiches: aus dem Himmel der Selbst- und Weltvergötterung stürzt er regelmäßig in die Hölle der Selbst- und Weltverzweiflung. Der Ekstase ist die Melancholie, dem Tatenrausch die Tatenverweigerung, dem Narzißmus die Selbstpeinigung zugesellt.

Seit dem letzten Drittel des 18. Jahrhunderts trägt der literarische Bürgerrebell vorzugsweise die Züge eines Jünglings, sofern das Mannesalter nicht durch das Vorbild einer historischen Persönlichkeit festgelegt ist wie bei den Wallensteins oder Tells. Dieser Verjüngungsprozeß des Helden dürfte mit der Erfahrung des Anbruchs einer neuen Zeit zusammenhängen. Ihr ökonomisches Unterpfand besaß diese Erfahrung in der Industriellen Revolution, ihr politisches in den Freiheitsbewegungen Amerikas und Frankreichs, aber auch in den Revolutionen vom Juli 1830 und Februar 1848. Das Zeiterlebnis selbst veränderte sich damit von Grund auf. Es registrierte Diskontinuität, wo bisher Kontinuität, Dynamik, wo bisher Gleichmaß, Umbruch, wo bisher organisches Wachstum vorzuherrschen schienen. Was im Geschichtsprozeß als das Neue im Entstehen begriffen war, fand seine ›natürliche‹ Korrespondenz in jenem Lebensalter, das durch Brauch und Herkommen noch nicht in Beschlag genommen und für die Herausforderungen der Gegenwart offen war: der Jugend. Das sprunghaft steigende Interesse an ihr, ihre neue gesellschaftliche Anziehungskraft, die Aufmerksamkeit und Aufwertung, die ihr auch durch die Literatur zuteil werden, lassen sich nicht ohne die politisch-ökonomischen Umbrüche im 18. und 19. Jahrhundert denken. Und, bedenkenswerter noch: Auch das Versagen der neuen Zeit schmälerte die Bedeutung des Jugendalters nicht etwa, es erhöhte sie vielmehr. Dieses Versagen war im politisch-ökonomischen Doppelantlitz der neuen Zeit schon angelegt, es bedurfte nur einiger Jahrzehnte, bis seine Zwieschlächtigkeit hervortrat, bis zutage kam, daß die politische Revolution durch die industrielle, das hochfliegende Versprechen der ersten durch die ehernen Gesetzmäßigkeiten der zweiten beschnitten wurden. Es waren die unberechenbaren Gesetzmäßigkeiten der stürmisch entfesselten bürgerlichen Privatwirtschaft. Die politische Hoffnung auf eine Assoziation freier, gleicher und brüderlicher Individuen wurde am Konflikt zwischen Privateigentümern und Eigentumslosen irre; die prästabilierte Harmonie, die man dem wirtschaftlichen Konkurrenzkampf der Privateigentümer geweissagt hatte, erwies sich als wohlfeile Illusion. Ein kulturell so inspirierter und sozialethisch so vorbildlicher Kreis von Handwerkern und Unternehmern wie der um den Baumeister Rudolf Lee in Kellers *Grünem Heinrich* war nur in der hoffnungsschwangeren Frühphase des revolutionären Wirtschaftsbürgertums vorstellbar. Seitdem ist das prosaische *Altern* der Wirtschaftssubjekte und Erwerbstätigen ein hervorstechendes Kennzeichen ihres Lebens, verschleißen sie sich im Kampf um Marktanteile oder im ewigen Einerlei von Arbeitsverrichtungen, die sich der Selbstgestaltung entziehen und deren gesellschaftlicher Sinn unerkennbar scheint. Konkurrenz und Karriere lassen das Leben zum Kalkül erstarren, Ideen und Initiativen sind nur als verwertbare von Interesse. Selbstbestimmung und Selbsterneuerung bleiben die Ausnahme – sie scheinen ein Privileg der *bürgerlichen Jugend,* die dem Arbeitsprozeß, der beruflichen und familiären Verplanung, der Selbstbindung an langfristige Ziele noch relativ ferne steht. Eichendorff hat dieses Jugendprivileg in *Dichter und ihre Gesellen* als Organ der Poesie aufgefaßt und dem reiferen Alter schroff entgegengesetzt. Er bemerkte an dieser Reife den Schimmel klügelnder Lebensvernunft und stockiger Sekurität, während er die unbürgerlich schweifende Jugend zu wagemutiger Selbstpreisgabe, zu Abenteuer, Geheimnis und Leidenschaft unterwegs sah. Eben darin kristallisierte sich für ihn die Poesie, ähnlich wie Goethe aus Werthers Leidenschaft, aus seiner abenteuerlichen Durchbrechung bürgerlicher Selbstkontrolle und höfischer Etikette, aus seinen fiebrigen Attacken auf zweckrationale Lebensplanung poetische Funken schlug.

Es bezeichnet Eichendorffs und Goethes ästhetischen Rang, daß sie die bürgerliche Gesellschaft im Spiegel der Poesie entzaubern, ohne die Poesie selbst zu heroisieren und zu verabsolutieren. Sie überlassen das vielmehr einzelnen Figuren, wobei sie kritischen Blicks einen der Gründe für die heroisch-absolute Selbst- und Weltinszenierung entschleiern: Pseudo-Religiosität. Erst sie überredet die poetische Figur zur Selbstvergötterung, entlockt ihr die heroische Gebärde, die sich der Welt gleichsam im Handstreich bemächtigen will, inspiriert sie zur Natur- und Weltheiligung, wie sie sich in Gestalt der Unio mystica idealtypisch darstellt. Sich mit dem heroischen Flügelschlag des Narziß im Leben selbst niederzulassen, sich ihm aufzuherrschen oder sich ihm in Verschmelzungsphantasien gottbeseligt zu gatten, läßt Goethe als tödliche Gefahr an Werther, Eichendorff an jenen Gestalten aufblitzen, die er nicht ohne Ironie als »romantisch« bezeichnet. An ihnen macht er die Spuren einer alternden, im Sturm und Drang schon zur Illusion gewordenen Poesie der absoluten Leidenschaft und schrankenlosen Verschmelzung ausfindig. Das Altern dieser Poesie dauert mit ihrer fortgesetzten Reproduktion an – etwa als neoromantische Auffassung des Wanderns um die Jahrhundertwende oder, anspruchsvoller, als Unio mystica im Natur- und Gemeinschaftserlebnis maßgeblicher Wandervögel. Was darin als kritischer Impuls gegen die zweckrationale Lebensart der wilhelminischen Bürgerwelt und ihren verstockten Konkurrenzindividualismus verborgen war, gelangte nie auf breiter Front zum Durchbruch. Durchschlagskräftiger sollten die quasi-religiösen Verschmelzungsphantasien sein. Lange Zeit als arglos-unpolitisch aufgefaßt, verschenkte sich das mystische, für Klassenschranken blinde Gemeinschaftsgefühl an das kriegerische Konzept des einigen deutschen Volkes, drängte das romantisierte ekstatische Naturerlebnis in die Vereinigung mit deutscher Erde. Die neue Zeit ging mit einer alternden Poesie schwanger, was keiner Utopie zur Ehre gereicht, jedenfalls kein Bürge einer wünschenswerten Erneuerung ist. Die ergraute Poesie – sie feierte außerdem fröhlich Urständ durch die Wiederbelebung des unzeitgemäßen, längst dahingeschiedenen Heldentums. Dessen Hinfälligkeit verriet sich seit dem Werther in der rückwärtsgewandten Sehnsucht des »Heroen« nach den uralten Familienbindungen, der Mutterbindung vor allem, in die es den Helden nach seinem göttlichen Adlerflug unwiderstehlich trieb. Scheiternd suchte er Melancholie und Weltschmerz in Mutterschoß und Muttererde aufzulösen – die »ozeanische« Alleinheit, einst emphatisch in Welt und Natur hineinfabuliert, bildete sich ins mystische Nichts zurück. Diesem Schicksal konnte entgehen, wer sich die Gesellschaft nicht etwa heroisch nach seinem ekstatischen Selbst- oder apokalyptischen Weltbild modelte, sondern an ihrem Rande aus kritischer Distanz sein unheldisches Außenseitertum lebte, ohne sich dafür zu entschädigen durch die mystische Einswerdung mit Natur, Kunst, Liebe, Religion. Mancher Fahrende, mancher Künstler und Taugenichts Eichendorffscher Prägung löckt aus dieser Gesellschaftsferne mit seiner unbürgerlichen Poesie noch heute wider die bestehende Ordnung, lebenskräftiger als die anachronistischen Heldengestalten aus der Lyrik der Befreiungskriege und der Kriegsepik eines Walter Flex.

Daß Kriege imstande sind, abgesunkenes Kulturgut wiederaufleben zu lassen, daß eine verschlissene Poesie sich der Prosa des Imperialismus anbequemt und sie zur quasireligiösen Offenbarung umdeutet, zeugt von der vitalen Selbsterhaltungskraft des Bestehenden. Was sich ihm in Gestalt normensprengender unbürgerlicher Ästhetik ursprünglich widersetzt hatte, fiel ihm schließlich widerstandslos anheim. Am Verschleiß der Widerstandskraft hatte eine Jugend mitgewirkt, die das literarische Erbe ins Leben hineinzog und ihren heroischen, mystischen, sakralen Phantasien verfügbar machte. Ihren Phantasien und ihren Ekstasen. Sie veralteten durch fortgesetzte Wiederholungen und mit ihnen veraltete das

Kulturphänomen Jugend, versteinerte zum beliebig-abrufbaren Stereotyp. Abgelöst von seinem Ursprungsort im 18. Jahrhundert, wurde es zum bewegenden Prinzip jedes neuen Zeitalters erklärt – einschließlich des faschistischen. Das haben, lange vor den kritischen Politikern und Soziologen der Vor- und Nachkriegszeit, einzelne Schriftsteller in der Weimarer Republik unbeirrt wahrgenommen, Bruno Frank beispielsweise (in seiner *Politischen Novelle*) und namentlich Thomas Mann. Der Nationalsozialismus, lautete eine seiner Thesen in der Rede vor Wiener Arbeitern 1932, falle mit seiner Gassenphilosophie des »Blutes, des Instinktes, des Triebes und der Gewalt« weit hinter das Zeitalter der Aufklärung und der bürgerlichen Revolutionen zurück, maskiere jedoch den Rückschritt raffiniert als Fortschritt, sein »roh romantischer Dienst am Vergangenen« setze sich »die Miene des Jugendlich-Zukünftigen« auf und wirke dadurch »verführerisch«.[49] Die Verführungskraft des Jugendlich-Zukünftigen war nur die Reprise einer Reprise, die »roh romantische« Poesie jener Altertümer, die ich zu benennen versuchte: des heroischen Lebens, der mystischen Naturnähe, des sakralen Gemeinschaftskultes. Unwiderstehlich jung schien diese wiederbelebte Poesie, weil sie sich im selben Atemzug von einem Gegenbild abhob, das seit geraumer Zeit durch Europa geisterte: dem hinfälligen Alter oder, wie seine modernen Namen lauteten, der »Dekadenz« und dem »Untergang des Abendlandes«.[50] Die jugendfrischen Faschisten vertrieben dieses Schreckensbild aus ihren Heimatgründen, um es über den demokratischen Nationen der restlichen Welt aufzurichten. Um so kräftiger genasen die Deutschen im Jungbrunnen des Tausendjährigen Reichs. Als sie in der Nachkriegszeit daraus auftauchten, krankte die Mehrzahl von ihnen, politisch und psychosozial betrachtet, an einem Immobilismus, wie er nur dem vorgerücktesten Greisenalter ziemt.[51] Aber auch die jugendbewegte Revolte, die nach dem Verlauf von zwanzig Jahren die steinernen Verhältnisse, wenn nicht zum Tanzen, so doch zum vorübergehenden Erzittern brachte, war vom Alp der Tradition, der Tradition bürgerlicher Jugendbewegungen, nicht frei. Der hinlänglich bekannte Autoritätskonflikt ist nur *ein* Indiz dafür. Ehrwürdigeren Alters noch waren der heilsgeschichtliche Einschlag in der Studentenbewegung von 1968 und die weltschmerzliche Seelenkultur nach dem Ausbleiben des Heils – aber auch die narzißtische Kränkung, die den Umschlag vom einen Extrem ins andere vorbereiten half. Narziß hat nicht erst in der jüngsten Jugend von heute breiten Einlaß gefunden, wie behauptet wird, so wenig wie seine Phantasien und Ekstasen, ob sie nun auf exotisch religiöser, exotisch rhythmischer oder exotisch pflanzlicher Grundlage aufblühen. Seine sakralen Aufschwünge und seine weltschmerzlichen Zusammenbrüche – sie sind ein Zeichen für seine Alterslosigkeit unterm Blickwinkel der ewigen Wiederkehr des Jugendalters, ein Zeichen für seine Überalterung hingegen unterm Blickwinkel einer wünschbaren Erneuerung des gesellschaftlichen Ganzen.

Von solcher Erneuerung handelte jüngst eine maßgebliche *Philosophie der Grünen*[52], worin die Überwindung des Narziß[53], ja des »sinnentleerten Lebens« überhaupt[54], im Blick auf eine uralt-junge Erlösergestalt verheißen wird:

»Die Naturnähe der Frauen ist ein uns von langher vererbter Besitz. Alle frühen Schöpfungsmythen und alten Kulte verehren eine Muttergöttin: (...) von den Eskimos bis Neuseeland, von Brasilien bis Ägypten glänzt die Feier der großen Göttinnen der Natur. (...) Und statt der in männlich-abstrakten dominierenden Zweier-Gegensätzen wurde die lebensnähere Zahl der Drei verehrt. Die matriarchalische ›Große Göttin‹ faßte den dreigestaffelten Kosmos in sich zusammen. Den Himmel bewohnt die helle, jugendliche Göttin, verkörpert im jagenden Mädchen; auf der Erde wirkt die lebenerhaltende Frauengöttin, die mit ihrer erotischen Kraft Land und Gewässer, Tiere und Menschen fruchtbar macht, und unter der Erde ist das Reich der ›Alten Frau‹, der Todesgöttin, die alles Leben in den Abgrund zieht, aber auch wieder auferstehen läßt. Der Mond als Sichelmond, als Vollmond und Neumond bildet diese drei Reiche ab. Der Mann gehört nur als ›Heros‹ in dieses Weltbild, er verkörpert sich in keiner Gottgestalt. Die Dreifaltigkeit in der christlichen Religion ist zwar eine Fortführung, die aber immer mehr an Einfluß verlor. Kosmisches Denken, das uns heute so not tut, ist hier bildhaft in dem matriarchal dreigestuften Kosmos vorgezeichnet.«[55]

Mater rediviva? Das Urprinzip Mutter, wie es uns in den Sehnsuchtsbildern scheiternder Himmelsstürmer und Melancholiker entgegengetreten ist? Nicht durchweg – denn diesmal ist das Ewig-Weibliche nicht bloß projektive Spiegelschrift »männlichen« Begehrens, sondern betritt tatbereit selbst die Szene: betritt sie jedoch seinerseits als Erlösungsprinzip, das sich in kosmischer Metaphorik zu poetisch-suggestiver Metaphysik verhimmelt – zu »Ganzheits- und Zusammengehörigkeitsgefühlen«[56] ganz im Sinne des ergrauten, noch einmal beschworenen »mystischen Einheitsgefühls (unio mystica)«![57] Die »Philosophie der Grünen« ist

eine weithin humane, menschenwürdige Philosophie, der indes
das »Menschenmögliche« gelegentlich aus dem Blickfeld gleitet.
Sie transzendiert es dann im Bann einer innerweltlichen Heilssym-
bolik, deren Einlösbarkeit seit Jahrhunderten in Frage steht.
Außer Frage steht hingegen der aus verstiegenen Hoffnungen regelmäßig entspringende, dem Bestehenden so willkommene Weltschmerz. Auch darum mag die Erinnerung an vergangene Jugend-
kulturen nicht müßig sein. Ihre bewußtlose Erbschaft erschwert
die noch immer ausstehende Emanzipation der Heranwachsenden
vom stummen Zwang der Verhältnisse, in die sie hineingeboren
wurden.[58]

Anmerkungen

1 Eine so summarische Formel gewinnt Plausibilität erst im breit entfalte-
ten kultursoziologischen Zusammenhang, etwa bei Norbert Elias,
*Über den Prozeß der Zivilisation. Soziogenetische und psychogenetische
Untersuchungen* (2 Bde.). – Vgl. vor allem Bd. 2 (Frankfurt/M. 1979),
S. 312–454.

2 So die treffende Formel von J. M. R. Lenz, in der eine thematische Trias
anklingt, die auch den Gang unserer Untersuchung mitbestimmt:
Selbstüberhebung und Scheitern im säkularisierten religiösen Kontext.
Zitiert nach Peter Müller, *Der junge Goethe im zeitgenössischen Urteil*
(Berlin/Ost 1969), S. 225.

3 Der Duktus der Präsentation, der ursprünglich mündliche Charakter,
erlaubt erst an dieser Stelle den Zitaten-Nachweis. Johann Wolfgang
von Goethe: *Die Leiden des jungen Werthers* (München 1979, hg. v.
Hans-Wolf Jäger). – Zitat »Jahreszeit der Jugend«, S. 8; Zitate vom 21.
Juni, S. 28 f., vom 18. Aug., S. 53. Im folgenden wird der Zitat-Nach-
weis im Text durch Seitenangabe (in Klammer) erbracht.

4 Etwa in der Zeitschrift *päd. extra*. – Zur Diskussion über den »Neuen
Sozialisationstyp«, vgl. exemplarisch eine Stellungnahme in H. 3
(1980), S. 45 f. der Zeitschrift. Bei der historischen Festlegung des
»Narziß« geht man offenbar nicht hinter »tendenzielle Veränderungen
im sozial-psychologischen Gefüge spätkapitalistischer Gesellschaften«
zurück (S. 46).

5 Zum religionsgeschichtlichen Hintergrund des jungen Goethe und seiner dichterischen Produktion vgl. das Standardwerk von Rolf Christian
Zimmermann, *Das Weltbild des jungen Goethe. Studien zur hermetischen Tradition des deutschen 18. Jahrhunderts*, 2 Bde. (München 1969

u. 1979). Bd. 2 leistet u. a. eine aufschlußreiche Einbettung des *Werther* in die geistesgeschichtliche Tradition der sogenannten »Hermetik«.

6 Zitiert nach Georg Jäger, *Die Wertherwirkung. Ein rezeptionsästhetischer Modellfall,* in: *Historizität in Sprach- und Literaturwissenschaft,* hg. v. Walter Müller-Seidel (München. 1974), S. 389–409, hier S. 403.

7 So eine Kurzformel Sigmund Freuds, worunter er »ein Gefühl der unauflösbaren Verbundenheit, der Zusammengehörigkeit mit dem Ganzen der Außenwelt« versteht, in: Freud, *Das Unbehagen in der Kultur* (Frankfurt/M. 1975), S. 65 u. 66.

8 Natürlich nicht nur die des *Werther.* Vgl. etwa Gert Mattenklott, *Melancholie in der Dramatik des Sturm und Drang* (Stuttgart 1968).

9 Vgl. die kritische Untersuchung von Klaus R. Scherpe, *Werther und Wertherwirkung. Zum Syndrom bürgerlicher Gesellschaftsordnung im 18. Jahrhundert* (Bad Homburg v. d. H., Berlin/Zürich 1970).

10 Dieses und das folgende Zitat nach Georg Jäger, *Wertherwirkung,* S. 399.

11 Zitiert nach der im Anhang bei Scherpe, *Werther,* mitgeteilten Polemik Goezes (S. 6).

12 Zitiert nach Müller, *Der junge Goethe,* S. 209.

13 Vgl. ebd., S. 221 f.

14 Eine lehrreiche Einführung in andere, auch nichtbürgerliche Jugendbewegungen in Deutschland (und England!) gibt John R. Gillis, *Geschichte der Jugend. Tradition und Wandel im Verhältnis der Altersgruppen und Generationen in Europa von der zweiten Hälfte des 18. Jahrhunderts bis zur Gegenwart* (Weinheim und Basel 1980).

15 Ernst Moritz Arndt, *Werke,* hg. v. A. Leffson u. W. Steffens (Berlin, Leipzig, Stuttgart, Wien 1913), Bd. 11, S. 122.

16 Ebd. *Werke VII,* S. 85.

17 In diesem Freikorps wie auch in anderen Freiwilligenverbänden war die akademische Jugend vereinigt.

18 Zu diesem Phänomen und vergleichbaren Motiven vgl. das grundlegende Werk von Hasko Zimmer, *Auf dem Altar des Vaterlands, Religion und Patriotismus in der deutschen Kriegslyrik des 19. Jahrhunderts* (Frankfurt/M. 1971), S. 37 ff.

19 Ebd., S. 39.

20 Ebd., S. 38.

21 Ebd., S. 39.

22 Zitiert nach Zimmer, *Auf dem Altar,* S. 60.

23 Zitiert nach Georg Hermann, *Das Biedermeier im Spiegel seiner Zeit* (Berlin u. a. 1913), S. 268.

24 Gillis, *Geschichte der Jugend* (Anm. 14), S. 100.

25 Zitiert nach Gillis, ebd., S. 100 u. 102.

26 Vgl. dazu Wolfgang Schömel, *Das Kriegserlebnis als literarisches Massenphänomen der Gründerjahre,* in: *Erfahrung und Ideologie,* Argu-

ment-Sonderband 101 (Berlin 1983), hg. v. Jürgen Schutte, S. 35–56.

27 Es handelt sich um Friedrich Nietzsches Schrift *Die Geburt der Tragödie aus dem Geiste der Musik* (entstanden 1870/71). Zitiert wird nach Nietzsche, *Werke in drei Bänden* (München 1969[6]), Bd. 1.

28 Ebd., Kap. 7.

29 Ebd., Kap. 17 u. 24.

30 Es handelt sich um die Schlußverse des Gedichts *Schöne Fremde.*

31 So heißt es im Gedicht *Frische Fahrt.*

32 Für eine historisch sorgfältige und methodisch reflektierte Unterweisung über den Wandervogel bürgen: Jakob Müller, *Die Jugendbewegung als deutsche Hauptrichtung neukonservativer Reform* (Zürich 1971); Ulrich Aufmuth, *Die deutsche Wandervogelbewegung unter soziologischem Aspekt* (Göttingen 1979). Beide Darstellungen schälen die konstitutiven Züge des Wandervogel heraus. Wir akzentuieren, mehr als bisher, den geistesgeschichtlichen und durch literarische Tradition überlieferten »poetischen« Grundzug.

33 Zitiert nach Gerhard Ziemer/Hans Wolf, *Wandervogel-Bildatlas* (Bad Godesberg 1963), S. 73.

34 Ebd., S. 11.

35 Zitiert nach ebd., S. 280.

36 Aufmuth, *Wandervogelbewegung,* widmet dem »diffusen Idealismus« der Jugend seine Aufmerksamkeit (S. 162) und sieht darin eine »Internalisation der abstrakten schichtspezifischen Ideale« des erwachsenen Bildungsbürgertums (S. 162).

37 Vgl. dazu Gillis, *Geschichte der Jugend,* S. 87ff.

38 Von einem »glühenden idealistischen Streben« »ohne genaue Zielpunkte« spricht Aufmuth, *Wandervogelbewegung,* S. 164.

39 Ziemer/Wolf, *Wandervogel-Bildatlas,* S. 15.

40 Daß dies nicht als ausschließliche Motivation für die damalige jugendliche Kriegsbereitschaft zu begreifen ist, versteht sich. Der Krieg als »eine klar umrissene Zielsetzung« bedeutete beispielsweise auch eine »Erlösung« vom relativ ziellosen Idealismus des ›Wandervogel‹, wie Aufmuth, *Wandervogelbewegung,* S. 173 betont.

41 Wir zitieren sie nach Werner Kindt (Hg.), *Grundschriften, der deutschen Jugendbewegung* (Düsseldorf 1963), S. 79–82.

42 Der Aufsatz trägt den Titel *Wandern ein Traum* (1909) und wird ebenfalls zitiert nach Kindt, *Grundschriften,* S. 83.

43 So der Titel seiner Betrachtung im *Wandervogel* 8 (Oktober 1913), H. 10, S. 285–289.

44 Das Zitat entstammt Frank Fischers Aufsatz *Sehenlernen,* in: *Wandervogel* 9 (Mai 1914), H. 5, S. 143f.

45 Sie trägt den Untertitel *Ein Kriegserlebnis* und ist 1917 erschienen. Wenn man von der im Geist des Irrationalismus verfaßten Darstellung Johannes Kleins, *Walter Flex. Ein Deuter des Weltkrieges* (Marburg

1929), einmal absieht, hat das Buch bis heute nur wenig literaturwissen-
schaftliches Interesse erregt. Unsere relativ ausführliche Präsentation
mag auch aus diesem Grund legitim sein.

46 Zitiert wird im folgenden nach der Ausgabe der C. H. Beck'schen Ver-
lagsbuchhandlung (München, 1918[9]).

47 Vgl. dazu Jost Hermands Kapitel über »Meister Fidus«, in: Hermand,
Der Schein des schönen Lebens. Studien zur Jahrundertwende (Frank-
furt/M. 1972), S. 55–127.

48 Vgl. zu diesem Thema Heinz Schlaffer, *Der Bürger als Held. Sozialge-
schichtliche Auflösungen literarischer Widersprüche* (Frankfurt/M.
1973).

49 So Thomas Mann in der sogenannten *Rede vor Arbeitern in Wien*, in:
Th. Mann, *Reden und Aufsätze II* (Frankfurt/M. 1965), S. 95.

50 Vgl. Wilhelm Alff, *Der Begriff Faschismus und andere Aufsätze zur
Zeitgeschichte* (Frankfurt/M. 1973), S. 44 f.

51 Alexander und Margarete Mitscherlich haben diesem Thema ihr Buch
Die Unfähigkeit zu trauern. Grundlagen kollektiven Verhaltens (München 1967) gewidmet.

52 Die Verfasserin, Manon Maren-Grisebach, schrieb *Die Philosophie der
Grünen* (München, Wien 1982) als eine der drei Bundesvorsitzenden
der »Grünen«.

53 Vgl. ebd., S. 73.

54 Ebd., S. 13.

55 Ebd., S. 95 f. und S. 101 f.

56 Ebd., S. 27.

57 Ebd., S. 43.

57 Das mag sich, als Schluß, ein wenig pathetisch anhören. Wer's be-
schwingter hören möchte, kann sich das Lied von der ekstatischen
(Selbst- und Kollektiv-)Befreiung auch von der Operette vorspielen lassen, samt dem unausweichlichen Ende vom Lied. Johann Straußens
Fledermaus zum Beispiel scheint da mehr Lebensweisheit zu enthalten
als manche ehrwürdige Erlösungsphilosophie, wenn sie die Fallhöhe
von den – individuellen und kollektiven – ›Verzückungen‹ in die bürgerliche »Enteinzelung« entzückend widertönen läßt. Das zeigt geistvoll
Volker Klotz, *Ersehnter Gleichklang von Liberté und Fraternité. Antibürgerliche Aufrührerei in der bürgerlichen Operette an Beispielen von
Strauß und Suppé*, in: *Erfahrung und Ideologie*, Argument-Sonder-
band 101 (Berlin 1983), hg. v. Jürgen Schutte, hier vor allem S. 26.

Michael Winkler
Der Jugendbegriff im George-Kreis

Es ist die Kunst des verhalten Elegischen, die dichterisch gestaltete
Einsicht in die Unvermeidbarkeit des eigenen Scheiterns und damit
die Sprache der Enttäuschung, Vergeblichkeit und Trauer, die
Stefan Georges Lyrik dem heutigen Leser nahebringen können.
Zumal der gegenwärtigen Jugend sind der Anspruch von Georges
pädagogischem Ethos, seine politischen Forderungen auch in ihrer
prophetisch-eschatologischen Dimension fremd und suspekt.
Seine ehemals magisch faszinierende Aura mit ihrer kalkulierten
Wirkungsabsicht und das zugleich bezwingend Versichernde wie
Beängstigende seiner Erscheinung sind kaum noch vorstellbar.
Seine Menschenformung nach dem Ideal des poetischen Mythos
Maximin, der ihm das Wunschbild des jugendhaft »schönen Lebens« in gestalthafter Vollendung darstellte, war schon den Zeitgenossen, die um eine Rettung der Kunst vor der Trivialisierung
ebenso wie vor ihrer Selbstzerstörung in todernst-parareligiöser
Metaphysik bangten, ein Affront und ein Ärgernis. Auch die Person des Dichters hat ihre einmal zum Kultbild verfestigten Konturen verloren. Was an majestätischer Strenge in den mit kunstbe-
wußter Präzision arrangierten Fotos der Vorkriegszeit als ewiger
Augenblick des urbildlich Wahren sichtbar werden, was dem Gesamtbild seiner irdischen Erscheinung ihre ehrfurchtgebietend
herrischen Züge und die heroisch geballte Kraft verleihen sollte,
das wirkt heute nur noch als überspannte Allüre. Es ist verblaßt gegenüber dem beinahe privaten, wenngleich nie intimen Charakter,
den die wenigen Bilder des gealterten Dichters aus seinem letzten
Lebensjahrzehnt vermitteln. Die Gebrechlichkeit eines argwöhnisch, ja sogar verschüchtert Einsamen gibt sich zu erkennen und
läßt etwas Menschenverachtendes bemerken im zurückgezogenen
Blick, der freilich noch nicht ganz seine Autorität preisgeben will.
So kann auch der Rückzug in die endgültige Einsamkeit des durch
Krankheit und Enttäuschung Gekennzeichneten als eine Art persönlicher Befreiung verstanden werden. In markantem Gegensatz
dazu stand das strenge und auf Exklusivität bedachte Ritual der Totenwache mit der Rezitation von Gedichten aus dem *Stern des
Bundes,* eine Totenwache, die seine treuesten Gefährten der letzten

Jahre für die ihm einzig gemäße Ehrung erachteten. Die bescheidene Beisetzung auf dem Dorffriedhof von Minusio im Tessin widersprach in ähnlicher Weise den Plänen für den Staatsakt einer grandiosen Überführung ins Deutsche Reich.

Das alles könnte heute unwiderruflich zum antiquarischen Bestand deutscher Kulturgeschichte nach der Jahrhundertwende gerechnet und als die befremdende Theatralik einer vergangenen Epoche abgetan werden, wenn es folgenlos geblieben wäre. Doch die Gestalt Stefan Georges galt über den engeren Kreis seiner Vertrauten hinaus einem nicht unbeträchtlichen Teil deutscher Jugend über wenigstens zwei Jahrzehnte als verpflichtendes Vorbild. Gerade wegen seiner Kompromißlosigkeit, die seine Kunst gegen eine popularisierende Überlieferung absichern sollte, wurde George ein nicht zu unterschätzender Faktor im kulturpolitischen Leben vor allem der Weimarer Republik. Obwohl er sich jeglicher Vereinnahmung zu entziehen suchte, waren das Werk und die Lebenshaltung des anklagenden und visionären Dichters durchaus nicht gegen ideologische Usurpation gefeit. Denn besonders bei jugendlichen Lesern erfüllten sie Erwartungen und Identifikationssehnsüchte. Die Erklärung ihrer Motivationen freilich ist um so schwieriger, als sich die öffentliche Wirkung Georges besonders nach 1918 ausbreitete, das heißt zu einer Zeit, als er nichts mehr schrieb. Der Band *Das neue Reich* (1928) machte die bis zum Kriegsende abgeschlossenen Gedichte der Öffentlichkeit zugänglich. Hinzu kommt, daß sein Vorbild trotz der öffentlichen Resonanz der Geburtstagsfeiern 1928 und 1933 vor allem unterschwellig wirkte und sich eher in einer Lebenshaltung und Wertorientierung als in unmittelbarer Parteinahme oder überzeugtem Aktionismus ausdrückte.

Der George-Kreis selbst umschloß die Mitglieder einer engen Gemeinschaft, die sich persönlich und unmittelbar an den Meister gebunden fühlte. Anfangs handelte es sich um eine Gruppe von Schülern, die primär durch die Vermittlung von Friedrich Gundolf und Friedrich Wolters zu George gebracht wurden: fast auschließlich sensible Söhne zumeist akademischer Familien, die als Oberschüler und junge Studenten sich zur neuen Dichtung hingezogen fühlten. Der Grund dafür war eine *ästhetisch* motivierte Ablehnung des bürgerlichen Lebens im Wilhelminischen Reich, in dem sie alles Hohe, Ernste und Reine vermißten. Ihre Suche nach dem, was ihnen als das unverwechselbar Echte und Würdige galt, gab

Stefan George

auch die Kriterien für ihre Auswahl ab, die Gundolf in einem Brief an Karl Wolfskehl vom Frühjahr 1907 zusammenfaßt:

»Das Einzige was all dieser Nachwuchs immer aufs neue gepredigt und gezeigt bekommen muss, ist Charakter und Konzentration, im sittlichen, wie in jedem andren Sinn – Ausdrucksmöglichkeiten, Einsichten, Talente, Beweglichkeiten und Assoziationen und Stoffe sind mehr als genug in der Welt, aber alles was Mark, Halt, Gerüst und Architektur gibt, ist gefährdet oder vergessen – und den einen GROSSEN Mann der heut lebt, unter vielen Begabten und Gescheiten, so als MANN, als CHARAKTER zu zeigen, kann jetzt die einzige Pädagogik des ›Kreises‹ sein.«[1]

Danach ließe sich als zweiter Schritt der Kreisbildung eine Rekrutierung von Anhängern aus der deklassierten, doch traditionsverhafteten Bildungsschicht der Mittelklasse bestimmen. Ihnen wird George vor allem als Leitfigur einer geistigen Wende nahegebracht. Schließlich bleibt eine den deutschen Faschismus begrüßende oder ihm hilflos ausgelieferte Gruppe von George-Anhängern zu berücksichtigen. Sie erwartete von ihm als einer hehr dem Zeitgeschehen entrückten Gestalt einerseits geistige Lebenshilfe über den Tag hinaus, wenn nicht gar das gültige Wort zur Zeit in den Jahren der Krise der Republik und des Sieges der NSDAP. Andererseits glaubte sie ihre größtenteils vagen politischen Ideen von der Zukunft Deutschlands bereits in der »völkischen« Sprache Georges und seiner Betonung der Jugendlichkeit des Deutschtums vorweggenommen. Unter der Diktatur Hitlers konnte George als der reine Geistesheros erscheinen, bei dem man sich geheimen Trost für die unerwartete Fehlentwicklung und sogar Schlagwörter für den Widerstand holte. Dabei sollte nicht übersehen werden, daß die drei oder vier Freundesgruppen um George nie mehr als insgesamt 30 bis 40 Mitglieder zählten. Sie verstanden sich als ideellen Bund und vermieden peinlich alles Klubhafte oder Organisatorische. Ihre Zahl ist statistisch gesehen äußerst gering, selbst im Vergleich mit anderen Gruppierungen oder Künstlergemeinschaften, die im kulturellen Leben zwischen 1900 und 1933 eine Rolle gespielt haben.[2]

Im Laufe der Zeit und besonders gegen Ende der zwanziger Jahre wurden wegen dieser Wirkungsweise diametral entgegengesetzte Positionen mit George in Verbindung gebracht. So konnte z. B. Klaus Mann in seiner Rede *Stefan George. Führer der Jugend* (1928), die bei der sich überparteilich verstehenden jungen Generation großen Anklang fand, davon sprechen, daß ihm ein »geistiger Mensch denkbar« sei, »welcher Marx liest und sich trotzdem als George-Anhänger weiß«.[3] Bemerkenswert ist hieran nicht so sehr eine gewisse Freizügigkeit oder scheinbare Beliebigkeit in der Aneignung der Georgeschen Haltung; wichtig ist vielmehr das Element eines *intellektualistischen Idealismus,* der auch die Sozialprobleme der Zeit geistig zu bewältigen sucht. Er will sich darin nicht auf ein einziges Führungsangebot beschränken; seine Sehnsucht gilt gleicherweise dem Verbindlichen und dem Verbindenden. Auf diese Weise erweiterte sich der Einfluß des Georgeschen Erziehungsprogramms beträchtlich. Dieser Einfluß ist zunächst bei

einer zutiefst verunsicherten Generation von jugendlichen Frontsoldaten wirksam, die die alten Autoritäten von Familie, Schule
und Militär durch das geistige Einverständnis und durch die Intimität einer gleichgesinnten Gemeinschaft ersetzen wollen. Aber
der Widerhall verlor sich, als sich die Hoffnung auf die Realisier-
barkeit ideeller Ziele und einer »geistigen Bewegung« enttäuscht
sah und die Praxis institutionalisierter Gewalt die Lösung der Probleme und die Befriedigung nicht nur jugendlicher Sehnsüchte
übernahm.

Damit ist freilich die Wirkungsgeschichte Georges nicht hinlänglich umrissen. Denn neben distanziert zwiespältigem Respekt findet sich auch die eindeutige Ablehnung seines Werkes: Spott, Satire
und Gegenentwurf begleiten ihn von Beginn an. Als seine politischen Axiome dann gegen Ende der zwanziger Jahre aggressive
Verstärkung in den Ideologemen und Ausschreitungen der nationalistischen Reaktion erfuhren, stieß auch Georges Art, Hörig-
keit, Zucht und Opferwille zu propagieren und zu glorifizieren,
auf entschiedenen Widerstand. Von diesen Verflechtungen hatte er
sein Werk reinhalten wollen, jedoch nicht um den Preis einer völlig
kreisinternen Hermetik, die keinen Anspruch auf Übertragung in
die öffentliche Diskussion duldete. Vielmehr zeichnete sich seit
den Kriegsjahren die Tendenz ab, die verdorbene Wirklichkeit einer untergangsgeweihten Spätzeit nicht mehr allein im Bild des als
mythisches Wunder erfahrenen Maximin zu kontrastieren. Der
poetische Traum von der wiedererlangbaren Unschuld fand sich
auch im Leiden und Sterben seiner jungen Freunde im Krieg gerechtfertigt. Die Stimme der Erlösung, mit der Maximin als »Herr
der Wende«[4] den Weg ins Paradies andeutete, mußte dem Bann-
fluch der Verdammung weichen, der das Opfer und Erbe der Toten
entehrt sah[5]:

> »Dafür losch uns alles licht der demantkrone
> Sank die nacht in unsre schimmernden gefässe
> Dass ihr · meutrer · am lebendigen blute frevelt
> Bettler schon · dem feinde leib und blut verschachert?« (457)

Diese Veränderung im Dichtungsverständnis muß zunächst kurz
bestimmt werden.

Unter dem Eindruck der Bekanntschaft mit Maximilian Kron-
berger (1903/04) hatten die beiden Schlußverse aus dem Gedicht
Entrückung im zentralen Teil »Maximin« des *Siebenten Ringes* die

Rolle Georges wie folgt formuliert: »Ich bin ein funke nur vom heiligen feuer / Ich bin ein dröhnen nur der heiligen stimme« (S. 293). Da aber dieser »funke« selbst das »heilige feuer« entfacht hat, erscheint der priesterliche Dichter nicht nur in der Rolle des Dienenden, sondern zugleich als herrschaftlich im Besitz der Autorität des Göttlichen. Diese Machtbefugnis wurde ihm als eine im »rausch der weihe« (S. 293) empfangene Offenbarung zuteil. Ihr liegt die Überzeugung zugrunde, daß sich das als Wahrheit der Dichtung erlebte Mysterium von der Inkarnation des Göttlichen in der geschichtlichen Wirklichkeit wieder erfüllt hatte. Die Erfahrung einer Unio mystica als realer Befreiung von den Widersprüchen des Lebens und als Überwindung der Angst vor dem Dasein wird verkündet:

> »Ich empfange von dem keine
> Von dem hauch der mich umdauert:
>
> Dass aus schein und dunklem schaume
> Dass aus freudenruf und zähre
> Unzertrennbar sich gebäre
> Bild aus dir und mir im traume« (291).

Solche Geburt eines neuen Menschenbildes aus dem »traum« der Dichtung fühlt sich weder von äußeren Ereignissen abhängig, die als völlig beiläufig unbeachtet bleiben können, noch weiß sie sich von den Tendenzen zeitgenössischer Metaphysik und Sinnsuche bedingt, die allenfalls als die Richtungslosigkeit verwirrter Scharen abgetan werden. Die Verkündung eines göttlichen neuen Menschen aus dem Geist der Poesie vollzieht sich als autonomer Akt. Das Dichterische soll als reines Wort allem Weltanschaulichen und Sektiererischen enthoben sein. Es läuft jedoch spätestens seit dem Augenblick Gefahr, seinen Anspruch des Unbedingten an die ideologischen Interessen der gesellschaftlichen Öffentlichkeit preiszugeben, wenn es sich, wie verschlüsselt auch immer, auf das unmittelbare Zeitgeschehen zu beziehen beginnt. Mit dieser Wende wird die Geheimschrift der poetischen Chiffrierung im Interesse einer Überzeugungsstrategie aufgelöst, die mit den antidemokratischen Bestrebungen des machtgeschützten Chauvinismus einer Meinung gewesen ist.

Eine überraschend große Zahl von Nachahmern der Georgeschen Sprachgestik[6] glich bis in die Mitte der dreißiger Jahre Schlüsselwörter und dominante Bilder seines Spätwerks der Weltanschauungslyrik der Zeit an. Diese Tendenz rief Kontrafaktur und produktiven Gegenentwurf hervor, die sich bis in die Lyrik der Gegenwart, z. B. bis zu Paul Celan, verfolgen lassen. Ein Gedicht aus Celans Band *Atemwende* (1967) kann als sarkastische Absage an Georges unbedingten Wahrheitsanspruch verstanden werden:

> »EIN DRÖHNEN: es ist
> die Wahrheit selbst
> unter die Menschen
> getreten,
> mitten ins
> Metapherngestöber.«[7]

Diese Verbindung von Georg zu Celan, so unwahrscheinlich sie auf den ersten Blick erscheint, ist historisch berechtigt. Sie ist aufschlußreich, weil sie neben beachtenswerten Gemeinsamkeiten in der hermetischen Poetologie signifikante Unterschiede im Weltverständnis der beiden Dichter zu erkennen gibt. Daher sei es erlaubt, charakteristische Komponenten des Jugendbegriffs im George-Kreis zunächst durch den Verweis auf Celan zu verdeutlichen. Es soll ein Beispiel gewählt werden, das sich wiederum als bewußte Antwort auf eine einmal maßgebliche Lyrik und ihre Tradition versteht: das zweite der beiden *FÜR ERIC*[8] betitelten Gedichte aus Celans postum veröffentlichten Band *Schneepart* (1971). Ihm sei aus Georges letztem Band *Das neue Reich* (1928) der erste der *Sprüche an die Lebenden* gegenübergestellt, der vermutlich schon 1916 geschrieben wurde.

> »FÜR ERIC
> In der Flüstertüte
> buddelt Geschichte,
>
> in den Vororten raupen die Tanks,
>
> unser Glas füllt sich mit Seide,
>
> wir stehen.
>
> Wartend am kreuzweg stehst du in schweben:
> Ob nach rechts oder links mich begeben...
> Liebe lädt dich · folge dem bann!
> Dies ist dein loos-jahr – erstmals im leben –
> In dem du selber wahl triffst als mann« (442).

Wie das Akrostichon WOLDI dem Eingeweihten zu erkennen gibt, ist dieser Spruch an den damals 18jährigen Woldemar von Uxkull-Gyllenband gerichtet, an einen der (metaphorisch gesprochen) zukünftigen Söhne Georges, der damals im annähernd gleichen Alter stand wie Celans Sohn Eric, als dieser im Mai 1968 mit der für seine Generation vordringlichen Entscheidung konfrontiert wurde. Es ist bekannt, daß er sich als junger Student an den Straßenkämpfen beteiligte, in deren Verlauf de Gaulle in den Außenbezirken von Paris einen Ring von Panzerwagen auffahren ließ. Das Ziel des Gedichts ist die Versicherung jener Form von Gemeinsamkeit und Gemeinschaft, die auf der Grundlage gegenseitiger Achtung den Generationskonflikt überwunden hat und deren Solidarität im Widerstand auf der Gleichwertigkeit des Handelnden und des Dichters beruht. Denn das Bild des sich mit Seide füllenden Glases nimmt die Metapher vom Seidenwurm auf, die Torquato Tasso in Goethes Schauspiel (V/2) als Gleichnis für den Drang zum Dichten gebraucht hatte. Die Doppelbedeutung des Verbums »raupen« verweist also mit dem Gegenwartsbezug zugleich auf ein kulturell-historisches Bewußtsein und schließt den utopischen Ausblick ein, das heißt die Erinnerung an eine alte Hoffnung:

> »O geb' ein guter Gott uns auch dereinst
> Das Schicksal des beneidenswerten Wurms,
> Im neuen Sonnental die Flügel rasch
> Und freudig zu entfalten!«[9]

So erhält das Private des Titels seine allgemeine Gültigkeit, ohne doch an Unmittelbarkeit väterlicher Sorge und seinem auch subjektiven Bekenntnischarakter einzubüßen. Auch Georges Spruch ist als hermetisches Gedicht zu lesen, das von einer Entscheidung spricht, nämlich der, »ob nach rechts oder links mich begeben«. Eine Alternative wird angesprochen, doch nicht in direkt politischer Terminologie, denn die Pole »rechts« und »links« lassen ein breites Spektrum von Bedeutungsmöglichkeiten offen. Sie verweisen auf die eindeutige Entscheidung für oder gegen den endgültigen Anschluß an George. Denn mitzudenken ist die Aussage aus Georges titellosem Gedicht »Weltabend lohte . . .« aus dem ersten Buch des *Stern des Bundes,* das von einem notwendigen Zerstörungswerk und von einer Zeit spricht, von der die Schlußverse sagen:

> »Unzahl von händen rührte sich und unzahl
> Gewichtiger worte fiel und Eins war not.
> Weltabend lohte . . . rings war spiel und sang
> Sie alle sahen rechts – nur Er sah links« (363).

Dieser »Er« als der »Herr (. . .), der all dies stürzen wird«, ist vermutlich nicht mit George direkt zu identifizieren. Denn das Gedicht ist keine öffentliche Proklamation. Doch ruft auch hier die visionäre Beschwörergeste eine Rezeptionshaltung hervor, die in der lyrischen *persona* eine Wirkungskonstante Georges erkennen soll. Daher bedeutet der Weg nach rechts die Wahl des totalen Untergangs, gemeinsam mit der einsichtlosen Masse; der Weg nach links führt zur Rettung durch George. Diese Rettung wird zwar als Folge freier Entscheidung ausgegeben, doch bleibt zu berücksichtigen, daß das Wort »loos« bei George mehrdeutigen Charakter hat und sowohl persönliche Wahl als auch schicksalhaften Zwang meint. Zugleich deutet es auf Erlesenheit und verweist auf die Pflicht, sich aus den alten Familien- und den vertrauten Wertbindungen zu lösen. Dafür erhält er das Versprechen der Erlösung. Damit ist die Entscheidung für einen »bann« verbunden, zu dem »Liebe« einlädt, also die willige Unterwerfung unter einen Zwang zur Gemeinsamkeit, dem die Macht der Verzauberung zu »höherem Dasein« im »reich des Geistes« (382) auch die Absage an eine je eigene, rein individuelle Entwicklung auferlegt. Denn ein Gebannter verbleibt sozusagen zeitlos befangen in jenem märchenhaften Zustand, den der neugestaltende Zauber herbeigeführt hat.

Der zu dieser Entscheidung Aufgeforderte wird »erstmals im leben« nun »als mann« bezeichnet, was als ethische Distinktion zu verstehen ist und damit als Verweis auf eine nicht mehr biologische Entwicklungsstufe. In diesem positiven Sinn erscheint das Wort »Mann« relativ selten in der Dichtung Georges, was besonders auffällt, wenn man es gegen die Häufigkeit der Wörter »Kind« und »Knabe«, »Jüngling« und »Greis« absetzt. Das hat seinen guten Grund. Denn ein gerade Achtzehnjähriger ist natürlich noch kein Mann; er kann allenfalls ein sehr frühreifer junger Mann sein, auch wenn für ihn »mit dem vollendeten 17. Lebensjahre« die »gesetzliche Verpflichtung zum Kriegsdienst beginnt«[10] – ein Faktum, das der auf Entscheidung drängende George im Jahre 1916 unmöglich kann übersehen haben. Doch steht hier ja auch nicht die europäische Katastrophe zur Rede, sondern es geht um den Anspruch, die Wirklichkeit durch die Realität dichterischer Wahrheit zu überwinden. Dieser Dichtung freilich liegt die Vorstellung eines prinzipiellen Gegensatzes der Generationen zugrunde, der als unüberbrückbare Wertantinomie erscheint und zugleich die Aufforderung zum Kampf ums Überleben enthält. So wenigstens läßt sich folgendes zentrale Gedicht aus dem *Stern des Bundes* verstehen:

>»AUF NEUE TAFELN SCHREIBT DER NEUE STAND:
Lasst greise des erworbnen guts sich freuen
Das ferne wettern reicht nicht an ihr ohr.
Doch alle jugend sollt ihr sklaven nennen
Die heut mit weichen klängen sich betäubt
Mit rosenketten überm abgrund tändelt.
Ihr sollt das morsche aus dem munde spein
Ihr sollt den dolch im lorbeerstrausse tragen
Gemäss in schritt und klang der nahen Wal« (386).

Diese Gesetze, die sich die neue Jugend selbst gibt zum Kampf um die Zukunft, stehen in einem Verweisungszusammenhang, der das aus der *Algabal*-Dichtung (1892) abgeleitete Bild vom dekadenten Ästheten widerlegen soll. Denn Bezug wird genommen auf die Verse des ersten der *Zeitgedichte* (227) im *Siebenten Ring*:

>»Als ihr in lärm und wüster gier des lebens
Mit plumpem tritt und rohem finger ranntet:
Da galt ich für den salbentrunknen prinzen
Der sanft geschaukelt seine takte zählte
In schlanker anmut oder kühler würde.
In blasser erdenferner festlichkeit.«

Ihnen, den Angesprochenen, wird in der folgenden Strophe durch die Erwähnung von »einer ganzen jugend rauhen werken« und »von fährlich blutigen träumen« widersprochen, die in dem Bekenntnis gipfelt:

>»›Im bund noch diesen freund!‹ und nicht nur LECHZEND
Nach tat war der empörer eingedrungen
Mit dolch und fackel in des feindes haus...«

Es ist die Beschwörung eines rücksichtslos Tätigen im Bund der Freunde, dessen Zerstörungswerk unausweichlich ist und das George auch später widerrufen hat. Denn dies ist der Mann, der einer ritterlichen Jugend dann doch das schmutzige Handwerk der Vernichtung von merkantilen Greisen abnimmt.

Das völlig gelungene Zusammenleben aller Altersgruppen und Sozialschichten mit den ihnen gemäßen Erfahrungs- und Handlungsweisen fand George nur einmal in der Geschichte des Abendlands erreicht – unter den Griechen der Antike, die er von den Vorsokratikern bis zum Tode Alexanders des Großen rechnete. Von den Hellenen, besonders von den Athenern des Perikleischen Zeitalters, heißt es im zweiten der *Hyperion*-Gedichte des *Neuen Reiches:*

> »Ihr habt Erlesne des glücks   wo ihr auch griffet gesiegt
> Die ihr von greisen den schatz   enkeln gesamt übertrugt
> Die ihr in fleisch und in erz   muster dem menschtum geformt
> Die ihr in reigen und rausch   unsere götter gebart« (405).

Überall sonst herrschte offenbar ein unversöhnlicher Konflikt und Interessenwiderspruch, tat sich ein sozialer Abgrund auf, am krassesten wohl im Rußland der Vorkriegsjahre, das – »ein volk aus kind und greis« (399) – in einer Symbiose von naiver Primitivität der Volksmassen und todgeweihter Dekadenz des Feudaladels dahinsiecht. Wenn man das Gegensatzschema »Jüngling-Greis« auf die deutschen Verhältnisse überträgt, dann offenbart es eine vitalistisch fundierte Gemeinschaftsideologie, die die aktive Vielfalt, man könnte sagen: den Pluralismus der »Mannes«-Jahre, größtenteils ausklammert. Denn es läßt sich zeigen, daß dem Gesellschaftsbewußtsein Georges, dessen Norm jegliche Sozialisation außerhalb der vom Kreis gezogenen Grenzen ablehnt, ein Vorstellungsmodell zugrundeliegt, das sich am mythischen Vorbild des komplementären Paares *puer aeternus* und *senex poeta* orientiert.

Solch ein Verhältnis entwirft z. B. das Zeitgedicht *Leo XIII* im *Siebenten Ring*. Christus erscheint dort als »strahlendes allmächtiges kind« (236) und »heiliger knabe« (237), wobei Georges Überzeugung mitgedacht werden muß, »dass Jesus bei seinem Tod noch ein Jüngling gewesen sei«.[11] Der ihn hymnisch preisende Papst – und gerade dieses sein dichterisches Preisen macht ihn zur vorbildlichen Gestalt – ist Repräsentant der »wahren majestät«, die verkündet: »Das neue heil kommt nur aus neuer liebe« (237). Beide, der jugendliche Heiland als Held und der greise Kirchenfürst als Dichter, sind in der gleichen Weise aufeinander bezogen und ergänzen einander ebenso vollkommen, wie Maximin als »Herr der Wende« (350), mit dem gleichfalls eine neue Zeitrechnung beginnt, und die nach seinem Maßstab »umgeborene« Jugend im Hymnus des urväterlichen Meisters leben: »IHR SEID DIE GRÜNDUNG WIE ICH JEZT EUCH PREISE« (390). Dieser Konstellation – göttlicher Knabe als Retter und das Göttliche kündender weiser Dichter – entspricht in der Legende besonders der jüngsten Kreisgeneration das Bild des zeitenthobenen *poeta vates* mit dem dantesk herben Profil, dem Herrscherblick, den schlohweißen Haaren, der sich in der Runde seiner gleichfalls zeitentrückten Lieblingsjünger fotografieren läßt.

Doch nicht nur ein mythisches Bild ist im Spiel. Denn die Zeit des Ersten Weltkriegs forderte ihre Opfer auch im George-Kreis. Einem Toten, der nach dem Waffenstillstand an den Folgen seiner Verletzungen starb, ist folgender Spruch gewidmet, der im Dezember 1919 in der letzten Folge der *Blätter* (16) erscheint:

> »BALDUIN
> Mit welcher haltung ihr den markt durchrittet
> Wie euer auge glänzte dieser tage
> Und wie ihr standet · auf den strassen schrittet:
> Ist fernes bild – gehört schon heut zur sage« (457).

Was wird als exemplarisch an diesem Leben mit standbildhafter Eindringlichkeit festgehalten? Nichts Individuelles, keine persönliche Eigenheit oder »Nuance«. Privates geht vielmehr im Plural der Gruppengleichheit auf, so daß man bei dem kollektiven »ihr« als dem sozialen Kontext für das Gedicht nicht nur die ideelle Kreisgemeinschaft mitdenken muß, sondern sich auch eine Parade oder den Auszug von Rekruten vorstellen kann. Der Eindruck militärischer Ordnung wird durch den Verweis auf das gestisch Unbestimmte der »haltung« hervorgerufen, die sich wohl als disziplinierte Begeisterung (»Wie euer auge glänzte«) innerhalb einer Gruppenidentität umschreiben läßt, in der alle Blicke wie von einem Auge nach vorn gerichtet sind. Doch nicht von einer fernen Zukunft her ist das Gedicht konzipiert. Denn es ist ja vom Dichter formuliert als Vermächtnis *der* Toten, mithin nicht nur als Teil einer rein privaten Nekrologie des Kreises.

Eine Erfahrung aus der noch sehr nahen Vergangenheit wird fast wie ein Denkmal ins Bild einer Legende erhoben, die Historisches jeglicher Art abstreift und dafür eine mythisch-sagenhafte Vision als testamentarischen Aufruf an die kommende Zeit weiterreicht. Diesem Bild liegt die Märchengestalt des trotz aller Fährnisse unbesiegbaren Prinzen zugrunde. Er erscheint häufig in der *persona* des geweihten, um sein Erbe kämpfenden jungen Ritters, dessen Taten auch einem »neuen adel« seine Geltung erringen. Als künftigem Herrscher ist ihm »die kleine schar« erwählter Mitstreiter beigesellt, von der z. B. der als prophetische Vision stilisierte vierte Jahrhundertspruch »SCHLACHT« in den »Tafeln« des *Siebenten Ringes* spricht:

> »Ich sah von fern getümmel einer schlacht
> So wie sie bald in unsren ebnen kracht.
> Ich sah die kleine schar ums banner stehn...
> Und alle andren haben nichts gesehn« (339).

Von der frühen Jugenddichtung *Prinz Indra* bis zu *Geheimes Deutschland* (425–428), einem der letzten, 1922 geschriebenen Gedichte Georges, erscheint diese als urtümlich-überzeitlich ausgegebene Figuration von Prinz und erwähltem Gefolge in mehreren Variationen, immer aber als Ausdruck eines erhöhten persönlichen Seins, einer »Seelengröße«, die sich zur Begründung ihrer charismatischen Autorität auf den Bereich märchenhaft-mythischen Wunders beruft:

> »Nur was im schützenden schlaf
> Wo noch kein taster es spürt
> Lang in tiefinnerstem schacht
> Weihlicher erde noch ruht –
> Wunder undeutbar für heut
> Geschick wird des kommenden tages« (428).

Eine geschichtstypologische Antinomie von Verfall und Wiedergeburt strukturiert auch dieses Gedicht. Seine Resolution im historisch-gesellschaftlichen Leben ist vorweggenommen in den beiden Schlußversen des »Maximim«-Gedichtes *Das Wunder,* das die Epiphanie des »ewigen augenblicks« zelebriert: »Nun geschieht das höchste wunder / Fliessen traum und traum zusammen« (280). Der gleiche Dualismus und seine Überwindung im »zauber als Begehung und als Bild« (390), das heißt nun auch konkret: durch »den darsteller einer allmächtigen jugend wie wir sie erträumt hatten« (523), charakterisiert die »Vorrede zu Maximin«. Hier vor allem wird die Erlösung durch die Jugend als dem Garanten der leiblichen Lebenswirklichkeit des Göttlichen verkündet. Die Apotheose der Gestalt des jugendlichen Helden widerspricht dem Zeitgeist und überwindet ihn. Es heißt: »Allein wir wissen das nur greisenhafte zeitalter in jugend ausschliesslich vorstufe und zurichtung · niemals gipfel und vollendung sehen – dass mehr in ihrer gestalt als in ihren worten und taten die überdauernde macht des Hehren und Helden liegt (...)« (525). Und auch hier ist bei aller statuarischen Plastik des Erscheinungsbildes von Maximin eher das unbestimmbar Offene von »gestalt« und »haltung« zu betonen. Es handelt sich um eine idealisierende Vagheit, die sich im Vorstellungshorizont von Außenstehenden aber fast beliebig den eigenen

Gesichtspunkten angleichen läßt. Schon ein Merkspruch in der V. Folge der *Blätter* (Mai 1901) hatte Ähnliches unter dem Titel *NEUE TRÄUME* ausgedrückt:

»Die jugend die wir vor uns sehen gestattet uns den glauben an eine nächste zukunft mit höherer lebensauffassung vornehmerer führung und innigerem schönheitsbedürfnis. Sollten aber grosse umwälzungen und ausbrüche entstehen so wissen wir dass diese ganz anderer art sein müssen als die staatlichen und wirtschaftlichen plänkeleien die heute die gemüter erfüllen.«[12]

Damit ist nun zu fragen, auf welche soziale Wirklichkeit sich dieses Idol »Deutsche Jugend« bezieht, das Gundolf in seinem *George*-Buch als »eine geistig sinnliche Urform des Menschentums« bezeichnete, »derengleichen seit dem griechischen Jüngling, seit dem Tod Alexanders auf Erden nimmer erschienen ist«.[13] Auf Cornelius Balduin Waldhausen war Wolters zufällig in der Druckerei von Holten aufmerksam geworden, als jener dort Bücher Georges zu kaufen versuchte.[14] Gundolf schrieb am 4. März 1912 über ihn anläßlich einer wohl von George erteilten Einladung zu einem Besuch:

»Er ist ein netter feiner wacher und nobler Junge, 19 Jahre alt, im ersten Semester, klassische Philologie, Offizierssohn, aus Mainz gebürtig, wohnhaft in Steglitz, seit zwei Jahren mit den Blättern bekannt, besitzt deine meisten Erstausgaben und will im nächsten Semester wenn möglich nach Heidelberg, sonst nach Freiburg. Sein Freund ist der JÜNGERE Bruder von den Steinen, Wolfram, der mit ihm auf dem Steglitzer Gymnasium war, und den er als ›sehr bedeutend‹ rühmt, den hiesigen (Hellmut) kennt er kaum.«[15]

Waldhausen ging dann als Rhodes-Scholar nach Oxford zum Studium der Archäologie und traf kurz vor Kriegsende mit George wieder in Saanenmöser in der Schweiz zusammen.

Woldemar Graf Uxkull-Gyllenband, 1898 in Bogliasco bei Genua geboren, seit 1906 mit Morwitz in Berlin bekannt und ab 1907 zu regelmäßigen Besuchen bei George eingeladen, Zögling mit seinem Bruder Bernhard in der Klosterschule Ilfeld im Harz, Soldat im Elsaß und in Makedonien, studierte nach dem Krieg Alte Geschichte, wurde 1925 Privatdozent in Halle, dann Professor in Frankfurt/M. und ab 1932 in Tübingen, wo er 1933 eine vielbeachtete Rede über »Das revolutionäre Ethos Stefan Georges« in der Bildungssprache des Dritten Reiches hielt.[16] 1939 ist er tödlich verunglückt. Durch ihn kam sein Vetter Alexander Schenk Graf von Stauffenberg zu George, dessen Bruder Berthold einmal als Universalerbe vorge-

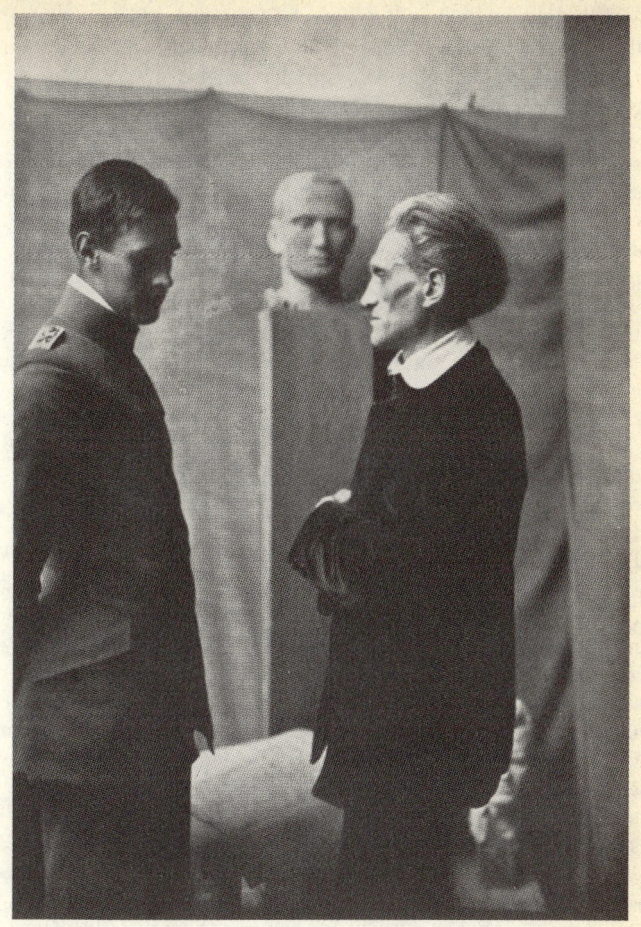

Stefan George und Erich Boehringer

sehen war. Beide entstammen dem Schülerkreis des Graecisten Albrecht von Blumenthal.

Uxkull und Waldhausen können als symptomatische Repräsentanten jenes ersten Schülerkreises gelten, der von der Jünger-Generation Gundolf, Wolters und Morwitz betreut und beaufsichtigt wurde. Sie entstammen vorwiegend dem mittleren bis gehobenen, doch nicht wirklich prominenten Beamtentum akademischer und juristischer Familien oder dem Offiziersstand. Schon aufgrund ihrer Familientradition, die bei den Mitgliedern, die dem württembergischen Hofadel entstammen, bis ins 18. Jahrhundert zurückreicht, sind sie für eine Karriere im Staatsdienst bestimmt, ohne sich freilich für eine öffentliche, gar politisch bewußte Laufbahn im kaiserlichen Reich oder in der Republik zu entscheiden, geschweige denn begeistern zu können. Den Ausweg aus diesem Dilemma bietet die Hinwendung zum musisch-akademischen Leben und zum Vorbild hoher Dichtkunst, die ihnen nach einem relativ freizügigen Studium wenigstens Selbstverwirklichung versprechen und mit der Orientierung an idealen Werten zugleich die Aufrechterhaltung eines nicht unbeträchtlichen Sozialprestiges ermöglichen. Morwitz überliefert, daß George an Waldhausen »ein inneres Gebrochensein betrauerte«.[17] Es ist mehr als wahrscheinlich, daß diese fast nebensächlich angefügte Bemerkung auf die sozialpsychologisch charakteristische Geistesverfassung eines beträchtlichen Teils der humanistisch gebildeten Vorkriegsjugend verweist. Es handelt sich um jenes in Tonio Kröger exemplarisch verkörperte Lebensgefühl, das von einer sich ästhetisch-idealistisch orientierenden (und oft genug artikulierenden) Sensibilität gekennzeichnet ist und zugleich einen noch richtungslosen Sinn für Solidität, Verantwortung und nützliche Pflichterfüllung an ein ideell fundiertes Ordnungssystem zu binden sucht. Auf diese Weise soll die eigene Labilität einer Haltung der Überlegenheit untergeordnet, wenn nicht unterworfen werden. Auslösendes Element für diese Gebrochenheit ist die Erfahrung des Ekels an der eigenen Zeit – »auf der erblühten lippe heiliger ekel / und liebliche begier des göttersohns!« (407) So heißt es in einem Gedicht auf den Knaben Uxkull. Beigesellt ist diesem Ekel die Sehnsucht nach jener »reinen Alternative«, die George im »schönen Leben« der künstlerischen Kreisgemeinschaft anbot, zugleich aber auch die Furcht vor dem Chaos angesichts der zu erwartenden Katastrophe im Politischen.[18]

Doch die Formel »heiliger ekel« überspielt zunächst (im sakralisierenden Epitheton) einen existentiellen Tatbestand. Dessen Signifikanz gibt sich in der Anspielung auf den ihn symbolisierenden Metaphernkomplex schon im Obertitel der vier Gedichte zu erkennen, dem das Zitat entstammt: *An die Kinder des Meeres* (406–409). Verwiesen ist auf den Bildbereich von Ausfahrt »aus

deinem edlen hafen / In welches neue land auf welch ein meer«
(408) und von Schiffbruch und damit auf die Thematik der unsicher
schwankenden Existenz dessen, dem der feste Boden unter den
Füßen entzogen ist und der deshalb ein Opfer der Seekrankheit,
des Ekels, der *Nausée* wird. Es ist dies eine zutiefst schmerzhafte
Erfahrung, die zugleich auch sexuelle Implikationen hat. Sie entspringt einem von Berührungsangst geprägten Reinheits- und
Ordnungszwang und kann in die Verzweiflung oder in die Irre führen:

> »Dich aber trug das meer von süd nach nord
> Dich – seltsames gemisch von glut und eis
> Von jäher kampfwut und von schlaffem stocken.
> Was folgst du uns du ende dieser zeit?
> Wählst UNS zu flüchtigem spiel wie andere mehr?
> Die welle treibt dich wechselnd mit dem wunsch
> Doch ausgestorben liegt bald jeder strand
> Und klagend irrt dein herrenloser geist!« (409)

So lautet der an Woldemar Uxkull gerichtete Teil des von Ernst
Morwitz gedichteten *Nachklang,* den George als Antwort auf die
in seinem Gedicht gestellten Fragen in das eigene Werk aufnahm.

Für diesen Zwiespalt der Reaktionsimpulse und die sich daraus
ergebende Unsicherheit bot die Dichtung Georges einen Ausweg,
wenn nicht eine Befreiung oder die Erlösung. Ihre »Verbindung
von Tatwillen und Traumschau, quellend aus dem weltschaffenden
Eros«[19], wurde vor allem gegen Ende der Republik zum Anstoß
von Erleuchtungs- und Parousie-Erlebnissen, die sich in der Stilisierung der Selbstbekenntnisse dann als Wendepunkt und Anfang
eines neuen Lebens darstellen. Dabei ist die Tendenz, das *vita nova
incipit* von einer plötzlichen, überwältigenden Erkenntnis Georges
oder einer Begegnung mit ihm herzuleiten, dichterisch vorgebildet
in der *Lobrede auf Maximin.* Man sollte ihre zeugnisablegende
Darstellungsform aber nicht nur als imitatorische, d. h. einen mythischen Akt wiederholende Selbststilisierung verstehen. Es ist den
Betroffenen sehr ernst damit. Als Beispiel dafür sei ein Brief des
25jährigen Alexander Graf Stenbock-Fermor aus Livland zitiert,
der als Bergmann im Ruhrgebiet gearbeitet hatte, bevor er zum
Eugen Diederichs Verlag nach Jena ging. Er schrieb 1927 an Gundolf, daß sein Leben nach der Lektüre der ersten beiden Gedichte
im »Vorspiel« zum *Teppich des Lebens* ihm eine Neugeburt schien:
»In der Gestalt Georges fand ich den Weg, den Weg – zu mir.« Und

über die Vorträge Gundolfs sagte er, daß sie ihn ergriffen nicht so sehr durch ihren Inhalt oder die Bildhaftigkeit und Farbigkeit ihrer Sprache, sondern durch »›metaphysische‹, nicht erklärbar- und faßbare, nur erfühlbare: eine ausstrahlende Glut überpersönlicher Natur«. Er fühle sich angesprochen durch die »innere Gewissheit, unbedingt überzeugend, einen Weg zu wissen, der nur noch zu beschreiten war«, und verspüre das Charisma selbst eines »Jüngers, der durchdrungen und beseelt ist vom Geiste eines grossen Meisters«.[20] Doch wohin führen dieser »Weg zu mir« und der Weg, »der nur noch zu beschreiten« ist?

George hat darauf scheinbar klare Antworten gegeben, besonders in dem »dem Andenken des Grafen Bernhard Uxkull« gewidmeten Gedicht *Der Dichter in Zeiten der Wirren*. Dessen Schlußverse sprechen von einem aus dem jungen Geschlecht hervorgehenden Mann, der »das wahre sinnbild auf das völkische banner« heftet:

> »Er führt durch sturm und grausige signale
> Des frührots seiner treuen schar zum werk
> Des wachen tags und pflanzt das Neue Reich« (418).

Die Sprache dieser Verse klingt eindeutig; sie ist jedoch durchgehend ambivalent oder mehrwertig unbestimmt. Ihre Metaphorik ist fast formelhaft auswechselbar – eine Eigenschaft, die sie auch mit Georges lyrischem Testament gemeinsam hat, mit dem Gedicht *Du schlank und rein wie eine flamme* (469), das gleichfalls, doch nicht namentlich von Bernhard von Uxkull spricht. Auf die Frage nämlich, wie sich Voraussicht und Erkenntnis in die Selbsttherapie der verändernden Handlung, wie sich der Privatgebrauch eines auch moralischen Vorbilds auf die öffentliche politische Praxis übertragen ließe, verschwieg George die Antwort, bei aller Gewalttätigkeit seiner Sprache und bei aller Unversöhnlichkeit, mit der er Abtrünnige verwarf. Er selbst hatte auch – und das ist konsequent – nur sehr ungewisse und keineswegs optimistische Vorstellungen von seiner Nachwirkung.

Die Versuche seiner Freunde, einen Zeitplan für die praktische Realisierung seiner Einsichten zu entwerfen und den Beginn seiner öffentlichen Wirkung etwa auf 20 bis 30 Jahre festzulegen oder an eine bestimmte politische Aktualität zu knüpfen, lehnt er ab. Anläßlich eines Gesprächs mit Berthold Vallentin am 19. November 1928 gab er vielmehr zu bedenken, daß er dies »als Perspektive vielleicht gelten lasse, dass er aber damit nichts zu tun habe«. Im Gegenteil:

»Seine Wirkung sei eine unterirdische. Wie sich seine Wirkung auf das grosse Publikum später äussere, das berühre ihn gar nicht. Er könne immer nur auf die einzelnen jungen Menschen wirken und müsse es denen überlassen, wie sich die Sache weiter entwickle. (. . .) Er glaube, dass die Wirkung nach aussen überhaupt nur durch einen politischen Menschen, einen Täter zustande gebracht werden könne, der eines Tages die Gedanken der Bewegung politisch zu einem Körper zusammenstelle und damit die Nation bewege.«[21]

George dachte zugleich an die Möglichkeit, daß dieser Täter einmal ein in den Gefängnissen abgehärteter Verbrecher sein könne, der aus Verachtung für alles Bürgerliche die Macht an sich reißen würde.[22] Ansonsten sind seine letzten zehn Lebensjahre trotz aller auch hektischen und gebieterischen Versuche, den eigenen Nachruhm orthodox zu sichern, von Hilflosigkeit und Resignation gekennzeichnet. Denn George wußte nach dem Krieg, daß sein Traum vom »schönen Leben« ausgeträumt und nicht durch die Illusion einer national orientierten männlichen Jugend zu ersetzen war. Am Ende, mit der Preisgabe des Traums, steht »traurig der verzicht« (467) – wie bei Don Quijote.

Anmerkungen

1 *Stefan George, Friedrich Gundolf. Briefwechsel*, hg. R. Boehringer und G. P. Landmann (München und Düsseldorf 1962), S. 16.

2 Dazu H. N. Fügen, *Der George-Kreis in der ›dritten Generation‹*, in: *Die deutsche Literatur in der Weimarer Republik*, hg. W. Rothe (Stuttgart 1974), S. 334–358.

3 Klaus Mann, *Auf der Suche nach einem Weg. Aufsätze* (Berlin 1931), S. 129f. Die Rede wurde am 28. Oktober 1928 in der Berliner Singakademie gehalten. – Eine repräsentative Auswahl von Stellungnahmen zu Georges 60. Geburtstag verzeichnet die Bibliographie *Stefan George und sein Kreis* (Hamburg 1976²), hg. G. P. Landmann.

4 Stefan George, *Werke. Ausgabe in zwei Bänden* (München und Düsseldorf 1958), S. 350. Nach dieser Ausgabe wird George hinfort zitiert. Seitenangaben erscheinen im Text.

5 Diese Frage, mit der sich ein schwerverletzter Kriegsheimkehrer an die

Revolutionäre des Novembers 1918 wendet, steht im zweiten der *Balduin* betitelten Gedichte aus den *Sprüchen an die Toten* im *Neuen Reich*. Die Verse stammen von Wolters, waren anonym schon im Dezember 1919 in der letzten, der XI./XII. Folge der *Blätter für die Kunst* veröffentlicht worden und wurden von George in die Gesamtausgabe seiner Werke übernommen. Auf Balduin Waldhausen wird weiter unten ausführlich zurückzukommen sein.

6 Vgl. *Stefan George in seiner Zeit* und *Stefan George und die Nachwelt. Dokumente zur Wirkungsgeschichte* (Stuttgart 1980) hg. R.-R. Wuthenow und M. Winkler, *Aspekte der Rezeption Georges in Dichtung und Polemik des Dritten Reiches und des Exils*, in: *Deutsche Exilliteratur – Literatur im Dritten Reich*, hg. W. Elfe, J. Hardin und G. Holst (Bern 1979), S. 79–92. Eine ausführliche Darstellung der Wirkungsgeschichte Georges in der deutschen Literatur ist weiterhin ein Desiderat der Forschung.

7 Paul Celan, *Gesammelte Werke in fünf Bänden.* Zweiter Band: *Gedichte II* (Frankfurt/M. 1983), S. 89.

8 Celan, *Werke*, S. 376.

9 *Goethes Werke. Hamburger Ausgabe in 14 Bänden.* Band V: *Dramatische Dichtungen. Dritter Band*, hg. Josef Kunz (Hamburg 1966⁷), S. 157.

10 Nach *Meyers Konversations-Lexikon* (Leipzig und Wien 1897⁵), 17. Band, S. 595.

11 Vgl. M. Landmann, *Figuren um Stefan George. Zehn Porträts*, in: *Castrum Peregrini* CLI–CLII (1982), S. 101.

12 *Einleitungen und Merksprüche der Blätter für die Kunst* (Düsseldorf und München 1964), S. 31.

13 Friedrich Gundolf, *George* (Berlin 1920, 1930³), S. 205.

14 E. Morwitz, *Kommentar zu dem Werk Stefan Georges* (München und Düsseldorf 1960), S. 473.

15 *Briefwechsel*, S. 242.

16 Tübingen 1933. – Ihm ist Ernst Kantorowicz Buch *Kaiser Friedrich der Zweite* (Berlin 1927) »in erwiderndem Dank« gewidmet. Auch wird eine Bemerkung Georges zu Percy Gothein überliefert: »Wenn der stirbt, dann steht es schlecht um Europa.« Vgl. Landmann, *Figuren*, S. 122.

17 Morwitz, *Kommentar*, S. 473.

18 Auch diese Eigenschaft läßt sich im Archetyp des puer aeternus wiedererkennen und zugleich im existentialistischen Protagonisten in der Literatur der zwanziger Jahre, dort zumeist als die Flucht des nie erwachsen Werdenden vor dem eindeutigen Engagement und als Versuch, sich auf immer von der Welt der Erwachsenen abzusondern. Vgl. Marie-Louise von Franz, *The Problem of the Puer Aeternus* (New York 1970). – Ulrichs Weigerung, ein Mann *mit* Eigenschaften zu werden, will die glei-

che schwebende Schwerelosigkeit aufrechterhalten, die sich in Teilen des George-Kreises auch als Verwerfung ehelicher Bindung zugunsten einer sublimierten Homosexualität auswirkte. George selbst hat in seinem Erziehungsprogramm das Prinzip einer »Utopie der Exaktheit« vorweggenommen, von der Musil spricht. Vgl. *Der Mann ohne Eigenschaften,* hg. A. Frisé (Hamburg 1952), S. 247: »Man wird nicht wissen, wie dieser Mensch seinen Tag zubringen soll, da er doch nicht beständig im Akt der Schöpfung schweben kann und das Herdfeuer eingeschränkter Empfindungen einer imaginären Feuersbrunst geopfert haben wird? Aber dieser exakte Mensch ist heute vorhanden!« – »Ekel« als »Greuel, Grauen, Abscheu, Unlust« ist etymologisch wohl eher auf engl. »aching« zu beziehen und nicht von »heikel« abzuleiten, wie F. Kluge, *Etymologisches Wörterbuch der deutschen Sprache* (Berlin 1967), S. 167 vorschlägt.

19 E. R. Curtius in einem Brief an F. Gundolf vom 20. Dezember 1913 über dessen Schrift *Stefan George in unserer Zeit* (Heidelberg 1913) in F. Gundolf, *Briefwechsel mit Herbert Steiner und Ernst Robert Curtius,* hg. L. Helbing und C. V. Bock (Amsterdam 1963), S. 234.

20 *Stefan George. Dokumente seiner Wirkung.* Aus dem Friedrich Gundolf Archiv der Universität London, hg. L. Helbing und C. V. Bock mit K. Kluncker (Amsterdam 1974), S. 251–252.

21 B. Vallentin, *Gespräche mit Stefan George 1902–1931* (Amsterdam 1961), S. 102.

22 Vgl. dazu das Gedicht *Der Gehenkte* (S. 429) mit den Schlußversen: »Als sieger dring ich einst in euer hirn / Ich der verscharrte . . . und in eurem samen / Wirk ich als held auf den man lieder singt / Als gott . . .«

»Der riesige Mann, mein Vater, die letzte Instanz« Familiendrama und Generationskonflikt in der deutschen Literatur zwischen 1890 und 1920

»Der riesige Mann, mein Vater, die letzte Instanz« – diese Formulierung entstammt Kafkas *Brief an den Vater* (1919), einem Brief, der an seinen Adressaten, Hermann Kafka, nie abgeschickt worden ist. Dieses unverhüllt autobiographische Schriftstück erschließt nicht nur die persönliche Beziehung des Prager Schriftstellers zu seinem Vater, es dokumentiert exemplarisch die sozialen Spannungen in einer Familie des aufstrebenden, nach Geltung begehrenden mittleren Bürgertums: Der Vater erscheint beinahe als Feind seiner Kinder, der vor allem deren Abweichung von den gerade selbst übernommenen Normen fürchtet. Er fungiert – aus der Sicht der Kinder – als furchterregender Tyrann. Doch diese autoritäre Maske zeigt Löcher. Die scharfsichtigen Söhne (von ihnen soll zunächst die Rede sein) erkennen dies, sehen sich aber selbst schon als fast Gebrochene, als sie zum Widerspruch, zur Auflehnung bereit sind: in übertragenem Sinn *enterbte* Söhne (eine häufig wiederkehrende Formel in der Literatur dieser Zeit), ihrer Zukunft beraubt, da der Vater ihnen offenbar keinen »Lebensraum« gewährt.

»Manchmal stelle ich mir die Erdkarte ausgespannt und Dich quer über sie hin ausgestreckt vor. Und es ist mir dann, als kämen für mein Leben nur die Gegenden in Betracht, die Du entweder nicht bedeckst oder die nicht in Deiner Reichweite liegen. Und das sind entsprechend der Vorstellung, die ich von Deiner Größe habe, nicht viele und nicht sehr trostreiche Gegenden (. . .).«[1]

Der Vergleich, den Kafka hier verwendet, erinnert von ferne an den Streit der imperialistischen Staaten vor 1914 um die weißen Flecken auf der Erdkarte, die noch nicht erschlossenen und kolonisierten Länder. Der Sohn, so scheint es, hat kein Anrecht mehr auf einen »Platz an der Sonne«. Wo immer er hinkommt, ist bereits der Vater Herr des Platzes. Das poetische Bild verdeutlicht den Generationskonflikt als Kampf um Reviere – wobei der Kampf von vornherein zuungunsten des Sohnes entschieden zu sein scheint. Nicht von ungefähr bemüht sich Kafka, zu Beginn seines *Briefs an den*

Vater, ausdrücklich nicht von Schuldzuweisungen zu sprechen: Der Vater ist eine Art Riese, er kann nichts dafür, daß er zum Vernichter seiner Kinder, insbesondere seines Sohnes, wird. Eine solche Sehweise scheint darum bemüht zu sein, die Beurteilung des Konflikts von moralischen Kategorien und Vorwürfen frei zu halten. Natürlich will das nicht dauerhaft gelingen. Zumal der Sohn fühlt sich am Ende schuldig, was erstens ohnehin die Absicht des Vaters ist und zum Programm der Demütigung gehört, die der Sohn erfahren soll, was sich zweitens vielleicht dadurch erklärt, daß sich im Sohn, angesichts der Tatsache, daß der Vater seine Individualität zerstören will, ein bestimmtes Aggressionspotential anstaut, das nicht ausgelebt werden kann und daher in Selbstanklagen umschlägt. Der Fall scheint psychologisch klar zu sein, fast ist man versucht – nach so vielen Jahrzehnten psychoanalytischer Interpretationsgeschichte –, in den geschilderten Verhältnissen die übliche Konstellation wiederzufinden. Da ist die Rivalität von Vater und Sohn um die Frau (die hier nur bedingt als Mutter in Erscheinung tritt), da ist auch der Wunsch des Sohnes, sich den Vater am liebsten wegzudenken – was bei Kafka in der Form zutage tritt, daß der Vater, der sich eben nicht wegdenken läßt, riesenhaft auf der Bildfläche erscheint, quer ausgespannt über die Weltkarte, und seine unerschütterliche Präsenz behauptet.

Die Kombination der Begriffe »riesiger Mann«, »Vater« und »letzte Instanz« gibt aber den Blick auf eine weitere Dimension dieser Problematik frei: Der Vater tritt sowohl als riesenhafter Mann in Erscheinung, gleichsam als biologischer Konkurrent um Platz und Frau, ebenso aber auch als »letzte Instanz«. Der juristische Begriff verbindet die Vorstellung eines höchsten Appellationsgerichts und zugleich die einer Stelle, von der unwiderrufliche Urteile ergehen. Wie in einer Kettenreaktion zieht die Metapher aus dem Bereich der Rechtsprechung die Kategorien Strafe, Schuld und Sühne nach sich – nicht nur bei Kafka. Dem Autor des *Briefs an den Vater* drängt sich der Ausdruck auf, der hier weniger Hoffnung als vielmehr Schrecken signalisiert, als er von einer Kindheitserinnerung spricht: In den ersten Jahren sei es gewesen, da habe er, Franz, nachts immerfort um Wasser gebettelt. Nachdem die Drohungen des Vaters nichts geholfen haben, nimmt er das Kind, trägt es hinaus auf die Pawlatsche und läßt es dort allein vor der geschlossenen Tür eine Weile im Hemd stehen. Dieses Ausgesperrtwerden empfindet das Kind als entsetzlich.

»Noch nach Jahren litt ich unter der quälenden Vorstellung, daß der riesige Mann, mein Vater, die letzte Instanz, fast ohne Grund kommen und mich in der Nacht aus dem Bett in die Pawlatsche tragen konnte und daß ich also ein solches Nichts für ihn war.«[2]

Die letzte Wendung dieses Berichts macht auf das eigentliche Motiv aufmerksam, das das Kind bewogen haben mochte, nachts um Wasser zu bitten – die peinigende Empfindung, zumindest vor seinem Vater ein Nichts zu sein, der Wunsch, irgendwie vorhanden zu sein für einen ihm dann vielleicht zugewandten Vater. Doch die Behandlung, die der Junge erfährt, verstärkt nur das Gefühl seiner Unwürdigkeit und »Nichtigkeit«. So häufen sich im weiteren auch die Begriffe, die die Existenzform des Sohnes als Zustand des Ausgesetztseins und Enterbtseins kennzeichnen. Der Richter der »letzten Instanz«, sein Vater, gebärdet sich als wütender Gott, als gnadenloser Verfolger, der überhöhte Strafen verhängt, die auf die endgültige Zerrüttung des Sohnes hinauszulaufen scheinen. Der Vater erweist sich als der schlimmste und beharrlichste Widersacher des Sohnes – auch darin, daß er dem Sohn suggeriert, der Junge sei ein Schmarotzer am Leben des Vaters und werde nur als lästiges Ungeziefer mitgeschleppt. Selbst die imaginäre Antwort, mit der Kafka den Vater (den Angeklagten?!) im *Brief an den Vater* endlich selbst zu Wort kommen läßt, verstärkt die Diffamierung des Sohnes als eines Parasiten. Das ebenso mögliche Urteil, daß zumindest an den Lebenserwartungen und Naturrechten des Sohnes der Vater regelrecht zum ›Blutsauger‹ geworden sei, spart Kafka bezeichnenderweise aus: In dem vom Vater installierten System der Werte und Regeln hat der »Sklave« Sohn keinerlei Einspruch zu wagen und keine Hoffnung zu hegen, daß sein Einspruch gehört oder daß gar gerecht verfahren werde.

Bei der Lektüre von Kafkas Erzählung des wiederholten Tathergangs, beinahe monoton, mit sozusagen flacher Stimme vorgetragen, wird allerdings auch deutlich, daß dieser sklavischen Daseinsform des Sohns eine offenbar doch schon innerlich erschütterte oder vor Erschütterung bangende Autorität des Vaters gegenübersteht: Die erbarmungslose Unterwerfung, die im Kind alle Keime der Emanzipation ersticken will, wird von einem Diktator exekutiert, den bereits die Angst umtreibt. Nichts scheint er mehr zu fürchten als die Forderung, die Ebenbürtigkeit anzuerkennen, die Teilung der Macht, den Zweifel an seiner Hoheit. Diese Sorge ist zum Teil wohl auch darin begründet, daß der Vater selbst erst mit

Mühe soziales Prestige erworben hat und sich in einer Welt von Feinden eingerichtet zu haben meint. Des Vaters sicherndes Mißtrauen, verknüpft mit dem Streben nach Anerkennung und Aufstieg, verschont auch nicht den Sohn, um so weniger, als dieser nicht willens zu sein scheint, der vom Vater vorgezeichneten Lebenslinie nachzufolgen – also zur Partei der Aufsässigen und zu den Feinden gerechnet wird. Die Verteidigung des gerade erst erworbenen Status gegen vermutete Angreifer, die von ›unten‹ kommen, prägt sich augenscheinlich in aggressiver Selbstherrlichkeit aus, unter der die Abhängigen in der Familie zu leiden haben.

Dieses Familiendrama hat sich zweifellos nicht nur in jüdischen Mittelschichten während der Phase verstärkter Assimilationsanstrengungen abgespielt, also in Kreisen, aus denen auch vorwiegend die ersten Patienten Sigmund Freuds und seiner Schüler gekommen sind. (Wir sind über die Binnenspannungen dieser Familien dank vieler Zeugnisse nun eingehender informiert.) Der hier skizzierte Konfliktverlauf läßt allenthalben maskierte Risse in der Eltern-Kinder-Beziehung erkennen. Primär scheint dabei der Komplex Sohn-Haß des Vaters zu sein, auf den wiederum der Vaterhaß des Sohnes als Antwort erfolgt. Kafka macht darauf aufmerksam, daß es sich um eine am Ende wechselseitige Verwicklung handelt, die man beinahe als Narrheit zu zweien beschreiben kann, aus der sich der Sohn anscheinend nur gewaltsam – oder gar nicht lösen kann, wie es das Beispiel Franz Kafkas zeigt. Selbst wenn der Sohn zum Revolver greift und der Vater, vom Schlag gerührt, tot zu Boden fällt (wie es in Walter Hasenclevers Drama *Der Sohn*, UA 1916, der Fall ist), wenn der Sohn den Vater schließlich mit Messerstichen umbringt (wie es in Arnolt Bronnens Schauerstück *Vatermord*, UA 1922, auf offener Bühne zu sehen ist), so kann eigentlich nicht von einem Recht der Jungen auf Jugend die Rede sein. Arnolt Bronnen erklärt zwar in seiner Autobiographie, daß aus einem Dramenplan mit dem Titel »Das Recht auf Jugend« dann sein erstes fertiges Stück *Vatermord* erwachsen sei. Doch genauer betrachtet, verlangen die rebellierenden oder in Verzweiflung und Schuldgefühlen erstickenden Söhne die Freiheit vom Zwang, den der Vater an ihnen in ›seinem‹ Hause ausübt. Sie wollen eben nicht jung sein – im Sinne einer alternativen, besseren Lebensform, die in höhnischem Protest dem sozialen Stil der Alten entgegengehalten werden kann. Sie wollen natürliche Rechte wahrnehmen, sie wollen leben – wenn auch vielleicht nicht so wie der Vater. Das Vorenthaltene soll ihnen gewährt werden. Der Aufruhr der Söhne leitet sich also aus sozialer Unterdrückung ab, aus der krampfhaften Bändigung aller Unruhe, die von Kopf und Körper ausgeht, die als schließlich vergebliche Knebelung des Freiheitsdranges und der Sexualität ins Auge fällt.

Das Gesetz hilft dem Vater, seinen Sohn als möglichen Ankläger mundtot zu machen, die Konstitution des noch aufrechten Menschen in Korrektionsanstalten zu verkrüppeln. Diese Amtshilfe erweist des Vaters Identifikation mit der im Staat herrschenden Machtelite. Im Schatten der Obrigkeit gedeihen aber spätestens seit der Jahrhundertwende die (nur allzu berechtigten) Ängste, diese durch überalterte Tradition gerechtfertigte privilegierte Stellung sei in einem höheren Sinne eben illegitim. Mit den Augen des Sohnes gesehen, repräsentiert der Vater gleichermaßen die Strenge und Anmaßung des bevormundenden Staates und die des Familien-Oberhauptes – so daß jeder Aufstand sich nicht nur gegen den leiblichen Vater, sondern auch gegen diejenigen richtet, die er in Moral und Haltung so deckungsgleich repräsentiert. Der Sohn *reagiert*, fixiert an diese bedrängende Übermacht, oft ohne genauer unterscheiden zu können, welche Kraft er als ursächlich, welche er als sekundär werten soll. So kommt es zu Parallelisierungen, die in ihrer Analogiemechanik die begrenzte Einsicht des Betroffenen sichtbar werden lassen. In Franz Werfels Erzählung *Nicht der Mörder, sondern der Ermordete ist schuldig* (1920) weiß ein alter Mann etwa folgende Weisheit dem Sohn, der hier die Hauptfigur darstellt, suggestiv klarzumachen:

»›Was versteht ihr unter – Herrschaft des Vaters?‹

›Alles!‹ führte der Alte aus. ›Die Religion: denn Gott ist der Vater der Menschen. Der Staat: denn König oder Präsident ist der Vater der Bürger. Das Gericht: denn Richter und Aufseher sind die Väter von jenen, welche die menschliche Gesellschaft Verbrecher zu nennen beliebt. Die Armee: denn der Offizier ist der Vater der Soldaten. Die Industrie: denn der Unternehmer ist der Vater der Arbeiter!

Alle diese Väter sind aber nicht Spender und Träger von Liebe und Weisheit, sondern schwach und süchtig, wie der gemeine Mensch eben geboren ist, vergiftete Ausgeburten der *Autorität*, die in dem Augenblick von der Welt Besitz ergriff, als die erste gerechterweise auf die gebärende Mutter gestellte paradiesisch-unseßhafte Gesellschaft durch die Familie und Sippe verdrängt worden war.‹«[3]

Mit Polaritäten argumentierendes Denken, wie es sich hier ausdrückt, findet Widerhall beim Zuhörer in Werfels Erzählung. Auf der einen Seite seien also die Väter aller Arten, auf der anderen Seite die, die unter ihrer Herrschaft leiden müssen. Das Regime der Väter gilt als schlechte Fortentwicklung der ursprünglichen Gesellschaftsform des Matriarchats. Die Rhetorik der Rede verrät zusätzlich, daß hier in einem polemischen Spannungsfeld artikuliert wird – mit Zorn und Eifer. Das »Ganz-andere«, das der dominierenden und präsenten Väterwelt als Kontrastsphäre entgegengehalten wird, zeichnet sich entweder in mythischen Horizonten ab (als Vorstellung einer prähistorischen mutterrechtlichen Sozietät) oder gewinnt in höchst abstrakten Kategorien diffuse Gestalt. Die Frage ist schon öfter gestellt worden, wohin eigentlich die Söhne »entschweben«, ob sie auch in soziale Realität überwechseln, wenn sie die Bühne mit dem toten Vater verlassen. Dieses Schlußbild bietet sich sowohl bei Hasenclevers *Sohn* als etwa auch bei Bronnens *Vatermord*: Der Vatermörder »blüht« und verläßt in triumphierender Pose die Walstatt, auf der die Leiche des Haustyrannen und die Mutter oder Frau betroffen zurückbleiben. Es ist der Weg eines Stigmatisierten, der dem Helden offenbar bevorsteht, ein Weg, der nicht in empirischen Kategorien weiterzudenken ist. Zweifellos wird er nicht auf einem anderen Stern ankommen, auch gerät er nicht in einen Zustand, den man mit Jugend bezeichnen könnte – denn es ist vielleicht nicht überraschend, aber doch erwähnenswert, daß die »Reifeprüfung« der Söhne insbesondere durch den sexuellen Kontakt mit Frauen absolviert wird. Immerhin verlieren die Väter in Wedekinds *Frühlings Erwachen* (entst. 1890/91, UA 1906) oder Hasenclevers *Sohn* deswegen ihre Fassung, als sei ihnen durch den simplen Beischlaf des jungen Menschen eine grobe Ehrverletzung widerfahren. Vielleicht empfinden sie dies zu Recht als grauenvollen Anschlag auf ihre Autorität: Aus dem Sohn wird, lange befürchtet, der Mann, der Rivale, noch schlimmer: der selbstbestimmte *Fremde*. Die Fiktion vom asexuellen Kind, das mit derlei Verfänglichem allenfalls Gedankenspiele treibt, ist nicht mehr aufrechtzuerhalten. Schließlich kehren die Söhne auch nicht als komplett Rehabilitierte in die Gesellschaft zurück, in der bisher der Vater die Position der Macht eingenommen hat. Der Gewinn der Freiheit ist mit einem Verbrechen bezahlt worden. Eine sanfte Lösung scheint nicht denkbar zu sein.

Dabei war das Bestreben der Söhne im Grunde auf nichts anderes gerichtet als darauf, den Käfig, den das Haus des Vaters darstellt,

»Ich kann
nicht essen.«
(Der Sohn
I. Akt, 6. Szene)

Ernst Deutsch in Hasenclevers *Der Sohn*, 1914

zu verlassen und Rechte wahrzunehmen, die der Vater ihnen verwehrt hat. In Hasenclevers *Sohn* nimmt die Revolte für unsere Begriffe recht einfältige Formen an: Der Sohn verläßt, angestachelt von einem Freund und der Liebe zu einem Fräulein (einer Gouvernante), das Haus. Er gerät in eine Massenversammlung, in der er den Aufstand gegen die Väter predigt, was sich anschließend sogar in einer Zeitungsmeldung niederschlägt, die der Vater im Schlußakt des Werks mit Empörung zur Kenntnis nimmt. Der Überempfindlichkeit des situierten Sanitätsrats, der überall schamlose Gesetzlosigkeit und das »Gift« der Verirrung wittert, korrespondieren die bedingten Reflexe der Opposition, die man beim Sohn beobachtet.

J. Schildkraut als Jether, R. Schildkraut als Joa in Schmittbonns
Der verlorene Sohn, 1913

Offensichtlich sieht sich der Dramatiker (oder der Erzähler) dazu
verpflichtet, beiden Seiten gerecht zu werden. Fast jede der literarischen Variationen des Familiendramas, von denen hier die Rede ist,
setzt nicht nur die Problematik des Sohnes in Szene, sondern zerrt

auch die des Vaters ans Licht. Zum Beispiel trägt der Vater in Bronnens Drama, der Gegenspieler des jungen Sohns, nicht nur den sprechenden Namen Fessel, sondern auch Züge, die Mitleid und Verständnis erwecken: Er hat seine Ideen vom besseren Leben nicht verwirklichen können und will, ein armer Mann in mancher Hinsicht, aus seinem Sohn ein Instrument der Rache schmieden, der dann als Aufsteiger die Versagungen, die der Vater erlitten hat, denen da oben wieder vergelten soll. Der Plan mißlingt, da sich der Sohn nicht in dieser Weise als Handlanger der Aufstiegs- und Strafphantasien des Vaters hergeben will. So kummervoll wie die Situation des Sohns: eingesperrt, belastet mit dem übergroßen Auftrag, den ihm der Vater aufhalsen möchte, daher gezwungen, in der Schule Erfolg zu haben, gepeinigt von seinen unausgelebten Trieben, angezogen von der Mutter, die dem Vater zugehört, ist auch die Situation des Vaters: Familienvorstand, der hektisch-schreiend die Korrumpiertheit seiner Ehre verdecken will, nicht sehr fähiger Ernährer in einer Zeit des Hungers (die Handlung spielt während der Kriegsjahre), die spärliche Flamme sozialistischer Hoffnungen mühsam nährend, beraubt schließlich vom Sohn, der ihm zuerst die Frau und dann das Leben nimmt. Der Vater in Hasenclevers Drama *Der Sohn,* arrogant und zugleich so erregbar, erwehrt sich der vernünftigen Erwägungen und humanen Gesinnungen des Polizeikommissars nur durch schroffe Abfertigungen: Hinter der steinernen Front seiner Ansichten und der Rigidität seiner Erziehungsprinzipien scheint der Zweifel an seinem Ethos zu lauern.

Ich glaube, eine Veränderung der Legitimationsargumente der Väter in der Literatur von 1890 bis ungefähr 1920 beobachten zu können: Der Vater Gabor in Frank Wedekinds *Frühlings Erwachen* beruft sich, als er seine Frau zu überzeugen sucht, daß der mißratene Sohn in eine Korrektionsanstalt gehört, auf das normative Prinzip des Gesetzes und der christlichen Sitte, hebt also den Einklang seiner Züchtigung mit dem, was ›vorgeschrieben‹ ist, hervor. Franz Werfel illustriert in seiner erwähnten Erzählung *Nicht der Mörder, sondern der Ermordete ist schuldig* bereits die Rechtfertigungsnot der Väter und ihrer Partei. Ausführlich wird nach einem Vatermord, der der Hauptfigur zu denken und schließlich auch Anlaß zu einem Brief an den Staatsanwalt gibt, in der Zeitung nach den Gründen für solch unverständliche Kriminalität geforscht. Die Argumentation der öffentlichen Meinung (oder zumindest einer ihrer Stimmen), die Werfel als Kette von Fehlurteilen detailliert zitiert, stellt die Position des Vaters überhaupt nicht in Frage. Schuld am Verbrechen des Vatermordes habe vielmehr die allgemeine Dekadenz der Kultur, die sich in ihrer Verweltlichung, in ihrer Verstädterung ausdrücke – es sind konservative Ideen, die hier zu einem Paket von Vorwürfen zusammenschießen:

>In Anbetracht dieser jungen, zügellosen Menschen wandelt oft auch den liberalen Mann die Sehnsucht an, ein eiserner Besen möchte all das Faule und Morsche unerbittlich hinwegfegen.

Ja, eine Generation von Kinoläufern, Kaffeehaushockern, Barhelden drängt nach vorwärts; ihr Ideal ist der Hochstapler großen Stils, der sexuelle Psychopath, mit einem Wort der Verbrecher. (. . .)

In den höheren Klassen der Gesellschaft verfallen die Söhne dem Spiel, dem Nichtstun, der Verschwendung, den sinnlichen Lastern und schließlich den venerischen Krankheiten. In den Niederungen aber ist der Sprung zum Mörder ein Katzensprung.

Und in der Tat!

Einer dieser hoffnungsvollen Jünglinge, die Phantasie von Detektivromanen zersetzt, geht hin und mordet seinen Vater.«[4]

Offensichtlich drückt sich die Verwerflichkeit dieser Jugend darin aus, daß sie falschen Vergnügungen nachgeht, die Sinneslust sucht und dabei die asketischen Ideale verwirft – nicht von ungefähr wird mit dem Stichwort sexuell die diskriminierende Kategorie des Psychopathen assoziiert –, sich Infektionen aller Art – auch in Form übler Lektüre – aussetzt, in keiner Weise also bereit zu sein scheint, regulärer Arbeit nachzugehen. Diese christlich-bürgerliche Definition der Dekadenz als Inbegriff weltlicher Übel und Zerstreuungen dämonisiert zugleich die Triebe, die wohl, wenn sie freigelassen, nur fatale Folgen haben können. Zugleich ist mit solcher Diagnose der Zügellosigkeit der Ruf nach der Zügelung verbunden: Das Konstatieren der zersetzenden Einflüsse geht bruchlos über in den Ruf nach drakonischer Lebensregelung. Die Ideale von Lustverzicht und Leistungseifer finden Verwendung als disziplinierende Hämmer in der Vaterhand und enthüllen so ihr antidemokratisches Potential. Die Austreibung freischweifender Phantasie wird hier – wie so häufig in ähnlichen Fällen – als radikale Reinigung imaginiert; da muß der eiserne Besen das Faule und Morsche wegfegen. In solchem Denken ist kein Platz für eine kontrastive Lebensform von Jugend, überhaupt für keine Lebensform, die sich dem rabiaten Unterwerfungszwang entwinden möchte.

Dies ist das Klima, in dem die Jungen aufwachsen: der Dunstkreis des Vaterhauses. Wer hier jung ist, ist von vornherein anders. Die Furcht vor der Jugend, die die Väter als Anstifter und Provokateure in tragisch endende Familiendramen hineintreibt, erweist sich bei näherer Betrachtung auch als Furcht vor der Möglichkeit eines spielenden, freieren Lebens. Die geknechteten Jungen beantworten die Gewalt mit Gegengewalt. Es kommt kaum – wie könnte es anders in einem so atemberaubenden Zwist und Zweikampf sein – zur Ausbildung einer kompensatorischen Utopie, allenfalls zum flüchtigen Phantasieren über ein klischeehaft idyllisch vorgestelltes Landleben. Franz Kafka betont zu Beginn seines *Briefs an den Vater,* er wolle keine moralische Schuld und daher auch keine moralischen Fehler sondieren, dafür den Konflikt zwischen seinem Vater und sich als Kollision zwischen »Kraft, Lärm und Jähzorn« auf der einen Seite und »Kinderkraft« auf der anderen Seite beschreiben. Wenn schon von Schuld geredet werden muß, dann – nach Kafkas Intention – von der »Schuld der Verhältnisse«: Im »Kampf um das äußere Leben«[5] hat der Vater anscheinend etwas erkämpft, was die Kinder nun aus seiner Hand erhalten, so daß ihnen ein vergleichbarer »struggle for life« erspart bleibt. Doch Kafka kann dieser These vom allmählichen Familienverfall als Naturvorgang, wie sie zum legendären Handlungsmuster etwa in Thomas Manns *Buddenbrooks* geworden ist, nicht ganz zustimmen. Er sieht ebenso deutlich wie das Kräftespiel zwischen zwei Körpern, die einander verdrängen wollen, die Ungerechtigkeit, die der Eroberer-Vater übt, und die erpreßte Demut des Sohns: Diese Dissonanz zwischen Erkennen und erzwungenem Nicht-Handeln läßt im jungen Menschen jene explosive Triebmasse anwachsen, die sich in den realisierten Tötungswünschen auf der Bühne des expressionistischen Dramas auswirkt.

Der Weltkrieg beschleunigt nur eine Reaktionsentwicklung, die schon vorher in Gang gekommen ist. Melchior Gabor in *Frühlings Erwachen* wird von einem vermummten Herrn dem Leben zurückgewonnen, einem Herrn, den er zuerst, vorsichtig fragend, für seinen Vater hält. Melchior Gabor wählt die Rückkehr – in die Verhältnisse, die vom Gesetz der Väter bestimmt werden. Sein Schulfreund Moritz Stiefel geht in den Freitod, getrieben von der Moral der Väter. Offenbar gibt es nur zwei Wege, die aus dem Dilemma der gepeinigten Jugend hinausführen. Wedekinds Empirismus läßt keine andere Lösung zu. Er, der ungeniert sonst schamhaft verhüllte Szenen dem Publikum preisgibt, kann sich die Befreiung, den »Weg ins Freie« nicht vorstellen. Das Illusionäre des Traums vom Ausbruch weicht aber dann in den Erstlingsdramen von Hasenclever oder Bronnen der anschaulichen Demonstration. Der Vatermord scheint angesichts der Situation, in der ein Mensch aus Angst den anderen *in der Infantilität arretiert,* nunmehr logisch und psychologisch unumgänglich zu sein. Die Vätergesellschaft kann sich nicht mehr damit beruhigen, daß die Abirrenden als verlorene Söhne, korrigiert bis ins Mark des Bewußtseins und der Moral, zurückkehren werden. Die knallendschreiend-wütende Zerstörung der alten Mächte rückt in den Bereich des Möglichen. Der Krieg liefert die Erfahrung solcher Destruktions- und Katastrophenvisionen nach. Die Wahrnehmung, daß die ehrfurchtheischende und furchtgebietende Fassade der Väterwelt zersprungen ist, prägt sich etwa in Werfels Erzählung aus, die aus der Perspektive der Nachkriegszeit das trostlose Ende des Familiendramas vorführt: Die Liebe des Sohns ist vom Vater, einem karrieresüchtigen Offizier, brüsk zurückgewiesen worden. Er hat aus seinem Kind einen Soldaten machen wollen. Das Ergebnis solcher Notzüchtigung der Seele ist Haß, der sich am Ende gegen ihn, den Vater, selbst kehren wird. In einer Szene, die trauriger Komik nicht entbehrt, ist der Sohn schließlich zum Vatermord bereit und jagt seinen Erzeuger, bewaffnet mit einer eisernen Hantel, um den Salontisch. Da verliert der Vater sein Nachtgewand, steht nackt vor ihm. Wie zuvor die Uniform, so fällt auch nun alle andressierte Arroganz der Macht von ihm ab: Der tyrannische Vater verwandelt sich in einen alten Mann. Da verläßt der Sohn das Zimmer, befreit, nicht weil er nun jung sein darf, sondern weil er erwachsen geworden ist. Äußere Zeichen dieser Selbständigkeit sind seine Emigration nach Amerika, die Gründung einer eigenen Familie, schließlich die Entscheidung, seinen Haushalt fern von den Städten in freier Natur aufzuschlagen. Natürlich bleibt zu fragen, ob diese Fluchtbewegung nicht doch noch die Nachwirkung der Vergewaltigung bezeugt, die dem jungen Menschen seit frühester Kindheit verwehrt hat, sein Glück in der Gesellschaft zu finden – in der der Vater reüssiert. Immerhin, dieser Sohn »entkommt« seinem Vater, weil er sieht, daß dessen Herrschaft im Alter zu schwinden beginnt.

Doch geht es Werfel nicht nur darum, eine biologische Lösung des Generationskonflikts zu prognostizieren. Er glaubt auch, eine unverrückbare Grundstruktur wahrzunehmen. Der Typus Vater ersetzt den einzigen Vater: Ein Schema des »Kriegs« zwischen Alt und Jung wird sichtbar. Die Reduktion des Streits auf das Schema entwertet zugleich aber auch die Bedeutung dessen, der gerade die Position des Vaters oder die des Sohnes einnimmt. Nicht von ungefähr kann Werfel in etwas doktrinärer Haltung am Schluß seiner Erzählung, in einem (wohl nicht vollständig fingierten) Brief an einen Staatsanwalt, in dem er sein Wort für einen jungen Vatermörder einlegt, von einer Art mythischem Muster sprechen, das er mit Leitbegriffen der Freudschen Psychoanalyse erläutert – er spricht von dem traurigen Schicksal des Ödipus, nennt allerdings nur Sophokles als Gewährsmann:

»Jeder Vater ist Laios, Erzeuger des Ödipus, jeder Vater hat seinen Sohn in ödes Gebirge ausgesetzt, aus Angst, dieser könnte ihn um seine Herrschaft bringen, das heißt, etwas *anderes werden,* einen anderen Beruf ergreifen als den, den er selbst ausübt, seine, des Vaters, Weltanschauung, seine Gesinnungen, Absichten, Ideen nicht fortsetzen, sondern leugnen, stürzen, entthronen und an ihre Stelle die eigene Willkür aufpflanzen. Jeder Sohn aber tötet mit Ödipus den Laios, seinen Vater, unwissend und wissend den fremden Greis, der ihm den Weg vertritt (. . .). Die Tragödie – Vater und Sohn – ist wie jede andere über eine Schuld gebaut. Wollen Sie die Schuld dieser allgemeinen menschlichen Tragödie wissen? – Sie heißt: gierig unstillbare Autoritätssucht, sie heißt: Nicht-beizeiten-Resignieren-Können!«[6]

An dieser etwas vorschnellen Etablierung eines Instinktprogramms, das den zwangsläufigen Totschlag der Väter vorsieht, läßt sich dreierlei ablesen: erstens eine Brutalisierung der Sohnfigur, die zuvor eher sensitiver Jüngling als Kraftkerl gewesen ist, aber in den zwanziger und schließlich in den dreißiger Jahren martialischer in Erscheinung treten wird – schließlich als soldatisch eherner Arbeiter, wie er etwa Ernst Jünger vorschwebt, der die Geburt dieses Typus in den Materialschlachten des Ersten Weltkriegs zu beobachten meint; zweitens eine generelle Entlastung des Vaters und des Sohns im Sinne einer »Physikalisierung« des Konflikts, ähnlich wie sie Kafka in seinem, ebenfalls nach Kriegsende entstandenen *Brief an den Vater* angestrebt hat, nur nicht mit dieser Radikalität – das Schuldproblem wird aus der Welt geschafft, wenn es archetypisch zugeht; drittens die Enthistorisierung des Generationskonflikts, als sei die hier angenommene Urgeschichte vom Vatermord (ähnlich wie sie Sigmund Freud in *Totem und Tabu* rekonstruiert) nun die ewig gültige Verlaufsform des Kampfes zwischen Vater und Sohn. Allein diese Mythisierung des Machtwechsels verrät, daß sich die einst so bedrängende Umklammerung durch die Vaterwelt gelöst haben muß. Allerdings korrigiert sich Werfel, wenn auch etwas unvermutet, wenn er plötzlich die *Schuld* an der familiären Tragödie – die eben noch in mechanistischer Interpretation verdunsten sollte – in der »Autoritätssucht« und dem »Nicht-beizeiten-Resignieren-Können« sucht. Bereits die Formulierung, die diese Prämissen des Unheils nennt, banalisiert es zugleich – als sei schlichter Machtverzicht der Väter ein probates Mittel, den Generationskonflikt zu lösen. Abgesehen davon wird den Söhnen bei solcher Rezeptur keine erhebliche Leistung weiter abverlangt: Sie brauchen gewissermaßen nur auf ihre Zeit zu warten, die kommen wird. Auch dieser Akzentwechsel macht deutlich, daß die Jungen Selbstsicherheit gewonnen haben. Sie treten nach dem Weltkrieg auch in der Literatur als Gruppe, als Generation in Erscheinung, was bis dahin nicht oder kaum der Fall war. Noch Hasenclevers Sohn ist Prototyp und Individuum in einem. Bereits Zeitgenossen haben vermutet, daß lebensgeschichtliche Erfahrungen in dieses Drama eingeflossen sind. Bronnens Vatermörder trägt den Kummer der jungen Menschen aus der unteren Mittelschicht mit sich herum, ihm ist, wie Hasenclevers Sohn, ein Freund und Begleiter (jedenfalls für kurze Zeit) an die Seite gegeben – dennoch muß er seinen Kampf mit dem Vater alleine durchstehen. Zwar reizt und wirkt die Mutter, Geschwister sind auf der Bühne zu sehen, es dominiert aber die Erlebnisperspektive dieses einen charakteristischen Helden. Das Gruppengefühl, das die Jugendbewegung in ihren vielfältigen Spielarten schon seit Jahren reklamiert und propagiert hat, wird also erst mit auffälliger Verzögerung zum Kennzeichen dramatischer oder fiktionaler Personen. Daran mag eine Ästhetik mitverantwortlich gewesen sein, die tendenziell Protagonist und Antagonist aus ihrer Umgebung herauslöst, um deren Streit besser beobachten zu lassen. Jedenfalls treten erst in Dramen und Erzählungen der zwanziger Jahre die Jungen häufiger im Plural auf – zum Beispiel in den Werken Ferdinand Bruckners, so den Schauspielen *Krankheit der Jugend* oder *Die Verbrecher*. In *Krankheit der Jugend* ist der Gegenpart (die Vaterwelt, der Vater, die Eltern überhaupt) fast gänzlich ausgespart; Leidenschaft, Hader und Mord ereignen sich nun innerhalb einer Generationsgruppe. Der »Ruin des deutschen Mittelstandes« (E. Günther Gründel) hat diese Gruppenbildung außerordentlich befördert. Gründel weist darauf hin in seinem Buch *Sendung der jungen Generation* (1932):

»Wo waren denn unsere schönen ›gesicherten bürgerlichen Berufsaussichten‹ geblieben, als nun auch noch der Rest des elterlichen Vermögens, soweit es nicht schon an Kriegsanleihe verlorengegangen war, sich in der Inflation täglich zu entwerten begann? Hunderttausende unserer Gruppe, die sonst auf die Universität gegangen, ins Heer eingetreten, höhere Beamte geworden wären und schließlich auch einfach das elterliche Vermögen geerbt hätten, sahen sich binnen kurzer Zeit *enterbt* und hinabgeworfen auf die Stufe derer, von deren Existenz man früher nicht gar zu anteilvolle Kenntnis genommen hatte. Die seit Generationen gesicherten Brücken ins Leben waren abgebrochen. Man mußte schwimmen und sehen, wie und wo man drüben ankam. Wir waren in Schichten verschlagen worden, von denen sich unsere Eltern nichts hatten träumen lassen. Aber wir begannen es bald positiv zu nehmen. Wir vervollständigten nun bewußt das *soziale Gemeinschaftserlebnis* der Jugendbewegung (...).«[7]

Gründels Darstellung, die Züge einer Selbstlebensbeschreibung trägt, bestätigt im nachhinein, daß die Angst des Vaters, die sich so schädlich als unnachsichtige, gewalttätige Erziehung des Sohnes ausgewirkt hat, zumal der Sorge um den eigenen Status entsprungen ist. Mit dem Verlust von Besitz und Prestige, mit dem Entschwinden der Erbaussichten, zerfällt auch die Autorität des Tyrannen im Hause. Hasenclevers Sohn war nicht schlecht beraten – vielleicht auch nur von einer Augenblickseingebung –, als er schließlich in der entscheidenden Auseinandersetzung mit seinem Vater allem Terror zu entrinnen hofft, wenn er freimütig auf das Erbe verzichtet. Schon 1919 wird von der »vaterlosen Gesellschaft« (Paul Federn) gesprochen«, der man entgegengehe.

Einige Schriftsteller deuten an, daß der Generationskonflikt in dem sozialen Umkreis, in dem das Statusdenken dominiert, mit besonderer Heftigkeit ausgetragen werde. Zu Beginn von Hasenclevers *Sohn* kommt es zum Dialog zwischen dem Sohn des wohlhabenden Sanitätsarztes und seinem Hauslehrer: Die Verlassenheit und Einsamkeit des jungen Menschen sucht sich einen Ausgleich in Vorstellungen vom Einssein mit der Natur:

»Seit meiner frühesten Kindheit habe ich gelernt, die Einsamkeit um mich her zu begeistern, bis sie in Tönen zu mir sprach. Noch heute kann ich in den Garten gehen und vor etwaigen Bäumen eine Symphonie dirigieren und mein eigener Tenor sein (...) Kennen Sie das Gefühl nicht? *Der Hauslehrer (bescheiden):* Wir wohnen auf einer Etage.«[8]

Die frappierende Replik des bescheidenen Hauslehrers enthüllt, daß der Sohn als Privilegierter euphorischen Phantasien nachhängt. Ein ähnlich verlaufendes Gespräch findet sich in Bronnens *Vatermord*. Es dient gleichfalls dazu, Schwärmerei als sozialen Luxus bloßzustellen. Die Bedingtheit des Überschwangs und des Trotzes, die sich im Generationskonflikt entladen, zeigt sich aber auch schon in Wedekinds *Frühlings Erwachen:* Zweimal betont der vermummte Herr, der Melchior Gabor ins Leben zurückführt, daß alles Gedankenspiel mit Verzweiflungsakten nur auf quälende Hungergefühle zurückzuführen sei. Wer satt ist, denkt an anderes. Im Umriß wird hier eine Wertehierarchie sichtbar, die Edmund, der Freund des jungen Helden, in Bronnens *Vatermord* deutlich beim Namen nennt: »Und zwar hungert man ohne Unterschied ob man jung oder alt ist.« Der Zwist zwischen Vater und Sohn verliert offensichtlich an Bedeutung, wenn man an Elend und Ausbeutung ganzer Menschenklassen denkt. Doch bleibt dieser Einwurf in Bronnens Stück nur eine korrigierende Ermahnung, die auf den Verlauf des Familiendramas keinen Einfluß nimmt. Erst die von einer breiten Mehrheit geteilte Erfahrung des bitteren Mangels während des Weltkriegs und danach, auch das »Absinken« in tiefere soziale Schichten akzentuieren nachhaltig die Relativität des Generationskonflikts im Vergleich mit anderen Problemen einer »gemeinen Welt« (Arnolt Bronnen). Die Familie wird zum Nebenschauplatz – auch in der Literatur.

Und wo bleiben die Mütter? Hanns Sachs, der sich mit Otto Rank die Schriftleitung der von Sigmund Freud herausgegebenen Zeitschrift *Imago* teilt, veröffentlicht 1917 in diesem Organ eine Rezension von Hasenclevers *Sohn*. In dieser scharfsichtigen Studie lenkt er den Blick auf die Gestalt des Fräuleins, die in ihrem Verhalten und in ihrer Rede in der Tat mütterliche Charakteristika aufweist. Solcher Fund ist dem Autor willkommen, da er das Ödipus-Schema im Drama verwirklicht sieht. Offenbar beschreibt er aber die Mutter als eine Art Durchgangsstation für die Sehnsucht des Sohns: Sie will nichts für sich, nur für ihn – und wird solcher Definition gemäß am Ende beiseite- und zurückgelassen. Ein ähnliches Schicksal widerfährt ja auch der Mutter in Arnolt Bronnens *Vatermord:* begehrt, geliebt und dann verächtlich als »alte« Frau zurückgewiesen. Nun kann ich nicht erkennen, daß Ödipus in der altgriechischen Überlieferung Iokaste ähnlich instrumentell ge- und mißbraucht habe, auch nicht, daß die frühe Fassung der Ödipus-Theorie bei Freud der geliebten Mutter diese opfervoll-undankbare Aufgabe zuweist. Eher scheint mir die Ausklammerung der Mütter aus dem Vater-Sohn-Konflikt – zumindest in der dramatischen und der Erzählliteratur zwischen 1890 und 1920, die ich hier vor Augen habe – auf die soziale Wirklichkeit zu verweisen, in der die verheirateten Frauen des aufsteigenden Bürgertums sich tendenziell nicht in »Männersachen« und »Männergespräche« einzumischen hatten. Sie sind als Personen – ich übertreibe dies, halte mich aber an den Eindruck, der aus der Literatur zu gewinnen ist – für den Sohn, der sich eine Zukunft eröffnet, der aus dem »Hausarrest« flüchten will, nicht so bedeutsam wie als Frauen, wobei eben die Kontur der Mutter in die der Geliebten, mitunter auch nur der Traumgeliebten, hinüberspielen kann. Kafka beschreibt klar und unbarmherzig, daß seine Mutter (die er im *Brief an den Vater* nur selten nennt) die »Rolle eines Treibers bei der Jagd« übernommen habe.[9] Als Helfershelfer des Vaters bleiben die Mütter den Söhnen fern; entwickeln die Mütter ein erotisches Interesse für ihre Söhne, rücken sie ihnen näher – aber auch solches Verhältnis ist prekär und schützt nicht vor abrupter Abkehr der Mutter und bedingungsloser Rückkehr an die Seite des Mannes, des Vaters: So verhält sich ja auch Frau Gabor, als sie von den erotischen Aktivitäten ihres Sohnes erfährt. Solange er über den Beischlaf schreibt, will sie das gerne tolerieren. Im Moment, in dem er ihn auszuprobieren versucht, hat ihre Nachsicht ein jähes Ende gefunden.

Die erotische Beziehung, die sich zwischen Vater und Tochter aufbauen kann, führt übrigens keineswegs zur Rettung der Tochter, sondern viel eher noch zu ihrem Verderben: Literarische Beispiele für diesen Konflikt gibt es nicht so häufig. Zwei Exempel möchte ich kurz streifen: Hofmannsthals Drama *Elektra* (1903) und Arthur Schnitzlers Erzählung *Fräulein Else* (1924). In unterschiedlicher Intensität nimmt hier der Vater von seiner Tochter Besitz – und zwar im Innersten. Er benutzt sie ähnlich als Sklave/Sklavin, wie es sonst an anderem Ort den Söhnen geschieht. Der ermordete Agamemnon hat seiner Tochter Elektra einen Racheauftrag hinterlassen, der sie vollständig ausfüllt, der ihr als Haß, als Sendbote des Vaters, fast wie ein männlicher Körper begegnet:

> »Eifersüchtig sind
> die Toten: und er schickte mir den Haß,
> den hohläugigen Haß als Bräutigam.

> Dann mußte ich den Gräßlichen, der atmet
> wie eine Viper, über mich in mein
> schlafloses Bette lassen, der mich zwang,
> alles zu wissen, wie es zwischen Mann
> und Weib zugeht. Die Nächte, weh, die Nächte,
> in denen ich's begriff! Da war mein Leib
> eiskalt und doch verkohlt, im Innersten
> verbrannt. (. . .)«[10]

So nimmt die Vaterimago für die Tochter die Gestalt eines Vampirs an, eines fast teuflischen Wesens, das sich ihrer notzüchtigend bemächtigt. Als Elektra schließlich ihren Auftrag ausgeführt hat, der Bruder an der eigenen Mutter und ihrem Liebhaber zum Mörder geworden ist, gerät sie in Ekstase und sinkt schließlich, wie ausgesaugt, zu Boden, bleibt als Hülle zurück. Auch Hofmannsthal läßt bereits die Frage anklingen, ob der Vater, als Toter oder als Lebender, das Recht habe, so exklusiv über den Lebenslauf seiner Tochter zu entscheiden, gewissermaßen inzestuös in sie einzudringen, um sie für seine Zwecke und Ziele zu gebrauchen. Der Vater von Fräulein Else ist gar ein kriminell gewordener Spieler, der keinerlei rechtmäßigen Anspruch auf Achtung erheben dürfte – und doch treibt es die Tochter zur peinigendsten Entäußerung ihres Lebens, um ihm zu helfen. In dem abschließend erzählten Flugtraum begegnet Else ihrem Vater als einem Mann, der sie begehrt: »Küss' mir doch nicht die Hand. Ich bin ja den Kind, Papa.«[11] Natürlich, der Generationskonflikt erscheint hier anders als beim vergleichsweise klassischen Streit zwischen Vater und Sohn: Die Väter sehen in ihren Töchtern vor allem die jungen Frauen, nicht so sehr die Kinder. Da sie aber auch (besonders abhängige) Töchter sind, eignen sie sich als verfügbare Objekte des Vaterwillens. Ähnliche »Vorzüge« kann der heranwachsende junge Mann nicht vorweisen. Je erwachsener er wird, desto mehr droht seinem Vater Gefahr. In jedem Fall lastet die Literatur den Vätern das erste Vergehen an, das dann alle anderen auslöst: Am Anfang waren die Angst und der Haß der Älteren und die Untaten an der Jugend.

Der literarisch vorgestellte Vatermord hat seine Gründe in Erniedrigung, Beleidigung, in Freiheitsberaubung und Quasi-Tortur – die Autoren versuchen sie darzulegen. Die Nachwachsenden treten in Drama und Erzählung generell nicht nach dem Gesetz eines blinden Regelwerks an, das ihnen verheißt, sie würden eines Tages den Vater entmannen oder töten. Keiner der Autoren, auf die ich mich bei diesen Ausführungen bezogen habe, will auf die Dauer unterstellen, es handle sich bei solchen Aggressionen um angeborene Dynamik. Die Faktoren, die sie nennen, suchen sie zumal im *historisch* geprägten sozialen Gefüge. Selbst Werfel, der immer wieder mit den mythischen Modellen spielt, kann sich mit der Reduktion des Vater-Sohn-Konflikts auf archetypische Muster nicht zufriedengeben. In seinem frühen Gedicht *Vater und Sohn* (1913) schreitet er unbedenklich, vielleicht wider Willen, von der erhabenen Göttersphäre in die des bürgerlichen Milieus und wieder zurück: Die »Feindschaft der geschiedenen Lebensalter« tritt einerseits bei »erbosten Mittagsmählern« zutage, andererseits wird sie mit einer Vehemenz ausgetragen, daß »der Orkus widerhallt«. Was mit »Späßen der Unendlichkeit« in des Uranos »Busens Bläue« beginnt, endet schließlich beim bösartigen Zank im Bürgerhause – pathetisch überhöht, aber dennoch erkennbar: »Und der Sohn harrt, daß der Alte sterbe / Und der Greis verhöhnt mich jauchzend: Erbe!«[12]

Anmerkungen

1 Franz Kafka, *Er. Prosa*, hg. v. Martin Walser (Frankfurt/M. 1963), S. 186.

2 Ebd., S. 140.

3 Franz Werfel, *Erzählungen aus zwei Welten*, Bd. 1 (Stockholm 1948), S. 207.

4 Ebd., S. 270.

5 Kafka, *Er*, S. 156.

6 Werfel, *Erzählungen*, S. 279.

7 E. Günther Gründel, *Die Sendung der Jungen Generation. Sinndeutung der Krise* (München 1932), S. 40/41.

8 Walter Hasenclever, *Der Sohn*, in: Günther Rühle, *Zeit und Theater*, Bd. 1: 1913–1925 (Berlin 1973), S. 177.

9 Kafka, *Er*, S. 153.

10 Hugo von Hofmannsthal, *Dramen*, Bd. 2 (Frankfurt/M. 1954), S. 63.

11 Arthur Schnitzler, *Die erzählenden Schriften*, Bd. 2 (Frankfurt/M. 1970), S. 381.

12 Franz Werfel, *Das lyrische Werk*, hg. v. Adolf Klarmann (Frankfurt/M. 1967), S. 86.

Klaus Vondung
Apokalyptische Erwartung
Zur Jugendrevolte in der deutschen Literatur zwischen 1910 und 1930

Daß Revolten von Söhnen gegen ihre Väter in der deutschen Literatur zwischen 1910 und 1930 eine wichtige Rolle spielen, wurde schon von Zeitgenossen festgestellt und seither aus unterschiedlichen Blickwinkeln untersucht.[1] Ein besonderes Charakteristikum dieser Jugendrevolten ist allerdings nicht hinreichend beachtet worden: *die apokalyptische Erwartung,* die zahlreiche Werke zum Ausdruck bringen oder zum literarischen Thema machen. Es spricht einiges dafür, daß die existentielle und politische Bedeutung der Jugendrevolten und ein Teil ihrer literarischen Eigenart in der apokalyptischen Tendenz der Revolten begründet ist.

In der Forschung zur Literatur des genannten Zeitraums taucht der Begriff »Apokalypse« hin und wieder auf, allerdings kaum im Zusammenhang mit den Jugendrevolten; meistens wird er gebraucht, um die Motive des Untergangs und Weltendes zu charakterisieren, die vor allem in der expressionistischen Literatur begegnen. Solche Benennungen sind nicht unzutreffend, aber auch nicht sehr aussagekräftig: Zwar hat »Apokalypse« mit »Untergang« zu tun, dies ist jedoch nicht ihr einziger Inhalt. Soll der Terminus »Apokalypse« als analytische Kategorie dienen, um mit seiner Hilfe genauere Einsichten in die Bedeutung bestimmter Phänomene – hier der literarischen Jugendrevolten – zu gewinnen, muß klar sein, was »Apokalypse« heißt. Nun ist »Apokalypse« freilich kein propositioneller Begriff der Wissenschaftssprache, der definiert werden könnte, wie z. B. der in diesem Kontext ebenfalls naheliegende Begriff »Eschatologie«[2], sondern ursprünglich ein Symbol der Selbstinterpretation; d. h., daß der Verfasser der Offenbarung Johannis in dem Wort *apokalypsis,* der Verfasser des Buches Daniel in dem Wort *hazon* und andere Autoren – bzw. Übersetzer – ähnlicher Schriften in äquivalenten Worten wie *revelatio, Enthüllung, Offenbarung, Vision, Schau* ihr Verständnis vom spezifischen Charakter einer religiösen Botschaft sowie ihr Selbstverständnis als Verkünder solcher ›Visionen‹ symbolisch zum Ausdruck brachten. Mit zunehmender Einsicht in die formale und inhaltliche Ähnlichkeit entsprechender Botschaften wurde »Apokalypse« zum Leitsymbol; und im Verlauf der zweitausendjährigen Geschichte der Apokalypse fand das Symbol auch sukzessive Verwendung im wissenschaftlichen Sprachgebrauch, eben als Sammelbezeichnung für eine besimmte Gattung religiösen Schrifttums mit typischen Inhalten und Formen. Das spezifisch »Apokalyptische« kann also nur typologisch durch Vergleich des historischen Materials bestimmt werden.

Bei der folgenden Bestimmung beschränke ich mich auf die wesentlichsten Charakteristika, die auf die Daniel-Apokalypse des 2. vorchristlichen Jahrhunderts und die Johannes-Apokalypse des 1. Jahrhunderts ebenso zutreffen wie auf die Spekulationen der Taboriten im 15. oder die der Münsteraner Wiedertäufer im 16. Jahrhundert[3], aber eben auch auf manche Erscheinungsformen der literarischen Jugendrevolte zwischen 1910 und 1930. Zentraler Inhalt der Apokalypse ist die Erwartung und Prophezeiung einer gewaltsamen Zerstörung der bisherigen Welt, die als absolut schlecht und verdorben angesehen wird, und der anschließenden Verwandlung des unvollkommenen Zustands von Mensch und Welt in einen neuen, vollkommenen. Das apokalyptische »Drama« beschränkt sich also nicht auf den Untergang. Zwar ist die Zerstörung des Alten notwendige Voraussetzung für die Erneuerung, aber die Schaffung eines Zustandes frei von Bösem und Schlechtem ist der eigentliche Zielpunkt des apokalyptischen Geschehens. In der Johannes-Apokalypse hat die Erwartung dieses Zustands ihre klassische Formulierung gefunden: »Der Tod wird nicht mehr sein, noch Leid noch Geschrei noch Schmerz wird mehr sein; denn das Erste ist vergangen.«[4] Es wird erwartet, daß der radikale Wandel *unmittelbar* bevorsteht. Träger der Erwartung ist eine spirituelle und meist zugleich soziale Minorität, die der Verfolgung ausgesetzt ist und die sich durch den Strukturwandel der Welt Erlösung und Herrschaft über die neue Welt verspricht. Die Sprecher der apokalyptischen Erwartung geben sich als Seher und Propheten, denen ihr Wissen in Visionen, durch Offenbarung zuteil geworden ist.

Um einen ersten Eindruck davon zu vermitteln, wie diese Charakteristika der Apokalypse in einem Text unseres Zeitraums in Erscheinung treten, greife ich ein einzelnes Beispiel heraus: Ernst Tollers Drama *Die Wandlung*. Es wurde im Frühjahr 1918 fertiggestellt. Inhalt des Dramas ist der Weg des jungen Mannes Friedrich durch das Grauen des Kriegs zum Glauben an die »Neugeburt der Menschheit«.[5] Die alte Welt erweist sich als total verdorben; die Menschen sind nur noch »Zerrbilder« ihrer selbst.[6] Die Zerstörung der bisherigen Welt schafft die Voraussetzung für die von Friedrich prophezeite Wandlung: »Gewaltig schau ich strahlende Visionen. / Kein Elend mehr, nicht Krieg, nicht Haß.«[7] Die Orts- und Zeitangabe des Dramas verrät die Naherwartung: »Die Handlung spielt in Europa vor Anbruch der Wiedergeburt.«[8] Das Versprechen der Wiedergeburt wird durch die Jugend verkörpert, denn sie leidet am stärksten. Schon in der Vorkriegszeit war sie dem Druck ihrer Umwelt ausgesetzt, während des Kriegs mußte sie die größten Opfer bringen. Nun wird sie zum Garanten der Erlösung:

> »Du Jugend schreite, ewig dich gebärend,
> Erstarrtes ewig du zerstörend,
> So schaffe Leben gluterfüllt vom Geist.«[9]

Kraft seines »Wissens«[10] um den neuen Zustand und um den Weg dorthin fällt Friedrich die Rolle des »Führers«[11] zu. In der Funktion des wegweisenden Propheten wird der Autor Toller mit seinem Helden eins, wie der Vorspruch des Dramas erkennen läßt:

> »Ein Bruder, der das große Wissen in sich trug
> (. . .)
> Der ballte lodernd harten Ruf:
> Den Weg!
> Den Weg! –
> Du Dichter weise.«[12]

Es bietet sich – nach diesem Beispiel – an, bei den Charakteristika der Apokalypse drei Ebenen zu unterscheiden: die Symbole, die Erfahrungen und deren Auslegung, die Sprechhaltung und Wirkungsabsicht.

Symbole: Der zentrale Inhalt der Apokalypse drückt sich in der polaren Symbolik von »Untergang« und »Erneuerung« aus. Daß die Vernichtung der alten Welt moralisch oder historisch gerechtfertigt ist, äußert sich im Symbol des »Gerichts« oder »Weltgerichts«. Für die Radikalität des erwarteten Umschlags stehen Symbole wie »Wandlung«, »Wiedergeburt«, »Auferstehung«; auch der Vogel Phönix taucht in diesem Zusammenhang hin und wieder auf. Der Glaube an die Verwandlung von Mensch und Welt in einen Zustand der Vollkommenheit artikuliert sich vorzugsweise im Epitheton »neu«. Die Johannes-Apokalypse lieferte das Vorbild mit dem

»neuen Jerusalem«, dem »neuen Himmel« und der »neuen Erde«; die Möglichkeit, die Erneuerung existentiell, gesellschaftlich und »kosmisch« zu sehen, findet seither ihren Niederschlag meist in der dreifachen Symbolik« neuer Mensch«, »neue Gemeinschaft«, »neue Welt«. Die Fähigkeit schließlich, darüber Aussagen zu machen, ist im »Wissen« begründet, das sich in »Visionen« aktualisiert und durch den »Geist« befruchtet ist. Das Symbol »Geist« steht zugleich für die Qualität, die den Strukturwandel bewirkt und den neuen Zustand bestimmt. Auch dieses Symbol durchzieht die gesamte apokalyptische Tradition seit Johannes bis hin zu Toller: »Ihr könntet doch Menschen sein«, sagt Friedrich dem Volk, d. h. neue, verwandelte Menschen, »wenn ihr Erfüllte wäret im Geist.«[13]

Erfahrung und Erfahrungsauslegung: Es darf angenommen werden, daß die Symbole auf Erfahrungen beruhen, die in einer ganz spezifischen Weise ausgelegt werden. Voraussetzung für apokalyptische Erwartungen ist offenbar, daß in bestimmten Situationen Menschen ihre existentiellen und politischen Defizienzerfahrungen in einer Weise interpretieren, welche die Realität insgesamt als so verdorben und sinnlos erscheinen läßt, daß an die Möglichkeit einer Verbesserung durch Einzelmaßnahmen nicht mehr geglaubt wird. Maßstab für die Beurteilung der Realität als grundsätzlich verdorben und sinnlos ist das »Wissen« um eine gerechte und vollkommene Ordnung, die der defizienten Ordnung der Umwelt als überlegene Wahrheit entgegengestellt wird.

In der klassischen jüdisch-christlichen Apokalypse ist die Quelle dieser Wahrheit Gott; demzufolge erwartet der Apokalyptiker, Gott werde den neuen Zustand herbeiführen. Sache des Gläubigen ist es, treu und geduldig bis zum Eingreifen Gottes auszuharren. In der neueren apokalyptischen Tradition befreit sich der Apokalyptiker mehr und mehr aus einer solch quietistischen Haltung; die spezifische Art und Weise apokalyptischer Erfahrungsauslegung eröffnet auch diese Möglichkeit: Die Ablehnung der Realität als insgesamt verdorben und sinnlos impliziert Widerstand, der in eine Revolte umschlagen kann, und diese Revolte kann sich, über die Ablehnung der weltimmanenten Gegebenheiten hinaus, auf die Seinsordnung als solche ausdehnen, d. h. die Revolte gegen Gott als den Seinsgrund einbeziehen. Albert Camus hat diese Art der Revolte »metaphysische Revolte« genannt und sie folgendermaßen definiert: »Die metaphysische Revolte ist die Bewegung, mit der

Szenenfoto der *Wandlung* von Ernst Toller, Leipzig Altes Theater 1924,
Regie: Alwin Kronacher, Bühne: Paul Thiersch

ein Mensch sich gegen seine Lebensbedingung und die ganze
Schöpfung auflehnt.« Dies bedeutet, daß der metaphysisch Revol-
tierende nicht nur gegen das Leben protestiert, das ihm innerhalb
seiner *besonderen Lebensumstände* bereitet ist, sondern »gegen das
Leben, das ihm *als Mensch* bereitet ist. (. . .) der metaphysisch Re-
voltierende erklärt sich von der Schöpfung betrogen.«[14]

Die typische Anklage des metaphysisch Revoltierenden gegen
Gott findet sich auch in Tollers *Wandlung:* »Was ist das für ein
Gott, der uns im Elend verkommen läßt?«[15] Wenn die Ablehnung
der Realität Gott einbezieht, wird auch die Hoffnung auf Gottes
Eingreifen hinfällig; folgerichtig muß der Anhänger der metaphysischen Revolte die Zerstörung der alten Welt selbst in die Hand
nehmen, um den Weg für die Erneuerung frei zu machen. In der
Wandlung ist zwar ein Großteil des Zerstörungswerks schon durch
den Krieg erfolgt, aber einige Restbestände der alten Welt müssen
noch beseitigt werden: »Zertrümmert die Burgen«, fordert Friedrich am Ende des Dramas das Volk auf, »zertrümmert lachend die
falschen Burgen, gebaut aus Schlacke, aus ausgedörrter Schlak-
ke.«[16] Auch das Erlösungswerk wird so von den Menschen selbst
vollbracht. In der *Wandlung* kleidet es sich in die Symbolik der
Passion Christi: Für Friedrich ist der Krieg die Passion; in mystifi-
zierenden Szenen stirbt er und wird wiedergeboren. Dadurch verwandelt er sich bereits in den »neuen Menschen«, der gemeinsam
mit der Jugend die Neugeburt der Menschheit einleiten wird.

Sprechhaltung und Wirkungsabsicht: Der apokalyptische Autor spricht mit der Autorität dessen, der die Wahrheit repräsentiert und mit dem Wissen um die Zukunft begnadet ist. Kraft seines Wissens ruft der apokalyptische Autor seine Anhänger dazu auf, die gegenwärtige Drangsal bis zur baldigen Wandlung standhaft zu ertragen oder die Wandlung selbst aktiv herbeizuführen. Diese Absicht realisiert sich meist in einer stark rhetorisch geprägten Sprechhaltung, für die Ermahnungen und Versprechungen, Drohungen und Tröstungen oder auch Aufrufe zur Tat charakteristisch sind. Der Eingang der Johannes-Apokalypse zeigt diese Sprechhaltung ebenso wie der Vorspruch »Aufrüttelung« zu Tollers *Wandlung.* Die Naherwartung verleiht dem apokalyptischen Sprechen überdies den Ton äußerster Dringlichkeit. Nicht zuletzt wirbt der apokalyptische Autor um Gefolgschaft. In der Spielart der »messianischen« Apokalypse kann er hierbei auf eine bestimmte Person verweisen, welche die Wandlung vollbringt und der es zu folgen gilt, oder sich selbst als Führer in die neue Welt präsentieren.

Die typologischen Gemeinsamkeiten des gewählten Beispiels mit der apokalyptischen Tradition dürfen nicht dazu verleiten, die historischen Besonderheiten der Jugendrevolte einzuebnen. Als erste Besonderheit ist festzuhalten, daß zwischen 1910 und 1930 apokalyptische Tendenzen nicht nur bei der literarischen Jugendrevolte beobachtet werden können. In den Beginn dieses Zeitraums reichen apokalyptische Untergangsphantasien aus dem Fin de siècle hinein[17], der Erste Weltkrieg provozierte zahlreiche apokalyptische Geschichtsspekulationen[18], und während der zwanziger Jahre gab es eine regelrechte Subkultur apokalyptischer Bewegungen.[19] Die Apokalypse war also ein umfassendes Phänomen, aus dem sich die Jugendrevolte als spezifische Variante allerdings dadurch heraushob, daß die »apokalyptische Minorität«, die den Strukturwandel von Mensch und Welt vollziehen sollte, eben in der Jugend gesehen wurde. Gleichwohl gab es Übergänge zum weiteren Umfeld apokalyptischer Tendenzen, wobei die Jugend in den Hintergrund rückte.

Andererseits ist zu bemerken, daß die literarische Jugendrevolte in der Apokalypse nicht aufgeht. Wie betont, handelt es sich um *Tendenzen,* die überdies nicht in allen Zeugnissen auftreten. Betrachtet man die »literarische Genealogie« des Generationskonflikts[20], so zeigt sich, daß ein dramatisches Genre der Jugendrevolte mit Wedekinds *Frühlingserwachen* als Vorläufer[21] und den expressionistischen Dramen *Geburt der Jugend* und *Vatermord* von Bronnen, *Der junge Mensch* von Johst und *Der Sohn* von Hasenclever vorwiegend von Familien- und Schulproblemen, sexuellen Nöten und ödipalen Konflikten handelt (vgl. den Beitrag von Thomas Koebner in diesem Band). Demgegenüber treten in den zwanziger Jahren soziale Probleme und das »Massenerleben«[22] der jungen Generation stärker in den Vordergrund.

Offensichtlich hängen Entwicklungen bei den apokalyptischen Tendenzen mit den Zeitereignissen zusammen, zugleich aber auch mit dem Alter der Autoren. Es ist daher sinnvoll, eine Gliederung nach Altersgruppen vorzunehmen, denn bei der literarischen Jugendrevolte handelt es sich – wie schon in den dreißiger Jahren beobachtet wurde[23] – um eine Bewegung, bei der mehrere Altersgruppen aufgrund ihrer spezifischen Merkmale unterschieden werden können, auch wenn sie jeweils nur wenige Jahrgänge umfaßten:

Erstens die zwischen 1885 und 1890 Geborenen, die das erste Jahrzehnt des 20. Jahrhunderts »als entscheidendes Dezennium der geistigen und künstlerischen Selbstwerdung erleben sollten«[24], mit den frühen Expressionisten Heym, Trakl, van Hoddis, Ehrenstein, Wolfenstein, auch Gustav Sack.

Zweitens die in den neunziger Jahren Geborenen, die 1914 als Abiturienten und Studenten Kriegsfreiwillige waren oder im Lauf des Kriegs noch eingezogen wurden, unter ihnen Hasenclever, Bronnen, Toller, auch Becher (der den Kriegsdienst verweigerte).

Drittens der berühmte »Jahrgang 1902«[25]; er steht repräsentativ für die zwischen 1900 und 1905 Geborenen, die während des Kriegs aufwuchsen, aber nicht mehr eingezogen wurden. Angehörige dieser Altersgruppe sind z. B. Glaeser, Salomon, Süskind.

Viertens schließlich die zwischen 1905 und ca. 1914 Geborenen, deren formative Jugendjahre mit der Endphase der Weimarer Republik, mit der Weltwirtschaftskrise und dem Aufstieg des Nationalsozialismus zusammenfielen. Aus ihnen rekrutierte sich die »junge Garde« nationalsozialistischer Schriftsteller, z. B. Möller, Eggers, Schumann, Böhme, Baumann; aber auch leidenschaftliche Gegner des Nationalsozialismus wie Klaus Mann gehören zu dieser Altersgruppe.

Vorab läßt sich feststellen, daß die ersten beiden, »expressionistischen« Altersgruppen ihrer Revolte gegen die Väter in Drama und Gedicht unmittelbar gegenwartsbezogenen Ausdruck verliehen, während die dritte Altersgruppe das Thema vorzugsweise in der Retrospektive des Romans behandelte. Die Unterschiede der Entstehungszeit und des Genres sind auch für die apokalyptischen Tendenzen von Bedeutung. Die vierte Altersgruppe, auf die ich nur noch kurz eingehen werde, setzte vor 1933 erneut gegenwartsbezogene apokalyptische Akzente.

Die oben erwähnte Spannung zwischen typologischen Gemeinsamkeiten und historischen Besonderheiten der Apokalypse ist zu berücksichtigen, wenn ich mich nun eingehender der Jugendrevolte zuwende, zunächst der frühexpressionistischen. Die Erfahrungen, die apokalyptische Erwartungen motivierten, wurden in literarischen Werken, aber auch in persönlichen Zeugnissen z. B. von Becher, Ehrenstein, Heym, Heymel, Toller, Trakl, Wolfenstein mit wünschenswerter Deutlichkeit zum Ausdruck gebracht; es ist die Rede von »Zerrissenheit« und »Zersplitterung«[26], von der »Öde« und »Leere« des Daseins, von der »Beengung« und »Erstarrung« des Lebens, von »Langeweile«, »Angst« und »Verzweiflung«.[27] Die Verbindung extremen Leidens am Dasein mit dessen radikaler Ablehnung kommt besonders eindrucksvoll in Georg Heyms Tagebüchern zum Ausdruck. Leidenschaftlich beklagt er die »Unlust«, die »Verzweiflung«, die wie eine »Krankheit« in ihm sitzt, und »dies inhaltlose Dasein«: »Ich meine, keine Zeit war bis auf den Tag so inhaltslos wie diese.«[28]

Solche Erfahrungen haben ihren sozialhistorischen, geistesgeschichtlichen und psychosozialen Hintergrund[29]: Der Jugend wurde im Wilhelminischen Kaiserreich von seiten des Staats und der gesellschaftlichen Institutionen große Bedeutung zugemessen, allerdings aus Motiven, die sich nicht an jugendspezifischen Bedürfnissen ausrichteten, sondern an macht- und sozialpolitischen Interessen: Der Jugendliche als Schüler und Student, als Rekrut und Fabrikarbeiter wurde zum Objekt der Betreuung, Beeinflussung und Kontrolle, um ihn zum »brauchbaren«, d. h. gefügigen Glied der Gesellschaft zu machen und um damit die innere Ordnung und die äußere Machtposition des Staats auf Dauer zu stabilisieren.[30] Da die politische und gesellschaftliche Ordnung dieses Staats einen durchgängig autoritären Charakter hatte – von der politischen Exekutive über Verwaltung, Militär, Industriebetrieb und Schule bis hin zur Familie – bedeutete dies für die Jugendlichen, daß sie in nahezu allen Lebensbereichen autoritären Verhaltensweisen, Reglementierung und Zwang begegneten. Hinzu kam die geistige und moralische Gängelung durch formalisierte »Werte« und erstarrte »Bildungsgüter«, die einen Jugendlichen mit lebhaften Empfindungen und wacher Intelligenz unbefriedigt lassen mußten. Äußerungen des Überdrusses wie die oben zitierten sind daher nicht verwunderlich.

Allerdings reicht das bloße Faktum, daß die Jugendlichen autoritären Strukturen unterworfen waren, allein nicht hin, um zu erklären, warum ihre frustrierenden Erfahrungen in apokalyptische Erwartungen umschlugen. Hierzu bedurfte es zusätzlicher Anstöße. Die Jugendlichen aus dem Milieu des gebildeten Bürgertums – um sie geht es hier fast ausschließlich – litten zwar wie alle anderen unter dem Druck der Verhältnisse, aber sie konnten sich gleichwohl einen geistigen Freiraum schaffen, in dem sie Alternativen zur offiziell akzeptierten »Bildung« suchten und fanden: unangepaßte, »rebellische« Dichter und Denker, »die in sich ein zerrissenes Herz haben, (...) Kleist, Grabbe, Hölderlin, Büchner«[31], ebenso wie Nietzsche und die jungen Schriftsteller ihrer Zeit. Aus diesen Quellen – zusätzlich zu denen der ohnehin vermittelten literarischen, aber auch religiösen Tradition – schöpften sie die Mittel, ihre Erfahrungen *auszulegen* und damit deren Bedeutung überhaupt erst bewußtzumachen. Hinzu kommt ein Moment der Stilisierung: Gerade Jugendliche, die besonders empfänglich sind für ästhetisch vermittelte Eindrücke, neigen dazu, ihrer eigenen Erfahrungen dadurch habhaft zu werden, daß sie diese ins Gewand ästhetischer Vorbilder kleiden, selbst wenn das ästhetische Gewand im Vergleich zur Realität etwas zu pathetisch erscheint. Der junge Georg Heym ist ein gutes Beispiel: Zwar litt er zweifellos unter dem Vater, der Schule und den gesellschaftlichen Zuständen, aber zwischen dem pathetischen Protest seiner Tagebücher und seinem Verhältnis zum Elternhaus wie seinem gesellschaftlichen Verhalten ist doch ein Kontrast zu bemerken.[32]

Es besteht also neben der Spannung zwischen typologischen Gemeinsamkeiten und historischen Besonderheiten der Apokalypse ein zusätzliches Spannungsverhältnis zwischen Erfahrungen und deren Auslegung. Einerseits muß der historische Erfahrungskontext beachtet werden, denn die Defizienzerfahrungen der jungen Expressionisten, die sich für sie zu einer tiefen existentiellen Frustration verdichteten, waren biographisch und gesellschaftlich bedingt. Andererseits werden Erfahrungen erst greifbar, wenn sie ausgelegt sind; und bei der Auslegung spielen Begriffe und Deu-

tungskategorien, die bekannt sind und als geeignet »gefunden«
werden, eine wichtige Rolle. Dies bedeutet, daß die jungen Expressionisten bei der *Artikulation* apokalyptischer Erwartungen
bewußt oder unbewußt sowohl die tradierten religiösen Sinndeu-
tungen und deren Symbole als auch die aktuellen, ästhetisch vermittelten Untergangsvisionen des Fin de siècle nutzbar machten.[33]
Die symbolischen und ästhetischen »Deutungs- und Artikula-
tionshilfen« lassen einerseits die typologischen Gemeinsamkeiten
mit der apokalyptischen Tradition erkennen, wurden andererseits
nun aber in den Kontext einer Interpretation der konkreten historischen Situation eingeschmolzen.

 Diese Interpretation läßt sich für das erste Dezennium unseres
Zeitraums – unter Beschränkung auf die apokalyptischen Elemente
– folgendermaßen skizzieren: Die jungen Expressionisten neigen
dazu, ihre spezifischen Defizienzerfahrungen nach dem Muster
eines dualistischen Weltbildes zu verallgemeinern; d. h., daß sie die
umgebende Welt insgesamt als mangelhaft und »böse« empfinden.
Die Welt, die sie ablehnen, wird mit der Welt der Väter und deren
Normen und Formen identifiziert, d. h., den Vätern wird die
Schuld an dem defizienten Zustand der Welt gegeben. Die Jugend
versteht sich als unterdrückte Minderheit – die Väter haben die
»Jugend versperrt«[34] –, aber auch als Träger des Versprechens einer
besseren Welt und eines »neuen Menschen«. Demzufolge ist die
Revolte, die aus der ablehnenden Haltung erwächst, zugleich Revolte gegen den Zustand der Welt wie gegen die Väter. Diese Revolte kann sich zur »metaphysischen Revolte« im Sinne Camus'
steigern, wenn sich der Protest nicht nur gegen die besonderen Lebensumstände, sondern gegen die Seinsordnung als solche richtet
und damit zugleich gegen den »Übervater« Gott, dem die letzte
Verantwortung für alles Übel gegeben wird. Der Revolte gegen
Gott, für die Nietzsche ein wichtiges Vorbild lieferte, verleihen
mehrere junge Expressionisten Ausdruck, u. a. Becher, Ehrenstein, van Hoddis, Lichtenstein, Toller[35]; Max Beckmann formuliert seinen Protest auf eindringliche Weise mit eben der Begründung, auf die Camus' Definition der metaphysischen Revolte
abhebt: »Mit der Demut vor Gott ist es vorbei. Meine Religion ist
Hochmut vor Gott. Trotz gegen Gott. Trotz, daß er uns so geschaffen hat, daß wir uns nicht lieben können. Ich werfe in meinen Bildern Gott alles vor, was er falsch gemacht hat.«[36]

 Wie schon im Zusammenhang mit Tollers *Wandlung* bemerkt,

drängt die metaphysische Revolte zur Aktion. Heym bekennt 1910 in seinem Tagebuch: »Der Hunger nach einer Tat ist der Inhalt der Phase, die ich jetzt durchwandere.«[37] Bei vielen jungen Expressionisten konkretisiert sich dieser Drang als Wunsch nach einem Krieg, ja, einem Weltkrieg. 1910 läßt Gustav Sack den Helden seines Romans *Ein verbummelter Student* wünschen: »Käme der Krieg! (...) ein jauchzendes Vernichten.«[38] Zur selben Zeit notiert Heym: »Würden einmal wieder Barrikaden gebaut. (...) Oder sei es auch nur, daß man einen Krieg begänne, er kann ungerecht sein. Dieser Frieden ist so faul ölig und schmierig wie eine Leimpolitur auf alten Möbeln.«[39] 1911 schreibt Alfred Walter Heymel in einem Gedicht: »Wir (...) sehnen uns und schreien nach dem Kriege.«[40] Und Johannes R. Becher im folgenden Jahr: »Wir (...) wünschten herbei einen großen Weltkrieg.«[41] Arnolt Bronnen faßte diese Situation im Rückblick seiner Autobiographie zusammen: »Nie ist ein Krieg so herbeigesehnt worden von unzähligen jungen Menschen. (...) Sie alle wollten, was auch ich wollte: ein Ende. Ein Ende dieser Zeit. Ein Ende ihrer Leben in dieser Zeit.«[42]

Aber sie wollten nicht nur ein Ende, sondern auch einen Neubeginn. Ein Krieg, so hofften sie, werde gleich einem apokalyptischen Ereignis einen radikalen Strukturwandel der Welt und der menschlichen Existenz herbeiführen; aus dem Akt der Zerstörung werde eine neue, bessere, vielleicht gar vollkommene Welt erstehen. Gustav Sack läßt seinen verbummelten Studenten nach dem Wunsch, ein Krieg möge kommen, die Hoffnung aussprechen: »Oh, ob dann nicht ein Höheres« geboren würde.[43] Hoffnungen dieser Art trugen nicht unerheblich zum Jubel der jungen Generation über den Kriegsausbruch 1914 bei.

Doch diese Hoffnungen wurden bald enttäuscht. Zwar konnte man den Krieg mit seinen Materialschlachten, die Hekatomben von Menschen verschlangen, und seinen Auswirkungen auf die Gesellschaft als Zerstörungswerk apokalyptischen Ausmaßes begreifen, aber die Wende zum grundsätzlich Neuen ließ auf sich warten. Gleichwohl hielten viele ihre apokalyptischen Erwartungen aufrecht; immerhin war die alte Welt zerstört, vielleicht würde das Kriegsende den Wandel bringen. Tollers *Wandlung* repräsentiert diese Phase apokalyptischer Hoffnungen. Das Kriegserlebnis, das eine ungleich nachdrücklichere Motivation für solche Hoffnungen lieferte als die Vorkriegszeit, fand Eingang in das Drama, doch die Symbolsprache, in der sich die apokalyptische Erwartung artikulierte, war unverändert die der frühexpressionistischen Phase. Den Inhalt der erhofften Wandlung anders zu fassen als in den topischen und insofern unspezifischen Symbolen der Tradition, fiel offenbar schwer, wie der Schlußdialog zwischen Friedrich und seiner Schwester erneut vor Augen führt:

»DIE SCHWESTER: Wirst du jetzt den Sieg der Menschheit gestalten, Friedrich?
(...)
FRIEDRICH: Dieses Wissen ist nur ein Anfang.
DIE SCHWESTER: Und wohin weist es?
FRIEDRICH: Zum Menschen!
DIE SCHWESTER: Und weiter?
FRIEDRICH: Weiter...? Ich sorg mich nicht drum.«[44]

Angesichts des grundsätzlichen Charakters der erwarteten Wandlung scheinen sich Gedanken über einzelne Schritte und konkrete Inhalte zu erübrigen; ausschlaggebend ist die umgestaltende Kraft des apokalyptischen Glaubens, wie Friedrich dem Volk sagt: »Und ihr könntet doch Menschen sein, wenn ihr den Glauben an euch und den Menschen hättet, wenn ihr Erfüllte wäret im Geist.«[45] Darin erschöpft sich vorläufig der Inhalt der »Revolution«, mit deren Anrufung das Stück endet. Daß selbst der Politiker und Revolutionär Toller von 1918/19 nicht ohne die topischen Symbole der apokalyptischen Tradition auskam, zeigt die Tatsache, daß das Vokabular der »neuen Gemeinschaft« und des »Geistes« auch in seinen damaligen politischen Schriften und Reden auftauchte.[46]

Bei vielen jungen Leuten war im Jahre 1918 der Glaube an die Möglichkeit einer apokalyptischen Wandlung noch unerschüttert. Zwar veränderten sich nach dem verlorenen Krieg und unter dem Eindruck der Revolution die Visionen; sie nahmen eine deutlicher politische Färbung an, aber meist überwog die apokalyptische Erwartung gegenüber alltagspolitischen Zielsetzungen, die metaphysische Revolte gegenüber revolutionärer Politik – und nach wie vor drückten sich die Erwartungen in den traditionellen Symbolen aus.[47] Dies läßt sich auch an einer außerliterarischen Erscheinung zeigen: 1918/19 formierte sich ein politisch radikalisierter Flügel der »Freideutschen Jugend« unter dem Namen »Entschiedene Jugend« und propagierte einen »Klassenkampf der Jugend« unter Einbeziehung der Arbeiterjugend.[48] Die »Entschiedene Jugend« vermischte in ihrer Programmatik sozialistische Ideen mit Vorstellungen von der Jugend als gesamtgesellschaftlichem »Heilsbringer«[49] und glaubte, ein »kommendes Reich des Menschen« aus dem Geist der Jugend anstreben zu können.[50] Dies Programm verriet schon im Vokabular das Übergewicht apokalyptischer Spekulationen über realistische politische Zielsetzungen. Die »Entschiedene Jugend« scheiterte denn auch: 1921 schloß sie sich der »Kommunistischen Jugend Deutschlands« an und ordnete sich damit »unter Aufgabe ihres eigenen jugendbewegten Wesens«[51] der Politik und Disziplin der kommunistischen Partei unter.

Literarisch aufgearbeitet wurde die Spannung zwischen apokalyptischer Erwartung und neuer politischer Situation in den Jugendrevolten der Nachkriegszeit erst gegen Ende der zwanziger Jahre; und zwar traten nun neben Bronnen, Toller und auch Goebbels[52], die der zweiten der oben genannten Altersgruppen angehörten, Vertreter der dritten Altersgruppe mit autobiographisch gefärbten Romanen in den Vordergrund, vor allem Süskind, Salomon und Glaeser.[53] Sie waren 1918/19 noch zu jung gewesen, sich literarisch zu artikulieren, aber alt genug, um den apokalyptischen Aufbruch in der damaligen Jugendrevolte mitzuerleben oder, wie Salomon, selber zu praktizieren. Der Grund dafür, daß die genannten Autoren ihre Werke zum selben Zeitpunkt herausbrachten, fast ohne Ausnahme 1929 oder 1930, liegt in der sich zuspitzenden Krisensituation jener Jahre. Weltwirtschaftskrise, Massenarbeitslosigkeit und zunehmende Schwäche der Regierung schufen wieder eine »apokalyptische Stimmung«[54], und vor diesem Hintergrund erhob sich erneut eine »Revolte der Jugend« – so wurde der steile Aufstieg des Nationalsozialismus von Zeitgenossen verstanden[55], und auch die Nationalsozialisten selbst sahen sich als Bewegung der Jugend gegen die Väterwelt.[56] Diese Entwicklungen mußten für die Genannten eine starke Motivation darstellen, die Jugendrevolten ihrer Generation aufzuarbeiten, sei es zum Zweck der Selbstanalyse, der Warnung oder der Vorausdeutung auf die sich anbahnende und von manchen erhoffte neue Apokalypse.

Daraus folgt als erster, offensichtlicher Unterschied zu den literarischen Zeugnissen aus dem ersten Dezennium des hier untersuchten Zeitraums, daß prophetische Sprechhaltung und unmittelbar appellative Wirkungsabsicht, die sich in Drama und Gedicht aktualisiert hatten, der epischen Reflexion Platz machten.[57] Von Interesse ist hierbei besonders die Frage, wie 1930, aus der zeitlichen Distanz, die damalige Spannung zwischen apokalyptischer Erwartung und politischer Situation dargestellt wird. Kennzeichen dieser

Spannung war, wie Tollers *Wandlung*, aber auch die »Entschiedene Jugend« belegen, daß die Hoffnung auf einen grundlegenden Strukturwandel von Mensch und Welt pragmatische Überlegungen zu politischen Fragen in den Hintergrund gedrängt hatte. Des weiteren war charakteristisch, daß trotz neuer historischer Erfahrungen die alte apokalyptische Symbolsprache beibehalten worden war. Wird diese Problematik jetzt reflektiert und durchschaut? Und lassen sich hierbei Unterschiede zwischen Autoren feststellen, die verschiedene Positionen vertreten?

Trotz der eindeutigen politischen Gegensätze, die z. B. Süskind von Glaeser und beide von Bronnen, Salomon und Goebbels trennen, decken ihre 1929 und 1930 erschienenen Romane *Jugend*, *Frieden*, *O. S.*, *Die Geächteten* und *Michael* zunächst eher Gemeinsamkeiten der Jugendrevolten nach dem Ersten Weltkrieg auf. Alle verzeichnen sie Unsicherheit und Ratlosigkeit als erste Empfindung der jungen Kriegsteilnehmer, die 1918 zurückkehren, und der Schüler, die während des Kriegs aufgewachsen sind und jetzt ihr Abitur machen. Mit der Unsicherheit verbinden sich aber Erwartung und Hoffnung; die Jungen spüren, wie Süskind in seinem Roman *Jugend* einen Abiturienten sagen läßt, »daß alles möglich ist«[58] in dieser Stunde Null, in der die Ordnung der alten Welt zerstört und eine neue noch nicht etabliert ist. Wie die neue Ordnung aussehen soll, wissen die Jungen jedoch nicht; sie wissen zunächst nur, wogegen sie sind. Und wie in der wilhelminischen Zeit identifizieren sie alles, was sie ablehnen, mit den Vätern. Doch dieser Identifikationsprozeß verläuft nun auf einer anderen Ebene, denn der Erfahrungskontext hat sich grundlegend geändert. Im persönlichen Bereich ist die Macht der Väter gebrochen: Die Familientyrannen mußten abtreten; sie standen vier Jahre an der Front, oder die Söhne sind ihnen selbst in den Krieg entwichen. So gibt es auch keine Vatermorde mehr wie noch in Bronnens gleichnamigem Drama.[59] In Glaesers Roman *Frieden* empfindet der Sohn eher Verachtung gegenüber dem heimgekehrten Vater, der als erstes die Klosettspülung repariert und den Kuckuck der Wanduhr wieder zum Rufen bringt.[60] Doch mit dem Bestreben, möglichst rasch wieder die gewohnte Ordnung herzustellen, werden die Väter zur neuen Bedrohung der Hoffnung, daß *jetzt* zumindest die Wandlung erfolgen werde. Die Väter erscheinen nun in stärkerem Maß als Repräsentanten der abgelehnten *gesellschaftlichen* und *politischen* Ordnung: aus demokratischer oder sozialistischer Perspektive die Lehrer, die scheinheilig von Demokratie sprechen und diese zugleich zu unterlaufen suchen – so in Süskinds Roman *Jugend*[61], oder die braven Bürger einschließlich der Sozialdemokraten, die vorübergehend und notgedrungen der Revolution applaudieren, aber in erster Linie um die Aufrechterhaltung der Ordnung bemüht sind – wie dies Glaeser in *Frieden* schildert[62]; andererseits aber auch aus nationalistischer oder nationalrevolutionärer Perspektive die Rauschebärte in den patriotischen Vereinen, die von Mannestum nur reden – wogegen Salomon in den *Geächteten* polemisiert[63], oder die ängstlichen Regierungsvertreter, die den Einsatz der jungen Freikorps-Kämpfer für Oberschlesien hintertreiben – so Bronnen in *O. S.*[64], oder die Bürger, die nur am Besitz hängen und »keinen Mut mehr zu neuen Dingen« haben – so Goebbels in seinem Tagebuchroman *Michael*.[65] Alle Autoren vergegenwärtigen in ihren Romanen das Zusammenfallen der Revolte gegen die Väter mit der gegen die bürgerliche Welt, gleichgültig, ob sie nun zur Zeit der Niederschrift politisch links oder rechts stehen.

Die Ratlosigkeit über das konkrete Ziel der Revolte äußert sich im Schlagwortcharakter der Versuche, das Ziel zu umschreiben. Hier begegnen wir wieder dem topischen Vokabular aus expressionistischem Erbe – »Mensch« und »Bruder«, »Jugend« und »Leben«, »Läuterung«, »Verheißung« und »Sendung«, »neue Gemeinschaft« und »neue Welt« und immer wieder »Geist« – einem Vokabular also, das zunächst nichts anderes zum Ausdruck bringt als die Hoffnung auf eine vollständige Verwandlung der Realität. Zwei weitere Begriffe haben allerdings durch die Politisierung der Zeit an Gewicht gewonnen: »Revolution« und »Sozialismus«, doch sind diese in der Regel ebenso schillernd wie die anderen; nicht nur die jugendlichen Helden in Glaesers *Frieden,* auch Salomons Freikorps-Kämpfer und Goebbels' Michael führen sie voller Emphase im Mund.[66] Durch die Art und Weise, wie die Autoren jene Begriffe ihren Helden in den Mund legen, ergeben sich freilich auch Unterschiede. Zunächst jedoch sind noch weitere Gemeinsamkeiten zu beobachten.

Das Festhalten an der Hoffnung auf einen radikalen Strukturwandel der Realität bei gleichzeitiger Unsicherheit über die konkrete Gestalt der erhofften Wandlung zeigt sich am deutlichsten im Verlangen der revoltierenden Söhne, etwas glauben zu können, *irgend etwas;* der Glaube als solcher wird ihnen zum Wert an sich.

Glaeser läßt den jungen Max Frey, Sohn eines gutbürgerlichen und allgemein geachteten, von ihm aber verachteten Vaters, seine »Bekehrung« zur proletarischen Revolution mit den Worten begründen: »Mein Menschenhaß ging gegen die Leute, die ich so täglich sah – aber es muß noch andere Menschen geben als diese Heuchler in unseren Familien. Ich weiß nicht, ob es die Arbeiter sind – aber ich glaube es. Ich muß jetzt etwas glauben, sonst werde ich verrückt (. . .).«[67] Und Goebbels' Michael schreibt in sein Tagebuch: »Es ist nicht so sehr von Belang, woran wir glauben; nur daß wir glauben.«[68]

Dem Glauben um seiner selbst willen, der abgesehen von der erhofften totalen Wandlung keinen konkreten Inhalt hat, entspricht die Erwartung, in der Tat, und zwar in der zerstörerischen, der Gewalttat, werde der neue Sinn sich offenbaren, die Wandlung sich vollziehen. Hierbei ist es zunächst wieder relativ gleichgültig, *wofür* man konkret politisch handelt; ausschlaggebend ist, daß sich die Tat gegen die Ordnung der Bürger-Väter richtet. Man kann sich zugunsten der proletarischen Revolution für die Tat entschließen – Glaeser läßt seinen Helden reflektieren: »Ich hoffte, daß die Revolution mir endlich den Sinn des Lebens erkläre, eines Lebens, das in mir immer heftiger dem Leben jener entgegenwuchs, die es mir gegeben hatten.«[69] Die Aktion kann aber auch zugunsten des nationalistischen Putsches und des illegalen Freikorps-Krieges erfolgen. Aktionismus dieser Art bildet mit dem Glauben um seiner selbst willen einen Zirkel wechselseitiger Begründung. In Salomons autobiographischem Roman *Die Geächteten* bringt Kern, der Mörder Rathenaus, diesen Zusammenhang auf den kürzestmöglichen Nenner: »Was uns den Glauben gibt, fragst du? Nichts anderes als unser Tun.«[70]

Da die konkreten politischen Inhalte von sekundärer Bedeutung sind, schwanken manche jungen Leute zwischen den politischen Lagern oder wechseln gar die Front. Der junge Proletarier Krenek in Bronnens Roman *O. S.* bekehrt sich zum nationalistischen Kämpfer für Oberschlesien. Demgegenüber werden in Glaesers *Frieden* die jungen Leutnants, die eben aus dem Krieg zurückgekehrt sind und nun die Spartakisten bekämpfen sollen, von Zweifeln befallen, als sie der Bürger ansichtig werden, für die sie kämpfen: »Man möchte Spartakist sein«, sagt der eine, »der Teufel weiß, weshalb man sich für diese Kleinkrämer opfert.«[71] Ein anderer Leutnant erkennt allerdings den Grund für diese Unsicherheit: den

Aktionismus um seiner selbst willen: »Wir kämpfen nur«, gesteht er, »um einen Feind zu haben.«[72] Derselbe Zusammenhang offenbart sich in der Bemerkung eines Freikorps-Mitgliedes aus den *Geächteten*, der im Baltikum gegen die russische Rote Armee gekämpft hat und sich dann am Aufbau einer deutschen Roten Armee im Ruhrgebiet beteiligen will: »Wir wollen da ein bißchen Blut rühren«[73], bemerkt er, als ob es gleichgültig wäre, wessen Blut vergossen wird.[74]

Neben Gemeinsamkeiten zeigen die verschiedenen Romane über die Jugendrevolten der Nachkriegsjahre beträchtliche Unterschiede. Die Gemeinsamkeiten liegen auf der Ebene des »historischen Befunds«: Handlungselemente und Äußerungen handelnder Personen, die von den Autoren als »authentisch« berichtet werden. Unterschiede ergeben sich bereits durch den erzählerischen Kontext jener Handlungselemente und Äußerungen, wie die zuletzt zitierten Szenen vor Augen führen: Während Salomon die Absicht des erwähnten Freikorps-Kämpfers, statt im Baltikum nun eben im Ruhrgebiet »Blut zu rühren«, als Ich-Erzähler mit Nicken und Lachen quittiert, läßt Glaeser solche Unbestimmtheit gewaltsamen Handelns durch eine seiner Figuren kommentieren und als Aktionismus um seiner selbst willen entlarven. Die Unterschiede liegen also in der literarischen Verarbeitung; diese reflektiert die Differenzen der intellektuellen und psychischen Verarbeitung des »historischen Befunds« einschließlich der eigenen Erfahrungen, sie verdeutlicht die ungleichen Bewertungen der Jugendrevolten, zu denen die Autoren um 1930 gekommen sind.

Der Stil des literarischen Berichts ist bei fast allen Autoren[75] vergleichsweise nüchtern, sieht man von den pathetischen Äußerungen mancher Personen ab. Diese Darstellungsweise ergibt sich nicht nur aus dem epischen Genre und nicht nur aus der Tatsache, daß die Jugendrevolten in den Jahren nach dem Krieg gescheitert sind, sondern auch aus dem Stil der Zeit, der sich bewußt gegen die exaltierte Sprache des Expressionismus absetzt: dem Stil der »neuen Sachlichkeit«. Die Sachlichkeit der Darstellung sagt allerdings noch nichts über die analytische Leistung. Salomon z. B. befleißigt sich in den *Geächteten* vor allem im letzten Teil einer Nüchternheit, die zweifellos die Ernüchterung reflektiert, welche die fünfjährige Zuchthausstrafe für seine Beteiligung am Rathenau-Mord mit sich brachte. Dennoch ist seine Anamnese sozusagen »blind«, wie ein Vergleich mit Glaesers *Frieden* zeigt.

Glaeser schildert, wie Max Frey und andere Bürgersöhne, die sich dem Spartakus-Aufstand angeschlossen hatten, nach dessen Niederschlagung eine künstlerische und moralische »Revolution« propagieren, die sich hauptsächlich in sexueller Libertinage äußert.[76] Zunächst wird dadurch ein Element der Jugendrevolte bewußtgemacht und isoliert – das sexuelle –, das bei Salomon ungeschiedener und unerkannter Bestandteil des Aktivismus ist; der Rausch der Gewalttat verrät sich in seinen Schilderungen zugleich – unbewußt – als sexueller Rausch.[77] Die unzureichende Analyse der eigenen Antriebe blockiert allerdings noch mehr als die Einsicht, daß auch Sexualität an ihnen beteiligt ist. Glaeser geht über die Erhellung dieses Sachverhalts hinaus; in seinem Roman stellt sich die künstlerische und moralische Revolution als Ersatzrevolution dar. Die Kunstrevolutionäre erheben den Anspruch: »Jetzt wird nur noch mit Blut geschrieben. In Ekstasen. Dann können die Spießer etwas erleben.«[78] Dieser Anspruch gibt sie der Lächerlichkeit preis. Aber darin liegt noch nicht der eigentliche Gewinn der Analyse. Glaeser läßt die Kunstrevolutionäre proklamieren: »Aus der neuen Kunst steigt der neue Mensch! (. . .) Die falschen Moralgesetze werden einfach über den Haufen gerannt. Und auf ihren Trümmern werden wir die neue Gemeinschaft bilden.«[79] Offensichtlich wird in dieser Proklamation der Glaube an die radikale Wandlung der Realität von der politischen Revolution auf eine dubiose künstlerische und moralische übertragen und im selben Vokabular der Apokalypse artikuliert: Auch die Kunstrevolution macht sich anheischig, den »neuen Menschen« und die »neue Gemeinschaft« zu schaffen. Dieses Programm macht nicht nur die Kunstrevolution unglaubwürdig, sondern weist auf die apokalyptische Erwartung selbst zurück und entlarvt deren illusionären Charakter ebenso wie den Schlagwortcharakter der Symbole, in die sie sich kleidet.

Betrachtet man schließlich die unterschiedliche Vergegenwärtigung des Glaubens an die totale Verwandlung der Realität, so lassen sich ähnliche Kontraste zwischen analytischer Aufarbeitung und blinder Reproduktion apokalyptischer Spekulationen erkennen. Schlüsselwort des Glaubens, daß die Realität grundlegend verwandelt werden könne, ist »Erlösung«, und zwar »Selbsterlösung«. Das jugendliche Omnipotenzverlangen, das sich in diesem Begriff artikuliert, wird von Glaeser präzis analysiert: In der Revolte gegen die Väter entfaltet sich die Revolte gegen Gott; ihm wird die letzte Verantwortung dafür zugeschrieben, daß die Welt böse und schlecht ist, und an seine Stelle setzt man sich nun selbst, um es besser zu machen. Max Freys Revolte kulminiert in dem Aufschrei: »Gott verlangte, daß man in den Krieg ziehe, und Gott verlangte, daß man Vater und Mutter ehre, und Gott verlangte, daß man dem Kaiser die Treue halte. Der Krieg aber hat die Menschen elend gemacht. Vater und Mutter haßten sich, und der Kaiser ist davongelaufen. Ich pfeife auf einen solch unfähigen Gott, denn ich weiß, daß die Menschen nur zu erlösen sind, wenn sie sich selbst erlösen.«[80] Glaeser zeichnet sorgfältig die Entwicklung vom verständlichen und zu rechtfertigenden Protest gegen konkrete Ungerechtigkeit und Unordnung zur Entgleisung der metaphysischen Revolte. Er diskreditiert Freys Anspruch auf Selbsterlösung, d. h. seinen Willen, Gott zu werden: Nachdem Frey diesen Anspruch erhoben hat, läßt der Autor ihn mit »glasigen Augen« zur Schnapsflasche greifen.[81]

Den extremen Gegenpol zu Glaesers distanzierter und analysierender Darstellung repräsentiert Goebbels' *Michael*. Die Form des Tagebuchromans kann und soll die Gefühle und Ideen des fiktiven Tagebuchschreibers unmittelbar wiedergeben, und dieser Tagebuchschreiber ist zweifellos Goebbels selbst, »wie dieser sich sah, aber bereichert um all die Eigenschaften, die er gern gehabt hätte«.[82] Der Roman entstand vermutlich schon 1923; wie authentisch er die exaltierten Emotionen des Autors zum Ausdruck bringt, zeigt ein Vergleich mit den Tagebüchern Goebbels' aus den Jahren 1925/26.[83] Zwar überarbeitete Goebbels den Roman für die Veröffentlichung 1929, aber apokalyptische Hoffnungen und Omnipotenzverlangen artikulieren sich nach wie vor völlig unretuschiert: »Ich will mich erlösen. Selbst erlösen, aus eigenster Kraft.«[84] Und: »Ich bin kein Mensch mehr. Ich bin ein Titane. Ein Gott!«[85] Hier ist nicht die geringste erzählerische Distanzierung zu vermerken, der heilige Ernst der Aussage wird natürlich nicht – wie bei Glaeser – durch alkoholische Intoxikation des Helden herabgemindert. Im Gegenteil, die Intoxikation des Autors durch apokalyptische Erwartungen ist so weit fortgeschritten, daß der Glaube an die eigene Erlöserkraft konsequent erscheint.

Mit derselben distanzlosen Begeisterung erneuern viele junge Gefolgsleute des Nationalsozialismus – Angehörige der vierten Altersgruppe – die Hoffnung auf apokalyptische Wandlung. Der neunzehnjährige Gerhard Schumann z. B. dichtet 1930 in seinen *Liedern vom Reich:*

> »Denn unermeßlich war der Untergang.«
> »Aus tausend Augen glomm das letzte Hoffen!
> Aus tausend Augen brach der stumme Schrei:
> Den Führer! Knechte uns! Herr mach uns frei!«
> »Und rot aufwehend, Fahne junger Saat, (...)
> So wuchs aus Blut und Erde neu das Reich.«[86]

Ernst Toller, der seit 1918 von seinen apokalyptischen Visionen abgerückt war, charakterisierte 1933 diese Erwartungshaltung präzis als messianische Apokalypse: »Überall der gleiche wahnwitzige Glaube, ein Mann, der Führer, der Cäsar, der Messias werde kommen und Wunder tun, er werde die Verantwortung für künftige Zeiten tragen, aller Leben meistern, die Angst bannen, das Elend tilgen, das neue Volk, das Reich voller Herrlichkeit schaffen, ja, kraft überirdischer Sendung, den alten schwachen Adam wandeln.«[87]

Toller benützt hier einschlägige apokalyptische Symbole – zum Teil dieselben, die er in der *Wandlung* noch positiv verwendet hatte –, um den Glauben an einen totalen Strukturwandel von Mensch und Welt als illusionär zu entlarven. Dieser Sachverhalt, Tollers eigene »Wandlung« gegenüber apokalyptischen Erwartungen, läßt noch einmal schlaglichtartig erkennen, was für die Beurteilung der apokalyptischen Tendenzen in der Jugendrevolte, deren existentielle und politische Bedeutung wie auch deren literarische Artikulation, entscheidend ist. Die politische Couleur spielt offensichtlich keine Rolle, apokalyptische Hoffnungen verbanden sich mit linken wie rechten Positionen. Dies ist nicht verwunderlich, denn der apokalyptische Glaube ist – abgesehen vom erhofften grundlegenden Wandel – inhaltsleer, er lebt nur *ex negativo,* aus dem Kampf gegen das »Böse«, und aus seiner eigenen »Haltung«, dem Glauben um des Glaubens willen, der Tat um ihrer selbst willen, dem Glauben an die eigene Erlöserkraft. Aufgrund dieses Mangels an konkreten Inhalten scheiterten denn auch die Jugendrevolten im politischen und gesellschaftlichen Bereich, die linken ebenso wie die rechten. Entweder gaben die Söhne ihre Hoffnungen und Ansprüche auf und ordneten sich den politischen Bewegungen der Väter ein und unter, oder sie wurden angepaßt, überrollt, mißbraucht. Entscheidendes Kriterium der Beurteilung ist also, inwieweit die immanenten Gefahren apokalyptischer Erwartungen erkannt und kritische Distanz zu ihnen gewonnen wurde. Die gewonnene oder versäumte kritische Distanz wirkt sich außerdem auf die literarische Gestaltung aus. Der mangelnden Konkretheit apokalyptischer Erwartung entspricht die Handlungsstruktur des apokalyptischen »Dramas« wie dessen Symbolik: die feststehende Abfolge von Untergang und umfassender Erneuerung und die ständig wiederkehrenden pauschalen Symbole für diesen Vorgang. Kriterium ästhetischer Bewertung wäre demzufolge, ob traditionelle Handlungsstruktur und Symbolik »naiv« und ohne Distanz übernommen wurden oder ob sie durch Mittel der Kontrastierung, Verfremdung, Ironie kritisch verarbeitet und damit literarisch produktiv gemacht worden sind.

Anmerkungen

1 Hedwig Koch, *Das Generationsproblem in der deutschen Dichtung der Gegenwart* (Langensalza 1930); Kurt Wais, *Das Vater-Sohn-Motiv in der Dichtung. 1880–1930* (Berlin 1931); Peter Hagboldt, *Der Kampf des jungen Menschen im neueren deutschen Drama*, in: *Modern Philology* 28 (1931); Kurt Tischler, *Das Generationsproblem im deutschen Drama der Weltkriegsära* (Diss., Wien 1932); Eilhard Erich Pauls, *Geschlechterfolge und deutsche Dichtung*, in: *Zeitschrift für Deutschkunde* 46 (1932); E. Günther Gründel, *Die Sendung der Jungen Generation. Versuch einer umfassenden revolutionären Sinndeutung der Krise* (München 1932); Janet K. King, *The Generation Theory in German Literary Criticism* (Diss. University of Wisconsin, Madison 1965); Jost Hermand, *Oedipus Lost: Oder der im Massenerleben der Zwanziger Jahre ›aufgehobene‹ Vater-Sohn-Konflikt des Expressionismus*, in: *Die sogenannten Zwanziger Jahre*, hg. v. Reinhold Grimm u. Jost Hermand (Bad Homburg 1970). – Vgl. auch: Walter H. Sokel, *The Writer in Extremis: Expressionism in Twentieth-Century German Literature* (New York 1959); Horst Denkler, *Drama des Expressionismus* (München 1967); Peter Gay, *Weimar Culture. The Outsider as Insider* (New York 1968); Jost Hermand, *Expressionismus als Revolution*, in: ders., *Von Mainz nach Weimar. 1793–1919. Studien zur deutschen Literatur* (Stuttgart 1969); Hans Mayer, *Nachwort* zu: Arnolt Bronnen, *Stücke* (Kronberg 1977).

2 »Eschatologie« nämlich wurde als *terminus technicus* der christlichen Dogmatik – mit der Wortbedeutung »Lehre von den letzten Dingen« –

im 17. Jahrhundert eingeführt, setzte sich aber erst im Lauf des 19. Jahrhunderts durch, nun als Sammelbezeichnung für »*alle Anschauungen* (. . .), welche den Ausgang des irdisch-menschlichen Lebens betreffen, namentlich auch die Aussichten auf das, was jenseits des irdischen Endes liegen möge, und zwar nicht minder in betreff der ganzen Menschheit, als für die einzelnen«. Insofern kann zwar die »Apokalypse« als Spezialfall »eschatologischer Anschauungen« betrachtet werden, aber unser Bestreben, Klarheit über die ›Bedeutung‹ von ›Apokalypse‹ zu gewinnen, würde dadurch nicht wesentlich gefördert. (Zitat aus: *Artikel Eschatologie*, in: *Realencyklopädie für protestantische Theologie und Kirche*, hg. v. Albert Hauck, 5. Bd. (Leipzig 1898³), S. 490 f. – Den Begriff »Eschatologie« prägte wohl A. Calov 1677 im Schlußteil seiner Dogmatik; siehe *Artikel Eschatologie*, in: *Historisches Wörterbuch der Philosophie*, hg. v. Joachim Ritter, 2. Bd. (Darmstadt 1972), S. 740.

3 Vgl. H. H. Rowley, *Apokalyptik. Ihre Form und Bedeutung zur biblischen Zeit* (Einsiedeln 1965³); Klaus Koch, *Ratlos vor der Apokalyptik* (Gütersloh 1970); Klaus Koch unter Mitarb. v. Till Niewisch u. Jürgen Tubach, *Das Buch Daniel* (Darmstadt 1980); Otto Böcher, *Die Johannesapokalypse* (Darmstadt 1980²); Norman Cohn, *Das Ringen um das tausendjährige Reich. Revolutionärer Messianismus und sein Fortleben in den modernen totalitären Bewegungen* (Bern-München 1961); Bernard McGinn, *Visions of the End. Apocalyptic Traditions in the Middle Ages* (New York 1979); *Apokalyptik*, hg. v. Klaus Koch u. Johann Michael Schmidt, Darmstadt 1982.

4 Offb. 21, 4.

5 Ernst Toller, *Die Wandlung*, in: ders., *Prosa, Briefe, Dramen, Gedichte* (Reinbek 1961), S. 280.

6 Ebd., S. 284.

7 Ebd., S. 277.

8 Ebd., S. 239.

9 Ebd., S. 277.

10 Ebd., S. 283.

11 Ebd., S. 240.

12 Ebd., S. 240.

13 Ebd., S. 284.

14 Albert Camus, *Der Mensch in der Revolte* (Reinbek 1969), S. 22.

15 Toller, *Die Wandlung*, S. 264.

16 Ebd., S. 285.

17 Vgl. Hellmuth Petriconi, *Das Reich des Untergangs – Bemerkungen über ein mythologisches Thema* (Hamburg 1958); Joachim Metzner, *Persönlichkeitszerstörung und Weltuntergang. Das Verhältnis von Wahnbildung und literarischer Imagination* (Tübingen 1976); Eckhard Heftrich, *Vom Verfall zur Apokalypse. Über Thomas Mann* (Frank-

furt/M. 1982); Klaus Vondung, *Träume von Tod und Untergang. Präludien zur Apokalypse in der deutschen Literatur und Kunst vor dem Ersten Weltkrieg*, in: *Geschichtsprophetien im 19. und 20. Jahrhundert*, hg. v. Joachim H. Knoll u. Julius H. Schoeps (Stuttgart-Bonn 1984).

18 Vgl. Klaus Vondung, *Geschichte als Weltgericht. Genesis und Degradation einer Symbolik*, in: *Kriegserlebnis. Der Erste Weltkrieg in der literarischen Gestaltung und symbolischen Deutung der Nationen*, hg. v. Klaus Vondung (Göttingen 1980).

19 Vgl. Ulrich Linse, *Barfüßige Propheten. Erlöser der zwanziger Jahre* (Berlin 1983).

20 Mayer, *Nachwort* zu: Bronnen, *Stücke*, S. 311.

21 Geht man noch weiter vor unseren Zeitraum zurück, kann man diese »literarische Genealogie« bis zum Sturm und Drang verfolgen. Vgl. Hermand, *Oedipus Lost*, S. 204f.

22 Hermand, *Oedipus Lost*, S. 223. – Hermand vertritt die These, daß die ödipale Komponente der Vater-Sohn-Konflikte des Expressionismus samt diesen Konflikten im Massenerleben der zwanziger Jahre im Hegelschen Sinn ›aufgehoben‹ wurde.

23 Gründel, *Die Sendung der Jungen Generation*, vgl. Wais, *Das Vater-Sohn-Motiv in der Dichtung*.

24 Mayer, *Nachwort* zu: Bronnen, *Stücke*, S. 312.

25 Nach dem gleichnamigen Roman von Ernst Glaeser.

26 Toller, *Die Wandlung*, S. 245.

27 Zahlreiche Beispiele finden sich in der Anthologie *Menschheitsdämmerung*, hg. v. Kurt Pinthus (Berlin 1920). Vgl. auch Thomas Anz, *Literatur der Existenz: Literarische Psychopathographie und ihre soziale Bedeutung im Frühexpressionismus* (Stuttgart 1977), insbesondere die Kapitel »Orientierungslosigkeit«, »Ohnmacht«, »Entfremdung«, »Angst«.

28 Georg Heym, *Dichtungen und Schriften*, hg. v. Karl Ludwig Schneider, Bd. 3: *Tagebücher, Träume, Briefe* (Hamburg-München 1960), S. 128, 131 (20. 7. u. 29. 9. 1909).

29 Siehe etwa: Anz, *Literatur der Existenz;* Peter Uwe Hohendahl, *Das Bild der bürgerlichen Welt im Expressionistischen Drama* (Heidelberg 1967); Egbert Krispyn, *Style and Society in German Literary Expressionism* (Gainesville 1964); Hans-Ulrich Wehler, *Das Deutsche Kaiserreich 1871–1918* (Göttingen 1973); Fritz K. Ringer, *Higher Education in Germany in the Nineteenth Century*, in: *Journal of Contemporary History* Vol. 2 (1967), No. 3; *Kulturkritik und Jugendkult*, hg. v. Walter Rüegg (Frankfurt/M. 1974); Harry Pross, *Jugend, Eros, Politik. Die Geschichte der deutschen Jugendverbände* (Bern, München, Wien 1964); Ulrich Linse, *Die Jugendkulturbewegung*, in: *Das wilhelminische Bildungsbürgertum. Zur Sozialgeschichte seiner Ideen*, hg. v. Klaus Vondung (Göttingen 1976).

30 Hierzu insbesondere Thomas Nipperdey, *Jugend und Politik um 1900*, in: *Kulturkritik und Jugendkult*, S. 87 ff.; Linse, *Die Jugendkulturbewegung*, in: *Das wilhelminische Bildungsbürgertum*, S. 125.

31 Aus einer Tagebucheintragung Georg Heyms vom 20. 7. 1909; *Tagebücher, Träume, Briefe*, S. 128.

32 Siehe hierzu Hermann Korte, *Georg Heym* (Stuttgart 1982), S. 12 ff.

33 Vgl. die in Anm. 17 angegebene Literatur.

34 Toller, *Die Wandlung*, S. 246.

35 Siehe Christoph Eykman, *Denk- und Stilformen des Expressionismus* (München 1974), S. 63 ff., insbes. S. 79 f.; vgl. *Lyrik des Expressionismus*, hg. v. Silvio Vietta (Tübingen 1976), S. 155 ff.

36 Zitiert nach Christoph Brockhaus, *Die ambivalente Faszination der Großstadterfahrung in der deutschen Kunst des Expressionismus*, in: *Expressionismus – sozialer Wandel und künstlerische Erfahrung*, hg. v. Horst Meixner u. Silvio Vietta (München 1982), S. 103. – Dieselbe Begründung findet sich – wie in Tollers *Wandlung* – beim jungen Horvath, der in seinen Volksstücken Gott immer wieder die verhunzte Welt vorhält; vgl. den Beitrag von Jürgen Schröder in diesem Band.

37 Heym, *Tagebücher, Träume, Briefe*, S. 135.

38 Gustav Sack, *Ein verbummelter Student*, in: ders., *Prosa, Briefe, Verse* (München-Wien 1962), S. 164 f.

39 Heym, *Tagebücher, Träume, Briefe*, S. 139.

40 Alfred Walter Heymel, *Eine Sehnsucht aus der Zeit*, in: *Der Sturm*, 2. Jg. (1911), H. 85, S. 67.

41 Johannes R. Becher, *Beengung*, in: *Verfall und Triumph* (Berlin 1914), S. 52.

42 arnolt bronnen gibt zu protokoll. beiträge zur geschichte des modernen schriftstellers (Hamburg 1954), S. 34.

43 Sack, *Ein verbummelter Student*, S. 165.

44 Toller, *Die Wandlung*, S. 282 f.

45 Ebd., S. 284.

46 Ernst Toller, *Gesammelte Werke*, hg. v. John M. Spalek u. Wolfgang Frühwald, Bd. 1 (München 1978), S. 49.

47 Erwartete man etwa zu Beginn des Ersten Weltkriegs, der deutsche Geist werde sich als »Phönix (...) aus dieses Weltbrands Flammen« erheben (*Der Deutsche Krieg in Dichtungen*, hg. v. Walther Eggert Windegg, München 1915, S. 36), so konnte man auch 1919 die Überzeugung nähren: »Ein ganzes Zeitalter mit allen Bräuchen und Heiligtümern mußte zugrunde gehen, damit die neue Zeit wie ein Phönix aus seiner Asche emporsteige« (*Aufschwung*, Nr. 1 Februar 1919, S. 14), obwohl sich jeweils unterschiedliche Vorstellungen mit diesem Symbol verbanden. – Zum *Aufschwung* vgl. auch den Beitrag von Carmen Klement in diesem Band.

48 Ulrich Linse, *Die Entschiedene Jugend 1919–1921. Deutschlands erste

revolutionäre Schüler- und Studentenbewegung (Frankfurt/M. 1981), S. 25.

49 Vgl. Ulrich Linse, *Lebensformen der bürgerlichen und der proletarischen Jugendbewegung,* in: *Jahrbuch der Archivs der deutschen Jugendbewegung,* 10. Bd., Burg Ludwigstein 1978, S. 40f. – Die »Entschiedene Jugend« griff hierbei auf Gustav Wyneken zurück, der eine eigenständige, »Erlösung« versprechende »Jugendkultur« verfocht und der im übrigen 1918 eine Revolution im »methaphysischen Sinne« forderte; siehe Linse, *Die Entschiedene Jugend,* S. 11.

50 Linse, *Die Entschiedene Jugend,* S. 80.

51 Ebd., S. 9.

52 Bronnen schrieb einen Roman über die jugendlichen Freikorps-Kämpfer in Oberschlesien unter dem Titel *O. S.* (1929), Toller veröffentlichte 1933 in Holland seine Autobiographie *Eine Jugend in Deutschland,* Goebbels begann seinen autobiographischen Roman *Michael* vermutlich schon 1923 zu schreiben, überarbeitete ihn jedoch für die Veröffentlichung 1929.

53 Wilhelm E. Süskind, *Jugend* (1930), Ernst von Salomon, *Die Geächteten* (1930), Ernst Glaeser, *Jahrgang 1902* (1928) und *Frieden* (1930). – In denselben Kontext gehören folgende Romane von Autoren der dritten Altersgruppe: Martin Lampel, *Verratene Jungen* (1929), Hermann Kesten, *Josef sucht die Freiheit* (1928) und *Ein ausschweifender Mensch* (1929).

54 Klaus Mann in der Rückschau: »Die Zivilisation, deren Bekanntschaft wir in den zwanziger Jahren machen, schien ohne Balance, ohne Ziel, ohne Lebenswillen, reif zum Ruin, bereit zum Untergang. Ja, wir waren früh vertraut mit apokalyptischen Stimmungen (. . .).« *Der Wendepunkt* (München 1981), S. 137.

55 Stefan Zweig interpretierte den Ausgang der Reichtstagswahlen von 1930, bei denen die NSDAP einen sensationellen Anstieg von 12 auf 107 Mandate verzeichnete, als »Revolte der Jugend«. Siehe Klaus Mann, *Jugend und Radikalismus. Eine Antwort an Stefan Zweig* (1930), in: ders., *Jugend und Radikalismus. Aufsätze* (München 1981), S. 7.

56 Beredtester Zeuge ist Goebbels, vgl. vor allem seinen Roman *Michael.* – Besonders deutlich wird die Selbstinterpretation der Nationalsozialisten, eine Bewegung der Jugend zu sein, auch in: *Ein Volk, ein Reich, ein Glaube? – Ehemalige Nationalsozialisten und Zeitzeugen berichten über ihr Leben im Dritten Reich,* hg. v. Lothar Steinbach (Berlin-Bonn 1983).

57 Eine Ausnahme stellt Goebbels' *Michael* dar, der in der Form des Tagebuchromans die Fiktion authentischer Zeitaussagen aufrechterhält. Da Goebbels seinen Roman vermutlich schon 1923 zu schreiben begann, repräsentieren die Tagebuchaufzeichnungen wohl auch tatsächlich,

zumindest zum Teil (vgl. Anm. 52), das Selbstverständnis des Autors zu dieser Zeit.

58 Wilhelm E. Süskind, *Jugend* (Berlin 1930), S. 58.

59 Uraufgeführt 1922, entstanden aber wohl schon 1915.

60 Ernst Glaeser, *Frieden* (Berlin 1930), S. 285 f.

61 Süskind, *Jugend*, S. 54 f.

62 Glaeser, *Frieden*, S. 179 ff.

63 Ernst v. Salomon, *Die Geächteten* (Berlin 1930), S. 211 f.

64 Arnolt Bronnen, *O. S.* (Berlin 1929), S. 16 f.

65 Joseph Goebbels, *Michael. Ein deutsches Schicksal in Tagebuchblättern* (München 1938[13]), S. 50.

66 Glaeser, *Frieden*, S. 143, 154, 237; Salomon, *Die Geächteten*, S. 159, 188 ff., 300; Bronnen, *O. S.*, S. 306; Goebbels, *Michael*, S. 36 f., 64; vgl. auch Toller, *Eine Jugend in Deutschland*, in: *Prosa, Briefe, Dramen, Gedichte*, S. 27 ff., und im Gegensatz dazu Franz Schauwecker, *Aufbruch der Nation* (Berlin 1930), S. 409.

67 Glaeser, *Frieden*, S. 143.

68 Goebbels, *Michael*, S. 31.

69 Glaeser, *Frieden*, S. 237.

70 Salomon, *Die Geächteten*, S. 294.

71 Glaeser, *Frieden*, S. 319.

72 Ebd., S. 335.

73 Salomon, *Die Geächteten*, S. 152.

74 Ein nicht unwesentliches Motiv für den Aktionismus der jungen Leute ist schließlich auch jugendliche Abenteuerlust, wie sie schon vor 1914 und zu Beginn des Ersten Weltkriegs die Revolte der Söhne kennzeichnete. Der achtzehnjährige Spartakist Max Frey in Glaesers *Frieden* verrät diesen Antrieb ebenso wie die jungen Freikorps-Kämpfer und Putschisten. In Salomons Erinnerungen erscheinen die subversiven und terroristischen Aktivitäten des ebenfalls Achtzehnjährigen oft wie ein grandioses Räuber- und Gendarm-Spiel (*Die Geächteten*, S. 262.). – Vgl. für die Zeit vor 1914: Fritz v. Unruh, *Offiziere* (1911), in: ders., *Dramen* (Nürnberg 1960), S. 337, 358 f.; Heym, *Tagebücher. Träume. Briefe*, S. 128, 135, 139; Toller, *Eine Jugend in Deutschland*, in: *Prosa, Briefe, Dramen, Gedichte*, S. 47 f.

75 Eine Ausnahme ist Goebbels' Tagebuchroman; siehe hierzu weiter unten.

76 Glaeser, *Frieden*, S. 362 f., 367, 373.

77 Salomon, *Die Geächteten*, S. 72, 246, 333, 367.

78 Glaeser, *Frieden*, S. 362.

79 Ebd., S. 363.

80 Ebd., S. 154.

81 Ebd.

82 Helmut Heiber, *Joseph Goebbels* (München 1965), S. 35. – Goebbels

hat zwar die Romanfigur des Michael mit einigen biographischen Einzelheiten seines Jugendfreundes Richard Flisges ausgestattet, »im übrigen aber beinhaltet der Ur-›Michael‹ eine freie Umgestaltung und Stilisierung der eigenen Tagebücher« (ebd.).

83 *Das Tagbuch von Joseph Goebbels 1925/26*, hg. v. Helmut Heiber (Stuttgart 1961²); vgl. insbes. S. 20, 25, 57, 59, 70, 85.

84 Goebbels, *Michael*, S. 129.

85 Ebd., S. 127.

86 Gerhard Schumann, *Die Lieder vom Reich* (München 1935), S. 18, 19, 16.

87 Toller, *Eine Jugend in Deutschland*, in: *Prosa, Briefe, Dramen, Gedichte*, S. 28.

Norbert Hopster / Ulrich Nassen
Vom »Bekenntnis« zum »Kampf«
Jugend und Jugendliteratur auf dem Weg
ins »jugendliche Reich«

Die in der Spätphase der Weimarer Republik entstandene Be-
kenntnis- und Selbstvergewisserungsliteratur unterschied innerhalb der »jungen Generation« diverse Altersgruppierungen, denen
jeweils spezifische Lebensformen zugeordnet wurden. Insbesondere die Frage, ob die »Jüngsten« der Nachkriegsgeneration überhaupt noch zur »jungen Generation« zu zählen seien oder ob sie
nicht vielmehr einen neuartigen, nicht mehr in der Jugendbewegung verankerten Jugendtypus repräsentierten, spielte in dieser
Literatur eine nicht unerhebliche Rolle.

Analysiert man die aus unterschiedlicher Perspektive vorgenommenen Charakterisierungen dieser Jüngsten, so wird alsbald deutlich, daß die ihnen zugeschriebenen Lebensformen kein ernst zu
nehmendes Widerstandspotential gegenüber den nationalsozialistischen Vereinnahmungsstrategien darstellen konnten. Die den
Jüngsten immer wieder zugesprochenen Einstellungen und Verhaltensweisen wie Sachlichkeit, Nüchternheit, Wirklichkeitszuge-
wandtheit, Unsentimentalität und Zeitgemäßheit[1] sind einerseits
zwar noch der Ende der zwanziger Jahre brüchig gewordenen
Ideologie der Neuen Sachlichkeit verpflichtet, verweisen andererseits aber bereits auf jenen neuen Menschentypus, den der Nationalsozialismus favorisierte.

Die sachlichen Verhaltensstandards mußten lediglich mit dem von
nationalistisch-völkischen Ideologen ohnehin permanent geforderten »neuen Idealismus« amalgamiert werden, um den »zu jedem Einsatz«[2] bereiten Kämpfer entstehen zu lassen, in dem sich
»Heroismus paart mit kältester Sachlichkeit«.[3]

Von der nationalsozialistischen Literaturtheorie wurde die diese
veränderte Mentalität spiegelnde Literaturproduktion konsequent
als Ausdruck einer anbrechenden neuen völkischen, einer sogenannten »idealistischen Sachlichkeit«[4] gewertet. Insbesondere der
Heroismus in der nationalistisch-völkischen Frontliteratur[5] ließ
sich angesichts der wachsenden Militarisierung und Rechts-Radi-

kalisierung eines großen Teils der Jugend ohne Schwierigkeiten als Vorwegnahme der Einstellungen und Haltungen der Jüngsten interpretieren. Werke wie Thor Gootes *Wir tragen das Leben* (1932) und Ernst von Salomons Roman *Die Geächteten* (1930) antizipieren das Lebensgefühl der Jüngsten insofern, als ihnen nicht mehr Resignation zugrunde liegt, sondern sich in ihnen bereits das »neue Ethos« ankündigt – in den *Geächteten* beispielsweise »das Werden einer früh politisierten und radikalisierten Jugend«.[6] In Thor Gootes Buch – einer modernistischen, auch von nationalsozialistischen Autoren bevorzugten Textsorte zugehörend, in der sich fiktionales Erzählen, Dokumentarstil und Bekenntnis vermischen – werden die Protagonisten der Handlung als zähe und willige Arbeiter präsentiert, die schnell »Fuß fassen«.[7] Für sie ist der Generationskonflikt primär ein Konflikt zwischen kampfgestählten, durch den Krieg mobilisierten Jungen und der Mentalität der Vorkriegszeit verhafteten und deshalb lebensfremden Alten.

Mit solchen und ähnlichen Figuren- und Handlungskonstellationen kam die Frontliteratur der Stimmungslage der Jüngsten entgegen, weil in ihr inmitten der Sinnlosigkeit der modernen Materialschlachten, entgegen jeglicher Erfahrung, die Sinnhaftigkeit des Einsatzes einzelner mythisch überhöht und auf diese Weise gleichsam exemplarisch vorgeführt wurde, daß nur noch kämpferischer Aktionismus aus einer verzweifelten Lage zu befreien vermag. Nicht zufällig setzt deshalb um 1930 mit der sich verschärfenden Wirtschaftsdepression die Produktion spezifischer Weltkriegsbücher für die Jugend ein, in denen der in der Frontliteratur beschworene Heroismus »jugendgemäß« aufbereitet wurde. In das erste offizielle, von der Reichsleitung des Nationalsozialistischen Lehrerbundes (NSLB) 1933 herausgegebene Jugendbuchverzeichnis[8] wurden solche Bücher sofort aufgenommen. Zu nennen sind u. a. die Titel von Schittenhelm (*Wir zogen nach Friaul*; 1932), Chomton (*Soldat in den Wolken*; 1933), Semsrott (*Der Durchbruch der Möve*; 1928), Busch (*Die Schlacht am Skagerrak*; 1933), Benary (*Die Kosaken kommen*; 1933) und viele vergleichbare Schilderungen aus den Reihen »Aus deutschem Schrifttum und deutscher Kultur«, »Kranzbücherei« und »Deutsche Jugendbücherei«. Von den Frontromanen Wehners und Beumelburgs erscheinen in diesem Verzeichnis bereits Jugendausgaben. Besonders hervorgehoben wird in ihm neben dem Buch von Flex (*Der Wanderer zwischen beiden Welten*; 1917), das bereits vor 1933 zum Klassiker stilisiert

wurde[9], Witteks *Durchbruch anno achtzehn* (1933) – »eines der
schönsten Jugendkriegsbücher von der Westfront«[10] –, in dem der
Geist des Frontkämpfers offenbar am glaubwürdigsten mit der jugendlichen Haltung idealistischer Sachlichkeit vermittelt worden
war. In den anderen Schriften zeichnet sich bereits jene Tendenz
zur Trivialisierung ab, die viele der nach 1932 entstandenen natio-
nalsozialistisch-konformen Jugendbücher erkennen lassen; im sogenannten »Konjunkturschrifttum« erreichte diese politische Tri-
vialliteratur für die Jugend ihren Höhepunkt.[11] Analoges gilt für
das koloniale Jugendbuch, das den kolonialen Imperialismus von
Grimms *Volk ohne Raum* – 1932 unter dem Titel *Der Zug des
Hauptmanns v. Erckert* für die Jugend bearbeitet – in die Sphäre
der trivialen Abenteuerlichkeit transponierte.[12] Zu nennen sind
hier u. a. die ebenfalls in dem Verzeichnis *Das Jugendbuch im Dritten Reich* aufgeführten Titel von Petersen (*Durch Busch und Blok-
kade*; 1933), Haas (*Im Sattel für Deutsch-Ost*; 1927) und Mader
(u. a. *Am Kilimandjaro*; 1927). Als Klassiker erscheinen Frenssens
Peter Moors Fahrt nach Südwest (1906) und v. Lettow-Vorbecks
Heia Safari! (1920).[13]

Zielte die Frontliteratur auf den in den Kreisen der Jüngsten ange-
stauten radikalen Aktionismus, so war Hans Grimms Roman *Volk
ohne Raum* (1928) – angeblich ein »Buch aktueller Sachlichkeit«[14]
– geeignet, völkisch-kolonialistische Phantasien zu befriedigen.
Durch Grimms Werk war es möglich, der mit alldeutschen Vorstellungen gepaarten eskapistischen Fahrtromantik in der jungen
Generation, die in der zeitgenössischen trivialen Jugendliteratur
wachgehalten wurde, eine völkische Sinn-Dimension zu verleihen.
Das Moment des vagabundierenden jugendlichen Expansionismus
ließ sich so widerspruchslos mit dem realpolitischen Programm der
Eroberung versöhnen.

»Hans Grimm wird zum Führer einer Jugend, die sich verantwortlich fühlt
vor deutschem Wesen. Unbestechlich ist er in der Wahrhaftigkeit seines
Wollens, sachlich-streng stellt er die Lage dar. Glühende Liebe zum deutschen Menschen und zum Vaterlande spricht aus seinen Werken. Neue Forderungen erhebt er. Wir brauchen Freiheit und Sonne und Weite, wollen
wir nicht Sieche und Krüppel werden. Wir leben wohl, doch wir versklaven
ohnmächtig, wenn uns unser Recht versagt bleibt. Täuschen wir uns nicht
hinweg über den Ernst unseres Schicksals: durch Schuld der Väter und
durch eigene Schuld in zu enge Grenzen gebannt!«[15]

Wie verbreitet die kolonialistische Ideologie unter Jugendlichen war, dokumentiert eine »Rundfrage« Eschmanns, die 1932 unter dem bezeichnenden Titel *Wo findet die deutsche Jugend neuen Lebensraum?* erschien.

Trotz anfänglicher Bemühungen, das koloniale Jugendschrifttum nach 1933 sachorientiert zu konzipieren, betrieb dieses weiterhin bloße Geschichtsklitterung und stilisierte die kolonialistische Expansion des Deutschen und später des Dritten Reiches zum exotischen (Kriegs-)Abenteuer. Beredtes Beispiel für diese Tendenz ist die von 1940 an erscheinende Heftchen-Reihe »Kolonial-Bücherei«.

Um den Stellenwert der dem neuen Anspruch idealistischer Sachlichkeit verpflichteten Literatur bestimmen zu können, die der Jugend zugeschrieben und von ihr gelesen oder aber *für* sie verfaßt wurde, ist es unumgänglich, auch jene dezidiert unpolitische Literatur ins Blickfeld zu rücken, die lediglich zur Befriedigung der Lesebedürfnisse eines jugendlichen Massenpublikums produziert wurde. Es handelt sich hierbei um die massenhaft verbreitete Literatur, in der die Kategorien des Erlebnisses, der Spannung, des Abenteuerlichen, des individualistischen Heldischen wie auch des Lehrreichen dominieren. In der Fahrtenliteratur, der Detektivliteratur, den Reise- und Expeditionsberichten, den geschichtlichen Erzählungen und in den Sach- und Technikbüchern konstituieren diese Kategorien den spezifischen Unterhaltungswert des jeweiligen Textes.

Neben den weitverbreiteten traditionellen Bestsellern von K. May, J. F. Cooper, F. Gerstäcker und J. London entstand ein neues, modernisiertes Genre der Abenteuerliteratur. In ihm spielen zwar nach wie vor die herkömmlichen Konstituenten des Abenteuerlichen eine Rolle – das Erforschen, der Exotismus, das Bestehen von Gefahren, das Wagnis und die Selbsterprobung, kurz: jene Phänomene, die mit dem »Erlebnis« des Fremden einhergehen –, der Tenor dieser Literatur verschiebt sich aber allmählich. Ihr Grundmotiv ist nicht mehr Eskapismus, sondern es zeichnet sich in ihr eine Tendenz zur usurpierenden Aneignung des Fremden ab. Im Moment des siegreichen Beherrschens des stets gefahrvollen Fremden, das sich in expliziter Form in der Reise- und Forscherliteratur, der kolonialen Literatur, den U-Boot- und Flieger-Büchern, aber auch in den für die Jugend bestimmten »Abenteuergeschichten in Sport und Technik«[16] zeigt, manifestiert sich das moderne Abenteuer, das auch dann noch die Herrschaft des Realitätsprinzips in einer durchrationalisierten Gesellschaft bestätigt, wenn es den einzelnen scheinbar aus ihr ausbrechen läßt. Seine Modernität erweist sich darin, daß es nur noch in den Leistungskategorien der bestehenden Gesellschaft als realistisch erlebt werden kann. Die modernisierte Abenteuerliteratur holt auf diese Weise die vagabundierende Phantasie des jugendlichen Lesers in das Realitätsbewußtsein zurück – macht sie verwertbar für die idealisierende Überhöhung des alltäglichen Gefordert-Seins. Das Abenteuer ist damit zu einem der schlechten Wirklichkeit immanenten Phänomen geworden; es suggeriert dem einzelnen, auch er könne innerhalb der Monotonie des Alltagslebens im gesteigerten Einsatz das Außergewöhnliche vollbringen. Das Abenteuer aktualisiert den »absoluten Willen zur Tat«, den 1932 ein Student anonym vom Standpunkt der idealistischen Sachlichkeit aus bekundet; »Tat« wird als »Dienst an der Gegenwart«, jedoch »nicht ohne Ideale« verstanden.[17]

Unter dem Gesichtspunkt des Handelns mit »absolute(r) Konzentration auf ein klar und deutlich sichtbares Ziel«[18] ist für den Verfasser »Abenteuerlichkeit ein Charakteristikum der jungen Generation«; sie bedeute »die Bereitschaft, alle Lebensformen für sich als möglich zu betrachten, weil sich unter allen der Sinn gleich gut erproben« lasse.[19]

Die Logik der gesellschaftlichen Rationalisierung scheint in der neuen Abenteuerlichkeit als jene Mobilität und polyvalente Einsetzbarkeit auf, die die totale Mobilmachung der zur Autarkie tendierenden Gesellschaft dem einzelnen abverlangt. So erklärt sich, weshalb es für den Verfasser der anonymen Bekenntnisschrift gleich ist, ob die Jungen Abenteuer erleben, indem sie

»ihre Semesterferien als Matrosen fahren, (...) mit Klampfen und Geigen sich durch Spanien und Nordafrika bis nach Teneriffa durchsangen, (...) mit lächerlich wenig Geld zu Fuß, Rad, Faltboot oder Motorrad Europa sich zu eigen machten, (...) als Erntearbeiter, Schlosser, Erdarbeiter, Maschinisten, Taxifahrer usw. ihr Aktionsbedürfnis befriedigen, von dem der Staat nichts wissen will«.[20]

Der unter den Jugendlichen offenbar verbreitete Tatendrang und Erlebnishunger ließ sich mühelos zur literarischen Legitimierung des freiwilligen Arbeitsdienstes verwerten. Schumanns »Erfahrungsbericht« *Spaten-Jungens!* (1932), eines der frühesten Dokumente des neuen Genres der Arbeitsdienst-Literatur für Jugendliche, ist ein signifikantes Beispiel für die Stilisierung

Deutsche Jugend im Arbeitsdienst

von Tat und Arbeitseinsatz zum spannenden, »realistischen« Erlebnis.

Der moderne Abenteuer-Held besteht seine Abenteuer, indem er all seine Leistungsreserven mobilisiert, wo immer seiner die besondere Anforderung harrt. Abenteuerlichkeit konvergiert mit jenem Heldischen, das bereits in der idealistischen Sachlichkeit der Jüngsten angelegt war und das dem nationalsozialistischen Kämpfer-Mythos seinen hohen Grad von Funktionalität verlieh. Daß in einem durchaus nicht dem Nationalsozialismus verpflichteten Titel aus dem Jahre 1929 mit Blick auf die Abenteuer-, Kriegs- und Kolonialliteratur gesagt wird, die Jugend brauche »Heldenverehrung«, damit aus ihr »Heldennacheiferung« erwachsen könne[21], verweist auf diese sich allmählich vollziehende Konvergenz von Abenteurertum und Heroismus. Indem die nationalsozialistischen Schrifttums-Walter darauf verzichteten, den in der Weimarer Zeit vehement geführten Schund-und-Schmutz-Kampf[22] in den alten Bahnen fortzusetzen, bewiesen sie eine zynisch-realistische Einschätzung der politischen Instrumentalisierbarkeit des Buches. Sie bewerteten die neue Abenteuer-, Kolonial- und Kriegsliteratur nicht mehr nach literarästhetischen Kriterien, sondern nach ihrer Affinität zur propagierten »jugendlichen Haltung«. Es ist daher nicht verwunderlich, daß sich in der Jugendbuchliste aus dem Jahre 1933 eine Vielzahl einschlägiger Titel findet, die den ansonsten rigorosen Anforderungen der Nationalsozialisten an das sogenannte gute Jugendschrifttum keineswegs standhielten. Die von den nationalsozialistischen Schrifttums-Waltern in diesem Falle aus politischer Opportunität in Kauf genommene Trivialisierung sollte sich aber bald als Bedingung der gesamten nationalsozialistischen Jugendbuch-Produktion erweisen.

Nach der Machtergreifung war man von nationalsozialistischer Seite aus bemüht, das »jugendliche Reich«, dessen Anbruch Beumelburg termingerecht proklamierte[23], als Vollendung und Erfüllung der kulturreformerischen Bestrebungen der Jugendbewegung zu stilisieren. Gleichzeitig wurde die seit Ende der zwanziger Jahre zunehmende Politisierung der Jugend als Verjugendlichung der Politik ausgegeben:

»Eine jugendliche Bewegung ist vorgestoßen mit Urgewalt und hat im Siege alle Schranken eingerissen. Die natürlichen Gegner dieser Bewegung sind kampflos verschwunden. Die indifferente Mitte als die große breite Masse des Bürgertums scheint von dem Geiste und dem neuen Schwung geradezu verjüngt und beeilt sich mit der Bekundung ihrer Jugendlichkeit derart, daß solche Eile Bedenken erregen muß.«[24]

Was sich an der Jugendbewegung als Vorwegnahme »nationalsozialistischen Wollens« interpretieren ließ, wurde herausgehoben, was den beschworenen neuen Formen der Jugendlichkeit zuwiderlief, wurde zumeist verschwiegen oder diskreditiert. Diese Vereinnahmung der Jugendbewegung in inhaltlicher wie organisatorischer Hinsicht wurde nach 1933 offiziell als abgeschlossen dargestellt, ungeachtet der Tatsache, daß bis in die vierziger Jahre hinein immer noch eine sich auf die Jugendbewegung berufende Opposition gegen die Gleichschaltung existierte; nicht zufällig beharrte deshalb die Hitler-Jugend auf ihrer spezifischen Herkunft und Eigengesetzlichkeit.[25] Die Schwierigkeit, Vereinnahmung und Abgrenzung ideologisch zu vereinbaren, zeigt sich bis in den Sprachduktus hinein. Während Blunck euphorisch verkündet: »Die Revolution ist gelungen, eine Revolution, die in der Jugendbewegung begann und im Nationalsozialismus zur Höhe geführt wurde«[26], bemerkt Usadel zurückhaltender, nicht alle Mitglieder der Hitler-Jugend seien aus dem »Wandervogel« gekommen, »vor allem nicht die Führer«, aber es sei »vieles übernommen« worden, beispielsweise der »Fahrtbetrieb mit Wanderung und Zeltlager, dieses Losgelöstsein von Zivilisation, Bequemlichkeit und Technik, dieses Aufsichselbstgestelltsein in der Natur, dieses Sichaufeinanderverlassenmüssen, das nur durch echtesten Kameradschaftsgeist erreicht« werde.[27] Auch Krieck bezeichnete die »nationalsozialistische Jugend« als »jüngste Welle der Jugendbewegung«, sah ihre »Ahnen« aber nicht mehr im Wandervogel oder der Bündischen Jugend, sondern in »ihren jungen Helden, die im Kampf um deutschen Lebensraum, werdende Volkheit, völkische Art und rassischen Staat vorbildlich vorangegangen« seien und »einer neuen Zukunft vorangeläutet« hätten.[28] Vesper hinwiederum behauptet, die Jugendbewegung münde, »über Krieg und Zusammenbruch hinweg, unmittelbar in den Dienst der Gegenwart«; das »lange Suchen« habe »ein Ende gefunden im Sein«, die »Jugend, die jahrzehntelang gegen den Staat« habe stehen müssen, »weil er nicht ihr Staat (. . .), sondern im Gegenteil ihr Feind, ihr Mörder« gewesen sei, nehme jetzt als »Trägerin des Staates selbst (. . .) stolz die Verantwortung für seine Zukunft auf ihre Schultern«.[29]

Gemeinsam ist diesen und ähnlichen Versuchen, die Jugendbewegung für das neue Reich zu reklamieren, daß sie ihr eine ungebrochene Kontinuität unterstellen, ihr bereits in den späten zwanziger Jahren diagnostiziertes Ende ignorieren, sie geradezu wiederbeleben, um sie im Nationalsozialismus kulminieren lassen zu können. In der hymnischen Äußerung Rauchs zeigt sich dies unverhüllt:

»Die historische Jugendbewegung ist an das Ende ihres Weges gelangt. Sinn und Bedeutung wird sie erhalten und die Krone des Lebens erringen durch die kommenden Taten, die Leistungen derer, die ihren Reihen entwachsen, bereit sind, das Reich zu gründen und dafür zu sterben – als Männer.«[30]

Wie sehr der nationalsozialistischen Historiographie der Jugendbewegung daran gelegen war, diese Kontinuitäts-Philosopheme aufrechtzuerhalten, demonstrieren nicht nur Dissertationen zum Thema Jugendbewegung[31], sondern auch das tendenziöse Standardwerk *Die deutsche Jugendbewegung* von Fick aus dem Jahre 1939.[32] In ihm wird mit ausdrücklicher Berufung auf Hegel deklariert, die Jugendbewegung sei 1933 in der großen völkischen Bewegung der Jugend des Nationalsozialismus »aufgehoben«.[33]

Die Ambivalenz von Vereinnahmung und Abgrenzung, die die nationalsozialistische Historiographie der Jugendbewegung bestimmt, konstituiert auch den »Kampf« um die neue, nationalsozialistische Literatur für die Jugend. Einerseits wird simplifizierend von der Existenz einer Literatur der Jugendbewegung als Vorläuferin der nationalsozialistischen Jugendliteratur ausgegangen – vor allem in den späteren Jahren –, andererseits wird diese Doktrin unter Berufung auf den revolutionären Neubeginn von 1933 vehement bestritten.

Maßmann fordert in seiner Abrechnung mit der vor 1933 verbreiteten Literatur, die sich mit den Krisenphänomenen in der zeitgenössischen Jugend auseinandersetzte[34]:

»Man werfe alle die vergangene Modeliteratur über die Jugend und ihre ›Probleme‹ auf den Müllhaufen! Sie taugt zu nichts. Was kümmern uns denn die so gern literarisierten Entartungserscheinungen, die hier und dort bei verkümmerten Menschen unserer Generation auftreten? *Wir* sind es, die die Zukunft schaffen, weil wir die Gesunden und Starken und Kräftigen sind.«[35]

»Schluß mit ›junger Generation‹!«[36] lautet der neue »Kampfruf«, mit dem der anhaltenden, noch der »Systemzeit« verhafteten Diskussion der Jugendproblematik und ihrer Literarisierung ein Ende bereitet werden sollte. Solche Polemik richtete sich primär gegen die »›vaterlosen‹ Romane(n)«[37], die das Bild einer orientierungslosen Jugend zeichneten. Der in ihnen geschilderte Zustand der Vaterlosigkeit erscheint aus nationalsozialistischer Sicht geradezu als Korrelat der beklagten »Staatenlosigkeit« der Jugend[38] und angesichts der für das »neue Reich« reklamierten Vater-Führer-Imago als direkte politische Provokation. Daß die nationalsozialistische »Schrifttumspolitik« gleichwohl beabsichtigte, den Terminus »junge Generation« werbewirksam zur Propagierung der eigenen Jugendbuchproduktion einzusetzen, demonstriert die Gründung des Verlags »Junge Generation« in Berlin, in dem von 1934 an ein Großteil der nationalsozialistischen Jugendliteratur erschien.

Beumelburg sieht die Aufgabe der Literatur im Rahmen der

Zeltlager der bündischen Jugend

neuen »deutsche(n) Kulturarbeit« darin, jenes »Sehnen zu verwirklichen, das (...) die deutsche Jugend« erfülle und das sich
»zusammenfassen« lasse »in dem starken Dreiklang von Arbeit,
Glaube und Freiheit«.[39]

Auf diese Weise sollte die noch zu schaffende Literatur – auch die
Literatur für die Jugend – jene beständig geforderte Echtheit und
Wirklichkeitsnähe erlangen, die sich in dem Anspruch der nationalsozialistischen Literaturlenkung ausdrückt, Literatur und Leben »organisch« miteinander zu verbinden. Nicht zufällig widmete der Ökonom Lüddecke in seinem 1931 erschienenen Buch
Meisterung der Maschinenwelt, das 1934 in der zweiten Auflage
den bezeichnenden Titel *Meisterung der Lebenskrise* erhielt, der
Literatur und ihrem prospektiv ins Auge gefaßten »heroischen
Auftrieb« ein umfangreiches Kapitel. Die *Jugendschriften-Warte*
druckte 1935 literaturpädagogisch relevante Passagen daraus
ab.[40]

Lüddecke forderte für die »junge Generation« eine »Literatur mit
positiven Vorzeichen«, in der »Menschen geschildert« werden sollten, »die zu siegen verstehen«. Diese Literatur solle nicht mehr nur
eine »moralische Anstalt« sein, sondern »auch eine hohe Schule der
Lebenstaktik«. Anvisiert wird nichts weniger als eine »künstlerische Steigerung des Daseins«![41] Damit ist das nationalsozialisti-

sche Programm einer politischen Instrumentalisierung der Literatur im Zeichen ihrer organischen Verbindung mit dem sogenannten Leben fest umrissen.

Die seit Ende der zwanziger Jahre zunehmende Fahrtenliteratur wies bereits Strukturmerkmale auf, die der Durchsetzung dieses Programms Vorschub leisteten. Offiziell wurde dieses Genre dennoch – freilich aus unterschiedlichen Motiven – sowohl von den Sachwaltern des Lebensgefühls der »jungen Generation im Übergang« als auch von den nationalsozialistischen »Schrifttums-Waltern« abgelehnt. Die in dieser Fahrtenliteratur geschilderten Erlebnisse stellten für die bündische wie für die nationalsozialistische Jugend-Ideologie ein Skandalon dar. Diese Erlebnisliteratur ist selbst ein typisches Übergangs-Phänomen: Dem Lebensgefühl der bündischen Jugend entsprach sie nicht mehr, dem der nationalsozialistischen Jugend noch nicht. Rauchs Erzählung *Weit laßt die Fahnen wehen...! Tage einer Jugend* (1932) – vom Verfasser selbst als eines der wenigen Werke bezeichnet, das den Geist der jungen Generation angemessen repräsentiere[42] – macht diese Ambivalenz deutlich. Zwar spielen in diesem Text solche Kategorien wie Kampf, Bewährung und Disziplin eine wichtige Rolle, Kategorien also, die in der späteren nationalsozialistischen Jugendliteratur ubiquitär sind, aber die geschilderten Jungengestalten bleiben insofern Wandervögel, als ihr Erlebnishorizont noch nicht völlig vom »Dienst«-Gedanken durchdrungen ist. Diese Modifizierung der Wandervogel-Ideologie mußte den bündischen Auguren hinwiederum zwangsläufig als Verlust an Ursprünglichkeit erscheinen. Littmann – schon bald überzeugter Nationalsozialist – konstatiert noch 1933 »zwischen der früheren Ursprünglichkeit der Wandervogelhefte« wie den früheren »literarischen Dokumenten« der Bünde und den »bewußten Selbstdarstellungsromanen« der Jahre zuvor einen »erhebliche(r)n Abstand, ja eine tiefe Kluft«.[43] Diese Fahrten-Romane seien »offenbar bestimmt zur Werbung neuer Jungen«[44] für die jeweiligen Jugendorganisationen. Littmann moniert an den Texten ihre *»aufklärerische* Art der Darstellung« und die »damit verbundene(n) kitschig-süße(n) Entschleierung der geheimnisvollen Lebensformen einer richtigen Jungengruppe«.[45] Prestel kritisiert ihre »meist kitschige Gefahrenromantik unter jugendbewegter Tarnung«; solche »bestellte Arbeit von Konjunkturverlegern« sei »weltenweit entfernt von der Heimatinnigkeit und Scheu vor Selbstdarstellung bei der echten bündi-

schen Jugend«.[46] Wenn Littmann der Fahrtenliteratur insgesamt
den »Verbrauch und die Abnutzung heilig gehaltener Dinge durch
eine nüchterne, unheilige Alltagssprache«[47] vorwirft, bestätigt er
unfreiwillig die Nähe dieser Literatur zum versachlichten Erlebnishorizont einer sich wandelnden Jugend, für die das realistische
Abenteuer zum neuen Mythos der Fahrt geworden war. Was aus
bündischer Perspektive als Entmythologisierung anmutet, erscheint retrospektiv aus nationalsozialistischer Sicht als mangelnder Bezug zu den neuen Realitäten. Darunter wurde vor allem die
»irreführende« Darstellung jugendlichen Gruppenlebens verstanden, die zumeist an den Phänomenen des Horden-, Banden- und
Cliquenwesens orientiert war. Jordans *Die Meute. Aus dem Leben
einer Jungengruppe* (1929) ist hierfür symptomatisch.

So wird verständlich, warum die Fahrten- und Jungenbücher –
auch andere abenteuerliche Kriegs- und Kolonialliteratur für die
Jugend – nicht primär ihrer Trivialität wegen attackiert werden:

»Ihre Bedenklichkeit beruht nicht in erster Linie darauf, daß sie durch die
stillose Form der Darstellung den Geschmack verbilden – sie sind nämlich
alle über einen Leisten geschlagen und entbehren jeglicher Originalität –,
sondern darauf, daß sich diese zweifelhafte Bücherflut über eine Jugend ergießt, die zwischen den Zeiten steht und die vor die schwere Aufgabe gestellt ist, sich ihre der neuen Entwicklung entsprechende Haltung zu er-
kämpfen. Indem diese Art Jugendliteratur Lösungen vorwegnimmt und
vorzeitige Stellungnahme im Bereich der werdenden Generation vor-
nimmt, stört und verwirrt sie den Fluß der Bewegung und schwächt den
Willen der Jugend zu eigener Lebensformung. Durch geschickte Aufma-
chung und z. T. phantastische Darstellung, die dem Erlebnisdrang der Jugend entgegenkommt, auch durch die Benutzung der von der Jugend geschaffenen Terminologie, haben die Verfasser und Verleger es verstanden,
sich eine große Anhängerschaft in der Jugend zu erwerben.«[48]

Welche Brisanz solchen »irreführenden« Darstellungen beigemes-
sen wurde, die – trotz aller Trivialisierung – einen mentalen Zustand Jugendlicher zu erkennen gaben, der in der nationalsozialistischen Jugendlichkeitsideologie als bereits »aufgehoben« galt,
zeigt die Ablehnung bzw. Indizierung nahezu der gesamten Jugendbuch-Produktion des bündischen Verlages Wolff in Plauen.
Noch in der 1937 in der *Jugendschriften-Warte* veröffentlichten
dritten Liste *Wir lehnen ab*[49], wie auch in der nur für den Dienst-
gebrauch bestimmten *Liste des schädlichen und unerwünschten
Schrifttums* aus dem Jahre 1938[50] (Staatsindex), werden einzelne

Titel dieses Verlages genannt. Wie im organisationspolitischen, so wird auch im literarischen Sektor deutlich, daß die Liquidierung der bündischen Bewegung bis in die vierziger Jahre nicht gelungen war.

Bezieht sich Littmann in seiner Kritik noch auf eine Fahrtenliteratur, die an der literarischen Vermarktung der bündischen Ideologie partizipiert (z. B. v. Bazan, *Jungen am Feuer*, 1932; Jordan, *Mit Kompaß und Karte durch den Balkan*, 1930; Queling, *Sechs Jungen tippeln nach Indien*, 1931; Köster, *Orientfahrt der Sturmvaganten*, 1932), so wendet sich Mohr darüber hinaus bereits gegen ein neues Genre, das die jüngste Geschichte der nationalsozialistischen Jugend zwar thematisierte, aber ins triviale Schema der als phantastisch diskreditierten Fahrtenliteratur preßte (z. B. Rössing, *Der tapfere Hans*, 1933; v. Hanstein, *Wie der Glasbläserjunge zum Braunhemd kam*, 1934; Sendke, *Wir sind die Hitlerjugend*, 1934). Diese Titel gehören einerseits formal zu der mit Schenzingers *Der Hitlerjunge Quex* (1932) inaugurierten Konversions- und Kampfzeit-Literatur[51] – der neuen, den veränderten politischen Verhältnissen entsprechenden Bekenntnisliteratur –, sie sind andererseits aber im Hinblick auf ihre Typologie der Jungen wie ihre Handlungsmotive noch sentimentale Erlebnisliteratur. Ihr privatistischer Charakter untergräbt den Anspruch auf politische Verallgemeinerbarkeit, dessen Einlösung von diesem neuen Genre erwartet wurde. Glaubhafter wird die politische Entwicklung der Jugend auf ihrem Weg ins »neue Deutschland« in Titeln wie z. B. Hagens *Die Straße zu Hitler* (1933) und Schmiedels *Und wenn wir marschieren . . .!* (1933) dargestellt. Jugendliches »Fahren« und »Tippeln« sind bereits identisch mit dem Beschreiten des »richtigen« politischen Weges. Jugendliche Fahrtenromantik mündet in politische Aktionen, der Kampf in der nationalsozialistischen Bewegung erscheint als Realisierung der in der Jugendbewegung gehegten Hoffnung auf Überwindung der Klassengegensätze und Restituierung einer Welt, die von der »Dekadenz« der Zivilisation befreit ist. Die Tatsache, daß neben der genannten Jugendliteratur Rössings, v. Hansteins und Sendkes auch eine Vielzahl vergleichbarer Bücher von offizieller Seite abgelehnt wurde (z. B. v. Arnim, *Manfreds Weg zu Hitler*, 1933; Jordan, *Vom Balkankreuz zu Hitlers Fahnen*, 1934; Viera, *Utz kämpft für Hitler*, 1933; Schauff, *Walters Kampf für Hitler*, 1934), macht deutlich, in welchem Maße das Moment der Trivialität, das die Nationalsozialisten aufgrund der Massivität ihres politischen Anspruchs fungibel gemacht zu haben glaubten, seine subversive Kraft entfaltete. Bei aller thematischen Aktualisierung agieren in diesen unliebsamen politischen Jugendschriften die aus der Jugendliteratur der Zeit vor der sogenannten nationalsozialistischen Revolution hinlänglich bekannten Sozialcharaktere. In ihnen lebt der längst vor 1933 vermarktete »Geist der Jugendbewegung« weiter. Daß die Jugend des »jugendlichen Reiches« zumindest in einem Großteil der für sie bestimmten Literatur keineswegs das erhoffte neue Lebensgefühl dokumentiert sehen konnte, wird noch 1935 von einem Jugendbuch-Walter der Hitler-Jugend beklagt:

»Vor der nationalsozialistischen Revolution sahen die Themen dieser Bücher etwa so aus: Pensionatsgeschichten, Töchtergeschichten, Sekundanererlebnisse, Fahrtenerlebnisse bündischer Wandergruppen usw. Mit der großen Veränderung erfolgte auch hier die Umschaltung. Die Themen hießen jetzt: SA, SS, Hitlerjugend, BDM, Jungvolk. Und der Inhalt? Siehe, er war der gleiche. Die Jungen und Mädel dieser netten Geschichten hatten sich nicht im entferntesten geändert. Sie trugen jetzt nur braune Kluft, warfen mit unverdauten Brocken nationalsozialistischen Gedankengutes um sich und führten bei jedem dritten Satz das Wort Deutschland auf der Zunge.«[52]

Die idealistische Sachlichkeit war von der Konjunktur, nach deren Gesetzen sich die gesamte Formierung im neuen Staat vollzog, eingeholt worden.

Anmerkungen

1 Vgl. Wilhelm Flitner, *Die junge Generation im Volke*, in: Hermann Maaß (Hg.), *Die Lebenswelt der Jugend in der Gegenwart* (Berlin 1928), S. 7 ff.; E. Günther Gründel, *Die Sendung der Jungen Generation. Sinndeutung der Krise* (München, 5.–8. Tsd. 1932); Adolf v. Grolmann, *Lage und Verlagerung der bürgerlichen Jugend Deutschlands. Versuch eines Umrisses* (Stuttgart 1932); Frank Matzke, *Jugend bekennt! So sind wir!* (Leipzig 1930); Kurt Maßmann, *Wir Jugend! Ein Bekenntnisbuch der deutschen Nachkriegsgeneration* (Berlin 1933).

2 Maßmann, *Wir Jugend!*, S. 25.

3 Theodor Lüddecke, *Meisterung der Maschinenwelt. Menschentum und*

Möglicheit (Leipzig 1931), S. 263. Vgl. zu Lüddecke auch Norbert Hopster/Ulrich Nassen, *Literatur und Erziehung im Nationalsozialismus. Deutschunterricht als Körperkultur* (Paderborn, München, Wien, Zürich 1983), S. 87 ff.

4 Vgl. dazu solche einschlägigen Arbeiten von Heinz Kindermann wie *Idealistische Sachlichkeit. Ein Wort zur neuen Lebensform der deutschen Gegenwartsdichtung*, in: *Deutscher Almanach für das Jahr 1933* (Leipzig 1932), S. 41 ff.; *Idealismus und Sachlichkeit in der deutschen Gegenwartsdichtung*, in: *Germanisch-Romanische Monatsschrift* 21 (1933), S. 81 ff.

5 Vgl. dazu Uwe-Karsten Ketelsen, *Völkisch-nationale und nationalsozialistische Literatur in Deutschland 1890–1945* (Stuttgart 1976) sowie Karl Prümm, *Die Literatur des soldatischen Nationalismus der 20er Jahre (1918–1933). Gruppenideologie und Epochenproblematik.* 2 Bde. (Kronberg/Ts. 1974).

6 Gründel, *Sendung*, S. 115.

7 Hier zitiert nach der Ausgabe 1933 der Büchergilde. Thor Goote, *Wir tragen das Leben* (Berlin 1933), S. 147.

8 Vgl. *Das Jugendbuch im Dritten Reich. Verzeichnis empfehlenswerter Jugendbücher* (Stuttgart 1933).

9 Zur Auflagenhöhe vgl. Donald Ray Richards, *The German Bestseller in the 20th Century. A complete Bibliography and Analysis 1915–1940* (Bern 1968), S. 129.

10 Vgl. *Das Jugendbuch im Dritten Reich*, S. 14.

11 Vgl. Norbert Hopster/Ulrich Nassen, *»Jugend und Buch im neuen Reich.« Die nationalsozialistische Literaturpädagogik im »Kampf« um das »gute Jugendschrifttum«*, in: *Diskussion Deutsch* 14 (1983), S. 551–568.

12 Zur Kolonialliteratur der Nachkriegszeit vgl. Joachim Warmbold, *»Ein Stückchen neudeutsche Erd'...« Deutsche Kolonialliteratur. Aspekte ihrer Geschichte, Eigenart und Wirkung, dargestellt am Beispiel Afrikas* (Frankfurt/M. 1982).

13 Zur Auflagenhöhe vgl. Richards, *The German Bestseller*, S. 132.

14 Heinz Kindermann, *Das literarische Antlitz der Gegenwart* (Halle 1930), S. 66.

15 Helmut Wocke, *Neue Jugend und neue Dichtung. Bd. 1: Darstellender Teil* (München 1930), S. 196 (= Bücher der Bildung, 32).

16 Fritz Krüger, *Das gegenwartsbetonte Jugendbuch*, in: *Ostfriesisches Schulblatt* 72 (1932), S. 116.

17 Anonym, *Neue Energien in der Jugend*, in: *Zeitschrift für Deutschkunde* 46 (1932), S. 540.

18 Ebd., S. 540.

19 Ebd., S. 542.

20 Ebd.

21 Vgl. Georg Dost, *Jugend und Buch. Ein Beitrag zur literarischen Erziehung der Jugend* (Leipzig/Berlin 1929), S. 54.

22 Vgl. dazu u. a. Wilhelm Fronemann, *Das Erbe Wolgasts. Ein Querschnitt durch die heutige Jugendschriftenfrage* (Langensalza 1927).

23 Vgl. Werner Beumelburg, *Das jugendliche Reich. Reden und Aufsätze zur Zeitwende* (Oldenburg 1933) (= Schriften an die Nation, 49).

24 Ebd., S. 45 f.

25 Vgl. dazu u. a. die Veröffentlichungen von Michael H. Kater, *Bürgerliche Jugendbewegung in Deutschland von 1926 bis 1939*, in: *Archiv für Sozialgeschichte* 17 (1977), S. 127–174; Arno Klönne, *Jugendbewegung und Faschismus. Zusammenhänge und Konflikte*, in: *Jahrbuch des Archivs der deutschen Jugendbewegung* 12 (1980), S. 23–34; ders., *Zur »bündischen Opposition« im Dritten Reich*, in: ebd., S. 123–128; Peter D. Stachura, *Deutsche Jugendbewegung und Nationalsozialismus. Interpretationen und Perspektiven*, in: ebd., S. 35–52 sowie Klönnes Einleitung zu Michael Jovy, *Jugendbewegung und Nationalsozialismus. Zusammenhänge und Gegensätze. Versuch einer Klärung* (Münster 1984).

26 Hans Friedrich Blunck, *Vom Wandervogel zur SA*, in: Will Vesper (Hg.), *Deutsche Jugend. 30 Jahre Geschichte einer Bewegung* (Berlin 1934), S. 7.

27 Georg Usadel, *Entwicklung und Bedeutung der nationalsozialistischen Jugendbewegung* (Bielefeld/Leipzig 1934), S. 7 (= Deutschlands Erwachen. Bücher der Kraft und des Lebens für unsere Jugend).

28 Ernst Krieck, *Nationalpolitische Erziehung* (Leipzig 1933⁴), S. 51.

29 Will Vesper, *Geleitwort*, in: Will Vesper (Hg.), *Deutsche Jugend. 30 Jahre Geschichte einer Bewegung* (Berlin 1934), S. XI f.

30 Karl Rauch, *Vom Buchhandel und vom Schrifttum der Jugendbewegung*, in: Will Vesper (Hg.), *Deutsche Jugend. 30 Jahre Geschichte einer Bewegung* (Berlin 1934), S. 303.

31 Vgl. Karl Krausze, *Die Jugendbewegung im Spiegel Deutscher Dichtung* (Würzburg-Aumühle 1939); Felix Wagner, *Über den Wandel der Werthaltungen in der deutschen Jugendbewegung*, Diss. Jena 1940; Hans Kracik, *Die politische Entwicklung der Jugendbewegung seit dem Weltkrieg*, Diss. Hamburg 1942; Helmut Kullmer, *Der Wehrgedanke und die großdeutsche Idee innerhalb der völkischen Jugendbewegung*, Diss. Heidelberg 1944.

32 Luise Fick, *Die deutsche Jugendbewegung* (Jena 1939).

33 Vgl. ebd., S. 221 f.

34 Einen im Falle Grolmanns tendenziösen Überblick geben Adolf v. Grolmann, *Kind und junger Mensch in der Dichtung der Gegenwart* (Berlin 1930); ders., *»Kind und junger Mensch in der deutschen Dichtung der Gegenwart« (1930/1931). Umriß und Gesichtspunkte*, in: *Zs. f. Deutschkunde* 45 (1931), S. 809 ff.; Gerda Eichbaum, *Die Krise der*

modernen Jugend im Spiegel der Dichtung. Zur Problemgeschichte des Jugendalters (Erfurt 1930); dies., *Jugendprobleme im Spiegel der deutschen Dichtung (1880–1930)*, in: *Zs. f. Deutsche Bildung* 7 (1931), S. 612 ff.; Katherine Larson Roper, *Images of German Youth in Weimar Novels*, in: *Journal of Contemporary History* 13 (1978), S. 499 ff.

35 Maßmann, *Wir Jugend!*, S. 78.

36 Vgl. Karl Rauch, *Schluß mit »junger Generation«!* (Leipzig 1933).

37 Vgl. Jost Hermand, *Oedipus lost: Oder der im Massenerleben der Zwanziger Jahre »aufgehobene« Vater-Sohn-Konflikt des Expressionismus*, in: Reinhold Grimm/Jost Hermand (Hg.), *Die sogenannten Zwanziger Jahre. First Wisconsin Workshop* (Bad Homburg/Berlin/Zürich 1970), S. 220.

38 Rauch, *Schluß mit »junger Generation«!*, S. 20.

39 Beumelburg, *Das jugendliche Reich*, S. 50.

40 Vgl. Theodor Lüddecke, *Der heroische Auftrieb in der Literatur*, in: *Jugendschriften-Warte* 40 (1935), S. 48.

41 Ebd., S. 48.

42 Vgl. Rauch, *Vom Buchhandel und vom Schrifttum der Jugendbewegung*, S. 318.

43 Arnold Littmann, *Jugendliteratur der Jungenbünde*, in: *Jugendschriften-Warte* 38 (1933), S. 12.

44 Ebd., S. 13.

45 Ebd.

46 Josef Prestel, *Geschichte des deutschen Jugendschrifttums* (Freiburg i. Br. 1933), S. 149 (= Handbuch der Jugendliteratur, 3).

47 Littmann, *Jugendliteratur*, S. 14.

48 Hans Mohr, *Jugend- und Fahrtenbücher*, in: *Jugendschriften-Warte* 40 (1935), S. 22.

49 Vgl. *Jugendschriften-Warte* 42 (1937), Nr. 8.

50 Vgl. *Liste des schädlichen und unerwünschten Schrifttums. Stand vom 31. Dezember 1938 und Jahreslisten 1939–1941*. Reprint (Vaduz 1979).

51 Vgl. zu diesem Literaturtypus die Studie von Dagmar Grenz, *Entwicklung als Bekehrung und Wandlung. Zu einem Typus der nationalsozialistischen Jugendliteratur*, in: Maria Lypp (Hg.), *Literatur für Kinder* (Göttingen 1977), S. 155–169.

52 Fritz Helke, *Schluß mit dem Kitsch!*, in: *Nationalsozialistische Monatshefte* 6 (1935), S. 1034.

Karl Prümm
Jugend ohne Väter
Zu den autobiographischen Jugendromanen
der späten zwanziger Jahre

In dem 1931 erschienenen »Roman junger Menschen« *Die Miets-*
kaserne von Ernst Erich Noth gerät die Hauptfigur eher zufällig in
die Versammlung eines völkisch-bündischen Zirkels hinein. Sie
findet die typische Szenerie solcher Veranstaltungen vor: das
dunkle Hinterzimmer einer Vorstadtkneipe, die eingeschworene
Gemeinde, die der monotonen Suada des Redners gläubig folgt.
Nichts deutet darauf hin, daß der proletarische Schüler eines bürgerlichen Gymnasiums auf der Suche nach einer sozialen und politischen Identität gerade hier eine Botschaft vernehmen sollte, die
ihn wirklich betrifft. Das Gemisch aus Antisemitismus, nationalem Überschwang und antikapitalistischen Parolen stößt ihn dann
auch eher ab. Als jedoch der Redner noch einmal alles Pathos in die
Schlußwendung hineinnimmt: »Auf die Jugend kommt es an!«, ist
der desinteressierte Zuhörer plötzlich mitgerissen. In der tiefen
Orientierungskrise erscheint ihm die banale Parole als vielverspre-
chender Ausweg. An die Stelle der depressiven Stimmung tritt ein
jugendliches Selbstbewußtsein, und der Held des Romans wird
vorübergehend zum Anhänger dieser völkischen Gruppierung.[1]
  Noth hat hier sehr plastisch die Wirkungsprinzipien wiedergegeben, die von der rückhaltlos politisierten Formel Jugend am Ende
der Weimarer Republik ausgingen (s. den Beitrag von Thomas
Lange in diesem Band). Nach 1929 wurde Jugend zum Schlüsselbegriff, der seine spezifische Emotionalität traditionellen Bedeu-
tungsschichten verdankte. Die ästhetisierenden Jugendkulte seit
der Jahrhundertwende, die vitalistische Komponente der expressionistischen Jugendrevolte und die lebensreformerischen Impulse
der Jugendbewegung geraten nun unter eine sozialpolitische Dominanz. Die ökonomische Krise verschärfte die Generationsgegensätze zu einer offenen sozialen Konfrontation. Gerade die
akademische Jugend, die ihre Situation verabsolutierte und über
vielfache Artikulationsmöglichkeiten verfügte, sah sich ihrer Möglichkeit beraubt, in jene Positionen einzurücken, die von den herr-

schenden Eliten besetzt waren. Für die oppositionellen politischen Bewegungen lag es nahe, sich dieses Protestpotentials zu versichern und mit dem Rekurs auf die Jugend die radikale Distanz zur kompromittierten Gegenwart und die berechtigten Zukunftsansprüche gleichermaßen wirksam zu betonen. So wurde um 1930 allerorten Jugendlichkeit ostentativ hervorgekehrt. Die KPD wollte in ihrer Gesamtheit als »Kämpfende Jugend«[2] erscheinen, die NSDAP warb mit der Jugendlichkeit ihrer Anhänger und ihres Führungspersonals, der sensationelle publizistische Erfolg der *Tat* basierte auf dem geschickt inszenierten Ruf jugendlicher Rücksichtslosigkeit[3], und selbst in der Zentrumspartei vollzog eine Gruppe junger Publizisten den Abschied von Weimar und proklamierte eine »zweite Republik«.[4] Die politische Terminologie bemächtigte sich lebensgeschichtlicher Muster, ein weiteres Indiz für die nun beherrschende Rolle von Jugendideologien. Seit Moeller van den Bruck war es ein Gemeinplatz der konservativ-revolutionären Publizistik, die »jungen Nationen« Deutschland, Italien und Sowjetunion zu kontrastieren mit den »alten«, »vergreisten« Demokratien des Westens. Das Epitheton »jung« wurde von zahlreichen Gruppierungen der Rechten als vermeintlich programmatische Selbstbezeichnung überstrapaziert.

Die vernichtende Kritik an der versagenden Gesellschaft, die eine solche Terminologie signalisieren sollte, verkannte die Tatsache, daß der sozioökonomische Prozeß seinen eigenen Jugendkult hervorgebracht hatte. Werbung und Warenästhetik annoncierten ihn auch noch oder gerade nach dem Ende von Prosperität und relativer Stabilisierung. In seiner Sozialreportage *Die Angestellten* (1930) registriert Siegfried Kracauer mit Befremden eine maßlose »Überhöhung der Jugend«, die er dem »rationalisierten Wirtschaftsbetrieb« anlastet und sich in Anzeigen dokumentiere, in denen ein »älterer Verkäufer von 25 bis 26 Jahren« gesucht wird.[5] Dieses ökonomische Diktat, so Kracauers Analyse, werde von den Betroffenen nicht nur widerstandslos hingenommen, sondern durch eine kollektive Fetischisierung von Jugend noch übersteigert. Ein »Preisgegebensein des Alters« sei kennzeichnend für die Gegenwart, das »gesamte Volk« verherrliche auf eine »bestürzende Weise Jugend an sich«, um gerade damit die reale Erfüllung vitaler Bedürfnisse zu blockieren.[6]

In diesem komplexen Spektrum von politischer Jugendrevolte, ihrer Instrumentalisierung durch oppositionelle Bewegungen vor

Werbebüro am Potsdamer Platz im Café Vaterland für die
Freiwilligenwerbung der Freikorps

dem Hintergrund einer generellen kollektiven Überhöhung von
Jugend spielt die Literatur eine gewichtige Rolle. Zwischen 1928
und 1933 häufen sich auffallend Romane, die mit unverkennbar
autobiographischem Gestus und zum Teil mit großem Erfolg der
Erfahrung von Kindheit und Jugend appellativen Charakter
verleihen. Diese literarischen Objekte fügen sich damit ein in die
umfassende Politisierung des Komplexes Jugend, haben an diesem
Prozeß einen entscheidenden Anteil. Die Jugendromane um 1930
leisten zunächst einmal, was in der politischen Publizistik nur bedingt möglich ist, eine narrative und suggestive Historisierung von
Jugenderfahrung. Sie blenden in den Wilhelminismus zurück, verfolgen über Einschnitte und Zäsuren hinweg, über Krieg, Novemberrevolution und Inflation die Sozialisationsprozesse bis dicht an
die Gegenwart heran. Einer programmatischen Debatte und einer
systematischen Reflexion stellen die Romane also einen historischen Horizont zur Verfügung, sie bieten Ableitungen und Begründungen des Aktuellen aus dem Vergangenen.

Die Ausweitung des Komplexes Jugend zu einem politisch-mora-
lischen Wertsystem setzt zum anderen das Transzendieren der in-

dividualpsychologischen Perspektive voraus. Hier erbringen die Jugendromane trotz ihrer individualisierenden Verfahren die entscheidenden Generalisierungen, bei Ernst Glaeser bereits im Romantitel: *Jahrgang 1902*. Das Typische, die umfassende Wertigkeit des Individuellen wird durch sie erzählerisch legitimiert. Eine folgenreiche Ausweitung vollziehen diese Texte auch noch in einem anderen Sinn. Kindheit und Jugend repräsentieren hier keine gesellschaftlichen Randbereiche, sie bilden keinen geschützten Raum, keine Abseitigkeit oder Idylle, sondern sie sind das Zentrum, von dem aus gesellschaftliche Totalität erfahrbar, umfassende politische Ansprüche legitimierbar sind. Jugend wird zum Ort radikaler Erkenntnis. Sie öffnet die Augen vor der absoluten Negativität der Erwachsenenwelt und gibt den Blick frei auf eine bessere, von Jugendlichen verantwortete Zukunft. »Jugend ist nichts als Sklaverei«, Jugend sei gefangen »in der Umkettung derer, die früher da waren«, klagt der Held von Hermann Kestens Roman *Josef sucht die Freiheit*.[7] In einem Dialog mit seinem Vater enthüllt er das »Leben« als gigantische Unterdrückungsmaschinerie. Jeder einzelne werde »hart bestraft (...) von der Gesellschaft, vom Staat. Mit Hunger, mit Gefängnis, mit Religionsunterricht, mit Steuern, mit schlechten Gesetzen, mit falschem Gericht, mit frühzeitigem Tod, mit unwürdiger Arbeit, mit schlechtem Essen, mit billigen Genüssen, mit der Zweitrangigkeit einer Deklassierung, mit dem Schulzwang, mit dem Zwang des Militärdienstes, mit der ganzen giftigen Kasernierung des modernen Lebens.« Auf die erstaunte Frage des Vaters: »Wer hat dir das beigebracht, Junge«? antwortet der Dreizehnjährige: »Niemand Vater. Sehen das nicht alle Menschen?«[8]

Wie sehr die hier eingelösten Totalitätserwartungen an die Jugendthematik damals auch die Literaturkritik bestimmten, zeigt die Reaktion von Axel Eggebrecht auf Friedrich Torbergs Roman *Der Schüler Gerber hat absolviert*. Eggebrecht hält dem Schülerroman vor, er beschränke sich auf »private Wirrnisse« und »fruchtlose Selbstbespiegelung«, dem Autor fehle die »Beziehung ins Allgemeine« und die »Verantwortung für das Soziale«.[9] Dabei hatte Torberg alle Anstrengungen unternommen, um diesem Totalitätsbedürfnis des Lesers zu entsprechen. Am Ende des Romans wird das Opfer, der von sadistischen Lehrern in den Tod getriebene Schüler Gerber, in beinahe expressionistischer Manier zur Figuration des »Lebens«, vor dem die Schule versagt.[10] Proklamatorisch wird an einigen Stellen, ganz im Sinne von Kesten, das Schulsystem zum Paradigma der sozialen »Ordnung« erhoben, die den Inhabern der Macht die unkontrollierte Möglichkeit beläßt, »Jahrzehnte hindurch Existenzen zu bestimmen«, während die »jungen Menschen«, daran gehindert, »eine Lebensstrecke hinter sich zu bringen«, zu rechtlosen Objekten degradiert werden.[11] Symbolhafte Überhöhung und rhetorische Ausweitung versuchen, der genrebedingten erzählerischen Reduktion auf das Sozialsystem Schule entgegenzuwirken.

Doch gegenüber den umfassenden Erwartungen von Kritik und Publikum, gegenüber der gesteigerten sozialpolitischen Bedeutung der Jugendideologie büßt der Schülerroman am Ende der zwanziger Jahre seine paradigmatische Bedeutung für den thematischen Komplex Jugend ein, die er seit der Jahrhundertwende (Hesse, Musil, E. Strauß, F. Huch) innehatte. Die Gleichsetzung von Sozialisation und Schule, die Überdimensionalität der Erziehungsinstanzen treten nun zurück. Die autobiographischen Jugendromane brechen Ausschnitthaftigkeit und paradigmatische Verengung auf, indem sie die von Eggebrecht eingeklagte »Beziehung ins Allgemeine« detailliert explizieren. Damit ist ein entscheidender Übergang vollzogen von der individualpsychologischen Fallstudie, die zudem an das Schema der Schulgeschichte gebunden bleibt, zur strikt typisierenden, gesellschaftliche Totalität beanspruchenden Erzählweise. Jugend wird nicht nur in lebensgeschichtliche und familiäre, sondern vor allem in politische und soziale Kontexte eingeordnet. Gesteigertes Selbstbewußtsein und Machtanspruch von Jugendlichkeit zeigen diese Romane schon in ihrem Grundkonzept an. Jugend soll befreit werden aus dem Reservat von Erziehung und Schule, Jugend erobert sich alle Bezirke der Gesellschaft, demaskiert die Herrschenden und stellt sich selbst als unterdrückte Eigentlichkeit dar.

Diese Ausdehnung und Überspannung hält jedoch zugleich an dem Anspruch individualpsychologischer Radikalität und Prägnanz fest. Auch wenn die Figuren dieser Romane, ihrem Grundauftrag gemäß, öffentlich werden, fiktionalisiert sind, um als typisch erscheinen zu können, so achten die Autoren dennoch streng darauf, daß die autobiographische Dimension nicht verlorengeht. Denn sie ist der Kernpunkt der Wirkungsstrategie. Der autobiographische Gestus, der für den Leser stets präsent sein muß, weist nämlich dem Jugendkonzept den Rang einer authentischen Erfah-

rung zu. So ist der Wirklichkeitscharakter der Autobiographie unverzichtbar, um den Romaninhalt »glaubwürdig« zu machen.
Ernst Glaeser signalisiert Authentizität schon mit dem Kunstgriff
der Titelgebung (»Jahrgang 1902«), obwohl die Fiktionalität der
Ich-Erzählung überdeutlich ist. Der Autor hätte sein Buch selbst
vernichtet, sich der Lächerlichkeit preisgegeben, wäre er in Wirklichkeit im Jahre 1898 oder 1905 geboren. Dies verweist auf einen
epochentypischen Zusammenhang von Authentizität und Fiktionalität. Authentizität sollte den Romanen der zwanziger Jahre ihr
Gewicht verleihen, »Lebensnähe« war die Kernforderung der
Neuen Sachlichkeit. Belegt wurde das Authentische durch die re-
portagenhafte Annäherung an die Wirklichkeit oder durch deren
autobiographische Erschließung.

  Eine zusätzliche Dimension der Authentizität ergibt sich durch
die Jugendlichkeit der Verfasser selbst, die auf unmittelbare Registratur autobiographischer Erfahrung schließen läßt. Die Autoren
der im folgenden behandelten Beispiele sind zum Zeitpunkt der
Veröffentlichung ihrer Texte zwischen 25 und 30 Jahre alt: Glaeser
ist 1902, Süskind 1901, Kesten 1900, Ernst von Salomon 1902,
Ernst Erich Noth 1909 geboren. Ihre erfolgreichen Jugendromane
bedeuten entweder das Debüt (Kesten, Süskind, v. Salomon,
Noth) oder den endgültigen »Durchbruch« (Glaeser). Jugendlichkeit ist damit als beherrschendes Anliegen und als Zentrum des
schriftstellerischen Selbstverständnisses kenntlich gemacht. Eine
Aura von Kompetenz, Betroffenheit und zeitlicher Nähe macht
die Wirkungsmächtigkeit dieser Jugendromane aus. Sie blicken
zurück auf die Lebensperiode zwischen 12 und 16 Jahren, auf das,
was gemeinhin »Adoleszenzkrise« genannt wird. Zwischen den
erzählten Ereignissen und der romanhaften Systematisierung liegt
kaum mehr als ein Jahrzehnt, Distanz und lebensgeschichtliche
Relativierung werden umgangen.

  In dem sarkastischen Pamphlet des französischen Literaturkriti-
kers Robert Poulet *Wider die Jugend* findet sich ein Definitions-
versuch, der die Grundkonstellation der Jugendromane am Ende
der zwanziger Jahre beschreibt: »Die Jugend ist ein Schauspiel, bei
dem die Schauspieler nach dem letzten Akt in den Zuschauerraum
hinuntersteigen und ihrerseits die Bühne betrachten.«[12] Poulet
faßt Jugend provokativ als ausschließlich ästhetisches Ereignis mit
der Besonderheit eines raschen Wechsels von Aktion und Registratur. Voraussetzung einer Verabsolutierung von Jugend wäre

demnach die Verleugnung des flüchtigen Transitoriums in seiner Gesamtheit und jener Zäsur, die Poulet dem Phänomen selbst zuordnet. Die Grenzen verschwimmen, Jugend ist nach vorne hin offen und unabgeschlossen. Der Prozeß der Verklärung erfolgt faktisch jenseits der Jugendlichkeit mit dem illusionären Bewußtsein, noch dazuzugehören. Längst haben die Verklärenden die Bühne der Jugend verlassen und sind zu passiven Zuschauern geworden, jedoch die schwärmerische Identifikation mit den neuen Darstellern von Jugend überspringt den Orchestergraben. Die Autoren der Jugendromane am Ende der Weimarer Republik wollen zugleich Hauptakteure und Augenzeuge sein. Obwohl sie auf eine abgeschlossene Periode ihres Lebens zurückblicken, fühlen sie sich dennoch als jugendliche Zuschauer ihrer eigenen Jugend. Der Anspruch von Jugendlichkeit ist noch bestimmend zum Zeitpunkt der Erinnerung und des Schreibaktes, wodurch auch ein unmittelbarer Zusammenhang von Erzähltem und Gegenwart konstituiert ist. Dies wiederum eröffnet vielfältige Rezeptionsmöglichkeiten. Die Jugendromane können von jugendlichen Lesern um 1930 als Ausdruck auch ihrer Probleme, ihrer Weltsicht und ihrer Hoffnungen gelesen werden. Sie können aber auch als Selbstverständigung der erzählten Generation, der Generation der um 1900 Geborenen dienen, und sogar die Nachbargenerationen können hier ihre eigenen Erfahrungen klären und konturieren. In der sympathisierenden Paraphrase, in die viele Kritiken von *Jahrgang 1902* übergehen, kommt dieses breite Wirkungsspektrum zum Ausdruck.

»Jahrgang 1902. Er war zwölf Jahre alt, als die Erwachsenen mit Musik und Radau wie ein Gesangverein in ein Freudenhaus in den Krieg zogen; sechzehn, als die geknickten Männergestalten ramponiert und mit schlechtem Gewissen wieder heimwärts schlichen. Nie sind einer Generation grausamer die Augen über ihre Väter geöffnet worden, keiner mußte das bittersüße Geschenk der eigenen Blüte giftiger schmecken. Der Garten ihrer Welt hing voller Galläpfel.«[13]

So beginnt Erich Franzen seine positive Rezension, in deren Verlauf völlig offenbleibt, von welchem konkreten Generationsstandpunkt aus Identifikation und Nachvollzug erfolgen. Franzen konzediert Glaesers Buch im übrigen eine überzeugende »Lebensnähe«, gerade weil es »ganz im Romansinn« komponiert sei.[14] Die scheinbar paradoxe Begründung hat durchaus ihre Legitimation, Fiktionalität und autobiographische Ebene durchdringen sich in den Jugendromanen auf besonders intensive Weise. Vor allem bei der erinnerten und erzählten Jugend, einer Erinnerung, die jeden elementar berührt und zur eigenen Erinnerungsarbeit herausfordert, ist der »pacte autobiographique« zwischen Leser und Autor, von dem Philippe Lejeune spricht[15], eng geknüpft. Genau in dem Maße, in dem der Leser eigene Erfahrungen in den Text projiziert, vertraut er darauf, daß auch der Autor seine Eigentlichkeit preisgibt und sich der »Wahrheit« verpflichtet. Der »pacte autobiographique« ist dazu geeignet, die Belastung der unverhüllten Fiktion auszuhalten, darauf können die Autoren mit Recht bauen. Beide Prinzipien stützen sich gegenseitig. Nur in der Beachtung dieses wechselseitigen Abhängigkeitsverhältnisses gelangen die Romane zu ihrem eigentlichen Ziel, der Konzeptionalisierung von autobiographisch verbürgter Jugend. Erst durch die Romanfiktion gewinnen die Autoren die notwendige Souveränität für das, was ihr Hauptanliegen ist, die operationale Ausrichtung des Komplexes Jugend. Klaus-Detlef Müller betont in diesem Sinne die Entscheidungsmöglichkeiten des Romans gegenüber einem gesetzten Interpretationsrahmen der Autobiographie.

»In der autobiographischen Erzählung kann der Autor den vorgegebenen Sachverhalten nur interpretierend gegenübertreten, während der Romancier über die Sachverhalte selbst entscheidet. Der Roman ist Sinnstiftung und Faktensetzung, die Autobiographie dagegen Sinnfindung im vorgegebenen Faktischen.«[16]

Dem ließe sich entgegenhalten, daß auch im Prozeß des autobiographischen Schreibens das Ich sich selbst konstituiert, das Kontinuum seines Lebens selbst entwirft, worauf die Theorie der Autobiographie mit Nachdruck hingewiesen hat.[17] Dieser Selbstentwurf erfährt dennoch seine Einschränkung, kann am »vorgebenen Faktischen« der eigenen Lebensgeschichte nicht vorbeisehen.[18]

  Wie problematisch der Versuch ausfällt, der strikt autobiographischen Aufarbeitung stringente Konzepte von Jugend, Interpretationen mit umfassendem Anspruch, globale »Sinnstiftung« beizugeben, dies illustrieren einige Autobiographien der zwanziger Jahre. Klaus Mann wählt in *Kind dieser Zeit* (1932) das Verfahren, der subjektiven Erinnerung in essayistischen Partien großformatige Deutungsmuster überzustülpen, um dem Erlebten Relevanz anzueignen. Dabei begnügt er sich nicht mit biologisch-lebensgeschichtlichen Erklärungen, vielmehr soll das Private, die frühpubertären Exzesse der Mann-Kinder, sich auflösen in einer kompletten Epochen- und Erdteiltheorie. Die ganze Welt wird beschworen, um die »Bosheit« eines 16jährigen verständlich zu machen, ein Vorgang, der dem Rezipienten notwendigerweise als komisch und unangemessen erscheint.

»Ich muß, damit wir nicht gar zu finster dastehen, nochmals betonen, daß wir gleichsam entschuldigt waren: nicht durch die biologische Krise unseres Alters, sondern mehr noch durch die Krise des Landes und des Erdteils, dessen Kinder wir waren. Anarchie war der Zustand, der eine Welt beherrschte, welche sich vor unseren Augen in apokalyptischen Zuckungen wand. Wie absolut und völlig mußten erst die Seelen derer von ihr ergriffen sein, die sich mitten in dem anarchischen Abschnitt ihres Lebens befanden.«[19]

Klaus Mann geriet in Schwierigkeiten mit der Emphase seines Jugendbegriffs, den er durch private Erfahrung fundiert sah, durchzudringen. Die Repräsentanz seiner Erinnerung, seines Standorts wurde in Zweifel gezogen. Man begriff seine Lebensgeschichte (Schriftstellersohn, großbürgerlich-mondänes Ambiente seiner Jugend, Odenwaldschule, frühe und erfolgreiche literarische Karriere) als Sonderfall. Der einfache Schluß auf einen Zeit- und Epochenhorizont wurde als nicht »glaubwürdig« abgewiesen. Franzen beispielsweise spielt in der schon zitierten Rezension den dokumentarischen Charakter von Glaesers Roman gegen die »Kunstseide-Romantik« des »Pseudokavaliers« Klaus Mann aus.[20]

Oskar Maria Grafs bekenntnishafte Autobiographie *Wir sind Gefangene* (1927) läßt einen Jugendmythos überhaupt nicht zu, obwohl sie den biographischen Zeitraum vom 11. bis zum 25. Lebensjahr behandelt, entlarvt ihn durch konsequenten Alltagsbezug und psychologische Radikalität. Auch Graf verzichtet keineswegs auf einen Deutungsüberbau, doch trägt dieser Züge einer politischen Theorie des Anarchismus, während »Jugend« als Ornament eines hochstaplerischen Karriereentwurfs fungiert. Von seinem in einer Großbäckerei hart verdienten Wochenlohn läßt Graf 500 »grellgelbe, sehr pompöse Briefbogen« mit der Aufschrift drucken: »Neuland / Eine Zeitschrift für bekennende Literatur / Herausgegeben von Oskar Maria Graf / Neuland-Verlag, München«. Graf schließt dann den Satz an: »So, jetzt war ich alles in einem: Dichter und mein eigener Verleger.« Einige Tage später gibt er ein Zeitungsinserat in Auftrag: »Zeitschrift für neue Menschlichkeit und ethische Literatur sucht junge, begabte Mitarbeiter«.[21] Aufbruchspathos und ethischer Rigorismus der Jugend werden als Maskerade und Scharlatanerie lächerlich gemacht.

Ernst Toller dagegen versucht, ein emanzipatorisches Modell von Jugend zum Leitfaden seiner autobiographischen Erinnerung zu machen und zugleich eine kollektive Repräsentanz nachzuweisen. Seine Autobiographie *Eine Jugend in Deutschland* ist schon deshalb aufschlußreich, weil sie am Ende der Weimarer Republik geschrieben wurde, aber nur im Exil erscheinen konnte, die erfolgreiche faschistische Okkupation des Jugendbegriffs also vor Augen hat. Toller beharrt trotzdem auf seiner Gleichsetzung von Jugend und Fortschrittlichkeit und behauptet sie gegen die Aktualität. Im Vorwort, überschrieben »Blick 1933«, fragt er:

»So war alles umsonst, geistige Bemühungen und menschliche Not, entsagende Arbeit der Edelsten und Opfer der Tapfersten, und uns bliebe nur der Weg ins Dunkel des tödlichen Schlafs? Wo ist die Jugend Europas? Sie, die erkannt hatte, daß die Gesetze der alten Welt zerbrochen sind, die ihren Verfall täglich und stündlich erlitt? (...) Folgt sie wirklich den falschen Propheten, glaubt sie der Lüge und verachtet die Wahrheit?«[22]

Toller weigert sich, an die Endgültigkeit der faschistischen Option zu glauben, er setzt seine ganze Hoffnung auf die moralische Wende, auf den bevorstehenden Kampf der europäischen Jugend gegen den Faschismus. Seine Prognose war so falsch nicht, denkt man an die Jugendkonzepte des Widerstandes, der »résistance« oder der »Weißen Rose«. Nur die Quantität des jugendlichen Widerstandes hat Toller überschätzt, jene so leidenschaftlich beschworene generelle Konversion der Jugend hat es nicht gegeben. Aber auch in der Retrospektive zeigt sich, wie brüchig sein emphatischer Jugendbegriff und wie fragwürdig dessen Erklärungswert sind. Den Beginn der Jugendrevolte setzt Toller am Ende des Ersten Weltkrieges an, im Entstehen eines spezifisch jugendlichen Bewußtseins, das sich scharf von den Vorstellungen der übrigen Generationen unterscheidet. Ein Zusammentreffen mit Max Weber und Richard Dehmel, den verehrten Mentoren, macht ihm schlagartig die Differenz zu den bürgerlichen Oppositionellen klar.

»Sie [die Jungen] wollen mehr als den Kaiser treffen, anderes als nur das Wahlrecht reformieren, ein neues Fundament wollen sie bauen, sie glauben, daß die Umwandlung äußerer Ordnung auch den Menschen wandle.«[23]

Toller bemüht im folgenden ständig den Gegensatz »alt – jung«, um das Erlebte zu entschlüsseln. Es sind die »alten Herren«, die sich nach der blutigen Niederschlagung der Räterepublik wieder in den Sattel schwingen, als sei nichts geschehen. Es ist eine bigotte »Alte«, die vor dem Kirchenportal, den Rosenkranz in Händen, dem von drei Soldaten in Handschellen vorbeigeführten Toller entgegenkreischt: »Totschlagen!«[24] Auf der anderen Seite sind es die »jungen« Offiziere, die im Chaos der Räterepublik die Übersicht behalten, Menschlichkeit gegenüber dem Gegner beweisen. »Jung« sind aber auch – und dieses Eingeständnis ist besonders schmerzlich für Toller – die fanatisierten nationalistischen Studenten, die seine Stücke ausbuhen und niedertrampeln. Die autobiographische Erinnerung erweist zunehmend die Insuffizienz des ihr zugrundegelegten Jugendmodells. Lebensgeschichtlich-biologische Schemata versagen gegenüber den komplexen Stationen, die Tollers Biographie durchläuft, sie systematisieren die Erlebnisse des Bohémiens, Literaten, des Revolutionärs, des militärischen Befehlshabers der Räterepublik und schließlich des politischen Gefangenen nur ungenügend. Die retrospektive Reflexion, die den episodenhaft strukturierten Erinnerungsprozeß begleitet, drängt dann auch sukzessive das Paradigma Jugend in den Hintergrund, soziale, politische und mentale Erklärungsmuster werden dominant.

Wie erreichen nun die autobiographischen Romane das, was die strenge Autobiographie nicht leisten konnte: ein stringentes Konzept von Jugend? Wie sehen die erzählerischen Operationen aus, die eine überzeugende Jugendproblematik vermitteln sollen? Die Jugendromane nach 1929 gingen an ihr Vorhaben keineswegs traditionslos heran. Die Ausgrenzung der Jugend aus der Vorstellung eines zeitlichen Ablaufs, die Überführung des Transitoriums in einen Zustand von exemplarischer Qualität, seine Umfirmierung zum Ort radikaler Erkenntnis und radikaler Ansprüche, all dies wurde ja bereits vorher vollzogen, besonders wirkungsvoll im expressionistischen Drama. Ein neues Element ist die Kompromißlosigkeit, mit der die Jugendromane diese Ausgrenzung vornehmen, neu sind auch die umfassenden Attribute, die politisch-soziale Relevanz, die dem Zustand »Jugend« nun zugeschrieben werden. Die Romane versuchen nichts weniger, als Jugend hermetisch abzuriegeln, sie nach zwei Seiten hin zu isolieren, vor der Weiterentwicklung zum Erwachsenenstatus und sie gleichzeitig abzuschneiden von den Anfängen. Sie geraten damit in doppelter

Weise in Kollision mit Strukturnotwendigkeiten der Autobiographie. Das sich erinnernde Ich muß sich zum einen notwendierweise eingestehen, daß es nicht als autonomes Subjekt vom Himmel gefallen ist, muß also Prägungen durch Umwelt und Autoritäten herausarbeiten. Zum anderen ist jede Autobiographie offen auf den weiteren lebensgeschichtlichen Ablauf hin. Selbst wenn der Autobiograph nur bis zu einer markanten Zäsur erzählt, die vom Schreibakt bereits weit entfernt ist, die unmittelbare Gegenwart also ausblendet, verweist die systematisierte Erinnerung dennoch auf den Zeitpunkt der Systematisierung und auf die noch ungelebte Zukunft. Im Prozeß des autobiographischen Schreibens ergeben sich zwangsläufig Kontinuitäten, die von den Jugendromanen nach 1929 jedoch verleugnet werden. Sie folgen daher auch nicht mehr dem traditionellen Schema des Entwicklungsromans mit seiner Teleologie. Selbst lebenszyklische Strukturen, wie sie der Psychoanalytiker Erik H. Erikson skizziert hat[25] (über eine Abfolge psychosozialer »Krisen« gelangt das Individuum zu seiner Identität jenseits der Adoleszenz), sind in diesen Texten nicht zu erkennen. Schon die Prämissen dieses Modells, die hierarchische Anordnung der »Krisen« und das Transzendieren von Jugend, sind für die Jugendromane unannehmbar. »Identität« beanspruchen sie unmittelbar und ungeteilt für ihren statischen Jugendbegriff, der keinesfalls mit Krise, mit Instabilität oder Gefährdung affiziert werden soll. So negieren diese Jugendromane – und dies ist paradox – das Eigentliche von Jugend, die Vorläufigkeit, das Unabgeschlossene, den Entwicklungsprozeß. Jugend ist in ihnen zur komplett ausstaffierten, gänzlich autonomen Welt stilisiert, die mit der absoluten Negativität der Erwachsenenwelt nichts gemein hat und in der autonome Subjekte, also verkappte Erwachsene, agieren.

Es bereitet sicherlich Schwierigkeiten, sich für ein so statisches Jugendkonzept einen überzeugenden erzählerischen Anfang vorzustellen. Die Jugendromane lösen dieses Problem, indem sie geschickt mit einschneidenden Ereignissen einsetzen, von denen eine dynamische, ausschließlich nach vorne gerichtete Bewegung ausgeht. Süskind und v. Salomon lassen Novemberrevolution und Romananfang zusammenfallen. Dieser prägnante historische Augenblick, die »Auflösung der bisherigen Ordnung« und die »Lockerung aller Bindungen«[26], setzt zugleich das Erziehungssystem mit seinem festgefügten normativen Rahmen außer Kraft. Sämt-

liche Autoritäten kollabieren, Lehrer, Eltern, staatliche Ordnungsinstanzen büßen ihre Macht ein, für die jugendlichen Akteure entsteht ein nahezu unumschränkter Freiraum. In Süskinds *Jugend*
nutzen sie ihn durch ein eher spielerisches Erproben miteinander
konkurrierender Zukunftsentwürfe, bei Salomon durch handfeste
militärische Aktion in den Freikorps. In den *Geächteten* erhält der
dem Ich-Erzähler abverlangte Heroismus noch eine zusätzliche
dramatische Zuspitzung, denn die Dekomposition des historischen Augenblicks erfaßt auch die jugendlichen Solidarstrukturen:
»Ja, so standen sie plötzlich alle für sich allein und konnten nur für
sich allein gewertet werden, und jede Freundschaft wurde unmöglich.«[27] Kesten begnügt sich dagegen mit einem rein privaten Ereignis als dynamischem Erzählanfang. Er läßt seinen Protagonisten
an seinem 13. Geburtstag den Entschluß fassen, die Geheimnisse
der Welt, die ihm bisher verborgen geblieben waren, zu durchdringen. Die Beschränkung auf das Private ändert nichts am aktivistischen Grundkonzept, intensiviert es vielmehr. Ohne den Anstoß
historischer Objektivität, den v. Salomon und Süskind benötigen,
entflieht Kestens Josef der Verfügungsgewalt der ihn prägenden Instanzen und wird zum »Freiheitssuchenden«.

Ernst Glaesers Erzählkonzept ist politisch besonders ambitioniert, unterliegt daher aber auch der besonderen Gefahr von Gewaltsamkeit und Inkonsequenz. Schon der Anfang von *Jahrgang
1902* verdeutlicht dies. Der Roman ist auf eine totale Entlarvung
des Wilhelminismus aus bei einer gleichzeitigen konsequent
durchgehaltenen Kindheitsperspektive. Hochgestecktes Erkenntnisziel und unumgängliche erzählerische Reduktion geraten in einen fundamentalen Widerspruch zueinander, der durch Hilfskonstruktionen verdeckt und dem Blick des Lesers entzogen wird.
Kindliche Wahrnehmung, dies zeigen zahlreiche literarisierte
Kindheiten seit dem 18. Jahrhundert, beschränkt sich auf die Nähe
des sinnlich-direkt Erfahrbaren und wehrt die Weite, das Überschreiten der Grenzlinie angstvoll ab.[28] Glaesers Konzept kann
sich demgegenüber nicht mit der intensiv erfahrenen, aber eng begrenzten kindlichen Welt begnügen. Ein Eingriff in kindliche
Wahrnehmungsweisen hätte den Anspruch der Authentizität gefährdet; so bedarf die Kindheit als noch nicht vergesellschaftete
und normierte Sphäre der Stützung durch eine andere, diesmal erwachsene Außenseiterposition, die jene dort verhinderte Weite des
Blicks in den Roman einbringt. Die Konstruktion ist aufschluß-

reich. Nur der preußischen Aristokratie traut der vermeintlich radikale Republikaner Glaeser die Fähigkeit zu, der normativen Prägung durch den Wilhelminismus zu entgehen. Hier lokalisiert er eine vorbildliche Sozialisation als Gegenpol zu den Dressurakten, denen die bürgerliche Jugend, an der Spitze der Ich-Erzähler, unterworfen ist. Preußischer Wertkonservatismus, der Wilhelm II. als »Verräter der altpreußischen Tradition« brandmarkt[29], eine Weltläufigkeit, die die Enge der Kindheitsperspektive kompensiert und die rückprojizierten Erziehungsideale der zwanziger Jahre, Sportkult, neue Körperlichkeit und Lebensreform, sind zu dieser exemplarischen Sphäre zusammengefügt, in der selbst Generationsgegensätze nicht existieren. Der Major von K., ein »Globetrotter« und in der wilhelminischen Provinzialität isoliert, ist der »soldatischen Einfachheit seines Großvaters« und der »weltmännischen Liberalität seines Vaters« gleichermaßen verpflichtet.[30] Die »Unterweisung«, die er seinem Sohn Ferd angedeihen läßt, erlaubt dann ebenso ein bruchloses Hineinwachsen in diese weit zurückreichende Tradition. Der frühe Verlust der Mutter wird gar zum Vorteil umgemünzt, »Weichlichkeit« und »störende« Emotionalität entfallen, harte Männlichkeit und sportive Aggressivität bestimmen den Erziehungsprozeß, der die verfehlten Erziehungspraktiken des angepaßten Bürgertums enthüllen soll, der aber zugleich auch seinen eigenen ideologischen Charakter offenbart.

»Jeden Morgen um 7 Uhr unterwies er [der Major von K.] Ferd auf der Scheunentenne im sportgerechten Boxen. Als Punchingball figurierte ein Sack, den der Major mit Zeitungsberichten von Kaiserreden vollgestopft hatte. Für die Schläge des Jungen war er schwer genug.

Während wir in den dunklen Stuben unserer Eltern mit Bleisoldaten den Balkankrieg nachspielten, Briefmarken klebten und schwer bestraft wurden, wenn wir bei frischem Wetter ohne Schal oder Wams auf die Straßen gingen, ritt der Major abends mit seinem Sohn über die feuchten Wiesen. Ferd schlief auf einer harten Matratze, im Sommer badete er oft, unter allgemeiner Empörung des Städtchens, in dem Brunnentrog vor dem Herrenhaus nackt. Wir bekamen immer einen roten Kopf, wenn wir dabei waren.«[31]

Der Ich-Erzähler löst sich jedoch schnell von dieser bürgerlichen Konventionalität und eignet sich die Perspektive der konstruierten idealen Welt an, des frühreifen, konfliktlos sozialisierten Jugendlichen und des scharfsichtigen adeligen Erwachsenen. Er nimmt als Freund von Ferd indirekt Anteil an der »Unterweisung«, und dies befähigt ihn, die »Fassade eines größenwahnsinnig gewordenen Bürgertums und eines byzantinischen Adels« zu durchschauen.[32]

Das so wirksam erscheinende Konstrukt muß Glaeser mit einer ganzen Reihe von Inkonsequenzen erkaufen.[33] Der hermetische Charakter seines Jugendmodells ist durchbrochen, die sonst scharf gezogene Grenze zur Generation der Väter aufgehoben, der Prozeß des Heranwachsens verliert seine Autonomie und ist beherrscht von vorbildlichen Erwachsenen. Mit ihren Augen mustert der Ich-Erzähler den Kosmos der wilhelminischen Gesellschaft, solidarisiert er sich mit den unterdrückten Minoritäten, mit dem jüdischen Bürgertum und dem Proletariat, und sieht sich gerade von diesen im patriotischen Taumel des August 1914 schmählich im Stich gelassen.

Kindheitserfahrung ist also bei Glaeser von Anfang an politisch elaborierte Erfahrung, ein deutlich manipulativer Akt. Übersprungen wird der für die Kindheit typische ›Vorraum‹ des Politischen, das, was Sloterdijk mit dem Begriff des »Protopolitischen« bezeichnet.[34] Nicht die dokumentarische Annäherung an autobiographische Erfahrung ist das zentrale Anliegen des Romans – dies bleibt bloße Vorgabe und Täuschungsmanöver –, Kindheit wird vielmehr politisch instrumentalisiert, den Ideologemen der zwanziger Jahre angepaßt. An einer programmatischen Stelle zieht Glaeser zur Rechtfertigung seiner Erzählperspektive gegen die »Schulmeinung der Erwachsenen« und ihr »verheerendes Vorurteil« zu Felde, Kinder seien »primitiv« und »unschuldig«. Eine Identität der Lebensphasen wird behauptet, das Entwicklungsmodell explizit geleugnet.

»Man kann sich vorstellen, daß Kinder rein spekulativ zu denken und zu kombinieren vermögen, daß sie systematisch vorgehen können, nach einem Plan auf ein Ziel hin, daß sie berechnen, abwägen, eine innere Logik besitzen, beobachten, Schlüsse ziehen, gar nicht mehr ›unschuldig‹ sind, sondern in ihrer Methode schon erwachsen raffiniert. Die ›Unschuld‹ des Kindes besteht nur darin, daß es im Gegensatz zu den Erwachsenen seine Handlungen und Gefühle nicht moralisch drapiert und verdeckt, sondern seine Gemeinheiten und Grausamkeiten ohne Kaschierung durchführt. Es ist schutzloser, weil es sich noch nicht jener Hilfsmittel bedienen kann, die es den Erwachsenen gestatten, selbst ihre schlimmsten Taten einen guten Namen zu geben.«[35]

Unschwer ist die Grundintention der Neuen Sachlichkeit erkennbar, die Gesellschaft ihrer moralischen und ideologischen Draperien zu entkleiden und sie in ihrer nackten Eigentlichkeit zu fixieren. Der Rekurs auf die kindliche Erfahrung ist unter diesen Voraussetzungen kein Umweg, sondern führt direkt zum angestrebten Ziel. Kindheit und Jugend werden von Glaeser, dem prononcierten Vertreter der Neuen Sachlichkeit, zum ideologiefreien Ort erklärt, sie werden zum Erkenntnismedium und zum Sozialmodell aufgewertet, figurieren als exemplum schlechthin.[36]

Die Solidarität der Kinder und Unterdrückten erreicht in Glaesers *Jahrgang 1902* internationale Dimensionen. Mit seinem französischen Freund Gaston führt der Ich-Erzähler auf dem neutralen Gelände eines Schweizer Sanatoriums den nationalistisch verhetzten Erwachsenen simultan zum Ausbruch des Ersten Weltkriegs vor, wie sich Konflikte spielerisch regulieren lassen.

»Ich konnte Gaston nie klar machen, dieser Stein, den wir beide wollten, gehöre mir, weil ich ihn zuerst gesehen habe oder weil er schon acht versteinerte Muscheln besitzt und ich nur fünf, wir rangen um den Stein so lange, bis einer Sieger blieb und der Stein ihm gehörte. Es gab keine Worte, keine Mißverständnisse und Lügen, es wurde ehrlich gekämpft. Manchmal blieb Gaston Sieger durch seine Behendigkeit, manchmal ich durch mein Boxen. So teilten wir uns im brüderlichen Kampf in das, was uns gefiel.

Zum erstenmal war mir das Leben hell, eindeutig, ungefährlich und durch keine Fallen, keine irreführenden Worte, durch keine Lügen getrübt. Gras war Gras, Erde war Erde, Vieh war Vieh, das Leben eine Tatsache.«[37]

Sprachlose Regelung von Besitzansprüchen, der »brüderliche Kampf«, der neidlose Verzicht des Unterlegenen und die fehlende triumphale Geste des Siegers – dies ist doch wohl ein hilfloser Gegenentwurf zum faktischen, eben entfesselten Krieg. Der durch sportliche Regeln gemäßigte Darwinismus spricht allen anderen sozialen Tugenden Hohn, die Glaeser in den übrigen Partien des Romans propagiert: Solidarität mit den Unterdrückten und Hilflosen, moralisches Aufbegehren gegen offenkundiges Unrecht. Der Rückzug auf die Faktizität des Lebens desavouiert den revolutionären Veränderungsimpuls.

Das hermetische Abschließen von Kindheit und Jugend zu den Anfängen hin kann Glaeser nicht vollends realisieren, um so entschiedener verweigert er eine nach vorne gerichtete Offenheit. *Jahrgang 1902* endet effektvoll mit einer nochmaligen Steigerung der Opferperspektive und der erlittenen Negativität. Der Ich-Erzähler, der sich enttäuscht von Elternhaus und Schule getrennt hat, sieht sich seiner letzten Glücksmöglichkeit beraubt. Die jugendliche Geliebte, die er gewonnen hatte, wird durch eine Fliegerbombe getötet, zu einem Zeitpunkt, als sich das katastrophale Ende des von den Erwachsenen verantworteten Krieges bereits abzeichnet. Kommentarlos bricht der Roman unmittelbar nach dem tödlichen Ereignis ab. An seinem Ende steht ein Bild, dessen Schockwirkung sich niemand entziehen kann, das die Prägnanz einer filmischen Erzählweise in den Roman transferiert:

>»Zwischen zwei gesprengten Betonblöcken bemerke ich einen Kleiderhaufen. Eine braune Zeltbahn ist darüber geworfen. Wenige Meter davon liegt Annas Dienstmütze unversehrt im versengten Gras.
›Das ist Anna?‹ frage ich leise und schüttele den Kopf.
›Volltreffer‹, antwortet der Landsturmmann, ›was von ihr übrig blieb, haben wir zugedeckt...‹«[38]

Glaeser spart den Schrecken des Ich-Erzählers aus und überträgt ihn auf den Leser, die Ellipse verstärkt den Affekt gegen die »schuldigen« Erwachsenen beinahe bis zur Unerträglichkeit. Der emotionsgeladene Schluß täuscht darüber hinweg, welch perspektivenloser Held zurückbleibt. Allein auf sich verwiesen, von allen verlassen, muß der Ich-Erzähler sich an seinen Jugendanspruch klammern, der zudem negativ definiert ist. Jugend darf nur auf sich selber bauen, muß in heroischer Isolation verharren, so lautet die über den Roman hinausreichende Botschaft. Ein Übergang in einen anderen lebenszyklischen Status ist versperrt, der Jahrgang 1902 bleibt die betrogene Jugend, Erwachsensein hieße, selber zum Täter zu werden.

Auch v. Salomons Roman *Die Geächteten* läuft auf eine Perpetuierung von Jugend hinaus. Sein Ich-Erzähler kämpft in heroischer Isolation gegen die Majorität für die Erhaltung der alten Werte. Die Einkreisungssituation zu Beginn, die wütende Menge will dem Kadetten während der Novemberereignisse 1918 die Achselklappen abreißen, wiederholt sich noch vielfach. Zwar trennt der nationalrevolutionäre Aktivismus v. Salomon von Glaeser, vergleichbar ist aber die übersteigerte Opferperspektive. Seine Beteiligung am Rathenau-Mord und die Verurteilung zu fünf Jahren Zuchthaus kehrt v. Salomon um zum gegen die Gesellschaft gerichteten Vorwurf des aufgezwungenen Kampfes, der Ächtung und der perfiden Bestrafung. Das letzte Kapitel (»Frei«) blickt nur scheinbar lebensgeschichtlich nach vorne, über die Jugend hinaus, Bedrohungssituation und juveniler Lebensanspruch setzen sich fort. Bürgerlicher Alltag, das »Gesetz der Gleichmäßigkeit«, und die »Starre« der bürgerlichen Konventionen bilden nun nach der Entlassung die Gefängnismauern, denen Salomon entfliehen will.

»Das Bürgerliche aber durfte mich nicht überfallen; denn es ist starr, beweglich vielleicht, aber nicht lebendig. Und ich mußte leben, leben! Zu lange war ich starr, als daß ich länger warten durfte, zu leben.«[39]

E. v. Salomons Romanschluß ist dem alten Traum von der ewigen Jugend verpflichtet, dem Traum von ungebrochener Vitalität und permanenter Bindungslosigkeit.

Nicht alle hier herangezogenen Romane verweigern eine die Jugend transzendierende Perspektive. Ernst Erich Noths Hauptfigur erhofft sich, ganz in den Bahnen des Bildungsromans, eine befreiende Wirkung vom Bildungserlebnis, vom Studium in einer fremden Stadt, in die er aufbricht. Der Zug, den er am Ende des Romans besteigt und der ihn von der Enge der Mietskaserne rasch entfernt, wird zum Symbol der offenen, wenn auch durch die bedrückende Jugend belasteten Lebensgeschichte, zum Symbol der Hoffnung und Veränderung.

»Schneller stampfen die Achsen. Durch die große Auslaufkurve, die dem Rückschauenden wie ein eisernes Fragezeichen gekrümmt daliegt, lenkt der Zug mit zunehmender Geschwindigkeit in die Gerade des Schienenstranges. Es geht dem Anfang zu.«[40]

Überraschend ähnlich ist das Schlußtableau von Süskinds *Jugend*, auch hier die Zugfahrt, die das Ende eines Lebensabschnitts markiert und auf neue Erfahrungen vorausweist, auch hier der Abschied und das resümierende Gespräch mit dem vertrauten Freund, der zurückbleibt. Süskind legt am deutlichsten den Eindruck von Prozeßhaftigkeit, von Identitätsfindung nahe, die darauf angewiesen ist, die Übersteigerungen der Jugend hinter sich zu lassen. Doch bleibt dies eher untergründig und wird an keiner Stelle explizit gemacht. Genau besehen folgen aber nicht nur die Romanfiguren einer lebenszyklischen Entwicklung, selbst der historische Prozeß, vor dessen Hintergrund sie agieren, wird auf diese Systematik gebracht. Zurückgeblickt wird auch auf die Jugend der noch jungen Republik, Lebensgeschichte avanciert zum historischen Paradigma. In Süskinds Roman erhält die Novemberrevolution auf diese Weise den Charakter einer jugendlich-übersteigerten Revolte, die Inflationsphase bedeutet zu rasches, »ungesundes« Wachstum und ein nur scheinbares Überwinden der Adoleszenz. Die jugendlichen Akteure werden vorschnell und verfrüht in Erwachsenenrollen gedrängt. Sie jonglieren mit Scheinwerten, spekulieren an der Börse, machen Millionengewinne. Ein unangemessener Reichtum fällt ihnen zu, sie verfügen über Limousinen und Hotelsuiten, veranstalten rauschende Feste. Rentenmark und Stabilisierung bringen dann eine »heilsame« Ernüchterung, erzwingen eine Neuordnung der Biographie. Ralph, der Börsenjobber, der vorher das Geld mit vollen Händen ausgegeben hatte, ist nun für einen »Posten in Berlin« mit »Hundertfünfzig anfangs« zufrieden[41], Fleming, die Hauptfigur, nimmt das abgebrochene Studium wieder auf. Das Romanpersonal ist »gereift« und »geläutert«, bürgerliche Karrieren kündigen sich an. Süskind schließt mit der politisch-historischen Funktionalisierung lebenszyklischer Vorstellungen an ein weitverbreitetes Selbstverständnis der Epoche an, das für die stabilisierte Gegenwart »Reife« und »Männlichkeit« reklamiert und der unruhigen jüngsten Vergangenheit das Stigma des Pubertär-Übersteigerten anhaftet. Kurt Pinthus schreibt 1929:

»Der Jüngling: Typ rebellierender Untergangsahnung der Vorkriegszeit, Typ aufbrüllenden Schlachtopfers, Typ menschlichkeitsheischenden Zukunftswillens. (...) Es scheint, daß Glut und Wut dieses Jünglingstyps jetzt verlodert ist (...) und aus der Asche des Hingesunkenen steigt triumphal empor: der Mann.«[42]

Obwohl Süskind in seinem Roman nirgendwo so deutlich einem wiederum jünglingshaften Männlichkeitskult huldigt, ist doch auch bei ihm die Ausstrahlungskraft des Jugendmodells erheblich relativiert. Auch Kesten schränkt in seinem Roman *Josef sucht die Freiheit* bei aller verbalen Radikalität sein Jugendpathos wiederum ein. Schon die Verschiebung des gesamten Romangeschehens ins Grotesk-Komische entwertet den moralischen Rigorismus der Hauptfigur als letztlich unangemessene Reaktion. Der auktoriale Erzähler fällt seinem Helden ins Wort, tadelt seine Inkonsequenz, seine Unfertigkeit, hält den Leser auf Distanz zu den »fieberischen Exklamationen eines exaltierten Gemüts«[43], bezieht wertende Position außerhalb der erzählten Jugend.

Zu den »entsetzlichen Abgründen« des Lebens[44], die sich Kestens Josef plötzlich auftun, gehört vor allem die als Schrecken erlebte Sexualität. Sie spielt in sämtlichen Jugendromanen eine entscheidende Rolle, und zwar weit über die Berücksichtigung hinaus, die durch die Pubertätsproblematik geboten erscheint. Die »sexuelle Frage« rückt ins Zentrum des Entlarvungsprozesses. An der Monopolisierung der Sexualität, wie sie von den Erwachsenen praktiziert wird, am Aufbau von Tabus und der Verweigerung von Aufklärung läßt sich die Absurdität ihrer Herrschaft über die Jugend und deren Leidensdruck besonders wirkungsvoll sinnfällig machen. Hier soll der unüberbrückbare Gegensatz zwischen den beiden Welten belegt werden. Um diese Rezeption zu gewährleisten, müssen sexuelle Restriktion als Herrschaftspraxis der Erwachsenen und totale Ahnungslosigkeit der unterdrückten Jugend gleichermaßen markant hervortreten. Während im Politisch-Sozialen jede Relativierung der Jugendperspektive entweder negiert oder nur beiläufig eingebracht wird, ist hier die konsequente Reduktion das Grundprinzip der Wirkungsstrategie. Darüber hinaus sichert die Radikalität in der Sexualitätsproblematik den Bekenntnischarakter der Romane ab und läßt den Eindruck einer Konzeptionalisierung zurücktreten. Durch diese Wirkungsintentionen bedingt, kommen die Schilderungen der ersten sexuellen Erfahrungen realen pubertären Erlebnisstrukturen sehr viel näher als die aufgesetzte gesellschaftskritische Souveränität. Dort überfordern die Romane ihre juvenilen Akteure, die Erwachsenen haben sie an analytischer Einsicht zu übertrumpfen, hier wahren sie dagegen ihre spezifische Identität »naiver« Voraussetzungslosigkeit. Die kritische Registratur gewinnt dadurch nur an Überzeugungskraft, ja an Substanz, denn die vermeintliche Fehldeutung trifft oft den Kern des Phänomens. Der Schrecken der ersten, durch keine kollektive Interpretation harmonisierten Erfahrung wird zum dramatischen Höhepunkt der Romane. Unversehens und unvorbereitet mit der ihnen vorher verschlossenen Sexualität konfrontiert, nehmen die Protagonisten nur deren Gewaltcharakter wahr. Die rätselhaften Verschlingungen der Körper, deren seltsame Erregung deuten sie als Kampf auf Leben und Tod, der auch für den Augenzeugen bedrohlich wird. »Josef glaubte, er sterbe. (...) Josef glaubte, er erblinde«[45], heißt es bei Kesten, als dessen Held von einem Versteck aus den Geschlechtsakt seiner Mutter mit ihrem Liebhaber beobachtet. Sein ganzes erzähldramaturgisches Raffinement bietet Glaeser auf, um auch hier die Opferperspektive ins Monumentale zu steigern. Sein Ich-Erzähler wittert in der so hartnäckig und aufwendig tabuisierten Sexualität ein »Geheimnis«, von dessen Fortbestehen die Existenz der Erwachsenenwelt abhängig ist. Von einem »eingeweihten« Jugendlichen erkauft er sich, um das »Geheimnis« endlich zu ergründen, die voyeuristische Teilnahme an einem Liebesakt. Glaeser verknüpft zwei extreme Gefühlslagen miteinander: den Wunsch, die Herrschaft der Erwachsenen zu stürzen, und die Angst vor der Rache der um ihr Herrschaftswissen Gebrachten. Die Bedrohlichkeit des »Geheimnisses« selbst läßt die Furcht übermächtig werden.

»Ich sah zwei halbnackte Körper sich im Sande wälzen, ich sah sie verbunden, aber in ihrer Verbundenheit kämpften sie, als wollten sie sich erwürgen. Sie haßten sich. Sie schlugen gegeneinander. Sie schrien. Sie wollten sich töten!! Plötzlich schrie auch ich um Hilfe.«[46]

In panischem Entsetzen flieht der Ich-Erzähler in die Stadt zurück, wo gerade die Nachricht vom Mord von Sarajewo von Mund zu Mund geht. Die maßlose Hysterie, die sich nun ausbreitet, deutet er als Reaktion der Erwachsenen auf seinen Enthüllungsakt: »Sie mußten sich alle sehr bedroht fühlen, weil ich das Geheimnis wußte.«[47]

Auch die Sexualitätsproblematik, die das Romangeschehen ins scheinbar nur Private führte, ist eng mit der politischen Ebene verbunden. Dies erklärt die plakative Zuspitzung, die starre Typenhaftigkeit der hier angesiedelten Figuren, der Verlust an psychologischer Genauigkeit und Komplexität. Sexualität ist aus dem intimen Bereich der Familie herausgenommen, sie gewinnt öffentlichen Charakter. Mit Ausnahme von Kestens *Josef sucht die Freiheit* sind die Eltern ausgeblendet, eine ödipale Konfliktstruktur ist nirgendwo auch nur in Ansätzen angedeutet. Diese Entwirklichung realer Familienstrukturen und realer pubertärer Erfahrung ist ein Hinweis darauf, wie weit sich die Jugendromane von ihrer dokumentarischen Intention entfernt haben. Auf exaltierte Weise beklagen die Romane die Unterdrückung der Jugend durch die Erwachsenen, und dennoch besitzt diese so ausschließlich negativ definierte Welt keinen wirksamen Repräsentanten. Seine erzählerisch dokumentierte Allmacht hätte die behauptete Superiorität der Jugend unglaubwürdig gemacht. Sämtliche Widerstände, die eine übersteigerte Valenz der »Jugend« einschränken könnten, sind beiseitegeräumt. Die Eltern sind von Anfang an entmachtet oder schrumpfen zu lächerlichen Figuren. In Süskinds *Jugend* sind sie bloße Staffage, gesichtslos und ohne Erziehungsgewalt. Sie überlassen dem Sohn das Feld, bilden für dessen »Verirrungen« im

Trubel der Inflation keinen Widerpart. Der Held läutert sich kraft eigener Erkenntnis und bedarf keines Mentors. Der 16jährige Salomon faßt im Roman seinen Entschluß, den Freikorps beizutreten, einsam ohne familiäre Rücksichten oder Rücksprachen.

Genauso hat der Ich-Erzähler von Glaesers *Jahrgang 1902* und *Frieden* das Elternhaus abgeschüttelt, auch wenn er noch gezwungen ist, darin zu leben. Die analytische Distanz, die er zu seinen Eltern wahrt, leugnet jede affektive Bindung. Deren Funktion beschränkt sich darauf, eine abstoßende Typologie obsoleter Lebensformen zu repräsentieren, hier gibt es für die nachfolgende Generation nichts zu beerben. Die Mutter steht für die bürgerliche Fluchtstrategie in die schönen Künste, der Vater ist die Inkarnation spießbürgerlicher Borniertheit. Seine Weltsicht hat er in eine Handvoll banaler Floskeln gepreßt, der Familienalltag ist streng reglementiert, die »Gespräche« bestehen aus Befehlen und Belehrung. Für die Bedürfnisse des Kindes fehlt jede Wahrnehmungsfähigkeit, seine Welt ist von einem »spitzen Gitter« der Verbote umstellt[48], noch die regelmäßigen sonntäglichen Spaziergänge werden zur »kasernierten Naturverehrung«.[49] Doch Glaesers Vaterfigur hat nichts mehr von der erdrückenden Monumentalität expressionistischer Patriarchen, er ist mehr Karikatur als Tyrann, kein ernstzunehmender Gegner. Es fehlen auch gänzlich die Bestrafungsrituale, die frühen Verletzungen vieler bürgerlicher Kindheiten. Damit werden Revolte und verbissener Kampf hinfällig, die Macht der Väter ist gebrochen, mit der bürgerlichen Welt haben sie resigniert. Den Söhnen fällt die moralische Überlegenheit widerstandslos zu, die bloße Proklamation einer Trennung vom »Alten« genügt.

Mit den Väter haben auch die übrigen bürgerlichen Autoritäten abgedankt. Die sadistischen existenzvernichtenden Pauker und ihre inhumane Strafpädagogik, im Schülerroman noch das heftig attackierte Skandalon, spielen hier keine Rolle mehr. Bei Süskind sind die Lehrer schlotternde alte Männer, die von den hochkompetenten Schülern spielend an die Wand gedrückt werden. Bei Glaeser präludiert der erfolgreiche Aufstand gegen den Griechischprofessor die Novemberrevolution: »Wir hatten gesiegt. Wir hatten uns aufgelehnt.«[50] In dem retuschierten Bild der einsam gegen den bürgerlichen Strom des Chauvinismus kämpfenden Jugend hat die spezifisch juvenile Anfälligkeit für heroische Tugenden und nationalistische Ideologien, für Kampf und extreme Reize keinen

Raum. Die hohe Identifikationsbereitschaft mit idolisierten Autoritäten, mit Kriegshelden und Schlachtenlenkern wird negiert. Nicht umgehen ließ sich freilich das Faktum, daß die junge Generation den Kriegsausbruch begeistert begrüßt hatte und zum Träger der »Ideen von 1914« geworden war. Glaeser zieht sich aus der Affäre, indem er den Krieg als ein falsches Harmoniemodell zwischen den Klassen und zwischen den Generationen erscheinen läßt. Der Weltkrieg sei der letzte Versuch der Erwachsenen gewesen, »anständig zu werden«, heißt es in *Frieden*.[51] Dieser Versuch scheitert, so Glaesers These, an den materialistischen Motiven der älteren Generation. Der Krieg – und dies zeigt die ganze Fragwürdigkeit von Glaesers »moralischer« Konstruktion – wird also nicht prinzipiell abgelehnt, er bleibt eine Möglichkeit zur moralischen Regeneration. Allein das konkrete Versagen der Beteiligten, die Negativität ihrer Motive und Begründungen entwertet ihn. Also auch hier steht die Jugend mit ihrem moralischen Rigorismus allein. Sie läßt sich zunächst von der fingierten »moralischen« Qualität des Krieges blenden, versöhnt sich mit der Generation der Eltern, froh, der Isolation entronnen zu sein. Als sie dann erkennt, welch gigantischem »Betrug« sie aufgesessen ist, vollzieht sie einen revolutionären Protest gegen den Krieg und gegen die Welt der Erwachsenen. Die Jugend reklamiert die Novemberrevolution und den politischen Herrschaftsanspruch für sich. Ernst Glaeser wählte für seinen Roman *Jahrgang 1902* das vielzitierte Motto: »La guerre – ce sont nos parents«. Er wünscht sich sicher, daß der Leser nach der Lektüre des Buches ergänzt: »La paix – c'est la jeunesse« und daraus den Schluß zieht: »La jeunesse au pouvoir!«

Mit diesem politischen Handlungsauftrag hat sich die Jugend hoffnungslos überfordert. Glaeser selbst führt dies in seinem zeitlich und thematisch unmittelbar an *Jahrgang 1902* anschließenden Roman *Frieden* (1930) in aller Deutlichkeit vor. Gegenüber dem verwickelten Geschehen der Novemberrevolution kann sich der Ich-Erzähler nicht mehr mit der passiven Opferperspektive begnügen, ihm werden Parteinahme und Entscheidung abverlangt. Das Ende der verhaßten wilhelminischen Gesellschaft wäre doch wohl die Stunde des aktivistischen Jugendkonzepts gewesen. Glaeser will jedoch retrospektiv seine Jugendemphase nicht mit dem historischen Scheitern der Novemberrevolution belasten, so hält er seinen Protagonisten aus allem heraus, verpflichtet ihn auf eine ganz unjugendliche Neutralität. Die kämpferischen Naturen flankieren diese »pouvoir neutre« als abschreckendes Beispiel. Während die Generationsgenossen Adalbert König und Max Frey ihrer radikalen Antibürgerlichkeit das Engagement für die Spartakisten folgen lassen, bleibt der Ich-Erzähler zwischen den Fronten bei seiner bloßen Registratur. Er ist Augenzeuge in allen Brennpunkten, ohne beteiligt zu sein, kommentarlos nimmt er die heterogensten Phänomene in sich auf: die Brandreden der Spartakisten, die Abwiegelungsversuche der Sozialdemokraten, die feigen Ausflüchte des Bürgertums, den krassen Materialismus der Arbeiterfrauen und die Brutalität der Freikorpssoldaten. Die konkrete Parteinahme läßt Glaeser in die Katastrophe einmünden. Adalbert König wird ein Opfer des »weißen Terrors«, Max Frey endet, moralisch und physisch gebrochen, als Bohémien und »Kunstrevolutionär«. Diesen »Verrat« der Intellektuellen, der mit drastischen Farben am Ende des Romans ausgemalt wird, kontrastiert der Ich-Erzähler mit der Linearität seiner Entscheidungslosigkeit. Sie trägt ihn unbeschadet über alle Wirrnisse hinweg. Dem entgrenzten Jugendkonzept entspricht die lebenslange Flucht vor der politischen Verantwortung. Der Protagonist Glaesers hält sich streng an die Devise seines Lehrers, von dem er wissen wollte, was die »Jungen« jetzt, nach dem Sturz der »alten Welt«, zu tun hätten.

»›Auch ihr‹, sagte er, ›wenn ihr ehrlich bleibt und euch nicht dazu verwenden laßt, die Risse im bürgerlichen Haus zu überkleistern. Es wird noch lange dauern, bis diese Klasse zusammenstürzt. Es wird noch viele Verkleisterungen geben und viele Rebellen werden sich als Kleister verwenden lassen. Wenn du aber ehrlich bleibst, wird dein Leben in einer traurigen Unabhängigkeit zwischen diesen Fronten verlaufen. Du wirst alles sehen und begreifen, du wirst neue Kriege überdauern, neue Revolutionen, aber du wirst allein sein, ohne Gesellschaft, ohne Dach, ohne Heimat, ohne Echo und ohne Tat.‹«[52]

»Das Betrachten« schreibt dieser prophetische Intellektuelle der jungen Generation als entscheidende Verhaltensstrategie vor, und dies ist in der Tat die beherrschende Perspektive der Jugendromane. Ihre Helden beziehen Beobachtungsposten, Kestens Josef in der Nische der elterlichen Wohnung, Glaesers Ich-Erzähler verfolgt die revolutionären Versammlungen durch das offene Fenster, die bewaffneten Zusammenstöße 1918 von einem schutzbietenden Mauervorsprung aus. Von hier aus registrieren sie das Geschehen mit dem bösen Blick des Unbeteiligten. In der Verfremdung der Normalität, der Erwachsenenwelt, in der Entlarvung und Demaskierung von Moral und Ideologie entfalten die Jugendromane ihre genuine Stärke, alle anderen an »Jugend« gebundenen programmatischen Erwartungen werden enttäuscht. »Achtung, junge Front! Draußenbleiben!« gab Hans Zehrer 1929 in der *Tat* als Parole aus[53], in einem Artikel, der sich wie ein publizistisches Pendant zu Glaesers Roman *Frieden* ausnimmt. Die »jungen Energien« sollten davor bewahrt werden, das längst Überfällige zu stützen, Zehrer befahl den »Besten« der jungen Generation »Rückzug«, »Abwarten«, »Draußenbleiben«. Die Integrität des Jugendkonzepts wurde nach 1929 mit einem fatalen politischen Immobilismus erkauft.

Anmerkungen

1 Ernst Erich Noth, *Die Mietskaserne. Roman junger Menschen* (Frankfurt/M. 1931. Neuausgabe Stuttgart 1982), S. 151/52.

2 So der Titel des 1932 erschienenen Romans von Walter Schönstedt (»Kämpfende Jugend. Roman der arbeitenden Jugend«).

3 Vgl. dazu: Klaus Fritsche, *Politische Romantik und Gegenrevolution. Fluchtwege in der Krise der bürgerlichen Gesellschaft: Das Beispiel des »Tat«-Kreises* (Frankfurt/M. 1976).

4 Vgl. Karl Prümm, *Antifaschistische Mission ohne Adressaten. Zeitkritik und Prognostik in der Wochenzeitschrift »Deutsche Republik« 1929–1933*, in: Thomas Koebner (Hg.), *Weimars Ende. Prognosen und Diagnosen in der deutschen Literatur und politischen Publizistik 1930–1933* (Frankfurt/M. 1982), S. 103–142.

5 Siegfried Kracauer, *Die Angestellten. Aus dem neuesten Deutschland*, in: ders., *Schriften 1* (Frankfurt/M. 1971), S. 248 u. 241.

6 Ebd., S. 248.

7 Hermann Kesten, *Josef sucht die Freiheit.* Roman (1927) (München o. J.), S. 56.

8 Ebd., S. 59.

9 Axel Eggebrecht, *Rez. v. Friedrich Torberg: Der Schüler Gerber hat absolviert*, in: *Die Literarische Welt 6* (1930) Nr. 14, S. 5.

10 Friedrich Torberg, *Der Schüler Gerber. Roman* (1930) (München 1973), S. 291.

11 Ebd., S. 172.

12 Robert Poulet, *Wider die Jugend* (Frankfurt/M./Berlin/Wien 1982), S. 35.

13 Erich Franzen, *Rez. v. Ernst Glaeser, Jahrgang 1902*, in: *Die Literarische Welt 4* (1928) Nr. 42, S. 5.

14 Ebd.

15 Philippe Lejeune bezeichnet die Autobiographie als »genre contractuel« und lokalisiert diesen »pacte autobiographique« sowohl auf der Ebene der »écriture« (Identität von Erzähler und Hauptperson der Autobiographie) als auch auf der Ebene der »lecture«. Vom »pacte autobiographique« setzt er den »pacte fantasmatique« ab, der beim Roman zur Geltung komme und der den Text als »fantasmes révélateurs d'un individu« erscheinen lasse. Philippe Lejeune, *Le pacte autobiographique* (Paris 1975), S. 44/45 u. 42.

16 Klaus-Detlef Müller, *Autobiographie und Roman. Studien zur literarischen Autobiographie der Goethezeit* (Tübingen 1976), S. 62/63.

17 Besonders eindringlich: Ralph-Rainer Wuthenow, *Das erinnerte Ich. Europäische Autobiographie und Selbstdarstellung im 18. Jahrhundert* (München 1974).

18 Müller, *Autobiographie und Roman*, S. 63.

19 Klaus Mann, *Kind dieser Zeit* (1932) (Neuausgabe Reinbek bei Hamburg 1967), S. 101.

20 Franzen, *Rezension*, S. 5.

21 Oskar Maria Graf, *Wir sind Gefangene. Ein Bekenntnis aus diesem Jahrzehnt* (Berlin 1928), S. 177.

22 Ernst Toller, *Eine Jugend in Deutschland* (1933) (Neuausgabe Reinbek bei Hamburg 1963), S. 9.

23 Ebd., S. 58.

24 Ebd., S. 123.

25 Vgl. vor allem Erik H. Erikson, *Identität und Lebenszyklus* (Frankfurt/M. 1973).

26 Ernst von Salomon, *Die Geächteten* (1930) (Neuausgabe Gütersloh o. J.), S. 18.

27 Ebd.

28 So z. B. in: Karl Philipp Moritz, *Anton Reiser. Ein psychologischer Roman (1785–1790)* (Frankfurt/M. 1979), S. 35: »Auf dem kleinen Dorfe war die Welt ihm schön, aber hinter dem blauen Berge, nach welchem er immer sehnsuchtsvoll blickte, warteten schon die Leiden auf ihn, die die Jahre seiner Kindheit vergällen sollten.«

29 Ernst Glaeser, *Jahrgang 1902*. Roman (1928) (Neuausgabe Berlin-Grunewald o. J.), S. 9.

30 Ebd.

31 Ebd., S. 13.

32 Ebd., S. 11.

33 Auf die zahlreichen Inkonsequenzen des Romans verweist Thomas Koebner, *Ernst Glaeser. Reaktion der »betrogenen« Generation*, in: Hans Wagener (Hg.), *Zeitkritische Romane des 20. Jahrhunderts. Die*

Gesellschaft in der Kritik der deutschen Literatur (Stuttgart 1975), S. 195/96.

34 Peter Sloterdijk, *Literatur und Organisation von Lebenserfahrung. Autobiographien der Zwanziger Jahre* (München 1978), S. 135.

35 Glaeser, *Jahrgang 1902* (Anm. 29), S. 79.

36 Dies erklärt Glaesers »Fixierung an das Bewußtsein der Heranwachsenden« auch in seinen späteren Romanen. Siehe dazu Koebner, *Ernst Glaeser*, S. 194.

37 Glaeser, *Jahrgang 1902*, S. 117.

38 Ebd., S. 236.

39 Salomon, *Die Geächteten*, S. 557.

40 Noth, *Die Mietskaserne*, S. 319.

41 W. E. Süskind, *Jugend. Roman* (Stuttgart, Berlin, Leipzig 1930), S. 409.

42 Kurt Pinthus, *Männliche Literatur*, in: *Das Tagebuch 10* (1929), S. 903.

43 Kesten, *Josef sucht die Freiheit*, S. 146.

44 Ebd., S. 43.

45 Ebd., S. 99.

46 Glaeser, *Jahrgang 1902*, S. 97.

47 Ebd., S. 99.

48 Ebd., S. 72.

49 Ebd.

50 Ebd., S. 219.

51 Ernst Glaeser, *Frieden* (Berlin 1930), S. 237.

52 Ebd., S. 265.

53 Hans Zehrer, *Achtung, junge Front! Draußenbleiben!*, in: *Die Tat 21* (1929/30), S. 25 ff.

Barbara Lube
»Angesichts der süßen Jugend«
Beobachtungen zur literarischen Darstellung der »Krise der Lebensmitte«

Joseph Roth bemerkt 1930 in einem Artikel der Zeitung *Münchner Neueste Nachrichten* unter der Überschrift *Die Überschätzung der Jungen*: »Es ist, als wäre die schlotternde Angst vor dem Tode heutzutage mächtiger als je in den Alten, und als käme ihre Begeisterung für die Jungen aus dem Bestreben, das eigene Alter aufzuhalten.«[1] Die »Jungen«, damit meint er die nachwachsende Schriftstellergeneration, die, wie er bitter feststellt, bei Verlegern wie bei der Kritik »schon allein durch ihre Jugend die Chance hat, gedruckt und berühmt«[2] zu werden, getreu dem (amerikanischen) »Wirtschaftsprinzip, die Jugend dem Alter vorzuziehen, nur weil infolge einer biologischen Gläubigkeit jene noch ›was werden könnte‹ und dieses bereits ›verbraucht‹ ist. Wer bei fünfundzwanzig Jahren einen schlechten Roman veröffentlicht, kann sicher sein, daß er zu den ›Hoffnungen‹ gezählt wird, und mancher, der mit zweiundvierzig einen guten schreibt, findet kaum einen Verleger, weil er bereits unter die ›Enttäuschten‹ gehört«.[3] Die »Alten« sind hier also die Vierzig- bis Fünfzigjährigen, die nach häufig geäußerter Auffassung bereits den Höhepunkt der Schaffenskraft überschritten haben. Solche altersspezifischen Phänomene, von denen Roth hier einige anspricht – Angst vor dem Tod, Begeisterung für die Jugend, Bestreben, das eigene Altern aufzuhalten –, seit dem Erscheinen des populärwissenschaftlichen Werkes von Hermann Schreiber[4] unter dem Begriff »Midlifecrisis« einer breiten Öffentlichkeit als generelles Problem bewußtgemacht, sind bereits 1926 von C. G. Jung[5] beschrieben worden und seitdem ständig Gegenstand psychologischer Forschung gewesen.

Jung kennzeichnet die Lebensmitte, die sich mit sichtbaren und spürbaren biologischen Veränderungen ankündigt, als »eine Art zweiter Pubertätszeit«[6], die von der ersten Lebensphase, die vor allem der »Erzeugung von Nachkommenschaft«[7] und dem Existenzaufbau gewidmet war, überleitet in die zweite Phase, die dem Menschen andere – nach Jung »kulturelle« – Aufgaben stellt.[8]

Theodore Lidz[9] verweist auf die drängende Selbstbesinnung und die quälende Frage nach Wirkung und Bedeutung des bisher Geleisteten im Sinne des Faustschen Bekenntnisses: »Habe nun, ach! Philosophie / (...) studiert (...) / Und bin so klug als wie zuvor!«[10] Charlotte Bühler[11] sieht gleichzeitig mit dem »Höhepunkt des Lebens«[12] auch den Höhepunkt der kritischen Selbsteinschätzung«[13] gekommen und – ebenso wie Lidz – die erste Auseinandersetzung mit dem Ende des Lebens, die erste – oft sehr unmittelbare – Konfrontation mit dem Gedanken an das Sterbenmüssen. Diese Begegnung mit dem Tod ist eine zentrale der zu bewältigenden Schwierigkeiten in der Lebensmitte neben der Beschäftigung mit der Summe des ersten Lebensabschnittes. Auf diese Weise ist der Blick sowohl in die Zukunft als auch in die Vergangenheit gerichtet. Lebensbeginn und Lebensende, Erfahrung und Aussicht, erlebte und erlittene Jugend und noch zu erleidender Tod sind bestimmend für die Eigentümlichkeit dieser Grenzsituation.

In solcher Grenzsituation leben auch die Helden der Novellen und Romane aus der ersten Jahrhunderthälfte, die hier betrachtet werden. *Der Tod in Venedig* (entstanden 1911/12), *Casanovas Heimfahrt* (1918), *Der Steppenwolf* (1927), *Exil* (1940) und *Der Tod des Vergil* (1937/45) haben das Außerordentliche dieser menschlichen Krise zum Thema, beleuchten den existentiellen Kampf eines Mannes, der sich bewußt wird, seine Jugend hinter sich gelassen und einen (den) entscheidenden Teil des Lebens bereits gelebt zu haben, der kritisch Rückschau hält und beklommen nach seiner Zukunft sucht. Eine Reihe von weiteren Gemeinsamkeiten fällt auf. Da ist zunächst das Alter der Autoren, bei dem Thomas Mann mit »erst« 36 Jahren im Vergleich mit den anderen der Jüngste ist. Arthur Schnitzler und Lion Feuchtwanger sind 56, Hermann Hesse 50 und Hermann Broch 51 Jahre alt, als sie am Beispiel ihrer Helden das Ringen eines Menschen um ein erneuertes und tragendes Selbstverständnis vorführen. Auch die fiktionalen Figuren stehen im gleichen Lebensabschnitt: Gustav Aschenbach »oder von Aschenbach, wie seit seinem fünfzigsten Geburtstag amtlich sein Name lautete«[14], Casanova »in seinem dreiundfünfzigsten Lebensjahre«[15], Harry Haller – der Steppenwolf – »ein Mann von annähernd fünfzig Jahren«[16], der im Pariser Exil lebende Josef Trautwein, in den Augen seiner Frau »mit seinen Sechsundvierzig immer noch so strahlend jung wie damals«[17], und Publius Vergilius Maro, der, »im einundfünfzigsten

Jahre (...) ausgestattet mit vollkommen hinreichender körperlicher wie geistiger Gesundheit«[18], zu Brundisium sein Testament diktiert.

Alle haben ihr Leben in einem künstlerisch und intellektuell geprägten unbürgerlichen Milieu verbracht. Alle sind schöpferisch tätig gewesen, alle haben einen beruflichen und gesellschaftlichen Aufstieg hinter sich, alle herausragende – ja, glanzvolle – Positionen erreicht. Alle erleben öffentliche Hochachtung und Anerkennung und leiden privat unter Einsamkeit. Keiner hat Geborgenheit in einer dauernden Gemeinschaft mit einer Frau gefunden. (Das gilt selbst für die – oberflächlich betrachtet – »glückliche« Ehe Trautweins.) Alle sind welterfahren und verfügen über weitreichende Menschenkenntnis. Und alle glauben, die Orientierung verloren und einen Punkt ihrer Lebensbahn und ihrer Karriere erreicht zu haben, von dem aus sie nicht mehr weiter wissen oder wollen, als sie – freiwillig oder unfreiwillig – eine Reise antreten und den gewohnten Lebenskreis verlassen.

Den Schriftsteller Aschenbach, dessen »ganzes Wesen auf Ruhm gestellt war« (12), ergreift auf einem Mittagsspaziergang »in der Prinzregentenstraße zu München« (7) – den er unternimmt, weil er »den entlastenden Schlummer nicht gefunden, der ihm, bei zunehmender Abnutzbarkeit seiner Kräfte, einmal untertags so nötig war« (7) – »Reiselust, nichts weiter« (9). Trotzdem ist er sich über den eigentlichen Charakter dieser Reiselust im klaren. »Fluchtdrang war sie (...), diese Sehnsucht ins Ferne und Neue, diese Begierde nach Befreiung, Entbürdung und Vergessen – der Drang hinweg vom Werke, von der Alltagsstätte eines starren, kalten und leidenschaftlichen Dienstes« (10). Casanova, der »längst nicht mehr von der Abenteuerlust der Jugend, sondern von der Ruhelosigkeit nahenden Alters durch die Welt gejagt« (237) wird, befällt während eines Aufenthaltes in einer kleinen Stadt »plötzlich eine außerordentliche, fast körperlich peinvolle Unruhe; das Leben, das er in leidiger Gewöhnung schon durch drei Monate führte« (238), erscheint ihm als »gleichermaßen sinnlos und widerwärtig«. Harry Haller, der »einst als ein begabter und beliebter Mann geglänzt hatte« (254), ist schon auf der Reise, die ihm »eine immer größere Entfernung vom Normalen, Erlaubten, Gesunden« (254) bringt und an deren Ende die »Selbstbegegnung mit ihren Todesschauern« (255) steht, die er gleichzeitig ersehnt und fürchtet. Trautwein, »der abgedankte Musikprofessor« (9), dem vor seiner

Vertreibung aus Hitler-Deutschland in München »alle Sympathien zugeflogen waren« (9), wird in »Paris, im elenden Leben der Emigration«, vor die Aufgabe gestellt, sein Leben neu zu ordnen. Und Vergil, der Dichter der *Äneis*, fühlt sich vom »Schicksal« (12) getrieben zu dieser (letzten) Reise, die ihm »das Wunder der Erkenntnis« (12) bringen soll.

Alle sind auf der Suche nach etwas, das sie nicht in Worte zu fassen vermögen, alle gewinnen in Distanz zu sich selbst Abstand von ihrem Leben, Abstand von ihrem Werk. Allen begegnet die Jugend und der Tod; Jugend und Tod vereint in der Figur eines ›Knaben‹ oder jungen Mannes, die unübersehbar mythologische Züge trägt; in Gestalt und Wirkung an den antiken Hermes erinnernd. Tadzio im *Tod in Venedig* und Lysanias im *Tod des Vergil* begleiten die Protagonisten bis in den Tod. Im *Steppenwolf* steht Hermine der selbstmörderischen Absicht Harry Hallers entgegen. Die beiden Knaben und das Mädchen mit dem knabenhaften Aussehen[19] sind umschwebt von einer Aura zeitloser Göttlichkeit, von der selbst noch in der »Schäbigkeit des tristen Hotelzimmers« (9), vor deren Hintergrund Josef Trautwein und Harry Meisel zusammentreffen, etwas spürbar wird, weil der »Junge« den »ramponierten Wachstuchsessel« (283), auf dem er sitzt, »zum prunkvollen Fürstensessel« macht, und die »alles Gemeine« (313) aus dem Antlitz des jungen Lorenzi löscht, als er Casanova zum Kampf gegenübersteht – »herrlich in seiner Nacktheit wie ein junger Gott« (313).

Aber nicht die Aura des Göttlichen ist es, die hier primär von Interesse ist, sondern der Zauber anrührender Schönheit, der diesen Knabengestalten eignet, die Verkörperung menschlicher Unversehrtheit, der Charme des Jungen. 1892 hat der erst achtzehnjährige Hugo von Hofmannsthal im Prolog seines Dramenfragmentes *Der Tod des Tizian* Substanz und Zerbrechlichkeit dieser Vorstellung in Worte gefaßt:

> »(...)
> Vom jungen Ahnen hat es seine Farben
> Und hat den Schmelz der ungelebten Dinge;
> Altkluger Weisheit voll und frühen Zweifels,
> Mit einer großen Sehnsucht doch, die fragt,
> (...)
> So dünkt mich, ist das Leben hier gemalt
> Mit unerfahrnen Farben des Verlangens
> Und stillem Durst, der sich in Träumen wiegt.«[20]

Bezwingende körperliche und vergeistigte Schönheit – von Hofmannsthal noch behutsam im »Schmelz der ungelebten Dinge« angedeutet – wird bei Mann, Schnitzler, Hesse, Feuchtwanger und Broch zum dominierenden Kriterium des Jungseins. Es ist eine Schönheit, die über Erfahrung und Wirklichkeit hinauszuweisen scheint in eine andere (bessere?) Seinssphäre und die hilflose Bewunderung auslöst. »Gerührte Hinneigung (. . .) zu dem, der die Schönheit hat« (Mann, 33), bewegt die Herzen der ›Helden‹, dieser in den mittleren Jahren stehenden, vom Lebenskampf gezeichneten und im Getriebe der Welt vereinsamten Männer. Mit den Augen von Liebenden betrachten sie das zauberisch Junge, das da so unvermutet ihren Lebensweg kreuzt: »Schön wie ein Gott, herkommend aus den Tiefen von Himmel und Meer« (33), entsteigt Tadzio unter den Blicken des alternden Schriftstellers dem Wasser, und Lorenzi tritt auf – »schöner als irgendein Mensch, den Casanova je gesehen« (312); beider Schönheit wirkt ebenso »überirdisch«.(Hesse, 299) wie die des »Knaben« Hermine. Zwar beruht das »Bewunderungswürdige« (Mann, 33) dieser Ausstrahlung vornehmlich auf zwei (überraschend gleichen) äußeren Merkmalen – auf dunkel lockigem Haar und auffallend hellen lebendigen Augen (nur Thomas Mann huldigt dem entgegengesetzten Schönheitsideal: honigfarbenen Locken und dunklen Augen); dennoch ist der Glanz, der von dieser Schönheit ausgeht, auch Ausdruck einer »inneren« Schönheit, einer moralischen Integrität. Hinter bisweilen hymnisch besungenen körperlichen Vorzügen erscheint »das edle Menschenbild« (Mann, 33). Jugend ist nicht nur schön, sondern auch »schlicht und liebenswürdig« (Feuchtwanger, 134), »klug und gütig« (Hesse, 288), von »heiterem Anstand« und »natürlicher Anmut« (Feuchtwanger, 132). Umgeben von einer Gloriole aus körperlicher und geistiger Vollkommenheit, erzeugt sie ästhetisches Entzücken und den Eindruck von Unschuld, Anmut und Liebreiz. Diese »reine Vollkommenheit, die im Geiste lebt«, reißt Aschenbach zu rauschhafter »Anbetung« (42) hin, entwaffnet in der »trostlos kahlen Verlumptheit« der Emigrantenbaracke alle »spöttische Bosheit« (132), wie Trautwein staunend feststellt, und schimmert noch im Bild des Lysanias auf, der Vergil zunächst als »ein etwas unhübscher, bäurisch tapsiger Bursche« (25) erscheint, doch geht von dem »dunkellockigen Knaben« und seinen »hellen Augen«, mit denen er dem Dichter zuweilen »sanft und belustigt und schüchtern« einen Blick zuwirft, eine merkwürdige Anzie-

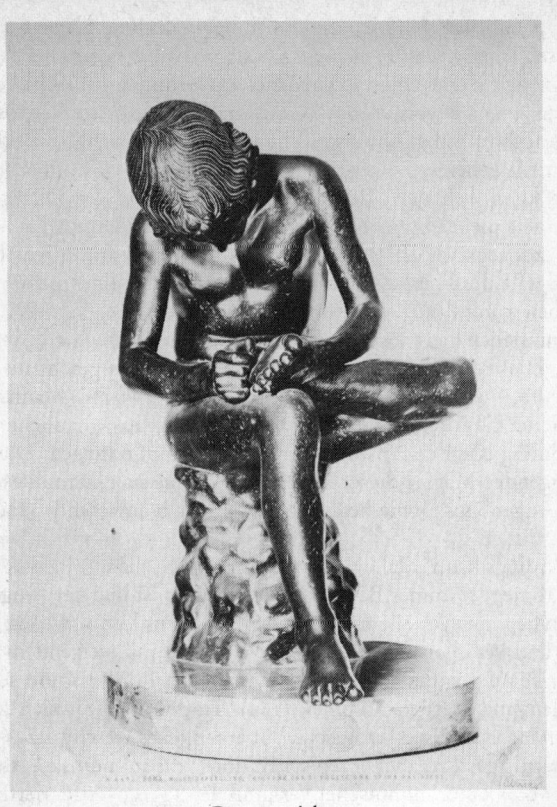

Dornauszieher

hungskraft aus, so als »sollte er (. . .) nochmals in das schmerzliche
Spiel töricht lieblichen Lebens hineingezogen werden«.

Verständlich, daß da, wo »der zarten Sinneslust kein Ende«
(Mann, 41) ist, »Versuchung« und »Verlockung« (Broch, 171) bestehen – »lauter süße, spielende Sinnlichkeit, inniges Lustverlan-
gen« (Hesse, 299). Der Erzähler des *Tod in Venedig* interpretiert
diese Sinnlichkeit zunächst als Hinwendung des begreifenden Intellekts zum greifbaren Bild, als »Vergnügen« der Seele daran, in
»reinen Formen« Gedachtes, Gefühltes, Erinnertes anzuschauen;

so bediene auch der Liebesgott sich »gern der Gestalt und Farbe menschlicher Jugend«, um »das Geistige sichtbar zu machen« (42). Nur zögernd entsteht in Aschenbach eine Ahnung vom wirklichen Wesen seiner Begeisterung: »Geschmack, die geistige Verfassung seiner Jahre, Selbstachtung, Reife und späte Einfachheit machten ihn nicht geneigt, Beweggründe zu zergliedern« (45). Und dennoch kann sich der »Enthusiasmierte« (42) auf die Dauer der Wahrheit nicht entziehen. Was er mit »verwundertem Lächeln« (46) zunächst noch als »ehemalige Gefühle, frühe köstliche Drangsale des Herzens, die im strengen Dienst seines Lebens erstorben waren« (46), verdrängen will, offenbart sich ihm als Liebe – »unmöglich hier, absurd, verworfen, lächerlich und heilig doch« (48). Dieses Vergnügen für Auge und Geist, dies geschaute und gefühlte Wunderbare löst Irritation aus. »Verwirrt« (Mann, 45) reagieren die Älteren auf das Strahlend-Erotische jugendlicher Erscheinung und den Ansturm der eigenen Empfindungen. Die bezwingende »Magie« dieser Begegnung läßt sie sich (zumindest für den Augenblick) »wie betäubt, wie nur halb anwesend« (Hesse, 229), fühlen.

Allerdings kann solche Verzauberung jäh weichen, sobald der erste Moment stummer Bewunderung vorüber ist und der Junge zu reden beginnt. Vor allem die Art des Sprechens löst bisweilen Unmut und Verärgerung aus. Casanova lauscht mit steigendem Widerwillen der anmaßenden Selbstdarstellung Lorenzis und seiner »hellen und frechen Stimme« (264). Trautwein fühlt sich zwar durch Harry Meisels »ironisches, überhebliches Geschwätz« (133) nur wenig gestört, aber er registriert doch sehr aufmerksam Anzeichen von »kalter, höhnischer Vernünftelei« (136), »Affektiertheit« (134), »kokette(r) Arroganz« (136) in den Worten und im Sprachstil des Jüngeren. Verwundert stellt auch Vergil in seinen vertraulichen Unterredungen mit Lysanias fest, daß sich hinter der »Bescheidenheit« der »ein bißchen dörfischen Knabenstimme« eine »kleine Bauernschlauheit« (172) versteckt, und leicht amüsiert beobachtet er seinen kleinen Begleiter und dessen »spitzbübische Gelassenheit« (33). Ungeniertes Auftreten, offene oder nur leicht verdeckte Überheblichkeit, von Schnitzler als »frech«, von Feuchtwanger als »arrogant« empfunden, wird hier, vermischt mit Kindlichkeit, weniger zum Ärgernis als zum Gegenstand nachsichtigen Lächelns.

Mangelnde Bescheidenheit wirft übrigens auch Roth der »schrei-

benden Jugend«[21] um 1930 vor. Der Grund liegt für ihn in der
»Ungebildetheit« und »Ahnungslosigkeit«.[22] Ganz anders als
Hesses Harry Haller, der bewegt und teilnahmsvoll beim Klang
von Hermines »kalter Stimme« (298) in ihren Augen »wissende
Trauer« (299) erkennt, in diesen Augen, die »schon alles irgend er-
denkliche Leid gelitten und ja dazu gesagt« (299) zu haben scheinen. Vielleicht sind es die Verletzungen einer Zeit, die von den tief-
gehenden Erfahrungen des Ersten Weltkrieges geprägt ist, die der
Vorstellung von Jugend bei Hesse diesen Hauch von Melancholie
verleihen, diesen Eindruck von Frühreife und »schweren Ernstes«
(298), genauso wie das herausfordernd dünkelhafte Verhalten
Harry Meisels – aus dessen Augen »ein Rest von Trauer niemals
schwand« (133) – der Ausdruck des verzweifelten Kampfes ist, im
französischen Exil die Zeit des Dritten Reiches zu überleben.
Hatte bereits Hofmannsthal Schattenseiten des Jugenddaseins angedeutet – »Altkluger Weisheit voll und frühen Zweifels« – und
schon Aschenbach in den kindlichen Augen Tadzios »ein Forschen, ein nachdenkliches Fragen« (47) gelesen – Jugend in den
zwanziger und dreißiger Jahren weiß wohl zuviel vom »Leben«,
um noch als völlig naiv oder vertrauensvoll erscheinen zu können.

So überraschend für Aschenbach, Casanova, Harry Haller,
Trautwein und Vergil die Begegnung mit der Jugend ist – überraschend in ihrer entwaffnenden Wirkung auf die aus ihrer gewohnten Lebensbahn Geworfenen –, die Jungen erscheinen ihnen als
merkwürdig bekannt. »Unverhofft« (48) lächelt Tadzio Aschenbach an, »sprechend, vertraut«. Vor Harry Haller taucht Vergan-
genes auf – »ich wußte nicht, an wen dies fremde Mädchen mich erinnerte, ich wußte nur, es war etwas aus sehr früher Jugend, aus
der Knabenzeit« (275). Das »fremde Mädchen« ist sich dieser Wirkung erstaunlich bewußt. Hermine steht über der Situation, weil
sie weiß, »daß etwas in mir dir entgegenkommt und dir Vertrauen
macht« (298). Ähnlich ergeht es Vergil mit Lysanias, »der ihm verwunderlich vertraut und bekannt dünkte« (25); auch hier öffnet
sich die Erinnerung: »Die rauhleise Jungenstimme (. . .) war Einverständnis mit einem unerforschlich fernen, mütterlichen Einst,
von dem auch ein Wissen in den hellen Augen des Knaben glänzte«
(57) – auch hier die Gegenwart eines umfassenderen Bewußtseins,
ein scheinbar zeitloses Wissen um Herkommen und Bestimmung.
Teilweise wird der spontane Eindruck des Bekannten, Wohlver-

trauten wieder aufgehoben durch ein merkwürdiges Gefühl innerer Zurückhaltung und Abwehr. Auf den Augenblick freudigen Erkennens folgt die Ernüchterung des Fremdseins. Sogar Bedrohliches und Feindseliges drängt sich auf, auf das Aschenbach erschreckt und beschwörend reagiert: »Du darfst so nicht lächeln! Höre, man darf so niemandem lächeln!« (48). Deutlich wird hinter diesen Worten die Furcht vor »irgendeiner Gefahr« spürbar. Eine Gefährdung, die zwar ohne Namen bleibt, aber offensichtlich als Angriff auf die Stabilität der Persönlichkeitsstruktur empfunden wird. Ähnliches widerfährt auch Casanova; aufmerksam studiert er die Züge Lorenzis – »im Hintergrund seiner (Lorenzis) Augen schillerte irgend etwas Unfaßbares, das den Erfahrenen zur Vorsicht mahnen mußte« (263). Trautwein dagegen ist sich über die Gründe für sein »Ärgernis« (136) im klaren. »Zwiespältigen Gefühls« bleibt er nach seiner ersten Begegnung mit Harry Meisel zurück. Zwar hat ihn »die heftige Eigenart des Jungen (. . .) sehr angerührt« (135), aber vor allem »die Art, wie Harry Meisel (. . .) die gängigen Begriffe Freiheit, Gleichheit und Demokratie verhöhnte, stieß (ihn) ab« (135). Grundlos, aber eindeutig ist das Gefühl, das Vergil befällt, als er aus seinem Fiebertraum für kurze Zeit ins Bewußtsein zurückkehrt und Lysanias neben seinem Bett glaubt, »allzugenau spürte er die Fremdheit, die da neben ihm stand« (219). So sehr fühlen sich alle von der jugendlichen Schönheit angezogen, daß sie zunächst meinen, dies alles ›schon einmal gesehen‹, schon einmal erlebt zu haben. Aber was sich ihnen da als Teil der eigenen Vergangenheit anzubieten scheint, entzieht sich ihrem Zugriff im gleichen Moment wieder. Die Jugend, die vor ihnen steht, gehört eben nicht (mehr) zu ihnen, sie ist ihnen fremd geworden. Der eigenen Jugend noch einmal zu begegnen, bleibt Illusion, weil die Zeit dafür unwiderruflich abgelaufen ist.

Für alle, für den kultivierten Intellektuellen, den berühmten Abenteurer, den Bohémien, den politisch Verfolgten ebenso wie für den gefeierten Dichter der Antike, mischt sich im Bild der Jugend Anziehendes und Abstoßendes, Bekanntes und Unbekanntes. Bestürzt versuchen alle, die unsicheren Identitäten zu klären. Casanova überlegt »nur eine Sekunde lang (. . .), an wen ihn Lorenzi erinnerte. Dann wußte er, daß es sein eigenes Bild war, das ihm, um dreißig Jahre verjüngt, hier entgegentrat« (263). Auch Harry Haller findet nach der ersten Überraschung und nach erstem vorsichtigem Rückwärtstasten Antwort auf die Frage, an wen das

Mädchen mit dem »Knabengesicht« (296) ihn erinnert: Als »ich mir eine Minute Zeit ließ, begann das Gesicht zu mir zu sprechen und erinnerte mich an meine eigene Knabenzeit«. In den Jungen finden die Alten sich selbst, begegnen sie ihrer eigenen vergangenen und der erhalten gebliebenen Illusion von Jugend und Jugendlichkeit. Nicht von ungefähr spielt in allen diesen Erzählungen der Blick in den Spiegel eine entscheidende Rolle. Ein Blick von schokkierender Wirkung. Aschenbach betrachtet »längere Zeit (. . .) sein graues Haar, sein müdes und scharfes Gesicht« (33), und »angesichts der süßen Jugend, die es ihm angetan, ekelte ihn sein alternder Leib; der Anblick (. . .) stürzte ihn in Scham und Hoffnungslosigkeit« (63). »Angewidert« registriert Casanova sein »bleiches altes Gesicht (. . .) mit wirrem, über die Stirn fließendem Haar« (277). »In selbstquälerischer Lust« (277) sieht er seinen körperlichen Verfall als Folge seiner »Ausschweifungen« (311), denn der Spiegel zeigt ihm nicht nur ein gealtertes, sondern auch ein »gelbes böses Antlitz . . .« (310f.); ähnlich wie er Harry Haller sein »wahrlich nicht sympathisches Bild« (371), seine »Wolfsgestalt«, entgegenhält. Für Vergil endlich scheinen sich »alle Gesichter des Lebens« (263) zu enthüllen, alle hellen und dunklen, alle glückhaften und leidvollen Seiten seines Seins, »als ihm der Spiegel gereicht worden war, und das wohlvertraut-fremde Bild des eigenen Gesichts ihm daraus entgegenblickte, streng abweisend und doch heischend, vielschichtig unter der olivenbraunen unrasierten Haut, vieldeutig in den dunklen, schwarzunterschatteten Augen, vielverschweigend der schmalgewordene, kußentwöhnte Mund« (262).

Im Spiegel der Jugend betrachten die ›Alten‹ das eigene gelebte Leben, die eigenen (fragwürdigen) Erfolge, die eigenen (vertanen) Chancen. Im Spiegel der Jugend versuchen sie sich Rechenschaft über die eigene Existenz zu geben, Bilanz zu ziehen. Hermine im *Steppenwolf* spricht ihre poetische Funktion für den »Helden« deutlich aus: »Begreifst du das nicht, du gelehrter Herr: daß ich dir darum gefalle und für dich wichtig bin, weil ich eine Art Spiegel für dich bin, weil in mir innen etwas ist, was dir Antwort gibt und dich versteht?« (297). Die Antwort Hallers – »Und doch bist du so ganz und gar anders als ich! Du bist ja mein Gegenteil; du hast alles was, mir fehlt« (298) – verweist nachdrücklich auf den Charakter dieses vertraut-fremden und fremd-vertrauten Verhältnisses. In Hermine sucht und findet Harry Haller alles das, was er nicht ist. Sie ist der

»andere Teil« seines Selbst, die Vervollkommnung seines Wesens, und darin ist sie ihm nah und fern zugleich. Das Bilanzieren selbst, dieses Aufrechnen und Abwägen von »Gut und Böse«, von »Falsch und Richtig« ist ein recht schmerzhafter Prozeß. »Kummer und Enttäuschung«, diagnostiziert Lidz, »weil das Leben zwischen den Fingern zerronnen ist«[23] – und oft auch das »Bewußtwerden der Bedeutungslosigkeit des eigenen Lebens in der Unendlichkeit von Zeit und Raum«.[24] So stellte sich die Krise der Lebensmitte auch in den hier vorliegenden Erzählungen dar. Im Spiegelbild des jungen Lorenzi fühlt sich Casanova jäh aus seinem Selbstvertrauen gerissen: »Bin ich etwa in seiner Gewalt wiedergekehrt? fragte er sich. Da müßte ich doch vorher gestorben sein ... Und es durchbebte ihn: Bin ich's denn nicht seit langem? Was ist denn noch an mir von dem Casanova, der jung, schön und glücklich war?« (263). Nichts scheint geblieben, weder Verheißung noch Erreichtes, das Dasein ist zu einem Pseudodasein geworden. Und selbst die leise Hoffnung, »noch einmal« beginnen zu können, weil die eigene Jugend leibhaftig vor ihm zu stehen scheint, erweist sich als trügerisch. Die Realität des Lebens macht es unmöglich. Er weiß, es ist vorbei. Für Harry Haller sieht das Fazit ähnlich aus: »O Vater und Mutter, o ferne heilige Feuer meiner Jugend, o ihr tausend Freuden, Arbeiten und Ziele meines Lebens! Nichts von allem war mir geblieben, nicht einmal Reue, nur Ekel und Schmerz« (271). Gefaßter erträgt Vergil die Einsicht, daß nichts bleibt, daß alles vergeht, daß Leben ein ständiges Sterben ist, gefaßt erträgt er das »Wissen um die Trennung, das Wissen um den Abschied«, das Wissen um das »Sterben, das an mir vorbeifloß – noch weißt du es nicht mein kleiner Bruder, denn du bist jung« – aber »ich habe es erlebt, weil ich ein alter Mann geworden bin, älter als meine Jahre, weil ich jede Brüchigkeit und jede Verweslichkeit in mir spüre« (67). Erfahrung hat ihn gelehrt, daß Eingebundensein in die Sterblichkeit unabänderliches Schicksal ist. Unaufhaltsam fühlt er das Ende auf sich zukommen.

Alle schauen zurück, alle betrachten sich mit schonungsloser Offenheit, aber alle empfinden dies Erlebnis auch als Befreiung, allen scheint es neue Impulse, neues Selbstvertrauen, neue Lebenszuversicht zu verleihen. Aschenbach »wünschte plötzlich, zu schreiben. (...) an diesem Punkte der Krisis war die Erregung des Heimgesuchten auf Produktion gerichtet. Fast gleichgültig der Anlaß« (43). »Sollte ich nichts Wichtigeres zu tun haben« (313), beendet Casanova seine demütigende Selbstentblößung. Stolz vertraut er im Wettstreit mit Lorenzi auf Qualitäten, die dieser (noch) nicht haben kann: »Er ist nur jung, ich aber bin Casanova!« (313). Harry Haller hat ein beglückendes »Gefühl von Erleichterung und tiefem Aufatmen und zugleich von Verwunderung, daß es so gar nicht weh getan hat. Und zu diesem Gefühl gesellte sich eine frische Aufgeräumtheit und Lachlust« (371). In Trautwein kündigt sich ein neues Verständnis seiner schwierigen Lage an, er »hatte geglaubt, das Exil zu kennen. Das war ein Irrtum. Jetzt erst (. . .) erkannte er es. Er begriff, daß er bisher immer nur Einzelheiten gesehen hatte, ein Nacheinander, ein Nebeneinander. Jetzt sah er in einem die Größe und Erbärmlichkeit des Exils, seine Weite und Enge« (136). Und der sterbende Vergil glaubt, in der Begegnung mit seinem kleinen »Bruder« (67) »aus der Verlassenheit heimkehren zu können« (88), das eigene Selbstverständnis wiederzufinden, ›ja‹ sagen zu können zu seinem Werk und seinem Geschick, sich selbst »nicht mehr fremd« (67) zu sein.

Aber die Hoffnungen auf eine neue Existenz erfüllen sich in anderer als in der ersehnten Weise. Allen begegnet in der Gestalt der Jugend ja auch Hermes, »der Gott des Schwebens zwischen Tod und Leben, der Zaubernde, Wissende und Durchschauende, der Gott des Begegnens und sich Findens; er wird Genius (ihrer) Reise, die einen doppelten Sinn bekommt, weil sie über das irdische Ziel hinaus (. . .) führt«[25], wie Doris Stephan für die künstlerische Bedeutung von Tadzio und Lysanias zeigen konnte. Sowohl Aschenbach als auch Vergil finden zu einer neuen Bestimmung, indem sie ihre bisherige Daseinsform abstreifen und »der wissend ausgestreckten Hand des Knaben« (Broch, 422) ins »Verheißungsvoll – Ungeheure« (Mann, 68) folgen. Auch Casanova ist nach seinem Zweikampf mit Lorenzi nicht mehr derselbe. »Glücklicher« (314), redet er tiefbewegt sein junges Ebenbild an, das er soeben getötet hat, und auf der Flucht vor seiner Tat wird er von einem Traum eingeholt, in dem er »in einer rätselhaften Weise nicht Casanova, sondern Lorenzi, nicht der Sieger, sondern der Gefallene, nicht der Entfliehende, sondern der Tote« (317) ist. Sein Triumph über den Jüngeren bedeutet gleichzeitig das Ende seiner Lebenskraft. Harry Haller vertauscht die »Fragwürdigkeit« (265) seiner Vergangenheit mit einer fragwürdigen Zukunft. Obgleich Hermine sein Schwanken zwischen Leben und Tod zugunsten des Lebens entscheiden kann, verschwindet er wieder in jener »anderen Welt« (185), aus der er aufgetaucht war. Trautwein reagiert auf Harry Meisels tragischen Tod mit einem »Gefühl ungeheurer Ohnmacht« (385). »Er hat Harry Meisel geliebt (. . .). Der junge Mensch aber hat für ihn nichts gehabt als ein Achselzucken, er hat ihn stehenlassen und sich fortgemacht« (385) aus »dieser Welt des Gemeinen« (383). Trautweins Liebe ist nicht angenommen worden, und selbst sein Versuch, mit Harrys literarischem Nachlaß etwas vor dem »hereinbrechende(n) Nichts« (385) zu retten, hilft ihm nicht. »Harrys sinnloser Untergang zehrte weiter an ihm und zerfraß seinen Glauben.«

Die Krise, in die die Alternden »angesichts der süßen Jugend« geraten sind, hat ihre bisherige Daseinsform zerstört. Sie hat ihrem Leben die gewohnte Selbstsicherheit genommen, ihr in langen Jahren aufgebautes Selbstverständnis gebrochen und Seiten ihres Wesens aufgedeckt, die ihnen selbst bis dahin unbekannt waren. Ihrem Wunsch nach Veränderung und Neubeginn aufgrund dieser Erlebnisse setzen jedoch Zeitablauf und Realität die Maßstäbe. Die Verwandlung, die sie erfahren, führt sie nicht zum Anfang zurück, sondern an den Rand des Untergangs.

Anmerkungen

1 Joseph Roth, *Die Überschätzung der Jungen*, in: *Werke in drei Bänden* (Köln 1956), Bd. III, S. 575.
2 Ebd., S. 574.
3 Ebd.
4 Hermann Schreiber, *Midlifecrisis* (München 1977).
5 C. G. Jung, *Das Unbewußte im normalen und kranken Seelenleben* (Zürich 1926).
6 Ebd., S. 110.
7 Ebd., S. 109.
8 Ebd.
9 Theodore Lidz, *Das menschliche Leben. Die Entwicklung der Persönlichkeit im Lebenszyklus* (Frankfurt/M. 1968).
10 Joh. Wolfg. Goethe, *Faust. Der Tragödie Erster Teil*, in: *Werke* (München 1981), Hamburger Ausg. Bd. 3, S. 20.
11 Charlotte Bühler, *Die Rolle der Werte in der Entwicklung der Persönlichkeit und in der Psychotherapie* (Stuttgart 1975).
12 Ebd., S. 98.

13 Ebd., S. 99.

14 Thomas Mann, *Der Tod in Venedig* (Frankfurt/M. 1975), S. 7.

15 Arthur Schnitzler, *Casanovas Heimfahrt*, in: *Casanovas Heimfahrt und andere Erzählungen* (Frankfurt/M. o. J.), S. 237.

16 Hermann Hesse, *Der Steppenwolf*, in: *Gesammelte Dichtungen* (Berlin 1958), Vierter Band, S. 185.

17 Lion Feuchtwanger, *Exil* (Frankfurt/M. 1981), S. 9.

18 Hermann Broch, *Der Tod des Vergil* (Frankfurt/M. 1978), S. 409. Im folgenden werden die Seitenangaben im Text selbst zitiert.

19 Nicht nur ihr Name deutet auf ihre reizvoll ambivalente Geschlechtlichkeit – »in die stille glatte Stirn hing eine kurze Locke herab, von dort aus (. . .) strömte von Zeit zu Zeit (. . .) jene Welle von Knabenähnlichkeit, von hermaphroditischer Magie« (299).

20 Hugo von Hofmannsthal, *Der Tod des Tizian*, in: *Gesammelte Werke in zwölf Einzelausgaben. Gedichte und Lyrische Dramen* (Stockholm 1946), S. 251.

21 Roth, *Die Überschätzung der Jungen*, S. 574.

22 Ebd.

23 Lidz, *Das menschliche Leben*, S. 634.

24 Ebd.

25 Doris Stephan, *Thomas Manns ›Tod in Venedig‹ und Brochs ›Vergil‹*, in: *Schweizer Monatshefte* 11 (1960), S. 79.

Jürgen Schröder
Ödön von Horváth
»Jugend ohne Seele« – »Jugend ohne Gott«

Horváth hat niemals verhehlt, daß sein Leben und Lebenslauf
mehr von historischen Ereignissen als von seinem persönlichen
Willen und Seelenleben bestimmt worden sind. Im Gegenteil, er
hat seine Biographie historisch und sozialpsychologisch interpretiert und seine frühen Lebensdaten fast herausfordernd auf ein-
schneidende Daten der europäischen und deutschen Geschichte
bezogen.

Die *Autobiographische Notiz* von 1929 ist ein Musterbeispiel für
diese Art der Selbstbeschreibung:

»Als der sogenannte Weltkrieg ausbrach, war ich dreizehn Jahre alt. An die
Zeit vor 1914 erinnere ich mich nur, wie an ein langweiliges Bilderbuch.
Alle meine Kindheitserlebnisse habe ich im Kriege vergessen. Mein Leben
beginnt mit der Kriegserklärung. (. . .)
Wir, die wir zur großen Zeit in den Flegeljahren standen, waren wenig beliebt. Aus der Tatsache, daß unsere Väter im Felde fielen oder sich drückten, daß sie zu Krüppeln zerfetzt wurden oder wucherten, folgerte die
öffentliche Meinung, wir Kriegslümmel würden Verbrecher werden. Wir
hätten uns alle aufhängen dürfen, hätten wir nicht darauf gepfiffen, daß
unsere Pubertät in den Weltkrieg fiel. Wir waren verroht, fühlten weder
Mitleid noch Ehrfurcht. Wir hatten weder Sinn für Museen noch die Unsterblichkeit der Seele – und als die Erwachsenen zusammenbrachen,
blieben wir unversehrt. In uns ist nichts zusammengebrochen, denn wir
hatten nichts. Wir hatten bislang nur zur Kenntnis genommen.
Wir haben zur Kenntnis genommen – und werden nichts vergessen. Nie.
Sollten auch heute einzelne von uns das Gegenteil behaupten, denn solche
Erinnerungen können unbequem werden, so lügen sie eben« (III,8).

Ähnliche Äußerungen – »Der Weltkrieg verdunkelt unsere Jugend
und wir haben wohl kaum Kindheitserinnerungen«, heißt es im
Cronauer-Interview (I, 9) – kehren, auch im Werk, fast stereotyp
wieder. In ihnen spricht (und möchte sprechen) ein Kind und Zuschauer seiner Zeit, die vom Krieg geboren wurden – aber was wir
hören, ist mehr die Stimme eines Opfers seiner Zeit. Die schnodd-
rige Ungerührtheit der Sätze, sie bildet auch einen Schutz, hinter
dem ein besonders Verletzlicher sich verbirgt, ein »Beschädigter«

im Adornoschen Sinne.[1] Er *wollte* nicht vergessen, aber er *konnte* es auch nicht. Wenn er schreibt: »und als die Erwachsenen zusammenbrachen, blieben wir unversehrt. In uns ist nichts zusammengebrochen, denn wir hatten nichts«, so meint und verschweigt er auch das Gegenteil, die traumatische Erfahrung der Fremdbestimmung des eigenen Lebens zu einem Zeitpunkt, wo der jugendliche Mensch zu sich selber finden will. Und nicht einmal diese Erfahrung war eine individuelle, sondern *die* Kollektiv-Erfahrung der Weltkriegsjugend.

Die ganze Empfindlichkeit Horváths kommt zum Ausbruch, als er die eigene *Nachkriegsgeneration* gegen einen ungerechten Angriff verteidigen zu müssen glaubt. 1929 hatte Hermann Kesten eine Anthologie *24 neue deutsche Erzähler* herausgegeben (wieder erschienen 1973!), in der diese Generation, darunter Joseph Roth, Ernst Toller, Ernst Glaeser, Marie-Luise Fleißer und Horváth, zu Wort kamen. Die Rezensionen lobten ihre virtuose Schreibweise, schreckten aber vor der angeblichen Kälte und »Seelenlosigkeit« der jungen Schriftsteller zurück. Namentlich Heinrich Mann, im Vorwort von Kesten angerufen, behauptete, sie hätten keine Seele. Dagegen wirft Horváth noch im gleichen Jahr (1929) einen wütenden Protest auf das Papier, unter dem Titel *Sie haben keine Seele*:

»Wir, das heißt: wir, die sogenannte Nachkriegsgeneration, die wir schreiben, hören es immer wieder: ›Ihr habt keine Seele, Ihr schreibt aber erschreckend gut, Ihr seid kalt.‹ Nur um mal diesen Blödsinn, dieses Schlagwort endgültig zu erledigen, befasse ich mich mit diesem Ausspruch, denn unserer Generation droht die Gefahr als eine abgestempelt zu werden, was gar nicht stimmt. Ich weiß mich hierin in dieser Abwehr mit allen einig und bitte sie nur um Nachsicht, falls sie in einem oder anderen Punkte einen anderen Sehwinkel gebraucht hätten.

›Sie schreibt erschreckend gut –‹ Danke. Wir nehmen das zur Kenntnis. Wir wissen es, daß wir präziser uns ausdrücken, als die Vorkriegsquatscher. Wir haben die gefallene Kriegsgeneration, unsere ältern Brüder, ersetzt und – gehen weiter.

›Es ist fast zu virtuos‹, – das ist einfach blöd. Das soll wohl heißen: es ist nur Form ohne Inhalt. Gut.

Wir sind materialistisch geschult.

An die Seele glauben wir nicht, weil wir an das ›Opfer‹ nicht glauben. Diesen letzten Weg trauen sich aber die romantischen Quatschköpfe nicht mitzugehen. Sie gehen bis zur Sachlichkeit des Klosetts, besonders wenn das Scheißen seelisch gestaltet ist. (. . .)

Falls wir so schreiben, daß wir kein Gefühl herausbringen können, so soll man es uns sagen: ›Ihr schreibt schlecht!‹ Alles andere ist eine Feigheit. Eine Feigheit dieser traurigen Burschen, die mit ihren romantischen Plattfüßen in Individualismus wursteln.

Uns freut der Kollektivismus.

Wir können diese Konflikte nur komisch sehen zwischen Individualismus und Kollektivismus« (IV, 14*; vgl. IV, 657f.).

Diese nur in der »Rohfassung« existierenden Äußerungen sind in mehrfacher Hinsicht aufschlußreich.

Horváth unterscheidet sehr genau zwischen Vorkriegs-, Kriegs-, und Nachkriegsgeneration, und er wird an diesem Schema auch 1937 noch festhalten (IV, 119). Von der ersteren – den »Vätern« – grenzt er sich zornig ab, zu der zweiten – den »älteren Brüdern« – bekennt er sich. So sehr solche Generationsunterschiede Gesellschaft und Literatur der Weimarer Republik geprägt haben – merkwürdig bleibt, daß Horváth den durch den Weltkrieg verschärften Generationskonflikt verabsolutiert und die weltanschaulichen, politischen und künstlerischen Gruppierungen und Polarisierungen vernachlässigt, die quer durch alle Generationen gehen. Er hat sich immer dezidiert als Vertreter einer bestimmten Generation verstanden, deren Pubertät in den Ersten Weltkrieg fiel.

Nur so ist es erklärbar, daß er zusammen mit der sogenannten »Neuen Sachlichkeit« auch einen Autor wie Heinrich Mann angreift, weil er den seelischen Individualismus der Vorkriegszeit noch nicht völlig preisgegeben habe. Für ihn, den Vertreter und Sprecher der Nachkriegsjugend, hat der Krieg mit seinen Massen- und Materialschlachten auch die Idee des Individuums und des persönlichen »Opfers«, die noch die Autonomie der Unterlegenen wahrt, gründlich zerstört.

Deshalb das forcierte Bekenntnis zu Materialismus und Kollektivismus. »Wir sind materialistisch geschult« und »Uns freut der Kollektivismus. Wir können diese Konflikte nur komisch sehen zwischen Individualismus und Kollektivismus«. Das sind die Erfahrungen und Lehren, die Horváth der Schule des Krieges verdankt und an seine Figuren weitergibt: der einzelne zählt nicht mehr (I, 448, 473; III, 419, 506). Im Unterschied zu vielen seiner Generations- und Schriftstellergenossen hat er diese Erfahrungen jedoch niemals zu klaren geistigen, weltanschaulichen oder politischen Positionen verarbeitet. Seine Beziehung zu ihnen ist zeitlebens spontan und instinktiv, in gewissem Sinne sogar unreflektiert geblieben. Darum sind in der zitierten Passage sowohl sein affektiver Appell an gemeinsame Generationserlebnisse und Generationsblöcke – obwohl diese Generationen längst aufgesplittert und zerstritten sind – wie die sonderbare Berufung auf Materialismus und Kollektivismus, fernab von präzisen marxistischen Definitionen, symptomatisch, ganz zu schweigen von seinem objektiv ungerechten Ausfall gegen Heinrich Mann.

Was Horváth in den zwanziger und dreißiger Jahren als Schriftsteller wurde, das entschied sich für ihn durch Weltkrieg und Nachkrieg und durch den permanenten Rückbezug auf seine Jugenderlebnisse. In dieser Zeit kam es bei ihm, wie bei so vielen anderen seiner Generation, zu einer traumatischen Enttäuschung an der Welt der Erwachsenen und ihren Normen und Werten überhaupt, eine Enttäuschung, die bis in die Stillage seiner offen oder verdeckt autobiographischen Äußerungen nachschwingt. Bei dem mitten in der Ich-Bildung begriffenen Jugendlichen – er selbst spricht immer wieder von seiner »Pubertät« (»Meine Generation, die in der großen Zeit die Stimme mutierte«, III, 9) – fielen jene Überich-Instanzen aus, die für einen »normalen« Übergang in den Erwachsenenstatus und in ein stabiles Identitätsgefühl unentbehrlich sind.[2] Welche Folgen solche Erfahrungen für den mehr als drei Jahre älteren und härteren Augsburger Bertolt Brecht hatten, wie er sie bis an das Ende der zwanziger Jahre in einem durch viele Stationen führenden Prozeß zu einem neuen Identitäts- und Realitätsgewinn verarbeitet, können wir an seinem Werk genau verfolgen. Das Stück *Mann ist Mann* von 1926 zeigt *seine* Art, die Komik in den Konflikten zwischen Individualismus und Kollektivismus zu sehen.

Der junge Horváth zog sich nach der traumatischen Kränkung seines Ichgefühls in eine ironisch-überlegene Zuschauerrolle zurück, die preiszugeben er erst nach 1933 gezwungen wurde. Dadurch geriet er in eine Identitätskrise, die er bis zu seinem Tode nicht überwinden konnte.[3] Nach konfusen Fluchtversuchen in die »Poesie« wandte er sich etwa Mitte der zwanziger Jahre kollektiven und sozialpolitischen Konzepten zu – übrigens ohne jemals ihr Parteigänger zu werden –, in denen seine Konflikte mit der Gesellschaft und sich selbst anscheinend aufgehoben, in Wahrheit aber nur vertagt wurden. Horváth ist, bis 1933, niemals den Jugendlichen in sich losgeworden, der die Welt der Erwachsenen plötzlich in ihrer ganzen Erbärmlichkeit sieht und durchschaut. »Meine Generation ist bekanntlich sehr mißtrauisch und bildet sich ein, keine

Illusionen zu haben«, heißt es in seinen autobiographischen Angaben (III, 10). Es ist ein geradezu barockes Desengaño, das er durchgemacht und immer wieder vorgeführt hat. Seine fast zwanghafte Lust an der »Demaskierung des Bewußtseins«, an der Entlarvung des »bestialischen Trieblebens« der Menschen, am Einreißen der schönen und kitschigen Fassaden, hier, in der jugendlichen Entwicklungsphase und ihrer Zeitgeschichte hat sie sich in ihm festgesetzt.

Wie sehr Horváth an die Erfahrungen der Nachkriegsgeneration und damit junger Menschen fixiert blieb, zeigt sein Werk. Läßt man seine Zeitstücke und seine Prosa Revue passieren, so entsteht der fast monotone Eindruck, die Weimarer Republik habe für ihn nur aus Inflation, Arbeitslosigkeit, Wirtschaftskrise und verarmten, proletarisierten Kleinbürgern bestanden. Besonders typisch dafür ist sein Romanentwurf *Der Mittelstand*. Folgt man der üblichen Dreiteilung dieser Ära (1919–1923, 1923–1929, 1929–1933), dann hat er die mittlere stabile Phase, die »geliehene Prosperität«, eigentlich nicht zur Kenntnis genommen, während sich die triste Anfangs- und Endphase zu einer einzigen übereinanderschieben. Die ihr zugehörige exemplarische Gestalt hat Horváth zum erstenmal mit seinem Sladek, dem schwarzen Reichswehrmann, vorgestellt. In einem Gespräch zur Aufführung hat er ihn ausdrücklich als jugendgeprägten Zeit-»Typ« herausgestellt:

»Sladek ist als Figur ein völlig aus unserer Zeit herausgeborener und nur durch sie erklärbarer Typ; er ist, wie ein Berliner Verleger ihn einmal nannte, eine Gestalt, die zwischen Büchners Wozzeck und dem Schweijk liegt. Ein ausgesprochener Vertreter jener Jugend, jenes ›Jahrgangs 1902‹, der in seiner Pubertät die ›große Zeit‹, Krieg und Inflation, mitgemacht hat, ist er der Typus des Traditionslosen, Entwurzelten, dem jedes feste Fundament fehlt und der so zum Prototyp des Mitläufers wird . . .« (I, 9*).

Der Ausdruck »Jahrgang 1902« spielt auf den gleichnamigen Roman von Ernst Glaeser an, der 1928 erschien und einiges Aufsehen erregte. (Siehe hierzu den Beitrag von K. Prumm in diesem Band.) Kein Zweifel, daß Horváth sich in diesem Buch – »La guerre, ce sont nos parents«, sagt darin ein französischer Junge – wenigstens teilweise wiedererkannt hat (er selbst wurde am 9. Dezember 1901 geboren!).

Aber Sladek ist nur der erste und vergleichsweise ungeschliffenste aus einer Reihe von jungen Männern und Brüdern, die alle eine ähnliche Vorgeschichte, ähnliche Erlebnisse, Reaktionen und Verhaltensweisen in einer vergleichbaren sozialen Umwelt aufweisen, und der Verwandtschaftsgrad der jungen Fräulein- und Frauenfiguren in Horváths Werk ist bekanntlich noch größer.

Ich greife als exemplarisches Beispiel Horváths Hörspiel *Stunde der Liebe* und namentlich sein Vorspiel mit dem Titel *Der Tag eines jungen Mannes von 1930* heraus. In diesem Text wird das Generations- und Jugendproblem eigens zum Thema gemacht, und nach dem schon zitierten Entwurf einer theoretischen Auseinandersetzung mit Heinrich Mann stellt er den Versuch einer praktisch-literarischen Antwort auf den Vorwurf der Kälte und Seelenlosigkeit der jungen Generation dar.

Der Sprecher des Vorspiels geht sofort medias in res: Thema sei »die Misere der heutigen Jugend«, über das ein Geheimrat Stanglmeier referiert habe.

»Er hatte in seinem Referat sich ziemlich schonungslos über den Niedergang der heutigen Jugend ausgesprochen. Die heutige Jugend, führte der Herr Geheimrat Stanglmeier aus, ist ganz anders als die die frühere, sie sei schamlos, brutal, egoistisch, kennt nur flachen Genuß, ist dem Geiste unserer Klassiker abhold – kurz: sie hat keine Seele, eine Jugend ohne Seele« (IV, 78).

Als Vertreter und Anwalt der Jugend, der diese und ähnliche Vorwürfe zurückweist, meldet sich ein junger Mann namens Alfred Kranzler zu Wort. Auch er gehört zum Jahrgang 1902 (IV, 84) und wird in den Entwürfen als ein »Kind unserer Zeit«, als ein »typisches Schicksal« (IV, 15*) vorgestellt. Er setzt den idealistischen Vorwürfen der Alten, die von Horváth bereits ironisch gebrochen werden, eine kühle materialistische und ökonomische Betrachtungsweise entgegen. Entscheidend für Leben und Verhalten der jungen Menschen – von der »Jugend der Reichen« abgesehen (IV, 79) – sei ihre wirtschaftliche Lage. Ihr Verhältnis zu Ehe, Liebe und Seele hänge von ihrem kargen Monatsverdienst ab: »... daß ich monatlich nur 200 Mark verdiene. Das müssen Sie wissen, denn sonst können Sie meine Seele nicht begreifen –« (IV, 15*). Und davon hänge auch der Tagesverlauf ab (IV, 79 f.), der in den folgenden Hörspiel-Szenen an einigen Beispielen vorgeführt wird. Wie in den Volksstücken gibt es in ihnen nur noch Formen und Varianten einer ökonomisierten und politisierten Liebe. Schon in der Komödie *Zur schönen Aussicht* wird der »liebe Gott« als »Zehntausend Mark« definiert (II, 55), »Liebe« und »Seele« lassen sich genauso verrechnen. Der junge »Akademiker« wirkt deshalb so stark auf die Frauen, weil er einen »Monatswechsel von sechshundert Em« bekommt (IV, 90).

 Gegen den verlogenen und klassenabhängigen Idealismus der älteren Generation, die Jugend und Jugendzeit kitschig verklären, um sich über die mitverschuldete Verrohung der »heutigen Jugend« aufregen zu können, setzt Horváth die ungeschminkte Wahrheit einer von Armut und Arbeitslosigkeit bedrohten und desillusionierten Jugend. Die Pseudo-Mythen der Jugend (einen echten Mythos gibt es nirgends bei ihm) werden erbarmungslos destruiert, ohne daß Horváth seine Sympathie mit den jugendlichen Opfern dieser Situation verleugnet. Er taucht sie, wie seine Schauplätze überhaupt, in ein entzauberndes Licht, das »nicht eigentlich armselige Menschen, sondern Zustände, die armselig machen«, enthüllt.[4] Er sieht sie sozialpsychologisch und in allen zeitgeschichtlichen Abhängigkeiten und Bedingtheiten – und damit auch aus allen übergeschichtlichen und metaphysischen Beziehungen absichtlich herausgenommen.

 Die kritische Einsicht eines Alfred Kranzler (und seiner Varianten im Anhang), der die eigene gesellschaftliche und soziale Lage durchschaut, bildet allerdings die Ausnahme. Er ist eine der seltenen Horváth-Figuren, die auch zum Sprecher des Autors werden. In der Regel ist es Horváth, der implizit als Anwalt einer verratenen und betrogenen Jugend auftritt, der zeigt, daß die Verhältnisse die Menschen schlechter machen, als sie sind (I, 258), und der die Misere und das Scheitern vor allem junger Menschen, namentlich junger Frauen an der herrschenden patriarchalischen und präfaschistischen Erwachsenenwelt vorführt. Das bedeutet nicht, daß er sich mit seinen jungen Mittelpunktfiguren einfach identifiziert. Im Gegenteil, auch in ihnen zeigt er den Kampf des sozialen Bewußtseins mit dem asozialen Unterbewußtsein, die heroische und feige Art des Kampfes des Individuums mit der Gesellschaft, daß dieser Kampf auch auf »bestialischen Trieben« basiert (anläßlich der Elisabeth in *Glaube Liebe Hoffnung*), und wie das hilflose Individuum dabei komisch wird (IV, 659 ff.; I, 327 f.). Dennoch gehört seine Sympathie bis 1933 eindeutig den Figuren der jungen Generation, und seine Antipathie ebenso eindeutig den Vertretern der älteren, der Vorkriegsgeneration. Bis zu diesem Zeitpunkt hat Horváth sich nachweisbar als ein Sprecher der Jugend und der jungen Menschen gefühlt (z. B. im Cronauer-Interview I, 11 f.). Vor idealistischen oder politischen Mythisierungen dieser Jugend war er gefeit wie kaum ein anderer. Als seine Aufgabe betrachtete er ihre Entmythologisierung, die Entlarvung verlogen optimistischer Vorstellungen über sie.

Noch frappierender als diese Tatsache aber ist es wohl, daß Horváth auch nach 1933 von dem Alltag und dem jugendlichen Personal der Weimarer Republik nicht losgekommen ist und daß seine eigentliche Auseinandersetzung mit der eigenen Jugend- und Generationsproblematik erst in seiner Exilzeit stattgefunden hat. Der Roman *Ein Kind unserer Zeit* (1937/38) zeigt im Soldaten auch einen Sladek redivivus, der Roman *Jugend ohne Gott* (1937) akzentuiert das zentrale Thema schon im Titel und knüpft deutlich an den Vorwurf einer »Jugend ohne Seele« an. Beide Romane – so aktuell sie gemeint sind – rutschen aus der Hitler-Zeit unwillkürlich in die Atmosphäre der Weimarer Republik zurück, die durch Inflation, Wirtschaftskrise und Arbeitslosigkeit bestimmt ist, eine Atmosphäre, die mehr oder weniger in fast allen späten Werken noch herumgeistert (z. B. in dem Schauspiel *Don Juan kommt aus dem Krieg* von 1936). Im zugehörigen »Vorwort« faßt Horváth seine eigene Vergangenheit als eine einzige Inflations- und Krisenzeit zusammen (I, 591). Walter Huder hat diese Stelle, zusammen mit dem Untertitel des *Sladek* (1928), »Historie aus dem Zeitalter der Inflation«, zum Anlaß genommen, die »Inflation« als das Kenn- und Grundwort des Horváthschen Werkes überhaupt auszugeben.[5] Wenn das so ist, dann hat die Werte-Inflation für ihn mit dem Ersten Weltkrieg begonnen. Schon aus dem Jahre 1914 wird von einem ernsten Konflikt Horváths, der im Erzbischöflichen Internat in Budapest eine intensive religiöse Erziehung genossen hatte, mit seinem Münchner Religionslehrer Dr. Heinzinger berichtet. Diese lebenslange »Inflations«-Erfahrung und die damit verbundene Jugend-Fixierung sind es vor allem, die für Kontinuität und innere Einheit bei einem durch das Jahr 1933 scheinbar zweigeteilten Autor sorgen.[6] Deshalb kehrt Horváth mit dem Werk, in dem er sich nach 1933 am intensivsten mit sich selbst auseinandersetzt, mit dem Roman *Jugend ohne Gott* (1937), genau in das Lebensalter der Pubertät zurück. Der Lehrer in diesem Buch gehört nochmals zum Jahrgang 1902 (er feiert am Anfang seinen vierunddreißigsten Geburtstag!, III, 281), seine Schüler aber befinden sich mitten in der Pubertät, es sind die »heute Vierzehnjährigen« (III, 297). Inzwischen hat ein Generationswechsel stattgefunden, die Jugend ist den

Nationalsozialisten in die Hände gefallen, der Lehrer versteht seine Schüler nicht mehr und überlegt: »Bin ich denn mit meinen vierunddreißig Jahren bereits zu alt? Ist die Kluft zwischen uns tiefer als sonst zwischen Generationen? Heut glaube ich, sie ist unüberbrückbar« (III, 292). Er weiß noch nicht, daß er im Spiegel seiner Schüler in die eigene Pubertätszeit zurückkehren und zu einer unerbittlichen Auseinandersetzung mit sich selbst gezwungen sein wird. Horváth notierte im Herbst 1937: »Ich werde in zirka zwei Monaten 36 Jahre alt. Ist das alt – oder bin ich noch jung?«[7] Auch für ihn galt es, Abschied von der Jugend zu nehmen.

Er, der bis 1933 als vehementer Anwalt einer durch den Ersten Weltkrieg und die Nachkriegsmisere verratenen und betrogenen Jugend auftrat, rechnet nun mit einer Jugend ab, die seiner eigenen – wenn man sich an seine Beschreibungen in der *Autobiographischen Notiz* und im *Charlotte*-Fragment erinnert (III, 8 und IV, 416f.) – zum Verwechseln ähnlich sieht.[8] Aus einer von Gott im Stich gelassenen Jugend der Weimarer Republik wird eine Jugend, die ihre Gottesferne mitverschuldet hat und dafür von Gott heimgesucht wird. Der diametral veränderte Standpunkt wird deutlich aus zwei Briefbemerkungen Franz Theodor Csokors. An Horváth schreibt er: »Wir nehmen (. . .) Stellung zu einer Zeit, in der in unserer Generation – und Dich rechne ich trotz Deiner 34 Jahre zu uns – die Humanisten sind und in einer einst für revolutionär geltenden Jugend die Reaktionäre.«[9] Und an Ferdinand Bruckner schreibt er am 29. Januar 1937: »Jetzt plant er (Horváth) einen Roman über die Jugend dieser Zeit, die er gegenüber seinen Vätern als eine durchaus reaktionäre Jugend sieht« (III, 5*).

Ich habe an einer anderen Stelle gezeigt[10], daß sich in der Roman-Figur des jugendlichen Mörders T ein Doppelgänger des Lehrers verbirgt, eine Projektion seiner bösen, zu bestrafenden Ich-Anteile, und daß der Lehrer und T zusammen auch eine Projektion ihres Autors Horváth bilden. In T stellt er eigene Jugend- und Autorhaltungen unter Strafe, denn er hat sein bis 1933 rücksichtslos demaskierendes dichterisches Verfahren inzwischen als inhuman und schuldhaft erfahren. »›Der T möchte immer nur wissen, wie es wirklich ist.‹ Warum? Nur um alles verhöhnen zu können?« heißt es an einer Stelle des Romans (III, 378); und am Schluß erzählt der Lehrer, »daß der T zuschauen wollte, wie ein Mensch kommt und geht. Geburt und Tod und alles, was dazwischen liegt, wollte er genau wissen. Er wollte alle Geheimnisse ergründen, aber nur, um darüberstehen zu können – darüber mit seinem Hohn« (III, 403). Die Parallelen zu dem Horváth des Cronauer-Interviews, der den Vorwurf, er »sei zu derb, zu ekelhaft, zu unheimlich, zu zynisch«, mit seinem »Bestreben« pariert, »die Welt so zu schildern, wie sie halt leider ist« (I, 13), oder zu dem Horváth-Porträt Werfels, der von seinem »erbarmungslosen Blick« spricht, brauchen nicht ausgezogen zu werden.[11] Es ist der grausame, entlarvende Realismus des unbeteiligten Beobachters, der in dem Roman, durch die parabolische Kriminalgeschichte, als mörderisch entlarvt wird. Auf der anderen Seite finden der Lehrer und der geheime Jugend-Klub, der sich dem Leitsatz »Für Wahrheit und Gerechtigkeit« verschrieben hat und für den der Lehrer der »einzige Erwachsene« ist, »der die Wahrheit liebt«, wieder zurück zur »Seele«, zur »Liebe« und zu »Gott« (III, 333, 383, 405).[12] Was Traugott Krischke über das letzte autobiographische Projekt mit dem Titel »Adieu, Europa« vermerkt: »Horváth rechnet mit seiner Vergangenheit ab – und mit sich selbst«[13], gilt mehr oder weniger für alle Werke nach 1933. Selbstauseinandersetzung und Auseinandersetzung mit dem Nationalsozialismus und der Exilsituation durchdringen einander auf eine fast unentwirrbare und schwer zu interpretierende Weise. Horváth lebt in »geistiger Not und Angst«.[14] Er findet zurück zu »Gott«: »Ich glaube nämlich an Gott. Ich glaube, daß es etwas gibt, das uns lenkt.«[15] Und er findet zurück zur Wahrheit, zur Gerechtigkeit und zum »Geist«: »Es ist gleichgültig, ob wir den Sieg oder auch nur die Beachtung unserer Arbeit erfahren, – es ist völlig gleichgültig, solange unsere Arbeit der Wahrheit und der Gerechtigkeit geweiht bleibt. So lange gehen wir auch nicht unter, so lange werden wir auch immer Freunde haben und immer eine Heimat, denn wir tragen sie mit uns – unsere Heimat ist der Geist« (IV, 681). Die weiteren Umpolungen – vom Kollektivismus zum Individualismus, vom Materialismus zum Idealismus, von der Komik zur Tragik, von der Aufklärung zur Offenbarung usw. – kann man unschwer ergänzen.

Wie sehr Horváth dennoch auf den *pubertären Aspekt* seiner Generationserfahrungen fixiert gewesen ist, geht im Roman *Jugend ohne Gott* aus den seltsamen Ausführungen eines alten entlassenen Lehrers hervor. Obwohl sich der junge Lehrer von dessen erotomaner Jugend- und Generationstheorie, die Schöpfung und Geschichte »aus einem geschlechtlichen Winkel heraus« betrachtet

(III, 296f.), scheinbar distanziert, gibt es genug indirekte Anzeichen in diesem zentralen Kapitel mit dem Titel »Das Zeitalter der Fische«, die für eine starke innere Beteiligung des Autors sprechen. Der alte Lehrer mit dem Spitznamen Julius Caesar sieht den »Wandel der Generationen« folgendermaßen:

»Also Sie, Kollega, und ich, das sind nach Adam Riese zwei Generationen, und die Lausbuben in Ihrer Klasse sind auch eine Generation, zusammen sind wir also nach Adam Riese drei Generationen. Ich bin sechzig, Sie zirka dreißig und jene Lauser zirka vierzehn. Paßt auf! Entscheidend für die Gesamthaltung eines ganzen Lebens sind die Erlebnisse der Pubertät, insbesondere beim männlichen Geschlecht.«

Das Generalproblem seiner *eigenen* Pubertät und Generation sei das unerreichbare Weib gewesen. »Infolgedessen war unser markantestes Erlebnis die Selbstbefriedigung (. . .) wir stolperten über das Weib und schlitterten in den Weltkrieg hinein.« Die Pubertät der *zweiten*, der Horváth-Generation, fiel genau in den Weltkrieg. »Es gab keine Männer, und die Weiber wurden williger. Ihr kamt gar nicht dazu, euch auf euch selbst zu besinnen, die unterernährte Damenwelt stürzte sich auf euer Frühlingserwachen. Für eure Generation war das Weib keine Heilige mehr, drum wird es euresgleichen auch nie restlos befriedigen. (. . .) In diesem Falle stolperten die Weiber über euch Jünglinge und schlitterten in die Vermännlichung hinein.«

Für die *dritte* Generation, die »heute Vierzehnjährigen«, sei das Weib »überhaupt kein Problem mehr, denn es gibt keine wahrhaften Frauen mehr, es gibt nur lernende, rudernde, gymnastiktreibende, marschierende Ungeheuer! (. . .) das Unglück der heutigen Jugend ist, daß sie keine korrekte Pubertät mehr hat – erotisch, politisch, moralisch etcetera, alles wurde vermanscht, verpanscht, alles in einen Topf! Und außerdem wurden zu viele Niederlagen als Siege gefeiert, zu oft wurden die innigsten Gefühle der Jugend in Anspruch genommen für irgendeinen Popanz (. . .)« (III, 296f.).

Hier wird jene »Jugend ohne Gott«, die der Roman insgesamt unter Anklage und vor Gericht stellt, aus dem Blickwinkel ihrer mißglückten »Pubertät« zugleich entlastet und wie die beiden anderen Generationen mehr als schuldloses Opfer denn als verantwortlicher Täter gesehen – wobei die »Pubertät« als entscheidende Entwicklungsphase des *ganzen* Menschen verstanden wird. Tatsächlich vereinigt der Roman beide Blickweisen, eine moralisch-religiöse und eine pubertär-erotische, eine richtende und eine verstehende, eine erwachsene und eine jugendliche. Das Lagerleben und die Lagergeschichte der Jungen- und Mädchenklassen hat Horváth ganz nach der pubertären Generationstheorie des alten Julius Caesar eingerichtet. Und noch direkter und vollständiger wird diese seltsame Theorie in dem Dramenfragment *Der Lenz ist da!* mit dem Wedekindschen Untertitel »Ein Frühlingserwachen in unserer Zeit« (IV, 100 ff.) angewendet. Hier erscheint die faschistische Erziehung der Jugend tatsächlich als eine Störung der Pubertät und Sexualität, als eine Störung des »natürlichen Liebeslebens«. Im Unterschied zu den Volksstücken, etwa der *Italienischen Nacht*, wo sich faschistische Verhaltensweisen aus zwanghafter Triebunterdrückung ergeben, fällt es schwer, in dem Dramenfragment und in dem Roman auch nur Ansätze einer konsistenten freudianischen oder reichistischen Faschismustheorie, d. h. eine bewußte Verbindung von Psychoanalyse und Gesellschaftstheorie zu entdecken. Zu sehr scheinen hier Horváthsche Idiosynkrasien und Fixationen hereinzuspielen. Es würde sich lohnen, seiner spezifischen »Erotomanie« und ihren Folgen für das Werk einmal nachzuspüren und namentlich das Spätwerk daraufhin zu befragen, wie stark es von der eben skizzierten pubertären Generationstheorie geprägt worden ist.

Wie dem auch sei: Bei der Auseinandersetzung mit seiner eigenen Jugend- und Generationsproblematik ist auch Horváth in seinen letzten Lebensjahren auf die Suche nach einer wahren geglückten und vorbildlichen »Jugend« geraten. Diese Suche wird sichtbar in der Charakteristik jenes kleinen und geheimen Jugendklubs, der den Lehrer zu den seinen zählt und am Ende mit einem solidarischen Abschiedsbrief erfreut (III, 406). Und sie wird noch sichtbarer in einem Vorwort-Entwurf Horváths zu dem Roman:

»(...) ich habe ein Buch für die Jugend geschrieben, die heute bereits wieder ganz anders aussieht, als die fetten Philister, die sich Jugend dünken. Aus den Schlacken und Dreck verkommener Generationen steigt eine neue Jugend empor. Der sei mein Buch geweiht! sie möge lernen aus den Fehlern und Zweifeln! Und wenn nur einer dies Buch liebt, bin ich glücklich!«[16]

Jetzt zählt der einzelne wieder! Jetzt, kurz vor dem Ende seines Lebens und im Exil, glaubt Horváth an den alten Phoenix-Mythos einer »neuen Jugend«, die die Welt erlösen wird – nachdem er bis 1933 und darüber hinaus immer nur »Schlacken und Dreck verkommener Generationen« vorgeführt hat (vgl. seine letzten emphatischen Verse IV, 688). Schwer zu entscheiden, wieweit hieraus noch materielle und »geistige Not und Angst« oder schon »Glaube Liebe Hoffnung« sprechen. Horváth ist zu früh, mitten zwischen Jugend und Alter, aus dem Leben gerissen worden. In seiner persönlichen wie in seiner literarischen Biographie vereinen sich Selbsterfahrung und Zeiterfahrung, das Individuelle und das Epochale, das Psychische und das Historische in einer exemplarischen, aber niemals ganz aufzuhellenden Weise.

Anmerkungen

1 Ich denke vor allem an seine *»Reflexionen aus dem beschädigten Leben«: Minima Moralia* (Frankfurt/M. 1973). Die Horváth-Texte werden nach der vierbändigen Ausgabe der *Gesammelten Werke*, hg. von Traugott Krischke und Dieter Hildebrand (Frankfurt/M. 1970ff.), mit römischer und arabischer Ziffer zitiert und nachgewiesen.

2 Vgl. das IV. Kapitel in A. u. M. Mitscherlichs *Die Unfähigkeit zu trauern* mit dem Titel »Identifikationsschicksale in der Pubertät« (München 1967), S. 225–262; und E. H. Erikson, *Identität und Lebenszyklus. Drei Aufsätze* (Frankfurt/M. 1976).

3 Vgl. dazu meinen Aufsatz *Das Spätwerk Ödön von Horváths*, in: Traugott Krischke (Hg.), *Ödön von Horváth* (Frankfurt/M. 1981), S. 125–155. Das Ausmaß dieser Krise ist erst neuerdings durch die Biographie von Traugott Krischke ganz sichtbar geworden (*Ödön von Horváth. Kind seiner Zeit*, München 1980).

4 Siegfried Kracauer, *Die Angestellten. Aus dem neuesten Deutschland* (Frankfurt/M. 1971), S. 56.

5 In: Krischke (Hg.), *Materialien zu Ödön von Horváth* (Frankfurt/M. 1970), S. 173–179.

6 Dazu vor allem der Aufsatz von Urs Jenny, *Horváth realistisch – Horváth metaphysisch*, in: *Akzente* 18 (1971), S. 289–295.

7 Zitiert bei Traugott Krischke, *Ödön von Horváth. Kind seiner Zeit*, S. 236.

8 Wie intensiv sich Horváth mit diesem Komplex auseinandersetzte, geht aus der Tatsache hervor, daß er ihn gleichzeitig zum Inhalt eines Dramenfragments mit dem Titel *Der Lenz ist da! Ein Frühlingserwachen in unserer Zeit* machte (IV, 100ff.). Dem Fragment fehlt im Unterschied zum Roman lediglich die religiöse Dimension.

9 Csokor, F. Th., *Zeuge einer Zeit. Briefe aus dem Exil. 1933–1950* (München, Wien 1964), S. 75.

10 In dem oben (Anm. 3) angegebenen Aufsatz über das Spätwerk.

11 Krischke (Hg.), *Materialien zu Ödön von Horváth*, S. 133.

12 Auch in dem Dramenfragment *Der Lenz ist da!* wird eine solche positive Lösung am Ende angedeutet. Der gute, idealistisch gesinnte Junge Peter, der »Repräsentant des Geistes« (IV, 117), und der »dritte Professor«, ein Angehöriger der Horváth-Generation (IV, 119), schließen am Ende ein Erziehungs- und Zukunftsbündnis: »Peter kommt wieder und findet sich plötzlich dem dritten Professor gegenüber. Große Szene. Der dritte erklärt ihm, daß er sich für ihn einsetzen werde, es gefalle ihm sein Geist, den die Welt mal brauchen wird und der sich nur durch Enttäuschungen entwickeln könnte (. . .) Peter ist im innersten ergriffen.«

13 Krischke, *Ödön von Horváth. Kind seiner Zeit*, S. 247.

14 Ebd., S. 236.

15 Ebd., S. 235.

16 Ebd., S. 237.

Über die Autoren

Ulrich Herrmann, Professor für Historische und Allgemeine Pädagogik an der Eberhard-Karls-Universität Tübingen.

Norbert Hopster, Professor für Literaturdidaktik an der Universität Bielefeld.

Rolf-Peter Janz, Professor für Neuere deutsche Literatur an der Freien Universität Berlin.

Uwe-Karsten Ketelsen, Wissenschaftlicher Rat und Professor für Neuere deutsche Literaturwissenschaft mit besonderer Berücksichtigung sozialgeschichtlicher Betrachtungsweise an der Ruhr-Universität Bochum.

Carmen Klement, Wissenschaftliche Angestellte am Institut für Neuere deutsche Literatur der Philipps-Universität Marburg.

Thomas Koebner, Professor für Neuere deutsche Literatur mit Schwerpunkt Medienwissenschaft an der Philipps-Universität Marburg.

Klaus Laermann, Professor für Germanistik an der Freien Universität Berlin.

Thomas Lange, als Lehrer im hessischen Schuldienst tätig.

Ulrich Linse, Oberstudienrat am München-Kolleg.

Barbara Lube, wissenschaftliche Angestellte am Institut für Neuere deutsche Literatur der Philipps-Universität Marburg.

Gerd Mattenklott, Professor für Neuere deutsche Literatur und Literaturtheorie an der Philipps-Universität Marburg.

Winfried Mogge, Leiter des Archivs der deutschen Jugendbewegung, Burg Ludwigstein in Witzenhausen.

Hans Mommsen, Professor für Neuere Geschichte an der Ruhr-Universität Bochum.

Ulrich Nassen, Wissenschaftlicher Assistent an der Fakultät für Linguistik und Literaturwissenschaft der Universität Bielefeld.

Karl Prümm, Professor für Literatur- und Medienwissenschaft an der Universität-Gesamthochschule Siegen.

Joachim Radkau, Professor für Neuere Geschichte mit besonderer Berücksichtigung der Technikgeschichte an der Universität Bielefeld.

Edward Reichel, Professor für Romanistik (Literaturwissenschaft) an der Universität-Gesamthochschule Wuppertal.

Jürgen Reulecke, Professor für Neuere und Neueste Geschichte an der Universität-Gesamthochschule Siegen.

Gert Sautermeister, Professor für Neuere Literaturgeschichte an der Universität Bremen.

Joachim Schmitt-Sasse, Wissenschaftlicher Angestellter am Institut für Neuere deutsche Literatur der Philipps-Universität Marburg.

Jürgen Schröder, Professor für Neuere deutsche Literatur an der Eberhard-Karls-Universität Tübingen.

Jutta Stehling, Studienrätin im Hochschuldienst an der Fakultät für Geschichte und Philosophie der Universität Bielefeld.

Frank Trommler, Professor für Neuere deutsche Literaturgeschichte an der University of Pennsylvania, Philadelphia.

Klaus Vondung, Professor für Germanistik/Neuere Literaturwissenschaft an der Universität-Gesamthochschule Siegen.

Michael Winkler, Professor am Department of German and Russian der Rice University in Houston, Texas.

Abbildungsnachweis

S. 8 Will Vesper (Hg.), Deutsche Jugend, Berlin 1934, S. 288
S. 32 © G. Schrimpf
S. 33 © Bild-Kunst, Bonn 1985
S. 61 © Archiv der deutschen Jugendbewegung, Burg Ludwigstein
S. 74 Günter Kaufmann (Hg.), Langemarck. Das Opfer der Jugend an allen Fronten, Stuttgart 1938
S. 86 © Theatermuseum. Institut für Theater-, Film- und Fernsehwissenschaft, Universität zu Köln
S. 105 © Ullstein-Bilderdienst
S. 107 © Carlo Bordini, Fascismo e politica culturale, Bologna 1981
S. 111 © Stadtarchiv Frankfurt
S. 134 © Heinrich Hoffmann
S. 152 © Photo Seruzier
S. 178 © Archiv der deutschen Jugendbewegung, Burg Ludwigstein
S. 193 © Archiv der deutschen Jugendbewegung, Burg Ludwigstein
S. 203 Ein neues Buch der Freiheit, Berlin 1911
S. 208 Die Wochenschau Nr. 1 vom 1. 1. 1916
S. 217 © Heinrich Hoffmann
S. 229 © Archiv der deutschen Jugendbewegung, Burg Ludwigstein
S. 233 © Bernfeld-Archiv
S. 258 Privatarchiv Ulrich Linse
S. 275 Privatarchiv Ulrich Linse
S. 320 © Fidus-Archiv
S. 324 © Fidus-Archiv
S. 352 © Bildarchiv preußischer Kulturbesitz
S. 367 © Archiv der deutschen Jugendbewegung, Burg Ludwigstein
S. 401 © Dagny Björnson Gulbransson
S. 416 © Quick
S. 421 © Quick
S. 481 Sabine Lepsius, Stefan George, Berlin 1935
S. 493 © Stefan-George-Archiv, Suttgart
S. 506 Expressionismus. Literatur und Kunst 1910–1923. Katalog zur Ausstellung des Deutschen Literaturarchivs, Marbach vom 8. 5.–31. 10. 1960
S. 507 © Theatermuseum. Institut für Theater-, Film- und Fernsehwissenschaft, Universität zu Köln
S. 523 © Theatermuseum. Institut für Theater-, Film- und Fernsehwissenschaft, Universität zu Köln
S. 551 Will Vesper (Hg.), Deutsche Jugend, Berlin 1934, S. 304/305
S. 555 Will Vesper (Hg.), Deutsche Jugend, Berlin 1934, S. 128/129
S. 565 © Institut für Marxismus-Leninismus, Berlin

edition suhrkamp. Neue Folge